맨처음 토익

기본편

LC

맨처음 토익 LC
기본편

지은이 다락원 토익연구소
펴낸이 정규도
펴낸곳 ㈜다락원

초판 1쇄 발행 2021년 12월 16일
초판 4쇄 발행 2025년 1월 10일

책임 편집 홍인표
디자인 윤지영, 박선영

다락원 경기도 파주시 문발로 211
내용 문의 (02)736-2031 내선 500
구입 문의 (02)736-2031 내선 250~252
Fax (02)732-2037
출판 등록 1977년 9월 16일 제406-2008-000007호

사진 출처 셔터스톡

ISBN 978-89-277-0998-5 14740
ISBN 978-89-277-0997-8 14740 (set)

---

http://www.darakwon.co.kr
다락원 홈페이지를 방문하시면 상세한 출판 정보와 함께 MP3 자료 등의 다양한 어학 정보를 얻으실 수 있습니다.

맨처음 토익

기본편

LC

다락원

머리말

해마다 많은 분들이 목표하는 점수를 달성하기 위해 시험에 응시합니다. 학생들은 취업을 목표로, 직장인들은 승진 등 다양한 사내에서의 필요에 의해서, 수험생들은 시험 응시 자격 기준을 획득하기 위해서 등 그 목적 또한 매우 다양합니다.

응시 목적에 따라 목표하는 점수 또한 다양합니다. 공무원 시험이나 여러 가지 자격증 시험에 응시하기 위해 요구되는 점수인 700점 정도일 수도 있고, 취업을 위해 만점에 가까운 점수가 필요한 수험자들도 있을 것입니다.

기본적으로 영어 실력이 뛰어난 사람들은 어렵지 않게 원하는 점수를 받을 수 있을 것입니다. 하지만 그렇지 못한 사람들에게 목표하는 점수를 달성하는 것은 쉽지 않은 일입니다. 빨리 목표하는 점수를 얻고 토익에서 졸업한다면 더할 나위 없이 좋겠지만, 안타깝게도 기대한 만큼 성적이 오르지 않는 것이 현실입니다. 기대만큼 성적이 오르지 않는 이유는 단순한데, 스스로 인정하고 싶지 않지만 '기본기'가 부족하기 때문입니다.

토익 입문서 학습을 통해 토익 시험의 기초적인 지식을 가지고 있는 학습자들은 기본기가 부족할 경우 어려움을 겪습니다. 토익에 대한 기초적인 내용들을 알고 있다고 하더라도 영어의 기본기가 없다면 매번 시험을 볼 때마다 점수의 편차가 크고, 점수도 기대만큼 나오지 않기 때문입니다.

〈맨 처음 토익 기본편〉 시리즈는 이와 같이 토익의 기초적인 지식은 있지만 토익의 기본기가 부족한 분들을 위한 교재입니다. 이 책의 특징은 다음과 같습니다.

- 토익에 출제되는 문제 유형에 따라 필수적인 학습 내용이 빠짐없이 정리되어 있어, 실제 시험에서 출제되는 모든 유형의 문제들에 대비할 수 있습니다.
- 각 유닛마다 학습하게 되는 유형의 문제들을 풀기 전에 기본기를 다질 수 있도록 실제 문제보다 간단한 문제들을 풀어 보면서 해당 유형에 철저히 대비할 수 있습니다. 이를 통해 기본적인 듣기 능력 또한 향상시킬 수 있습니다.
- 필수적인 내용을 학습한 다음, 실제 시험에 출제될 가능성이 높은 예상 적중 문제를 풀어 보면서 학습한 내용이 시험에서 어떻게 출제되는지 파악할 수 있습니다.
- 교재의 마지막에 1회분의 Actual Test가 수록되어 있어서, 교재를 모두 학습하고 난 후 자신의 실력이 얼마나 향상되었는지 측 정해볼 수 있습니다.

이 책과 함께 토익의 기본기를 튼튼하게 다질 뿐만 아니라 기본적인 영어 실력을 키워서 여러분이 목표로 하는 점수를 하루빨리 달성할 수 있게 되기를 바랍니다.

다락원 토익 연구소

목차

이 책의 구성 006
토익 시험 소개 008
학습 플랜 010

PART 1 사진 묘사

Unit 01 | 인물 중심 사진 016
Unit 01 연습 문제 024
Unit 02 | 사물 및 배경 중심 사진 026
Unit 02 연습 문제 034
PART 1 | 실전 문제 연습 036

PART 2 질의-응답

Unit 01 | 의문사 의문문 I (who, whose, whom, which, what) 044
Unit 02 | 의문사 의문문 II (when, where, why, how) 052
Unit 03 | 일반 의문문 060
Unit 01-03 연습 문제 069
Unit 04 | 평서문 070
Unit 05 | 제안, 권유 및 요청 078
Unit 06 | 기타 의문문 (선택 / 부정 / 부가 의문문) 086
Unit 04-06 연습 문제 095
PART 2 | 실전 문제 연습 096

PART 3 대화문

Unit 01 | 주제 및 목적 102
Unit 02 | 대화의 장소 및 인물의 신원 116
Unit 01-02 연습 문제 130
Unit 03 | 세부 사항 I (언급된 사실, 제안 및 요청) 132
Unit 04 | 세부 사항 II (문제점, 이유, 방법, 정도) 146
Unit 03-04 연습 문제 160
Unit 05 | 화자의 의도 및 시각적 정보 162
Unit 06 | 대화 이후의 상황 및 추론 176
Unit 05-06 연습 문제 190
PART 3 | 실전 문제 연습 192

PART 4 담화문

Unit 01 | 주제 및 목적 202
Unit 02 | 담화의 장소 및 인물의 신원 216
Unit 01-02 연습 문제 230
Unit 03 | 세부 사항 I (언급된 사실, 제안 및 요청) 232
Unit 04 | 세부 사항 II (문제점, 이유, 방법, 정도) 246
Unit 03-04 연습 문제 260
Unit 05 | 화자의 의도 및 시각적 정보 262
Unit 06 | 담화 이후의 상황 및 추론 276
Unit 05-06 연습 문제 290
PART 4 | 실전 문제 연습 292

Actual Test 297

별책 정답 및 해설

이 책의 구성

파트에 대한 소개

해당 파트의 구성과 대비 요령을 소개하고 파트별 출제 경향과 풀이 전략을 제시하고 있습니다.

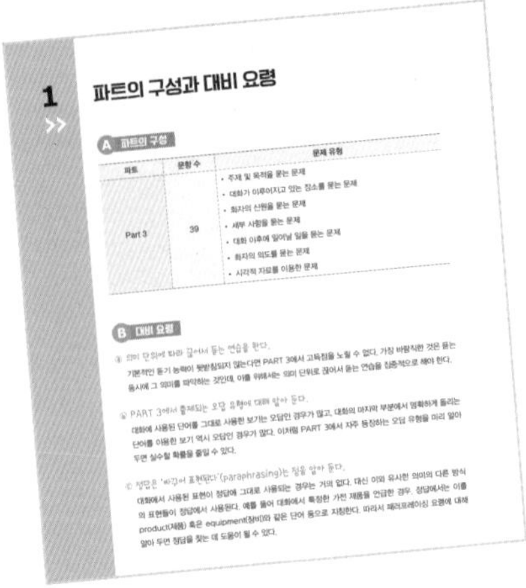

유닛에 대한 소개

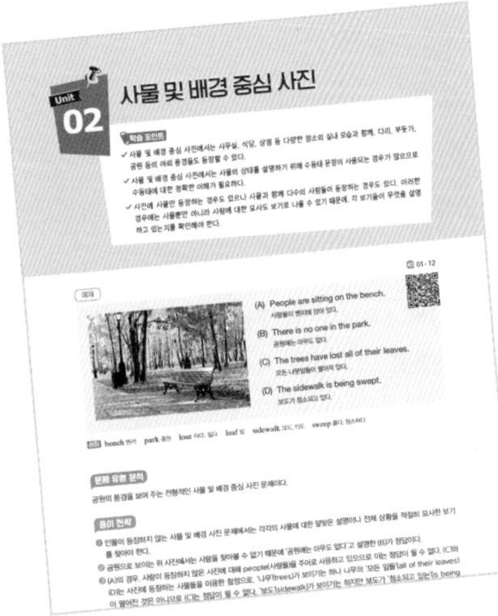

유닛에서 다루게 될 유형의 학습 포인트를 제시하고, 예제를 통해 유형 분석 및 풀이 전략을 설명하고 있습니다.

기본기 다지기

유닛에서 학습하게 되는 유형과 관련하여 기본적으로 알고 있어야 하는 사항들이 정리되어 있습니다.

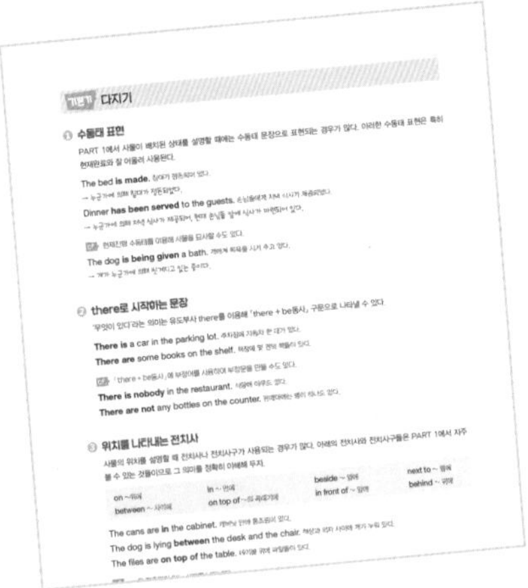

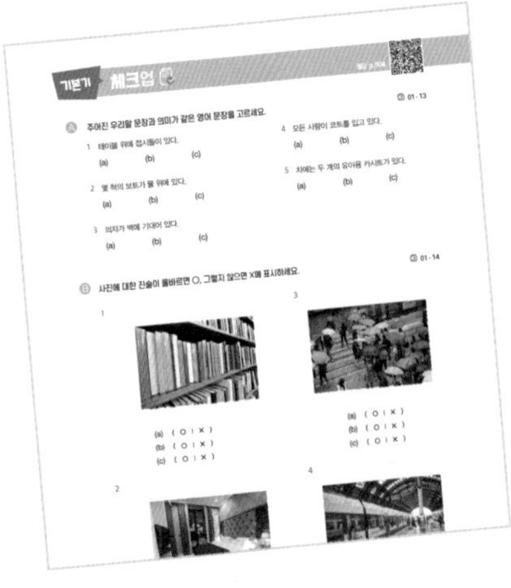

기본기 체크업

단순한 문제들을 풀어 보면서, 기본기 다지기에서 학습한 내용을 복습하고 예상 적중 문제를 풀기 위한 준비를 할 수 있습니다.

예상 적중 문제

실제 토익 시험에 출제되는 유형의 문제를 풀어 본 다음, 문제 해설을 통해 풀이 과정을 학습할 수 있습니다. 또한 MORE & MORE 코너를 통해 예상 적중 문제와 관련된 문제들을 추가로 풀어 볼 수 있습니다.

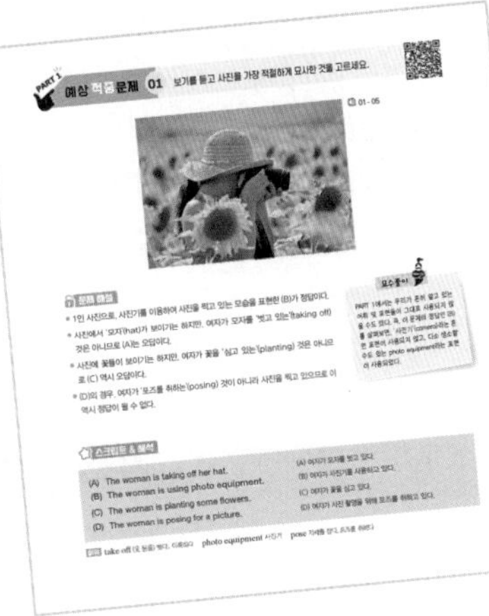

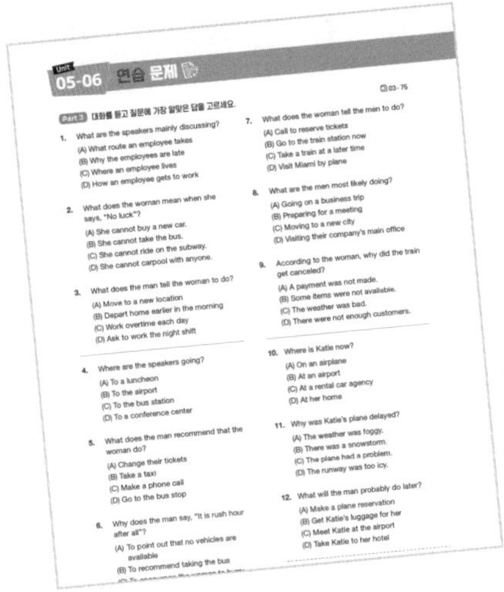

유닛 연습 문제

유닛에서 학습한 유형의 문제들로 구성된 토익 실전 문제를 풀어 보면서 학습한 내용을 잘 이해하고 있는지 점검할 수 있습니다. 뿐만 아니라 학습한 내용이 실제 시험에서 어떻게 출제되는지 파악할 수 있습니다.

파트 실전 문제 연습

각 파트가 끝날 때마다, 파트별 실전 모의고사를 풀어 볼 수 있습니다. 파트별로 학습한 내용을 다시 한 번 점검하면서 실제 시험에 익숙해질 수 있습니다.

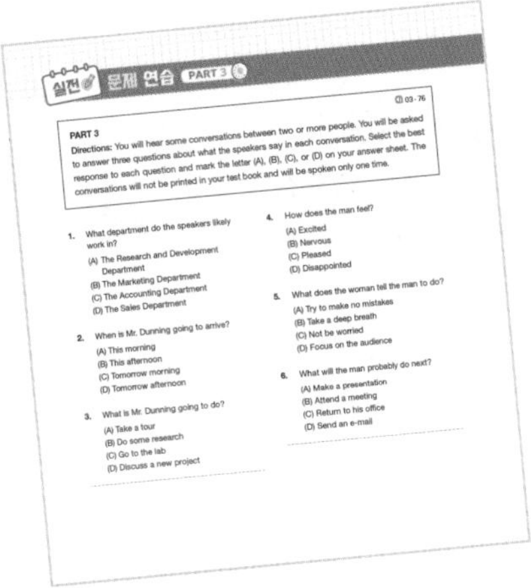

Actual Test

교재의 마지막 부분에는 1회분의 Actual Test가 수록되어 있습니다. 실제 시험과 같은 난이도의 문제들을 풀어 보면서, 자신의 실력이 어느 정도인지 확인할 수 있습니다.

토익 시험 소개

토익(TOEIC)은 Test of English for International Communication의 약자로서, 영어를 모국어로 사용하지 않는 사람이 국제 환경에서 생활을 하거나 업무를 수행할 때 필요한 실용 영어 능력을 평가하는 시험입니다. 현재 한국과 일본은 물론 전 세계 약 60개 국가에서 연간 4백만 명 이상의 수험생들이 토익에 응시하고 있으며, 수험 결과는 채용 및 승진, 해외 파견 근무자 선발 등 다양한 분야에서 활용되고 있습니다.

시험 구성

구성	PART	내용		문항 수		시간	배점
Listening Comprehension	1	사진 묘사		6	100문제	45분	495점
	2	질의-응답		25			
	3	대화문		39			
	4	담화문		30			
Reading Comprehension	5	단문 공란 채우기		30	100문제	75분	495점
	6	장문 공란 채우기		16			
	7	독해	단일 지문	29			
			복수 지문	25			
Total				200문제		120분	990점

출제 분야

토익의 목적은 일상 생활과 업무 수행에 필요한 영어 능력을 평가하는 것이기 때문에 출제 분야도 이를 벗어나지 않습니다. 비즈니스와 관련된 주제를 다루는 경우라도 전문적인 지식을 요구하지는 않으며, 아울러 특정 국가나 문화에 대한 이해도 요구하지 않습니다. 구체적인 출제 분야는 아래와 같습니다.

일반적인 비즈니스 (General Business)	계약, 협상, 마케팅, 영업, 기획, 회의 관련
사무 (Office)	사내 규정, 일정 관리, 사무 기기 및 사무 가구 관련
인사 (Personnel)	구직, 채용, 승진, 퇴직, 급여, 포상 관련
재무 (Finance and Budgeting)	투자, 세금, 회계, 은행 업무 관련
생산 (Manufacturing)	제조, 플랜트 운영, 품질 관리 관련
개발 (Corporate Development)	연구 조사, 실험, 신제품 개발 관련
구매 (Purchasing)	쇼핑, 주문, 선적, 결제 관련
외식 (Dining Out)	오찬, 만찬, 회식, 리셉션 관련
건강 (Health)	병원 예약, 진찰, 의료 보험 업무 관련
여행 (Travel)	교통 수단, 숙박, 항공권 예약 및 취소 관련
엔터테인먼트 (Entertainment)	영화 및 연극 관람, 공연 관람, 전시회 관람 관련
주택 / 법인 재산 (Housing / Corporate Property)	부동산 매매 및 임대, 전기 및 가스 서비스 관련

응시 방법

시험 접수는 한국 TOEIC 위원회 웹사이트(www.toeic.co.kr)에서 온라인으로 할 수 있습니다.
접수 일정 및 연간 시험 일정 등의 정보 또한 이곳에서 확인이 가능합니다.

시험 당일 일정

수험생들은 신분증과 필기구(연필 및 지우개)를 지참하고 고사장에 입실해야 합니다. 입실 시간은 오전 시험의 경우 9시 20분, 오후 시험의 경우 2시 20분까지입니다.

시간		
오전	9:30 – 9:45	**오리엔테이션** 답안지에 이름, 수험 번호 등을 표시하고 직업이나 응시 횟수 등을 묻는 설문에 응합니다.
오후	2:30 – 2:45	
오전	9:45 – 9:50	**휴식** 5분간의 휴식 시간 동안 화장실을 이용할 수 있습니다.
오후	2:45 – 2:50	
오전	9:50	**입실 마감** 50분부터 출입을 통제하므로 늦어도 45분까지는 고사장에 도착하는 것이 좋습니다.
오후	2:50	
오전	9:50 – 10:05	**신분증 검사** LC 시험 시작 전에 감독관이 신분증을 검사하고 답안지에 확인 서명을 합니다. RC 시험 시간에는 감독관이 돌아다니면서 다시 한 번 신분증을 검사하고 확인 서명을 합니다.
오후	2:50 – 3:05	
오전	10:05 – 10:10	**파본 검사** 받은 문제지가 파본이 아닌지 확인한 후 문제지에 수험 번호를 적고 답안지에 문제지 번호를 적습니다. 파본이 확인되더라도 시험이 시작되면 문제지를 교체해 주지 않으므로 이때 문제지를 빨리, 제대로 확인하는 것이 중요합니다.
오후	3:05 – 3:10	
오전	10:10 – 10:55	**LC 문제 풀이** 45분 동안 LC 문제를 풉니다.
오후	3:10 – 3:55	
오전	10:55 – 12:10	**RC 문제 풀이** 75분 동안 RC 문제를 풉니다.
오후	3:55 – 5:10	

성적 확인

TOEIC 홈페이지에 안내된 성적 발표일에 인터넷 홈페이지와 어플리케이션을 통해 성적을 확인할 수 있습니다. 성적표 발급은 시험 접수 시에 선택한 방법으로, 즉 우편이나 온라인으로 이루어집니다.

학습 플랜

<맨 처음 토익 LC 기본편>은 토익 LC의 기본기를 튼튼하게 다질 수 있도록 20일 동안 학습할 수 있는 분량으로 구성하였습니다. 아래에 제시된 플랜에 따라 학습을 마치고 나면 자신의 실력이 향상된 것을 확인하실 수 있을 것입니다.

추천 학습 플랜

1일	2일	3일	4일	5일
PART 1 사진 묘사 · Unit 01 인물 중심 사진 · Unit 01 연습 문제	· Unit 02 사물 중심 사진 · Unit 02 연습 문제 · PART 1 실전 문제	**PART 2 질의-응답** · Unit 01 의문사 의문문 I · Unit 02 의문사 의문문 II	· Unit 03 일반 의문문 · Unit 01-03 연습 문제	· Unit 04 평서문 · Unit 05 제안, 권유, 요청
6일	**7일**	**8일**	**9일**	**10일**
· Unit 06 기타 의문문 · Unit 04-06 연습 문제 · PART 2 실전 문제	**PART 3 대화문** · Unit 01 주제 및 목적	· Unit 02 대화의 장소 및 인물의 신원 · Unit 01-02 연습 문제	· Unit 03 세부 사항 I	· Unit 04 세부 사항 II · Unit 03-04 연습 문제
11일	**12일**	**13일**	**14일**	**15일**
· Unit 05 화자의 의도 및 시각적 정보	· Unit 06 대화 이후의 상황 및 추론	· Unit 05-06 연습 문제 · PART 3 실전 문제	**PART 4 담화문** · Unit 01 주제 및 목적	· Unit 02 담화의 장소 및 인물의 신원 · Unit 01-02 연습 문제
16일	**17일**	**18일**	**19일**	**20일**
· Unit 03 세부 사항 I	· Unit 04 세부 사항 II · Unit 03-04 연습 문제	· Unit 05 화자의 의도 및 시각적 정보	· Unit 06 담화 이후의 상황 및 추론	· Unit 05-06 연습 문제 · PART 4 실전 문제 · Actual Test

<맨 처음 토익 LC 기본편 >을 마치고…

▶ <맨 처음 토익 LC 기본편>을 며칠 만에 학습했나요?

시작일 ____________________ 완료일 ____________________

▶ 학습 플랜대로, 또는 본인이 세운 학습 진도표에 맞춰 학습을 끝내지 못했다면 문제점은 무엇인가요? 또한, 문제점은 어떻게 해결할 것인가요?

문제점 ____

해결 방안 ____

My Study Plan

실제 자신의 학습 진도를 매일매일 기록하고, 보다 효과적인 토익 학습 일정을 계획해 보세요. 가능한 한 30일 이내에 이 책을 끝내는 것을 목표로 하세요. 학습 기간이 길어지면 도중에 포기해 버리기 쉽기 때문에, 학습 일수는 최대한 40일을 넘기지 않도록 하세요.

1일	2일	3일	4일	5일
시작 끝	시작 끝	시작 끝	시작 끝	시작 끝
6일	**7일**	**8일**	**9일**	**10일**
시작 끝	시작 끝	시작 끝	시작 끝	시작 끝
11일	**12일**	**13일**	**14일**	**15일**
시작 끝	시작 끝	시작 끝	시작 끝	시작 끝
16일	**17일**	**18일**	**19일**	**20일**
시작 끝	시작 끝	시작 끝	시작 끝	시작 끝
21일	**22일**	**23일**	**24일**	**25일**
시작 끝	시작 끝	시작 끝	시작 끝	시작 끝
26일	**27일**	**28일**	**29일**	**30일**
시작 끝	시작 끝	시작 끝	시작 끝	시작 끝
31일	**32일**	**33일**	**34일**	**35일**
시작 끝	시작 끝	시작 끝	시작 끝	시작 끝
36일	**37일**	**38일**	**39일**	**40일**
시작 끝	시작 끝	시작 끝	시작 끝	시작 끝

PART 1

사진 묘사

- PART 1에서는 사진을 보고 이를 가장 적절히 묘사한 보기를 찾아야 한다. 4개의 보기는 모두 음성으로만 들을 수 있다.
- PART 1은 6개의 문제로 구성되어 있어 문항 수는 적은 편이지만, 다른 파트에 비해 난이도 낮은 편이기 때문에 6문제를 모두 맞추는 것을 목표로 해야 한다.

Unit 01 인물 중심 사진
Unit 02 사물 및 배경 중심 사진

1 >> 파트의 구성과 대비 요령

A 파트의 구성

파트	문항 수	문제 유형
Part 1	6	• 인물의 동작이나 모습에 대해 물어보는 문제 • 사물의 상태나 배경 상황에 대해 물어보는 문제

B 대비 요령

ⓐ 인물의 동작이나 모습을 설명하는 표현을 학습한다.

인물의 동작이나 모습에 대해 물어보는 문제에 자주 사용되는 어휘와 표현들을 정리해 두어야 정답을 맞출 확률을 높일 수 있다.

ⓑ 사물의 상태나 배경 상황을 설명하는 표현을 학습한다.

사물의 상태 및 배경에 대해 물어보는 문제에 사용되는 어휘와 표현들 또한 별도로 정리하여 외워 두어야 한다. 어휘나 표현을 모르는 상태라면 문제의 종류와 상관없이 의미를 파악할 수 없다.

ⓒ PART 1에서 자주 사용되는 동사의 형태를 알아 둔다.

인물 묘사에는 현재진행시제(be + -ing)가 많이 사용되며, 사물이나 상황 묘사에는 수동태(be +p.p.) 형식이 자주 사용된다. 현재완료시제와 수동태가 합쳐진 보기도 제시되기 때문에, 시제 및 태와 관련된 문법 사항들을 확실히 정리해 두어야 한다.

ⓓ 받아쓰기 훈련을 통해 듣기 능력을 키운다.

문제를 푸는 것에 그치지 않고, 풀어 본 문제의 보기들을 다시 들으며 받아쓰기 훈련을 해야 한다. 꾸준한 받아쓰기 훈련을 통해 듣기 능력의 향상을 꾀할 수 있다.

2 출제 경향과 풀이 전략

A 출제 경향

파트	출제 경향
Part 1	• 인물이 등장하는 사진이 사물 및 배경 사진 문제보다 더 많이 출제된다. • 인물이 등장하는 사진의 경우에도 사물이나 배경을 묘사하는 보기가 정답으로 출제될 수 있다. • 보기의 길이가 길고 어려운 표현이 사용된 문제도 출제되기 때문에 Part 1을 쉽게만 생각해서는 안 된다. • 현재진행시제가 많이 사용되지만, 현재완료시제를 사용한 보기들도 자주 등장한다. 따라서 시제에 대한 정확한 이해가 필요하다.

B 풀이 전략

ⓐ 사진을 미리 보고 사진 속의 상황을 파악한다.

시험지를 받은 후 미리 사진들을 훑어보도록 한다. 사람이 등장하는 경우에는 사람의 손동작이나 시선, 인물의 행동 및 의복 상태를 먼저 확인하고, 사물이 등장하는 경우에는 사진 속 사물들의 종류와 배치 등을 빠르게 파악하도록 한다.

ⓑ 동사에 집중한다

인물의 동작, 사물의 상태, 배경을 설명하는 것은 동사 표현이므로, 보기의 동사에 집중해야 정답을 고를 수 있다. 특히 1인 사진 문제는 동사만 집중해서 들어도 정답을 맞출 수 있는 경우도 있다.

ⓒ 함정을 이용한 오답에 유의한다.

사진에 나와 있는 사물을 그대로 언급하거나 발음이 비슷한 어휘들을 사용함으로써 오답을 고르도록 유도하는 함정들이 있다. PART 1에서 사용되는 오답 유형을 미리 파악해 둠으로써 이러한 함정에 빠지지 않도록 한다.

ⓓ 오답인 보기는 소거해 가면서 듣는다.

함정이라고 판단되는 표현이 들리면 자신만의 방식으로 오답을 소거해 가면서 듣는다. 이러한 보기들을 제외시켜 두면 정답을 맞출 가능성을 높일 수 있다.

ⓔ 사물이나 배경을 묘사하는 문제에서도 사진에 인물이 등장할 수 있다.

사물 및 배경을 바르게 설명하는 보기를 고르는 문제의 경우에도 사진에 인물이 등장할 수 있다. 따라서 사진에 인물이 있다고 해서 인물의 동작과 상태에만 집중하며 들어서는 안 된다.

Unit 01

인물 중심 사진

학습 포인트

✔ 인물 중심 사진 문제는 1인 혹은 2인 이상의 인물 사진을 제시하고 사진 속 인물의 동작이나 행동, 또는 복장 상태 등에 대해 묻는다.

✔ 한 사람만 등장하는 사진이 제시되는 경우에는 인물의 손동작이나 시선 등에도 주의를 기울여야 하며, 2인 이상이 등장하는 경우에는 각 인물들의 공통점과 차이점을 살피면서 정답을 선택해야 한다.

예제

01-01

(A) The woman is picking flowers.
여자가 꽃을 꺾고 있다.

(B) The woman is arranging some flowers.
여자가 꽃꽂이를 하고 있다.

(C) The woman is bending over.
여자가 몸을 구부리고 있다.

(D) The woman is planting some seeds.
여자가 씨앗을 심고 있다.

어휘 pick 줍다, 뽑다 arrange flowers 꽃꽂이를 하다 bend over (몸을) 구부리다 plant 식물; 심다 seed 씨앗

문제 유형 분석

사진 속 인물이 무엇을 하고 있는지를 묻는 문제이다. 인물 사진이지만 간혹 인물과 관계된 사물이나 주변 상황에 대한 설명이 정답인 경우도 있으므로 주의해야 한다. 또한 사진을 직접적으로 묘사하는 보기가 아닌 사진 속의 전체적인 상황을 묘사하는 보기가 정답이 될 수도 있다.

풀이 전략

❶ 사진 속 인물이 한 명이므로 인물의 동작이나 상태를 나타내는 표현에 집중한다.

❷ 위 사진에서는 한 여성이 몸을 구부리고 꽃에 물을 주고 있다. 따라서 '여자가 몸을 구부리고 있다'고 설명한 (C)가 정답이다.

❸ 나머지 보기들은 사진에 등장하는 사물들을 이용한 함정으로서, (A)의 경우, '꽃'(flowers)이 보이기는 하지만, 여자가 꽃을 '꺾고'(picking) 있는 것은 아니므로 정답이 될 수 없다. (B)의 경우 꽃은 보이지만 여자가 '꽃꽂이'(arranging some flowers)를 하고 있는 것은 아니기 때문에 이 역시 정답이 될 수 없다. 또한 여자가 '씨앗을 심는'(planting some seeds) 것도 아니므로 (D) 역시 정답이 아니다.

기본기 다지기

❶ 인물의 동작과 시제

인물 사진 문제에서는 인물의 동작이나 상태를 묘사하는 보기를 골라야 하므로 동사를 집중해서 들어야 한다. 인물의 동작을 묘사할 때에는 주로 현재진행시제가 사용된다.

(1) 현재진행형

인물의 동작을 표현할 때에는 현재진행형이 사용되는 경우가 많다. 현재진행형은 「be동사 + -ing」의 형태로 나타내며 '~하는 중이다' 또는 '~하고 있다'라는 의미를 갖는다.

The man **is using** the computer. 남자가 컴퓨터를 사용하고 있다.

The pilot **is flying** the airplane. 조종사가 비행기를 조종하고 있다.

The woman **is holding** a fork. 여자가 포크를 들고 있다.

(2) 현재진행 수동태

사물이 주어인 문장으로 인물의 동작을 묘사할 수도 있는데, 이 경우에는 현재진행 수동태가 사용된다. 현재진행 수동태는 「be동사 + being + p.p.」의 형태로서 '~되고 있는 중이다'라는 의미이다.

The floor **is being mopped** by the woman. 바닥이 여자에 의해 걸레질되고 있다.

The table **is being moved** by them. 테이블이 옮겨지고 있다.

The laptop **is being used** by the man. 노트북이 남자에 의해 사용되고 있다.

❷ 동작과 상태의 구분

put on과 wear는 동작과 상태를 구분하는 문제로 자주 출제되는 표현이다. put on은 '입고 있는 동작'을 의미하며 wear는 입고 있는 상태를 의미한다.

One of the women is **wearing** glasses. 여자들 중 한 명이 안경을 쓰고 있다.

→ 여자는 현재 안경을 쓰고 있는 상태이다. [wear → 상태]

One of the women is **putting on** glasses. 여자들 중 한 명이 안경을 쓰고 있다.

→ 여자가 안경을 쓰는 동작을 묘사하고 있다. [put on → 동작]

cf. put on 이외에도 try on(착용해 보다), take off(벗다) 역시 동작을 묘사하는 표현들이다.

The man is **trying on** shoes. 남자는 신발을 신어 보고 있다.

One of the women is **taking off** her coat. 여자들 중 한 명이 코트를 벗고 있다.

빈출 표현 정리

보다

watch 지켜보다, 관람하다	look 바라보다	stare 응시하다
gaze 응시하다	glance 힐끗 보다	check 확인하다, 점검하다
scan 자세히 살펴보다	examine 검토하다	inspect 점검하다, 살펴보다

They are **watching** the game at the stadium. 그들은 경기장에서 경기를 관람하고 있다.

They are going to **look at** the items on sale. 그들은 세일 중인 물건들을 살펴볼 것이다.

A woman is **staring at** her laptop. 한 여자가 자신의 노트북 컴퓨터를 바라보고 있다.

말하다

tell 말하다	speak 이야기하다	talk 말하다
chat 잡담하다	discuss 논의하다	give a speech 연설하다

They are **talking** to each other. 그들은 서로 이야기하고 있다.

The woman is **chatting** with her coworker. 여자는 동료와 잡담을 하고 있다.

People are **discussing** something. 사람들이 무엇인가를 논의 중이다.

먹다 / 마시다

eat 먹다	have 먹다	taste 맛보다
sample 시식하다	drink 마시다	sip 조금씩 마시다

The man is **drinking** a cup of coffee. 남자가 커피 한 잔을 마시고 있다.

Some customers are **sampling** cookies. 몇몇 고객들이 쿠키를 시식하고 있다.

The cook is **tasting** the soup. 주방장이 수프를 맛보고 있다.

청소하다

clean 청소하다	clear off 치우다	sweep (빗자루 등으로) 쓸다
mop 대걸레로 닦다	vacuum 진공청소기로 청소하다	wipe 닦다

A woman is **mopping** the floor. 여자가 바닥을 닦고 있다.

The man is **vacuuming** the room. 남자가 진공청소기로 방을 청소하고 있다.

The men are **sweeping** the street. 그들은 거리를 청소하고 있다.

기타 여러 가지 동작

reach for ~을 향해 뻗다	point at ~을 가리키다	hand 건네다
stroll 걷다, 산책하다	approach ~로 접근하다	climb up 올라가다
move 옮기다	carry 운반하다	fix 고치다

A man is **pointing** at a monitor. 한 남자가 모니터를 가리키고 있다.

They are **strolling** on the seashore. 그들은 해변을 산책하고 있다.

정답 p.002

Ⓐ **주어진 우리말 문장과 의미가 같은 영어 문장을 고르세요.** 01-02

1 그들은 화면을 보고 있다.

(a) (b) (c)

2 그녀는 혼자 앉아 있다.

(a) (b) (c)

3 그는 긴 소매의 셔츠를 입고 있다.

(a) (b) (c)

4 그녀는 몇 송이의 꽃을 꺾고 있다.

(a) (b) (c)

5 테이블 위에 사진기가 있다.

(a) (b) (c)

Ⓑ **사진에 대한 진술이 올바르면 O, 그렇지 않으면 X에 표시하세요.** 01-03

1

(a) (O | X)
(b) (O | X)
(c) (O | X)

2

(a) (O | X)
(b) (O | X)
(c) (O | X)

3

(a) (O | X)
(b) (O | X)
(c) (O | X)

4

(a) (O | X)
(b) (O | X)
(c) (O | X)

Ⓒ 사진을 가장 잘 묘사한 문장을 고르세요. 01-04

1

(a) (b) (c)

2

(a) (b) (c)

3

(a) (b) (c)

4

(a) (b) (c)

5

(a) (b) (c)

6

(a) (b) (c)

PART 1

예상 적중 문제 01 보기를 듣고 사진을 가장 적절하게 묘사한 것을 고르세요.

01-05

문제 해설

- 1인 사진으로, 사진기를 이용하여 사진을 찍고 있는 모습을 표현한 (B)가 정답이다.
- 사진에서 '모자'(hat)가 보이기는 하지만, 여자가 모자를 '벗고 있는'(taking off) 것은 아니므로 (A)는 오답이다.
- 사진에 꽃들이 보이기는 하지만, 여자가 꽃을 '심고 있는'(planting) 것은 아니므로 (C) 역시 오답이다.
- (D)의 경우, 여자가 '포즈를 취하는'(posing) 것이 아니라 사진을 찍고 있으므로 이 역시 정답이 될 수 없다.

묘수풀이

PART 1에서는 우리가 흔히 알고 있는 어휘 및 표현들이 그대로 사용되지 않을 수도 있다. 즉, 이 문제의 정답인 (B)를 살펴보면, '사진기'(camera)라는 흔한 표현이 사용되지 않고, 다소 생소할 수도 있는 photo equipment라는 표현이 사용되었다.

스크립트 & 해석

(A) The woman is taking off her hat.	(A) 여자가 모자를 벗고 있다.
(B) The woman is using photo equipment.	(B) 여자가 사진기를 사용하고 있다.
(C) The woman is planting some flowers.	(C) 여자가 꽃을 심고 있다.
(D) The woman is posing for a picture.	(D) 여자가 사진 촬영을 위해 포즈를 취하고 있다.

어휘 take off (옷 등을) 벗다; 이륙하다 photo equipment 사진기 pose 자세를 잡다, 포즈를 취하다

MORE & MORE

01-06

들리는 문장이 사진을 적절히 묘사하고 있으면 ○, 그렇지 않으면 ×에 표시하세요.

1. There are ______________ in a field. (○ | ×)
2. She is ______________. (○ | ×)
3. ______________ flowers are growing. (○ | ×)

정답 p.003

PART 1 예상 적중 문제 02 보기를 듣고 사진을 가장 적절하게 묘사한 것을 고르세요.

01-07

문제 해설

- 식당을 배경으로 한 2인 사진으로서, 두 사람 모두 긴 소매 옷을 입고 있다고 진술한 (B)가 정답이다.
- 사람들이 '메뉴를 주문하고'(ordering from a menu) 있는 것은 아니므로 (A)는 정답이 될 수 없다.
- (C)의 경우, 음식이 놓여있는 쟁반은 하나밖에 없으므로 이 역시 정답이 될 수 없다.
- (D)의 order around라는 표현은 '명령하다' 혹은 '참견하다'라는 의미로 '주문(order)'을 연상시키는 오답이다.

스크립트 & 해석

(A) They are ordering from a menu.	(A) 그들은 메뉴를 주문하고 있다.
(B) The customers are wearing long-sleeved shirts.	(B) 손님들은 긴 소매의 옷을 입고 있다.
(C) Two of the trays have food on them.	(C) 두 개의 쟁반에 음식이 놓여 있다.
(D) The woman is ordering the man around.	(D) 여자가 남자에게 명령을 하고 있다.

어휘 order 주문하다 menu 메뉴, 메뉴판 long-sleeved shirt 긴팔 셔츠 tray (음식을 담는) 쟁반, 그릇 order around 이래라저래라 하다, 명령하다

MORE & MORE

01-08

들리는 문장이 사진을 적절히 묘사하고 있으면 ○, 그렇지 않으면 ×에 표시하세요.

❶ The chef is ____________. (○ | ×)

❷ The woman ____________ the food. (○ | ×)

❸ A man ____________ the woman. (○ | ×)

정답 p.003

PART 1

예상 적중 문제 03 보기를 듣고 사진을 가장 적절하게 묘사한 것을 고르세요.

01-09

문제 해설

- 여러 명의 사람들이 공통적인 행동을 보이고 있는 사진으로, 사람들이 화면을 보고 있다고 묘사한 (B)가 정답이다.
- 대부분의 사람들이 앉아 있지만 맨 앞의 남자는 서 있으므로 모든 사람들이 앉아 있다고 진술한 (A)는 정답이 될 수 없다.
- (C)의 screen이라는 단어는 '상영하다'라는 의미로 사용되어 사진과 관련이 없다.
- (D)의 경우, 어떤 학생이 질문을 하고 있는지는 사진만으로 파악할 수 없기 때문에 이 역시 정답이 될 수 없다.

스크립트 & 해석

(A) Everyone has taken a seat.	(A) 모든 사람들이 앉아 있다.
(B) They are looking at a screen.	**(B) 그들은 화면을 보고 있다.**
(C) The people are screening a movie.	(C) 사람들이 영화를 상영하고 있다.
(D) One student is asking a question.	(D) 한 학생이 질문을 하고 있다.

어휘 take a seat 자리에 앉다 screen 화면, 스크린; 상영하다, 방영하다 ask a question 질문을 하다

MORE & MORE

01-10

들리는 문장이 사진을 적절히 묘사하고 있으면 ○, 그렇지 않으면 ×에 표시하세요.

❶ ______________ is looking at the students. (○ | ×)

❷ A laptop is ______________ in the front. (○ | ×)

❸ A woman is ______________ in her lap. (○ | ×)

정답 p.003

Part 1 다음을 듣고 사진을 가장 적절하게 묘사한 문장을 고르세요. 01-11

1.

(A) (B) (C) (D)

2.

(A) (B) (C) (D)

3.

(A) (B) (C) (D)

4.

(A) (B) (C) (D)

Unit 02

사물 및 배경 중심 사진

학습 포인트

✔ 사물 및 배경 중심 사진에서는 사무실, 식당, 상점 등 다양한 장소의 실내 모습과 함께, 다리, 부둣가, 공원 등의 야외 풍경들도 등장할 수 있다.

✔ 사물 및 배경 중심 사진에서는 사물의 상태를 설명하기 위해 수동태 문장이 사용되는 경우가 많으므로 수동태에 대한 정확한 이해가 필요하다.

✔ 사진에 사물만 등장하는 경우도 있으나 사물과 함께 다수의 사람들이 등장하는 경우도 있다. 이러한 경우에는 사물뿐만 아니라 사람에 대한 묘사도 보기로 나올 수 있기 때문에, 각 보기들이 무엇을 설명하고 있는지를 확인해야 한다.

예제

01-12

(A) People are sitting on the bench.
사람들이 벤치에 앉아 있다.

(B) There is no one in the park.
공원에는 아무도 없다.

(C) The trees have lost all of their leaves.
모든 나뭇잎들이 떨어져 있다.

(D) The sidewalk is being swept.
보도가 청소되고 있다.

어휘 bench 벤치 park 공원 lose 지다; 잃다 leaf 잎 sidewalk 보도, 인도 sweep 쓸다, 청소하다

문제 유형 분석

공원의 풍경을 보여 주는 전형적인 사물 및 배경 중심 사진 문제이다.

풀이 전략

❶ 인물이 등장하지 않는 사물 및 배경 사진 문제에서는 각각의 사물에 대한 알맞은 설명이나 전체 상황을 적절히 묘사한 보기를 찾아야 한다.

❷ 공원으로 보이는 위 사진에서는 사람을 찾아볼 수 없기 때문에 '공원에는 아무도 없다'고 설명한 (B)가 정답이다.

❸ (A)의 경우, 사람이 등장하지 않은 사진에 대해 people(사람들)을 주어로 사용하고 있으므로 이는 정답이 될 수 없다. (C)와 (D)는 사진에 등장하는 사물들을 이용한 함정으로, '나무'(trees)가 보이기는 하나 나무의 '모든 잎들'(all of their leaves)이 떨어진 것은 아니므로 (C)는 정답이 될 수 없다. '보도'(sidewalk)가 보이기는 하지만 보도가 '청소되고 있는'(is being swept) 것은 아니므로 (D) 역시 정답이 될 수 없다.

기본기 다지기

❶ 수동태 표현

PART 1에서 사물이 배치된 상태를 설명할 때에는 수동태 문장으로 표현되는 경우가 많다. 이러한 수동태 표현은 특히 현재완료와 잘 어울려 사용된다.

The bed **is made.** 침대가 정돈되어 있다.

→ 누군가에 의해 침대가 정돈되었다.

Dinner **has been served** to the guests. 손님들에게 저녁 식사가 제공되었다.

→ 누군가에 의해 저녁 식사가 제공되어, 현재 손님들 앞에 식사가 마련되어 있다.

cf. 현재진행 수동태를 이용해 사물을 묘사할 수도 있다.

The dog **is being given** a bath. 개에게 목욕을 시켜 주고 있다.

→ 개가 누군가에 의해 씻겨지고 있는 중이다.

❷ there로 시작하는 문장

'무엇이 있다'라는 의미는 유도부사 there를 이용해 「there + be동사」 구문으로 나타낼 수 있다.

There is a car in the parking lot. 주차장에 자동차 한 대가 있다.

There are some books on the shelf. 책장에 몇 권의 책들이 있다.

cf. 「there + be동사」에 부정어를 사용하여 부정문을 만들 수도 있다.

There is nobody in the restaurant. 식당에 아무도 없다.

There are not any bottles on the counter. 판매대에는 병이 하나도 없다.

❸ 위치를 나타내는 전치사

사물의 위치를 설명할 때 전치사나 전치사구가 사용되는 경우가 많다. 아래의 전치사와 전치사구들은 PART 1에서 자주 볼 수 있는 것들이므로 그 의미를 정확히 이해해 두자.

on ~위에	in ~ 안에	beside ~ 옆에	next to ~ 옆에
between ~ 사이에	on top of ~의 꼭대기에	in front of ~ 앞에	behind ~ 뒤에

The cans are **in** the cabinet. 캐비닛 안에 통조림이 있다.

The dog is lying **between** the desk and the chair. 책상과 의자 사이에 개가 누워 있다.

The files are **on top of** the table. 테이블 위에 파일들이 있다.

cf. on은 접촉되어 있는 상태를 나타낸다.

A picture is hanging **on** the wall. 벽에 사진이 걸려 있다.

④ 전체와 부분의 구분

다수의 사람 혹은 다수의 사물이 등장하는 사진 문제의 경우, 전체에 대한 진술과 부분에 대한 진술로 보기를 구분해 볼 수 있다.

(1) 전체에 대한 설명

사진 속 대상을 모두 가리키는 every, all 등으로 시작하는 보기가 여기에 속한다. 이러한 보기는 사진 속 대상이 모두 동일한 동작이나 상태를 보일 경우에만 정답이 될 수 있다. nobody, nothing 등의 부정어로 시작하는 보기도 전체에 대한 설명으로 볼 수 있다.

All of the cars are parked along the road. 모든 차들이 도로를 따라 주차되어 있다.

No prices are on the products. 제품에 가격이 전혀 붙어있지 않다.

(2) 부분에 대한 설명

some이나 several은 사람이나 사물의 일부를 설명한다. 따라서 설명의 대상이 되는 사람이나 사물이 서로 다른 동작이나 상태를 취하고 있는지를 파악하며 정답 여부를 확인해야 한다.

Some pictures are hanging on the wall. 몇몇 그림들이 벽에 걸려 있다.

Several boats are docked in the harbor. 몇몇 배들이 항구에 정박해 있다.

★ 빈출 표현 정리

사물 관련

pile 쌓아 놓은 것, 더미	shelf 선반	stack (정돈되어 있는) 더미
container 용기	heap 더미, 무더기	carton 곽, 상자
arrange 정리하다; 배열하다	pile/stack up 쌓다	lean against ~에 기대다
be lined up 나란히 있다	face 마주하다	be filled with ~으로 가득하다

The workers are **arranging** the **stacks** of items. 노동자들이 제품 더미들을 정리하고 있다.

The warehouse **is filled with heaps** of merchandise. 창고에 상품들이 가득 쌓여 있다.

Cars **are lined up** in the parking lot. 주차장에 차들이 나란히 세워져 있다.

배경 및 풍경 관련

over the water 물 위에	be reflected in/on ~에 비치다
casting shadows 그림자를 비치다	run through ~을 통과해서 뻗어 있다
there is/are ~이 있다	overlook 내려다 보인다

There are some boats on the lake. 호수 위에 몇 척의 배가 있다.

A tower is **overlooking** the water. 탑이 물을 내려다보고 있다.

The path **runs through** the forest. 숲을 통과해서 길이 나 있다.

정답 p.004

A 주어진 우리말 문장과 의미가 같은 영어 문장을 고르세요.

01-13

1 테이블 위에 접시들이 있다.
(a) (b) (c)

2 몇 척의 보트가 물 위에 있다.
(a) (b) (c)

3 의자가 벽에 기대어 있다.
(a) (b) (c)

4 모든 사람이 코트를 입고 있다.
(a) (b) (c)

5 차에는 두 개의 유아용 카시트가 있다.
(a) (b) (c)

B 사진에 대한 진술이 올바르면 O, 그렇지 않으면 X에 표시하세요.

01-14

1

(a) (O | X)
(b) (O | X)
(c) (O | X)

2

(a) (O | X)
(b) (O | X)
(c) (O | X)

3

(a) (O | X)
(b) (O | X)
(c) (O | X)

4

(a) (O | X)
(b) (O | X)
(c) (O | X)

Ⓒ 사진을 가장 잘 묘사한 문장을 고르세요.

01-15

1

(a) (b) (c)

2

(a) (b) (c)

3

(a) (b) (c)

4

(a) (b) (c)

5

(a) (b) (c)

6

(a) (b) (c)

PART 1

예상 적중 문제 01 보기를 듣고 사진을 가장 적절하게 묘사한 것을 고르세요.

01-16

문제 해설

- 두 개의 침대가 나란히 놓인 침실의 모습을 보여 주는 사물 중심 사진으로, 두 개의 침대 사이에 램프가 있다고 설명한 (A)가 정답이다.
- (B)의 경우, 이불이 '접혀'(have been turned down) 있지는 않으므로 이는 오답이다.
- (C)의 경우, 사람이 등장하지 않는 사진에서 사람들의 상태를 설명하고 있으므로 이는 정답이 될 수 없다.
- 사진 속의 켜져 있는 램프를 '꺼져 있다'(has been turned off)라고 잘못 묘사한 (D) 역시 오답이다.

스크립트 & 해석

(A) The lamp is between the beds.	(A) 침대 사이에 램프가 있다.
(B) The beds have been turned down.	(B) 침대보가 접혀 있다.
(C) They are ready to go to bed.	(C) 그들은 자러 갈 준비를 마쳤다.
(D) The lamp has been turned off.	(D) 램프가 꺼져 있다.

어휘 lamp 등, 램프 between ~ 사이에 turn down 엎어 놓다, (이불 등을) 개다; 거절하다 be ready to ~할 준비를 하다 go to bed 잠자리에 들다

MORE & MORE

01-17

들리는 문장이 사진을 적절히 묘사하고 있으면 ○, 그렇지 않으면 ×에 표시하세요.

1. Pillows are ____________. (○ | ×)
2. The beds ____________ on them. (○ | ×)
3. The dresser drawer ____________. (○ | ×)

정답 p.006

예상 적중 문제 02 보기를 듣고 사진을 가장 적절하게 묘사한 것을 고르세요.

01-18

문제 해설

- 빵이 진열대에 놓여진 모습을 보여 주는 사진으로, 구워낸 제품들이 용기에 들어있다고 표현한 (A)가 정답이다.
- 사진에서 음식의 일종인 빵이 보이기는 하지만, 이것이 '주방에'(in the kitchen) 있는 것은 아니므로 (B)는 정답이 될 수 없다.
- (C)의 경우, 판매를 위해 빵이 진열대에 있는 것으로 보이지만 '할인 판매'(a sale)를 하는지는 알 수 없으므로 이 역시 오답이다.
- 제빵사가 페이스트리 빵을 만들고 있는 모습은 보이지 않기 때문에 (D) 또한 정답이 될 수 없다.

묘수풀이

이 문제와 같이 보기의 주어들이 서로 다를 때에는 각각의 내용을 확실히 이해해야 한다. 특히 위치를 나타내는 전치사구가 정답을 찾기 위한 핵심적인 단서가 될 수 있으므로 전치사 부분을 집중해서 듣도록 한다.

스크립트 & 해석

(A) There are baked goods in some bins.	(A) 구워낸 제품들이 용기에 들어 있다.
(B) Lots of food is in the kitchen.	(B) 많은 음식들이 주방에 있다.
(C) There is a sale on bread.	(C) 빵이 할인 판매되고 있다.
(D) Pastries are being made by bakers.	(D) 페이스트리가 제빵사에 의해 만들어지고 있다.

어휘 baked good (빵이나 쿠키 등의) 구운 제품 bin 통, 용기 lots of 많은 kitchen 주방 sale 할인 판매, 세일 bread 빵 pastry 페이스트리 baker 제빵사

MORE & MORE

01-19

들리는 문장이 사진을 적절히 묘사하고 있으면 ○, 그렇지 않으면 ×에 표시하세요.

❶ ________ are being picked. (○ | ×)

❷ Some of the loaves of bread ________. (○ | ×)

❸ The items are ________. (○ | ×)

정답 p.006

PART 1

예상 적중 문제 03 보기를 듣고 사진을 가장 적절하게 묘사한 것을 고르세요.

01-20

문제 해설

- 커다란 건축물과 호수를 배경으로 사람들이 휴식을 취하는 모습을 볼 수 있다.
- 보기 중에서 사진을 가장 적절히 묘사한 것은 건물에 '여러 개의 기둥'(several columns)이 있다고 설명한 (D)이다.
- (A)의 경우, 물이 보이기는 하나, '물이 둑을 넘치고 있는'(banks are being flooded) 모습은 볼 수 없으므로 이는 정답이 될 수 없다.
- (B)의 경우에는 나무가 보이기는 하지만 이는 숲이 아니므로, '숲에 나무가 무성하다'(The forest is full of trees.)라는 설명은 사실과 다르다.
- 호수에서 수영이 허용되는지의 여부는 사진을 통해 판단할 수 없으므로 (C) 역시 오답이다.

스크립트 & 해석

(A) The river's banks are being flooded.	(A) 강물이 강둑을 넘고 있다.
(B) The forest is full of trees.	(B) 숲에 나무가 무성하다.
(C) Swimming is allowed in the lake.	(C) 호수에서 수영하는 것이 허용된다.
(D) The building has several columns.	**(D) 건물에는 여러 개의 기둥이 있다.**

어휘 flood 범람하다 bank 둑 allow 허락하다, 허가하다 column 기둥

MORE & MORE

01-21

들리는 문장이 사진을 적절히 묘사하고 있으면 ○, 그렇지 않으면 ×에 표시하세요.

1. People ______________ in the pool. (○ | ×)
2. ______________ line the water. (○ | ×)
3. A flag ______________ by the trees. (○ | ×)

정답 p.006

Unit 02 연습 문제

Part 1 다음을 듣고 사진을 가장 적절하게 묘사한 문장을 고르세요. 01-22

1.

(A) (B) (C) (D)

2.

(A) (B) (C) (D)

정답 및 해설 p.006

3.

(A) (B) (C) (D)

4.

(A) (B) (C) (D)

PART 1 01-23

Directions: For each question in this part, you will hear four statements about a picture in your test book. When you hear the statements, you must select the one statement that best describes what you see in the picture. Then find the number of the question on your answer sheet and mark your answer. The statements will not be printed in your test book and will be spoken only one time.

1.

(A) (B) (C) (D)

2.

(A) (B) (C) (D)

정답 및 해설 p.007

3.

(A) (B) (C) (D)

4.

(A) (B) (C) (D)

GO ON TO THE NEXT PAGE

5.

(A) (B) (C) (D)

6.

(A) (B) (C) (D)

NO TEST MATERIAL ON THIS PAGE

PART 2

질의-응답 ?!

- PART 2에서는 짧은 질문이나 진술에 대한 적절한 답변을 골라야 한다.
- 의문문으로 시작하는 의문문, 일반 의문문과 같이 일반적인 의문문뿐만 아니라 부정의문문 및 부가의문문, 또는 평서문과 같이 다양한 형태의 질문 및 진술이 출제된다.
- 문제와 보기를 모두 음성으로만 들을 수 있기 때문에 집중력을 잃지 않고 문제 유형을 파악하는 것이 매우 중요하다.

Unit 01 의문사 의문문 I (who, whose, whom, which, what)

Unit 02 의문사 의문문 II (when, where, why, how)

Unit 03 일반 의문문

Unit 04 평서문

Unit 05 제안, 권유 및 요청

Unit 06 기타 의문문 (선택 / 부정 / 부가 의문문)

1 >> 파트의 구성과 대비 요령

A 파트의 구성

파트	문항 수	문제 유형
Part 2	25	• 의문사 의문문에 대한 알맞은 답변을 고르는 문제 • 일반 의문문에 대한 알맞은 답변을 고르는 문제 • 평서문에 대한 알맞은 답변을 고르는 문제 • 제안 및 권유의 표현에 대한 알맞은 답변을 고르는 문제 • 기타 의문문에 대한 알맞은 답변을 고르는 문제

B 대비 요령

ⓐ 각 의문문에 대한 일반적인 답변 패턴을 미리 알아 둔다.

질문이 의문사 의문문일 경우, 각 의문사의 의미와 그에 대한 전형적인 답변 패턴을 알고 있어야 한다. 마찬가지로 일반 의문문, 제안 및 권유 표현, 그리고 기타 의문문에 대해서도 각각의 형식에 적절한 답변 방식을 알아 두도록 한다.

ⓑ 우회적인 답변 유형들을 알아 둔다.

우회적으로 대답하는 보기들이 정답인 경우가 점차 많아지고 있다. 따라서 전형적인 응답이 아닌 우회적인 답변이나 되묻는 답변이 정답일 수 있다는 것을 생각하며 문제를 풀어야 한다.

ⓒ 집중력을 높인다.

PART 2는 시험지에 정답의 단서가 없을 뿐만 아니라 질문과 응답이 매우 빠르게 진행되기 때문에 잠깐 집중력을 잃더라도 문제를 놓치게 된다. 그러므로 한 세트의 문제를 푸는 동안 끝까지 집중력을 잃지 않는 연습을 해 두어야 한다.

2

출제 경향과 풀이 전략

A 출제 경향

파트	출제 경향
Part 2	• 질문의 절반 이상은 의문사 의문문으로 이루어져 있고, 일반 의문문, 평서문, 제안 및 권유 표현, 기타 의문문이 나머지 절반 정도를 차지한다. • 일반 의문문 문제에서 부가의문문과 부정의문문이 상당수 출제된다. 평서문의 출제 비중 또한 높아지고 있다. • 질문에 대한 전형적인 패턴의 답변들보다 '잘 모르겠다' 혹은 '왜 그런 질문을 하는가' 등과 같은 전형적이지 않은 응답들이 정답으로 제시되고 있다.

B 풀이 전략

ⓐ 질문을 놓치지 않고 듣는다.

PART 2의 질문은 한 문장으로 이루어져 있기 때문에 순간적으로 방심하면 문제를 놓칠 수 있다. 따라서 질문의 내용을 놓치지 않고 듣는 것이 가장 중요하다. 특히 의문문의 경우, 문장 앞부분을 들어야 해당 질문이 의문사 의문문인지 혹은 일반 의문문인지 알 수 있으므로 앞부분을 놓치지 말고 들어야 한다.

ⓑ 오답 소거를 통해 정답을 찾는다.

답변 중에서 확실히 정답이 아니라고 생각되는 것들은 정답 후보에서 제외시킨다. 각 보기를 듣자마자 확실히 정답이 아닌 것, 정답의 가능성이 있지만 확실하지 않은 것, 확실히 정답인 것을 구분하면서 문제를 풀도록 한다.

ⓒ 문제를 놓쳤더라도 과감히 다음 문제로 넘어간다.

한 문제에 시간을 너무 많이 쓰게되면 다음 문제를 듣는 데 어려움을 겪을 수 있다. 따라서 어떤 문제를 놓쳤다고 판단되는 경우, 해당 문제에 연연하지 말고 과감히 다음 문제에 집중함으로써 PART 2의 나머지 부분에 부정적인 영향이 미치지 않도록 해야 한다.

Unit 01

의문사 의문문 I
(who, whose, whom, which, what으로 시작하는 의문문)

학습 포인트

✔ PART 2의 문제 중 절반 정도는 의문사로 시작되는 의문문 형태로 출제된다. 이중 who, whose, whom은 사람과 관련된 질문이기 때문에 그에 대한 답변들은 사람의 이름이나 직업 및 직책 등으로 이루어질 수 있다. 의문사 의문문은 yes/no로 답변할 수 없다.

✔ which로 시작되는 의문문은 한정된 범위 내에서 특정한 하나를 선택할 것을 요구한다. what 혹은 「what + 명사」 형태로 시작되는 의문문은 다양한 내용을 물을 수 있기 때문에 그 뒤에 이어지는 내용에 주의를 기울여야 한다.

예제 02-01

Q. Who wrote these documents?

(A) Yes, it's documented.

(B) Either Kay or Tim.

(C) It's a popular documentary.

Q. 누가 이 문서를 작성했나요?

(A) 네, 그것은 문서화되어 있어요.

(B) Kay 아니면 Tim요.

(C) 그것은 유명한 다큐멘터리예요.

어휘 document 문서 documented 문서로 기록된, 문서화된 either A or B A와 B 중에서 둘 중 하나 popular 유명한, 인기 있는 documentary 다큐멘터리, 기록물

문제 유형 분석

의문사 who로 시작되는 의문사 의문문이다. 따라서 이에 대한 답변으로 사람의 이름이나 직책 등이 언급될 수도 있고, '잘 모르겠다' 혹은 '다른 사람이 알고 있다'와 같은 우회적인 답변들도 정답으로 제시될 수 있다.

풀이 전략

❶ 의문사 who를 통해 문서를 작성한 사람이 누구인지 묻고 있으므로, 특정 인물을 가리키는 답을 찾으면 된다. 따라서 구체적으로 작성자를 밝힌 (B)가 정답이다.

❷ (B)를 살펴보면, '누가 작성했다'라는 식으로 작성자를 정확히 밝히지 않고, 'Kay가 했을 수도 있고' 혹은 'Tim이 했을 수도 있다'라고 답하고 있다. 이처럼 우회적인 답변이 정답이 될 수 있음을 명심해야 한다.

❸ (A)의 경우, '누가' 작성했는지를 묻는 질문에, yes나 no로 답변할 수는 없으므로 이는 정답이 될 수 없다.

❹ (C)의 경우, 질문의 document(문서)와 발음이 유사한 documentary(다큐멘터리, 기록물)라는 단어로 오답을 고르도록 유도하고 있지만, 작성자가 누구인지를 묻는 질문에 '그것은 유명한 다큐멘터리이다'라고 답변하는 것은 적절하지 않다.

기본기 다지기

❶ who

who는 '누구'라는 의미로 어떤 사람의 이름이나 신원을 물어볼 때 사용된다. 사람의 이름이나 직책 등을 밝힌 답변이 이어질 수 있다.

(1) 이름이 답변인 경우

Q **Who** is in charge of the seminar? 누가 세미나의 책임을 맡고 있죠?

A Mr. Simmons is. Simmons 씨요.

Q **Who** knows how to upload this program? 이 프로그램을 업로드하는 방법을 누가 알고 있나요?

A Carol can do it. Carol이 할 수 있어요.

(2) 직책이 답변인 경우

Q **Who** is working on the budget? 누가 예산과 관련된 작업을 하고 있죠?

A The assistant manager. 대리님요.

cf. whom대신 who를 사용할 수 있다.

Q **Who(m)** should I file a complaint with? 누구에게 불만을 제기해야 하나요?

A The customer service representative. 고객 서비스 상담원에게요.

❷ whose

whose는 who의 소유격으로 '누구의'라는 의미를 나타낸다. whose로 시작되는 질문에는 소유격이나 소유의 의미를 나타내는 표현들로 답변할 수 있다.

(1) 소유격을 이용하여 답변하는 경우

Q **Whose** briefcase is by the door? 문 옆에 있는 가방은 누구의 것인가요?

A Tim's, I think. Tim의 것으로 알고 있어요.

Q **Whose** interview was the best? 누구의 면접이 가장 좋았나요?

A Definitely Mr. Anderson's. 확실히 Anderson 씨의 면접이었어요.

Tip

whose는 who's (who is)와 발음이 비슷하기 때문에 수험생들이 혼란을 겪을 수 있다. 이러한 경우에는 의문사 뒤에 오는 단어나 표현을 파악하여 질문의 전체적인 내용을 확인한 후 정답을 선택해야 한다.

(2) 기타 소유의 의미를 나타내는 표현들로 답변하는 경우

Q **Whose** umbrella is this? 이것은 누구의 우산인가요?

A It belongs to Tina. Tina의 것이에요. [belong to ~에게 속하다]

Q **Whose** car is in the parking lot? 주차장에 있는 차는 누구의 차인가요?

A Kevin owns it. Kevin의 것이에요. [own 소유하다]

❸ whom

whom은 who의 목적격으로 '누구를' 혹은 '누구에게'라는 의미로서, 어떤 행동의 목적이나 대상을 물어볼 때 사용된다. 구어체에서는 whom 대신 who가 주로 사용되지만, 전치사와 함께 쓰이는 경우에는 whom을 사용해야 한다.

Q To **whom** did you speak? 누구에게 이야기를 했나요? [= Who(m) did you speak to?]
A A man named Jeff. Jeff라는 이름의 남자에게요.

Q For **whom** is that present? 저 선물은 누구를 위한 것인가요? [= Who(m) is the present for?]
A Karen. It's her birthday. Karen요. 그녀의 생일이거든요.

❹ which

which는 '어떤' 혹은 '어떤 것'이라는 의미를 나타낸다. what과 의미가 비슷하지만 which는 이미 정해져 있는 것 중에서 하나를 선택할 것인지를 묻는 경우에 주로 사용된다.

What job will you apply for? 어떤 직책에 지원하실 건가요?
→ 모든 직책에 지원이 가능한 상황

Which job in this advertisement will you apply for? 이 광고 내의 어떤 직책에 지원하실 건가요?
→ 구인 광고에 있는 직책에만 지원이 가능한 상황

❺ what

what은 의문문에서 주어로 사용될 수도 있고 목적어로 사용될 수도 있다. 「what + 명사」 의문문의 경우에는 명사를 놓치지 않고 들어야 정답을 고를 수 있다.

(1) 주어로 사용되는 경우

What was the topic of the conversation? 대화의 주제가 무엇이었나요?
What caused the problem? 무엇이 문제를 일으켰나요?
What is his phone number? 그의 전화번호가 어떻게 되나요?

(2) 목적어로 사용되는 경우

What should we do to promote the project? 프로젝트를 진전시키기 위해 무엇을 해야 할까요?
What did Ms. Roberts say about my report? Roberts 씨께서 제 보고서에 대해 뭐라고 말씀하셨나요?
What do I need to do next? 다음으로 제가 무엇을 해야 하죠?

(3) what + 명사

What stores are having sales? 어느 매장에서 세일을 하고 있나요?
What computer should I use? 제가 어떤 컴퓨터를 사용하면 되죠?
What time will the movie start? 몇 시에 영화가 시작하나요?
→ what 뒤의 명사를 놓치지 않고 들어야 한다.

정답 p.009

A 우리말 질문에 영어로 가장 자연스럽게 대답한 것을 고르세요.

02-02

1 이 자리에 누가 앉나요? (a) (b)

2 오늘 저녁에 무엇을 할 건가요? (a) (b)

3 그녀는 어떤 신문을 구독하고 있나요? (a) (b)

4 이 편지를 누구에게 부쳐야 하죠? (a) (b)

5 문 옆에 있는 가방은 누구의 가방인가요? (a) (b)

B 질문에 대한 답변이 자연스러우면 O, 그렇지 않으면 X에 표시하세요.

02-03

1 ______________ would you recommend?

(a) (O | X) (b) (O | X)

2 ______________ can help Ray with his assignment?

(a) (O | X) (b) (O | X)

3 ______________ should we do if the vice president arrives?

(a) (O | X) (b) (O | X)

4 ______________ are you looking for?

(a) (O | X) (b) (O | X)

5 ______________ should we subscribe to?

(a) (O | X) (b) (O | X)

C 질문에 가장 잘 어울리는 대답을 고르세요.

02-04

1 Mark your answer on your answer sheet. (a) (b)

2 Mark your answer on your answer sheet. (a) (b)

3 Mark your answer on your answer sheet. (a) (b)

4 Mark your answer on your answer sheet. (a) (b)

5 Mark your answer on your answer sheet. (a) (b)

PART 2

예상 적중 문제 01 다음을 듣고 질문에 가장 알맞은 응답을 고르세요.

02-05

Mark your answer on your answer sheet. (A) (B) (C)

문제 해설

- 의문사 who를 이용하여 사무실의 책임자가 '누구'인지를 묻고 있다. 따라서 해당 인물을 지목하고 있는 (A)가 정답이다.
- (B)의 경우, Janet과 Rachel이라는 사람 이름을 이용하여 오답을 고르도록 유도하고 있지만, 사무실의 책임자를 묻는 질문에 'Janet과 Rachel이 이곳에서 일하고 있다'는 답변은 적절하지 못하다.
- (C)의 경우, 의문사 의문문에 대해 yes로 답변하고 있으므로 오답이다. 그 이후의 내용 또한 질문과 상관없는 것이므로 정답이 될 수 없다.

스크립트 & 해석

Who is the person in charge of this office?	이 사무실의 책임자는 누구인가요?
(A) That man over there.	(A) 저쪽에 계신 분이에요.
(B) Janet and Rachel work here.	(B) Janet과 Rachel이 이곳에서 일해요.
(C) Yes, this is an office.	(C) 네, 여기는 사무실이에요.

어휘 in charge of ~을 책임지는, ~을 담당하는 office 사무실 over there 저쪽에, 저기에 있는

MORE & MORE

02-06

들리는 문장이 위 질문에 적절한 대답이면 ○, 그렇지 않으면 ×에 표시하세요.

❶ I'll charge it to ______________. (○ | ×)

❷ No, I'm ______________. (○ | ×)

❸ ______________ Ms. Rodriguez. (○ | ×)

정답 p.010

PART 2

예상 적중 문제 02 다음을 듣고 질문에 가장 알맞은 응답을 고르세요.

02-07

Mark your answer on your answer sheet. (A) (B) (C)

문제 해설

- 'what + store'로 시작하는 질문으로, 신제품을 판매하는 곳이 '어느 매장'인지를 묻고 있다. 따라서 구체적인 매장 이름을 언급한 (A)가 정답이다.
- (B)의 경우, 질문의 products와 발음이 유사한 produced를 이용하여 오답을 고르도록 유도하고 있지만, (B)는 '그것들이 생산되고 있다'라는 의미이므로 내용상 정답이 될 수 없다.
- 의문사 의문문에 no로 대답을 시작한 (C) 역시 정답이 될 수 없다.

참고합시다!

PART 2에서는 질문에 사용된 단어의 파생어가 오답에 등장하는 경우가 많다. 이 문제의 경우에도 질문의 products라는 단어와 품사가 다른 produced라는 단어가 (B)에서 사용되었다. 이처럼 질문에서 들렸던 단어와 발음이 비슷한 단어가 들리는 보기는 정답이 아닐 가능성이 높다.

스크립트 & 해석

What store sells that new line of products?
(A) Justin Electronics, I believe.
(B) They are being produced now.
(C) No, they're not new at all.

어떤 매장에서 저 신제품들을 팔고 있나요?
(A) Justin 전자 제품 매장으로 알고 있어요.
(B) 그것들은 현재 생산 중이에요.
(C) 아니요, 그것들은 전혀 새로운 것이 아니에요.

어휘 new line of products 신제품 believe 믿다 produce 생산하다 not ~ at all 전혀 ~ 않는

MORE & MORE

02-08

들리는 문장이 위 질문에 적절한 대답이면 ○, 그렇지 않으면 ×에 표시하세요.

❶ ______________, but Andy does. (○ | ×)

❷ I saw them at RCT ______________. (○ | ×)

❸ ______________ that company's products. (○ | ×)

정답 p.010

PART 2

예상 적중 문제 03 다음을 듣고 질문에 가장 알맞은 응답을 고르세요.

02-09

Mark your answer on your answer sheet. (A) (B) (C)

문제 해설

- 의문사 which를 이용하여 상대방이 어떤 회의에 참석하고자 하는지 의향을 묻고 있다. 이에 대해 구체적으로 마케팅에 관한 회의를 언급한 (C)가 정답이다.
- 특정 회의에 관심이 있다는 답변 없이 회의가 시작되는 시점만을 밝힌 (A)는 오답이다.
- 의문사 의문문에 yes로 대답한 (B)도 정답이 될 수 없다. (B)의 경우 질문의 conference가 그대로 사용되었는데, 이처럼 질문의 단어가 똑같이 반복된 보기는 오답일 가능성이 높다.

스크립트 & 해석

Which conference are you interested in attending?	어떤 학회에 참석하는 것에 관심이 있나요?
(A) It starts in about five minutes.	(A) 그것은 약 5분 후에 시작되어요.
(B) Yes, we're having a conference.	(B) 네, 우리는 회의를 할 거예요.
(C) The one on marketing looks good.	**(C) 마케팅에 관한 학회가 좋아 보이는군요.**

어휘 conference 회의, 학회 be interested in ~에 관심이 있다 attend 참석하다 marketing 마케팅

MORE & MORE

02-10

들리는 문장이 위 질문에 적절한 대답이면 ○, 그렇지 않으면 ×에 표시하세요.

❶ ________ in room 30. (○ | ×)

❷ I ________ yet. (○ | ×)

❸ Yes, ________. (○ | ×)

정답 p.010

PART 2

예상 적중 문제 04 다음을 듣고 질문에 가장 알맞은 응답을 고르세요.

02-11

Mark your answer on your answer sheet. (A) (B) (C)

문제 해설

- 의문사 which를 사용하여 블라우스 중에서 어떤 것이 마음에 드는지 묻고 있다. 이에 대해 '검정색이 가장 좋아 보인다'라고 말하면서 하나의 블라우스를 선택한 (B)가 정답이다.
- (A)의 경우, 질문에서 사용된 blouse를 반복 사용하여 오답을 고르도록 유도하고 있으나, 어떤 것이 마음에 드는지를 묻는 질문에 자신이 입고 있는 옷을 밝힌 (A)는 적절한 대답이 될 수 없다.
- 마음에 드는 것을 묻는 질문에 '세일할 때 구매했다'는 답변을 하고 있는 (C) 역시 정답이 될 수 없다.

참고합시다!

전치사 of는 '~ 중에서'라는 의미로 사용될 수 있다. 따라서 which와 함께 of를 사용하면 상대방이 선택할 수 있는 후보들을 구체적으로 밝힐 수 있다. 이 문제도 상대방에게 '특정 블라우스' 중에서 하나를 선택할 것을 요구하고 있다.

Which **of** the samples do you like best?
샘플 중에서 어느 것이 가장 마음에 드나요?

Which **of** these laptops do you recommend?
이 노트북 컴퓨터 중에서 어느 것을 추천하시나요?

스크립트 & 해석

Which of these blouses do you like?	이 블라우스 중에서 어떤 것이 마음에 드나요?
(A) I'm wearing a white blouse.	(A) 저는 하얀색 블라우스를 입고 있어요.
(B) The black one looks the best.	**(B) 검정색 블라우스가 가장 좋아 보여요.**
(C) I bought this one on sale.	(C) 저는 이것을 세일할 때 샀어요.

어휘 blouse 블라우스 on sale 세일 중에

MORE & MORE

02-12

들리는 문장이 위 질문에 적절한 대답이면 ○, 그렇지 않으면 ×에 표시하세요.

1. I don't have ______________. (○ | ×)
2. ______________ seem fine to me. (○ | ×)
3. ______________ is over there. (○ | ×)

정답 p.010

Unit 02

의문사 의문문 II

(when, where, why, how로 시작하는 의문문)

학습 포인트

- ✔ when으로 시작되는 의문문은 시점을 묻는 질문으로 시간이나 날짜 등을 언급하는 대답이 이어질 수 있으며, where로 시작되는 의문문은 장소를 묻는 질문으로 구체적인 장소를 언급하는 대답이 따라올 수 있다.
- ✔ why로 시작되는 의문문은 이유를 묻는 질문으로서 because의 의미를 담고 있는 답변이 이어질 수 있으며, how로 시작되는 의문문은 주로 수단이나 방법에 대해 묻는다. 하지만 how 뒤에 오는 단어에 따라 가격이나 수량, 혹은 정도나 기간 등을 언급하는 답변이 이어질 수도 있다.

예제

02-13

Q. Where will the seminar be held?

(A) At four o'clock.
(B) In the conference room.
(C) On September 5.

Q. 세미나가 어디에서 열릴 것인가요?

(A) 4시에요.
(B) 회의실에서요.
(C) 9월 5일에요.

어휘 seminar 어휘 hold 개최하다, 열다 conference room 회의실

문제 유형 분석

의문사 where를 이용한 의문문이다. 따라서 답변에서는 장소에 관한 정보가 언급되어야 한다. 의문사 의문문 문제의 경우, 각 의문사의 의미와 의문사별로 자주 출제되는 질문 유형과 함께 각각의 상황에 맞는 답변 패턴을 알아 두는 것이 중요하다.

풀이 전략

❶ 의문사 where를 이용하여 세미나가 열리게 될 장소를 묻고 있다. 이에 대해 「전치사 + 장소」 형식을 이용한 직접적인 답변이 이어질 수도 있고, '모르겠다', '아직 결정된 바 없다', 혹은 '다른 사람에게 물어보라'라는 식의 간접적인 답변도 이어질 수 있다.

❷ 이 문제의 경우, '장소'를 나타내는 전치사 in과 '장소'를 의미하는 표현인 'the conference room'으로 답변하며 구체적인 장소를 알려 주고 있는 (B)가 정답이다.

❸ 장소를 묻는 질문에 '4시에'라는 시간으로 답을 한 (A)와 특정 날짜인 '9월 5일'이라고 대답한 (C)는 모두 정답이 될 수 없다.

❹ 간접적인 답변도 정답이 될 수 있다. 예를 들면, 'It hasn't been decided yet.'(아직 결정되지 않았어요) 혹은 'Jason will know.'(Jason이 알 거예요)와 같은 답변들도 정답이 될 수 있다.

기본기 다지기

❶ when

when은 시간을 물을 때 사용되는 의문사이다. 부사, 전치사, 접속사를 이용한 시간 표현이 답변인 경우가 많다.

Q **When** should we contact Mr. Watson? Watson 씨에게 언제 연락할까요?

A We had better call him tomorrow morning. 내일 오전에 전화하는 것이 좋겠어요.

cf. 시간과 관련된 답변이 이어질 때 정확성과 관련된 부사가 함께 사용되는 경우가 많다.

The game ended **roughly** at 4:00. 경기는 대략 4시에 끝났어요.

['대략'을 의미하는 부사: around, about, approximately, roughly]

The meeting started at 10 o'clock **sharp**. 회의는 10시 정각에 시작되었어요.

['정확히'를 의미하는 부사: exactly, precisely, accurately, sharp]

❷ where

where는 장소를 물을 때 사용되는 의문사이다. 답변에는 전치사, 부사 등을 이용한 장소 표현이 들어 있는 경우가 많다.

Q **Where** did Tom leave the document? Tom이 서류를 어디에 놓았나요?

A Maybe on your desk. 아마도 당신 책상 위에요.

❸ why

why는 이유를 물어볼 때 사용되는 의문사이다. '~ 때문에'라는 의미의 표현이 없어도 질문에 대한 이유가 될 수 있는 답변이 이어져야 한다.

Q **Why** is Dorothy out of the office? Dorothy는 왜 사무실에 없나요?

A She is meeting a client for a moment. 지금 고객을 만나고 있어요.

cf. 「What is the reason ~?」도 이유를 묻는 의문문이다.

What is the reason that she was fired? 그녀가 해고된 이유가 무엇이죠?

What is the reason for the merger? 합병의 이유가 무엇인가요?

❹ how

how를 이용해 수단, 방법, 상태, 의견 등을 물어볼 수 있다. 수단이나 방법에 대한 대답으로 '~로써', '~을 통해서'라는 표현이 쓰일 수 있다.

(1) by(~로써)를 이용한 답변

Q **How** will they get to Italy? 그들은 어떻게 이탈리아까지 갈 것인가요?

A They're going **by** airplane. 비행기로 갈 거예요.

(2) through(~을 통해서)를 이용한 답변

Q **How** can we get downtown? 어떻게 시내로 갈 수 있죠?

A We can go **through** the tunnel. 터널을 통해서 갈 수 있어요.

5 「how + 형용사」

의문사 how 다음에 형용사를 붙임으로써 다양한 질문을 할 수 있다. how many나 how much는 '얼마나 많이' 혹은 '얼마나 많은'이라는 의미로 사용되며, how far는 '얼마나 멀리', how long은 '얼마나 오랫동안', 그리고 how often은 '얼마나 자주'라는 의미로 사용된다.

(1) how many, how much: 수량, 가격

Q **How many** clients does she have? 그녀는 몇 명의 고객들을 확보하고 있나요?

A Three or four. 3명이나 4명요.

Q **How much** does that cost? 그것은 가격이 얼마인가요?

A It's $50. 50달러예요.

(2) how far + 거리, how long + 시간, how often + 빈도

Q **How far** is your office from here? 여기에서 당신의 사무실까지 얼마나 떨어져 있나요?

A Three kilometers. 3킬로미터요.

Q **How long** will the meeting last? 회의가 얼마 동안 계속될까요?

A Two hours. 2시간요.

Q **How often** does Mr. Grimes eat out? Grimes 씨는 얼마나 자주 외식을 하시나요?

A He does that twice a week. 일주일에 두 번요.

cf. 상대방의 의향이나 선호, 혹은 상대방의 의견을 물어보고자 할 때에는 의문사 how를 이용하여 질문할 수 있다. 이때는 how와 함께 like, enjoy, 그리고 think 등과 같은 동사들이 자주 사용된다.

How do you **like** the new employee? 신입 직원이 어떤가요?

How do you **enjoy** watching movies? 영화를 보는 것이 어떨까요?

How do you **think** he should act? 그가 어떻게 행동해야 할까요?

6 변명이 답변으로 등장하는 경우

'모른다' 혹은 '잊어버렸다'와 같은 답변은 어떠한 질문에도 어울릴 수 있다.

Q Why didn't you attend the meeting this morning? 왜 오늘 아침 회의에 참석하지 않았나요?

A **I didn't know** we were having a meeting. 회의가 있다는 것을 몰랐어요.

Q How come you didn't submit the report? 어떻게 보고서를 제출하지 않을 수가 있죠?

A I completely **forgot about it.** 그것에 대해 완전히 잊고 있었어요.

정답 p.011

A 우리말 질문에 영어로 가장 자연스럽게 대답한 것을 고르세요.

02-14

1 세미나가 언제 시작하나요? (a) (b)

2 몇 대의 컴퓨터를 주문했나요? (a) (b)

3 왜 Burns 씨의 기분이 좋아 보이지 않나요? (a) (b)

4 비행기가 어디에 제일 먼저 가게 되나요? (a) (b)

5 보고서 작업은 어떻게 되고 있나요? (a) (b)

B 질문에 대한 답변이 자연스러우면 O, 그렇지 않으면 X에 표시하세요.

02-15

1 ________________ is the closest parking lot?

(a) (O | X) (b) (O | X)

2 ________________ are the buyers from China arriving?

(a) (O | X) (b) (O | X)

3 ________________ should we go to the airport tomorrow?

(a) (O | X) (b) (O | X)

4 ________________ will the staff meeting last?

(a) (O | X) (b) (O | X)

5 ________________ does Mr. Thomas want me to call him?

(a) (O | X) (b) (O | X)

C 질문에 가장 잘 어울리는 대답을 고르세요.

02-16

1 Mark your answer on your answer sheet. (a) (b)

2 Mark your answer on your answer sheet. (a) (b)

3 Mark your answer on your answer sheet. (a) (b)

4 Mark your answer on your answer sheet. (a) (b)

5 Mark your answer on your answer sheet. (a) (b)

PART 2

예상 적중 문제 01 다음을 듣고 질문에 가장 알맞은 응답을 고르세요.

02-17

Mark your answer on your answer sheet. (A) (B) (C)

문제 해설

- 의문사 when을 이용하여 직원 회의가 '언제' 끝났는지를 묻고 있다. 따라서 '한 시간 전에' 끝났다고 대답한 (B)가 정답이다.
- (A)의 경우, 과거의 시점을 묻는 질문에 미래의 시점으로 대답하고 있으므로 이는 정답이 될 수 없다. 만약 'Last Tuesday.'라고 대답했다면 (A)도 정답이 될 수 있을 것이다.
- 회의가 끝난 시간을 묻는 질문에 대해 회의에 참석한 인원수를 밝힌 (C) 역시 정답이 될 수 없다.

묘수풀이

when으로 시작되는 의문문 문제에서, 문제의 보기 (A)와 같이 질문의 시제와 전혀 어울리지 않는 시제로 답변하는 것은 PART 2의 대표적인 오답 유형 중 하나이다.

스크립트 & 해석

When did the staff meeting finish up?	직원 회의가 언제 끝났죠?
(A) Next Tuesday.	(A) 다음 주 화요일요.
(B) About an hour ago.	**(B) 한 시간 전쯤에요.**
(C) Ten people attended.	(C) 10명의 사람들이 참석했어요.

어휘 staff meeting 직원 회의 finish up 끝나다

MORE & MORE 02-18

들리는 문장이 위 질문에 적절한 대답이면 ○, 그렇지 않으면 ×에 표시하세요.

1. ______________ around nine thirty. (○ | ×)
2. At eleven o'clock ______________. (○ | ×)
3. Ms. Brody ______________. (○ | ×)

정답 p.012

예상 적중 문제 02 다음을 듣고 질문에 가장 알맞은 응답을 고르세요.

02-19

Mark your answer on your answer sheet. (A) (B) (C)

문제 해설

- 의문사 why를 이용하여 Martin 씨가 '왜' 일본에 갔는지를 묻고 있다. 따라서 '새로운 고객과 협상을 하기 위해서'라고 그 이유를 밝힌 (A)가 정답이다.
- 남성인 Martin 씨가 일본에 간 이유를 묻는 질문에 '그녀는 10년 동안 그곳에 살고 있다'고 답변한 (B)는 정답이 될 수 없다.
- (C)의 경우 교통 수단인 plane을 이용하여 오답을 고르도록 유도하고 있지만, 일본에 간 이유를 묻는 질문에 비행기의 연착 시간으로 대답하는 것은 자연스럽지 않으므로 이 또한 정답이 될 수 없다.

스크립트 & 해석

Why did Mr. Martin go to Japan last night?	왜 Martin 씨가 어젯밤에 일본으로 갔나요?
(A) He's negotiating with a new client.	(A) 새로운 고객과 협상을 하고 있어요.
(B) She has lived there for ten years.	(B) 그녀는 10년 동안 그곳에서 살고 있어요.
(C) His plane was delayed by two hours.	(C) 그의 비행기는 2시간 정도 연착되었어요.

어휘 negotiate 협상하다 client 고객 delay 미루다, 연기하다

MORE & MORE

02-20

들리는 문장이 위 질문에 적절한 대답이면 ○, 그렇지 않으면 ×에 표시하세요.

❶ Yes, ________________ Japan now. (○ | ×)

❷ ________________ a buyer there. (○ | ×)

❸ There's ________________ the Fujimori account. (○ | ×)

정답 p.012

PART 2

예상 적중 문제 03 다음을 듣고 질문에 가장 알맞은 응답을 고르세요.

02-21

Mark your answer on your answer sheet. (A) (B) (C)

문제 해설

- 의문사 how를 이용하여 보고서를 Ross 씨에게 제출하는 '방법'을 묻고 있다. 이에 대해 이메일로 제출하라며 제출 방법을 알려 준 (B)가 정답이다.
- (A)의 경우, 질문의 submit을 반복 사용하여 오답을 유도하고 있지만, 아직 보고서를 제출하지 않은 상황에서 '제출되었다' 라는 과거시제로 대답하고 있으므로 이는 정답이 될 수 없다.
- 제출 방법에 대해 묻는 질문에 '그분의 사무실에서'라고 답변한 (C) 역시 정답이 아니다.

스크립트 & 해석

How should we submit this report to Mr. Ross?	이 보고서를 어떻게 Ross 씨에게 제출해야 하나요?
(A) It was submitted.	(A) 제출되었어요.
(B) By e-mail.	**(B) 이메일로요.**
(C) In his office.	(C) 그분의 사무실에서요.

어휘 submit 제출하다 report 보고서, 리포트

MORE & MORE

02-22

들리는 문장이 위 질문에 적절한 대답이면 ○, 그렇지 않으면 ×에 표시하세요.

❶ ______________ ask him. (○ | ×)

❷ He wants ______________. (○ | ×)

❸ ______________ January 19. (○ | ×)

정답 p.012

PART 2

예상 적중 문제 04 다음을 듣고 질문에 가장 알맞은 응답을 고르세요.

02-23

Mark your answer on your answer sheet. (A) (B) (C)

문제 해설

- 의문사 where를 이용하여 여분의 복사 용지를 '어디'에 두는지 묻고 있다.
- (A)의 경우, 질문에 사용된 copy의 복수형인 copies를 사용하여 오답을 고르도록 유도하고 있지만, 복사 용지를 둔 위치를 묻는 질문에 '양면으로 복사해 달라'는 답변은 적절하지 못하므로 (A)는 오답이다.
- (B)의 경우, 의문사 의문문에 yes/no로 답변하였고, 그 이후의 내용도 질문과 어울리지 않으므로 이 역시 정답이 될 수 없다.
- '프린터 뒤쪽의 캐비닛 안'이라고 정확한 위치를 알려 주고 있는 (C)가 정답이다.

스크립트 & 해석

Where do we keep the extra copy paper?	여분의 복사 용지는 어디에 보관해 두나요?
(A) Make double-sided copies.	(A) 양면으로 복사해 주세요.
(B) Yes, I can copy this for you.	(B) 네, 제가 이것을 복사해 드릴 수 있어요.
(C) In the cabinet behind the printer.	(C) 프린터 뒤쪽의 캐비닛에요.

어휘 keep 보관하다 extra 여분의 double-sided 양면의 cabinet 서랍장, 캐비닛

MORE & MORE

02-24

들리는 문장이 위 질문에 적절한 대답이면 ○, 그렇지 않으면 ×에 표시하세요.

1. ______________ recycle that paper. (○ | ×)
2. ______________ today's paper now. (○ | ×)
3. There's some ______________. (○ | ×)

정답 p.012

Unit 03

일반 의문문

학습 포인트

✔ 일반 의문문은 be동사나 조동사로 시작되는 의문문이다. 일반의문문은 yes/no로 응답할 수 있지만, yes/no를 사용하지 않은 답변이 정답이 될 수도 있다.

✔ 잘못된 주어를 이용한 답변이나 시제를 잘못 사용한 오답이 혼동을 일으킬 수 있으므로 질문의 주어 및 시제에 주의해야 한다.

예제

02-25

Q. Can you assist me with my project?

(A) Yes, the project looks fine.

(B) Sorry, but I'm too busy.

(C) No, she can't.

Q. 제 프로젝트에 도움을 주실 수 있나요?

(A) 네, 그 프로젝트는 괜찮아 보여요.

(B) 미안하지만, 제가 너무 바빠서요.

(C) 아니요, 그녀는 할 수 없어요.

어휘 assist 돕다 project 과제, 프로젝트

문제 유형 분석

일반 의문문을 이용하여 상대방이 자신의 프로젝트에 도움을 줄 수 있는지 묻고 있다. 의문사 의문문과 달리 일반 의문문에는 yes나 no로 답변할 수 있다. 위 경우에도 '도와줄 수 있다' 혹은 '도와줄 수 없다'라는 식의 답변이 이어질 수 있다.

풀이 전략

❶ 조동사 can을 이용한 일반 의문문으로, 상대방에게 프로젝트에 도움을 줄 수 있는지 여부를 묻고 있다. 따라서 긍정이나 부정의 의미를 나타내는 표현이 정답이 될 가능성이 높다.

❷ (A)의 경우, 대답이 yes로 시작하지만, 이후 내용이 '그 프로젝트는 괜찮아 보인다'라는 의미이기 때문에 이는 적절한 대답이 될 수 없다.

❸ (C) 역시 no로 시작하지만, 잘못된 주어를 사용하여 답변을 하고 있으므로 자연스러운 대답이 될 수 없다.

❹ 따라서 '미안하지만 바쁘다'며 부정적인 답변을 한 (B)가 정답이다. 이처럼 yes나 no를 사용하여 직접적으로 답변을 하지 않고서도 부정의 의미를 전달할 수 있다.

기본기 다지기

❶ Be / Do / Have 동사 의문문

(1) Be 동사로 시작하는 의문문

사실이나 상태를 확인하기 위한 질문으로서 주로 '~이다', '~이 아니다'로 답변한다.

Q **Are** the waiters taking orders? 웨이터들이 주문을 받고 있나요?

A Yes, they are. 네, 그래요.

Q **Is** Tina speaking on the phone? Tina가 전화 통화를 하고 있나요?

A No, she is copying a document. 아니요, 서류를 복사하고 있어요.

Q **Was** the plane late? 비행기가 연착되었나요?

A Probably not. 아마도 아닐걸요.

(2) Do 동사로 시작하는 의문문

사실 확인을 위한 질문으로서 ~한다', '~하지 않는다'로 대답할 수 있다. 질문에 포함된 일반동사를 주의해서 들어야 정답을 고를 수 있다.

Q **Do** you **enjoy** walking in the park? 당신은 공원에서 산책하는 것을 좋아하나요?

A Yes, of course. 네, 물론이에요.

Q **Does** Mr. Jenkins **type** quickly? Jenkins 씨는 타이핑이 빠른가요?

A Actually, he is not a good typist. 사실 그는 타이핑을 잘 못해요.

→ 이와 같이 일반 의문문에 대해 yes/no를 사용하지 않고 답변할 수 있다.

Q **Did** Ms. Thomas **go** on vacation last week? Thomas 씨는 지난주에 휴가를 떠났나요?

A No, she was too busy at her job. 아니요, 일이 너무 많았거든요.

(3) Have 동사로 시작하는 의문문

현재완료 의문문이므로 완료나 경험에 대해 질문한다. 긍정 및 부정의 표현으로 대답하거나, '~해 본 적이 있다', '~해 본 적이 없다'로 대답하는 것이 일반적이다.

Q **Have** they **been** listening to music? 그들이 음악을 듣고 있나요?

A I am not sure. 잘 모르겠어요.

→ 이와 같이 '잘 모르겠다'와 같은 의미의 답변은 정답일 가능성이 높다.

Q **Has** Tina **asked** a question? Tina가 질문을 했나요?

A Yes, and Mr. Morrison answered it. 네, 그리고 Morrison 씨가 질문에 대답했어요.

Q **Has** the telephone **been** disconnected? 전화가 끊겼나요?

A I think it has. 그런 것 같아요.

❷ 조동사 의문문

Can / Will / Would / Should와 같은 조동사로 시작하는 의문문으로서, 가능성, 미래의 일, 제안 등에 대해 질문한다.

Q **Can** you show me how to do that? 어떻게 하는지 알려 주실 수 있나요?
A Of course. 물론이죠.

Q **Will** they **work** on the project? 그들이 프로젝트 작업을 할 것인가요?
A That's what I heard. 그렇게 들었어요.

Q **Will** Paul **apply** for the job? Paul이 일자리에 지원할 것인가요?
A No, he was already hired by I&G Industries. 아니요, 그는 이미 I&G 산업에 취직했어요.

Q **Would** they **like** to sign a contract? 그들이 계약서에 서명을 하고 싶어 하나요?
A Ask Ms. Yamada. They are her clients. Yamada 씨에게 물어보세요. 그녀의 고객이니까요.

Q **Should** we reserve tickets in advance? 미리 티켓을 예약해야 할까요?
A No, let's not. 아니요, 그렇게 하지 말아요.

❸ 우회적인 긍정 및 부정의 답변

일반적으로 긍정적인 대답에는 yes, 그리고 부정적인 대답에서는 no가 사용되지만, yes나 no를 사용하지 않은 표현들로도 대답할 수 있다.

(1) 긍정적인 의미의 대답

Q Would you like me to go with you? 저와 함께 가실 수 있나요?
A **No problem.** 문제 없어요.

Q Shall we eat out? 외식을 할까요?
A **Why not?** 안 될 것이 있나요?

(2) 부정적인 의미의 대답

Q Do you want me to go there? 제가 그곳에 가기를 원하나요?
A **I don't think so.** 그렇게 생각하지는 않아요.

Q Can I do anything for you? 제가 할 수 있는 일이 있나요?
A **I'm afraid not.** 없는 것 같아요.

정답 p.013

Ⓐ 우리말 질문에 영어로 가장 자연스럽게 대답한 것을 고르세요.

02-26

1 Marino 씨가 우리에게 연락을 했나요? (a) (b)

2 오늘 밤 늦게까지 사무실에 있을 건가요? (a) (b)

3 이것을 저 대신에 Amy에게 갖다 주실 수 있나요? (a) (b)

4 누군가가 그 직책에 지원을 했나요? (a) (b)

5 로마에 하루 더 머무를까요? (a) (b)

Ⓑ 질문에 대한 답변이 자연스러우면 O, 그렇지 않으면 X에 표시하세요.

02-27

1 ______________ the stationery store still open?

(a) (O | X) (b) (O | X)

2 ______________ Ms. Martin signed the contract yet?

(a) (O | X) (b) (O | X)

3 ______________ you point out the store manager to me?

(a) (O | X) (b) (O | X)

4 ______________ you think the flight will be delayed?

(a) (O | X) (b) (O | X)

5 ______________ we order pizza or go out for Chinese?

(a) (O | X) (b) (O | X)

Ⓒ 질문에 가장 잘 어울리는 대답을 고르세요.

02-28

1 Mark your answer on your answer sheet. (a) (b)

2 Mark your answer on your answer sheet. (a) (b)

3 Mark your answer on your answer sheet. (a) (b)

4 Mark your answer on your answer sheet. (a) (b)

5 Mark your answer on your answer sheet. (a) (b)

PART 2

예상 적중 문제 01 다음을 듣고 질문에 가장 알맞은 응답을 고르세요.

02-29

Mark your answer on your answer sheet. (A) (B) (C)

문제 해설

- 자신이 밖에 있는 동안 Johnson 씨에게 전화가 왔는지를 상대방에게 묻고 있다. 이에 대해 '그렇지 않은 것 같다'고 대답한 (C)가 정답이다.
- (A)의 경우, Mr. Johnson을 대신할 수 있는 대명사인 he로 시작하여 오답을 고르도록 유도하고 있지만 '그는 당신의 사무실에 있다'는 대답은 질문과 관계 없으므로 (A)는 오답이다.
- (B)의 경우 질문에 사용된 'I was out'이라는 표현을 반복해서 사용함으로써 오답을 고르도록 유도하고 있으나, '자신은 하루 종일 밖에 있었다'는 답변은 질문에 대한 응답으로 적절하지 않다.

스크립트 & 해석

Did Mr. Johnson call while I was out?	제가 밖에 있을 때 Johnson 씨가 전화를 했나요?
(A) He's in your office.	(A) 그는 당신의 사무실에 있어요.
(B) I was out all day.	(B) 저는 하루 종일 밖에 있었어요.
(C) I'm afraid not.	(C) 하지 않은 것 같은데요.

어휘 call 부르다; 전화하다 out 밖에서 office 사무실 all day 하루 종일 afraid 두려워하는

MORE & MORE

02-30

들리는 문장이 위 질문에 적절한 대답이면 ○, 그렇지 않으면 ×에 표시하세요.

❶ Yes, ______________ five minutes ago. (○ | ×)

❷ No, he ______________. (○ | ×)

❸ ______________ were you out for? (○ | ×)

정답 p.014

PART 2

예상 적중 문제 02 다음을 듣고 질문에 가장 알맞은 응답을 고르세요.

02-31

Mark your answer on your answer sheet. (A) (B) (C)

문제 해설

- 조동사 will을 사용하여 보고서를 이메일로 보내줄 수 있는지 묻고 있다. 이에 대해 '10분 후에 보내 드리겠다'고 답변한 (A)가 정답이다.
- Chambliss의 보고서를 이메일로 보내줄 수 있는지를 묻는 질문에 'Doug이 그 일을 하고 있다'고 답변한 (B)는 대답으로 적절하지 않다.
- '나는 항상 내 메일을 확인한다'는 의미인 (C) 역시 적절한 답변이 될 수 없다.

스크립트 & 해석

Will you e-mail me the Chambliss report, please?	Chambliss의 보고서를 이메일로 보내 주시겠어요?
(A) I'll send it in ten minutes.	**(A) 10분 후에 보내 드릴게요.**
(B) Doug is working on it.	(B) Doug이 그 일을 하고 있어요.
(C) Yes, I always check my e-mail.	(C) 네, 저는 항상 제 이메일을 확인해요.

어휘 report 보고서 check 확인하다

MORE & MORE

02-32

들리는 문장이 위 질문에 적절한 대답이면 ○, 그렇지 않으면 ×에 표시하세요.

1. Sure. I'll do that ______________. (○ | ×)
2. ______________. I don't have it. (○ | ×)
3. No, ______________ the Carter report. (○ | ×)

정답 p.014

예상적중문제 03 다음을 듣고 질문에 가장 알맞은 응답을 고르세요.

02-33

Mark your answer on your answer sheet. (A) (B) (C)

문제 해설

- be동사를 사용하여 새 소프트웨어의 성능에 대해 묻고 있다. 따라서 소프트웨어가 자신들의 '필요'(needs)를 충족시켜 준다고 긍정적으로 답변한 (B)가 정답이다.
- (A)의 경우 질문의 running을 반복한 오답으로서, 질문과 상관없는 주어인 he로 답하고 있으므로 이는 정답이 될 수 없다.
- (C)의 경우에는 질문의 software를 중복 사용하여 혼동을 일으키고 있지만, 새 소프트웨어의 성능을 묻는 질문에 '이것은 소프트웨어가 아니다'라는 답변은 적절하지 못하므로 이 역시 정답이 될 수 없다.

스크립트 & 해석

Is the new software running fine?	새 소프트웨어가 잘 작동하고 있나요?
(A) Yes, he's running on the track.	(A) 네, 그는 트랙 위에서 달리기를 하고 있어요.
(B) Yes, it's meeting our needs.	**(B) 네, 필요한 부분을 충족시켜 주죠.**
(C) No, this isn't the software.	(C) 아니요, 이것은 소프트웨어가 아니에요.

어휘 software 소프트웨어 run 달리다; 운영하다; 작동하다 track 선로; 경주로, 트랙 meet 충족시키다 need 필요성; 욕구

MORE & MORE

02-34

들리는 문장이 위 질문에 적절한 대답이면 ○, 그렇지 않으면 ×에 표시하세요.

1. It cost ______________ money. (○ | ×)
2. I'd say ______________ adequate. (○ | ×)
3. There's a lot of room ______________. (○ | ×)

정답 p.014

PART 2

예상 적중 문제 04 다음을 듣고 질문에 가장 알맞은 응답을 고르세요.

02-35

Mark your answer on your answer sheet. (A) (B) (C)

문제 해설

- 완료시제를 이용하여 영업 실적이 이미 발표되었는지를 묻고 있다. 이에 대해 '약 2시간 후에 발표될 예정이다'라고 말함으로써 아직 발표되지 않았다는 사실을 간접적으로 표현한 (C)가 정답이다.
- (A)의 경우, 질문에 사용된 released를 중복 사용하여 오답을 고르도록 유도하고 있지만 영업 실적 발표 여부에 대해 묻는 질문에 '그 제품은 곧 출시될 것이다'라는 답변은 적절하지 않다.
- (B)의 경우 figure를 반복하여 혼동을 일으키고 있지만, 실적 발표를 묻는 질문에 '그들은 수치가 괜찮을 것이라고 생각한다'는 대답은 의미상 적절하지 않다.

스크립트 & 해석

Have the sales figures been released yet?	영업 실적이 벌써 발표되었나요?
(A) The product will be released soon.	(A) 그 제품은 곧 출시될 거예요.
(B) They figure the numbers will be good.	(B) 그들은 그 수치가 괜찮을 것이라고 생각해요.
(C) They're due out in about two hours.	**(C) 약 2시간 후에 발표될 예정이에요.**

어휘 sales figures 매출액, 영업 실적　release 발표하다, 출시하다　yet 벌써; 아직　figure 판단하다, 생각하다　due ~할 예정인

MORE & MORE

02-36

들리는 문장이 위 질문에 적절한 대답이면 ○, 그렇지 않으면 ×에 표시하세요.

1. I've got them ____________. (○ | ×)
2. Sales ____________ at all of our stores. (○ | ×)
3. I figure that we ____________. (○ | ×)

정답 p.014

PART 2

예상 적중 문제 05 다음을 듣고 질문에 가장 알맞은 응답을 고르세요.

02-37

Mark your answer on your answer sheet. (A) (B) (C)

문제 해설

- be동사인 is로 시작되는 의문문으로 경리부 전원의 급여가 인상될 것인지를 묻고 있다. 이에 대해 'Tim Harris를 제외한 전부'라고 대답함으로써 한 명을 제외한 모든 사람들의 급여가 인상될 것이라는 사실을 언급한 (B)가 정답이다.
- (A)의 경우, 질문의 '급여 인상'(pay raise)으로부터 연상할 수 있는 '4% 정도'(around four percent)라는 표현을 통해 오답을 고르도록 유도하고 있지만 질문과 상관없는 대명사 his가 사용되고 있으므로 (A)는 정답이 될 수 없다.
- (C)의 경우, 급여가 인상될 것인지를 묻는 질문에 길을 알려 주는 엉뚱한 대답을 하고 있으므로 이 역시 오답이다.

스크립트 & 해석

Is everyone in Accounting getting a pay raise?	경리부 전원의 급여가 인상될 것인가요?
(A) His was around four percent.	(A) 그의 경우에는 약 4%였어요.
(B) Everybody except for Tim Harris.	**(B) Tim Harris를 제외한 모든 사람들요.**
(C) Go down the hall and turn to the left.	(C) 복도를 따라 가다가 좌회전하세요.

어휘 accounting 회계; 회계부서, 경리부 pay raise 임금 인상 except for ~을 제외하고

MORE & MORE

02-38

들리는 문장이 위 질문에 적절한 대답이면 ○, 그렇지 않으면 ×에 표시하세요.

1. ________ for work well done. (○ | ×)
2. Ten people work ________. (○ | ×)
3. Yes, I believe ________. (○ | ×)

정답 p.015

Unit 01-03 연습 문제

정답 및 해설 p.015

Part 2 다음을 듣고 가장 적절한 응답을 고르세요.

02-39

1. Mark your answer on your answer sheet. (A) (B) (C)

2. Mark your answer on your answer sheet. (A) (B) (C)

3. Mark your answer on your answer sheet. (A) (B) (C)

4. Mark your answer on your answer sheet. (A) (B) (C)

5. Mark your answer on your answer sheet. (A) (B) (C)

6. Mark your answer on your answer sheet. (A) (B) (C)

7. Mark your answer on your answer sheet. (A) (B) (C)

8. Mark your answer on your answer sheet. (A) (B) (C)

9. Mark your answer on your answer sheet. (A) (B) (C)

10. Mark your answer on your answer sheet. (A) (B) (C)

11. Mark your answer on your answer sheet. (A) (B) (C)

12. Mark your answer on your answer sheet. (A) (B) (C)

Unit 04

평서문

학습 포인트

✔ 평서문은 상황 설명이나 정보 전달을 목적으로 하며, 화자의 의견이나 기분을 나타내기 위해 사용되기도 한다. 이러한 평서문 문제들은 다양한 주제를 다룰 수 있기 때문에 그에 따른 답변 역시 다양한 방식으로 이루어질 수 있다.

✔ 평서문과 함께 명령문도 같이 정리하도록 한다. 명령문은 동사원형이나 please 등으로 시작하며 상대방에게 직접적으로 어떠한 행동을 할 것을 요구한다.

예제

02-40

Q. I have a delivery for Mr. Thompson.

(A) I can sign for it.
(B) Yes, I delivered it.
(C) He sent the letter yesterday.

Q. Thompson 씨에게 배달된 물품이 왔습니다.

(A) 제가 서명해 드릴게요.
(B) 네, 제가 배달했어요.
(C) 그가 어제 편지를 보냈어요

어휘 delivery 배달, 배달 물품; 배달하다 sign 서명하다

문제 유형 분석

평서문을 사용하여 상대방에게 특정 정보를 전달하고 있다. 정보를 전달하는 평서문의 경우 다양한 답변이 가능하므로 질문의 내용을 확실히 파악해야 정답을 고를 수 있다.

풀이 전략

❶ 평서문이 제시되었으므로 내용상 이에 가장 자연스럽게 어울릴 수 있는 보기를 찾도록 한다. 엉뚱한 주어로 시작되는 답변이나 시제가 맞지 않는 답변들이 오답으로 제시될 수 있고, 언뜻 듣기에 적절해 보이지 않은 답변이 오히려 정답일 수도 있다.

❷ Thompson 씨에게 배달된 물품이 왔다는 정보를 상대방에게 전달하고 있기 때문에 '내가 (받았다는) 서명을 해 줄 수 있다'고 답변한 (A)가 가장 자연스럽다.

❸ (B)는 문제에서 사용된 delivery와 품사가 다른 delivered라는 단어를 반복 사용하여 오답을 고르도록 유도하고 있지만, '내가 배달했다'라는 답변은 맥락에 맞지 않으므로 이는 정답이 될 수 없다.

❹ (C)의 경우 delivery에서 연상해 볼 수 있는 letter라는 단어를 이용하여 오답을 유도하고 있으나, 이 역시 내용을 살펴보면 질문에 맞지 않는 대답이다.

기본기 다지기

❶ 평서문

평서문은 문장 전체의 의미를 파악해야 풀 수 있는 문제로서 난이도가 높은 유형이다. 정보의 전달 외에도 의견 제시, 화자의 의견이나 감정 등을 표현할 수 있다.

(1) **예정**

정보를 전달하는 평서문 중 be about to, be ready to 등으로 예정의 의미를 나타낼 수 있다.

ⓐ **be about to: 막 ~하려고 하다**

I **am about to** go home for the day. 저는 막 퇴근하려던 참이에요.

She **was about to** ask a question on the matter. 그녀는 그 문제에 대해 질문을 하려던 참이에요.

ⓑ **be ready to: ~할 준비가 되다**

They **are ready to** fix the computer. 그들은 컴퓨터를 수리할 준비가 되어 있어요.

He **is ready to** file his report. 그는 보고서를 제출할 준비가 되어 있어요.

cf. be willing to는 '기꺼이 ~하다'라는 뜻으로 '의지'를 나타낸다.

Mary **is willing to** take a pay cut. Mary는 기꺼이 연봉 삭감을 받아들일 거예요.

We **are willing to** give you some advice. 우리는 기꺼이 당신에게 조언을 해 줄 거예요.

(2) **의견 제시**

had better는 '~하는 것이 낫다' 혹은 '~하는 것이 좋겠다'라는 의미로서 하나의 조동사처럼 사용된다. should 역시 조언을 할 때 주로 사용되며 '~해야 한다'라는 의미를 나타낸다. 간접명령문을 통해 의견을 나타낼 수도 있다.

ⓐ **had better: ~하는 것이 좋겠다**

I **had better** take a short break. 저는 잠시 휴식을 취하는 것이 좋겠어요.

We **had better** not make him angry. 그를 화나지 않게 하는 것이 좋겠어요.

ⓑ **should: ~해야 한다**

You **should** be quiet. 당신은 조용히 해야 해요.

He **should** improve his language skills. 그는 언어 능력을 향상시켜야 해요.

ⓒ **간접명령문**

Let's consider our options. 우리가 선택할 수 있는 것들을 고려해 봐요.

Let's not talk to Anna about it. 그것에 대해서는 Anna에게 이야기하지 말도록 해요.

(3) 추측

'~처럼 보이다' 혹은 '~인 것 같다'라는 의미는 seem, appear, look과 같은 동사들로 다양하게 나타낼 수 있다.

You **seem** pleased with yourself. 당신은 스스로에게 만족해 하는 것 같군요. [seem + 형용사]

They **seemed to** be employees at that company. 그들은 그 회사의 직원처럼 보였어요. [seem to + 동사]

Carter **appears** angry with his coworkers. Carter는 동료 때문에 화난 것으로 보이네요. [appear + 형용사]

The elevator **appears to** go to the top floor. 엘리베이터가 맨 위층으로 가는 것 같아요. [appear to + 동사]

Susan **looks** sad. Susan은 슬퍼 보이네요. [look + 형용사]

The man **looks like** a trustworthy person. 그 남자는 믿을 수 있는 사람으로 보여요. [look like + 명사]

They **look as if** they are ready to go home. 그들은 집에 갈 준비를 마친 것 같아요. [look as if + 절]

(4) 감정

want, hope, would like to와 같이 화자의 바람을 표현하는 경우도 있다.

I **want to** hear the lecture again. 저는 그 강의를 다시 듣고 싶어요.

We **hope to** hear some good news. 우리는 좋은 소식을 듣게 되기를 바라요.

I'd like to wake up earlier. 저는 더 일찍 일어나고 싶어요.

❷ 동의를 나타내는 표현

평서문이 제시되면 동의를 나타내는 표현이 정답일 가능성이 높다.

Q Someone needs to repair this copier. 누군가가 이 복사기를 수리해야 해요.

A **You can say that again.** 당신 말이 맞아요.

Q The last candidate performed really well at his interview. 마지막 지원자가 면접을 정말 잘 봤어요.

A **I was just about to say that.** 저도 그 말을 하려던 참이었어요.

Q I'm starving. Let's stop working and get something to eat.
배가 고프군요. 일하는 것을 멈추고 무언가를 먹으러 가요.

A **I'm with you.** 찬성이에요.

Q I'm not satisfied with the terms of the contract. 계약 조건이 만족스럽지 않군요.

A **I feel the same way as you.** 저도 똑같이 생각했어요.

정답 p.017

A 우리말 질문에 영어로 가장 자연스럽게 대답한 것을 고르세요.

02-41

1 우편 배달부가 지금 오고 있어요. (a) (b)

2 Desmond 씨는 오늘 출근하지 않으셨어요. (a) (b)

3 Kimberly 씨의 연설이 무척 재미있었어요. (a) (b)

4 Carter 씨의 비행기가 연착되고 있어요. (a) (b)

5 제 컴퓨터가 인터넷에 연결되지 않는군요. (a) (b)

B 질문에 대한 답변이 자연스러우면 O, 그렇지 않으면 X에 표시하세요.

02-42

1 ________________ when you drive home tonight.

(a) (O | X) (b) (O | X)

2 ________________ looks good on you.

(a) (O | X) (b) (O | X)

3 ________________ forty double-sided copies.

(a) (O | X) (b) (O | X)

4 Mr. Parker's ________________ was quite impressive.

(a) (O | X) (b) (O | X)

5 ________________ doesn't seem to be working.

(a) (O | X) (b) (O | X)

C 질문에 가장 잘 어울리는 대답을 고르세요.

02-43

1 Mark your answer on your answer sheet. (a) (b)

2 Mark your answer on your answer sheet. (a) (b)

3 Mark your answer on your answer sheet. (a) (b)

4 Mark your answer on your answer sheet. (a) (b)

5 Mark your answer on your answer sheet. (a) (b)

PART 2

예상 적중 문제 01 다음을 듣고 질문에 가장 알맞은 응답을 고르세요.

02-44

Mark your answer on your answer sheet. (A) (B) (C)

문제 해설

- '비가 올 것으로 예상된다'라는 정보를 상대방에게 전달하고 있다. 따라서 '(비가 온다고 하니) 우산을 가져가는 것이 좋겠다' 라고 답변한 (C)가 정답이다.
- (A)는 문제에서 사용된 call for를 이용하여 오답을 고르도록 유도하고 있지만 문제에서의 call for는 '예측하다'라는 의미로 쓰인 반면 (A)에서의 call for는 '(사람을) 찾다'라는 의미로 쓰였기 때문에 (A)는 정답이 될 수 없다.
- (B)의 경우 no로 답변을 시작했으므로 평서문에 대한 답변으로 적절하지 않다. '지금은 비가 내리지 않는다'라는 내용도 의미상 자연스럽지 않다.

스크립트 & 해석

The weather forecast is calling for rain.	기상 예보에서 비가 올 것이라고 예측하고 있어요.
(A) Nobody called for you today.	(A) 오늘은 아무도 당신을 찾지 않았어요.
(B) No, it's not raining now.	(B) 아니요, 지금은 비가 내리지 않아요.
(C) I'd better take my umbrella.	**(C) 우산을 가져가는 것이 좋겠군요.**

어휘 weather forecast 기상 예보 call for (큰 소리로) ~을 부르다; ~을 요구하다; ~을 예측하다 had better ~하는 편이 낫다

MORE & MORE

02-45

들리는 문장이 위 질문에 적절한 대답이면 ○, 그렇지 않으면 ×에 표시하세요.

1. You're right. It's ______________. (○ | ×)
2. ______________ will it rain for? (○ | ×)
3. Thanks for ______________. (○ | ×)

정답 p.018

PART 2

예상 적중 문제 02 다음을 듣고 질문에 가장 알맞은 응답을 고르세요.

02-46

Mark your answer on your answer sheet. (A) (B) (C)

문제 해설

- 상대방에게 '개인 정보를 기입해 달라'고 요청하고 있다. 그러므로 내용을 기입하기 위해 펜을 빌릴 수 있는지 되묻고 있는 (A)가 정답이다.
- (B)는 질문과 관계없는 내용이며, (C)의 경우에는 문제에서 사용된 information을 반복 사용함으로써 오답을 고르도록 유도하고 있다.

참고합시다!

borrow는 '빌리다'라는 의미이고 lend는 '빌려 주다'라는 의미이다.

I **borrowed** my brother's car.
나는 형의 차를 빌렸다.

My sister **lent** me some money.
누나가 내게 약간의 돈을 빌려 주었다.

스크립트 & 해석

Please write your personal information on the form.	양식에 개인 정보를 기입해 주세요.
(A) Do you have a pen I can borrow?	**(A) 제가 빌릴 수 있는 펜이 있나요?**
(B) When did he enter the building?	(B) 그가 언제 건물 안으로 들어갔죠?
(C) Who had access to that information?	(C) 누가 그러한 정보를 이용했나요?

어휘 enter 들어가다; 입력하다, 기입하다 personal information 개인 정보 form 형태; 양식 borrow 빌리다 have access to ~에 접근하다, ~을 이용하다

MORE & MORE

02-47

들리는 문장이 위 질문에 적절한 대답이면 ○, 그렇지 않으면 ×에 표시하세요.

1. He said that was ______________. (○ | ×)
2. Sure. ______________, please. (○ | ×)
3. ______________ looks great. (○ | ×)

정답 p.018

PART 2

예상 적중 문제 03 다음을 듣고 질문에 가장 알맞은 응답을 고르세요.

02-48

Mark your answer on your answer sheet. (A) (B) (C)

문제 해설

- 상대방에게 '신문 구독 기간이 곧 종료될 것이다'라는 정보를 전달하고 있다. 이에 대해 '연장을 시켜야겠다'며 자신이 해야 할 일을 밝힌 (A)가 정답이다.
- (B)의 경우, 문제의 expire로부터 파생된 expired를 사용하여 오답을 고르도록 유도하고 있지만 신문 구독 기간이 끝날 것이라는 말에 '유효 기간이 아직 지나지 않았다'라는 답변은 적절하지 못하다.
- (C)의 경우에는 문제의 newspaper를 중복 사용하여 오답을 고르도록 유도하고 있지만 '신문 구독 기간이 만료된다'는 것과 '신문 읽기를 좋아한다'라는 답변은 서로 관련이 없으므로 이 역시 적절한 답변이 될 수 없다.

스크립트 & 해석

Your newspaper subscription is about to expire.	당신의 신문 구독 기간이 곧 끝날 거예요.
(A) I guess I should renew it then.	**(A) 그러면 연장을 시켜야 할 것 같군요.**
(B) According to the label, it hasn't expired yet.	(B) 라벨에 따르면, 유효 기간이 아직 지나지 않았어요.
(C) Yes, I enjoy reading the newspaper.	(C) 네, 저는 신문 읽는 것을 좋아해요.

어휘 subscription 구독, 구독료 be about to 막 ~하려고 하다 expire (기간 등이) 소멸하다, 만기가 되다 renew 갱신하다; 연장하다 label 꼬리표, 딱지, 라벨

MORE & MORE

02-49

들리는 문장이 위 질문에 적절한 대답이면 ○, 그렇지 않으면 ×에 표시하세요.

1. Can I look at ______________ ? (○ | ×)
2. It's ______________ renewing. (○ | ×)
3. There's ______________ in today's paper. (○ | ×)

정답 p.018

PART 2

예상적중 문제 04 다음을 듣고 질문에 가장 알맞은 응답을 고르세요.

02-50

Mark your answer on your answer sheet. (A) (B) (C)

문제 해설

- 상대방에게 'Wilson 씨가 당신과 이야기하고 싶어 한다'는 사실을 알려 주고 있다. 이에 대해 '알려 줘서 고맙다'라며 사실을 알려 준 것에 대한 고마움을 표시한 (C)가 정답이다.
- (A)의 경우, Mr. Wilson을 중복 사용하여 오답을 고르도록 유도하고 있으나 '저쪽에 있는 분이 Wilson 씨이다'라는 답변은 내용상 적절하지 못하다.
- (B)의 경우, speak을 중복 사용하여 혼동을 일으키고 있지만, 적절하지 않은 주어를 사용하고 있기 때문에 정답이 될 수 없다. 만약 'What does he want to speak about?'이라고 되물었다면 정답이 될 수 있을 것이다.

스크립트 & 해석

Mr. Wilson would like to speak with you.	Wilson 씨가 당신과 이야기하고 싶어 해요.
(A) That's Mr. Wilson over there.	(A) 저쪽에 있는 분이 Wilson 씨예요.
(B) What do you want to speak about?	(B) 당신은 무엇에 대해 저와 이야기하고 싶은가요?
(C) Thanks for letting me know.	**(C) 알려 줘서 고마워요.**

어휘 over there 저쪽에 would like to ~하고 싶다

MORE & MORE

02-51

들리는 문장이 위 질문에 적절한 대답이면 ○, 그렇지 않으면 ×에 표시하세요.

❶ No. I haven't ____________ yet. (○ | ×)

❷ I'll ____________ to his office then. (○ | ×)

❸ She's ____________. (○ | ×)

정답 p.019

Unit 05

제안, 권유 및 요청

학습 포인트

✔ 제안 및 권유의 의미를 나타내는 질문은 「Would you ~? / Could you ~? / Why don't you ~? / How about ~?」 등의 표현으로 시작되며 상대방에게 제안이나 요청을 하기 위해 사용된다.

✔ 제안 및 권유, 그리고 요청을 나타내는 질문에 대해서는 yes/no, 혹은 수락 및 거절의 의미를 가진 여러 가지 표현들로 대답할 수 있다.

예제

02-52

Q. How about taking a break for lunch now?

(A) In the cafeteria.

(B) Let's do that in ten minutes.

(C) I always have lunch there.

Q. 이제 점심 시간을 갖는 것이 어떨까요?

(A) 구내 식당에서요.

(B) 10분 후에 그렇게 하죠.

(C) 저는 항상 그곳에서 점심을 먹어요.

어휘 take a break 휴식을 취하다 lunch 점심

문제 유형 분석

「How about ~?」이라는 표현을 통해 상대방에게 무언가를 제안하고 있다. 의문사 how를 이용하여 단순히 '방법'을 묻는 질문과는 구별해야 한다.

풀이 전략

❶ 제안에 대한 답변으로 '좋다' 혹은 '좋은 생각이다'라는 긍정적인 의미를 전달할 수도 있고, '곤란하다' 혹은 '그렇게 할 수 있을지 모르겠다'와 같은 거절의 의미를 나타낼 수도 있다.

❷ 문제에서는 상대방에게 '점심 식사를 하자'는 제안을 하고 있으므로, '10분 후에 그렇게 하자'고 긍정으로 답변한 (B)가 정답이다. (B)를 살펴보면, 직접적으로 yes의 의미를 전달한 것이 아니라 긍정의 의미를 우회적으로 전달하고 있다. 이와 같이 우회적인 답변은 정답일 가능성이 높다.

❸ (A)의 경우, 질문의 lunch로부터 연상할 수 있는 단어인 cafeteria를 이용하여 오답을 고르도록 유도하고 있으나 점심을 먹자는 제안에 '구내 식당'이라는 장소로 답변하는 것은 적절하지 않다.

❹ (C)의 경우에는 질문의 lunch라는 단어를 중복 사용하여 오답을 고르도록 유도하고 있지만 '나는 항상 그곳에서 점심을 먹는다'는 답변은 질문에 적절한 대답이 될 수 없다.

기본기 다지기

❶ 요청

(1) could 및 would로 시작하는 의문문

could나 would로 시작하는 의문문은 정중하게 요청하는 표현이다.

Would someone turn out the lights? 누가 불을 꺼 주실래요?

Would you look at the dishwasher? 식기세척기를 보시겠어요?

Could you explain that one more time? 한 번 더 설명해 주시겠어요?

Could I borrow some money? 제가 돈을 빌릴 수 있을까요?

(2) Would you mind ~?

「Would you mind ~?」라는 표현은 상대방에게 정중한 부탁을 할 때 사용되는데, mind는 '꺼리다'라는 의미의 동사이다. 따라서 승낙의 의사를 표현할 때에는 부정적인 표현으로, 거절의 의사를 밝힐 때에는 긍정적인 표현으로 대답해야 한다. 참고로 mind 뒤에는 명사나 동명사가 온다.

Q **Would you mind** turning on the lights?? 불을 켜도 될까요?

A **No,** I **wouldn't.** 네, 그러세요. [불을 켜도 괜찮다는 의미]

A **Yes,** I would. 켜지 말아 주세요. [불을 켜는 것이 싫다는 의미]

Q **Would you mind** answering some questions? 몇 가지 질문을 해도 될까요?

A Not at all. 물론이죠.

Q **Would you mind** changing the channel? 채널을 돌려도 될까요?

A Sorry, but I like this program. 죄송하지만, 저는 이 프로그램이 좋아요.

❷ 제안

(1) Why don't you [we] ~?

'~하는 것이 어때?'라는 제안의 의미를 나타낸다. do가 조동사이므로 그 뒤에는 항상 동사원형이 온다.

Q **Why don't you** invite him to dinner? 그를 저녁 식사에 초대하는 것이 어떨까요?

A He has other plans tonight. 그는 오늘 밤 다른 계획을 가지고 있어요.

Q **Why don't we** work on the report now? 지금 보고서에 대한 작업을 하는 것이 어떨까요?

A Okay. What shall we do? 좋아요. 어떻게 하면 될까요?

Q **Why don't we** go somewhere this summer? 이번 여름에는 어딘가로 가는 것이 어때요?

A I'd love to do that. 정말로 그렇게 하고 싶어요.

(2) What [How] about ~?

'~하는 것이 어때?'라는 제안의 의미는 「What [How] about ~?」이라는 표현으로도 나타낼 수 있다. about이 전치사이므로 그 다음에는 명사나 동명사가 온다.

Q **What about** applying for that job? 그 일자리에 지원해 보는 것이 어떨까요?

A That's a good idea. 좋은 생각이군요.

Q **How about** calling Jason now? 지금 Jason에게 전화해 보는 것이 어때요?

A I tried calling him five minutes ago. 5분 전에 제가 그에게 전화해 보았어요.

Q **How about** practicing for the speech? 연설 연습을 하는 것이 어때요?

A I don't have time now. 지금은 시간이 없어요.

❸ 요청 및 제안에 대한 답변

(1) 수락의 의미

제안이나 요청에 대한 수락의 의미를 나타내고자 할 때에는 「No problem. / Sure. / With pleasure. / That will do. / That's fine (with me). / By all means.」 등과 같은 표현들을 사용할 수 있다.

Q Why don't we have lunch with Mr. Burgess? Burgess 씨와 점심을 먹는 것은 어때요?

A **With pleasure.** 좋아요.

Q Let's go hiking this weekend. 이번 주말에는 하이킹을 해요.

A **That's fine with me.** 좋아요.

Q Can I use your computer for a moment? 당신의 컴퓨터를 잠시 사용해도 될까요?

A **By all means.** 그럼요.

(2) 거절의 의미

제안이나 요청에 대해 거절의 의미를 나타내는 표현으로 「I'm sorry, but that's not possible. / I'm afraid I can't do that. / I'd love to, but I can't. / I wish I could, but I can't.」 등이 있다.

Q Can you give me some help with my project? 제 프로젝트를 도와줄 수 있나요?

A **I'm sorry, but that's not possible.** 미안하지만, 불가능해요.

Q Let's take a coffee break. 커피를 마시면서 잠깐 쉬죠.

A **I'm afraid I can't do that.** 그럴 수 없을 것 같아요.

Q Why don't you quit your job? 일을 그만두는 것이 어때요?

A **I wish I could, but I can't.** 그러면 좋겠지만, 그럴 수 없어요.

정답 p.019

Ⓐ 우리말 질문에 영어로 가장 자연스럽게 대답한 것을 고르세요.

02-53

1 창문을 열어도 될까요? (a) (b)

2 Douglas 씨에게 메일을 보내는 것이 어떨까요? (a) (b)

3 내일은 차를 함께 타고 출근하는 것이 어떨까요? (a) (b)

4 계약서를 팩스로 보내줄 수 있나요? (a) (b)

5 오늘 저녁은 밖에서 식사를 하는 것이 어떨까요? (a) (b)

Ⓑ 질문에 대한 답변이 자연스러우면 O, 그렇지 않으면 X에 표시하세요.

02-54

1 ______________ meeting at three rather than one?

(a) (O | X) (b) (O | X)

2 ______________ you consider some other options?

(a) (O | X) (b) (O | X)

3 ______________ go over the proposal again.

(a) (O | X) (b) (O | X)

4 ______________ you mind calling the help desk?

(a) (O | X) (b) (O | X)

5 ______________ you please try on this necktie?

(a) (O | X) (b) (O | X)

Ⓒ 질문에 가장 잘 어울리는 대답을 고르세요.

02-55

1 Mark your answer on your answer sheet. (a) (b)

2 Mark your answer on your answer sheet. (a) (b)

3 Mark your answer on your answer sheet. (a) (b)

4 Mark your answer on your answer sheet. (a) (b)

5 Mark your answer on your answer sheet. (a) (b)

PART 2

예상적중문제 01 다음을 듣고 질문에 가장 알맞은 응답을 고르세요.

02-56

Mark your answer on your answer sheet. (A) (B) (C)

문제 해설

- '상대방에게 업무의 질을 향상시켜 달라는 요청을 하고 있다. 이에 대해 '최선을 다하겠다'고 자신의 각오를 밝힌 (A)가 정답이다.
- (B)의 경우, 질문의 quality로부터 연상될 수 있는 high-quality라는 표현으로 오답을 고르도록 유도하고 있지만 '이것은 품질이 뛰어난 제품이다'라는 답변은 질문에 대한 적절한 응답이 아니다.
- (C)는 work을 반복한 오답으로서, 질문과 상관없는 자신의 부서를 언급하고 있다.

스크립트 & 해석

Could you please improve the quality of your work?	업무의 질을 향상시켜 주실 수 있나요?
(A) I'll try my hardest to do so.	**(A) 최선을 다해서 그렇게 하도록 노력할게요.**
(B) Yes, this is a high-quality item.	(B) 네, 이것은 품질이 뛰어난 제품이에요.
(C) I work in the Sales Department.	(C) 저는 영업부에서 일하고 있어요.

어휘 improve 향상시키다, 개선하다 quality 질, 품질 try one's hardest 최선을 다하다 high-quality 고품질의, 품질이 우수한

MORE & MORE

02-57

들리는 문장이 위 질문에 적절한 대답이면 ○, 그렇지 않으면 ×에 표시하세요.

❶ I'm not working ________________. (○ | ×)

❷ ________________ every day. (○ | ×)

❸ I'll ________________. (○ | ×)

정답 p.020

PART 2

예상 적중 문제 02 다음을 듣고 질문에 가장 알맞은 응답을 고르세요.

02-58

Mark your answer on your answer sheet. (A) (B) (C)

문제 해설

- 상대방에게 '조만간 공급 업체와 모임을 갖자'는 제안을 하고 있다. 따라서 이에 대해 긍정적인 답변을 한 후 자신이 회의 일정을 잡겠다고 말한 (B)가 정답이다.
- (A)는 질문의 supplier(공급 업체)와 발음이 비슷한 supply(사무용품)를 사용하여 오답을 고르도록 유도한 보기이다.
- (C)는 질문의 supplier와 발음이 일부 비슷한 surprised(놀란)를 사용하여 오답을 고르도록 유도하고 있는데, 이는 질문에 대한 적절한 답변이 될 수 없는 내용이다.

스크립트 & 해석

Script	해석
Why don't we meet our supplier soon?	조만간 공급 업체와 모임을 갖는 것이 어떨까요?
(A) Here's the supply cabinet.	(A) 사무용품 캐비닛이 여기에 있어요.
(B) Okay. I'll schedule a meeting.	**(B) 좋아요. 제가 회의 일정을 잡을게요.**
(C) Yes, we were all surprised.	(C) 네, 우리 모두 놀랐어요.

어휘 supplier 공급 업체, 공급 업자 soon 곧, 조만간 supply cabinet 사무용품 캐비닛 schedule 일정을 잡다 surprised 놀란

MORE & MORE

02-59

들리는 문장이 위 질문에 적절한 대답이면 ○, 그렇지 않으면 ×에 표시하세요.

❶ ____________ Wednesday then? (○ | ×)

❷ The meeting was ____________. (○ | ×)

❸ I'll ____________ form. (○ | ×)

정답 p.020

PART 2 예상적중문제 03 다음을 듣고 질문에 가장 알맞은 응답을 고르세요.

02-60

Mark your answer on your answer sheet. (A) (B) (C)

문제 해설

- 「What about ~?」이라는 표현을 사용하여 '기차를 타고 그곳에 가자'는 제안을 하고 있다. 따라서 제안에 대해 긍정적인 답변을 한 (B)가 가장 자연스러운 답변이다.
- (A)는 '기차로 가자'라는 '방법'과 관련된 제안에 '오전에'라는 '시간'으로 답을 하고 있으므로 정답이 될 수 없다.
- (C)는 '역에서'라는 장소를 언급하고 있기 때문에 이 역시 정답이 될 수 없다.

스크립트 & 해석

What about going there by train?	기차로 그곳에 가는 것이 어떨까요?
(A) In the morning.	(A) 오전에요.
(B) Sounds good.	**(B) 괜찮을 것 같군요.**
(C) At the station.	(C) 역에서요.

어휘 by train 기차로 station 역

MORE & MORE

02-61

들리는 문장이 위 질문에 적절한 대답이면 O, 그렇지 않으면 ×에 표시하세요.

❶ ______________ by the aisle. (O | ×)

❷ ______________. (O | ×)

❸ From ______________. (O | ×)

정답 p.020

예상 적중 문제 04 다음을 듣고 질문에 가장 알맞은 응답을 고르세요.

02-62

Mark your answer on your answer sheet. (A) (B) (C)

문제 해설

- 「Would you mind ~?」라는 표현을 통해 '공사를 연기하자'는 제안을 하고 있다. '그것이 가능한지 상사에게 물어보겠다'라고 말함으로써 상대방의 제안에 대한 수락 여부를 자신의 상사에게 묻겠다고 대답한 (C)가 정답이다.
- (A)는 질문의 construction(공사)이라는 단어를 중복 사용하여 오답을 유도하고 있으나 '공사 중이다'라는 답변은 내용상 자연스럽지 못하다.
- (B) 역시 질문에 사용된 동명사 postponing의 동사형인 postpone을 이용하여 오답을 고르도록 유도하고 있지만, '제가 회의를 연기시키겠다'라는 답변은 질문과 관계없는 내용이다.

스크립트 & 해석

Would you mind postponing the construction?	공사를 연기해도 괜찮을까요?
(A) Yes, it's under construction.	(A) 네, 공사 중이에요.
(B) I'll postpone the meeting then.	(B) 그러면 제가 회의를 연기시킬게요.
(C) I'll ask my boss if that's possible.	**(C) 그것이 가능한지 제 상사한테 물어볼게요.**

어휘 mind 꺼리다, 언짢아 하다 postpone 연기하다, 미루다 construction 건설, 공사 under construction 공사 중인 boss 상관, 상사; 우두머리, 사장

MORE & MORE

02-63

들리는 문장이 위 질문에 적절한 대답이면 ○, 그렇지 않으면 ×에 표시하세요.

❶ ______________ until May. (○ | ×)

❷ That's what we're ______________. (○ | ×)

❸ The road is ______________. (○ | ×)

정답 p.020

Unit 06

기타 의문문

(선택 의문문, 부정 의문문, 부가 의문문)

학습 포인트

✔ 선택 의문문으로 시작되는 문제는 보통 두 가지의 선택 사항을 제시한 후 그중 하나를 선택할 것을 요구한다.

✔ 부정 의문문은 not을 포함하고 있는 의문문으로서, 우리말과 반대로 대답의 내용이 긍정적인 경우에는 no, 부정적인 경우에는 yes로 답한다.

✔ 부가 의문문은 평서문 뒤에 의문문이 붙는 형태인데, 이 역시 긍정적인 내용의 답변이 오는 경우에는 no, 부정적인 내용의 답변이 오는 경우에는 yes로 대답한다.

예제 02-64

Q. Hasn't the order been filled yet?
(A) I'm filling the car with gas now.
(B) Wait just a few more moments.
(C) Yes, I'm ready to order.

Q. 주문서의 내용이 아직 작성되지 않았나요?
(A) 지금 자동차에 기름을 채우고 있는 중이에요.
(B) 조금만 더 기다려 주세요.
(C) 네, 저는 주문할 준비가 되었어요.

어휘 order 주문 fill 채우다 gas (= gasoline) 가솔린 be ready to ~할 준비가 되다

문제 유형 분석

'Has the order been filled?'라는 의문문에 not이 들어가 있는 부정 의문문으로서, 상대방에게 주문서를 작성했는지 여부를 묻고 있다.

풀이 전략

❶ 부정 의문문의 경우 답변 방식을 알아 두는 것이 중요한데, 긍정적인 대답은 no로, 부정적인 대답은 yes로 하는 것이 가장 일반적이다. 하지만 yes나 no를 사용하지 않고 우회적인 답변이 정답인 문제도 자주 출제된다.

❷ 위 문제에서는, no를 생략한 채 '(아직 완료되지 않았으니) 잠시만 기다려 달라'는 의미를 전달한 (B)가 가장 자연스러운 답변이다. 이처럼 직접적인 답변이 아니라 우회적인 방식으로도 답변이 이루어질 수 있음을 기억해야 한다.

❸ (A)는 질문의 filled와 발음이 유사한 filling을 사용하여 오답을 고르도록 유도하고 있지만 '차에 기름을 채우고 있는 중이다'라는 엉뚱한 의미를 나타내기 때문에 정답이 될 수 없다.

❹ (C)의 경우에도 '나는 주문할 준비가 되었다'라는 답변은 내용상 자연스럽지 못하므로 이 역시 정답이 될 수 없다.

기본기 다지기

❶ 선택 의문문

선택 의문문은 보통 두 가지 중에서 하나를 선택할 것을 요구하는 의문문이다. 선택할 수 있는 항목들은 일반적으로 or로 연결된다.

Q Are you happy **or** sad? 기쁜가요, 아니면 슬픈가요?

A I'm happy. 기뻐요.

Q Do you want to eat out **or** order something? 외식을 할까요, 아니면 무언가를 시켜 먹을까요?

A I'd rather order something. 무언가를 시켜 먹는 것이 낫겠어요.

Q Which do you want, sandals **or** tennis shoes? 샌들과 테니스 신발 중에서 어느 것을 원하나요?

A I want tennis shoes. 저는 테니스 신발을 원해요.

cf. 선택 의문문에 대한 대답으로 '둘 다 좋다' 혹은 '상관없다'라는 표현이 올 수도 있다.

Q Which book do you want, the novel **or** the biography? 소설과 전기 중에 어떤 책을 원하시나요?

A **Either is fine.** 둘 중에 어느 것이든 좋아요.

Q Which bus should we take, the number 10 **or** the number 23?
우리가 10번 버스를 타야 하나요, 아니면 23번 버스를 타야 하나요?

A **Either of them will do.** 어느 것이라도 괜찮아요.

Q Which seat do you want, the one by the window **or** the one by the aisle?
창가 쪽 자리를 원하시나요, 아니면 통로 쪽 자리를 원하시나요?

A **I don't care.** 저는 상관없어요.

❷ 부정 의문문

부정 의문문은 부정의 의미가 담겨 있는 의문문이다. 이에 대해 우리말로 긍정의 의미를 표현할 때는 no로, 부정의 의미를 표현할 때는 yes로 대답한다.

Q **Don't** you remember the answer?
답을 기억하고 있지 않은 것인가요?

A **Yes**, I **do**. 아니요, 기억하고 있어요.

A **No**, I **don't**. 네, 기억하고 있지 않아요.

Q **Can't** Ted come to the seminar?
Ted가 세미나에 올 수 없는 것인가요?

A **Yes**, he **can**. 아니요, 올 수 있어요.

A **No**, he **can't**. 네, 올 수 없어요.

Q **Shouldn't** Mr. Jones look at her résumé? Jones 씨가 그녀의 이력서를 보기로 한 것 아닌가요?

A **Yes**, he **should**. 아니요, 보기로 했어요.

A **No**, he **shouldn't**. 네, 보기로 하지 않았어요.

> **Tip**
> 부정 의문문은 우리말과 반대로 대답해야 하기 때문에 혼란스러울 수 있다. 하지만 질문에 'not'이 없다고 생각하면 쉽게 정답을 고를 수 있다. 즉, 왼쪽의 첫 번째 예문을 'Do you remember the anwer?'라고 생각하면 된다.

❸ 부가 의문문

부가 의문문은 앞서 말한 내용을 확인하기 위해 부가적인 질문을 덧붙여 놓은 것으로서, 앞에 나온 주어와 동사를 이용하여 부가 의문문을 만들 수 있다. 부가 의문문은 앞의 내용이 긍정이면 부정으로, 앞의 내용이 부정이면 긍정으로 물어본다.

(1) 평서문

일반 동사가 사용된 경우에는 do/does를, be동사가 사용된 경우에는 be동사를 이용해 부가 의문문을 만들 수 있다.

You have a good job, **don't you**?
당신은 좋은 직장에 다니고 있어요, 그렇지 않나요?

Matt is a hardworking employee, **isn't he**?
Matt은 성실한 직원이에요, 그렇지 않나요?

Amy can't drive a car, **can she**?
Amy는 운전을 할 줄 몰라요, 그렇죠?

Tip
부가 의문문 문제에서는 부가 의문문을 없애고 일반 의문문으로 생각하면 정답을 쉽게 찾을 수 있다. 왼쪽의 첫 번째 예문을 이와 같이 변경하면 아래와 같다.
You have a good job, ~~don't you~~?
→ Do you have a good job?

(2) 명령문

명령문의 부가 의문문은 조동사 will과 shall을 이용해서 만들 수 있다.

Ask for the receipt, **will you**? 영수증을 요구하세요, 그렇게 할 거죠?

Let's read that file, **shall we**? 그 파일을 읽어 보도록 해요, 그렇게 할까요?

❹ 추측성 답변

주어진 질문에 대해 확답을 피하고 '아마도'라는 의미의 추측성 답변을 할 때가 있다. probably, maybe, possibly, perhaps, (most) likely 모두 '아마도'라는 의미이며, 'That's a possibility.' 역시 '아마도 그럴 것이다'라는 의미를 갖는 추측성 답변의 예이다.

Q Can you solve this question? 당신은 이 문제를 풀 수 있나요?
A **Perhaps.** 아마도요.

Q Is it going to snow tonight? 오늘 밤에 눈이 올까요?
A **Most likely.** 아마 그럴 거예요.

Q Will Brad be late again? Brad가 또 지각을 하게 될까요?
A **That's a possibility.** 아마도 그럴 것 같군요.

정답 p.021

A 우리말 질문에 영어로 가장 자연스럽게 대답한 것을 고르세요. 02-65

1 James가 우편으로 편지를 부쳤죠, 그렇지 않나요? (a) (b)

2 Parker 씨가 응답 전화를 했나요? (a) (b)

3 생선을 드시겠어요, 아니면 닭고기를 드시겠어요? (a) (b)

4 Jennifer가 고객을 응대할 수 있겠죠, 그렇지 않나요? (a) (b)

5 저쪽에 있는 주차장에 차를 세워야 하지 않나요? (a) (b)

B 질문에 대한 답변이 자연스러우면 O, 그렇지 않으면 X에 표시하세요. 02-66

1 Mr. Davis works in the Accounting Department, ______________?

(a) (O | X) (b) (O | X)

2 ______________ management issue a memo about this problem?

(a) (O | X) (b) (O | X)

3 ______________ the list of promotions been published yet?

(a) (O | X) (b) (O | X)

4 ______________ we meet in your office or mine?

(a) (O | X) (b) (O | X)

5 The Chinese clients arrived last night, ______________?

(a) (O | X) (b) (O | X)

C 질문에 가장 잘 어울리는 대답을 고르세요. 02-67

1 Mark your answer on your answer sheet. (a) (b)

2 Mark your answer on your answer sheet. (a) (b)

3 Mark your answer on your answer sheet. (a) (b)

4 Mark your answer on your answer sheet. (a) (b)

5 Mark your answer on your answer sheet. (a) (b)

PART 2

예상 적중 문제 01 다음을 듣고 질문에 가장 알맞은 응답을 고르세요.

02-68

Mark your answer on your answer sheet. (A) (B) (C)

문제 해설

- 두 가지 선택 사항인 plane(비행기편)과 train(기차편) 중에 하나를 선택할 것을 요구하는 선택 의문문이다. 이에 대해 '버스편'이라는 제3의 답변을 한 (A)가 정답이다.
- (B)의 경우에는 질문의 plane에서 연상되는 flight이라는 단어를 사용하여 오답을 고르도록 유도하고 있지만, 현재 자신들이 타고 있는 비행기편 이름을 언급하는 것은 적절한 대답이 될 수 없다.
- 특정 역의 이름을 언급하고 있는 (C) 역시 주어진 질문에 대한 자연스러운 답변이 될 수 없다.

참고합시다!

선택 의문문의 경우, 질문의 or 앞뒤에 나온 내용 중 하나를 선택을 할 수도 있지만, 이 문제의 경우처럼 질문에서 주어지지 않은 항목이 선택될 수도 있음을 알아 두도록 하자.

스크립트 & 해석

Will Mr. Gregory arrive by plane or train?
(A) By bus, actually.
(B) We're on Flight 94.
(C) From Central Station.

Gregory 씨가 비행기편으로 도착하나요, 아니면 기차편으로 도착하나요?
(A) 실은, 버스편이에요.
(B) 우리는 94편 비행기에 타고 있어요.
(C) Central 역에서요.

어휘 actually 사실, 실은

MORE & MORE

02-69

들리는 문장이 위 질문에 적절한 대답이면 ○, 그렇지 않으면 ×에 표시하세요.

❶ I'm not ____________. (○ | ×)

❷ We're going ____________. (○ | ×)

❸ ____________, that's Mr. Gregory. (○ | ×)

정답 p.022

PART 2

예상 적중 문제 02 다음을 듣고 질문에 가장 알맞은 응답을 고르세요.

02-70

Mark your answer on your answer sheet. (A) (B) (C)

문제 해설

- 부가 의문문을 이용하여 Thomas가 공장의 위치를 알고 있는지를 묻고 있다. '그가 모르고 있을 테니 주소를 알려 주는 것이 좋겠다'라고 답한 (B)가 가장 자연스러운 답변이다.
- (A)는 질문의 where로부터 연상될 수 있는 somewhere를 사용하여 오답을 고르도록 유도하고 있지만 '그것은 교외 어딘가에 있다'는 엉뚱한 대답을 하고 있으므로 정답이 될 수 없다. 만약 질문이 'Do you know where the factory is?'였다면 (A)가 정답이 될 수도 있을 것이다.
- (C)의 경우에도 마찬가지로 '저는 그곳에 가 본 적이 없다'라는 답변은 질문에 적절한 대답이 될 수 없다.

묘수풀이

부가 의문문은 앞에 나온 평서문의 내용을 확인하기 위해 부수적인 질문을 하는 것이므로, 일반 의문문 문제를 풀 때와 같은 방식으로 접근하면 된다. 이 질문 경우, 'Thomas knows where the factory is, doesn't he?'라는 문장을 'Does Thomas know where the factory is?'로 생각하면 보다 쉽게 문제를 풀 수 있다.

스크립트 & 해석

Thomas knows where the factory is, doesn't he?
(A) It's somewhere outside town.
(B) No, so you'd better give him the address.
(C) No, I've never been there.

Thomas는 공장이 어디에 있는지 알고 있어요. 그렇지 않나요?
(A) 그것은 교외의 어딘가에 있어요.
(B) 아니요, 그에게 주소를 알려 주는 것이 좋겠어요.
(C) 아니요, 저는 그곳에 가 본 적이 없어요.

어휘 factory 공장 somewhere 어딘가 outside town 시외에, 교외에 had better ~하는 편이 낫다 address 주소

MORE & MORE

02-71

들리는 문장이 위 질문에 적절한 대답이면 O, 그렇지 않으면 ×에 표시하세요.

❶ Yes, ______________ he does. (O | ×)

❷ ______________ there. (O | ×)

❸ He just asked ______________. (O | ×)

정답 p.022

PART 2 예상 적중 문제 03 다음을 듣고 질문에 가장 알맞은 응답을 고르세요.

02-72

Mark your answer on your answer sheet. (A) (B) (C)

문제 해설

- shouldn't로 시작하는 부정 의문문으로, 수리를 하기 위해 기사에게 전화를 해야 하지 않은지 묻고 있다. 따라서 '수리 기사의 전화번호를 찾아보겠다'라고 답한 (A)가 정답이다.
- '그는 아직 그것을 고치지 못했다'는 의미의 (B)와, '그가 지난주에 잠시 들렀다'는 의미인 (C)는 모두 질문에 어울리지 않는 답변으로 정답이 될 수 없다.

스크립트 & 해석

Shouldn't the repairman be called to fix this?
(A) Okay. I'll find his number.
(B) No, he hasn't fixed it yet.
(C) He came by sometime last week.

수리 기사에게 전화해서 이것을 고치라고 해야 하지 않나요?
(A) 그래요. 제가 전화번호를 찾아볼게요.
(B) 아니요, 그는 아직 고치지 못했어요.
(C) 그는 지난주 언젠가 잠깐 들렀어요.

어휘 repairman 수리공, 정비공 fix 고치다, 수리하다 come by 잠깐 들르다 sometime 언젠가

MORE & MORE

02-73

들리는 문장이 위 질문에 적절한 대답이면 ○, 그렇지 않으면 ×에 표시하세요.

❶ Let me ______________ first. (○ | ×)
❷ Yes, ______________ a few minutes ago. (○ | ×)
❸ Yes, ______________ contact him now. (○ | ×)

정답 p.022

PART 2

예상적중문제 04 다음을 듣고 질문에 가장 알맞은 응답을 고르세요.

02-74

Mark your answer on your answer sheet. (A) (B) (C)

문제 해설

- 평서문 뒤에 won't it이 붙어 있는 부가 의문문이다. 이에 대해 '아마 그럴 것이다'라고 대답한 (B)가 정답이다.
- (A)의 경우, 미래인 주말의 교통 상황을 예측하는 질문에 대해 '그렇지 않았다'라며 과거시제로 대답하고 있으므로 이는 정답이 될 수 없다.
- (C)는 질문의 traffic(교통량)으로부터 연상할 수 있는 car(자동차)를 이용하여 오답을 유도하고 있으나, 질문과 상관없는 교통 수단을 언급하고 있으므로 적절한 답변이 될 수 없다.

스크립트 & 해석

Traffic will be heavy this weekend, won't it?
(A) No, it wasn't.
(B) Most likely.
(C) By car.

이번 주말은 교통 체증이 심하겠죠, 그렇지 않나요?
(A) 아니요, 그렇지 않았어요.
(B) 아마 그렇겠죠.
(C) 자동차로요.

어휘 traffic 교통, 교통량 heavy 무거운; (정도가) 심한 most likely 아마도 by car 자동차로, 차편으로

MORE & MORE

02-75

들리는 문장이 위 질문에 적절한 대답이면 ○, 그렇지 않으면 ×에 표시하세요.

1. ________ Saturday. (○ | ×)
2. I ________. (○ | ×)
3. You're ________. (○ | ×)

정답 p.022

PART 2

예상 적중 문제 05 다음을 듣고 질문에 가장 알맞은 응답을 고르세요.

02-76

Mark your answer on your answer sheet. (A) (B) (C)

문제 해설

- '유럽에서의'(in Europe) 근무와 '아시아에서의'(in Asia) 근무 중 하나를 선택할 것을 요구하는 선택 의문문이다. 두 가지 선택 사항 중에서 하나를 직접적으로 선택한 (C)가 정답이다.
- (A)의 경우, 질문의 Asia를 중복 사용하여 오답을 고르도록 유도하고 있으나 질문에 대해 자신의 가족들이 아시아 출신이라고 답변하는 것은 적절하지 못하다.
- (B)의 경우에는 선택을 요구하는 질문에 yes로 답변하고 있으므로 이 역시 정답이 될 수 없다.

스크립트 & 해석

Would you prefer to work in Europe or in Asia?	유럽에서 근무하고 싶으신가요, 아니면 아시아에서 근무하고 싶으신가요?
(A) My family is from Asia.	(A) 제 가족들은 아시아에서 왔어요.
(B) Yes, I've visited them both.	(B) 네, 저는 두 곳 모두 방문했어요.
(C) Europe is my preference.	**(C) 유럽이 제가 선호하는 곳이에요.**

어휘 prefer to ~하는 것을 선호하다, 더 좋아하다 preference 선호; 선호하는 것

MORE & MORE

02-77

들리는 문장이 위 질문에 적절한 대답이면 ○, 그렇지 않으면 ×에 표시하세요.

❶ Asia would ________. (○ | ×)

❷ ________ stay here. (○ | ×)

❸ I worked in Europe ________. (○ | ×)

정답 p.023

Unit
04-06 연습 문제

정답 및 해설 p.023

Part 2 다음을 듣고 가장 적절한 응답을 고르세요.

02-78

1. Mark your answer on your answer sheet. (A) (B) (C)

2. Mark your answer on your answer sheet. (A) (B) (C)

3. Mark your answer on your answer sheet. (A) (B) (C)

4. Mark your answer on your answer sheet. (A) (B) (C)

5. Mark your answer on your answer sheet. (A) (B) (C)

6. Mark your answer on your answer sheet. (A) (B) (C)

7. Mark your answer on your answer sheet. (A) (B) (C)

8. Mark your answer on your answer sheet. (A) (B) (C)

9. Mark your answer on your answer sheet. (A) (B) (C)

10. Mark your answer on your answer sheet. (A) (B) (C)

11. Mark your answer on your answer sheet. (A) (B) (C)

12. Mark your answer on your answer sheet. (A) (B) (C)

PART 2 02-79

Directions: You will hear a question or statement and three responses spoken in English. They will not be printed in your test book and will be spoken only one time. Select the best response to the question or statement and mark the letter (A), (B), or (C) on your answer sheet.

1. Mark your answer on your answer sheet. (A) (B) (C)

2. Mark your answer on your answer sheet. (A) (B) (C)

3. Mark your answer on your answer sheet. (A) (B) (C)

4. Mark your answer on your answer sheet. (A) (B) (C)

5. Mark your answer on your answer sheet. (A) (B) (C)

6. Mark your answer on your answer sheet. (A) (B) (C)

7. Mark your answer on your answer sheet. (A) (B) (C)

8. Mark your answer on your answer sheet. (A) (B) (C)

9. Mark your answer on your answer sheet. (A) (B) (C)

10. Mark your answer on your answer sheet. (A) (B) (C)

11. Mark your answer on your answer sheet. (A) (B) (C)

12. Mark your answer on your answer sheet. (A) (B) (C)

13. Mark your answer on your answer sheet. (A) (B) (C)

14. Mark your answer on your answer sheet. (A) (B) (C)

15. Mark your answer on your answer sheet. (A) (B) (C)

16. Mark your answer on your answer sheet. (A) (B) (C)

17. Mark your answer on your answer sheet. (A) (B) (C)

18. Mark your answer on your answer sheet. (A) (B) (C)

19. Mark your answer on your answer sheet. (A) (B) (C)

20. Mark your answer on your answer sheet. (A) (B) (C)

21. Mark your answer on your answer sheet. (A) (B) (C)

22. Mark your answer on your answer sheet. (A) (B) (C)

23. Mark your answer on your answer sheet. (A) (B) (C)

24. Mark your answer on your answer sheet. (A) (B) (C)

25. Mark your answer on your answer sheet. (A) (B) (C)

PART 3

대화문

- PART 3에서는 두 사람 혹은 세 사람 사이의 대화를 듣고 대화당 3개의 문제를 풀어야 한다.
- 대화의 주제나 목적 등 대화의 전반적인 사항을 물어보는 문제와, 대화에서 언급된 구체적인 사실이나 예정된 행동, 화자의 의도, 대화가 이루어진 시간 및 장소 등을 묻는 문제 등이 출제된다.
- 파트 후반부에는 도표 등의 시각적 자료를 이용한 문제도 등장한다.

Unit 01 주제 및 목적

Unit 02 대화의 장소 및 인물의 신원

Unit 03 세부 사항 I
(언급된 사실, 제안 및 요청)

Unit 04 세부 사항 II
(문제점, 이유, 방법, 정도)

Unit 05 화자의 의도 및 시각적 정보

Unit 06 대화 이후의 상황 및 추론

1 파트의 구성과 대비 요령

A 파트의 구성

파트	문항 수	문제 유형
Part 3	39	• 주제 및 목적을 묻는 문제 • 대화가 이루어지고 있는 장소를 묻는 문제 • 화자의 신원을 묻는 문제 • 세부 사항을 묻는 문제 • 대화 이후에 일어날 일을 묻는 문제 • 화자의 의도를 묻는 문제 • 시각적 자료를 이용한 문제

B 대비 요령

ⓐ 의미 단위에 따라 끊어서 듣는 연습을 한다.

기본적인 듣기 능력이 뒷받침되지 않는다면 PART 3에서 고득점을 노릴 수 없다. 가장 바람직한 것은 듣는 동시에 그 의미를 파악하는 것인데, 이를 위해서는 의미 단위로 끊어서 듣는 연습을 집중적으로 해야 한다.

ⓑ PART 3에서 출제되는 오답 유형에 대해 알아 둔다.

대화에 사용된 단어를 그대로 사용한 보기는 오답인 경우가 많고, 대화의 마지막 부분에서 명확하게 들리는 단어를 이용한 보기 역시 오답인 경우가 많다. 이처럼 PART 3에서 자주 등장하는 오답 유형을 미리 알아 두면 실수할 확률을 줄일 수 있다.

ⓒ 정답은 '바꾸어 표현된다'(paraphrasing)는 점을 알아 둔다.

대화에서 사용된 표현이 정답에 그대로 사용되는 경우는 거의 없다. 대신 이와 유사한 의미의 다른 방식의 표현들이 정답에서 사용된다. 예를 들어 대화에서 특정한 가전 제품을 언급한 경우, 정답에서는 이를 product(제품) 혹은 equipment(장비)와 같은 단어 등으로 지칭한다. 따라서 패러프레이징 요령에 대해 알아 두면 정답을 찾는 데 도움이 될 수 있다.

2 출제 경향과 풀이 전략

A 출제 경향

파트	출제 경향
Part 3	• PART 3에서는 직장 생활 및 일상 생활과 관련된 대화들이 제시되는데, 보통 직장 생활과 관련된 대화들이 더 많은 비중을 차지한다. • 대화 당 주제 및 목적을 묻는 문제가 한 문제 정도 출제되고, 나머지 2개의 문제는 기타 유형의 문제들로 구성되는 경우가 많다. • 대화의 속도가 빠르고 대화의 길이도 긴 문제들이 출제되기 때문에 기본적인 듣기 실력을 향상시켜야 한다.

B 풀이 전략

ⓐ 문제와 보기, 그리고 시각적 자료를 미리 읽는다.

PART 3에 대한 디렉션이 나올 때 32번부터 34번까지의 문제와 보기들을 미리 읽는다. 그리고 한 세트의 문제가 끝나고 다음 세트가 시작되기 전에 다음 세트의 문제와 보기들을 미리 읽어 두도록 한다. 파트 후반부에 제시되는 시각적 자료도 대화가 시작되기 전에 그 내용을 미리 파악해야 한다.

ⓑ 문제와 보기는 키워드 위주로 확인한다.

문제와 보기를 미리 다 읽고 기억할 수 있으면 좋겠지만 시간이 부족하기 때문에 그렇게 하지 못할 가능성이 높다. 따라서 실제 시험장에서는 중요한 키워드 위주로 문제와 보기를 읽고 이를 기억해 두어야 한다. 문제를 읽을 때에는 의문사에 집중하고, 보기를 읽을 때에는 각 보기들의 차이가 무엇인지 염두에 두면서 읽는 것이 효율적이다.

ⓒ 대화의 시작 부분과 끝부분을 주의해서 듣는다.

대화의 주제는 대화의 시작 부분에서 드러나는 경우가 많기 때문에 대화의 초반부는 놓치지 말고 들어야 한다. 또한 대화가 이루어지는 장소 및 화자들의 신원에 대한 정보들도 대화의 초반부에서 알 수 있는 경우가 많다. 대화의 후반부에서는 대화 이후에 벌어질 일 등에 대한 정보들을 찾도록 한다.

Unit 01

주제 및 목적

학습 포인트

✔ 대화의 주제, 대화가 일어나는 이유, 대화의 목적 등을 묻는 문제의 경우, 정답의 단서는 대화의 시작 부분에서 드러나는 경우가 많다.

✔ 대화의 전체적인 맥락을 파악해야만 풀 수 있는 문제들도 출제되기 때문에 고득점을 위해서는 마지막까지 대화의 흐름을 놓치지 말고 들어야 한다.

예제

03-01

Q. Why is the woman calling?

(A) To reschedule an appointment
(B) To ask the doctor a question
(C) To cancel her appointment
(D) To find out when her appointment is

Q. 여자는 왜 전화 통화를 하고 있는가?

(A) 예약 일정을 조정하기 위해
(B) 의사에게 질문을 하기 위해
(C) 예약을 취소하기 위해
(D) 예약이 언제인지 알아보기 위해

M Hello. This is Dr. Peterson's office. How may I be of assistance?

W Hello. My name is Julie Smith, and I have an appointment for tomorrow at nine. Is it possible to change the time to the afternoon?

M Yes, there's a slot open at two thirty.

W That's great. I'd like to visit the doctor then.

M 안녕하세요. Peterson 박사의 병원입니다. 어떻게 도와 드릴까요?

W 안녕하세요. 제 이름은 Julie Smith인데, 내일 9시에 예약을 했어요. 시간을 오후로 바꾸는 것이 가능할까요?

M 네, 2시 30분에 자리가 있어요.

W 잘 됐네요. 그때 의사 선생님을 만나고 싶어요.

어휘 assistance 도움, 원조 appointment 약속 possible 가능한 change 바꾸다 slot 자리; 구멍 would like to ~하고 싶다 reschedule 일정을 변경하다 cancel 취소하다 find out 알아내다

문제 유형 분석

의문사 why를 이용하여 여자가 전화를 건 목적을 묻고 있다. 따라서 여자가 어떠한 내용을 전달하고자 하는지에 초점을 맞춰 대화를 듣도록 한다.

풀이 전략

❶ 전화 통화의 목적을 묻는 문제의 경우에는 주로 대화의 시작 부분에서 그 목적을 찾을 수 있다.

❷ 대화에서 사용된 표현은 정답에서 그대로 사용되지 않고 다른 말로 바꾸어 표현되는 경우가 많기 때문에 각 보기의 내용들을 세심하게 살펴야 한다. 여기에서는 여자의 첫 번째 말에서 정답의 단서를 찾을 수 있다. 여자가 '내일 오전 예약을 오후로 바꾸는 것'(to change the time to the afternoon)이 가능한지 묻고 있으므로 정답은 (A)이다.

❸ (B)는 대화와 상관없는 내용이며, 예약을 변경하기 위해 전화를 한 것이지 취소를 하기 위해 전화를 건 것은 아니므로 (C)도 정답이 될 수 없다. 여자는 자신의 예약 시간을 이미 알고 있었으므로 (D) 역시 정답이 될 수 없다.

기본기 다지기

❶ 질문 예시

(1) 주제

- **What** is the conversation **mainly about**? 대화는 주로 무엇에 관한 것인가?
- **What** are the speakers **mainly discussing**? 화자들은 주로 무엇을 논의하는가?
- **What** are the speakers **mainly talking about**? 화자들은 주로 무엇을 이야기하는가?

(2) 목적

- **What** is the **purpose** of the woman's visit? 여자가 방문한 목적은 무엇인가?
- **Why** did the man **call** the woman? 남자는 왜 여자에게 전화했는가?
- **Why** is the man **calling**? 남자는 왜 전화를 하는가?
- **Why** did the man **visit** the store? 남자는 왜 매장을 방문했는가?

❷ 주제문의 유형

(1) 새로운 소식

대화 초반부에 '~이라는 말을 듣다'와 같은 표현이 등장하면 이를 통해 대화 전체의 주제를 파악할 수 있다.

예시	대화의 주제
I heard (that) Mr. Jenkins is resigning soon. Jenkins 씨가 곧 사임할 것이라는 이야기를 들었어요.	Jenkins 씨의 사임
Someone told me (that) we will all get bonuses. 우리 모두가 보너스를 받게 될 것이라고 누군가가 말해 주더군요.	보너스를 받게 된다는 사실
Did you hear (that) a new restaurant opened on Main Street? Main 가에 새로운 식당이 개업했다는 이야기를 들었나요?	새로운 식당의 개업

(2) 화자의 바람

대화의 초반부에 드러나는 화자의 바람 역시 대화의 전체적인 주제와 밀접한 관계가 있을 가능성이 높다.

예시	대화의 주제
I want to tell you about a new item that just arrived. 조금 전에 도착한 신제품에 대해 당신에게 이야기하고 싶어요.	신제품 관련 대화
I'd like to check out the products on sale. 세일 중인 제품들을 알아보고 싶어요.	세일 중인 품목
We'd like to stay at your hotel for two nights. 당신의 호텔에서 이틀 머물고 싶은데요.	호텔 객실 예약

(3) 질문

대화 초반부의 질문 또한 대화의 전체적인 주제를 파악하는 단서가 될 수 있다.

예시	대화의 주제
Did you notice anything wrong with Julie? Julie에게 무슨 문제가 있는지 알고 있었나요?	Julie가 겪고 있는 문제
Have you seen that new movie yet? 벌써 그 신작 영화를 보았나요?	신작 영화의 내용
Do you know when the seminar will begin? 세미나가 언제 시작하는지 알고 있나요?	세미나 시작 일정

(4) 문제점 지적

대화 초반에 problem, matter, issue, trouble과 같은 단어가 언급되면 그것이 무슨 문제인지를 파악해야 한다. 이들이 가리키는 내용이 대화의 전체적인 주제로 이어질 가능성이 높다.

예시	대화의 주제
We have a difficult matter to discuss with the company. 그 회사와 논의하는 데 어려운 문제가 있어요.	협상의 어려움
We have a big problem. The manager is going to visit us in a few minutes. 큰 문제가 있어요. 몇 분 후에 관리자가 이곳을 방문할 예정이에요.	임원의 시찰이나 견학
I think we're in trouble. The equipment has stopped working, and no one can fix it. 문제가 생겼어요. 장비가 작동을 멈추었는데, 아무도 고칠 수가 없어요.	장비의 고장

cf. 전화 통화 등의 경우에는 인사말 다음에 이어지는 내용이 대화의 주제와 연관되는 경우가 많다.

예시	대화의 주제
W Good morning. This is Western Airlines. 안녕하세요. Western 항공사입니다. **M** Hello. I'd like to make a reservation on a flight tomorrow. 안녕하세요. 내일 비행기편을 예약하고 싶어서요.	비행기 예약
M Hello. Front desk. 안녕하세요. 프런트 데스크입니다. **W** Yes, I'd like to report a problem with my room. The hot water doesn't work. 네, 제 방에 문제가 있다는 것을 알려 드리고 싶어서요. 온수가 나오지 않네요.	객실에 대한 불만 사항

★ 빈출 표현 정리

구인 및 구직 관련

apply 지원하다	position 직위	help-wanted ad 구인 광고
take one's place ~을 대신하다	hire 고용하다	job opening 빈 자리, 공석
recruit 채용하다	job offer 일자리 제안	hire 고용하다
full-timer 정규직 직원	part-timer 시간제 근무 직원	résumé 이력서

Have you decided whom we should **hire**? 누구를 고용해야 할지 결정했나요?

We need to **recruit** some quality people for our company. 우리는 회사를 위해 뛰어난 인재들을 채용해야 한다.

There's a **job opening** at Bright Consulting. Bright 컨설팅에 공석이 있다.

면접 관련

interviewer 면접관	candidate 후보자	career 직업, 경력
work experience 경력	interviewee 면접 대상자	evaluation 평가
first impression 첫인상	job applicant 구직자, 지원자	application form 지원서 양식

The **interviewer** asked several complicated questions. 면접관이 몇 가지 복잡한 질문을 했다.

All **job applicants** must submit their forms by this Friday.
모든 지원자들은 이번 주 금요일까지 지원서를 제출해야 한다.

I am considering a **career** in medicine. 나는 의료 분야의 직업을 생각해 보고 있다.

기본기 체크업

A 대화를 듣고 질문에 답하세요. 03-02

1 남자와 여자는 무엇에 대해 논의하고 있는가?
(a) 남자에게 필요한 도움
(b) 여자의 상사
(c) 보고서 제출 기한

2 여자는 무엇에 대해 묻고 있는가?
(a) 회의 장소
(b) 사무실 주소
(c) 동료의 위치

3 여자는 무엇에 대해 묻고 있는가?
(a) 교통 수단
(b) 지도를 보는 방법
(c) 극장의 위치

4 화자들은 어떤 문제를 논의하고 있는가?
(a) 남자의 업무량
(b) 여자의 근무 시간
(c) 주말 근무

5 여자가 전화를 건 목적은 무엇인가?
(a) 주문을 하기 위해
(b) 질문을 하기 위해
(c) 환불을 하기 위해

B 대화를 듣고 주어진 진술이 사실이면 O, 그렇지 않으면 X에 표시하세요. 03-03

1 (a) They are speaking about their trip to the zoo. (O | X)
(b) The man and the woman are discussing their weekend plans. (O | X)
(c) The speakers are talking about where they are going to go soon. (O | X)

2 (a) The woman is calling to reserve a room. (O | X)
(b) The woman is calling to confirm her room reservation. (O | X)
(c) The woman is calling to ask to change her room. (O | X)

3 (a) The woman asks the man for the location of a bank. (O | X)
(b) They are discussing how to exchange money. (O | X)
(c) They are speaking about when a bank is open. (O | X)

정답 p.030

4 (a) They are talking about their final destinations. (O | X)
(b) The speakers are discussing which bus the man should take. (O | X)
(c) The man and the woman are speaking about Moline. (O | X)

5 (a) The man speaks to the manager to get a refund. (O | X)
(b) The man is speaking to the manager to make a complaint. (O | X)
(c) The man talks to the manager to describe his unhappiness. (O | X)

C 대화를 듣고 질문에 답하세요.

03-04

1 What are the man and the woman talking about?
(a) A restaurant
(b) A supermarket
(c) A coffee shop

2 What are the speakers mainly talking about?
(a) The company cafeteria
(b) Their dinner plans
(c) The man's lunch

3 What is the purpose of Amy's call to Peter?
(a) To request that he send her a fax
(b) To thank him for the analysis he provided
(c) To ask if he received an e-mail from her

4 What are the speakers mainly discussing?
(a) The man's boss
(b) The woman's salary
(c) The woman's job performance

5 What are the speakers discussing?
(a) A picture
(b) A design
(c) A postcard

6 What are the speakers mainly discussing?
(a) A seminar
(b) Their schedules
(c) Their weekend plans

PART 3

예상 적중 문제 01-03 대화를 듣고 질문에 가장 알맞은 답을 고르세요.

03-05

01. Where most likely does the conversation take place?

(A) At a drugstore

(B) At a supermarket

(C) At a clothing store

(D) At a theater

02. What is being discussed?

(A) An exchange

(B) A receipt

(C) A refund

(D) The price of an item

03. What will the woman do next?

(A) Give the man some money

(B) Print a receipt

(C) Provide a new item

(D) Speak with her manager

문제 해설

01 장소

- 대화 초반부에 남자는 '어제 여기에서 넥타이를 구입했다(I purchased this necktie here yesterday)'라고 언급했다.
- 따라서 보기 중에서 대화가 일어나는 장소로 적절한 것은 (C)의 clothing store이다.

02 주제

- 대화의 초반부에서 남자가 어제 구입한 넥타이를 '반품'(return)하고 돈을 돌려받고 싶다고 하자 여자는 다른 것으로 '교환'(exchange)이 가능하다는 사실을 알려 준다.
- 대화의 후반부를 들어 보면 남자가 '자신이 지불한 돈을 돌려받고 싶다고(I'd rather just get the money I paid for it if you don't mind.)' 했으므로 정답은 (C)가 된다.
- (B)의 '영수증'은 환불을 위해 필요한 것일 뿐 대화의 주제가 될 수 없으며, (D)의 '제품 가격'은 대화에서 언급되지 않았다.

03 대화 이후의 상황

- 대화의 마지막 부분에서 여자는 '처리해 드릴게요(Let me process this for you.)'라고 했다.
- 이는 환불해 달라는 남자의 요청을 수락한다는 의미이므로 정답은 (A)이다.

스크립트 & 해석

M Excuse me. 01) **I purchased this necktie here yesterday**, but I'd like to return it and get my money back.

W Is there a problem with it? You can exchange it for another one if you like.

M Actually, 02) **I'd rather just get the money I paid for it if you don't mind**. Here's my receipt.

W All right. 03) **Let me process this for you**. It will take a few moments.

M 실례합니다. 어제 여기에서 이 넥타이를 구입했는데요, 반품하고 돈을 돌려받았으면 해요.

W 넥타이에 문제가 있나요? 원하시면 다른 것으로 교환하실 수도 있어요.

M 사실, 괜찮으시다면 제가 지불했던 돈을 돌려받는 것이 나을 것 같아요. 여기 영수증요.

W 그래요. 제가 처리해 드릴게요. 몇 분 정도 시간이 걸릴 거예요.

01. 대화는 어디에서 이루어지는 것 같은가?
(A) 약국에서
(B) 슈퍼마켓에서
(C) 옷가게에서
(D) 극장에서

02. 무엇이 논의되고 있는가?
(A) 교환
(B) 영수증
(C) 환불
(D) 상품 가격

03. 여자는 다음에 무엇을 할 것인가?
(A) 남자에게 돈을 준다
(B) 영수증을 출력한다
(C) 새 상품을 준다
(D) 그녀의 관리자와 이야기한다

어휘 return 돌아가다, 돌려 주다 exchange 교환하다 would rather 차라리 ~하겠다 mind 꺼리다 receipt 영수증 process 처리하다 refund 환불

MORE & MORE

03-06

들리는 문장이 위 대화의 내용과 일치하면 ○, 그렇지 않으면 ×에 표시하세요.

1. The man wants to get ______________ for the item he purchased. (○ | ×)
2. They are talking about which item ______________ to buy. (○ | ×)
3. The man and the woman are speaking about how to ______________. (○ | ×)

정답 p.033

PART 3 예상 적중 문제 04-06 대화를 듣고 질문에 가장 알맞은 답을 고르세요.

03-07

04. What is the purpose of the woman's call?
(A) To tell the man her work schedule
(B) To say that she will not be on time
(C) To ask the man to visit her office
(D) To cancel her meeting with the man

05. Where is the woman probably calling from?
(A) An airport
(B) A train
(C) A ferry
(D) A bus station

06. What does the man ask the woman to do?
(A) Bring some documents
(B) Call him later
(C) Send him an e-mail
(D) Provide him with directions

문제 해설

04 목적

- 대화 초반부의 'I want to let you know that I'm going to be a bit late for our meeting.'이라는 말을 통해 여자가 전화를 건 목적은 회의에 늦을 것이라는 사실을 알리기 위해서임을 알 수 있다. 따라서 정답은 (B)이다.
- 여자가 자신의 업무 스케줄을 알려 주고 있는 것은 아니므로 (A)는 정답이 될 수 없으며, (C)와 (D)는 대화와 관련이 없는 내용들이다.

05 장소

- 대화의 중반부에서 여자는 '기차가 예정보다 20분 늦어지고 있다(My train is running twenty minutes behind schedule)'고 말했으므로 정답은 (B)이다.

06 세부 사항 (요청)

- 대화의 마지막 부분에서 남자는 여자에게 '몇 분 정도 남았을 때 전화해 달라고(Just give me a call when you're a few minutes away)' 말했다.
- 그러므로, 회신 전화를 달라는(call him later) 내용의 (B)가 정답이다.

스크립트 & 해석

W Hello, Jim. It's Julia. I want to let you know that 04) **I'm going to be a bit late for our meeting**. I'm so sorry about that.

M When do you think you're going to get here?

W 05) **My train is running twenty minutes behind schedule**, so I think I can be at your office by three. Is that all right with you?

M That's not a problem at all. 06) **Just give me a call when you're a few minutes away**.

W 안녕하세요, Jim. Julia예요. 제가 회의 시간에 약간 늦을 것 같다는 점을 알려 드리고 싶어서요. 그 점에 대해서는 정말 미안해요.

M 언제쯤 여기에 도착할 것 같나요?

W 기차 운행이 예정보다 20분 정도 늦어져서, 3시까지 당신 사무실로 갈 수 있을 것 같아요. 괜찮으신가요?

M 전혀 문제되지 않아요. 몇 분 정도 남았을 때 제게 전화를 주세요.

04. 여자가 전화를 건 목적은 무엇인가?
(A) 남자에게 자신의 업무 스케줄을 말하기 위해
(B) 자신이 늦을 것이라고 말하기 위해
(C) 남자에게 자신의 사무실을 방문해 달라고 요청하기 위해
(D) 남자와의 회의를 취소하기 위해

05. 여자는 어디에서 전화하는가?
(A) 공항
(B) 기차
(C) 연락선
(D) 버스 정류장

06. 남자는 여자에게 무엇을 하라고 부탁하는가?
(A) 서류를 가져온다
(B) 나중에 그에게 전화한다
(C) 그에게 이메일을 보낸다
(D) 그에게 길을 알려 준다

어휘 a bit 약간 behind schedule 예정보다 늦게 give a call 전화를 걸다 on time 정시에, 제때에 cancel 취소하다

MORE & MORE

03-08

들리는 문장이 위 대화의 내용과 일치하면 ○, 그렇지 않으면 ×에 표시하세요.

❶ ________________ the woman's call is to ask the man for a copy of a report. (○ | ×)

❷ The reason the woman calls the man is ________________ they meet at two. (○ | ×)

❸ The woman calls the man to ________________. (○ | ×)

정답 p.033

PART 3

예상 적중 문제 07-09 대화를 듣고 질문에 가장 알맞은 답을 고르세요.

03-09

07. What are the speakers discussing?
(A) How much a phone costs
(B) What to have for lunch
(C) When the man's problem started
(D) Where to repair a phone

08. What does Nancy tell the man to do?
(A) Visit a shopping center
(B) Get an upgrade
(C) Go to Carter Street
(D) Buy a new item

09. What does the man mean when he says, "I wasn't aware of that"?
(A) He did not know that a price has increased recently.
(B) He did not know the new location of a repair center.
(C) He did not know that an improved product has been released.
(D) He did not know the closing time of a business.

문제 해설

07 주제
- 대화 초반부에 남자가 '핸드폰 화면에 금이 갔다'(the screen cracked)고 말하자 여자1과 여자2는 수리 센터의 위치를 알려 주려고 한다.
- 따라서 화자들이 논의하고 있는 것은 (D)의 '전화기를 수리할 수 있는 장소'로 볼 수 있다.

08 세부 사항 (제안)
- 첫 번째 여자가 Nancy인데, 그녀는 'You'd better take it to the repair center on Carter Street.'라고 하며 남자에게 Carter 가에 있는 수리센터에 갈 것을 권하고 있다. 따라서 정답은 (C)이다.
- (A)의 'Visit a shopping center'는 Linda가 한 말이다.

09 화자의 의도
- 'I wasn't aware of that'은 '모르고 있었다'는 의미인데, 이는 'It moved to the Wellington Shopping Center' (그곳은 Wellington 쇼핑센터로 옮겼다)라는 말에 대한 대답이다.
- 즉, 수리 센터가 이전한 사실을 몰랐다는 의미이므로 정답은 (B)이다.

스크립트 & 해석

M I don't believe it. 07-1) **I dropped my cell phone on the floor, and the screen cracked.**

W1 You'd better 07-2) 08) 09-1) **take it to the repair center on Carter Street.**

W2 It's not there anymore, Nancy. 07-3) 09-2) **It moved to the Wellington Shopping Center.**

M I wasn't aware of that. Thanks for letting me know, Linda. I guess I'll go there during lunch.

W2 Good luck. Hopefully, it won't cost too much to repair your phone.

M 믿을 수가 없군요. 제가 바닥에 핸드폰을 떨어뜨려서 화면에 금이 갔어요.

W1 Carter 가에 있는 수리 센터에 가지고 가는 것이 좋겠네요.

W2 그 센터는 그곳에 없어요, Nancy. Wellington 쇼핑 센터로 이전했어요.

M 모르고 있었어요. 알려 줘서 고마워요, Linda. 점심 시간에 그곳에 가야 할 것 같아요.

W2 행운을 빌어요. 전화기를 수리하는 데 너무 많은 비용이 들지 않기를 바라요.

07. 화자들은 무엇에 대해 논의하는가?
(A) 전화기의 비용이 얼마인지
(B) 점심으로 무엇을 먹을지
(C) 남자의 문제가 언제 시작되었는지
(D) 어디에서 전화기를 수리해야 하는지

08. Nancy는 남자에게 무엇을 하라고 말하는가?
(A) 쇼핑 센터에 방문한다
(B) 업그레이드를 한다
(C) Carter 가에 가 본다
(D) 새로운 제품을 구입한다

09. 남자가 "I wasn't aware of that"이라고 말할 때 그가 의미하는 것은 무엇인가?
(A) 최근에 가격이 인상된 것을 알지 못했다.
(B) 수리 센터의 새로운 장소를 알지 못했다.
(C) 개선된 제품이 출시된 것을 알지 못했다.
(D) 영업 종료 시간을 알지 못했다.

어휘 drop 떨어뜨리다 crack 금이 가다, 깨지다 take A to B A를 B에 가지고 가다 hopefully 바라건대, 아마도

MORE & MORE

03-10

들리는 문장이 위 대화의 내용과 일치하면 ○, 그렇지 않으면 ×에 표시하세요.

① The man lost his ______________. (○ | ×)

② The man ______________ Carter Street. (○ | ×)

③ The man will get his cell phone fixed ______________. (○ | ×)

정답 p.033

PART 3

예상 적중 문제 10-12 대화를 듣고 질문에 가장 알맞은 답을 고르세요.

03-11

10. What are the speakers discussing?

(A) Some people they are planning to hire

(B) The newest employees at their company

(C) Some upcoming interviews

(D) The job that the man is applying for

11. What does the woman ask the man to do?

(A) Interview some more candidates

(B) Post a job advertisement

(C) Suggest some people to hire

(D) Contact the applicants he likes

12. How will the man get in touch with the woman?

(A) In person

(B) By e-mail

(C) By fax

(D) Over the phone

문제 해설

10 주제

- 대화 초반부에서 남자가 'We finally finished the last of today's interviews.'라고 말한 것을 통해서 화자들은 면접관임을 알 수 있다. 또한, 'Overall, I was impressed with the quality of the applicants.'라는 말을 통해 입사 지원자들의 자질이 뛰어나다는 점을 알 수 있다. 따라서 정답은 (A)이다.
- 면접 대상자들이 아직 고용된 것은 아니므로 (B)는 정답이 될 수 없고, 마지막 면접이 끝났기 때문에 (C) 역시 정답이 될 수 없다. (D)는 대화에서 언급되지 않은 내용이다.

11 세부 사항 (요청)

- 대화의 후반부에 여자는 'How about giving me a list of the people you like the most?라고 하며 마음에 드는 사람들의 명단을 보내 달라고 말하고 있다.
- 이는 채용할 사람들을 추천해 달라는 의미로 볼 수 있으므로 정답은 (C)이다.

12 방법

- 마음에 드는 사람의 명단을 보내 달라는 여자의 부탁에 대해 남자는 승낙의 답변을 한 다음 이메일로 파일을 보내겠다고 (I'll e-mail it to you by then.) 말하고 있다.
- 따라서 남자는 여자에게 이메일을 보낼 것이므로 정답은 (B)이다.

스크립트 & 해석

M **10) We finally finished the last of today's interviews. Overall, I was impressed with the quality of the applicants.**

W I totally agree with you. It will be hard to choose which of them we're going to hire.

M Fortunately, we need five new workers, so we won't have to reject everyone.

W **11) How about giving me a list of the people you like the most?** Can I get it by 5:00 this evening?

M Sure. **12) I'll e-mail it to you by then.**

M 드디어 오늘 마지막 면접을 끝냈군요. 전체적으로, 저는 지원자들의 자질에 감명을 받았어요.

W 저도 전적으로 동감이에요. 그들 중 누구를 고용할지 선택하는 일은 어려울 거예요.

M 다행히도 5명의 신입 직원이 필요하기 때문에 모두 탈락시킬 필요는 없어요.

W 당신이 가장 마음에 드는 사람들의 명단을 저에게 주시겠어요? 저녁 5시까지 받을 수 있을까요?

M 물론이죠. 그때까지 이메일로 보낼게요.

10. 화자들은 무엇에 대해 논의하고 있는가?
    (A) 그들이 고용하고자 하는 사람들
    (B) 회사의 신입 직원들
    (C) 다가올 면접
    (D) 남자가 지원한 일자리

11. 여자는 남자에게 무엇을 해달라고 부탁하는가?
    (A) 더 많은 지원자들을 면접한다
    (B) 구인 광고를 게재한다
    (C) 채용할 사람들을 추천한다
    (D) 마음에 드는 지원자들에게 연락한다

12. 남자는 여자에게 어떻게 연락할 것인가?
    (A) 직접
    (B) 이메일로
    (C) 팩스로
    (D) 전화로

어휘 finally 마침내, 드디어 finish 마치다, 끝내다 interview 면접 overall 전체적으로 be impressed with ~에 감명을 받다 quality 질, 자질 applicant 지원자 totally 전적으로 fortunately 다행히 reject 거절하다, 거부하다

MORE & MORE

03-12

들리는 문장이 위 대화의 내용과 일치하면 ○, 그렇지 않으면 ×에 표시하세요.

❶ The speakers are discussing ______________. (○ | ×)

❷ The man and the woman are talking about ______________. (○ | ×)

❸ They are speaking about some people ______________. (○ | ×)

정답 p.033

Unit 02

대화의 장소 및 인물의 신원

학습 포인트

✔ 대화가 이루어지고 있는 장소, 화자들이 근무하는 곳, 화자들이 속해 있는 부서 등을 물을 수도 있고, 대화 속 인물들의 직업 등을 물어 볼 수도 있다.

✔ 대화 초반부에 정답의 단서가 언급되는 경우가 많으므로, 첫 부분에서 언급되는 장소나 직업과 관련된 단어들을 놓치지 않고 들어야 한다.

✔ 정답의 단서가 대화 초반부가 아닌 중・후반부에 언급되는 경우도 있으므로, 전체적인 대화에서 언급되는 장소 및 직업 관련 표현에도 집중해야 한다.

예제

03-13

Q. Where does the conversation take place?

(A) At a bus station
(B) In a subway station
(C) At an airport
(D) In a train station

Q. 대화는 어디에서 이루어지고 있는가?

(A) 버스 정류장에서
(B) 지하철역에서
(C) 공항에서
(D) 기차역에서

M Good morning, ma'am. Where are you heading today?

W I'm flying to Rome. Here are my ticket and passport.

M Thank you very much. Do you have any baggage you need to check?

W No, I don't. All I have is this carry-on bag. Do you think it's possible for me to get a seat next to the window?

M 안녕하세요, 고객님. 어디로 가실 건가요?

W 저는 로마로 갈 거예요. 여기 제 비행기표하고 여권이 있어요.

M 정말 고맙습니다. 맡기셔야 할 화물이 있나요?

W 아니요, 그렇지는 않아요. 제가 가진 것이라고는 이 휴대용 가방뿐이죠. 창가 쪽 자리를 얻을 수 있을까요?

어휘 head 향하다 passport 여권 baggage 수화물, 짐 check 확인하다; (짐 등을) 맡기다 carry-on bag 휴대용 가방 possible 가능한 next to ~의 옆에

문제 유형 분석

의문사 where를 이용하여 대화가 이루어지고 있는 장소를 묻고 있다. PART 3에서 자주 등장하는 특정한 장소 및 인물의 신원과 관련된 표현들을 미리 알아 두면 이러한 유형의 문제를 푸는 데 도움이 될 수 있다.

풀이 전략

❶ 대화의 장소를 묻는 문제의 경우에는 주로 대화의 시작 부분에서 그 단서를 찾을 수 있다.

❷ 예제에서도 여자의 첫 번째 말에서 정답의 단서를 찾을 수 있는데, 여자는 자신이 로마로 갈 것이라고 말하면서 '비행기표'(ticket)와 '여권'(passport)을 제출하고 있다. 따라서 이 대화는 공항에서 이루어지고 있는 것으로 추측할 수 있다.

❸ 또한 이어서 남자가 '맡길 화물이 있는지'(Do you have any baggage you need to check?) 묻고 있으므로 이 대화가 공항에서 이루어지고 있다는 점을 다시 한번 확인할 수 있다. 정답은 (C)이다.

❹ (A), (B), (D)의 경우, 교통과 관련된 장소를 언급하고 있기는 하지만, 여권을 보여 주어야 하고 수화물을 맡겨야 하는 곳은 공항밖에 없으므로, 이들은 정답이 될 수 없다.

기본기 다지기

❶ 질문 예시

(1) 대화의 장소

- **Where** does the conversation most likely **take place**? 대화는 어디에서 이루어지는 것 같은가?
- **Where** most likely **are** the speakers? 화자들은 어디에 있을 것 같은가?

(2) 인물의 신원

- **Who** most likely is **the man**? 남자는 누구인 것 같은가?
- **What** is the **man's job**? 남자의 직업은 무엇인가?
- **Where** does the woman **work**? 여자는 어디에서 일하는가?
- **What department** does the man **work in**? 남자는 어떤 부서에서 일하는가?
- **Who** is the man **talking to**? 남자는 누구에게 말하고 있는가?

❷ 장소 및 인물의 신원과 관련된 어휘

(1) 장소 관련 어휘

bus terminal 버스정류장	train station 기차역	airport 공항
hotel 호텔	catering company 케이터링 업체	grocery store 식료품점
interior design firm 인테리어 업체	landscaping company 조경 업체	department store 백화점
cafeteria 구내식당	conference room 회의실	factory floor 작업 현장

(2) 인물의 신원 관련 어휘

CEO 최고경영자	manager 관리자	salesperson 영업사원
pharmacist 약사	technician 기술자	reporter 기자
job applicant 입사지원자	inspector 감독관, 조사관	author 작가
real estate agent 부동산 중개인	editor 편집자	receptionist 접수 담당자

(3) 화자의 요구 사항

화자의 요구 사항과 관련된 표현을 통해서도 대화가 이루어지고 있는 장소를 파악할 수 있다.

예시	요구 사항	대화의 장소
I want to mail this letter, please. 이 편지를 우편으로 보내고 싶어요.	편지 발송	우체국
I'd like to get a room with a mountain view, please. 산이 보이는 방으로 하고 싶군요.	객실 선택	호텔
Is it possible to try on this shirt before I buy it? 이 셔츠를 구입하기 전에 먼저 입어봐도 될까요?	셔츠 착용	의류 매장

★ 빈출 표현 정리

여행 및 숙박 관련

brochure 브로셔, 소책자	round trip 왕복 여행	one-way trip 편도 여행
luggage 짐	ocean-view 바다 전망	itinerary 여행 일정
monument 기념물	tour bus 관광 버스	room service 룸 서비스
baggage claim 수하물 찾는 곳	attraction 명소	sightseeing 관광
accommodations 숙박 시설	ballroom 연회장	check out 체크아웃하다
check in 체크인하다	direct flight 직행 항공편	connecting flight 연결 항공편
boarding pass 탑승권	cabin crew 승무원	walkway 통로

According to the **brochure**, we can go sightseeing and check out lots of **attractions**.
브로셔에 따르면, 우리는 관광을 하러 가서 많은 명소들을 확인할 수 있다.

After you **check in**, someone will take your **luggage** to your room.
체크인을 한 후에는, 누군가가 짐을 방까지 옮겨다 드릴 것입니다.

Unfortunately, the door on the **walkway** isn't functioning properly.
유감스럽게도, 통로의 문이 정상적으로 작동하지 않고 있습니다.

The passenger showed her **boarding pass** to get onto the plane.
그 승객은 비행기에 탈 때 그녀의 탑승권을 보여 주었다.

요리 관련

grilled 그릴로 구운	roasted 불이나 오븐으로 구운	broiled 석쇠에 구운
salted 소금에 절인	pickled 식초에 절인	steamed 찐
boiled 끓인	fried 튀긴	ground 빻은, 간
dried 말린	mashed 으깬	dish 접시; 요리
seasoned 조미료 등으로 양념한	marinated 양념장 등으로 양념한	cuisine 요리

Grilled chicken is the most popular **dish** at the restaurant.
그릴에 구운 치킨이 그 식당에서 가장 인기가 많은 요리이다.

The special of the day is **roasted** pork with **mashed** potatoes.
오늘의 특별 메뉴는 으깬 감자를 곁들인 돼지고기 구이입니다.

The new restaurant down the street serves French **cuisine.** 거리에 새로 문을 연 식당은 프랑스 요리를 제공한다

서점 및 도서관 관련

bestseller 베스트셀러	bookshelf 책장, 서가	renew 갱신하다
steady seller 스테디셀러	aisle 통로	librarian 사서
check out 대출하다	section 섹션, 코너	journal 잡지, 신문
fine 벌금, 연체료	return 반납하다	overdue 기한이 지난

Go to **aisle** one to find the novel **section.** 소설 코너를 찾기 위해서는 1번 통로로 가세요.

You must pay a **fine** if you **return** your books late. 책을 늦게 반납하면 연체료를 지불해야 한다.

Mr. Anderson worked as a **librarian** for twenty-four years. Anderson 씨는 25년 동안 도서관 사서로 일했다.

은행 및 금융 기관 관련

interest rate 이자율	exchange rate 환율	savings account 보통 예금 계좌
withdraw 인출하다	loan 대출	balance 잔고
bank teller 은행원, 출납계원	bank transfer 계좌 이체	bank account 은행 계좌
bank statement 입출금 내역서	deposit 입금하다, 예금하다	exchange money 환전하다

Mr. Thompson needs to **exchange money** for his trip to Germany.
Thompson 씨는 독일 여행을 위해 환전을 해야 한다.

The **bank teller** is conducting a transaction. 은행원이 거래를 하고 있다.

Your order has been paid by a **bank transfer.** 귀하의 주문은 은행 계좌 이체로 비용이 지불되었습니다.

Experts believe that **interest rates** will rise this year. 전문가들은 올해 이자율이 상승할 것이라고 생각한다.

기본기 체크업

A 대화를 듣고 질문에 답하세요. 03-14

1 남자는 어디에서 일을 하는 것 같은가?
(a) 빵집
(b) 애완 동물 가게
(c) 전자 제품 매장

2 대화가 어디에서 이루어지고 있는 것 같은가?
(a) 버스
(b) 비행기
(c) 유람선

3 화자들은 어디에 있는가?
(a) 박물관
(b) 미술관
(c) 극장

4 남자는 누구인가?
(a) 영업 사원
(b) 정비 기사
(c) 주차 요원

5 남자의 직업은 무엇인가?
(a) 웨이터
(b) 주방장
(c) 계산원

B 대화를 듣고 주어진 진술이 사실이면 O, 그렇지 않으면 X에 표시하세요. 03-15

1 (a) The speakers are most likely in a department store. (O | X)
(b) The man is an employee in the electronics section. (O | X)
(c) The woman works in the men's clothing department. (O | X)

2 (a) The woman works at a train station. (O | X)
(b) The man is a restaurant employee. (O | X)
(c) The speakers are at a bus station. (O | X)

3 (a) The woman is a librarian. (O | X)
(b) The speakers are in a bookstore. (O | X)
(c) The man works at a university. (O | X)

4 (a) The speakers are customers at a store. (O | X)

(b) They are in an electronics store. (O | X)

(c) The woman is a professional photographer. (O | X)

5 (a) The man and the woman are at a used car dealership. (O | X)

(b) The speakers are in a garage. (O | X)

(c) The man is a car mechanic. (O | X)

C 대화를 듣고 질문에 답하세요.

03-16

1 What department does Martha most likely work in?

(a) Sales
(b) Research
(c) Communications

2 What type of company do the speakers most likely work for?

(a) A fitness center
(b) A printing company
(c) A sporting-goods manufacturer

3 Where most likely does this conversation take place?

(a) In a lobby
(b) In an office
(c) In a conference room

4 Who is the woman?

(a) A doctor
(b) A pharmacist
(c) A nurse

5 Who most likely is the man?

(a) A bus driver
(b) A taxi driver
(c) A truck driver

6 Who is Karen?

(a) A teacher
(b) A manager
(c) A coach

PART 3

예상 적중 문제 01-03 대화를 듣고 질문에 가장 알맞은 답을 고르세요.

03-17

01. Where most likely are the speakers?
(A) In a supermarket
(B) At an airport
(C) At a stationery store
(D) In a post office

02. What does the man tell the woman to do?
(A) Pay with a credit card
(B) Put an object on a scale
(C) Download a form
(D) Come back at a later time

03. What does the woman suggest when she says, "That sounds good to me"?
(A) The price the man mentions is fine.
(B) She is willing to follow the man's advice.
(C) She has time to complete the application.
(D) She wants the item to arrive quickly.

문제 해설

01 장소

- 대화의 초반부에서 여자가 싱가포르에 있는 친구에게 무엇인가를 보내고 싶다고 하자 남자는 '무게를 재겠다'(weigh)고 한 후 여자에게 양식 작성을 요청한다.
- 이후에도 '항공 우편'(airmail)과 '선박 우편'(surface mail)에 대한 이야기가 이어지므로 대화는 우체국에서 일어나고 있음을 알 수 있다. 따라서 정답은 (D)이다.
- (B)는 대화의 Singapore, fill out, information, airmail, destination 등의 표현을 이용하여 오답을 고르도록 유도하고 있는 함정이며, (A)와 (C)는 대화와 전혀 관련이 없는 장소이다.

02 세부 사항 (요청)

- 대화의 중간 부분에서 남자는 'You should put it on the scale so that I can weigh it.'이라고 말하며 물건을 저울에 올려 줄 것을 요청하고 있다. 따라서 정답은 (B)이다.
- 양식을 작성한다는 내용이 이어지고 있기는 하지만 양식을 다운로드하라는 의미는 아니므로 (C)는 정답이 될 수 없다.

03 화자의 의도

- 인용된 문장 바로 앞의 대화는 '항공 우편이 더 비싸지만, 훨씬 더 빨리 배송된다(Airmail is more expensive, but your package will reach its destination much faster.)'는 내용이다. 이에 대해 '좋은 것 같다'고 대답한 것이므로 정답은 (D)이다.
- 남자가 여자에게 항공우편에 대한 정보를 알려주고 있을 뿐, 항공 우편을 추천한다고 볼 수는 없으므로 (B)를 정답으로 골라서는 안 된다.

스크립트 & 해석

W Hello. 01-1) **I'd like to send this to my friend in Singapore.** What do I need to do?

M You should 01-2) 02) **put it on the scale** so that I can weigh it. In addition, please fill out this form with all of the relevant information.

W All right. 01-2) **Is there a difference between airmail and surface mail?**

M 03) **Airmail is more expensive, but your package will reach its destination much faster.**

W That sounds good to me.

W 안녕하세요. 이것을 싱가포르에 있는 제 친구에게 보내고 싶어서요. 제가 어떻게 하면 되죠?

M 제가 무게를 잴 수 있도록 저울 위에 올려 주세요. 또한, 이 양식에 관련 내용들을 기입해 주세요.

W 네. 항공 우편과 선박 우편 간에 차이점이 있나요?

M 항공 우편이 더 비싸지만, 고객님의 소포가 훨씬 더 빨리 목적지로 배송될 거예요.

W 좋은 것 같아요.

01. 화자들은 어디에 있는 것 같은가?
(A) 슈퍼마켓에
(B) 공항에
(C) 문구점에
(D) 우체국에

02. 남자는 여자에게 무엇을 하라고 말하는가?
(A) 신용카드로 지불한다
(B) 물건을 저울에 올린다
(C) 양식을 다운로드한다
(D) 나중에 다시 온다

03. 여자가 "That sounds good to me"라고 말할 때 그녀가 암시하는 것은 무엇인가?
(A) 남자가 언급한 가격이 괜찮다.
(B) 남자의 충고를 기꺼이 따른다.
(C) 지원서를 작성할 시간이 있다.
(D) 물품이 빠르게 배송되기를 원한다.

어휘 weigh 무게를 재다 scale 저울 in addition 또한, 덧붙여 relevant 관련이 있는, 적절한 information 정보 difference 차이 airmail 항공 우편 surface mail 선박 우편 expensive 비싼 package 꾸러미, 소포 destination 목적지 stationery store 문구점 post office 우체국

MORE & MORE

03-18

들리는 문장이 위 대화의 내용과 일치하면 ○, 그렇지 않으면 ×에 표시하세요.

❶ The woman ______________ Singapore. (○ | ×)

❷ The man works at ______________. (○ | ×)

❸ The woman is ______________. (○ | ×)

정답 p.037

PART 3

예상 적중 문제 04-06 대화를 듣고 질문에 가장 알맞은 답을 고르세요.

03-19

04. Who most likely is the man?
(A) A chef
(B) A customer
(C) A waiter
(D) A flight attendant

05. What is suggested about Tina?
(A) She is a vegetarian.
(B) She has met the man in the past.
(C) She has an allergy to fish.
(D) She needs more time to make a choice.

06. What does the man ask the women to do?
(A) Let him know when they are ready
(B) Confirm the reservation they made
(C) Give him some time to make a decision
(D) Fill in a questionnaire

문제 해설

04 인물의 신원

- 여자1은 '오늘의 특별 저녁 요리'(any dinner specials today)가 있는지 물었고, 남자는 어떤 요리가 준비되어 있는지 대답하고 있다. 따라서 남자의 직업은 (C)의 '웨이터'일 것이다.
- (A)의 '주방장' 역시 식당과 관련이 있는 직업이기는 하지만, 주문을 받는 사람은 주방장이 아닌 웨이터일 것이므로 (A)는 정답에서 제외된다.
- 기내식에 '오늘의 특별 저녁 요리'가 있지는 않을 것이기 때문에 (D) 역시 정답이 아니다.

05 추론

- 여자1이 Tina에게 의견을 물었을 때, Tina는 '메뉴를 계속 봐야 할 것 같다고(I still need to look at the menu.)' 대답한 다음 '잠시만 시간을 달라고(Can you give us a couple of minutes, please?)' 말했다.
- 따라서 여자에게는 결정하는 데 시간이 더 필요하다는 것을 추론할 수 있으므로 정답은 (D)이다.

06 세부 사항 (요청)

- 남자가 여자들에게 요청한 사항은 대화의 마지막 부분에 언급되어 있다.
- 남자는 'Please call me when you make a decision.'이라고 말했는데, 이는 결정을 마치면 자신을 불러달라는 의미이므로 정답은 (A)이다.

스크립트 & 해석

W1 04-1) **Do you have any dinner specials today?**

M Yes, we do. 04-2) **We have grilled chicken served with rice and steamed vegetables.**

W1 That sounds delicious. I'll take it. What about you, Tina?

W2 Hmm... 05) **I still need to look at the menu. Can you give us a couple of minutes, please?**

M Of course. 06) **Please call me when you make a decision.**

W1 오늘의 특별 저녁 메뉴가 있나요?

M 네, 있어요. 밥하고 찐 야채를 곁들인 구운 닭 요리가 있어요.

W1 맛있게 들리는군요. 저는 그것으로 할게요. 당신은 어떤가요 Tina?

W2 음… 저는 계속해서 메뉴를 봐야 할 것 같아요. 잠시만 시간을 주실 수 있나요?

M 물론이죠. 결정하시고 나서 불러 주세요.

04. 남자는 누구인 것 같은가?
(A) 주방장
(B) 고객
(C) 웨이터
(D) 항공기 승무원

05. Tina에 대해 무엇이 암시되는가?
(A) 그녀는 채식주의자이다.
(B) 그녀는 예전에 남자를 만난 적이 있다.
(C) 그녀는 생선에 알레르기가 있다.
(D) 그녀는 결정하는 데 시간이 조금 더 필요하다.

06. 남자는 여자들에게 무엇을 해달라는 부탁을 하는가?
(A) 그들이 준비되면 그에게 알려 준다
(B) 그들이 했던 예약을 확인해 준다
(C) 그에게 결정을 내릴 시간을 준다
(D) 설문지를 작성한다

어휘 grilled 불에 구운 steamed (증기로) 찐 vegetable 야채 in a bit 잠시 후에 flight attendant 항공기 승무원 questionnaire 설문지

MORE & MORE

03-20

들리는 문장이 위 대화의 내용과 일치하면 ○, 그렇지 않으면 ×에 표시하세요.

❶ The women ______________ at a grocery store. (○ | ×)

❷ The women are going to ______________. (○ | ×)

❸ The man will serve the women ______________ next. (○ | ×)

정답 p.037

PART 3 예상 적중 문제 07-09 대화를 듣고 질문에 가장 알맞은 답을 고르세요.

03-21

07. Where most likely is the conversation taking place?
(A) At a factory
(B) At a shoe store
(C) At a bookstore
(D) At a clothing store

08. Where will the speakers most likely go next?
(A) To the children's section
(B) To the food court
(C) To the cashier
(D) To the assembly line

09. What does the man ask about?
(A) New items
(B) Used items
(C) Discounted items
(D) Large items

문제 해설

07 장소
- 대화 초반부에서 남자는 '아들을 위한 옷'(some clothes for our son)을 찾고 있다고 했으므로 정답은 (D)이다.
- 이후 'the children's section'(아동복 코너), 'some clothes you'll love'(좋아할 만한 옷)와 같은 표현을 통해서도 (D)가 정답이라는 것을 다시 한번 확인할 수 있다.

08 추론
- 대화 중반부에 점원으로 보이는 여자가 '아동복 코너로 안내해 드릴게요'(Let me show you to the children's section)라고 말하고 있고, 남자는 이에 대해 긍정적으로 답하였다.
- 따라서 화자들은 아동복 코너로 갈 것이므로 정답은 (A)이다.

09 세부 사항 (언급된 사실)
- 대화의 후반부에서 남자는 '할인 중인 품목들이 있는지'(Are any of the items on sale?) 묻고 있다.
- 따라서 남자가 물어 본 것은 (C)의 Discounted items이다. 지문의 'on sale'이 보기에서는 'discounted'로 바꾸어 표현되었다.

스크립트 & 해석

W1 Hello. Are you looking for anything special?

M Yes, 07-1) **we'd like to get some clothes for our son.**

W2 He's eight years old.

W1 08) **Let me show you to the children's section then.** 07-2) **We have some clothes you'll love.**

M Great. 09) **Are any of the items on sale?**

W1 A few are. I will show them to you first.

W1 안녕하세요. 특별한 것을 찾고 계신가요?

M 네, 아들을 위한 옷을 사고 싶어요.

W2 8살이에요.

W1 그렇다면 제가 아동복 코너로 안내해 드릴게요. 마음에 드시는 옷들이 있을 거예요.

M 잘 되었군요. 할인 중인 품목들도 있나요?

W1 일부는요. 먼저 그것들을 보여 드릴게요.

07. 대화는 어디에서 이루어지고 있는 것 같은가?
(A) 공장에서
(B) 신발 가게에서
(C) 서점에서
(D) 의류 매장에서

08. 화자들은 다음에 어디로 갈 것 같은가?
(A) 아동복 코너로
(B) 푸드코트로
(C) 계산대로
(D) 조립 라인으로

09. 남자는 무엇에 대해 물어보는가?
(A) 신규 상품
(B) 중고 상품
(C) 할인 품목
(D) 대량 품목

어휘 look for ~을 찾다 section 영역, 구역 on sale 세일 중인

MORE & MORE 03-22

들리는 문장이 위 대화의 내용과 일치하면 ○, 그렇지 않으면 ×에 표시하세요.

❶ The man has an ________________ son. (○ | ×)

❷ They are going to ________________ next. (○ | ×)

❸ The man wants to get some items ________________. (○ | ×)

정답 p.037

PART 3

예상 적중 문제 10-12 대화를 듣고 질문에 가장 알맞은 답을 고르세요.

03-23

10. What is the woman's occupation?

(A) Bank teller

(B) Librarian

(C) Driving instructor

(D) Secretary

11. What does the woman ask to see?

(A) A completed application

(B) Some identification cards

(C) The man's work contract

(D) An airplane ticket

12. Why does the woman say, "That's not on the list here"?

(A) To reject the man's suggestion

(B) To make another request

(C) To prove that the man is wrong

(D) To give the man some advice

문제 해설

10 인물의 신원

- 여자가 인사를 건네면서 도와 주겠다고 하자 남자는 자신이 '예금 계좌'(checking account)를 개설해야 한다고 말한다.
- 여자는 계좌 개설에 '사진이 들어 간 신분증'(picture ID)이 필요하다는 말을 하고 있으므로 이 대화는 은행에서 이루어지고 있음을 알 수 있다. 따라서 여자는 (A)의 '은행 창구 직원'일 것이다.

11 세부 사항 (요청)

- 당좌 예금 계좌를 개설하기 위해 서류를 건넨 남자에게, 여자는 두 가지 형태의 사진이 들어 있는 신분증을 요구하고(I need to see two forms of picture ID.) 있다.
- 지문의 Picture ID를 identification cards로 바꾸어 표현한 (B)가 정답이 된다.

12 화자의 의도

- 주어진 문장은 '그것은 목록에 없어요'라는 의미인데, 바로 앞의 대화에서 남자는 도서관 회원 카드를 제시해도 되는지를 (How about a library card?) 문의했다.
- 즉, 도서관 회원 카드는 받을 수 없다는 의미이므로, 이는 남자의 제안을 거절했다고 볼 수 있다. 정답은 (A)이다.

스크립트 & 해석

W Good morning, sir. Is there something I can help you with today?

M Yes, 10-1) **I need to open a checking account.** I already filled out all of the paperwork. Here it is.

W Thank you very much. 10-2), 11) **I need to see two forms of picture ID.** For instance, your driver's license and passport would be perfect.

M I don't have my passport with me. 12) **How about a library card?**

W That's not on the list here. Sorry about that.

W 안녕하세요, 고객님. 무엇을 도와 드릴까요?

M 네, 제가 예금 계좌를 개설해야 해서요. 이미 서류 작업은 다 했어요. 여기 있어요.

W 정말 고맙습니다. 제가 사진이 들어 있는 두 가지 형태의 신분증을 확인해야 해요. 예를 들어, 운전면허증과 여권이면 가장 좋을 거예요.

M 여권은 가지고 있지 않아요. 도서관 회원카드는 어떤가요?

W 그것은 목록에 있지 않아요. 죄송합니다.

10. 여자의 직업은 무엇인가?
   (A) 은행의 창구 직원
   (B) 사서
   (C) 운전 학원 강사
   (D) 비서

11. 여자는 무엇을 보여 달라고 부탁하는가?
   (A) 작성이 완료된 신청서
   (B) 몇 가지 신분증
   (C) 남자의 작업계약서
   (D) 비행기 티켓

12. 여자는 왜 "That's not on the list here"라고 말하는가?
   (A) 남자의 제안을 거절하기 위해서
   (B) 다른 요청을 하기 위해서
   (C) 남자가 틀렸다는 것을 입증하기 위해서
   (D) 남자에게 몇 가지 조언을 하기 위해서

어휘 checking account 당좌 예금 계좌 paperwork 서류 작업, 문서 작업 picture ID 사진이 포함된 신분증 for instance 예를 들면 library card 도서 대여 카드 bank teller 은행의 창구 직원 instructor 강사, 교사 secretary 비서

MORE & MORE

03-24

들리는 문장이 위 대화의 내용과 일치하면 O, 그렇지 않으면 ×에 표시하세요.

1. The speakers work ________________. (O | ×)
2. The man is ________________. (O | ×)
3. The woman is ________________. (O | ×)

정답 p.037

Unit

01-02 연습 문제

Part 3 대화를 듣고 가장 알맞은 답을 고르세요. 03-25

1. What is the problem?
   (A) A meeting has been canceled.
   (B) Some numbers are incorrect.
   (C) There is not enough money in the budget.
   (D) Next year's budget has been lowered.

2. Who most likely is the woman?
   (A) She is the man's colleague.
   (B) She is the man's client.
   (C) She is Mr. Reynolds's manager.
   (D) She is the company's CEO.

3. What will the woman do in the afternoon?
   (A) Fix some mistakes
   (B) Have a conference call
   (C) Attend a meeting
   (D) Visit a factory

---

4. What is the man asking about?
   (A) An employment opportunity
   (B) The woman's experience
   (C) The woman's current job
   (D) The location of the front desk

5. What does the man indicate about himself?
   (A) He enjoys helping others.
   (B) He is currently unemployed.
   (C) He wants to work part time.
   (D) He has relevant experience.

6. What does the woman tell the man to do?
   (A) Download a form
   (B) Schedule an interview
   (C) Submit his résumé
   (D) Sit at a table

---

7. Where most likely are the speakers?
   (A) In a library
   (B) At a coffee shop
   (C) In a bookstore
   (D) On a university campus

8. What can be inferred about the woman?
   (A) She is a student.
   (B) She is friends with the man.
   (C) She is looking for a job.
   (D) She has a lot of free time.

9. What will the man probably do next?
   (A) Help another customer
   (B) Go to the cash register
   (C) Make a payment
   (D) Assist the woman with her search

---

10. What is suggested about the man?
    (A) He is married.
    (B) He just finished work.
    (C) He has visited the store before.
    (D) He has two children.

11. Where does the woman probably work?
    (A) In a grocery store
    (B) In a delicatessen
    (C) In a flower shop
    (D) In a bakery

12. What will the man probably do next?
    (A) Go to another store
    (B) Write a check
    (C) Provide his address
    (D) Make a selection

13. What are the speakers looking at?

(A) A Web site
(B) A newspaper advertisement
(C) Some printed material
(D) A promotional video

14. What does the woman recommend doing?

(A) Applying for a promotion
(B) Meeting with Mr. Cartwright
(C) Attending a conference
(D) Learning some new sales methods

15. Who most likely is Mr. Cartwright?

(A) A professional speaker
(B) An interviewer
(C) A client
(D) The speakers' manager

---

16. What problem are the speakers discussing?

(A) Workers' salaries are too low.
(B) Some new workers are not trained well.
(C) The employees have too much work.
(D) Some products are too expensive.

17. What does the woman mean when she says, "Good point"?

(A) She agrees with Mr. Murphy.
(B) She believes the company can afford more employees.
(C) She approves of paying the men overtime.
(D) She wants to explain a point.

18. What is the woman planning to do?

(A) Interview some job applicants
(B) Work overtime this evening
(C) Have a meeting with Mr. Murphy
(D) Hire a new staff member

---

19. What are the speakers mainly discussing?

(A) A housewarming party
(B) The woman's recent move
(C) An upcoming concert
(D) The man's dinner party

20. When should the man visit the woman's place?

(A) On Saturday around four
(B) On Saturday around seven
(C) On Sunday around four
(D) On Sunday around seven

21. What does the man offer to do?

(A) Help the woman move
(B) Organize the woman's files
(C) Bring some food to a party
(D) Get the woman something to drink

Unit 03

세부 사항 I (언급된 사실, 제안 및 요청)

학습 포인트

- ✓ 언급된 사실을 문제는 질문의 핵심어구를 파악한 다음 그와 연관된 부분을 대화에서 찾아내는 능력이 요구된다.
- ✓ 제안 및 요청 사항이 무엇인지 묻는 문제의 경우, 정답의 단서는 대화의 끝부분에서 언급되는 경우가 많다.
- ✓ 제안이나 요청을 할 때 자주 사용되는 표현을 알아 두면 문제를 보다 수월하게 풀 수 있다. 제안을 할 때에는 「Let's / Why don't you / I suggest」 등과 같은 표현들이, 요청을 할 때에는 「Please / Could you / Will you / I'd like you to」 등과 같은 표현들이 사용될 수 있다.

예제

03-26

Q. What does the man ask about?

(A) The dates of the flight
(B) The number of tickets
(C) The destination
(D) The travel agency's number

Q. 남자는 무엇을 물어보는가?

(A) 비행기편의 날짜
(B) 비행기표의 수
(C) 목적지
(D) 여행사의 전화번호

W Alex, I'm in a hurry, so I don't have time to contact the airline. Can you do that for me?

M Sure. Should I reserve four seats for the flight to Sydney?

W We only need three. Bruce isn't going to go with us. Mr. Simmons is sending him to Milan instead.

W Alex, 제가 너무 바빠서 항공사에 연락할 시간이 없군요. 저를 위해 연락해 주실 수 있나요?

M 물론이죠. 시드니 행 비행기편의 좌석 4개를 예약하면 되나요?

W 3개만 필요해요. Bruce는 우리와 함께 가지 않을 거예요. 대신 Simmons 씨가 그를 밀라노로 보내실 거예요.

어휘 in a hurry 서둘러서, 바빠서 contact 접촉하다, 연락을 취하다 airline 항공사 reserve 예약하다 seat 좌석 instead 대신

문제 유형 분석

대화에서 남자가 어떤 질문을 하고 있는지를 묻고 있는 전형적인 세부 사항 문제이다. 남자의 질문에 집중하면서 어떠한 내용을 문의하고 있는지 놓치지 않고 듣도록 한다.

풀이 전략

❶ 세부 사항 문제를 풀 때에는 질문의 핵심어구를 파악한 다음, 대화에서 그와 관련된 부분을 찾아야 한다. 특히 질문에서 사용된 동사나 인명, 지명, 제품명 등이 핵심어구를 이루는 경우가 많다.

❷ 예제의 대화에서 여자가 남자에게 항공사에 연락해 달라고 부탁하자 남자는 그렇게 하겠다고 말한 후, 'Should I reserve four seats for the flight to Sydney?'라고 말하면서 예약해야 할 좌석 수를 묻고 있다. 따라서 남자가 물어본 것은 항공권의 개수이므로 정답은 (B)가 된다.

기본기 다지기

❶ 질문 예시

(1) 언급된 사실

- **What** did the woman **do yesterday**? 여자는 어제 무엇을 했는가?
- **What** does the woman **say about** the project? 여자는 프로젝트에 대해 무엇을 말하는가?
- **What** does the man **ask about**? 남자는 무엇에 대해 묻는가?
- **By when** should the man **complete the assignment**? 남자는 업무를 언제까지 마쳐야 하는가?
- **According to the woman, what happened** yesterday? 여자에 의하면 어제 어떤 일이 있었는가?

(2) 제안 및 요청

- **What** does the woman **ask** the man **to do**? 여자는 남자에게 무엇을 하라고 요청하는가?
- **What** does the man **suggest** the woman **do**? 남자는 여자에게 무엇을 하라고 제안하는가?
- **What** does the man **recommend** the woman **do**? 남자는 여자에게 무엇을 할 것을 추천하는가?
- **What** does the man **request** the woman **to do**? 남자는 여자에게 무엇을 하라고 말하는가?
- **What** does the woman **offer to do**? 여자는 무엇을 하자고 제안하는가?
- **What** does Nancy **propose doing**? Nancy는 무엇을 하자고 제안하는가?
- **What** does the man **want** the woman **to do**? 남자는 여자가 무엇을 하기를 바라는가?

❷ 의무 사항과 관련된 표현

언급된 사실 중 의무 사항을 묻는 문제가 등장하면 '~해야 한다'는 표현인 need to 혹은 have to 등이 들어 있는 문장을 유의해서 들어야 한다. 참고로 이러한 표현에 not 등의 부정어가 있으면 '~할 필요가 없다'라는 의미가 된다.

(1) need to와 have to (~해야 한다)

I **need to** complete this project by noon. 나는 정오까지 이 프로젝트를 끝내야 한다.

Mr. Emerson **has to** sign the contract. Emerson 씨는 계약서에 서명을 해야 한다.

(2) don't need to와 don't have to (~할 필요는 없다)

You **don't need to** write me back. 나에게 답장을 할 필요는 없다.

Jack **doesn't have to** go on the business trip. Jack이 출장을 갈 필요는 없다.

cf. '~하지 말아야 한다'라는 의미는 should not, must not 등의 표현으로 나타낼 수 있다.

You **must not** mail that letter too late. 그 편지는 너무 늦게 부치면 안 된다.

❸ 요청과 관련된 표현

요청 사항이 무엇인지 묻는 문제가 등장하면 대화 중 요청과 관련된 동사가 포함된 문장을 주의해서 들어야 한다.

(1) 명령문, Would you mind ~? 등으로 시작하는 의문문

Would you mind carrying these boxes over there, **please**? 이 상자들을 저쪽으로 옮겨 주시겠어요?

Would you mind mailing this package for me? 이 소포를 부쳐 주시겠어요?

(2) can [could], will [would] 등으로 시작하는 의문문

Can you give me directions to the nearest subway station? 가장 가까운 지하철 역을 알려 주실 수 있나요?

Would you help me clean the room? 방 청소에 도움을 줄 수 있나요?

(3) ask + 목적어 + to부정사: ~에게 …할 것을 요청하다

I **asked** Mr. Chambers to visit me in my office. 나는 Chambers 씨에게 사무실을 방문해 달라고 요청했다.

(4) tell + 목적어 + to부정사: ~에게 …하라고 말하다

Did Charlie **tell** you **to send** him an e-mail? Charlie가 당신에게 이메일을 보내달라고 말했나요?

(5) advise + 목적어 + to부정사: ~에게 …하라고 충고하다

Ms. Wingard **advised** the new employee **to attend** the conference.
Wingard 씨는 신입 직원에게 학회에 참석하라고 충고했다.

(6) want + 목적어 + to부정사: ~가 …할 것을 원하다

We **want** you **to work** overtime this weekend. 우리는 당신이 이번 주말에 시간외 근무를 하기를 바란다.

❹ 제안과 관련된 표현

제안 사항을 묻는 문제가 제시되면 제안 표현이 들어있는 부분에서 정답의 단서를 찾을 수 있다.

(1) let으로 시작하는 명령문 / Would you like (to) ~?, How [What] about ~? 등으로 시작하는 의문문

Let me give you a hand. 제가 도와 드릴게요.

Would you like to stop at that restaurant? 저 식당에서 차를 세울까요?

How about going out for dinner this Friday? 이번 금요일 저녁에는 외식을 하는 것이 어떨까요?

cf. do you like (to)는 상대방의 선호를 물을 때 사용된다.

Do you like sports? 스포츠를 좋아하시나요?

Do you like to attend concerts? 연주회에 참석하고 싶으신가요?

(2) **조동사 should, had better**

You **should** not completely trust the online review. 그 온라인 리뷰를 전적으로 믿지는 마세요.

We **had better** call Mr. Morrison right now. 지금 당장 Morrison 씨에게 전화하는 것이 좋겠어요.

빈출 표현 정리

일자리 / 직업 관련

job 일, 일자리	occupation 직업	career 경력, 직장 생활
profession 직업, 전문 직종	newcomer 신입사원	industry 산업, 업계
department 부서	practice experience 실무 경험	job seeker 구직자

Ms. Kenmore is seeking a **job** in the fashion **industry**. Kenmore 씨는 패션 업계의 일자리를 구하고 있다.

His **occupation** forces him to travel around half the year. 그는 직업 때문에 약 반년 동안 출장을 다닌다.

Eric has had a twenty-year **career** working as a salesman. Eric은 영업사원으로 20년의 경력을 가지고 있다.

The teaching **profession** is difficult to get into. 교육 직종에 들어가는 일은 힘들다.

병원 및 약국 관련

checkup 정기 검진	symptom 증상	prescription 처방전
pill 알약	side effect 부작용	examination 검사
ache 통증	directions 지시 사항	surgery 수술
medical record 의료 기록	treatment 치료	infection 감염
medicine 의약품	diet 식단	diagnosis 진단

It is best to get a physical **checkup** at least once a year. 최소 1년에 한 번씩 정기 건강 검진을 받는 것이 가장 좋다.

The doctor's **examination** revealed that the patient had an **infection**.
의사의 검사로 환자가 감염되었다는 사실이 밝혀졌다.

Be sure to follow the **directions** when taking this **medicine**.
이 약을 복용하실 때에는 반드시 지시 사항을 따라 주세요.

기본기 체크업

Ⓐ 대화를 듣고 질문에 답하세요.

03-27

1 남자는 Deborah에 대해 무엇을 말하는가?

(a) 출장을 갔다
(b) 고객을 만나고 있다
(c) 감기에 걸렸다

2 댄스 수업은 언제 진행되는가?

(a) 오전에
(b) 월요일에
(c) 주말에

3 남자는 어디로 갈 것인가?

(a) 런던
(b) 파리
(c) 뉴욕

4 남자는 무엇을 제안하는가?

(a) 사무실을 떠나지 않는다
(b) 차를 태워 준다
(c) 여자의 일을 대신해 준다

5 남자는 여자에게 무엇을 권하는가?

(a) 공원에 간다
(b) 계획을 바꾼다
(c) 책을 읽는다

Ⓑ 대화를 듣고 주어진 진술이 사실이면 O, 그렇지 않으면 X에 표시하세요.

03-28

1 (a) The woman says that the man should talk to Ted. (O | X)
(b) The man will go to the airport tomorrow. (O | X)
(c) The man tells the woman to visit the doctor. (O | X)

2 (a) The man tells the woman to apply for a transfer. (O | X)
(b) The company lets everyone work abroad if they want to. (O | X)
(c) The woman will go overseas tomorrow. (O | X)

3 (a) The woman interviewed for a job. (O | X)
(b) The man handled the woman's travel arrangements. (O | X)
(c) The woman will go to Spain next week. (O | X)

정답 p.042

4 (a) The man recommends that the woman learn ballroom dancing. (O | X)
(b) The man offers to take dancing lessons with the woman. (O | X)
(c) The woman asks the man to give her a pamphlet. (O | X)

5 (a) The man recommends that the woman buy a book. (O | X)
(b) The woman asks the man to lend her some money. (O | X)
(c) The man tells the woman to repay him later. (O | X)

C 대화를 듣고 질문에 답하세요.

03-29

1 What does the man say about Ms. Sanderson's presentation?
(a) It is of great importance.
(b) She will give it in a few minutes.
(c) It is about the company's new products.

2 What does the man say he will do?
(a) Call again later
(b) See Mr. Powell in person
(c) Visit the office

3 What does the man tell the woman to do?
(a) Park her car on the street
(b) Drive to another location
(c) Call another company

4 What does the man tell the woman?
(a) Her flight has been canceled.
(b) A big storm is coming.
(c) The airline contacted him.

5 What does the man tell the women to do?
(a) Make some graphs
(b) Print the complete report
(c) Finish their work in an hour

6 What does the man tell the woman to do?
(a) Make a telephone call
(b) Buy a computer program
(c) Visit Mr. Carter's office

PART 3 예상 적중 문제 01-03 대화를 듣고 질문에 가장 알맞은 답을 고르세요.

03-30

01. What is Alice doing now?

(A) She is having lunch.

(B) She is meeting a customer.

(C) She is seeing her doctor.

(D) She is taking the day off.

02. What does Karen have to do?

(A) Make a telephone call

(B) Give someone a message

(C) Order lunch

(D) Visit the man's office after lunch

03. Why does the man want to see Alice?

(A) To ask for her opinion

(B) To have her make a decision

(C) To discuss a transfer

(D) To get her signature

문제 해설

01 세부 사항 (언급된 사실)

- 대화의 첫 부분에서 남자는 Karen에게 Alice를 아침에 본 적이 있는지 물었고, Karen은 그녀가 고객을 만나고 있다고 (She's having a meeting with a client.) 대답한다.
- 지문의 client를 customer로 바꾸어 표현한 (B)가 정답이다.

02 세부 사항 (언급된 사실)

- Karen이 해야 할 일이 무엇인지를 묻고 있다. 남자는 'When you see her, could you ask her to visit my office, please?'라고 말하면서 여자에게 Alice를 보면 자신의 사무실로 와 달라는 말을 전해 줄 것을 부탁한다.
- 따라서 여자가 해야 할 일은 Alice라는 사람에게 남자의 메시지를 전달하는 일이므로 정답은 (B)이다.
- (D)는 Karen이 아니라 Alice가 하게 될 일이다.

03 세부 사항 (이유)

- 남자가 Alice를 찾은 이유는 대화의 후반부에 언급되어 있다.
- 남자는 Alice를 직접 만나서 곧 있을 그녀의 전근에 대해 이야기를 나누고 싶다고(I have got to speak with her in person about her upcoming transfer.) 말했다. 따라서 정답은 (C)이다.

스크립트 & 해석

M Karen, have you seen Alice this morning? She isn't in her office.

W [01] **She's having a meeting with a client.** She should return here sometime after lunch.

M [02] **When you see her, could you ask her to visit my office, please?** [03] **I have got to speak with her in person about her upcoming transfer.**

W No problem. I'll let her know as soon as she gets here.

M Karen, 오늘 아침에 Alice를 보았나요? 그녀가 사무실에 없네요.

W 그녀는 고객과 미팅을 하고 있어요. 점심 시간이 지나서야 여기로 돌아올 거예요.

M 그녀를 보면 제 사무실로 와 달라고 요청해 줄 수 있나요? 제가 그녀와 곧 있을 전근에 대해서 이야기를 해야만 하거든요.

W 문제 없어요. 그녀가 여기에 오자마자 알려 주도록 할게요.

01. Alice는 지금 무엇을 하고 있는가?
(A) 그녀는 점심 식사를 하고 있다..
(B) 그녀는 고객을 만나고 있다.
(C) 그녀는 의사를 만나고 있다.
(D) 그녀는 하루 휴무이다.

02. Karen은 무엇을 해야 하는가?
(A) 전화를 해야 한다
(B) 누군가에게 메시지를 전해 주어야 한다
(C) 점심 식사를 주문해야 한다
(D) 점심 시간 이후에 남자의 사무실을 방문해야 한다

03. 남자는 왜 Alice를 만나고 싶어 하는가?
(A) 그녀의 의견을 구하기 위해서
(B) 그녀가 결정을 내리도록 하기 위해서
(C) 전근에 대해 논의하기 위해서
(D) 그녀의 서명을 받기 위해서

어휘 client 고객 sometime 언젠가 have got to ~해야 한다 in person 직접 as soon as ~하자마자

MORE & MORE

03-31

들리는 문장이 위 대화의 내용과 일치하면 O, 그렇지 않으면 ×에 표시하세요.

❶ The woman asks the man for ____________. (O | ×)

❷ The woman ____________ where Alice is. (O | ×)

❸ The man asks the woman to ____________. (O | ×)

정답 p.045

PART 3 **예상 적중 문제 04-06** 대화를 듣고 질문에 가장 알맞은 답을 고르세요.

03-32

04. When will the meeting take place?
(A) In the afternoon
(B) Tomorrow
(C) This Friday
(D) Next week

05. What does the man say he will do?
(A) Contact a coworker
(B) Meet with a client
(C) Work on an agenda
(D) Reserve a table at a restaurant

06. Where do the speakers most likely work?
(A) At a shoe manufacturer
(B) At a consulting company
(C) At an advertisement agency
(D) At an automobile maker

문제 해설

04 세부 사항 (언급된 사실)
- 대화의 첫 부분에서 여자가 '다음 주 월요일에 있을 영업 회의를 준비할 시간(It's time to prepare for the sales meeting next Monday)'이라고 말했다.
- 즉, 회의는 다음 주에 있을 것임을 알 수 있으므로 정답은 (D)이다.

05 세부 사항 (언급된 사실)
- 남자가 할 일이 무엇인지 묻고 있다. 대화의 첫 부분에서 여자는 자신이 영업 회의를 준비해야 한다고 말하고 남자에게 회의실과 관련된 일을 맡아 달라고 부탁한다.
- 남자는 이에 대해 긍정적인 답변을 한 뒤 'I'll call Nancy and see if she can reserve the conference room on the third floor for us.'라고 말한다.
- 즉, 남자는 Nancy라는 직원에게 전화해서 회의실 예약을 부탁할 것이라는 사실을 알 수 있으므로 정답은 (A)이다.

06 장소
- 대화의 마지막 부분에서 남자는 'Be sure to put the performance of our newest running shoes on it.'이라고 말하며 '신제품 러닝화의 실적'을 회의 안건에 포함시켜 달라고 말했다.
- 따라서 화자들은 신발 회사에 근무한다고 볼 수 있으므로 정답은 (A)이다.

스크립트 & 해석

W **04) It's time to prepare for the sales meeting next Monday.** Jake, I want you to handle everything related to the room. We'll need enough space for ten people.

M Sure. **05) I'll call Nancy and see if she can reserve the conference room** on the third floor for us.

W That would be perfect. While you're doing that, I'll come up with the agenda for the meeting.

M **06) Be sure to put the performance of our newest running shoes on it.** Mr. Decker wants to discuss that.

W 다음 주 월요일에 있을 영업 회의를 위해 준비해야 할 시간이군요. Jake, 당신이 회의실과 관련해서 모든 일을 처리해 주었으면 해요. 10명을 위한 충분한 공간이 필요할 거예요.

M 물론이죠. Nancy에게 전화를 걸어서 우리에게 3층 회의실을 예약해 줄 수 있는지 알아볼게요.

W 그러면 완벽하겠네요. 당신이 그렇게 하는 동안, 저는 회의의 안건에 대해 생각해 볼게요.

M 우리의 신제품 러닝화의 실적을 안건에 꼭 포함시켜 주세요. Decker 씨가 그에 대해 논의하기를 원하세요.

04. 회의는 언제 열릴 것인가?
(A) 오후에
(B) 내일
(C) 이번 주 금요일에
(D) 다음주에

05. 남자는 자신이 무엇을 할 것이라고 말하는가?
(A) 동료에게 연락한다
(B) 고객과 만난다
(C) 안건에 관한 일을 한다
(D) 식당의 자리를 예약한다

06. 화자들은 어디에서 근무하는 것 같은가?
(A) 신발 제조 업체에서
(B) 컨설팅 업체에서
(C) 광고 대행사에서
(D) 자동차 회사에서

어휘 it's time to ~할 시간이다, ~할 때가 되었다 handle 다루다, 처리하다 related to ~와 연관된 space 공간 conference room 회의실 come up with (아이디어 등을) 떠올리다, 생각해 내다 agenda 의제, 안건 coworker 동료

MORE & MORE

03-33

들리는 문장이 위 대화의 내용과 일치하면 ○, 그렇지 않으면 ×에 표시하세요.

❶ The man is going to ______________. (○ | ×)
❷ The woman is going to ______________ Nancy. (○ | ×)
❸ The woman is going to work on ______________. (○ | ×)

정답 p.045

PART 3

예상 적중 문제 07-09 대화를 듣고 질문에 가장 알맞은 답을 고르세요.

03-34

07. What does the man request?
(A) Some vacation time
(B) A pay raise
(C) A transfer to another department
(D) A new work assignment

08. When will the man finish his current work assignment?
(A) This Thursday
(B) On the weekend
(C) Next Monday
(D) Next Friday

09. What does the woman tell the man to do?
(A) Tell his colleagues he will not be at work
(B) Ask for assistance on the Newberry case
(C) Go on a business trip to Texas next week
(D) Request a new assignment from his boss

문제 해설

07 세부 사항 (요청)

- 남자가 요청하는 것이 무엇인지 묻고 있으므로 남자의 말에서 정답의 단서를 찾아야 한다.
- 대화의 첫 부분에서 남자는 'I'd like to take next Thursday and Friday off.'라고 말하면서 다음 주 목요일과 금요일에 쉬어도 되는지를 여자에게 물었다. 따라서 남자가 요청한 사항은 (A)이다.

08 세부 사항 (언급된 사실)

- 남자는 현재 Newberry 케이스에 대한 일을 하고 있는데, '다음 주 월요일까지는 끝낼 것이라고(I will be finished with it by next Monday.)' 말했다. 따라서 정답은 (C)이다.

09 세부 사항 (요청)

- 대화의 마지막 부분에서 여자가 남자에게 'please be sure that everyone in your department knows you won't be here'라고 말한 부분이 단서이다.
- 즉, 부서의 다른 사람들에게 부재중일 것임을 알리라고 부탁하는 것이므로 정답은 (A)이다.

스크립트 & 해석

M Ms. Wilson, 07) **I'd like to take next Thursday and Friday off.** My family is planning to visit my relatives in Texas.

W You don't have any projects that you're working on, do you?

M I am still working on the Newberry case, but 08) **I will be finished with it by next Monday.**

W Then you can take those days off. But 09) **please be sure that everyone in your department knows you won't be here.**

M Wilson 씨, 다음 주 목요일과 금요일에 쉬고 싶어요. 저의 가족들이 텍사스에 있는 친척집을 방문할 계획이거든요.

W 현재 하고 있는 프로젝트는 없죠, 그렇죠?

M 아직 Newberry 케이스에 대한 일을 하고 있지만, 다음 주 월요일까지는 끝낼 거예요.

W 그렇다면 그때 쉬어도 좋아요. 하지만 부서의 모든 사람이 당신이 없을 것이라는 사실을 확실히 알도록 해야 해요.

07. 남자는 무엇을 요청하는가?
(A) **휴가**
(B) 급여 인상
(C) 부서 이동
(D) 새로운 업무

08. 남자는 그의 업무를 언제 끝낼 것인가?
(A) 이번 주 목요일에
(B) 주말에
(C) **다음 주 월요일에**
(D) 다음 주 금요일에

09. 여자는 남자에게 무엇을 하라고 말하는가?
(A) **동료 직원들에게 그가 부재중일 것이라는 사실을 알린다**
(B) Newberry 케이스에 대해 도움을 요청한다
(C) 다음 주에 텍사스로 출장을 간다
(D) 그의 상사에게 새 업무를 요청한다

어휘 take off ~을 쉬다 relative 친척 department 부서 pay raise 급여 인상

MORE & MORE

03-35

들리는 문장이 위 대화의 내용과 일치하면 ○, 그렇지 않으면 ×에 표시하세요.

❶ The woman offers to ______________ with his project. (○ | ×)

❷ The man suggests that he will ______________ of work. (○ | ×)

❸ ______________ that the man finish the Newberry case this week. (○ | ×)

정답 p.045

PART 3 예상 적중 문제 10-12 대화를 듣고 질문에 가장 알맞은 답을 고르세요.

03-36

10. What is the conversation mainly about?
(A) The location of the man's office
(B) The woman's health club
(C) The man's physical condition
(D) A training opportunity

11. What does the woman recommend that the man do?
(A) Become a member of her club
(B) Work out with her on the weekend
(C) Exercise at a new gym
(D) Get himself into better shape

12. What does the man promise to do?
(A) Request a discount
(B) Become a member
(C) Visit an establishment
(D) Check out a Web site

문제 해설

10 주제

- 대화의 주제는 초반부에 언급되는 경우가 많다.
- 여자는 'have you been to the new health club on Mulberry Street?'라고 새로 생긴 헬스클럽에 대해 이야기하면서 대화를 시작하고 있다. 따라서 정답은 (B)이다.

11 세부 사항 (제안)

- 여자는 남자에게 Mulberry 가에 새로 생긴 헬스클럽의 장점을 말하면서 '새로 생긴 헬스클럽에 가 보라(You should go there and work out.)'고 권하고 있다. 따라서 정답은 (C)이다.
- 여자가 남자에게 헬스클럽의 장점을 이야기하고는 있지만, 그녀가 직접 남자에게 회원으로 가입하라는 이야기는 하지 않았으므로 (A)는 정답이 될 수 없다.

12 세부 사항 (언급된 사실)

- 여자는 남자에게 새로 생긴 헬스클럽의 여러 가지 장점을 이야기하면서 남자에게 방문할 것을 권했다.
- 이에 대해 남자는 대화의 마지막 부분에서 'I'll drop by on the weekend.'라고 말하며 방문할 것을 약속했다.
- 정답은 (C)인데, (C)의 establishment는 '시설'이라는 의미로 사용되었다.

스크립트 & 해석

W Greg, 10) **have you been to the new health club on Mulberry Street?**

M I didn't even know one had opened there. How is it?

W It's amazing. The equipment is modern, and the trainers really know their jobs. 11) **You should go there and work out.** You'll want to become a member immediately.

M Thanks for letting me know about it. 12) **I'll drop by on the weekend.**

W Greg, Mulberry 가에 새로 생긴 헬스클럽에 가 보았나요?

M 그곳에 헬스클럽이 문을 열었다는 것조차 모르고 있었어요. 어떤가요?

W 굉장해요. 시설도 현대적이고, 트레이너들이 정말로 전문적이에요. 그곳에 가서 운동해 보아야 해요. 곧바로 회원이 되고 싶어질 거예요.

M 알려 줘서 고맙군요. 주말에 들러 봐야겠네요.

10. 대화는 주로 무엇에 대한 것인가?
(A) 남자의 사무실의 위치
(B) 여자의 헬스클럽
(C) 남자의 몸 상태
(D) 교육 기회

11. 여자는 남자에게 무엇을 하라고 권하는가?
(A) 자신의 클럽의 회원이 되라고
(B) 자신과 함께 주말에 운동을 하자고
(C) 새로 생긴 체육관에서 운동을 하라고
(D) 체력을 기르라고

12. 남자는 무엇을 할 것을 약속하는가?
(A) 할인을 요청한다
(B) 회원이 된다
(C) 시설을 방문한다
(D) 웹사이트를 살펴본다

어휘 modern 현대적인 work out 운동하다 drop by 들르다 gym 체육관 get oneself into shape 체력을 기르다, 몸매를 가꾸다

MORE & MORE

03-37

들리는 문장이 위 대화의 내용과 일치하면 ㅇ, 그렇지 않으면 ×에 표시하세요.

1. The woman offers to work out ______________. (ㅇ | ×)
2. The woman suggests that ______________ Mulberry Street. (ㅇ | ×)
3. The man recommends that the woman find ______________. (ㅇ | ×)

정답 p.045

Unit 04

세부 사항 II (문제점, 이유, 방법, 정도)

학습 포인트

✔ 화자가 겪고 있는 문제점, 어떠한 사건이 발생한 이유, 그밖에 방법이나 정도 등을 묻는 문제가 출제될 수 있다.

✔ 문제점을 물어보는 경우에는 주로 문제를 겪고 있는 당사자의 말에서 정답의 단서를 찾을 수 있는데, 「but, unfortunately, sorry」 등과 같은 부정적인 표현에 이어서 문제점이 언급되는 경우가 많다.

✔ 어떠한 일이 일어난 이유를 묻는 문제가 등장하면 대화 내에서 인과 관계를 파악하도록 하자.

예제

03-38

Q. What happened to the woman's order?

(A) It arrived late.
(B) It got damaged.
(C) It was incomplete.
(D) It cost too much.

Q. 여자의 주문품에 어떤 일이 있었는가?

(A) 늦게 도착했다.
(B) 파손되어 있었다.
(C) 누락된 제품이 있었다.
(D) 비용이 너무 많이 나왔다.

W Hello. My name is Carol Manning. I just received a package I ordered online, but there's a problem.

M I'm terribly sorry about that. What exactly is wrong with it?

W I ordered six books from your Web site, but there were only three books in the box.

M Could you please give me your purchase number? Then, I can check on your order.

W 여보세요. 제 이름은 Carol Manning입니다. 온라인으로 주문했던 포장물을 방금 전에 받았는데, 문제가 있어서요.

M 그 점에 대해서는 정말 죄송합니다. 정확히 어떤 점이 문제인가요?

W 당신네 웹사이트에서 6권의 책을 주문했는데, 상자 안에는 3권만 있더군요.

M 주문 번호를 알려 주실 수 있으신가요? 그러면 제가 주문 내용을 확인해 볼 수 있습니다.

어휘 package 소포, 포장물 online 온라인으로, 인터넷으로 terribly 매우, 몹시 wrong 잘못된 Web site 웹사이트 purchase number 구매 주문 번호 check on ~을 확인하다 incomplete 불완전한

문제 유형 분석

여자가 주문한 제품에 어떤 문제가 있었는지를 묻고 있는 세부 사항 문제이다. 따라서 대화를 통해 여자가 겪고 있는 문제가 무엇인지 파악해야 한다.

풀이 전략

❶ 여자가 제품에 문제가 있다고 말하자 남자는 그 문제가 구체적으로 무엇인지 묻는다. 이에 대한 대답으로 여자는 'I ordered six books from your Web site, but there were only three books in the box.'라고 말하면서 주문한 6권의 책 중에서 3권만 도착했다고 말한다. 따라서 주문한 물품들 중에서 누락된 것이 있으므로 정답은 (C)가 된다.

❷ 문제나 근심 거리를 묻는 질문의 경우, have a problem, be in trouble 혹은 I'm afraid와 같은 표현들과 함께 정답의 단서가 제시되는 경우가 많으므로 이러한 표현들이 등장하는 부분을 특히 주의해서 들어야 한다

기본기 다지기

❶ 질문 예시

(1) 문제점

- **What** is the **problem**? 무엇이 문제인가?
- **What** is the man's **problem**? 남자의 문제는 무엇인가?
- **What problem** does the woman **mention**? 여자가 언급한 문제는 무엇인가?
- **What** is the woman **concerned about**? 여자는 무엇에 대해 걱정하는가?
- **Why** is the man **concerned**? 남자는 왜 걱정하는가?

(2) 이유

- **Why** is the woman **in a hurry**? 여자는 왜 서두르는가?
- **Why** does the man **have to leave soon**? 여자는 왜 빨리 출발해야 하는가?
- **Why** does the man **mention the receipt**? 남자는 왜 영수증을 언급하는가?
- **Why** does Jason **want to change shifts**? Jason은 왜 근무 시간을 변경하고 싶어 하는가?

(3) 방법

- **How** will the man **go to the conference**? 남자는 어떻게 학회에 갈 것인가?
- **How** can the woman **register for the program**? 여자는 어떻게 그 프로그램에 등록할 수 있는가?
- **How** does the man **propose to hire employees**? 남자는 어떻게 직원들을 고용하자고 제안하는가?
- **How** can the woman **contact the Customer Service Department**?
  여자는 어떻게 고객 서비스 부서에 연락할 수 있는가?

(4) 정도

- **How long** does the man have to wait? 남자는 얼마나 오래 기다려야 하는가?
- **How much money** does the woman intend to ask for? 여자는 얼마의 돈을 요구하려 하는가?

❷ 문제점과 관련된 표현

문제점과 관련된 내용은 부정적인 표현들과 함께 언급되는 경우가 많다.

(1) 감정 관련 표현

실망이나 걱정 등과 같이 부정적인 감정을 나타내는 표현들 다음에 문제점이 언급되는 경우가 많다.

be disappointed with ~에 실망하다	be worried [concerned] about ~을 걱정하다
be ashamed of ~을 부끄러워하다	be surprised [astonished] by ~에 놀라다
be satisfied with ~에 만족하다	be frightened [scared] of ~을 두려워하다

He **was** very **disappointed with** the results of the survey. 그는 조사 결과에 크게 실망했다.

They **are worried about** finishing the project on time. 그들은 제때에 프로젝트를 마감할 수 있을까 걱정한다.

Susan **was ashamed of** her behavior. Susan은 자신의 행동을 부끄러워했다.

(2) too

too는 부사로서 '너무'라는 의미를 나타낼 수 있는데, 이는 주로 부정적인 내용을 암시할 때 사용된다. too 역시 문제점을 언급하는 문장에서 자주 사용된다.

The soup he made is **too** salty. 그가 만든 수프는 너무 짜다.

The radio in the office is **too** loud. 사무실의 라디오 볼륨이 너무 크다.

The letter has **too** many mistakes in it. 그 편지에는 너무나 많은 오타가 있다.

cf. 「too ~ too」는 '너무 ~해서 ~할 수 없다' 혹은 '~하기에는 너무 ~하다'라는 의미로 사용된다.

She is **too** tired **to** work anymore tonight. 그녀는 너무 피곤해서 오늘 밤 일을 더 하지 못할 것이다.

You are **too** inexperienced **to** meet the client by yourself. 당신은 너무 경험이 없어서 고객을 혼자 상대할 수 없다.

❸ 인과관계 파악

어떤 사건이 일어난 이유를 알아 내기 위해 원인과 결과를 확실히 파악해야 한다.

예시	원인	결과
I cannot go there **since** I do not have a car. 차가 없어서 나는 그곳에 갈 수 없다.	차가 없음	그곳에 갈 수 없음
The concert was canceled **because** not enough tickets were sold. 표가 충분히 팔리지 않아서 연주회가 취소되었다.	표가 충분히 팔리지 않음	연주회가 취소됨
The sun is going down, **so** it is getting dark. 해가 지고 있기 때문에, 점점 어두워지고 있다.	해가 지고 있음	점점 어두워짐
I got lost and was **therefore** late for my meeting. 길을 잃었기 때문에, 나는 회의에 늦었다.	길을 잃음	회의에 늦음

④ 방법과 관련된 표현

이메일, 전화, 사람, 웹사이트 등과 같은 연락, 정보 획득, 등록 등과 관련된 표현 및 교통 수단 등의 이동과 관련된 표현과 같이 방법과 관련된 표현을 집중해서 들어야 한다.

If you have any questions, **please call** us at extension 6825.
문의 사항이 있을 경우, 내선번호 6825번으로 저희에게 전화해 주세요.

Please visit our Web site at www.smartravelers.com for more information.
더 많은 정보를 원하실 경우 저희 웹사이트 www.smartavelers.com을 방문해 주세요.

Mr. Crawford is going to show **us how to use the software**.
Craword 씨가 소프트웨어 사용 방법을 우리에게 보여 줄 것이다.

Ms. Collins usually **takes the subway** to work. Collins 씨는 주로 지하철을 타고 출근한다.

★ 빈출 표현 정리

공항, 기차역, 버스 터미널 관련

departure 출발	flight 비행편	flight attendant 항공기 승무원
boarding pass 탑승권	information desk 안내 데스크	board 탑승하다
take off 이륙하다	land 착륙하다	destination 목적지
aisle seat 복도 쪽 좌석	window seat 창가 쪽 좌석	identification tag 이름표
delay 연착하다	check in 탑승 수속을 밟다	shipment 선적
gate 게이트	travel brochure 여행 안내 책자	city map 도시 지도
guide 안내하다; 안내서	arrival 도착	baggage 수화물

Mr. Lee wants to book an **aisle seat** since he has easy access to the restroom.
Lee 씨는 화장실 사용이 편하기 때문에 복도 쪽 좌석을 예약하고 싶어한다.

You must **board** your flight at least fifteen minutes before departure.
최소한 출발하기 15분 전까지 비행기에 탑승하셔야 합니다.

We will reach our **destination** and **land** about two hours from now.
우리는 지금부터 약 2시간 후에 목적지에 도착해서 착륙을 하게 될 것입니다.

The **flight attendants** are serving meals to the passengers now. 지금 승무원들이 승객들에게 식사를 제공하고 있다.

The plane will **take off** as soon as everyone boards. 모든 사람이 탑승하자마자 비행기는 이륙할 것입니다.

기본기 체크업

Ⓐ 대화를 듣고 질문에 답하세요. 03-39

1 남자는 무엇을 걱정하는가?
(a) 여자의 건강
(b) 병원 예약
(c) 점심 약속

2 Darren에게 어떤 일이 일어났는가?
(a) 길을 잃었다
(b) 표를 구하지 못했다
(c) 사고가 났다

3 Martin이 호텔 숙박권을 얻은 이유는 무엇인가?
(a) 경품에 당첨되었다
(b) 동료로부터 선물을 받았다
(c) 대회에서 우승했다

4 여자가 걱정을 하는 이유는 무엇인가?
(a) 기기가 고장이 나서
(b) 기기의 작동법을 몰라서
(c) 기기의 유지비가 비싸서

5 남자는 왜 야간 수업에 등록할 수 없는가?
(a) 학비가 없어서
(b) 할 일이 많아서
(c) 등록 자격이 없어서

Ⓑ 대화를 듣고 주어진 진술이 사실이면 O, 그렇지 않으면 X에 표시하세요. 03-40

1 (a) The man is concerned about the salary at his job. (O | X)
(b) The man is worried about living in Switzerland. (O | X)
(c) The woman is happy for the man. (O | X)

2 (a) The woman is worried about the quality of the sofa. (O | X)
(b) The woman has to pay an extra fee for delivery. (O | X)
(c) The man is disappointed with the woman's decision. (O | X)

3 (a) The woman is angry with the man. (O | X)
(b) The man is pleased since he got promoted. (O | X)
(c) The man is concerned about his coworkers. (O | X)

정답 p.046

4 (a) The man thinks that he made a reservation before. (O | X)
(b) The restaurant does not have a record of the man's reservation. (O | X)
(c) The man is disappointed that the restaurant will be closed. (O | X)

5 (a) The woman is concerned about Fred. (O | X)
(b) Fred's problem is that people do not want to work with him. (O | X)
(c) Fred's behavior has changed recently. (O | X)

C 대화를 듣고 질문에 답하세요.

03-41

1 What is the woman's problem?
(a) She is not getting enough sleep.
(b) She gets along badly with her neighbor.
(c) She is working too many hours.

2 Why is the man happy?
(a) He just visited a museum.
(b) He is going to take a trip.
(c) He was on vacation last week.

3 What is the man's problem?
(a) He purchased an item of poor quality.
(b) Negotiations are not going well.
(c) A company did not offer him a job.

4 What does the man request that the woman do?
(a) Call Peter as soon as possible
(b) Give him his schedule
(c) Substitute for someone else

5 According to the speakers, what is the problem?
(a) A client canceled a meeting.
(b) Mr. Chang cannot find the conference room.
(c) A room has not been prepared for a meeting.

6 Why can't the woman help the man right now?
(a) She has to get a room ready.
(b) She is going to a conference.
(c) She must write a report.

PART 3

예상 적중 문제 01-03 대화를 듣고 질문에 가장 알맞은 답을 고르세요.

03-42

01. Where most likely does the conversation take place?

(A) At a department store

(B) At a dry cleaner's

(C) At a concert venue

(D) In an office

02. What is the woman concerned about?

(A) How her outfit looks

(B) An upcoming work event

(C) A problem with her clothing

(D) How much she will have to pay

03. When can the woman pick up her item?

(A) In the afternoon

(B) The next morning

(C) On Thursday

(D) On Friday

문제 해설

01 장소

- 대화의 첫 부분에서 여자는 얼룩을 지울 수 있는지(Do you think you can get the stain out of it?) 물었고, 후반부에서는 목요일까지 드라이클리닝이 가능한지(Can you have this dry-cleaned by Thursday?) 물었다.
- 이는 모두 세탁소와 관련된 내용이므로 정답은 (B)이다.

02 세부 사항 (문제점)

- 여자가 우려하는 바에 대해 묻고 있으므로 여자의 말에서 문제 해결의 단서를 찾아야 한다.
- 여자가 남자에게 블라우스의 '얼룩'(stain)이 지워질 수 있는지를 물었고, 남자는 가능할 것이라고 대답한다. 따라서 여자는 옷에 대해 걱정하고 있으므로 정답은 (C)이다.
- (A)는 '옷이 어때 보이는지'라는 의미로 정답이 될 수 없으며, (B)의 경우, 여자가 '금요일 밤의 회사 행사'(a special event for my job on Friday night)를 언급하기는 했지만 이것이 여자가 걱정하는 바는 아니므로 (B)는 정답이 될 수 없다. (D)는 대화와 무관한 내용이다.

03 세부 사항 (언급된 사실)

- 여자가 목요일까지 드라이클리닝이 가능한지(Can you have this dry-cleaned by Thursday?) 물어 보았는데, 남자는 그날 오후에 언제든지 가져가면 된다고(You can pick it up any time after four on that day.) 대답했다.
- 즉, 여자가 옷을 가져갈 수 있는 날은 목요일이므로 정답은 (C)이다.

스크립트 & 해석

W Could you take a look at this blouse? 01-1) 02) **Do you think you can get the stain out of it?**

M I'm sure that won't be a problem. It doesn't look too bad.

W That's great news. I need to wear this to a special event for my job on Friday night. 01-2) 03-1) **Can you have this dry-cleaned by Thursday?**

M Yes, I can. 03-2) **You can pick it up any time after four on that day.**

W 이 블라우스를 봐 주실 수 있나요? 여기의 얼룩이 지워질 것 같나요?

M 문제가 되지는 않을 것이라고 확신해요. 그렇게 나빠 보이지는 않아요.

W 다행이네요. 금요일 밤 회사의 특별 행사에 이것을 입고 가야 하거든요. 이 옷을 목요일까지 드라이클리닝해 주실 수 있나요?

M 네, 그럴 수 있죠. 그날 4시 이후로 아무 때나 찾으러 오시면 돼요.

01. 대화는 어디에서 일어나는 것 같은가?
(A) 백화점에서
(B) 세탁소에서
(C) 콘서트장에서
(D) 사무실에서

02. 여자는 무엇에 대해 걱정하는가?
(A) 그녀의 옷이 어때 보이는지
(B) 직장에서 곧 있을 행사
(C) 옷과 관련된 문제
(D) 얼마만큼의 돈을 지불해야 하는지

03. 여자는 언제 그녀의 물품을 가져갈 수 있는가?
(A) 오후에
(B) 다음날 아침에
(C) 목요일에
(D) 금요일에

어휘 take a look at ~을 보다 blouse 블라우스 stain 얼룩 dry-clean 드라이클리닝하다 pick up ~을 가지고 가다 outfit 옷 upcoming 다가오는 clothing 의류, 옷 pay 지불하다

MORE & MORE

03-43

들리는 문장이 위 대화의 내용과 일치하면 ○, 그렇지 않으면 ×에 표시하세요.

❶ The woman ______________ to do some shopping. (○ | ×)

❷ The woman's problem is that she needs ______________. (○ | ×)

❸ The man is concerned about ______________ by Friday. (○ | ×)

정답 p.049

PART 3

예상 적중 문제 04-06 대화를 듣고 질문에 가장 알맞은 답을 고르세요.

03-44

04. What does the man ask the woman to do?

(A) Speak with a new client

(B) Order a new set of keys

(C) Tell him the combination to a lock

(D) Come to the office quickly

05. What problem does the man mention?

(A) He forgot to bring something.

(B) He cannot find the office.

(C) He lost his car keys.

(D) He needs help with some work.

06. What is the man unable to do?

(A) Attend a meeting

(B) Remember a password

(C) Enter a storage area

(D) Go to work early

문제 해설

04 세부 사항 (요청)

- 대화의 첫 부분에서 남자는 여자에게 사무실로 곧 올 것인지(Are you going to be in the office soon?) 물었고, 중반부에서 'Do you think you can get here faster?'라고 말했다.
- 따라서 남자는 여자에게 사무실에 빨리 와달라고 부탁하고 있으므로 정답은 (D)이다.

05 세부 사항 (문제점)

- 대화 중반부에서 남자는 'I left my keys at home, so I can't get into the storeroom.'라고 하며 비품실에 들어가려고 하는데 열쇠를 집에 두고 왔다고 말한다. 따라서 '가져와야 할 것을 잊었다'는 내용의 (A)가 정답이다.
- (B)와 (C)는 대화와 관련이 없는 내용이므로 정답이 될 수 없으며, (D)의 경우 남자가 일하는 데 도움이 필요하다기 보다는 단순히 열쇠가 필요한 상황이므로 이 역시 정답이 될 수 없다.

06 세부 사항 (언급된 사실)

- 남자가 대화 후반부에서 'I can't get into the storeroom'이라고 말한 부분이 정답의 단서이다.
- 즉, 남자가 할 수 없는 것은 '저장 공간에 들어 가는 것'이므로 정답은 (C)이다.

스크립트 & 해석

M Hello, Tina. It's Steve. [04-1)] **Are you going to be in the office soon?**

W I won't be there for a couple of hours. Why do you ask?

M [04-2)] **Do you think you can get here faster?** [05)] **I left my keys at home,** [06)] **so I can't get into the storeroom.**

W All right. I think I can make it there about an hour from now.

M 안녕하세요, Tina. 저 Steve예요. 곧 사무실로 올 건가요?

W 2시간 동안은 그곳에 없을 거예요. 왜 묻는 거죠?

M 더 빨리 여기에 와 줄 수 없을까요? 제가 열쇠를 집에 두고 와서, 물품 창고에 들어갈 수가 없거든요.

W 알았어요. 지금부터 약 1시간 후에 그곳으로 갈 수 있을 것 같아요.

04. 남자는 여자에게 무엇을 할 것을 요청하는가?
(A) 신규 고객과 이야기한다.
(B) 새로운 열쇠를 주문한다.
(C) 그에게 자물쇠 번호를 알려 준다.
(D) 사무실에 빨리 온다.

05. 남자는 어떤 문제를 언급하는가?
(A) 무언가를 가져오는 것을 잊었다.
(B) 사무실을 찾을 수 없다.
(C) 자동차 키를 분실했다.
(D) 일하는 데 도움이 필요하다.

06. 남자가 할 수 없는 것은 무엇인가?
(A) 회의에 참석하는 것
(B) 비밀번호를 기억하는 것
(C) 저장 공간에 들어가는 것
(D) 일찍 출근하는 것

어휘 a couple of 두어 개의 leave 떠나다; 남겨두다 get into ~으로 들어가다 storeroom 비품실 make it 도달하다, 도착하다 forget 잊다 bring 가지고 오다

MORE & MORE 03-45

들리는 문장이 위 대화의 내용과 일치하면 ○, 그렇지 않으면 ×에 표시하세요.

❶ The man lost ______________. (○ | ×)

❷ The man is upset because the woman is not ______________. (○ | ×)

❸ The man calls the woman ______________. (○ | ×)

정답 p.049

예상 적중 문제 07-09 대화를 듣고 질문에 가장 알맞은 답을 고르세요.

03-46

07. Why does the woman want the time of the meeting changed?

(A) She has to meet with a client.

(B) She has to finish a project.

(C) She is out of the office.

(D) She needs to speak with Mr. Sykes.

08. What does the woman suggest about the meeting?

(A) It will be led by Mr. Sykes.

(B) It will be held in the boardroom.

(C) It has already finished.

(D) It takes place before 2:30.

09. What will the man do next?

(A) Go to lunch

(B) Finish his presentation

(C) Work with the woman

(D) Contact some people

문제 해설

07 세부 사항 (이유)

- 여자가 회의 시간을 변경하고 싶어 하는 이유를 묻고 있으므로 여자의 말을 집중해서 듣도록 한다.
- 여자는 자신이 'Sykes 씨에게 할 발표를 준비하고 있다'(I am still working on my presentation for Mr. Sykes.)고 회의 시간의 변경을 원하는 이유를 말하고 있다.
- 즉, 여자는 하던 업무를 끝내야 하기 때문에 회의 시간을 변경하고 싶어 한다는 사실을 알 수 있다. 따라서 정답은 (B)이다.

08 추론

- 여자는 회의 시간을 늦춰달라고 부탁하면서 Sykes 씨에게 할 발표 준비 작업을 2시 30분 전에는 끝내지 못할 것 같다고 (I won't finish it until two thirty) 말했고, 이에 대해 남자는 회의를 2시 30분에 시작해도 괜찮을지(if two thirty is okay with them.) 참석자들에게 물어보겠다고 말했다.
- 따라서 원래 회의는 2시 30분 이전에 예정되어 있었다는 것을 알 수 있으므로 정답은 (D)이다.

09 대화 이후의 상황

- 대화의 마지막 부분에서 남자는 'I'll ask all of the other attendees'라고 말하고 있으므로 정답은 (D)이다.
- 지문의 'other attendees'가 보기에서는 'some people'로 바뀌어 표현되었다.

스크립트 & 해석

W Jason, do you think we can delay the start of the meeting until two thirty?

M Why do you want to do that? We only have a little more than one hour before the meeting starts.

W **07) I am still working on my presentation for Mr. Sykes. 08-1) I won't finish it until two thirty,** so I can't attend the meeting unless we change the time.

M I see. **09) I'll ask all of the other attendees 08-2) if two thirty is okay with them.**

W Jason, 회의 시작을 2시 30분으로 미룰 수 있을 것 같나요?

M 왜 그렇게 하기를 원하죠? 회의가 시작할 때까지 1시간 남짓밖에 남지 않았는데요.

W 제가 아직까지 Sykes 씨에게 할 발표 준비 작업을 하고 있거든요. 2시 30분 전에는 끝내지 못할 것 같아서, 시간을 바꾸지 않는다면 제가 회의에 참석할 수가 없어요.

M 알겠어요. 2시 30분이 괜찮을지 다른 참석자들 모두에게 제가 물어볼게요.

07. 여자는 왜 회의 시간을 변경하고 싶어 하는가?
(A) 고객과 만나야 한다.
(B) 업무를 끝내야 한다.
(C) 사무실에 있지 않다.
(D) Sykes 씨와 이야기를 나누어야 한다.

08. 여자는 회의에 대해 무엇을 암시하는가?
(A) Sykes 씨가 이끌 것이다.
(B) 중역 회의실에서 열릴 것이다.
(C) 이미 종료되었다.
(D) 2시 30분보다 일찍 열린다.

09. 남자는 다음에 무엇을 할 것인가?
(A) 점심 식사를 하러 간다
(B) 그의 발표를 끝낸다
(C) 여자와 함께 일을 한다
(D) 몇몇 사람들에게 연락한다

어휘 delay 미루다, 연기하다 schedule 일정을 정하다 presentation 발표 attend 참석하다 unless ~하지 않는다면 attendee 참석자

MORE & MORE

03-47

들리는 문장이 위 대화의 내용과 일치하면 ○, 그렇지 않으면 ×에 표시하세요.

❶ The woman is concerned that she cannot ______________. (○ | ×)

❷ The woman is calling ______________ her location. (○ | ×)

❸ The man's problem is that ______________ Mr. Sykes. (○ | ×)

정답 p.049

PART 3

예상 적중 문제 10-12 대화를 듣고 질문에 가장 알맞은 답을 고르세요.

03-48

10. Who most likely is the woman?

(A) A secretary

(B) A customer

(C) A CEO

(D) A job applicant

11. How will the man contact Mr. Correia?

(A) By telephone

(B) By fax

(C) By e-mail

(D) In person

12. What does Mr. Correia want the man to do?

(A) Visit his office

(B) Confirm an order

(C) Read an e-mail

(D) Deliver some items

문제 해설

10 인물의 신원

- 대화 전반적으로 남자가 여자에게 전화를 받았는지 여부 등 업무와 관련된 내용을 물어보고 있으며, 여자는 이에 대해 답하고 있다. 그러므로 보기 중에서는 (A)를 정답으로 보는 것이 타당하다.
- 특히, Correia 씨로부터 연락을 받았는지 묻는 질문에 대해 여자는 전화를 받았다고 말한 다음, 남자가 회의 중이어서 방해하지 않았다고(you were in a meeting with the CEO, so I didn't interrupt you) 대답했다. 이는 여자가 남자의 업무를 보조하는 역할을 한다는 것을 알 수 있는 단서이다. 정답은 (A)이다.

11 세부 사항 (방법)

- 남자가 사장과 회의 중일 때 Correia 씨로부터 연락이 왔다고 여자가 말하자, 남자는 Correia 씨에게 자신이 전화를 해야 하는지 묻는다.
- 이에 대해 여자는 'Actually, he wants you to read the e-mail he sent you and then respond to it.'이라고 답하고 있으므로 Correia 씨는 이메일로 연락을 받고 싶어 한다는 것을 알 수 있다. 따라서 정답은 (C)이다.

12 세부 사항 (요청)

- 대화의 마지막 부분에 정답의 단서가 언급되어 있다.
- 남자는 여자에게 Correia 씨가 다시 전화하기를 원하는지 물었고, 이에 대해 여자는 'Actually, he wants you to read the e-mail he sent you'라고 답했다.
- 따라서 Correia 씨가 남자에게 원하는 것은 이메일을 읽는 것이므로 정답은 (C)이다.

스크립트 & 해석

M Paula, have you heard from Mr. Correia yet? Did he leave a message?

W Yes, he called this morning, but 10) **you were in a meeting with the CEO, so I didn't interrupt you.**

M That's fine. Does he want me to call him back?

W 11) 12) **Actually, he wants you to read the e-mail he sent you and then respond to it.** He'll call you back as soon as he hears from you.

M Paula, Correia 씨로부터 연락을 받으셨나요? 그분께서 메시지를 남기셨나요?

W 네, 오늘 아침에 전화를 하셨지만, 당신이 사장님과 회의를 하고 있었기 때문에 방해하지 않았어요.

M 그렇군요. 그분께서 제가 다시 전화하기를 바라시던가요?

W 사실, 그분께서는 당신에게 보낸 이메일을 당신이 읽은 다음에 본인에게 답장하기를 바라세요. 당신으로부터 연락을 받자마자 다시 전화하실 거예요.

10. 여자는 누구인 것 같은가?
(A) 비서
(B) 고객
(C) 최고경영자
(D) 구직자

11. 남자는 어떻게 Correia 씨와 연락하게 될 것인가?
(A) 전화로
(B) 팩스로
(C) **이메일로**
(D) 직접

12. Correia 씨는 남자가 무엇을 하기를 원하는가?
(A) 그의 사무실에 방문한다
(B) 주문을 확인한다
(C) **이메일을 읽는다**
(D) 몇몇 물품을 인도한다

어휘 hear from ~으로부터 소식을 듣다, ~에게 연락을 받다 leave a message 메시지를 남기다 interrupt 방해하다 respond 대답하다, 응답하다 as soon as ~하자마자 in person 직접

MORE & MORE

03-49

들리는 문장이 위 대화의 내용과 일치하면 ○, 그렇지 않으면 ×에 표시하세요.

1. Mr. Correia called and ______________. (○ | ×)
2. Mr. Correia ______________ the CEO of the company. (○ | ×)
3. Mr. Correia will ______________ later. (○ | ×)

정답 p.049

Unit 03-04 연습 문제

Part 3 대화를 듣고 질문에 가장 알맞은 답을 고르세요. 03-50

1. What will Ms. Rodgers do this Friday?
(A) Attend a professional event
(B) Lead an orientation session
(C) Give a speech at a conference
(D) Recruit some new employees

2. What does Ms. Rodgers say about the conference?
(A) It is being held for the first time.
(B) Many people will attend it.
(C) It is in another country.
(D) The venue has just changed.

3. What does the man tell Ms. Rodgers to do?
(A) Provide him with some information
(B) Reserve a hotel room for him
(C) Register some employees for a conference
(D) Visit the local conference center

---

4. What does the man say he did yesterday?
(A) He flew on an airplane.
(B) He spoke to his friend in Jamaica.
(C) He started his vacation.
(D) He got caught in a hurricane.

5. What does the woman suggest about the man?
(A) He did the right thing by leaving early.
(B) He needs to catch up on his work.
(C) He frequently travels to Jamaica.
(D) He will leave on a business trip soon.

6. What does the man say about the hurricane?
(A) It has damaged many homes.
(B) It is becoming stronger.
(C) It should be fairly harmless.
(D) It has resulted in canceled flights.

---

7. Why will McClellan Road be closed?
(A) Work will be done on it.
(B) A parade will be held on it.
(C) A festival will take place on it.
(D) A building will be constructed on it.

8. What does the man recommend?
(A) Going to the park later
(B) Driving on McClellan Road
(C) Finding another way to the park
(D) Buying a map of the city

9. What does the woman say she needs?
(A) A ticket
(B) A map
(C) A pen
(D) A key

---

10. Where does Jacob Powers work?
(A) At a travel agency
(B) At a hotel
(C) At an airline
(D) At a rental car agency

11. What does the woman tell the man to do?
(A) Reschedule his trip
(B) Give her some information on New York
(C) Delay going on a trip
(D) Cancel her reservation

12. What does the woman say she will do?
(A) Call the man again later
(B) Send the man an e-mail
(C) Fax the man some documents
(D) Respond to a survey soon

정답 및 해설 p.050

13. Why did the woman's company move?

(A) To save money on rent
(B) To be near the subway station
(C) To be closer to its clients
(D) To have a larger office

14. How does the woman like the company's new location?

(A) She likes it very much.
(B) She dislikes the noise level.
(C) She loves the size of her office.
(D) She thinks it is hard to get to.

15. What does the man imply when he says, "That will be easy for you to get home then"?

(A) The woman often walks to work.
(B) The woman rides on the subway.
(C) The woman's home is near her office.
(D) The woman just bought a new car.

---

16. Where are the speakers going?

(A) To their workplace
(B) To the airport
(C) To the theater
(D) To the bus station

17. According to the speakers, what is the problem?

(A) A performance has been delayed.
(B) Mary and Tom are going to be late.
(C) The city needs money to repair the roads.
(D) There is too much traffic on a street.

18. What does the man say he will do?

(A) Make a new order
(B) Make a telephone call
(C) Cancel a reservation
(D) Check the weather forecast

---

19. Where most likely are the speakers?

(A) At a beach
(B) At a hotel
(C) At an airport
(D) At a bus station

20. What is the problem?

(A) The woman's room is too small.
(B) The woman dislikes the view.
(C) The woman's reservation was lost.
(D) The woman's hotel is far from the ocean.

21. What will happen in thirty minutes?

(A) The woman will change rooms.
(B) A bill will be sent to the woman.
(C) A repairman will arrive.
(D) The woman will visit the ocean.

Unit 05

화자의 의도 및 시각적 정보

학습 포인트

- ✔ 화자의 의도를 묻는 문제는 화자가 한 말을 다시 한 번 들려 준 후 왜 그 말을 했는지를 묻는 문제이다. 이 경우 문맥을 파악하는 것이 중요한데, 표면적인 의미보다는 앞뒤의 내용을 이해해야 화자의 의도를 정확히 파악할 수 있다.
- ✔ 시각적 정보를 묻는 문제는 그래프, 지도, 시간표 등의 자료와 함께 제시되며 대화의 내용과 주어진 시각적 정보를 연결시켜 생각해야 정답을 찾을 수 있다. 대화를 듣기 전에 시각 정보를 통해 대화의 내용을 미리 짐작해볼 수 있다.

예제

03-51

Q. Why does the man say, "I can do that for you"?

(A) To say he will look for another color
(B) To recommend a blouse to the woman
(C) To agree to refund the woman's money
(D) To approve a request for an exchange

Q. 남자는 왜 "I can do that for you"라고 말하는가?

(A) 자신이 다른 색상을 찾아봐 주겠다고 말하기 위해
(B) 여자에게 블라우스를 추천하기 위해
(C) 여자의 돈을 환불할 것에 동의하기 위해
(D) 교환 요청을 승인하기 위해

W Hi. I bought this blouse last week. But I'd like to return it.
M What's the matter with it?
W I don't like the color. It doesn't look good.
M Would you like to exchange it for something different?
W No, thanks. I'll just take my money back.
M Okay. I can do that for you.

W 안녕하세요. 지난주에 이 블라우스를 구입했어요. 하지만 반품하고 싶어요.
M 어떤 문제가 있나요?
W 색상이 마음 안 들어서요. 좋아 보이지 않네요.
M 다른 상품으로 교환하시겠어요?
W 사양할게요. 환불하고 싶어요.
M 그러세요. 제가 해 드릴게요

어휘 return 돌려 주다, 반품하다 exchange 바꾸다, 교환하다 approve 승인하다, 인정하다

문제 유형 분석

「Why does the man [woman] say ~?」 혹은 「What does the man [woman] mean when he [she] says ~?」라는 형식의 문제는 모두 화자의 의도를 묻는 문제이다. 의도를 묻는 문장의 앞뒤 내용을 잘 살펴서 정답을 찾도록 한다.

풀이 전략

❶ 마음에 들지 않는 상품을 교환하겠느냐는 남자의 말에 여자는 환불을 원한다고 답한다. 그리고 남자는 'I can do that for you.'라고 말하기에 앞서 'Okay.'라는 긍정의 대답을 이미 했다. 따라서 주어진 문장을 통해 남자가 의미하는 것은 여자의 요구를 들어 주겠다는 것이므로 정답은 (C)가 된다.

❷ 이처럼 화자의 의도를 묻는 문제를 풀 때에는 우선 주어진 문장의 의미를 파악한 후, 그 문장이 어떠한 맥락에서 사용되었는지를 정확히 이해해야 한다.

기본기 다지기

❶ 질문 예시

(1) 화자의 의도

- **What** does the woman **imply** when she says, "It works"? 여자가 "It works"라고 말할 때 그녀는 무엇을 암시하는가?
- **What** does the man **mean** when he says, "That's it"? 남자가 "That's it"이라고 말할 때 그는 무엇을 의미하는가?
- **Why** does the woman **say**, "I don't think so"? 여자는 왜 "I don't think so"라고 말하는가?

(2) 시각적 정보

- **Look at the graphic. Who** is the woman? 도표를 보아라. 여자는 누구인가?
- **Look at the graphic. Which** date is a replacement speaker needed on?
  도표를 보아라. 대체 강연자는 어떤 날짜에 필요한가?
- **Look at the graphic. When** is the man making his purchase? 도표를 보아라. 남자는 언제 구매를 할 것인가?
- **Look at the graphic. What** is the basic rate the man will pay?
  도표를 보아라. 남자가 지불해야 할 기본 요금은 얼마인가
- **Look at the graphic. How** much will the woman pay for each ticket?
  도표를 보아라. 여자는 티켓 한 장을 얼마에 구입할 것인가?

❷ 화자의 의도와 관련된 표현

인용된 문장은 대부분 상대의 말에 대한 반응의 표시이다. 이와 같은 반응은 주로 긍정의 표현, 그리고 부정과 우려의 표현으로 구분해 볼 수 있다.

(1) 긍정의 의미: That's it. / That's true. / You're right. 등

M Is this the car you rented? 이 차는 당신이 렌트한 것인가요?

W **Yes, that's it.** 네, 맞아요.

M Justin works harder than everyone else, doesn't he? Justin은 다른 누구보다 일을 열심히 해요, 그렇지 않나요?

W **That's true.** 맞아요.

(2) **부정의 의미: That's wrong. / That's not true. 등**

W Did twenty people just register this morning? 오늘 오전에 20명이 등록을 했죠?

M **That's wrong.** 그렇지 않아요.

M Did Peter get promoted to manager? Peter가 관리자로 승진했나요?

W **That's not true.** 그건 사실이 아니에요.

(3) **우려**

W I'll just turn in the file tomorrow. 내일 파일을 제출할게요.

M That **would be wrong.** 그러면 안 될 것 같아요.

M We can use last month's data instead. 그 대신 지난달의 데이터를 사용할 수 있어요.

W That **would be a mistake.** 그러면 잘못될 거예요.

W Why don't we fly to Hong Kong by tomorrow morning? 내일 오전에 홍콩행 비행기를 타는 것이 어떨까요?

M That **would be impossible.** 불가능할 것 같아요.

③ 시각적 정보와 관련된 표현

시각적 정보는 시간표, 할인 쿠폰, 도표, 티켓, 지도, 그래프, 가격표 등 매우 다양한 형식으로 제시될 수 있다. 대표적인 시각적 정보인 시간표와 관련된 표현에 대해 알아보도록 하자.

(1) **출발과 도착을 의미하는 표현**

시간표가 제시되면 출발 및 도착과 관련된 표현을 집중해서 들어야 한다.

ⓐ 출발을 의미하는 동사

출발을 의미하는 동사에는 depart, leave, go 등이 있다.

The airplane for Madrid **departs** at 2:30. 마드리드행 비행기는 2시 30분에 출발한다.

The next bus for San Diego will **leave** in thirty minutes. 다음 샌디에고행 버스는 30분 후에 출발할 것이다.

ⓑ should: ~해야 한다

도착을 의미하는 동사에는 arrive, get (to), come in 등이 있다.

The ferry always **arrives** at 12:30. 그 여객선은 항상 12시 30분에 도착한다.

They should **get to** the hotel by 8:15. 그들은 8시 15분까지 호텔에 도착해야 한다.

cf. 비행기의 이륙과 착륙의 의미는 take off와 land (on)로 나타낼 수 있다.

The plane is scheduled to **take off** at 10:05 P.M. 그 비행기는 오후 10시 5분에 이륙할 예정이다.

The pilot expects the plane to **land** on time in three hours.
조종사는 비행기가 세 시간 후에 착륙할 것이라고 예상한다.

(2) 시각을 나타내는 표현

ⓐ 시각을 의미하는 명사
noon, midnight과 같이 특정한 시각을 나타내는 표현이 사용될 수 있다.

Most employees begin their lunch break at **noon.** 대부분의 직원들은 12시부터 점심 시간을 갖는다.

The bus for Davenport will arrive after **midnight.** 데번포트행 버스는 자정 이후에 도착할 것이다.

ⓑ 전치사를 사용한 시각 표현
전치사를 이용한 시각 표현을 듣고 정확한 시각을 파악할 수 있어야 한다.

The conference is scheduled to start at fifteen **to** eight. 학회는 7시 45분에 시작될 예정이다.

All employees must be in the auditorium by a quarter **after** one.
전 직원들은 1시 15분까지 강당으로 와야 한다.

At half **past** two, the movie will begin playing. 2시 30분에 영화가 시작될 것이다.

★ 빈출 표현 정리

선후 관계를 나타내는 표현

before ~보다 먼저	after ~보다 나중에	first 제일 먼저
last 제일 나중에	halfway / between / in the middle of 중간에	

All attendees should arrive **before** 9:00 A.M. 모든 참석자들은 오전 9시 이전에 도착해야 합니다.

In the middle of the program, there will be a short break. 프로그램 중간에 짧은 휴식 시간이 있을 것입니다.

First, Mr. Haverford will give a talk. 제일 먼저 Haverford 씨께서 연설하실 것입니다.

이동 및 방향 전환과 관련된 표현

go straight 직진하다	go back 되돌아가다
turn around 뒤로 돌다	take a right [left] 우회전[좌회전]하다
walk past ~을 지나치다	pass through ~을 통과하다
cut across 가로지르다	head toward ~을 향해 가다

Take a right at the next intersection. 다음 교차로에서 우회전하세요.

Go back to the park and then head south. 공원으로 되돌아가서 남쪽을 향해 가세요.

Walk past the food court, and you will see the entrance. 푸트코트를 지나면 입구가 보일 거예요.

기본기 체크업

A 대화를 듣고 질문에 답하세요. 03-52

1 남자는 왜 "I can do that"이라고 말하는가?
(a) 전화하겠다고 말하기 위해
(b) 프로그램을 설치하기 위해
(c) 컴퓨터 교육을 받기 위해

2 남자가 "That's all right"이라고 말할 때 그가 의미하는 것은?
(a) 요청을 거절한다
(b) 기분이 나아졌다
(c) 제안이 마음에 든다.

3 여자가 "Not yet"이라고 말할 때 그녀가 의미하는 것은?
(a) 어떤 지시도 받지 못했다
(b) 승인을 하지 않을 것이다
(c) 결정을 내리지 못했다.

4 Giovanni's는 몇 층에 있는가?
(a) 8층
(b) 9층
(c) 10층

5 남자가 원하는 스웨터는 얼마인가?
(a) 20달러
(b) 35달러
(c) 50달러

B 대화를 듣고 주어진 진술이 사실이면 O, 그렇지 않으면 X에 표시하세요. 03-53

1 (a) The speakers are talking about a meeting they attended. (O | X)
(b) The man says, "I don't think so," to indicate he does not need to submit a report. (O | X)
(c) The woman suggests that the man should go to the meeting. (O | X)

2 (a) The man is most likely a real estate agent. (O | X)
(b) The woman says, "I'd rather see something else," to indicate she will not rent the apartment. (O | X)
(c) The man has no more apartments to show the woman. (O | X)

3 (a) The woman wants to enter a laboratory. (O | X)
(b) When the man says, "That's not allowed," he is refusing to let the woman into the room. (O | X)
(c) The woman wants to speak with the man's boss. (O | X)

정답 p.054

4 (a) The speakers are discussing the performance of a salesperson. (O | X)

(b) Sally sold $65,000 in products in June. (O | X)

(c) Sally had her worst performance ever in June. (O | X)

5 (a) The man wants to hire some new employees. (O | X)

(b) There are 26 people in the R&D Department now. (O | X)

(c) The man says he has a new project for some employees to do. (O | X)

C 대화를 듣고 질문에 답하세요.

03-54

1 Why does the woman say, "It's so annoying"?

(a) To protest a company policy

(b) To express her dislike for making copies

(c) To complain about the copier

2 Why does the woman say, "Then be my guest"?

(a) To invite the man to a lunch meeting

(b) To permit the man to go on a trip

(c) To encourage the man to sign a contract

3 What does the man mean when he says, "Okay, so that's settled"?

(a) He is satisfied with an explanation.

(b) He agrees with the price being charged.

(c) He wants to take a look at the third floor.

Day	Doctor
Monday	Tina Strickland
Tuesday	Peter Foss
Wednesday	David Chun

4 Look at the graphic. Which doctor will the woman see?

(a) Tina Strickland

(b) Peter Foss

(c) David Chun

Department	Number of Employees
Public Relations	27
Marketing	33
Accounting	46

5 Look at the graphic. Which department's employees will be transferred?

(a) Public Relations

(b) Marketing

(c) Accounting

예상 적중 문제 01-03 대화를 듣고 질문에 가장 알맞은 답을 고르세요.

03-55

01. What does the man want the woman to do?

(A) Talk to a client

(B) Send a letter to him

(C) Check on some inventory

(D) Confirm a number

02. What does the man mean when he says, "That's the one"?

(A) The woman has located Harris Consulting.

(B) The woman found the correct folder.

(C) The woman knows what he needs.

(D) The woman has the right fax number.

03. What does the woman say she needs?

(A) A writing utensil

(B) A piece of paper

(C) A computer

(D) A folder

문제 해설

01 세부 사항 (요청)

- 남자의 첫 번째 대화에 정답의 단서가 있다.
- 남자는 여자에게 'I need you to fax me a letter at once.'라고 말하면서 즉시 편지 한 통을 팩스로 보내 달라고 요청했다. 따라서 정답은 (B)이다.

02 화자의 의도

- 인용된 문장 'That's the one.'은 '바로 그것이다'라는 의미인데, 이 문장은 'Is it in the folder labeled "Harris Consulting"?'에 대한 답변으로 사용되었다.
- 즉 폴더가 맞는 것인지를 묻는 여자의 말에 대해 남자는 자신이 말한 것을 여자가 제대로 찾았다는 사실을 표현하고 있으므로 정답은 (B)가 된다.
- (A)는 'Harris Consulting 회사의 위치를 찾았다'는 의미이므로 정답이 될 수 없다.

03 세부 사항 (언급된 사실)

- 대화의 후반부에서 남자는 여자에게 팩스 번호를 불러주고 있는데, '여자는 번호를 받아 적을 펜이 필요하다고(I need to get a pen to write that down.)' 말했다.
- 지문의 pen을 writing utensil로 바꾸어 표현한 (A)가 정답이다.

스크립트 & 해석

M Hi, Jen. This is Dave. 01) **I need you to fax me a letter at once.**

W Sure. Where is it?

M Go into my office. It should be in a gray folder on my desk.

W 02) **Is it in the folder labeled "Harris Consulting"?**

M That's the one. Now, please fax it to me at 908-1922.

W Hold on. 03) **I need to get a pen to write that down.**

M 안녕하세요, Jen. Dave예요. 당신이 즉시 편지 한 통을 제게 팩스로 보내 주어야 해요.

W 그럴게요. 어디에 있나요?

M 제 사무실로 가 보세요. 책상 위에 있는 회색 폴더 안에 있을 거예요.

W "해리스 컨설팅"이라는 라벨이 붙어 있는 폴더 안에 있나요?

M 바로 그거예요. 이제, 908-1922로 저에게 팩스를 보내 주세요.

W 잠시만요. 받아 적을 펜이 필요해요.

01. 남자는 여자가 무엇을 하기를 원하는가?
   (A) 고객에게 말한다
   (B) 그에게 편지를 보내 준다
   (C) 재고를 확인한다
   (D) 숫자를 확인해 준다

02. 남자가 "That's the one"이라고 말할 때 그는 무엇을 의미하는가?
   (A) 여자가 Harris Consulting의 위치를 찾았다.
   (B) 여자가 올바른 폴더를 찾았다.
   (C) 자신에게 필요한 것을 여자가 알고 있다.
   (D) 여자는 올바른 팩스 번호를 가지고 있다.

03. 여자는 무엇이 필요하다고 말하는가?
   (A) 필기도구
   (B) 종이 한 장
   (C) 컴퓨터
   (D) 폴더

어휘 fax 팩스를 보내다 at once 즉시, 당장 label 라벨; 라벨을 붙이다 hold on (끊지 말고) 기다리세요 write down 받아 적다

MORE & MORE

03-56

들리는 문장이 위 대화의 내용과 일치하면 O, 그렇지 않으면 ×에 표시하세요.

1. The woman asks the man to ____________________. (O | ×)
2. The man tells the woman to ____________________. (O | ×)
3. The woman means the man should ____________________ when she says, "Hold on." (O | ×)

정답 p.057

PART 3

예상 적중 문제 04-06 대화를 듣고 질문에 가장 알맞은 답을 고르세요.

03-57

Job Applicant	Telephone Number
Lucia Brady	958-3832
Beth Jackson	426-8300
Andrew Skyler	832-1873
Rose Whitfield	236-5092

04. What are the speakers mainly discussing?

(A) When some interviews will begin

(B) The results of some interviews

(C) Which people to interview

(D) The applicants that they hired

05. Which type of person are the speakers looking for?

(A) A person who finished school

(B) A person who lives nearby

(C) A person who has experience

(D) A person who is available now

06. Look at the graphic. Which number will the man call?

(A) 958-3832

(B) 426-8300

(C) 832-1873

(D) 236-5092

문제 해설

04 목적

- 대화의 첫 부분에서 여자는 면접을 모두 마쳤다고(we're finished with all of the interviews) 말한 다음, 남자에게 누가 가장 마음에 들었는지(Who did you prefer?) 묻고 있다.
- 이어지는 내용도 누구를 채용할 것인지에 대한 것이므로 정답은 (B)이다.

05 세부 사항 (언급된 사실)

- 남자는 Skyler라는 면접자를 가장 마음에 들어 한다고 말했지만, 여자는 그가 다음 달부터 근무를 시작할 수 있다고(he said he can't start until next month) 말했다. 그런 다음 그들은 즉시 근무할 사람이 필요하다고(We need someone now.) 말했다.
- 따라서 화자들이 찾고 있는 사람은 (D)의 '바로 근무할 수 있는 사람'이다.

06 시각 정보

- 남자가 어떤 전화번호로 전화를 걸지 묻고 있다.
- 대화의 중반부에서 남자는 Beth Jackson이라는 사람을 '차선책'(the next best choice)으로 이야기했고 여자도 이에 동의했다. 그리고 대화의 후반부에서 남자가 그에게 전화를 하겠다고 했으므로 남자가 전화할 번호는 Beth Jackson의 전화번호, 즉 (B)이다.
- 참고로 (C)는 입사 시점이 맞지 않아 선택을 받지 못한 Andrew Skyler의 전화번호이다.

스크립트 & 해석

W Okay, 04) **we're finished with all of the interviews. Who did you prefer?**

M I thought Andrew Skyler was great.

W So did I, but 05-1) **he said he can't start until next month. We need someone now.**

M All right. Then 06-1) **Beth Jackson is the next best choice.**

W I agree. 06-2) **Let's offer her the job.**

M Okay, 06-3) **let me find her number and give her a call.**

W 좋아요, 모든 면접이 다 끝났군요. 누가 마음에 들었나요?

M 저는 Andrew Skyler가 우수하다고 생각했어요.

W 저도 그랬지만, 그는 다음 달 전까지는 일을 시작할 수 없다고 말했어요. 우리에게는 당장 사람이 필요해요.

M 맞아요, 그러면 Beth Jackson이 차선책이겠군요.

W 저도 동의해요. 그녀에게 일자리를 제안하죠.

M 좋아요, 제가 그녀의 번호를 찾아서 전화할게요.

지원자	전화번호
Lucia Brady	958-3832
Beth Jackson	426-8300
Andrew Skyler	832-1873
Rose Whitfield	236-5092

04. 화자들은 주로 무엇을 논의하고 있는가?
(A) 언제 면접을 시작할 것인지
(B) 몇몇 면접의 결과
(C) 어떤 사람들을 면접할 것인지
(D) 그들이 채용했던 지원자들

05. 화자들은 어떤 유형의 사람을 찾고 있는가?
(A) 학교를 졸업한 사람
(B) 가까운 곳에 살고 있는 사람
(C) 경력이 있는 사람
(D) 바로 근무할 수 있는 사람

06. 도표를 보아라. 남자는 어떤 번호로 전화를 할 것인가?
(A) 958-3832
(B) 426-8300
(C) 832-1873
(D) 236-5092

어휘 prefer 선호하다 next best 차선의 give ~ a call ~에게 전화하다

MORE & MORE

03-58

들리는 문장이 위 대화의 내용과 일치하면 O, 그렇지 않으면 ×에 표시하세요.

❶ The speakers' first choice can start ________________. (O | ×)

❷ The speakers' first choice's phone number is ________________. (O | ×)

❸ The man will ________________ next. (O | ×)

정답 p.057

PART 3

예상 적중 문제 07-09 대화를 듣고 질문에 가장 알맞은 답을 고르세요.

03-59

07. What does the woman suggest when she says, "I'm afraid I have to leave the country today"?

(A) She often travels abroad.

(B) She has to cancel a meeting.

(C) She wants the man to travel with her.

(D) The man should visit her office.

08. When does the woman want to meet?

(A) In the morning

(B) In the afternoon

(C) The next day

(D) The next week

09. Where does the man want to meet?

(A) At a convention center

(B) At a coffee shop

(C) In his office

(D) At a restaurant

문제 해설

07 화자의 의도

- 주어진 문장의 의미는 대화의 맥락을 통해서 이해해야 한다.
- 여자는 자신이 '내일 회의 때문에'(regarding tomorrow's meeting) 전화를 걸었다고 한 다음 'I'm afraid I have to leave the country today.'라고 말한다.
- 이후의 대화에서는 화자들이 만날 시간을 조정하고 있으므로, 결국 주어진 문장을 통해 여자가 의미하는 바는 '출국을 해야 하기 때문에 내일 회의에 참석을 하지 못하겠다'는 것이다. 따라서 (B)가 정답이다.

08 세부 사항 (언급된 사실)

- 남자는 여자에게 언제 만날 수 있는지 물었고, 여자는 'How about next Monday afternoon?'이라고 말하며 다음 주 월요일 오후에 만나자고 제안했다. 따라서 정답은 (D)이다.

09 세부 사항 (언급된 사실)

- 남자는 여자의 제안에 동의하며 오후 1시에 자신의 사무실에서 만나자고(I'll see you at one in my office.) 말했다.
- 따라서 남자가 만나기를 원하는 장소는 (C)의 그의 사무실이다.

스크립트 & 해석

W Hello, Mr. Irving. This is Amy Carpenter from Dynamic Industries.

M Good morning, Ms. Carpenter. How can I help you?

W 07) **I'm calling regarding tomorrow's meeting.** I'm afraid I have to leave the country today.

M In that case, when do you think we can meet?

W 08) **How about next Monday afternoon?**

M That's fine. 09) **I'll see you at one in my office.**

W 안녕하세요, Irving 씨. 저는 Dynamic 산업의 Amy Carpenter입니다.

M 안녕하세요, Carpenter 씨. 어떻게 도와 드릴까요?

W 내일 회의와 관련해서 전화를 드렸어요. 안타깝게도 제가 오늘 출국을 해야 될 것 같아서요.

M 그러시다면, 언제 우리가 만날 수 있을까요?

W 다음 주 월요일 오후는 어떠세요?

M 좋아요. 제 사무실에서 1시에 뵙죠.

07. 여자가 "I'm afraid I have to leave the country today"라고 말할 때 그녀가 암시하는 것은 무엇인가?
(A) 그녀는 자주 해외 여행을 간다.
(B) 그녀는 회의를 취소해야만 한다.
(C) 그녀는 남자가 자신과 함께 여행하기를 원한다.
(D) 남자는 그녀의 사무실에 방문해야 한다.

08. 여자는 언제 만나기를 원하는가?
(A) 아침에
(B) 오후에
(C) 다음 날에
(D) 다음 주에

09. 남자는 어디에서 만나기를 원하는가?
(A) 컨벤션 센터에서
(B) 커피숍에서
(C) 그의 사무실에서
(D) 식당에서

어휘 regarding ~와 관련한 detail 세부 사항 go on a trip 여행을 하다, 출장을 가다

MORE & MORE

03-60

들리는 문장이 위 대화의 내용과 일치하면 ○, 그렇지 않으면 ×에 표시하세요.

1. The conversation takes place ____________. (○ | ×)
2. The woman ____________ Dynamic Industries. (○ | ×)
3. The man means ____________ the woman's suggestion when he says, "That's fine." (○ | ×)

정답 p.057

PART 3

예상 적중 문제 10-12 대화를 듣고 질문에 가장 알맞은 답을 고르세요.

03-61

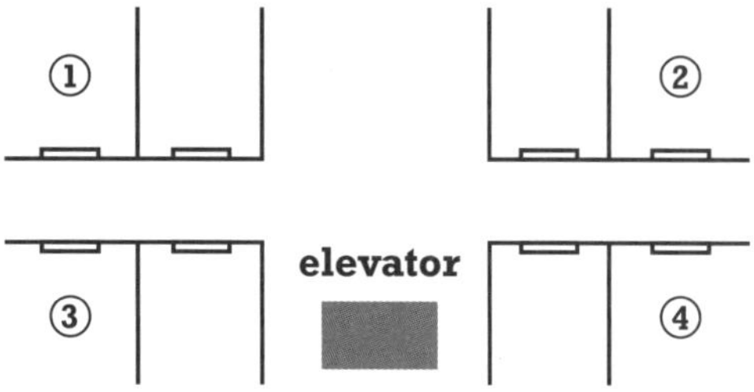

10. Why does the woman need to see the man?
    (A) To conduct an interview
    (B) To deliver some papers
    (C) To review an assignment
    (D) To have a discussion

11. What is suggested about the woman?
    (A) She visited the man's old office.
    (B) She is the man's supervisor.
    (C) She is personal friends with the man.
    (D) She works at a different company.

12. Look at the graphic. Where is the man's new office?
    (A) Room 1
    (B) Room 2
    (C) Room 3
    (D) Room 4

문제 해설

10 세부 사항 (이유)

- 여자는 'I need to drop off some documents at your office today.'라고 말하며 남자를 만나야 하는 이유를 밝히고 있다. 즉, 서류를 전달하기 위해 만나려는 것이므로 정답은 (B)이다.
- 보기에서는 document를 paper로, drop off를 deliver로 바꾸어 표현하였다.

11 추론

- 사무실로 오겠다는 여자에게 남자는 'I've moved to a new office.'라고 하며 그가 새로운 사무실로 이전했다고 말했다. 그러자 여자는 여전히 3층에 있는 것인지(Are you still on the third floor?) 물어보고 있다.
- 따라서 여자는 남자의 예전 사무실에 방문한 적이 있다고 추론할 수 있으므로 정답은 (A)이다.

12 시각 정보

- 남자는 자신의 사무실이 이전했다고 하면서, 엘리베이터에서 내린 후 '우회전하라'(take a right)고 말한다. 따라서 지도에서 2번이나 4번이 새로 이전한 사무실이라는 것을 알 수 있다.
- 남자의 마지막 말에서 '왼쪽 두 번째 문'(the second door on the left)이 사무실 위치라는 사실을 알 수 있으므로 정답은 (B)의 Room 2가 된다.

스크립트 & 해석

W Roy, 10) **I need to drop off some documents at your office today.**

M Sure, but 11-1) **I've moved to a new office.**

W 11-2) **Are you still on the third floor?**

M Yes, but this time, 12-1) **don't take a left when you get off the elevator. Take a right instead.**

W Where should I go next?

M 12-2) **Go to the second door on the left.** That's my new office.

W Roy, 오늘 당신 사무실에 몇 가지 서류를 놓고 와야 해요.

M 그래도 되지만, 저는 새로운 사무실로 이사했어요.

W 계속해서 3층에 있나요?

M 네, 하지만, 이제는 엘리베이터를 내려서 왼쪽으로 오지 마세요. 대신 오른쪽으로 오세요.

W 그 다음에는 어디로 가야 하죠?

M 왼쪽 두 번째 문으로 가세요. 그곳이 저의 새로운 사무실이에요.

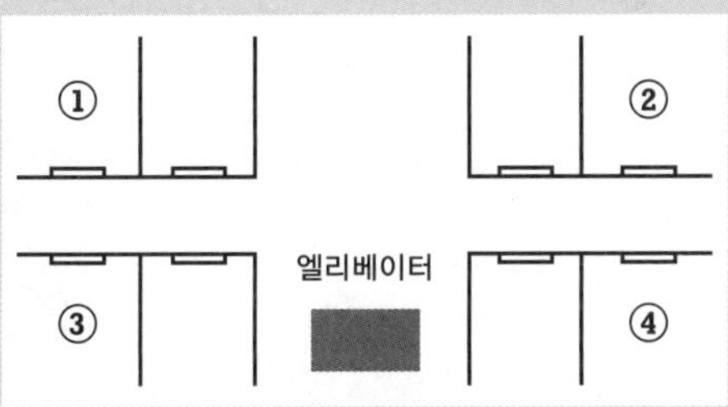

10. 여자는 왜 남자를 만날 필요가 있는가?
    (A) 면접을 진행하기 위해서
    (B) 몇 가지 서류를 전달하기 위해서
    (C) 업무를 검토하기 위해서
    (D) 논의하기 위해서

11. 여자에 대해 무엇이 암시되는가?
    (A) 그녀는 남자의 예전 사무실을 방문했었다.
    (B) 그녀는 남자의 상사이다.
    (C) 그녀는 남자와 개인적인 친구이다.
    (D) 그녀는 다른 회사에 근무한다.

12. 도표를 보아라. 남자의 새로운 사무실은 어디에 있는가?
    (A) 1호실
    (B) 2호실
    (C) 3호실
    (D) 4호실

어휘 drop off ~을 갖다 놓다 document 문서, 서류 get off ~에서 내리다

MORE & MORE

03-62

들리는 문장이 위 대화의 내용과 일치하면 ○, 그렇지 않으면 ×에 표시하세요.

1. The woman ______________ the man's office. (○ | ×)
2. The man ______________ to his office. (○ | ×)
3. The man's old office ______________ at 1 or 3. (○ | ×)

정답 p.057

Unit 06

대화 이후의 상황 및 추론

학습 포인트

- ✔ 대화 이후의 상황을 묻는 문제는 화자 중 한 명이 대화를 마친 후에 무엇을 할 것인지를 묻는 문제로, 대화의 후반부에서 정답의 단서가 드러나는 경우가 많다. 미래와 관련된 표현을 집중해서 들으면서 문제를 풀어야 한다.
- ✔ 추론 문제는 대화에서 직접 언급되지는 않았지만 대화의 내용을 통해 추측할 수 있는 사항을 묻는 문제이다. 추론 문제는 회당 1문제 정도 출제되어 비중이 낮지만 난이도가 높은 문제 유형이다. 추론 문제의 보기는 문장의 형태이므로 대화를 듣기 전에 반드시 보기의 내용을 미리 파악해야 한다.

예제

03-63

Q. What is the woman planning to do in the afternoon?

(A) Speak with her supervisor
(B) Meet a deadline
(C) Go to her doctor's appointment
(D) Pick up her child at school

Q. 여자는 오후에 무엇을 할 계획인가?

(A) 관리자와 이야기한다
(B) 마감 시간을 지킨다
(C) 병원 진료를 받으러 간다
(D) 학교에서 아이를 데려온다

M I heard you got here around seven in the morning. Why did you come to work then? Do you have a deadline to meet?

W Actually, I've got to see my doctor at three, so I'm going to leave early this afternoon. And I won't be back until tomorrow.

M Does your supervisor know you're doing that?

W Of course he does. I already cleared it with him yesterday.

M 당신이 아침 7시쯤에 여기로 출근했다고 들었어요. 왜 그때 왔어요? 지켜야 할 마감 시간이라도 있나요?

W 사실은, 3시에 의사 선생님과 만나야 해서 오늘 오후에 일찍 나가려고요. 그리고 내일까지 돌아오지 않을 거예요.

M 그렇게 하려는 것을 당신의 관리자도 알고 계신 건가요?

W 물론 알고 계세요. 이미 어제 그분에게 승인을 받았어요.

어휘 deadline 마감 시간, 마감일 meet 만나다; 충족시키다 leave 떠나다, 출발하다 supervisor 감독관, 관리자 clear 깨끗이 하다; 분명하게 하다; 승인을 받다

문제 유형 분석

여자가 오후에 하려고 '계획 중인'(planning) 일에 대해 묻고 있으므로, 대화 이후의 상황을 물어보는 문제임을 알 수 있다.

풀이 전략

❶ 남자가 여자에게 일찍 출근한 이유를 묻자 여자는 '3시에 의사와 약속이 있어서 오후 일찍 나가야 한다'(I've got to see my doctor at three, so I'm going to leave early this afternoon.)고 그 이유를 말했다. 이를 통해 여자는 오후에 진료를 받기 위해 병원에 갈 것임을 알 수 있으므로 정답은 (C)이다.

❷ 대화 이후에 일어날 일을 묻는 문제의 경우 대화의 후반부에서 정답의 단서가 언급되는 경우가 많다. 하지만 예제와 같이 대화의 중반부에 단서가 주어지는 경우도 있기 때문에, 당연히 대화의 마지막 부분에서 단서를 찾을 수 있을 것이라고 미리 판단해서는 안 된다.

기본기 다지기

❶ 질문 예시

(1) **대화 이후의 상황**

- **What** will **happen next**? 다음에 무슨 일이 일어날 것인가?
- **What** will the woman **probably do next**? 여자는 이다음에 무엇을 할 것 같은가?
- **What** will the man **most likely do next**? 남자는 이다음에 무엇을 할 것 같은가?
- **What** are the speakers **doing this afternoon**? 화자들은 오늘 오후에 무엇을 할 것인가?
- **What** will the speakers **do tomorrow**? 화자들은 내일 무엇을 할 것인가?
- **What** will the man **do on Friday night**? 남자는 금요일 밤에 무엇을 할 것인가?
- **What** will the woman **do after lunch**? 여자는 점심 시간 이후에 무엇을 할 것인가?

(2) **추론**

- **What** is **suggested** about the man? 남자에 대해 무엇이 암시되고 있는가?
- **What** can be **inferred** about Ms. Jones? Jones 씨에 대해 추론할 수 있는 것은 무엇인가?
- **What** does the woman **imply**? 여자는 무엇을 암시하고 있는가?
- **What** does the man **imply** about the chef? 남자는 요리사에 대해 무엇을 암시하고 있는가?

❷ 미래시제를 나타내는 표현

대화 이후에 일어날 일은 미래시제를 나타내는 표현이 들어 있는 문장에 정답의 단서가 있는 경우가 많다. 대화에서 놓치지 말아야 하는 미래시제와 관련된 표현은 아래와 같다.

be going to ~할 예정이다	be scheduled to ~할 예정이다
be expected to ~할 것으로 예상되다	be about to 막 ~하려고 하다
be supposed to ~하기로 예정되어 있다	be planned to ~할 계획이다

The game **is about to** begin. 경기가 막 시작되려던 참이다.

You **are supposed to** interview with Mr. Caldwell at four o'clock.
당신은 4시 정각에 Caldwell 씨와 면접을 보기로 예정되어 있다.

The movie **is scheduled to** play at three and eight o'clock today.
그 영화는 오늘 3시와 8시 정각에 상영될 예정이다.

The party **is expected to** last until late at night. 파티는 밤 늦게까지 계속될 것으로 예상된다.

❸ 추론 문제의 단서

추론 문제의 단서는 문제에서 추론의 대상이 되는 내용을 집중해서 들어야 한다. 추론 문제의 보기는 문장의 형태인데, 대화에서 언급되는 정답의 단서가 아래와 같이 paraphrasing된다.

	예시	내용 분석
문제	**What** does the man **suggest about Kyle Pearson**? 남자는 Kyle Pearson에 대해 무엇을 암시하고 있는가?	• 추론의 대상: Kyle Pearson
대화의 내용	W I read in the newspaper that **Capital Holdings is going out of business**. Do you happen to know anyone who works there? M **Kyle Pearson** has been **one of my friends** for decade. W 신문에서 Capital Holdings가 폐업할 것이라는 기사를 읽었어요. 그곳에 근무하는 아는 사람이 있나요? M Kyle Pearson이 10년 동안 제 친구예요.	• 정답의 단서: ① going out of business ② Kyle Pearson / one of my friends
정답	He is going to **lose his job soon.** 그는 곧 직장을 잃게 될 것이다.	• 정답 paraphrasing: going out of business → lose his job soon

★ 빈출 표현 정리

회의 및 행사 관련

general meeting 총회
conference 대규모 회의, 학회
retirement party 은퇴 기념 파티
sales meeting 영업 회의
reception 연회, 리셉션
board meeting 이사회 회의
awards ceremony 시상식
managers' meeting 부장급 회의
opening ceremony 시무식
staff meeting 직원 회의
workshop 워크숍, 연수회
end-of-the-year party 송년회
seminar (교육 등을 위한) 세미나
orientation 오리엔테이션

The **staff meeting** is going to start at ten. 직원 회의가 10시에 시작될 예정이다.

Don't forget to attend Mr. Simpson's **retirement party** tonight.
오늘 밤 Simpson 씨의 은퇴 기념 파티에 잊지 말고 참석해 주세요.

교통 관련

traffic 교통량, 차량들	expressway 고속도로
fasten one's seatbelt 안전벨트를 매다	traffic jam 교통 체증
parking lot 주차장	photo identification 사진이 부착된 신분증
rush hour 혼잡 시간대, 러시아워	be backed up 차가 밀리다
driver's license 운전면허증	traffic ticket 교통 위반 딱지

There is always a **traffic jam** here during **rush hour.** 이곳에서는 혼잡 시간대에 항상 교통 체증이 발생한다.

Be sure to **fasten your seatbelt** while you are driving. 운전할 때에는 반드시 안전벨트를 매세요.

Mr. Dobson received a **traffic ticket** for exceeding the speed limit.
Dobson 씨는 제한 속도를 초과해서 교통 위반 딱지를 받았다.

차량 관련

hood 후드, 보닛	empty 빈	fill up 연료 등을 채우다
diesel 경유	gas pump 주유 펌프	tank (연료) 탱크
out of gas 기름이 떨어진	check the oil 오일을 점검하다	gas station 주유소
windshield (자동차의) 앞유리	free car wash 무료 세차	premium gasoline 고급유
windshield wiper fluid 와셔액	turn off the engine 엔진을 멈추다	refill 다시 채우다, 보충하다

You should **turn off the engine** when you are filling up the car with gas.
자동차에 휘발유를 주입할 때에는 시동을 꺼야 한다.

You can get a free car wash when you buy $50 worth of **premium gasoline**.
50달러 상당의 고급유를 구매하실 때에는 무료로 세차를 하실 수 있습니다.

If you do not fill up the car soon, you are going to run **out of gas**. 곧 주유하지 않는다면, 당신은 기름이 떨어질 것이다.

수리 관련

technician 기술자	break down 고장 나다	leak 새다
connect 연결하다	repairman 수리공	malfunction 오작동을 일으키다
tear down 헐어버리다	rebuild 다시 만들다	plumber 배관공
replace 교체하다	restart 재부팅하다	installer 설치 기사
fix (= repair) 수리하다	take apart 분해하다	remodel 개조하다

The **repairman** had to **take apart** the copier to fix it. 수리 기사는 복사기를 수리하기 위해 그것을 분해해야 했다.

Until you **replace** the modem, you cannot access the Internet. 모뎀을 교체하기 전까지는 인터넷에 접속할 수 없다.

The stove is **leaking** gas, so you need to open the windows.
스토브에서 가스가 새고 있어서, 당신은 창문을 열어야 한다.

기본기 체크업

A 대화를 듣고 질문에 답하세요. 03-64

1 남자는 무엇을 할 계획인가?
(a) 집에 머문다
(b) 여행을 한다
(c) 낚시를 한다

2 남자는 언제 McClinton 씨와 만날 것인가?
(a) 오늘 오후
(b) 내일 오전
(c) 내일 오후

3 여자는 이다음에 무엇을 할 것인가?
(a) 이메일을 쓴다
(b) 컴퓨터를 켠다
(c) 면담을 한다

4 남자는 무엇을 암시하는가?
(a) 소포를 받고 싶어 했다
(b) 소포가 잘못 왔다
(c) 소포가 사라졌다

5 여자는 이다음에 무엇을 할 것인가?
(a) 면접을 진행한다
(b) 회의에 참가한다
(c) 커피를 마신다

B 대화를 듣고 주어진 진술이 사실이면 O, 그렇지 않으면 X에 표시하세요. 03-65

1 (a) The woman implies that she likes Greek food. (O | X)
(b) The man is planning to attend the festival with Lauren. (O | X)
(c) The woman decides to go to the festival. (O | X)

2 (a) The speakers decide to go out to eat. (O | X)
(b) The woman implies that she is tired. (O | X)
(c) The man will probably get his jacket next. (O | X)

3 (a) The woman will probably sign a contract next. (O | X)
(b) The man decides to mail a letter to PT Consulting. (O | X)
(c) The man will probably speak with a lawyer next. (O | X)

정답 p.058

4 (a) The man implies that he will not buy the sofa. (O | X)
(b) It is suggested that the man is in a furniture store. (O | X)
(c) The woman decides to show the man something else. (O | X)

5 (a) The speakers decide to drive to their destination. (O | X)
(b) The speakers are planning to go shopping. (O | X)
(c) The speakers will probably take the bus next. (O | X)

C 대화를 듣고 질문에 답하세요.

03-66

1 What does Steve plan to do at three o'clock?
(a) Speak with the new employee
(b) Learn how to do his job properly
(c) Have a meeting with the woman

2 What will the woman most likely do next?
(a) Get out of the rain
(b) Find an umbrella
(c) Change her outfit

3 What does the woman imply?
(a) She is going to quit her job.
(b) She used to live in London.
(c) She feels disappointed.

4 What does the woman decide to do?
(a) Go shopping
(b) Watch television
(c) Get a job

5 What will the speakers probably do next?
(a) Read a summary
(b) Write a report
(c) Take a break

6 What does the woman suggest the men do?
(a) Get some files for her
(b) Accompany her to the office
(c) Take the train without her

PART 3

예상 적중 문제 01-03 대화를 듣고 질문에 가장 알맞은 답을 고르세요.

03-67

01. What is the woman's problem?

(A) Her refrigerator is broken.

(B) A pipe is leaking water.

(C) The toilet is stopped up.

(D) She has no running water.

02. What does the man suggest doing?

(A) Cleaning the floor at once

(B) Letting him solve the problem

(C) Buying some more supplies

(D) Contacting a repairperson

03. What will the woman most likely do next?

(A) Fix the problem herself

(B) Ask the man for assistance

(C) Look for a telephone number

(D) Clean up the water on the floor

문제 해설

01 세부 사항 (문제점)

- 남자는 여자에게 주방의 싱크대 물이 새는 것을 고쳤는지(did you ever fix that leak in the kitchen sink?) 물었고, 여자는 여전히 물이 떨어지고 있다고(it's still dripping.) 답했다.
- 또한, 대화 후반부의 남자의 대화인 'If that pipe bursts'에서 물이 새는 곳은 파이프라는 것을 알 수 있다. 정답은 (B)이다.

02 세부 사항 (제안)

- 제안의 표현을 찾아야 하는데, 남자의 두 번째 대화에 제안의 표현인 'had better'가 있다.
- 남자는 'You had better have a plumber come over to fix it.'이라고 말하며 배관공을 불러서 수리하는 것이 좋겠다는 제안을 하고 있으므로 정답은 (D)이다.

03 대화 이후의 상황

- 주방 싱크대의 누수와 관련된 이야기를 나누다가 남자가 '배관공을 오게 해서 고치는 것이 낫겠다'(You had better have a plumber come over to fix it.)고 말하자 여자는 자신이 '고칠 수 있는 사람의 전화번호를 찾아보겠다'(I'd better find the number of a person who can take care of it for me.)고 답한다.
- 이를 통해 여자는 배관공의 전화번호를 찾아볼 것임을 알 수 있으므로 정답은 (C)가 된다.

스크립트 & 해석

M Julie, 01-1) **did you ever fix that leak in the kitchen sink?**

W Not yet. I tried to repair it, but 01-2) **it's still dripping**. I'll look at it again later tonight.

M 02) **You had better have a plumber come over to fix it.** 01-3) **If that pipe bursts**, you'll have water all over the floor. The repair bill will be enormous.

W I hadn't considered that. 03) **I'd better find the number of a person who can take care of it for me.**

M Julie, 주방의 싱크대에서 물이 새고 있는 것을 고쳤나요?

W 아직 아니에요. 고치려고 노력했지만, 여전히 물이 떨어지고 있어요. 오늘 밤 늦게 다시 보려고요.

M 배관공을 오게 해서 고치는 것이 나을 것 같군요. 파이프가 터진다면 바닥 전체에 물이 차게 될 거예요. 수리비가 엄청나게 나오겠죠.

W 그 점은 제가 생각하지 못했네요. 해결할 수 있는 사람의 전화번호를 찾아보는 것이 낫겠어요.

01. 여자의 문제는 무엇인가?
(A) 그녀의 냉장고가 고장 났다.
(B) 파이프에서 물이 샌다.
(C) 화장실 변기가 막혔다.
(D) 수돗물을 사용할 수 없다.

02. 남자는 무엇을 하라고 제안하는가?
(A) 즉시 바닥을 청소한다
(B) 그에게 문제의 해결책을 알려 준다
(C) 몇 가지 물품을 더 구입한다
(D) 수리공에게 연락한다

03. 여자는 이 다음에 무엇을 할 것 같은가?
(A) 직접 문제를 해결한다.
(B) 남자에게 도움을 요청한다
(C) 전화번호를 찾는다
(D) 바닥에 있는 물을 닦는다

어휘 leak 새다; 누수, 새는 곳 sink 싱크대 drip (액체가) 똑똑 떨어지다 had better ~하는 편이 낫다 plumber 배관공 burst 터지다 floor 바닥 enormous 막대한, 엄청난 consider 고려하다, 생각하다 take care of 돌보다; 처리하다

MORE & MORE

03-68

들리는 문장이 위 대화의 내용과 일치하면 ○, 그렇지 않으면 ×에 표시하세요.

❶ The woman's ______________ was to fix the pipe herself. (○ | ×)

❷ The woman decides to ______________. (○ | ×)

❸ The man ______________ the woman with the leak. (○ | ×)

정답 p.061

PART 3

예상 적중 문제 04-06 대화를 듣고 질문에 가장 알맞은 답을 고르세요.

03-69

04. Who most likely is the man?

(A) A construction worker

(B) An architect

(C) A painter

(D) An engineer

05. What do the women indicate about the man?

(A) He finished his work late.

(B) He will get a promotion.

(C) He worked very hard.

(D) He was doing his first project.

06. What will the man do on the weekend?

(A) Visit Kopech, Inc.

(B) Look over a design

(C) Make plans for the future

(D) Speak with Mr. Cobbler

문제 해설

04 인물의 신원

- 남자가 자신의 첫 번째 대화에서 Kopech 사를 위한 건물의 설계를 끝냈다고(I finally completed the design on the building for Kopech, Inc.) 말한 것으로 보아 그는 건축가임을 알 수 있다. 정답은 (B)이다.

05 세부 사항 (언급된 사실)

- 여자1은 남자가 업무를 제때에 끝낼 것인지 확신하지 못했다고(I wasn't sure you would finish on time.) 말했고, 여자2는 남자가 초과 근무를 많이 했을 것 같다고(you must have worked a lot of overtime.) 말했다.
- 즉, 여자들은 남자가 일을 열심히 했다고 언급한 것이므로 정답은 (C)이다.

06 대화 이후의 상황

- '주말에(on the weekend) 남자가 할 일'을 묻고 있으므로 이와 관련된 부분에 집중하도록 한다.
- 설계 도면을 제출할 준비가 되었는지 묻는 여자1의 질문에 남자는 'I want to review the plans this weekend.'라고 답한다. 따라서 남자가 주말에 할 일은 (B)의 '도면 검토'이다.
- 참고로 (C)의 plans는 '도면'이 아니라 '계획'이라는 뜻이다.

스크립트 & 해석

M [04] **I finally completed the design on the building for Kopech, Inc.**

W1 Congratulations. [05-1] **I wasn't sure you would finish on time.**

W2 Yeah, [05-2] **you must have worked a lot of overtime**.

M You can say that again. I was here late every night this week.

W1 So are you ready to submit it to Mr. Cobbler?

M [06] **I want to review the plans this weekend.** I'll show them to him on Monday.

M 제가 드디어 Kopech 주식회사의 건물 설계를 완성했어요.

W1 축하해요. 저는 당신이 제때에 끝낼 수 있으리라고 확신하지 못했어요.

W2 그래요, 틀림없이 초과 근무를 많이 했겠군요.

M 그 말이 맞아요. 저는 이번 주에 매일 밤마다 늦게까지 여기에 남아 있었죠.

W1 그러면 Cobbler 씨에게 제출할 준비가 되었나요?

M 이번 주말에 설계도를 검토해 보고 싶어요. 그분께는 월요일에 보여 드릴 거예요.

04. 남자는 누구인 것 같은가?
(A) 공사현장 인부
(B) 건축가
(C) 화가
(D) 기술자

05. 여자들이 남자에 대해 언급한 것은 무엇인가?
(A) 그는 자신의 업무를 늦게 끝냈다.
(B) 그는 승진할 것이다.
(C) 그는 매우 열심히 일했다.
(D) 그는 그의 첫 번째 프로젝트를 수행했다.

06. 남자는 주말에 무엇을 할 것인가?
(A) Kopech 주식회사를 방문한다
(B) 설계도를 검토한다
(C) 차후 계획을 세운다
(D) Cobbler 씨와 이야기한다

어휘 complete 완성하다, 끝내다 design 디자인, 설계 on time 정각에, 제때에 work overtime 초과 근무를 하다, 야근하다 submit 제출하다 review 검토하다 plan 계획; 설계도, 도면 look over ~을 검토하다

MORE & MORE

03-70

들리는 문장이 위 대화의 내용과 일치하면 ○, 그렇지 않으면 ×에 표시하세요.

❶ The man implies that he ______________ the plans. (○ | ×)

❷ The women will ______________ over the weekend. (○ | ×)

❸ The man will probably ______________ on the weekend. (○ | ×)

정답 p.061

PART 3

예상 적중 문제 07-09 대화를 듣고 질문에 가장 알맞은 답을 고르세요.

03-71

07. What does the woman say she will do?
(A) Help out the man
(B) Move to another place
(C) Paint the wall
(D) Visit the man's office

08. What is the man planning to do tomorrow?
(A) Work in his garden
(B) Put up some wallpaper
(C) Paint the walls in his kitchen
(D) Do some car repairs

09. What does the man suggest doing?
(A) Meeting the woman in the afternoon
(B) Having lunch with the woman
(C) Driving the woman to her home
(D) Packing some items in boxes

문제 해설

07 세부 사항 (언급된 사실)

- 대화의 첫 부분에서 여자는 'I'm going to be moving tomorrow'라고 말했다. 즉, 여자는 내일 이사할 것이라고 말했으므로 정답은 (B)이다.
- (C)는 남자가 할 일이며, (D)는 언급되지 않은 내용이다.

08 대화 이후의 상황

- 내일 이사하는 것을 도와줄 수 있느냐는 여자의 부탁에 남자는 'I'm wallpapering my kitchen in the morning.'이라고 대답하며 내일 아침에는 주방에 벽지를 발라야 한다고 말했다. 그러므로 정답은 (B)이다.

09 세부 사항 (제안)

- 대화의 마지막에 제안의 표현인 'Why don't ~?'가 사용되었다.
- 남자는 'Why don't I visit your place at two?'라고 하며 2시에 여자의 집에 방문하는 것을 제안했다.
- 따라서 정답은 오후에 여자를 만나는 것이라는 내용의 (A)이다.

스크립트 & 해석

W Kevin, 07) **I'm going to be moving tomorrow.** Do you mind helping me?

M It depends on when you're going to do that. 08) **I'm wallpapering my kitchen in the morning.**

W Well, I was hoping to move around ten in the morning, but I can wait until you're done. When will you be finished?

M I should be done by lunch. 09) **Why don't I visit your place at two?**

W Kevin, 저는 내일 이사를 할 거예요. 괜찮다면 저를 도와 줄 수 있나요?

M 당신이 언제 이사를 할 것인지에 달려 있죠. 제가 오전에는 주방을 도배할 것이라서요.

W 음, 오전 10시 정도에 이사하기를 바라고 있었는데, 당신이 일을 마칠 때까지 기다릴 수 있어요. 언제쯤 끝날 것 같나요?

M 점심 시간 때까지는 끝날 거예요. 제가 2시에 당신 집으로 가는 것이 어떨까요?

07. 여자는 무엇을 하겠다고 말하는가?
(A) 남자를 도와준다
(B) 다른 곳으로 이사한다
(C) 벽에 페인트칠을 한다
(D) 남자의 사무실에 방문한다

08. 남자는 내일 무엇을 할 계획인가?
(A) 그의 정원에서 일한다
(B) 벽지를 바른다
(C) 그의 주방 벽에 페인트를 칠한다
(D) 자동차를 수리한다

09. 남자는 무엇을 하자고 제안하는가?
(A) 오후에 여자를 만난다
(B) 여자와 점심 식사를 한다
(C) 여자를 집에 태워다 준다
(D) 상자에 물품들을 포장한다

어휘 move 이사하다 depend on ~에 의존하다; ~에 달려 있다 wallpaper 도배하다 mover 이사 업체 직원

MORE & MORE

03-72

들리는 문장이 위 대화의 내용과 일치하면 ○, 그렇지 않으면 ×에 표시하세요.

❶ The woman is planning ____________. (○ | ×)

❷ The man decides to help the woman ____________. (○ | ×)

❸ The woman implies that she cannot ____________. (○ | ×)

정답 p.061

PART 3

예상 적중 문제 10-12 대화를 듣고 질문에 가장 알맞은 답을 고르세요.

03-73

10. What is the woman's problem?

(A) She had an argument with a friend.

(B) She injured herself.

(C) She canceled her weekend plans.

(D) She is very tired.

11. What did the woman do on the weekend?

(A) She ate dinner with some friends.

(B) She worked out at a gym.

(C) She went to a national forest.

(D) She went to see her doctor.

12. What does the woman imply?

(A) She dislikes her job.

(B) She enjoys outdoor activities.

(C) She has a lot of energy.

(D) She likes staying home on weekends.

문제 해설

10 세부 사항 (문제점)

- 대화의 첫 부분에서 여자는 'I'm so worn down right now'라고 말하며 지금 너무 지쳐 있다고 자신의 문제를 언급했다.
- 'be worn down'은 지쳐 있다는 의미인데, 이를 'be tired'로 바꾸어 표현한 (D)가 정답이다.

11 세부 사항 (언급된 사실)

- 남자는 여자가 주말에 무엇을 했는지 물었고, 여자는 국유림으로 친구들과 주말마다 가는 하이킹을 했다고(I went on my weekly hike in the national forest with some friends yesterday.) 대답했다.
- 따라서 정답은 그녀가 국유림에 갔었다는 내용의 (C)이다.

12 추론 문제

- 여자는 자신이 피곤하다고 말하면서 그 이유가 주말에 '매주 다니는 하이킹'(weekly hike) 때문이라고 설명한다.
- 이를 통해 여자는 주말마다 하이킹을 하고 있다는 사실을 알 수 있으므로 그녀가 야외 활동을 좋아한다고 추측해 볼 수 있다.
- 따라서 대화를 통해 추측해 볼 수 있는 사항은 (B)이다.

스크립트 & 해석

W [10)] **I'm so worn down right now**, and it's only Monday.

M What's going on? Did you do something on the weekend?

W [11) 12)] **I went on my weekly hike in the national forest with some friends yesterday.** We must have walked several miles.

M I guess that explains why you don't have any energy today.

W 지금 너무 지쳐 있는데, 이제 겨우 월요일이에요.

M 무슨 일이 있나요? 주말에 어떤 일이라도 했나요?

W 저는 어제 몇몇 친구들과 함께 국유림으로 일주일마다 다니는 하이킹을 다녀왔어요. 틀림없이 몇 마일은 걸었을 거예요.

M 당신이 오늘 왜 기력이 없는지를 그 사실이 설명해 주는 것 같군요.

10. 여자의 문제는 무엇인가?
(A) 그녀는 친구와 언쟁을 벌였다.
(B) 그녀는 부상을 당했다.
(C) 그녀는 주말 계획을 취소했다.
(D) 그녀는 몹시 지쳤다.

11. 여자는 주말에 무엇을 했는가?
(A) 그녀는 몇 명의 친구들과 저녁 식사를 했다.
(B) 그녀는 체육관에서 운동을 했다.
(C) 그녀는 국유림에 갔었다.
(D) 그녀는 의사에게 진료를 받았다.

12. 여자는 무엇을 암시하고 있는가?
(A) 그녀는 자신의 일을 싫어한다.
(B) 그녀는 야외 활동을 즐긴다.
(C) 그녀는 활기가 넘친다.
(D) 그녀는 주말마다 집에 머무는 것을 좋아한다.

어휘 wear down 마모시키다; 지치게 하다 go hiking 하이킹을 가다 national forest 국유림 several 몇몇의 dislike 싫어하다 outdoor 야외의 activity 활동 frequently 종종, 자주

MORE & MORE

03-74

들리는 문장이 위 대화의 내용과 일치하면 O, 그렇지 않으면 ×에 표시하세요.

1. The man plans ________ with the woman. (O | ×)
2. The woman decides to ________. (O | ×)
3. It is suggested that the woman ________. (O | ×)

정답 p.061

Unit

05-06 연습 문제

Part 3 대화를 듣고 질문에 가장 알맞은 답을 고르세요. 03-75

1. What are the speakers mainly discussing?
   (A) What route an employee takes
   (B) Why the employees are late
   (C) Where an employee lives
   (D) How an employee gets to work

2. What does the woman mean when she says, "No luck"?
   (A) She cannot buy a new car.
   (B) She cannot take the bus.
   (C) She cannot ride on the subway.
   (D) She cannot carpool with anyone.

3. What does the man tell the woman to do?
   (A) Move to a new location
   (B) Depart home earlier in the morning
   (C) Work overtime each day
   (D) Ask to work the night shift

---

4. Where are the speakers going?
   (A) To a luncheon
   (B) To the airport
   (C) To the bus station
   (D) To a conference center

5. What does the man recommend that the woman do?
   (A) Change their tickets
   (B) Take a taxi
   (C) Make a phone call
   (D) Go to the bus stop

6. Why does the man say, "It is rush hour after all"?
   (A) To point out that no vehicles are available
   (B) To recommend taking the bus
   (C) To encourage the woman to hurry
   (D) To suggest waiting for a while

---

7. What does the woman tell the men to do?
   (A) Call to reserve tickets
   (B) Go to the train station now
   (C) Take a train at a later time
   (D) Visit Miami by plane

8. What are the men most likely doing?
   (A) Going on a business trip
   (B) Preparing for a meeting
   (C) Moving to a new city
   (D) Visiting their company's main office

9. According to the woman, why did the train get canceled?
   (A) A payment was not made.
   (B) Some items were not available.
   (C) The weather was bad.
   (D) There were not enough customers.

---

10. Where is Katie now?
    (A) On an airplane
    (B) At an airport
    (C) At a rental car agency
    (D) At her home

11. Why was Katie's plane delayed?
    (A) The weather was foggy.
    (B) There was a snowstorm.
    (C) The plane had a problem.
    (D) The runway was too icy.

12. What will the man probably do later?
    (A) Make a plane reservation
    (B) Get Katie's luggage for her
    (C) Meet Katie at the airport
    (D) Take Katie to her hotel

---

13. What does the man need help with?
(A) Setting up a projector
(B) Contacting conference attendees
(C) Purchasing some food
(D) Preparing for a meeting

14. Why does the woman say, "She told me to get there as soon as possible"?
(A) To reject the man's request
(B) To recommend speaking with Ted
(C) To apologize for not helping
(D) To provide a suggestion

15. What will the man probably do next?
(A) Speak with a coworker
(B) Go to Ms. Lucent's office
(C) Join a conference call
(D) Leave the office

16. What type of event are the speakers discussing?
(A) A grand opening
(B) A year-end party
(C) A retirement celebration
(D) A charity fundraiser

17. What does the man say about the previous year's event?
(A) It was considered a big success.
(B) Only a few people attended it.
(C) People did not enjoy it much.
(D) It was held at Morrison's.

18. What do the speakers decide to do?
(A) Speak with their boss
(B) Hold an event at a restaurant
(C) Skip hosting the event
(D) Reserve seats for lunch

Gordon Logistics Work Schedule

Delivery Person	Shift
Frank Allen	Wednesday 9:00 A.M.-1:00 P.M.
Jodie Dean	Wednesday 1:00 P.M.-6:00 P.M.
Percy Crawford	Thursday 9:00 A.M.-1:00 P.M.
Sheila Davis	Thursday 1:00 P.M.-6:00 P.M.

19. Why was the woman unable to receive the package?
(A) She was not home.
(B) She was out of the office.
(C) She was in a meeting.
(D) She was traveling.

20. What does the man ask the woman?
(A) How she would like to pay
(B) When she is available
(C) Where she can receive the item
(D) What her address is

21. Look at the graphic. Who will deliver the package to the woman?
(A) Frank Allen
(B) Jodie Dean
(C) Percy Crawford
(D) Sheila Davis

PART 3

03-76

Directions: You will hear some conversations between two or more people. You will be asked to answer three questions about what the speakers say in each conversation. Select the best response to each question and mark the letter (A), (B), (C), or (D) on your answer sheet. The conversations will not be printed in your test book and will be spoken only one time.

1. What department do the speakers likely work in?

(A) The Research and Development Department
(B) The Marketing Department
(C) The Accounting Department
(D) The Sales Department

2. When is Mr. Dunning going to arrive?

(A) This morning
(B) This afternoon
(C) Tomorrow morning
(D) Tomorrow afternoon

3. What is Mr. Dunning going to do?

(A) Take a tour
(B) Do some research
(C) Go to the lab
(D) Discuss a new project

4. How does the man feel?

(A) Excited
(B) Nervous
(C) Pleased
(D) Disappointed

5. What does the woman tell the man to do?

(A) Try to make no mistakes
(B) Take a deep breath
(C) Not be worried
(D) Focus on the audience

6. What will the man probably do next?

(A) Make a presentation
(B) Attend a meeting
(C) Return to his office
(D) Send an e-mail

정답 및 해설 p.066

7. Where does the conversation most likely take place?
(A) At a garage
(B) At an electronics store
(C) At a clothing store
(D) At a gas station

8. What does the woman ask the man to do?
(A) Check the oil
(B) Wash the car
(C) Wipe off the windshield
(D) Put air in the tires

9. How is the woman going to pay?
(A) With a check
(B) With cash
(C) With a credit card
(D) With a money order

10. Where most likely are the speakers?
(A) In a meeting room
(B) At a park
(C) In a laboratory
(D) In a classroom

11. What is the problem?
(A) The woman does not understand the graph.
(B) There is too much light in the room.
(C) The screen is far away from everyone.
(D) The numbers on the graph are confusing.

12. What does the man suggest that the woman do next?
(A) Close the windows
(B) Lower the shades
(C) Explain a graph
(D) Turn off the lights

13. What are the speakers discussing?
(A) The man's department
(B) A music performance
(C) Their workloads
(D) A coworker

14. What does the woman say about Greg?
(A) The company ought to fire him.
(B) He is a hard worker now.
(C) The quality of his work is low.
(D) He needs to perform better.

15. What does the man imply about Greg?
(A) He nearly got fired.
(B) He is a new employee.
(C) He will get promoted soon.
(D) He has a bad personality.

16. Where most likely are the speakers?
(A) At a coffee shop
(B) At a bakery
(C) At an ice cream store
(D) At a restaurant

17. What is the problem?
(A) The prices are too high.
(B) The man cannot wait for one hour.
(C) The business does not take reservations.
(D) There are no seats available.

18. What does the woman suggest that the man do?
(A) Go to another place
(B) Wait a while
(C) Order a drink
(D) Pay with his credit card

GO ON TO THE NEXT PAGE

19. What are the speakers going to have lunch?
(A) At an Italian restaurant
(B) At a Chinese restaurant
(C) At a fast-food restaurant
(D) At a cafeteria

20. Who most likely is Tom?
(A) The woman's colleague
(B) The man's boss
(C) The owner of the restaurant
(D) The man's friend

21. What will the man probably do next?
(A) Go to a restaurant
(B) Find a bank machine
(C) Reserve a table for lunch
(D) Speak with Tom

---

22. What is the problem?
(A) Dr. Larson's flight was canceled.
(B) Nobody has arrived yet.
(C) A demonstration is being delayed.
(D) A speaker has become ill.

23. Why does the man say, "That's impossible"?
(A) To refuse to give a demonstration
(B) To state an event cannot be canceled
(C) To express his disbelief
(D) To argue that Dr. Larson must speak

24. What does the man tell Janet to do?
(A) Work on a machine
(B) Attend a conference
(C) Give a talk
(D) Prepare her speech

---

25. What are the speakers mainly discussing?
(A) An upcoming interview
(B) Applicants for a job
(C) A recent advertisement
(D) An open position

26. What do the men say about the applicants?
(A) They do not have enough experience.
(B) They are highly qualified for the job.
(C) They are speaking well at their interviews.
(D) They are applying because of the money.

27. What does the woman mean when she says, "We ought to do that"?
(A) She wants to make a new advertisement.
(B) She wants to promote the new staff member.
(C) She wants to hire several people.
(D) She wants to conduct interviews soon.

---

28. Where is the man?
(A) At a clothing store
(B) At a stationery store
(C) At a shoe store
(D) At a jewelry store

29. What does the woman mean when she says, "You can't go wrong with this"?
(A) The man did not make a mistake.
(B) The man ought to purchase the item.
(C) The first item she showed the man is better.
(D) She likes the item more than anything else.

30. What does the man request the woman do?
(A) Let him speak with a manager
(B) Wrap an item
(C) Lower the price of an item
(D) Give him a free gift

Project Leader	Project Name
Tina Martin	**Robot Testing**
George Stewart	**AI Improvement**
Alexis Gray	**Bacteria Research**
Steve Walden	**Alloy Development**

31. Why is the man happy?
    (A) He got a promotion.
    (B) He was hired to work in a lab.
    (C) His team made a discovery.
    (D) He found a lost item.

32. Who most likely is Dr. Walden?
    (A) The man's supervisor
    (B) A professor
    (C) A medical doctor
    (D) A customer

33. Look at the graphic. Which project are the speakers discussing?
    (A) Robot Testing
    (B) AI Improvement
    (C) Bacteria Research
    (D) Alloy Development

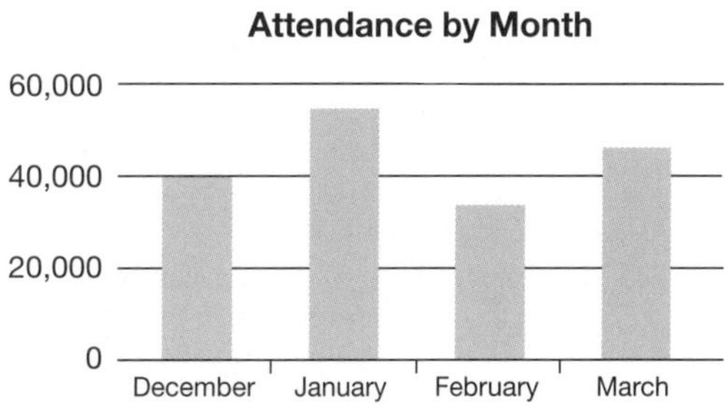

34. Where most likely do the speakers work?
    (A) At a pet store
    (B) On a farm
    (C) At a park
    (D) At a zoo

35. Look at the graphic. When was the special exhibit?
    (A) December
    (B) January
    (C) February
    (D) March

36. What does the woman offer to do?
    (A) Make sure the animals are healthy
    (B) Get in touch with some other places
    (C) Find out how to buy more animals
    (D) Set up a new special exhibit

GO ON TO THE NEXT PAGE →

Time	Client
1:00 P.M. – 2:00 P.M.	Jeff Robinson
2:00 P.M. – 3:30 P.M.	Jim Turner
3:30 P.M. – 5:00 P.M.	Craig Murphy
5:00 P.M. – 6:00 P.M.	Ozzie Rudolph

37. What is the man's problem?

(A) His schedule is full.
(B) He is out of the office.
(C) He has no time today.
(D) He forgot to do some work.

38. What does the man say about Marty Walters?

(A) He changed jobs recently.
(B) He has the most clients.
(C) He works in another country.
(D) He is an important customer.

39. Look at the graphic. What time will the man meet Marty Walters?

(A) 1:00 P.M.
(B) 2:00 P.M.
(C) 3:30 P.M.
(D) 5:00 P.M.

NO TEST MATERIAL ON THIS PAGE

PART 4

담화문

- PART 4에서는 전화 음성 메시지나 안내 방송과 같이 한 사람이 말하는 짧은 담화를 듣고 담화당 3개의 문제를 풀어야 한다.
- 담화에서는 인물 소개, 날씨 예보, 행사 안내 등 다양한 주제들이 다루어진다.
- 질문의 종류는 PART 3의 경우와 거의 유사하여, 주제나 목적 등 담화의 전반적인 사항을 물어보는 문제, 담화에서 언급된 구체적인 사실이나 예정된 행동 등을 묻는 문제, 화자의 의도를 묻는 문제, 시각적 자료를 이용한 문제, 그리고 대화에서 언급된 문제점이나 이유를 묻는 문제 등으로 구분할 수 있다.

Unit 01 주제 및 목적

Unit 02 담화의 장소 및 인물의 신원

Unit 03 세부 사항 I
(언급된 사실, 제안 및 요청)

Unit 04 세부 사항 II
(문제점, 이유, 방법, 정도)

Unit 05 화자의 의도 및 시각적 정보

Unit 06 담화 이후의 상황 및 추론

1 파트의 구성과 대비 요령

A 파트의 구성

파트	문항 수	문제 유형
Part 4	30	• 주제 및 목적을 묻는 문제 • 담화가 이루어지고 있는 장소를 묻는 문제 • 화자 또는 청자의 신원을 묻는 문제 • 세부 사항을 묻는 문제 • 담화 이후에 일어날 일을 묻는 문제 • 화자의 의도를 묻는 문제 • 시각적 자료를 이용한 문제

B 대비 요령

ⓐ 긴 문장을 듣는 연습을 한다.

담화의 경우 절이 포함된 문장이 등장하는데, 이와 같은 긴 문장을 놓칠 경우 담화의 내용을 이해할 수 없다. 그러므로, 두 개 이상의 절로 구성된 긴 문장을 이해할 수 있을 정도로 듣기 능력을 향상시켜야 한다.

ⓑ 정답은 바꾸어 표현된다.

PART 3과 마찬가지로 담화에 언급된 표현이 그대로 사용되지 않고, 대부분 비슷한 표현들이 정답에 사용된다. 따라서 패러프레이징(paraphrasing) 연습을 통해 이에 대비하여야 한다.

ⓒ 기본적인 듣기 능력을 향상시킨다.

PART 4는 화자 한 명이 지문을 읽기 때문에, 담화의 흐름을 놓칠 경우 담화 전체를 이해하지 못하게 된다. 특히 세부 정보를 묻는 문제의 경우 필요한 정보를 놓치게 되면 정답을 찾을 수 없다. 따라서 받아쓰기 연습을 통해 화자가 지문을 읽는 속도를 따라갈 수 있을 정도로 기본적인 듣기 능력을 향상시켜야 한다.

2 >> 출제 경향과 풀이 전략

A 출제 경향

파트	출제 경향
Part 4	• PART 4에서는 전화 음성 메시지, 안내 방송, 라디오 방송, 교통 방송, 그리고 특정 제품이나 서비스에 관한 광고 등과 같은 다양한 형태의 지문이 제시된다. • 문제 유형별 출제 빈도는 PART 3과 유사한데, 주제나 목적을 묻는 문제와 주요 인물 및 장소를 묻는 문제가 전체 30문항 중에서 10문항 정도 출제되고 나머지 20문항은 세부적인 내용 등을 묻는 질문으로 구성된다. • PART 4의 후반부에 배치된 지문 및 문제들의 길이가 길고 난이도 또한 높기 때문에 이를 대비하기 위해 기본적인 듣기 능력을 향상시켜야 한다.

B 풀이 전략

ⓐ 문제와 보기 그리고 시각적 자료를 미리 읽는다.

PART 3의 문제들을 풀 때와 마찬가지로 PART 4에 대한 디렉션이 나올 때 71번부터 73번까지의 문제와 보기들을 미리 읽도록 한다. 그리고 한 세트의 문제가 끝나고 다음 세트가 시작되기 전에 다음 세트의 문제와 보기들을 읽으면 정답을 맞출 가능성을 높일 수 있다. 파트 후반부에서는 시각적 정보의 내용을 빨리 파악하는 것이 중요하다.

ⓑ 문제 유형에 따라 단서가 언급되는 부분을 파악하며 듣는다.

일반적으로 담화의 초반부에서는 담화의 목적이나 담화가 이루어지고 있는 장소, 그리고 인물의 신원 등에 대한 내용을 파악할 수 있다. 그리고 담화의 중반부에서는 세부적인 내용들을 파악할 수 있으며, 담화의 후반부에서는 담화 이후에 일어날 일에 대한 단서를 찾을 수 있다. 그러나 담화의 특정 부분과 관련된 문제가 집중적으로 나오는 경우도 있는데, 3개의 문항 모두가 특정 부분과 관련된 내용을 물을 수도 있다.

ⓒ 문제 및 보기에서 문제 해결의 키워드를 미리 파악한다.

질문을 확인할 때 문제 풀이의 핵심이 되는 어구를 파악하여 각 문제가 담화의 초반, 중반, 그리고 후반 중 어느 부분과 관련되어 있을 것인지를 미리 예상해 보도록 한다. 그런 다음 주어진 질문의 핵심 어구와 연관되는 내용이 담화에 나오면 이를 바로 확인하여 정답을 고르도록 한다.

Unit 01

주제 및 목적

학습 포인트

✔ 주제 및 목적을 묻는 문제의 경우, 주로 담화의 시작 부분에서 문제 해결의 단서가 주어지는 경우가 많다.

✔ 시작 부분의 단서만으로는 문제를 풀 수 없는 경우도 있기 때문에 마지막까지 담화의 흐름을 놓치지 않고 전체적인 내용을 파악하도록 하자.

예제

04-01

Q. What is the talk mainly about?

(A) Local traffic
(B) Weekend activities
(C) The day's weather
(D) An outdoor event

Q. 담화는 주로 무엇에 관한 것인가?

(A) 지역 교통 상황
(B) 주말 활동
(C) 일간 날씨
(D) 야외 행사

M It's going to be a rainy day today, so be sure to take your umbrellas with you. In the morning, the weather will stay cold. However, it will start to warm up in the afternoon. Expect the rain to end sometime during the evening. Tomorrow morning will be a bright and sunny day, so you can enjoy spending time outdoors then. And now it's time for the morning traffic report.

M 오늘은 비가 올 예정이기 때문에, 잊지 말고 우산을 가지고 다니시기 바랍니다. 오전에는 날씨가 계속 춥겠습니다. 하지만, 오후에는 따뜻해지기 시작할 것입니다. 저녁이 되면 비가 그칠 것으로 예상됩니다. 내일 아침부터 밝고 화창한 날이 될 것이기 때문에, 이때는 야외 활동을 즐기실 수 있을 것입니다. 이제 아침 교통 상황을 알려 드릴 시간입니다.

어휘 rainy 비가 내리는 be sure to 반드시 ~하다, 잊지 말고 ~하다 umbrella 우산 stay 머물다 warm 따뜻해지다 expect 예상하다, 기대하다 bright 밝은 sunny 화창한 spend 쓰다, 소비하다 outdoors 야외에서, 실외에서 traffic report 교통 방송

문제 유형 분석

담화의 전체적인 내용이 무엇인지를 물어보는 전형적인 주제 찾기 문제이다. 따라서 담화를 들으면서 화자가 어떤 내용을 전달하고자 하는지 파악하도록 한다.

풀이 전략

❶ 일반적으로 이러한 유형의 문제는 대화의 초반부에서 정답의 단서를 찾을 수가 있기 때문에 담화의 초반부를 집중해서 들어야 한다.

❷ 담화의 첫 문장을 통해 화자는 '오늘 비가 올 예정이므로 우산을 가지고 다녀야 한다'(It's going to be a rainy day today, so be sure to take your umbrellas with you.)고 말한 후, 이어서 오전과 오후의 날씨에 대해 이야기한다. 또한 그 이후에도 내일의 날씨에 대해 언급하고 있으므로 이 담화는 날씨를 알려 주는 일기 예보임을 알 수 있다. 따라서 정답은 (C)이다.

❸ PART 3과 마찬가지로 정답에서는 담화에서 사용된 단어를 바꾸어 표현하는 경우가 많기 때문에, 담화에서 사용된 것과 똑같은 단어 및 표현이 사용된 보기는 일단 오답으로 의심해야 한다.

기본기 다지기

❶ 질문 예시

(1) 주제

- **What** is the speaker **mainly discussing**? 화자는 주로 무엇을 논의하고 있는가?
- **What** is the news report **mainly about**? 뉴스 보도는 주로 무엇에 대한 것인가?
- **What** is being **advertised**? 무엇이 광고되고 있는가?

(2) 목적

- **Why** is the speaker **calling**? 화자는 왜 전화하는가?
- **What** is the **purpose** of the talk? 담화의 목적은 무엇인가?

❷ 주제문의 유형

(1) 뉴스

뉴스 보도에서는 첫 문장에 뉴스의 소재가 소개되는 경우가 많다.

예시	주제
In today's local news, Mayor Willis announced he will not run for reelection. 오늘의 지역 뉴스는 Willis 시장이 재선에 출마하지 않기로 발표했다는 것입니다.	Willis 시장의 재선 불출마 선언
Jefferson Construction is going to build a new apartment complex, so it will hire several hundred employees. Jefferson 건설사가 새로운 아파트 단지를 건설할 예정이기 때문에, 수백명의 직원들이 고용될 예정입니다.	아파트 단지 건설에 따른 고용 창출 효과

(2) 광고

광고의 경우 시작 부분에 의문문을 사용함으로써 소비자들의 이목을 집중시키는 경우가 많다. 그런 다음에 광고하려는 상품이나 서비스에 관한 내용이 이어진다.

예시	주제
How would you like to see a movie on the biggest screen in the city? Then you should buy a ticket to see a movie at the Glamour Movie Theater. 시내에서 가장 큰 스크린으로 영화를 보고 싶으십니까? 그러시다면 Glamour 영화관에서 영화를 관람하실 수 있는 티켓을 구매하십시오.	영화관 광고
Do you like buying high-quality food at low prices? Powell's Supermarket can provide the best food at the best prices. 저렴한 비용으로 품질이 좋은 식품을 구입하고 싶으십니까? Powell's 슈퍼마켓은 최고의 가격으로 최고의 식품을 제공해 드릴 수 있습니다.	슈퍼마켓 광고
Is the service you get when you're eating out important to you? Steve's Seafood not only provides outstanding seafood but also makes sure you get the best service. 외식을 할 때 서비스가 중요하신가요? Steve's Seafood에서는 뛰어난 해산물뿐만 아니라 최상의 서비스도 제공해 드립니다.	해산물 식당 광고

(3) 전화 메시지

전화 메시지의 경우에는 인사가 끝난 직후의 내용에서 메시지의 목적을 파악할 수 있다.

예시	주제
Hello, Tim. This is Mary. I'm calling to let you know that I got the fax you sent, and everything looks great. 여보세요, Tim. Mary예요. 당신이 보낸 팩스를 받았다는 것과 모든 것들이 괜찮아 보인다는 사실을 알려 주기 위해 전화를 했어요.	팩스 수신 확인
Good morning, Ms. Jacobs. My name is Peter Thompson, and I work at Delecom Electronics. I'd like to set up a meeting with you sometime this week. 좋은 아침입니다, Jacobs 씨. 제 이름은 Peter Thompson이며, 저는 Delecom Electronics에서 일하고 있습니다. 이번 주에 당신과의 회의 일정을 정하고 싶습니다.	회의 일정 수립
Hi, Richard. It's Doug. I just want to let you know that Mr. Kelly agreed that you should go on the trip, so pack your bags since we're going to London tomorrow morning. 안녕하세요, Richard. 저는 Doug이에요. Kelly 씨께서 당신이 출장을 가야 한다는 점에 동의해 주셨으니, 내일 아침 런던으로 가기 위한 짐을 꾸리세요.	출장 승인 통보

(4) **매장 내 안내 방송**

매장에서 들을 수 있는 안내 방송의 주제들의 예시는 아래와 같다.

예시	주제
Everyone, please listen carefully. I would like to announce a special sale in the men's clothing department. For the next two hours, all clothes and accessories there will be thirty percent off. 모두들 주목해 주세요. 남성 의류 매장의 특별 세일에 대해 안내해 드리고자 합니다. 다음 2시간 동안, 그곳의 모든 의류와 악세서리의 가격이 30% 할인될 것입니다.	할인 판매 안내
Attention, shoppers. Author Bob Rudolph is going to be arriving for a book signing at two o'clock. 고객님들께서는 주목해 주십시오. 작가인 Bob Rudolph 씨께서 사인회를 위해 2시에 도착하실 예정입니다.	특별 행사 안내
Your attention, please. Be sure to check out the bakery in Greenfield's Supermarket. All of the bread and other products are cooked daily. 주목해 주십시오. 잊지 마시고 Greenfield's 슈퍼마켓의 제과점을 방문해 주십시오. 모든 빵과 다른 제품들이 매일 만들어집니다.	특정 코너 안내

★ 빈출 표현 정리

시상 관련

prize 상
candidate 후보
recognize 인정하다
deserving 자격이 있는
winner 수상자, 우승자
rating 순위; 평가
nomination 지명, 추천
congratulate 축하하다
select 선택하다
worthy of ~의 가치가 있는
award 상; 수여하다
selection committee 선정 위원회

The **selection committee** will determine which candidates are **worthy of** awards.
선정 위원회에서 어떤 후보자가 상을 받을 자격이 있는지 결정할 것이다.

There were many people **deserving** of prizes, but only one person was **selected**.
상을 받을 자격이 있는 사람들은 많았지만, 단 한 사람만이 선정되었다.

기본기 체크업

Ⓐ 담화를 듣고 질문에 답하세요. 04-02

1 무엇이 광고되고 있는가?
(a) 가방
(b) 잡지
(c) 여행 상품

2 무엇이 안내되고 있는가?
(a) 사무실 이전
(b) 행사 장소
(c) 도로 공사

3 무엇이 안내되고 있는가?
(a) 오늘의 날씨
(b) 영업 중단
(c) 할인 판매

4 무엇이 안내되고 있는가?
(a) 신입 사원
(b) 신설 부서
(c) 은퇴 소식

5 무엇이 안내되고 있는가?
(a) 계단 청소
(b) 아파트 관리 규정
(c) 시설 수리

Ⓑ 담화를 듣고 주어진 진술이 사실이면 O, 그렇지 않으면 X에 표시하세요. 04-03

1 (a) The speaker is giving a traffic update. (O | X)
(b) There was an accident on a bridge. (O | X)
(c) Silver Road is experiencing a traffic jam. (O | X)

2 (a) The woman is calling to deliver a message. (O | X)
(b) The caller asks Lucy Haught to repay the money she owes. (O | X)
(c) The caller asks Lucy Haught to visit the security office. (O | X)

3 (a) The bakery is closing in thirty minutes. (O | X)
(b) Shoppers can get discounts at the bakery now. (O | X)
(c) The speaker is announcing a special deal. (O | X)

정답 p.074

4 (a) The man is reporting on some recently released products. (O | X)
(b) The man's report is mostly positive. (O | X)
(c) Most customers do not approve of the new products. (O | X)

5 (a) The woman is describing some changes to a facility. (O | X)
(b) The gym is opening for the first time. (O | X)
(c) The gym is offering discounts to new members. (O | X)

C 담화를 듣고 질문에 답하세요.

04-04

1 What is the talk mainly about?
(a) The city mayor
(b) George Stevens
(c) Election results

2 What is the purpose of the speech?
(a) To introduce a person
(b) To give a lecture
(c) To advertise a product

3 What is the report about?
(a) An airport
(b) An airline
(c) An airplane

4 What is the main purpose of the talk?
(a) To announce a closing
(b) To attract customers
(c) To say that a store is moving

5 What is the main topic of the talk?
(a) What *The Return of the Red Dragon* is about
(b) Who Rick Presley is
(c) What the speaker is going to do

PART 4

예상 적중 문제 01-03 담화를 듣고 질문에 가장 알맞은 답을 고르세요.

04-05

01. What is being advertised?

(A) An electronics store

(B) A cable television provider

(C) A delivery company

(D) A telephone company

02. What special feature is mentioned?

(A) Having many options to choose from

(B) Getting service 24 hours a day

(C) Receiving free repairs at any time

(D) Being able to upgrade for free

03. How can listeners respond to the offer?

(A) By making a phone call

(B) By visiting an office

(C) By sending an e-mail

(D) By completing an online form

문제 해설

01 주제

- 첫 문장인 'Are you tired of paying high bills but not getting the channels you want to watch?'를 통해 이 담화가 비싼 비용을 지불하고도 보고 싶은 채널을 보지 못하는 시청자들을 위한 광고임을 알 수 있다.
- 이어서 Premium Cable Services라는 업체명이 언급되고 있으므로 이 광고는 케이블 TV 서비스 회사의 광고임을 다시 한번 확인할 수 있다. 정답은 (B)이다.

02 세부 사항 (언급된 사실)

- 담화의 중반부에서 화자는 'We offer several different packages.'라고 하며 다양한 패키지 상품들을 제공하고 있다는 특징을 언급했고, 'You can even select exactly which channels you want to have access to.'라고 하며 이용하기를 원하는 채널들만을 선택할 수도 있다고 했다.
- 따라서 선택할 수 있는 옵션이 많다는 의미의 (A)가 정답이다.

03 세부 사항 (방법)

- 담화의 마지막 부분에서 'Call us today and improve the quality of your television service.'라는 내용이 있으므로 청자들이 응답할 수 있는 방법은 전화를 거는 것이다. 정답은 (A)이다.

스크립트 & 해석

W **01) Are you tired of paying high bills but not getting the channels you want to watch?** Then how about changing your cable provider? Premium Cable Services provides you with all of the channels you want at prices you can afford. **02-1) We offer several different packages. 02-2) You can even select exactly which channels you want to have access to. 03) Call us today and improve the quality of your television service.**

W 비싼 요금을 내고 있지만 보고 싶은 채널은 볼 수 없다는 점에 싫증이 나십니까? 그렇다면 케이블 방송사를 바꾸시는 것이 어떨까요? Premium Cable Services는 저렴한 가격으로 여러분이 원하시는 모든 채널을 제공해 드립니다. 다양한 패키지 상품들도 제공해 드리고 있습니다. 정확히 이용하고 싶으신 채널들만을 선택하실 수도 있습니다. 오늘 저희에게 전화를 주셔서 텔레비전 서비스의 품질을 향상시키십시오.

01. 무엇이 광고되고 있는가?
(A) 전자 제품 매장
(B) 케이블 텔레비전 방송사
(C) 택배 회사
(D) 전화 회사

02. 언급되는 특징은 무엇인가?
(A) 선택할 수 있는 옵션이 많다
(B) 24시간 내내 서비스를 받을 수 있다
(C) 언제든지 무상 수리를 받을 수 있다
(D) 무료로 업그레이드를 받을 수 있다

03. 청자들은 제안에 어떻게 응답할 수 있는가?
(A) 전화를 함으로써
(B) 사무실에 방문함으로써
(C) 이메일을 보냄으로써
(D) 온라인 양식을 작성함으로써

어휘 be tired of ~에 싫증나다 bill 청구서, 계산서 cable provider 케이블 방송사 provide A with B A에게 B를 제공하다 select 선정하다, 선택하다 exactly 정확히 have access to ~에 접근하다, ~을 이용하다 quality 품질

MORE & MORE

04-06

들리는 문장이 위 담화의 내용과 일치하면 ○, 그렇지 않으면 ×에 표시하세요.

❶ ______________ is being announced. (○ | ×)

❷ The message ______________ people who watch TV. (○ | ×)

❸ The speaker ______________ for a TV show. (○ | ×)

정답 p.077

PART 4

예상 적중 문제 04-06 담화를 듣고 질문에 가장 알맞은 답을 고르세요.

04-07

04. Where does the speaker work?

(A) At a restaurant

(B) At a bookstore

(C) At an electronics store

(D) At a clothing store

05. What is the purpose of the message?

(A) To describe a problem

(B) To ask for an address

(C) To confirm an order

(D) To request a change

06. What does the speaker request the listener do?

(A) Contact the manager

(B) Order a different item

(C) Visit a store in person

(D) Return a phone call

문제 해설

04 인물의 신원 (화자의 직업)

- 화자가 근무하는 장소를 묻고 있으므로 화자의 직업을 묻는 문제이다.
- 화자는 'I'm calling from Books Galore.'라고 말한 뒤 도서 주문에 대한 결제가 이루어지지 않았음을 안내하고 있다.
- 따라서 화자는 서점에 근무하고 있을 것이므로 정답은 (B)이다.

05 목적

- 'The books you ordered are all available; however, you did not leave your credit card information'. 이라는 문장을 통해 이 메시지를 받는 사람은 신용 카드 정보를 남기지 않고 책을 주문했다는 사실을 알 수 있다.
- 즉 이 메시지는 주문과 관련된 문제점을 알리기 위한 것이므로 정답은 (A)이다.

06 세부 사항 (요청)

- 담화의 마지막 부분에서 화자는 'Please call me back'이라고 말했다.
- 따라서 화자가 청자에게 요청한 것은 회신 전화를 달라는 것이므로 정답은 (D)이다.

스크립트 & 해석

W Hello. This is a message for Travis Sanderson. My name is Dawn Peters, and 04) **I'm calling from Books Galore.** You placed an order on our Web site yesterday. 05) **The books you ordered are all available; however, you did not leave your credit card information.** As a result, we cannot send the books to you until you pay for them. 06) **Please call me back** at 954-2020 as soon as you can. Thank you.

W 안녕하세요. Travis Sanderson 씨를 위해 메시지를 남깁니다. 제 이름은 Dawn Peters이며, Books Galore에서 전화를 드리고 있습니다. 귀하께서는 어제 저희의 웹사이트에서 주문을 하셨습니다. 주문하신 도서는 모두 구입이 가능하지만, 귀하께서 신용 카드 정보를 남기시지 않으셨습니다. 그 결과, 금액이 지불되기 전까지는 도서를 발송해 드릴 수가 없습니다. 가능한 한 빨리 954-2020으로 저에게 답신을 주시기 바랍니다. 감사합니다.

04. 화자는 어디에서 근무하는가?
(A) 식당에서
(B) 서점에서
(C) 전자제품 매장에서
(D) 옷가게에서

05. 메시지의 목적은 무엇인가?
(A) 문제를 설명하기 위해
(B) 주소를 물어보기 위해
(C) 주문을 확인하기 위해
(D) 변경을 요청하기 위해

06. 화자는 청자에게 무엇을 하라고 요청하는가?
(A) 관리자에게 연락한다
(B) 다른 제품을 주문한다
(C) 직접 매장에 방문한다
(D) 회신 전화를 한다

어휘 place an order 주문을 하다 available 이용할 수 있는 credit card 신용 카드 information 정보 as a result 그 결과, 따라서 as soon as one can 가능한 한 빨리 describe 묘사하다, 설명하다 address 주소

MORE & MORE

04-08

들리는 문장이 위 담화의 내용과 일치하면 ○, 그렇지 않으면 ×에 표시하세요.

1. The message is ______________ a person made. (○ | ×)
2. The caller is advertising ______________. (○ | ×)
3. The books that Mr. Sanderson wants ______________. (○ | ×)

정답 p.077

PART 4

예상 적중 문제 07-09 담화를 듣고 질문에 가장 알맞은 답을 고르세요.

04-09

07. What is being announced?

(A) Where the company is opening stores

(B) Why the company is losing money

(C) How the company is performing

(D) When the company will make a profit

08. What does the speaker say about some of the new clients?

(A) They made large purchases.

(B) They were recruited by the same salesperson.

(C) They are from other countries.

(D) They made purchases worth two million dollars.

09. What does the speaker suggest about August?

(A) Many workers will be on vacation then.

(B) It should be a better month than July.

(C) The assembly line will run all day during it.

(D) It will record fewer than two million dollars in sales.

문제 해설

07 주제

- 남자는 '7월에 기록적인 매출액을 달성했다'(During the month of July, we recorded a record amount of sales.) 고 말한 뒤 구체적인 판매량과 고객 유치 등의 성과에 대해 언급한다.
- 이를 통해 화자가 회사의 실적에 대해 설명하고 있음을 알 수 있으므로 (C)가 정답이다.
- 회사가 현재 손실을 보고 있는 것이 아니라 수익을 내고 있는 상황이므로 (B)와 (D)는 정답이 될 수 없다.

08 세부 사항 (언급된 사실)

- 담화의 중반부에서 clients에 대한 내용이 언급되어 있다.
- 화자가 거래처들 중 두 곳은 해외에 위치해 있다고(Two of these clients are located in foreign lands) 말했으므로, 정답은 (C)이다.

09 추론

- 8월이 언급된 부분은 담화의 마지막 부분의 'During August, we expect to exceed July's sales by at least twenty percent.'이다.
- 이는 8월의 매출이 7월 매출을 20% 정도 초과할 것이라는 내용이므로 '7월보다 더 나은 달이 될 것이다'라는 의미의 (B)가 정답이다.

스크립트 & 해석

M [07] **During the month of July, we recorded a record amount of sales.** We sold more than two and a half million dollars' worth of our products then. We also signed contracts with three new clients. [08] **Two of these clients are located in foreign lands**, so we are beginning to expand our customer base. [09] **During August, we expect to exceed July's sales by at least twenty percent.** The current financial condition of our company is outstanding.

M 7월 동안, 우리는 기록적인 매출액을 달성했습니다. 이 기간에 우리는 250만 달러 이상의 제품을 판매했습니다. 또한 세 곳의 새로운 거래처와 계약을 체결했습니다. 이러한 거래처 중 두 곳은 해외에 위치해 있기 때문에, 우리는 우리의 고객층을 확장시키고 있습니다. 8월에는, 7월 매출을 최소한 20% 정도 초과할 것으로 예상하고 있습니다. 현재 우리 회사의 재정 상태는 우수합니다.

07. 무엇이 안내되고 있는가?
(A) 회사가 매장을 개설하게 될 장소
(B) 회사가 손실을 보는 이유
(C) 회사의 현재 상황
(D) 회사가 수익을 내게 될 시기

08. 화자가 몇몇 새로운 거래처들에 대해 말한 것은 무엇인가?
(A) 그들은 대량 매입을 했다.
(B) 그들은 동일한 영업자에 의해 모집되었다.
(C) 그들은 다른 나라에 있다.
(D) 그들은 200만 달러 상당의 매입을 했다.

09. 화자는 8월에 대해 무엇을 암시하는가?
(A) 많은 근로자들이 그때 휴가를 갈 것이다.
(B) 7월보다 나은 달이 될 것이다.
(C) 그 기간에 조립라인이 하루 종일 가동될 것이다.
(D) 200만 달러 미만의 판매 수치를 기록할 것이다.

어휘 record 기록, 기록하다 amount of sales 매출액 worth of ~의 가치가 있는 be located in ~에 위치하다 expand 확장하다, 확대하다 customer base 고객층 exceed 초과하다 at least 최소한 current 현재의 financial 금융의, 재정의 condition 상태, 상황 outstanding 뛰어난

MORE & MORE

04-10

들리는 문장이 위 담화의 내용과 일치하면 ○, 그렇지 않으면 ×에 표시하세요.

❶ The man states that the company set ______________. (○ | ×)
❷ The man notes that the company ______________ financially. (○ | ×)
❸ The company ______________ set a sales record in September. (○ | ×)

정답 p.077

PART 4

예상적중문제 10-12 담화를 듣고 질문에 가장 알맞은 답을 고르세요.

04-11

10. What is the purpose of the speech?
    (A) To apologize for a mistake
    (B) To make an introduction
    (C) To describe the company's history
    (D) To announce a new hiring

11. Who is Kevin Burgess?
    (A) A construction worker
    (B) A city's mayor
    (C) A local professor
    (D) The founder of a company

12. What most likely will happen next?
    (A) Dinner will be served.
    (B) A speech will be made.
    (C) An award will be given.
    (D) A film will be watched.

문제 해설

10 목적

- 첫 문장인 'We're all here tonight to celebrate the retirement of our company's founder.'를 통해 이 연설이 회사 창립자의 은퇴를 기념하는 자리에서 이루지고 있음을 알 수 있다.
- 담화의 마지막 문장인 'Let's give a big round of applause for Mr. Burgess now.'에서는 해당 인물이 Burgess 씨라는 사실을 알 수 있다.
- 따라서 연설의 목적은 은퇴를 앞둔 회사의 창립자인 Burgess 씨를 소개하기 위한 것이므로 정답은 (B)가 된다.

11 인물의 신원

- 화자는 담화를 시작하면서, 담화의 목적이 회사 창립자의 은퇴를 기념하기 위해서라고 했는데, 이어서 Kevin Burgess가 회사를 시작했다고(Kevin Burgess started this company) 말했다.
- 따라서 Kevin Burgess는 회사의 창립자라는 것을 알 수 있으므로 정답은 (D)이다.

12 담화 이후의 상황

- 담화의 마지막 부분의 내용은 Burgess 씨에게 큰 박수를 보내달라는 것이며, 바로 앞부분에서 그가 연설을 하고 싶어 한다는(He'd like to say a few words though.) 내용이 언급되었다.
- 그러므로 담화 이후에 일어날 일로 가장 적절한 것은 (B)이다.

스크립트 & 해석

M [10-1] **We're all here tonight to celebrate the retirement of our company's founder.** [11] **Kevin Burgess started this company forty-three years ago.** At that time, he was working out of a spare bedroom in his home. Since then, the company has grown. It now owns twenty-five buildings and employs four thousand people across the world. But Mr. Burgess has decided to turn over the company to someone else, so he is no longer going to be with us every day. [12] **He'd like to say a few words though.** [10-2] **Let's give a big round of applause for Mr. Burgess now.**

M 오늘 밤 우리는 우리 회사의 창립자의 은퇴를 기념하기 위해 여기에 모였습니다. Kevin Burgess께서는 43년 전에 이 회사를 출범시키셨습니다. 당시, 그분께서는 집에 있던 손님용 침실에서 일을 하셨습니다. 그때 이후로, 회사는 성장을 했습니다. 회사는 현재 25개의 건물을 소유하고 있고, 전 세계에 걸쳐 4천명을 고용하고 있습니다. 하지만 Burgess 씨께서는 회사를 다른 사람에게 넘겨 주기로 결정하셨으며, 따라서 더 이상 우리와 매일 함께 계실 수 없게 되었습니다. 하지만 그분께서는 간단한 인사말을 하기를 원하십니다. 이제 커다란 박수 갈채로 Burgess 씨를 맞이합시다.

10. 연설의 목적은 무엇인가?
    (A) 실수를 사과하기 위해
    (B) 소개를 하기 위해
    (C) 회사의 역사를 설명하기 위해
    (D) 신규 채용에 대해 알리기 위해

11. Kevin Burgess는 누구인가?
    (A) 건설 노동자
    (B) 시장
    (C) 지역의 교수
    (D) 회사의 설립자

12. 다음에 어떤 일이 일어날 것 같은가?
    (A) 저녁 식사가 제공될 것이다.
    (B) 연설이 있을 것이다.
    (C) 시상이 있을 것이다.
    (D) 영화 관람이 있을 것이다.

어휘 founder 설립자, 창립자 spare bedroom 손님용 침실 across the world 전 세계에서 turn over 넘겨 주다 no longer 더 이상 ~이 아닌 say a few words 인사말을 하다 a round of applause 박수 갈채

MORE & MORE

04-12

들리는 문장이 위 담화의 내용과 일치하면 ○, 그렇지 않으면 ×에 표시하세요.

❶ Mr. Burgess is ______________. (○ | ×)

❷ ______________ thousands of people. (○ | ×)

❸ Mr. Burgess is going to ______________. (○ | ×)

정답 p.077

Unit 02

담화의 장소 및 인물의 신원

학습 포인트

- ✓ 일반적으로 장소와 관련된 정보는 담화의 시작 부분에서 찾을 수 있는데, 「Attention, Thank you」 등과 같이 주목을 끌기 위한 표현 다음에 나타나는 경우가 많다.
- ✓ 인물의 신원을 묻는 질문의 경우에는 화자 및 청자의 직업이나 직책과 관련된 표현에서 정답의 단서를 찾을 수 있다. 담화를 듣기 전에 문제를 먼저 읽고 화자와 청자 중 누구의 신원을 묻는 것인지를 구분해야 한다.

예제

04-13

Q. Where does the caller probably work?

(A) At a shopping center
(B) At a restaurant
(C) At a gas station
(D) At a sporting goods store

Q. 화자는 어디에 있는가?

(A) 쇼핑센터에
(B) 식당에
(C) 주유소에
(D) 스포츠용품점에

W Good afternoon. This call is for Mr. Sam Martin. Mr. Martin, this is Kaye Kennedy at Gino's Pizzeria. You left your wallet at your table after you had lunch at our place. We would like you to come here to pick it up. We are open until ten tonight. And we'll reopen tomorrow at eleven in the morning. If you have any questions, please call me at 908-1256. Goodbye.

W 안녕하세요. Sam Martin 씨께 전화를 드립니다. Martin 씨, 저는 Gino's 피자 전문점의 Kaye Kennedy입니다. 선생님께서 저희 식당에서 점심을 드신 후, 테이블에 지갑을 놓고 가셨습니다. 여기로 오셔서 지갑을 찾아가시기를 바랍니다. 저희는 오늘밤 10시까지 문을 엽니다. 그리고 내일 아침 7시에 다시 문을 열 것입니다. 질문이 있으시다면, 908-1256으로 저에게 전화를 주시기 바랍니다. 안녕히 계세요.

어휘 wallet 지갑 shopping center 쇼핑센터 gas station 주유소

문제 유형 분석

의문사 where를 이용해 화자가 일하는 장소를 묻는 문제이다. 담화의 장소와 인물의 신원을 묻는 문제는 서로 밀접하게 관련되어 있기 때문에 둘 중 하나와 관련된 정보를 찾으면 두 가지 유형의 문제를 모두 풀 수 있는 경우가 많다.

풀이 전략

❶ 장소를 묻는 질문은 화자와 청자의 관계를 파악하거나 이들의 신분을 파악하면 쉽게 정답을 찾을 수 있다. 또한 화자가 일하는 장소는 상점의 이름과 같은 고유 명사로부터 유추해 볼 수도 있기 때문에 이러한 표현들도 유의해서 듣도록 한다.

❷ 예제에서도 담화의 시작 부분에서 화자가 자신을 Gino's Pizzeria에서 일하는 Kaye Kennedy라고 밝히고 있다. 이어서 화자는 Martin 씨에게 'You left your wallet at your table after you had lunch at our place.'라고 말하면서 그가 식당에서 점심을 먹은 후 테이블에 지갑을 두고 갔다는 사실을 전하고 있다. 따라서 화자가 일하는 장소는 식당일 것이라고 추측할 수 있으므로 정답은 (B)가 된다.

기본기 다지기

❶ 질문 예시

(1) **담화의 장소**

- **Where** most likely **are** the listeners? 청자들은 어디에 있을 것 같은가?
- **Where** is the announcement **being made**? 어디에서 공지를 하고 있는가?
- **Where** does the talk **take place**? 담화는 어디에서 이루어지는가?

(2) **인물의 신원**

ⓐ **화자의 신원**

- **Who** most likely is **the speaker**? 화자는 누구인 것 같은가?
- **Where** does **the speaker** most likely **work**? 화자는 어디에서 근무할 것 같은가?

ⓑ **청자의 신원**

- **Who** most likely are the **listeners**? 청자들은 누구인 것 같은가?
- **What type of industry** do the **listeners** most likely **work in**? 청자들은 어떤 업계에서 일하는 것 같은가?

❷ 안내 방송에서의 장소 파악

안내 방송의 첫 문장으로부터 안내 방송이 어디에서 이루어지고 있는지 짐작해 볼 수 있다.

(1) **식당, 회사 및 공장**

예시	장소
I'm glad you decided to **have dinner here** tonight. 오늘 밤 이곳에서 저녁 식사를 하시기로 결정해 주셔서 감사를 드립니다.	식당
All employees, please listen carefully. 전 직원 여러분, 주목해 주십시오.	회사 및 공장

(2) 도서관, 미술관

예시	장소
Thank you for visiting the **Oxford Public Library**. Oxford 공공 도서관을 찾아 주셔서 감사합니다.	도서관
It's my pleasure to welcome you to the Picasso exhibit at the **Mandarin Art Gallery**. Mandarin 미술관의 피카소 전시회에 오신 여러분들을 뵙게 되어 기쁩니다.	미술관

(3) 교통 수단

예시	교통 수단
Thank you for taking the bus to Pittsburgh. It's going to take us about two hours to get there. So please fasten your seatbelts, and we will depart in just a moment. 피츠버그 행 버스에 탑승해 주셔서 고맙습니다. 그곳까지 가는 데 약 2시간이 걸릴 예정입니다. 그러니 안전벨트를 착용해 주시고, 잠시 후에 출발하도록 하겠습니다.	버스
This subway is bound for the baseball stadium. We will arrive there in approximately two minutes. Please take a seat or hold onto one of the handles while we are in motion. 이 열차는 야구장으로 가고 있습니다. 약 2분 후에 그곳에 도착하게 될 것입니다. 이동 중에는 자리에 앉아 계시거나 손잡이를 잡아 주세요.	지하철
Welcome aboard, everyone. I'm Captain Tim Yeltman, and **I'll be flying you** to Melbourne, Australia, this morning. **Our flight time is** estimated at ten hours and twenty minutes. 탑승해 주셔서 감사합니다. 저는 기장인 Tim Yeltman으로, 오늘 아침에는 호주의 멜버른까지 여러분들을 모실 것입니다. 비행시간은 10시간 20분으로 예상됩니다.	비행기

❸ 업무 및 직책에 의한 신원 파악

화자가 자신을 소개하는 말을 통해 화자의 직위나 신분을 확인할 수 있다.

예시	화자의 신원
As the director of the laboratory, it is my responsibility to make sure that everyone follows the rules here. 실험실의 소장으로서, 모든 사람들이 이곳 규칙을 따르도록 만드는 것이 제 임무입니다.	실험실 책임자
My name is Richard Campbell, and **I'm the newest member of the sales team**. Please feel free to ask me any questions about our products. 제 이름은 Richard Campbell이고, 저는 영업부의 신입 직원입니다. 저희 제품에 관해 어떠한 질문이든 자유롭게 해 주세요.	영업부 직원

빈출 표현 정리

경기장 관련

competition 대회, 시합	contest 대회, 시합	match 경기, 시합
champion 우승자	media center 미디어 센터	competitor 참가자, 경쟁자
championship 챔피언전	player 선수	kickoff (축구 등에서의) 킥오프
winner 우승자	tournament 토너먼트	coach 코치, 감독
concession stand 구내 매점	sponsor 스폰서	stadium 경기장

Tonight's **championship** game will determine the winner of the **tournament.**
오늘 밤의 결승전으로 토너먼트의 승자가 결정될 것이다.

The **coach** decided to let all of his **players** get into the game.
그 코치는 모든 선수들을 경기에 투입하기로 결정했다.

박물관 및 미술관 관련

exhibition 전시회	opening 개장	portrait 초상화
pottery 자기류, 도자기	curator 큐레이터	fair 박람회, 전시회
collection 수집품, 전시물	landscape 풍경화	artifact 공예품, 유물
guide 안내인, 가이드	gallery 화랑, 미술관	artwork 예술품
statue 조각상	relic 유물, 유적	souvenir 기념품

The art **collection** includes both **portraits** and **landscapes.** 전시품에 초상화와 풍경화가 모두 포함되어 있다.

You can see **pottery** on the first floor and **statues** on the second floor.
1층에서는 도자기를 볼 수 있고, 2층에서는 조각을 볼 수 있다.

연구실 및 실험실 관련

facility 시설	chemical 화학 물질	research 연구
protective helmet 보호 헬멧	equipment 장비	precaution 예방 조치
fragile 깨지기 쉬운	safety glasses 보호 안경	machinery 기계류
experiment 실험	protective gloves 보호 장갑	laboratory (= lab) 실험실

The machinery is **fragile**, so please handle it with care. 기기류는 파손되기 쉬우므로, 주의해서 다루도록 하세요.

Wear both **protective gloves** and **safety glasses** while you are in the **lab.**
실험실에 있는 동안에는 보호 장갑과 보호 안경을 모두 착용하세요.

기본기 체크업

Ⓐ 담화를 듣고 질문에 답하세요.

04-14

1 청자는 누구인 것 같은가?
(a) 의사
(b) 약사
(c) 환자

2 화자는 어디에 있는가?
(a) 기차역
(b) 경기장
(c) 쇼핑몰

3 화자는 어디에서 일하는 것 같은가?
(a) 가구점
(b) 서점
(c) 제과점

4 화자는 어디에 있는 것 같은가?
(a) 회의 장소
(b) 공장
(c) 전자 제품 매장

5 청자들은 누구일 것 같은가?
(a) 고객
(b) 판매 직원
(c) 웨이터

Ⓑ 담화를 듣고 주어진 진술이 사실이면 O, 그렇지 않으면 X에 표시하세요.

04-15

1 (a) The speaker works in the clothes manufacturing business. (O | X)
(b) This advertisement is for a dry cleaner's. (O | X)
(c) The listeners are mostly likely clothes shoppers. (O | X)

2 (a) Harold Upton is most likely a writer. (O | X)
(b) George Herbert works in a library. (O | X)
(c) The speaker is calling from a library. (O | X)

3 (a) The caller is most likely a veterinarian. (O | X)
(b) Mr. Sullivan is probably a dog breeder. (O | X)
(c) The speaker works in the emergency room of a hospital. (O | X)

4 (a) The woman is making this announcement for weightlifters. (O | X)

(b) The listeners are probably in a gym. (O | X)

(c) The woman is most likely an employee at the establishment. (O | X)

5 (a) This message is being given in a bookstore. (O | X)

(b) The listeners are most likely children. (O | X)

(c) The speaker is a well-known author. (O | X)

C 담화를 듣고 질문에 답하세요.

04-16

1 Who does the speaker address?

(a) Pilots

(b) Flight attendants

(c) Passengers

2 Where most likely does the speaker work?

(a) At an electronics store

(b) At a car factory

(c) At a resort

3 Where most likely does the speaker work?

(a) At a pet store

(b) At a veterinarian's office

(c) At a zoo

4 Who is the speaker?

(a) A politician

(b) A news reporter

(c) A weather forecaster

5 Where would the announcement most likely be heard?

(a) At a supermarket

(b) At a public parking lot

(c) At a police station

PART 4 예상 적중 문제 01-03 담화를 듣고 질문에 가장 알맞은 답을 고르세요.

04-17

01. Who most likely is the speaker?
(A) A trainer
(B) An artist
(C) A doctor
(D) A student

02. What are the listeners asked to do?
(A) Weigh themselves
(B) Respond to a question
(C) Spend some time warming up
(D) Treat their injuries first

03. What will the speaker probably do next?
(A) Take a short break
(B) Work with one individual
(C) Demonstrate how to do a task
(D) Ask the listeners some questions

문제 해설

01 인물의 신원 (화자의 신원)

- 담화의 시작 부분에서 화자는 '기구를 드는 운동'(lifting weights)을 시작하기 전에 '몸을 풀어야 한다'(warm up)고 말한 다음, '청자들이 자신의 동작을 보고 따라 할 것을'(Now, everyone, look at me and watch as I show you a few basic warmup exercises.) 요구한다.
- 이와 같은 단서를 통해 화자는 헬스 트레이너임을 알 수 있으므로 (A)가 정답이다.

02 세부 사항 (요청)

- 청자들이 요청 받은 사항이 무엇인지를 묻는 문제이다.
- 담화의 초반부에서 화자는 'Before you start lifting weights, you need to warm up properly.'라고 말하며 기구를 들기 전에 몸풀기 운동을 하라는 요청을 하고 있다. 따라서 정답은 (C)이다.

03 담화 이후의 상황

- 담화의 마지막 부분에서 정답의 단서를 찾을 수 있다.
- 담화는 'Here's a simple one. Please do the same thing I do.'라는 문장으로 끝났는데, 이는 '간단한 동작입니다. 제가 하는 대로 따라 해 보세요'라는 의미이다.
- 즉, 담화 이후에 화자가 시범을 보일 것임을 알 수 있으므로 정답은 (C)이다.

스크립트 & 해석

M 01-1) 02) **Before you start lifting weights, you need to warm up properly.** This isn't something you should only spend one or two minutes doing. Instead, you need to spend ten to fifteen minutes warming up. By doing that, you will decrease the likelihood of getting injured. 01-2) **Now, everyone, look at me and watch as I show you a few basic warmup exercises.** 03) **Here's a simple one. Please do the same thing I do.**

M 기구를 들기 전에는 적당히 몸을 풀어야 합니다. 이는 1분이나 2분 동안만 해서는 안 되는 일입니다. 대신, 10분에서 15분 동안 몸을 풀어야 합니다. 그렇게 하면, 부상을 입을 확률이 줄어들 것입니다. 자, 모두들 저를 보시고, 제가 몇 가지 기본적인 몸 풀기 동작을 보여 드릴 테니 잘 보세요. 간단한 것입니다. 제가 하는 대로 똑같이 해 보세요.

01. 화자는 누구일 것 같은가?
(A) 트레이너
(B) 화가
(C) 의사
(D) 학생

02. 청자들은 무엇을 하라는 요청을 받는가?
(A) 자신들의 체중을 측정한다
(B) 질문에 대답한다
(C) 몸을 푸는 시간을 가진다
(D) 우선 부상을 치료한다

03. 화자는 다음에 무엇을 할 것 같은가?
(A) 잠시 휴식을 취한다
(B) 한 사람과 함께 작업을 한다
(C) 동작을 어떻게 하는지 보여준다
(D) 청자들에게 몇 가지 질문을 한다

어휘 lift weights 역기를 들다, 기구를 들다 warm up 몸을 풀다, 준비 운동을 하다 decrease 줄이다, 감소시키다 likelihood 가능성 get injured 부상을 입다 a few 몇몇의 exercise 운동

MORE & MORE

04-18

들리는 문장이 위 담화의 내용과 일치하면 O, 그렇지 않으면 ×에 표시하세요.

❶ The listeners are ______________. (O | ×)

❷ The man works ______________. (O | ×)

❸ The speaker is ______________. (O | ×)

정답 p.081

PART 4 예상 적중 문제 04-06 담화를 듣고 질문에 가장 알맞은 답을 고르세요.

04-19

04. Who most likely is the listener?

(A) A patient

(B) A pharmacist

(C) A doctor

(D) A nurse

05. Why would the listener make a phone call?

(A) Because she needs to ask some questions

(B) Because she has some side effects

(C) Because she needs some more medicine

(D) Because she has to reschedule her appointment

06. What does the speaker suggest about the listener?

(A) The listener must make a payment soon.

(B) The listener needs to have an operation.

(C) The listener should get a second opinion.

(D) The listener may not recover quickly.

문제 해설

04 인물의 신원 (청자의 신원)

- 화자가 아닌 청자의 신원을 묻고 있다는 점에 주의해야 한다.
- 화자는 'The doctor wanted me to remind you to take your medicine every day.'라고 말하면서, 약을 매일 복용해야 한다는 의사의 말을 청자에게 전달하고 있다. 따라서 청자는 의사의 지침대로 약을 복용해야 하는 (A)의 '환자'일 것으로 짐작할 수 있다.
- 또한 이후에도 '부작용이 있으면 연락해달라', '상태가 호전되지 않으면 병원을 다시 방문해야 한다'라는 당부의 말을 통해서도 청자의 신원을 확인할 수 있다.

05 세부 정보 (이유)

- 청자가 전화를 해야 하는 경우로 언급된 것은 'If you experience any side effects, please call us'라는 부분이다.
- 이는 부작용을 겪게 되면 전화를 달라는 내용이므로 정답은 (B)이다.

06 추론

- 화자가 언급한 것들 중에서 '부작용을 겪게 되면(If you experience any side effects)'이라는 내용과 '5일이 지나도 컨디션이 나아지지 않는다면(if your condition doesn't improve after five days)'이라는 내용이 단서이다.
- 이러한 내용을 통해 청자가 빠르게 회복되지 않을 수도 있다는 사실을 유추할 수 있으므로 정답은 (D)이다.

스크립트 & 해석

M Hello, Ms. Jenkins. This is James Thompson calling from Dr. Norton's office. 04) **The doctor wanted me to remind you to take your medicine every day.** He said it's extremely important for you to take all three types of medicine. 05) 06-1) **If you experience any side effects, please call us at 453-2145 and tell us what the problem is.** In addition, 06-2) **if your condition doesn't improve after five days, you need to visit the clinic again.** Don't worry about making an appointment. We'll find a time for you to see the doctor.

M 안녕하세요, Jenkins 씨. 저는 James Thompson으로, Norton 선생님의 병원에서 전화를 드리고 있습니다. 의사 선생님께서는 제가 당신에게 매일 약을 복용해야 한다고 알려 드리기를 원하셨습니다. 세 가지 종류의 약을 모두 복용하는 것이 매우 중요하다고 말씀하셨습니다. 부작용을 겪으실 경우, 453-2145로 전화하셔서 문제가 무엇인지 말씀해 주세요. 또한, 5일 이후에도 상태가 좋아지지 않는다면, 병원을 다시 한 번 방문해 주셔야 합니다. 예약에 대해서는 걱정하지 마세요. 진찰 받을 수 있는 시간을 마련해 드리겠습니다.

04. 청자는 누구일 것 같은가?
(A) **환자**
(B) 약사
(C) 의사
(D) 간호사

05. 청자가 전화를 하게 된다면 그 이유는 무엇인가?
(A) 몇 가지 질문을 해야 하는 경우에
(B) **몇 가지 부작용이 있을 경우에**
(C) 몇몇 약품이 더 필요한 경우에
(D) 예약을 변경해야 하는 경우에

06. 화자는 청자에 대해 무엇을 암시하는가?
(A) 청자는 곧 금액을 지불해야 한다.
(B) 청자는 수술을 받아야 한다.
(C) 청자는 다른 의사의 진단을 받을 것이다.
(D) **청자는 빨리 회복되지 않을 수도 있다.**

어휘 remind 상기시키다, 기억나게 하다 side effect 부작용 clinic 진료소, 병원 see the doctor 진찰을 받다, 병원에 가다

MORE & MORE

04-20

들리는 문장이 위 담화의 내용과 일치하면 ○, 그렇지 않으면 ×에 표시하세요.

❶ The caller works at ______________. (○ | ×)

❷ The caller is ______________. (○ | ×)

❸ ______________ is a pharmacist. (○ | ×)

정답 p.081

PART 4

예상 적중 문제 07-09 담화를 듣고 질문에 가장 알맞은 답을 고르세요.

04-21

07. Where most likely is the speaker?

(A) In a laboratory

(B) In a factory

(C) In a warehouse

(D) In a kitchen

08. What does the speaker tell the listeners to do?

(A) Ask some questions

(B) Put on some safety gear

(C) Read a page in their books

(D) Get some ingredients

09. According to the speaker, what will the listeners do soon?

(A) They will make some food.

(B) They will build a machine.

(C) They will conduct an experiment.

(D) They will put away some items.

문제 해설

07 담화의 장소

- 담화의 초반부에서 화자는 청자들에게 주의를 부탁하면서 주의해야 하는 이유가 그곳에 '값비싼 장비'(expensive equipment)가 많고 그 장비들이 '파손되기 쉽기'(fragile) 때문이라고 말한다.
- 또한 '화학 제품'(chemicals)을 만지지 말라는 말을 통해서도 이 담화가 위험한 화학 물질을 다루는 실험실에서 이루어지고 있음을 짐작할 수 있다. 따라서 정답은 (A)이다.
- 위험한 화학 물질이 취급될 수 있다는 점에서 (B)의 '공장'을 정답으로 생각할 수도 있으나, 공장에서 실험이 이루어지는 경우는 거의 없으므로 (B)는 정답이 될 수 없다.

08 세부 사항 (요청)

- 담화 중후반부에서 화자는 'Everyone, please put your safety glasses on.'이라고 하며 보안경을 착용할 것을 화자들에게 요청하고 있다.
- 지문의 safety glass를 safety gear로 바꾸어 표현한 (B)가 정답이다.

09 담화 이후의 상황

- 담화의 마지막 부분에서, 화자는 청자들에게 동일한 실험을 하게 될 것이니 집중해서 봐 달라고(Pay close attention because you're going to do the same experiment in just a moment.) 말했다.
- 따라서 화자들은 담화 이후에 실험을 하게 될 것이므로 정답은 (C)이다.

스크립트 & 해석

M Please be very careful while you are here. 07-1) **We have a lot of expensive equipment**, and most of it is fragile, too. 07-2) **Please do not touch any of the chemicals** you see either. If you don't handle them properly, the chemicals can cause physical harm. Now, we're about to conduct an experiment. 08) **Everyone, please put your safety glasses on**. Gather around and watch what happens when we combine these three chemicals with one another. 09) **Pay close attention because you're going to do the same experiment in just a moment.**

M 여기에 계시는 동안에는 각별히 주의해 주시기 바랍니다. 값비싼 장비들이 많고, 그중 대부분은 파손되기 쉽습니다. 또한 보이는 화학 제품들은 어떤 것이든 손대지 마시기 바랍니다. 적절하게 다루지 못하면, 화학 물질들이 신체에 피해를 입힐 수도 있습니다. 자, 잠시 후에 실험을 실시하겠습니다. 모두들 보안경을 착용해 주세요. 모두 모여서 이 세 가지 화학 물질이 섞이면 어떤 일이 일어나는지 지켜봐 주세요. 잠시 후에 여러분들이 동일한 실험을 하게 될 것이기 때문에 집중해서 봐 주세요.

07. 화자는 어디에 있는가?
(A) 실험실에
(B) 공장에
(C) 창고에
(D) 도서관에

08. 화자는 청자들에게 무엇을 하라고 말하는가?
(A) 몇 가지 질문을 한다
(B) 보안경을 착용한다
(C) 그들의 책에서 한 페이지를 읽는다
(D) 몇 가지 재료를 받는다

09. 화자에 따르면, 청자들은 곧이어 무엇을 하게 될 것인가?
(A) 그들은 음식을 만들 것이다.
(B) 그들은 기계를 만들 것이다.
(C) 그들은 실험을 할 것이다.
(D) 그들은 몇 가지 물건을 치울 것이다.

어휘 fragile 부서지기 쉬운 touch 손대다, 건드리다 chemical 화학 물질 properly 적절히 physical 신체적인; 물리적인 conduct 시행하다, 실시하다 safety glasses 보안경 gather around 모이다 combine 합치다 one another 서로

MORE & MORE 04-22

들리는 문장이 위 담화의 내용과 일치하면 ○, 그렇지 않으면 ×에 표시하세요.

1. The listeners are ______________. (○ | ×)
2. The speaker is ______________. (○ | ×)
3. The listeners are ______________. (○ | ×)

정답 p.081

PART 4

예상 적중 문제 10-12 담화를 듣고 질문에 가장 알맞은 답을 고르세요.

04-23

10. Where would the announcement most likely be heard?

(A) In a train station

(B) In an airport

(C) On a ferry

(D) On a subway

11. What is the cause of the delay?

(A) The weather is bad.

(B) Too many cars are on the road.

(C) Some construction is going on.

(D) There is a mechanical issue.

12. Why does the speaker thank the listeners?

(A) For being patient about the problem

(B) For standing in line and waiting

(C) For understanding why a price has increased

(D) For reporting a problem to a manager

문제 해설

10 담화의 장소

- 안내방송의 초반부에서 화자는 'The car in front of us suffered a mechanical problem, so it has to be removed from the tracks.'라고 말하면서 앞 차량에 문제가 생겨 이를 탈선시켜야 한다고 말한다. 따라서 이 방송은 레일을 따라 움직이는 교통 수단 내부에서 이루어지고 있는 것임을 알 수 있다.
- 교통 수단을 가리키는 것이 아닌 (A)와 (B)는 정답에서 제외되며, (C)의 '페리'는 레일과 관계가 없는 교통 수단이므로 이 역시 정답이 될 수 없다.
- 안내방송의 중반부에서 해당 교통 수단이 Wilson Station으로 향하고 있다는 내용을 통해서 정답은 (D)라는 사실을 알 수 있다.

11 세부 사항 (원인)

- 화자가 열차 지연의 원인으로 언급한 것은 'The car in front of us suffered a mechanical problem'이다.
- 즉, 열차가 지연된 원인은 기계적인 문제(mechanical problem)이므로 정답은 problem을 issue로 바꾸어 표현한 (D)이다.

12 세부 사항 (이유)

- 담화 마지막 부분의 'Thank you for your patience.'라는 내용을 통해서, 화자는 청자들이 참고 기다려 준 것에 대해 감사하다고 말했다는 것을 알 수 있다. 정답은 (A)이다.

스크립트 & 해석

W We are very sorry for the delay. 10) 11) **The car in front of us suffered a mechanical problem, so it has to be removed from the tracks**. That should take about five minutes. After that, we will proceed to Wilson Station. Please remain calm and do not attempt to open the doors. There is nothing to be alarmed about. We should arrive at our destination within the next ten minutes. 12) **Thank you for your patience.**

W 연착에 대해 사과 말씀을 드립니다. 저희 앞에 있는 차량에서 기계적인 문제가 발생하여, 탈선을 시켜야 합니다. 그렇게 하는데 약 5분 정도가 걸릴 것입니다. 그 후, 우리는 Wilson 역으로 가게 될 것입니다. 침착하게 계셔 주시고 문을 열려고 하지 마세요. 두려워할 일은 아무것도 없습니다. 우리는 10분 이내에 목적지에 도착할 것입니다. 참고 기다려 주셔서 감사합니다.

10. 안내 방송은 어디에서 들을 수 있을 것 같은가?
(A) 기차역에서
(B) 공항에서
(C) 여객선에서
(D) 지하철에서

11. 연착의 원인은 무엇인가?
(A) 날씨가 좋지 않다.
(B) 도로에 너무 많은 차량들이 있다.
(C) 몇 건의 공사가 진행 중이다.
(D) 기계적인 문제가 있다.

12. 화자는 왜 청자들에게 감사하는가?
(A) 문제에 대해 인내해 주어서
(B) 줄을 서서 기다려 주어서
(C) 가격 인상을 이해해 주어서
(D) 관리자에게 문제를 알려 주어서

어휘 delay 연기, 연착 suffer ~으로 고생하다, ~을 겪다 mechanical 기계의 remove 제거하다 track 길, 선로 proceed to ~으로 나아가다 calm 조용한, 고요한 attempt 시도하다 be alarmed about ~을 두려워하다 destination 목적지 patience 인내심 ferry 여객선, 페리

MORE & MORE

04-24

들리는 문장이 위 담화의 내용과 일치하면 O, 그렇지 않으면 ×에 표시하세요.

❶ ______________ most likely passengers. (O | ×)

❷ The speaker is the ______________. (O | ×)

❸ The listeners ______________. (O | ×)

정답 p.081

Unit

01-02 연습 문제

Part 4 담화를 듣고 질문에 가장 알맞은 답을 고르세요. 04-25

1. What is the report about?
(A) The opening of a park
(B) The election of the mayor
(C) Road construction in the city
(D) A local sports league

2. What is suggested about the place?
(A) Construction on it took six months.
(B) It takes up two city blocks.
(C) Residents must pay an entrance fee.
(D) Visitors are welcome to eat there.

3. What did the mayor say?
(A) She wants residents to use the facility.
(B) She plans to open another similar place.
(C) She is pleased with the final results.
(D) She expects construction to finish soon.

---

4. What is being announced?
(A) The store's opening time
(B) The items the store sells
(C) The store's location
(D) The special offers at the store

5. What are the listeners asked to do?
(A) Use some coupons
(B) Try on some clothes
(C) Speak with the supervisor
(D) Make some purchases

6. What will happen tomorrow?
(A) A store will have a sale.
(B) A store will open early.
(C) A store will begin renovations.
(D) A store will be closed for the day.

---

7. Who most likely are the listeners?
(A) CEOs
(B) Salespeople
(C) Managers
(D) Computer technicians

8. How did the speaker learn the information she will discuss?
(A) By going to professional events
(B) By attending school
(C) By working in the industry
(D) By watching training videos

9. What will the speaker probably do next?
(A) Give a speech
(B) View some slides
(C) Show a short film
(D) Review a document

---

10. Who is Jim Martin?
(A) An engineer
(B) A miner
(C) A CEO
(D) A scientist

11. What does the speaker say about Deacon Metal?
(A) Its profits rose this year.
(B) It opened some new mines.
(C) It started operations this year.
(D) Its employees worked overtime.

12. What will the listeners receive?
(A) Extra vacation time
(B) On-the-job training
(C) A bonus payment
(D) Stock options

13. Where is the event being held?

(A) At a conference center
(B) At a library
(C) At a company
(D) At a university

14. What is stated in the talk?

(A) People can make a lot of money in computers.
(B) The computer industry needs more people.
(C) Many companies have been losing money.
(D) There are some new computers on the market.

15. What will the listeners hear about next?

(A) Ways to avoid losing money
(B) The woman's personal experiences
(C) The company's recent performance
(D) Trends in the computer industry

16. Who is the speaker?

(A) A professor
(B) A weather forecaster
(C) A journalist
(D) A scientist

17. When will it start to rain?

(A) Friday night
(B) Saturday morning
(C) Saturday afternoon
(D) Saturday evening

18. What will the weather be like on Sunday?

(A) Cool and sunny
(B) Cool and rainy
(C) Warm and cloudy
(D) Warm and windy

Unit 03

세부 사항 I (언급된 사실, 제안 및 요청)

학습 포인트

✔ 세부 사항을 묻는 문제는 담화에서 언급되었던 세부적인 내용을 물어보는 유형이다.

✔ 문제의 핵심 어구를 파악하는 것이 중요하므로 담화를 듣기 전 문제를 먼저 읽고 이를 파악해야 한다.

✔ 핵심 어구를 파악한 다음 담화에서 이와 관련이 있는 부분을 주의해서 들으면 정답의 단서들을 비교적 쉽게 찾아낼 수 있다.

✔ 제안이나 요청 문제는 질문에 「recommend, suggest, request, ask」 등과 같은 단어가 사용된다. 담화에서 부탁, 명령, 또는 지시를 나타내는 부분에서 정답의 단서가 드러나는 경우가 많다.

예제

04-26

Q. What does the man say will happen tomorrow?

(A) An order will be placed.
(B) A package will be delivered.
(C) An account will be opened.
(D) A bill will be sent.

Q. 남자는 내일 어떤 일이 일어날 것이라고 말하는가?

(A) 주문이 이루어질 것이다.
(B) 포장 물품이 배달될 것이다.
(C) 계좌가 개설될 것이다.
(D) 청구서가 보내질 것이다.

M Good morning, Mr. Carver. I'm Tom Snyder, and I'm calling from the Downing Street Market. The products you ordered arrived today. We have boxed everything up and called the delivery company. You should receive the shipment sometime tomorrow afternoon. If you have any problems, please call me back any time during regular business hours. Thank you. Goodbye.

M 안녕하세요, Carver 씨. 저는 Tom Snyder로, Downing Street 마켓에서 전화를 드리고 있습니다. 고객님께서 주문하신 제품이 오늘 도착했습니다. 저희는 모든 것을 포장해서 택배 회사에 전화를 했습니다. 고객님께서는 내일 오후 정도에 탁송 화물을 받으시게 될 것입니다. 문제가 있는 경우에는 영업 시간 중 언제라도 저에게 전화하세요. 감사합니다. 안녕히 계세요.

어휘 box up (상자로) 포장하다, (상자를) 채우다 delivery company 택배 회사 shipment 수송; 탁송 화물 sometime 언젠가, 어느 시점에 regular 정규의 business hours 영업 시간 place an order 주문하다 open an account 계좌를 개설하다

문제 유형 분석

남자가 구체적으로 언급했던 내용을 묻는 전형적인 세부 사항 문제이다. 핵심 어구는 '내일 일어날 일'이므로, 남자의 말에서 내일 어떤 일이 일어날 것인지를 알아내야 한다.

풀이 전략

❶ 담화에서 언급된 내용을 묻는 문제를 풀기 위해서는 질문의 핵심 어구와 관련이 있는 부분을 빨리 찾는 것이 중요하다. 질문의 핵심 어구인 tomorrow와 관련이 있는 부분을 담화에서 찾도록 한다.

❷ 담화 중반부에서 화자는 상대방에게 'You should receive the shipment sometime tomorrow afternoon.'이라고 말하면서 내일 오후 정도에 Carver 씨가 화물을 받게 될 것이라고 말한다.

❸ 따라서 내일 Carver 씨에게 화물이 도착할 것임을 알 수 있으므로 정답은 (B)가 된다.

기본기 다지기

❶ 질문 예시

(1) 언급된 사실

- **What** does the speaker **say about** the company's revenues? 화자가 회사의 수익에 대해 말한 것은 무엇인가?
- **What** does the speaker **mention about** the Grace Mall? 화자가 Grace 쇼핑몰에 대해 언급한 것은 무엇인가?
- **When** does the speaker **want the items delivered**? 화자는 언제 물품이 배송되기를 원하는가?
- **What kind of company is J.S., Inc.**? J.S. 주식회사는 어떤 종류의 회사인가?
- According to the speaker, **what is the city doing**? 화자에 따르면, 시에서는 무엇을 하고 있는가?

(2) 제안 및 요청

- **What** does the speaker **recommend**? 화자가 제안하는 것은 무엇인가?
- **What** does the speaker **suggest**? 화자가 제안하는 것은 무엇인가?
- **What** does the speaker **request**? 화자가 요청하는 것은 무엇인가?
- **What** does the speaker **ask** the listeners **to do**? 화자는 청자들에게 무엇을 하라고 요청하는가?

❷ 제안 및 요청과 관련된 표현

제안 및 요청 문제를 풀 때에는 해당되는 표현이 포함된 문장을 놓치지 않고 들어야 한다.

(1) 제안 및 요청을 의미하는 동사

I **suggest** submitting the application by this Friday. 신청서를 금요일까지 제출해 주실 것을 제안합니다.

I **propose** maintaining our ticket prices at their current levels.
우리의 티켓 가격을 현재 수준으로 유지할 것을 제안합니다.

(2) 제안 및 요청을 의미하는 의문문

May I have your attention, please? 잠시 주목해 주시겠습니까

Could you send the item by tomorrow morning? 내일 아침까지 물품을 보내 주실 수 있을까요?

Would you please visit the information desk to pick up your items?
물품을 수령하시기 위해서 안내데스크에 방문해 주시겠어요?

How about breaking up into groups of four people each? 그룹을 각각 4명으로 나누는 것이 어떨까요?

(3) 간접명령문

Let me show you the results from the first quarter. 1분기의 결과를 보여 드리고자 합니다.

Please call me back at 738-2921 in order to arrange a meeting.
회의 일정을 정하기 위해서 738-2921로 전화해 주시기 바랍니다.

(4) 직접명령문

Take advantage of some special deals here at the Spring Mall. Spring 쇼핑몰에서 특별 할인을 이용하세요.

Get in touch with Mr. Anderson and **have** him ship the items. Anderson 씨에게 연락해서 물품들을 배송하세요.

Do not leave any documents on your desks after work. 퇴근 후에는 어떠한 서류도 책상에 두지 마세요.

(5) 조동사 must, should

According to our store policy, those items **must** be ordered three days in advance.
저희 상점의 정책에 따라, 그 품목들은 3일 전에 미리 주문되어야 합니다.

You **should** be aware that we charge a $5 fee for replacement cards.
카드 교체 비용 5달러가 청구된다는 것을 알고 계시기 바랍니다.

❸ 언급된 사실 문제의 핵심 어구

담화에 언급된 사실을 묻는 문제의 핵심 어구는 장소, 시간, 회사명, 단체명, 제품명, 사람 이름, 수치 등과 같이 매우 다양하다. 문제를 읽고 핵심 어구를 파악한 다음, 담화에서 핵심 어구와 관련하여 언급되는 정보를 듣고 paraphrasing 된 보기를 정답으로 골라야 한다.

	예시	내용 분석
문제	**What** does the speaker **mention about Jack?** 화자는 Jack에 대해 무엇을 언급하는가?	핵심 어구: Jack (사람 이름)
담화의 내용	I believe **Jack has an announcement to make about the results of his research**, so let me turn the meeting over to him. Jack이 자신의 연구 결과에 대해 발표할 것이 있으므로, 회의를 그에게 넘기도록 할게요.	정답의 단서: • has an announcement to make about the results of his research
정답	He is going to **discuss some work he did.** 그는 자신이 했던 업무에 대해 논의할 것이다.	정답 paraphrasing: • has an announcement → discuss • the results of his research → work he did

★ 빈출 표현 정리

기업의 성과 및 실적 관련

improve sales 매출을 신장시키다	sign a contract [deal] 계약하다, 거래를 성사시키다
make a profit 수익을 내다	record a record amount of sales 기록적인 매출을 달성하다
give a bonus 보너스를 주다	experience a significant increase [decrease] 급격한 증가[감소]를 경험하다

We are going to **sign a contract** with a consulting firm tomorrow. 우리는 내일 컨설팅 업체와 계약을 체결할 것이다.

The company **experienced a significant decrease** in sales last quarter.
그 회사는 지난 분기에 심각한 매출 감소를 경험했다.

컴퓨터 작업 관련

save 저장하다	cut 잘라내다	paste 갖다 붙이다
log off [out] 로그오프하다	log on [in] 로그온하다	print 출력하다
copy 복사하다; 복사본	upload 업로드하다	download 다운로드하다
reset 다시 맞추다, 리셋하다	delete 삭제하다	select 선택하다
boot 부팅하다	upgrade 업그레이드하다	electrically 컴퓨터로; 전기로

Delete your **copy** of that software and **download** the newest edition.
그 소프트웨어 복사본은 삭제하고 최신 버전을 다운로드하세요.

You should **upgrade** your computer so that it will run better. 컴퓨터를 업그레이드하면 작동이 더 빨라질 것이다.

교통 방송 관련

close 폐쇄하다	pave (도로를) 포장하다	collision 충돌
tunnel 터널	commuter 통근자	reopen 재개하다, 다시 개통되다
repair 수리하다, 보수하다	highway 고속도로, 간선도로	intersection 교차로
alternative route 우회 도로	carpool 카풀을 하다	accident 사고
expressway 고속도로	motorist 운전자	rush hour 혼잡 시간대
lamp 경사로, 진입로	congestion 교통 체증, 교통 혼잡	detour 우회; 우회하다

The road must be **repaved** because it was damaged during the winter.
그 도로는 겨울에 파손이 되었기 때문에 재포장해야 한다.

The **motorists** became upset by the long traffic jam during **rush hour**.
운전자들은 러시아워의 긴 교통 체증으로 인해 화가 났다.

기본기 체크업

A 담화를 듣고 질문에 답하세요. 04-27

1 화자는 청자가 무엇을 구매했다고 말하는가?
(a) 렌치
(b) 못
(c) 드릴

2 내일 아침 날씨는 어떨 것으로 예상되는가?
(a) 맑다
(b) 흐리다
(c) 비가 내린다

3 Tim Freeman이 올해 한 일은 무엇인가?
(a) 매출 기록을 세웠다
(b) 입사를 했다
(c) 새로운 고객을 유치했다

4 어떤 상품이 할인 판매될 것인가?
(a) 육류
(b) 채소
(c) 생선

5 여자는 무엇을 하겠다고 제안하는가?
(a) 계약서를 보내겠다고
(b) 작업을 중단하겠다고
(c) 송금을 하겠다고

B 담화를 듣고 주어진 진술이 사실이면 O, 그렇지 않으면 X에 표시하세요. 04-28

1 (a) The listeners should not talk during the concert. (O | X)
(b) Photography is allowed during the concert. (O | X)
(c) There will be a break in the middle of the concert. (O | X)

2 (a) The man tells the listeners not to use their phones. (O | X)
(b) The listeners are asked not to take pictures. (O | X)
(c) The listeners are told to visit the gift shop before leaving. (O | X)

3 (a) The speaker recommends that people visit Turkey Creek Lake. (O | X)
(b) Listeners are asked to contact authorities about the forest fire. (O | X)
(c) Listeners are told to visit some other lakes in the area. (O | X)

정답 p.085

4 (a) Stephanie Nelson is the CEO of the company. (O | X)
(b) The listeners are new employees at a company. (O | X)
(c) The listeners are going to introduce themselves. (O | X)

5 (a) Gina Williamson wants to find a caterer. (O | X)
(b) STR Consulting is going to have a birthday party. (O | X)
(c) The listener should return Gina Williamson's phone call. (O | X)

C 담화를 듣고 질문에 답하세요.

04-29

1 What should the listeners give the woman with their application?
(a) A business card
(b) A résumé
(c) A letter of introduction

2 What does the man say about Kevin Parker?
(a) He is the owner of the city zoo.
(b) He donates a lot of money.
(c) He just built a new airport.

3 What does the woman tell the listeners?
(a) They must wear some safety gear.
(b) They can inspect the machinery.
(c) They may speak with the factory workers.

4 What are the listeners asked to do?
(a) Wear sunglasses
(b) Smile
(c) Look straight ahead

5 What does the speaker recommend?
(a) Putting on safety equipment
(b) Asking questions first
(c) Assisting with the experiment

PART 4

예상 적중 문제 01-03 담화를 듣고 질문에 가장 알맞은 답을 고르세요.

04-30

01. Who most likely is the speaker?
(A) A company president
(B) The head of a department
(C) A new employee
(D) A job applicant

02. How much will the department's budget increase next year?
(A) Five percent
(B) Ten percent
(C) Twenty percent
(D) Twenty-five percent

03. What will happen on Friday?
(A) Proposals will be turned in.
(B) Funding will be approved.
(C) Interviews will be held.
(D) A job advertisement will be placed.

문제 해설

01 인물의 신원 (화자의 신원)

- 화자는 본인이 부서 예산안을 제출했다고(I submitted our department's budget proposal last week) 말했고, 내일 오후 5시까지 자신에게 새로운 제안서를 제출하라고(You should give your new proposals to me by five o'clock tomorrow.) 직원들에게 지시하고 있다.
- 따라서 화자는 부서장일 것이므로 정답은 (B)이다.

02 세부 사항 (언급된 사실)

- 내년 예산이 얼마나 증가될 것인지를 묻고 있다. 따라서 질문의 핵심 어구인 how much 및 increase와 관련된 부분을 살펴보아야 한다.
- 담화 중반부에서 화자는 'Unfortunately, Mr. Donner refused to increase next year's budget by twenty percent. Instead, it will only go up by ten percent.'라고 말했다.
- 이를 통해서, 청자들이 내년 예산을 20퍼센트 증가시켜 달라고 요청했으나 Donner 씨는 이를 승인하지 않고 10퍼센트만 증가시키기로 결정했다는 사실을 알 수 있다. 따라서 정답은 (B)이다.

03 담화 이후의 상황

- '금요일(Friday)'은 담화의 마지막 부분에서 언급되었다.
- 화자는 'I'll go over them closely and submit them to Mr. Donner again on Friday.'라고 말하며 금요일에 제안서를 다시 제출할 것이라고 했다. 따라서 정답은 (A)이다.

스크립트 & 해석

W [01-1] **I submitted our department's budget proposal last week**, and we just got a response back from management. Unfortunately, Mr. Donner refused to increase next year's budget by twenty percent. Instead, [02] **it will only go up by ten percent**. As a result, all of you need to redo your proposals for next year's projects. [01-2] **You should give your new proposals to me by five o'clock tomorrow.** [03] **I'll go over them closely and submit them to Mr. Donner again on Friday.**

W 저는 지난주에 부서 예산안을 제출했는데, 조금 전 경영진으로부터 회신을 받았습니다. 안타깝게도, Donner 씨는 내년도 예산을 20퍼센트 증가시키는 것을 반대했습니다. 대신, 10퍼센트만 증가될 것입니다. 따라서, 여러분들께서는 모두 내년 프로젝트에 대한 기획을 다시 하셔야 합니다. 새로운 기획안은 내일 5시 정각까지 저에게 제출하셔야 합니다. 저는 그것들을 면밀히 검토하여 금요일에 Donner 씨에게 다시 제출할 것입니다.

01. 화자는 누구인 것 같은가?
(A) 회사의 회장
(B) 부서장
(C) 신입 직원
(D) 구직자

02. 내년 부서의 예산은 얼마나 증가될 것인가?
(A) 5퍼센트
(B) 10퍼센트
(C) 20퍼센트
(D) 25퍼센트

03. 금요일에 무슨 일이 있을 것인가?
(A) 제안서가 제출될 것이다.
(B) 재정 지원이 승인될 것이다.
(C) 면접이 진행될 것이다.
(D) 구인 공고가 게재될 것이다.

어휘 submit 제출하다 department 부서 budget proposal 예산안 response 응답, 대답 management 경영, 경영진 as a result 그 결과, 따라서 redo 다시 하다

MORE & MORE

04-31

들리는 문장이 위 담화의 내용과 일치하면 ○, 그렇지 않으면 ×에 표시하세요.

1. The woman turned in ______________ yesterday. (○ | ×)
2. Mr. Donner ______________ with the original proposal. (○ | ×)
3. The listeners must turn in their new proposals ______________. (○ | ×)

정답 p.089

PART 4

예상 적중 문제 04-06 담화를 듣고 질문에 가장 알맞은 답을 고르세요.

04-32

04. What happened on Third Street?

(A) Construction work began.

(B) A truck turned over on the street.

(C) A fire started.

(D) A vehicle hit another one.

05. According to the speaker, which road should listeners drive on?

(A) First Street

(B) Third Street

(C) Orange Avenue

(D) Oak Road

06. When will the speaker make another traffic report?

(A) In five minutes

(B) In fifteen minutes

(C) In thirty minutes

(D) In one hour

문제 해설

04 세부 사항 (언급된 사실)

- 담화 중 Third 가에 관한 부분을 집중해서 듣도록 한다. 화자는 담화 초반부에 Third 가를 이용하지 말 것을 권하면서 'Apparently, a truck collided with a car in the middle of the street.'라고 그 이유를 밝힌다.
- 이를 통해 Third 가에서 트럭과 자동차가 충돌하여 교통 체증이 빚어지고 있다는 점을 알 수 있으므로 정답은 (D)이다.

05 세부 사항 (언급된 사실)

- 화자는 청자들에게 Second 가나 Oak 로를 이용할 것을(Instead, we recommend that you take Second Street or Oak Road.) 추천하고 있다. 따라서 정답은 (D)이다.

06 세부 사항 (언급된 사실)

- 담화의 마지막 부분에서 화자는 'I'll be back with another report in a quarter of an hour.'라고 말하며 15분 뒤에 다른 소식을 가지고 돌아 오겠다고 말했다.
- 'a quarter of an hour'는 '15분'이므로 정답은 (B)이다.

스크립트 & 해석

W If you're leaving the downtown area now, try to avoid traveling north on Third Street. There is a major traffic jam developing on that road. 04) **Apparently, a truck collided with a car in the middle of the street near the intersection with Orange Avenue.** As a result, traffic is moving very slowly. 05) **Instead, we recommend that you take Second Street or Oak Road.** Both of those streets have traffic that's moving faster than normal. This is Tina Watson with the WBDS traffic report. 06) **I'll be back with another report in a quarter of an hour.**

W 지금 도심지를 빠져나가고 계시다면, Third 가를 통해 북쪽으로 가는 것은 피하십시오. 그 도로에서 심각한 교통 체증이 발생하고 있습니다. 소식에 따르면, Orange 가 교차로 인근의 도로 한복판에서 트럭 한 대와 승용차 한 대가 충돌을 했습니다. 따라서, 차량들이 매우 천천히 움직이고 있습니다. 대신, 저희는 여러분들께서 Second 가나 Oak 로를 이용하실 것을 추천합니다. 두 도로 모두에서 차량들이 평소보다 빠르게 이동하고 있습니다. 저는 WBDS의 교통 방송의 Tina Watson입니다. 15분 뒤에 다른 소식을 가지고 돌아 오겠습니다.

04. Third 가에서 어떤 일이 발생했는가?
(A) 공사가 시작되었다.
(B) 트럭 한 대가 도로에서 전복되었다.
(C) 화재가 발생했다.
(D) 한 차량이 다른 차량과 충돌했다.

05. 화자에 따르면, 청자들은 어느 도로를 이용해야 하는가?
(A) First 가
(B) Third 가
(C) Orange 가
(D) Oak 로

06. 화자는 언제 다른 교통 정보를 전달할 것인가?
(A) 5분 뒤에
(B) 15분 뒤에
(C) 30분 뒤에
(D) 1시간 뒤에

어휘 downtown area 도심지, 시내 중심가 apparently 보아 하니, 듣자 하니 collide with ~와 충돌하다 turn over 뒤집어지다

MORE & MORE

04-33

들리는 문장이 위 담화의 내용과 일치하면 ○, 그렇지 않으면 ×에 표시하세요.

1. Traffic on Third Street is ____________. (○ | ×)
2. A truck ____________ on the street. (○ | ×)
3. There was ____________ on Second Street. (○ | ×)

정답 p.089

예상적중문제 07-09 담화를 듣고 질문에 가장 알맞은 답을 고르세요.

04-34

07. According to the speaker, what will happen next week?
(A) A company will be closed for renovations.
(B) New computer equipment will be purchased.
(C) Workers will move to a different office.
(D) Executives will conduct an inspection.

08. Why does the speaker tell the listeners to call the IT Department?
(A) To have some computer software installed
(B) To ask for assistance in transferring computer files
(C) To report problems with their Internet connections
(D) To sign up for a computer training course

09. What are the listeners asked to do?
(A) Box up their items
(B) Update their computers
(C) Download some software
(D) Move their desks

문제 해설

07 세부 사항 (언급된 사실)

- 담화의 첫 부분에서 '다음 주'에 대한 내용이 언급되고 있다.
- 화자는 'Next Monday, we're going to move to a new office.'라고 말했는데, 이는 다음 주 월요일에 새로운 사무실로 이전하게 된다는 의미이므로 정답은 (C)이다.

08 세부 사항 (언급된 사실)

- IT 부서에 대해 언급된 사항은 담화 중반부의 'If you don't know how to transfer files, call the IT Department.'라는 부분이다.
- 이는 파일을 옮기는 방법을 모르는 경우에 IT 부서로 전화하라는 의미이므로 정답은 (B)이다.

09 세부 사항 (요청)

- 담화의 초반부에서 화자는 사무실 이전에 대해 이야기한 후 청자들이 해야 할 일을 언급하고 있다.
- 청자들은 첫째, 파일을 외장 하드 드라이브에 백업해야 하고, 둘째, 개인 용품을 박스에 포장해야 하며, 셋째, 책상을 깨끗이 정리해야 한다. 보기 중에서 이러한 사항과 일치하는 것은 (A)뿐이다.

스크립트 & 해석

M 07) **Next Monday, we're going to move to a new office.** Before you leave the office on Friday, you need to do the following. First, make sure your computer files are backed up on external hard drives. I will provide you with the drives tomorrow. 08) **If you don't know how to transfer files, call the IT Department.** Second, 09) **put all of your personal items in these boxes here behind me.** Finally, make sure your desks are completely clean and cleared off. Thank you.

M 다음 주 월요일에 우리는 새로운 사무실로 이전을 하게 됩니다. 금요일 퇴근을 하시기 전에, 여러분들께서는 다음 사항들을 따라 주셔야 합니다. 첫째, 컴퓨터에 있는 파일은 반드시 외장 하드 드라이브에 백업해 두십시오. 제가 내일 여러분들께 드라이브를 드릴 것입니다. 파일을 옮기는 방법을 모르신다면, IT 부서로 전화하세요. 둘째, 여기 제 뒤에 있는 이 상자에 여러분의 개인 물품들을 모두 넣어 주십시오. 마지막으로, 반드시 책상을 깨끗이 청소해 주시고 비워 주십시오. 감사합니다.

07. 화자에 따르면, 다음 주에 일어날 일은 무엇인가?
(A) 회사는 개조 공사 때문에 문을 닫을 것이다.
(B) 새 컴퓨터 장비가 구매될 것이다.
(C) 직원들이 다른 사무실로 이동할 것이다.
(D) 경영진들이 점검을 실시할 것이다.

08. 청자들은 왜 IT 부서에 전화해야 하는가?
(A) 컴퓨터 소프트웨어를 설치하기 위해서
(B) 컴퓨터 파일을 옮기는 것에 도움을 요청하기 위해서
(C) 인터넷 연결 관련 문제를 알리기 위해서
(D) 컴퓨터 학습 과정에 등록하기 위해서

09. 청자들은 무엇을 하라는 요청을 받는가?
(A) 물품들을 상자에 넣으라고
(B) 컴퓨터를 업데이트하라고
(C) 몇몇 소프트웨어를 다운로드하라고
(D) 책상을 옮기라고

어휘 back up 백업하다　external hard drive 외장 하드 드라이브　provide A with B A를 B에게 제공하다　personal 개인적인　clear off 깨끗이 치우다

MORE & MORE

04-35

들리는 문장이 위 담화의 내용과 일치하면 ○, 그렇지 않으면 ×에 표시하세요.

❶ The listeners are told to back up ______________. (○ | ×)

❷ The listeners are expected to purchase ______________. (○ | ×)

❸ The speaker tells the listeners to ______________. (○ | ×)

정답 p.089

PART 4

예상 적중 문제 10-12 담화를 듣고 질문에 가장 알맞은 답을 고르세요.

04-36

10. What type of event will be held?
    (A) A training session
    (B) A keynote speech
    (C) A farewell party
    (D) An awards ceremony

11. Who most likely is Mr. Sullivan?
    (A) A convention hall worker
    (B) A caterer
    (C) A chef
    (D) A hotel clerk

12. What is Mr. Sullivan asked to do?
    (A) Provide more food than he was expecting to
    (B) Arrive earlier than he was told
    (C) Set up everything for all of the guests
    (D) Attend an upcoming event

문제 해설

10 세부 사항 (언급된 사실)

- 담화의 초반부에서 행사의 종류가 언급되어 있다.
- 'We initially asked you to bring the food and beverages to the retirement party in our office by three o'clock.'이라는 문장에서 행사의 종류는 은퇴 기념 행사임을 알 수 있으므로 정답은 (C)이다.
- 보기에서는 'retirement party'를 'farewell party'로 표현하였다.

11 **인물의 신원 (청자의 신원)**

- 10번 문제의 단서가 되었던 문장인 'We initially asked you to bring the food and beverages to the retirement party in our office by three o'clock.'에서 청자의 신원 또한 알아낼 수 있다.
- 화자는 청자에게 화자의 사무실에서 있을 은퇴 기념 파티에 음식과 음료를 가져다 줄 것을 부탁했으므로, 보기 중에서 청자의 신원으로 가장 적절한 것은 (B)의 caterer(음식 공급 업자)이다.

12 세부 사항 (요청)

- 화자는 Sullivan 씨에게 처음에는 자신이 3시까지 음식과 음료를 가져다 달라고 했지만 행사 시간이 변경되었다고 하면서 'Would it be possible for you and your team to come a half hour early?'라고 말한다.
- 즉 화자는 Sullivan 씨에게 30분 일찍 와 달라는 요청을 하고 있으므로 정답은 (B)가 된다.

스크립트 & 해석

M Mr. Sullivan, I have a request for you. 10) 11) **We initially asked you to bring the food and beverages to the retirement party in our office by three o'clock.** That would allow us to set up everything before our guests begin arriving at four. However, the time of the event has changed. We are now expecting many employees to start arriving at three thirty. 12) **Would it be possible for you and your team to come a half hour early?**

M Sullivan 씨, 부탁이 있어요. 원래 저희가 3시까지 저희 사무실에서 열리는 은퇴 기념 파티에 음식과 음료를 가져다 달라고 요청을 드렸었어요. 그렇게 하면 손님들이 4시에 도착하기 전까지 모든 것을 준비해 둘 수가 있으니까요. 하지만, 행사 시간이 변경되었어요. 현재 많은 직원들이 3시 30분부터 도착할 것으로 예상되고 있어요. 당신과 당신네 팀이 30분 일찍 와 주실 수 있나요?

10. 어떤 종류의 행사가 열릴 것인가?
(A) 교육 과정
(B) 기조연설
(C) 송별회
(D) 시상식

11. Sullivan 씨는 누구인 것 같은가?
(A) 컨벤션홀 직원
(B) 음식 공급 업자
(C) 요리사
(D) 호텔 직원

12. Sullivan 씨는 무엇을 하라는 요청을 받는가?
(A) 예상한 것보다 더 많은 음식을 가져다 준다
(B) 그가 들었던 것보다 더 일찍 도착한다
(C) 모든 손님들을 위한 모든 것들을 준비한다
(D) 다가오는 행사에 참석한다

어휘 request 요청, 부탁 initially 처음에 beverage 음료 set up ~을 마련하다, 준비하다 possible 가능한

MORE & MORE

04-37

들리는 문장이 위 담화의 내용과 일치하면 ○, 그렇지 않으면 ×에 표시하세요.

❶ The listener is ______________ three kinds of beverages. (○ | ×)

❷ The listener was ______________ at three. (○ | ×)

❸ The listener is told to ______________. (○ | ×)

정답 p.089

Unit 04

세부 사항 II (문제점, 이유, 방법, 정도)

학습 포인트

✔ 난처한 상황이나 문제점과 관련된 내용은 담화의 앞부분에서 언급되는 경우가 많고 그에 대한 해결책은 담화의 후반부에 제시되는 경우가 많다.

✔ 원인 및 이유를 묻는 질문의 경우, 정답의 단서는 보통 담화의 초반부에서 드러나는 경우가 많다.

✔ 방법이나 정도를 묻는 질문은 How로 시작한다. 혼란을 유발하기 위해서 수단이나 정도를 나타내는 표현이 여러 가지 언급되기 때문에, 문제에서 요구하는 수단이나 정도가 무엇인지를 정확히 파악한 다음 담화를 들어야 한다.

예제

04-38

Q. What is the problem?

(A) The electricity in the building is out.
(B) Water is coming in from the roof.
(C) There is too much snow on the roof.
(D) The Internet has stopped working.

Q. 무엇이 문제인가?

(A) 건물에서 정전이 일어났다.
(B) 지붕에서 물이 새어 나오고 있다.
(C) 지붕에 너무나 많은 양의 눈이 있다.
(D) 인터넷이 작동되지 않는다.

M Hello. This is Greg Hanson calling from the Accounting Department. I'd like to report a leak in the ceiling. There's water dripping from the ceiling right above one of the desks. I can see a big puddle of water on the floor here. I guess there must be a lot of water on the roof after last night's storm. Could you please send someone over right away? We need to fix this problem immediately.

M 안녕하세요. 저는 Greg Hanson이며, 회계 부서에서 전화를 드리고 있습니다. 저는 천장 누수에 관해 알려 드리고자 합니다. 어떤 책상 바로 위의 천장에서 물이 떨어지고 있습니다. 이곳 바닥에서는 커다란 물 웅덩이를 볼 수가 있습니다. 저는 어젯밤 폭풍이 지나간 다음 지붕에 많은 양의 물이 있을 것이라고 생각합니다. 지금 바로 사람을 보내 주실 수 있을까요? 빨리 이 문제를 해결해야 합니다.

어휘 report 보고하다 leak 누수 ceiling 천장 drip (액체 등이) 똑똑 떨어지다 puddle 웅덩이 roof 지붕 storm 폭풍 electricity 전기

문제 유형 분석

어떤 문제가 발생했는지 묻고 있다. 따라서 화자가 처해 있는 곤란한 상황이나 화자가 우려하고 있는 바가 구체적으로 무엇인지 파악하도록 한다.

풀이 전략

❶ 이러한 문제가 출제되면 보기들을 빠르게 살펴본 다음 담화의 내용 중에서 정답의 단서라고 생각되는 정보가 들리면 곧바로 답을 골라야 한다.

❷ 담화의 초반부에서 화자는 'I'd like to report a leak in the ceiling.'이라고 말한다. 이를 통해 화자의 문제는 천장에서 물이 샌다는 것임을 알 수 있다. 또한 이후의 dripping, puddle 등의 표현을 통해서도 화자가 누수 문제를 겪고 있음을 확인할 수 있다. 따라서 정답은 (B)이다.

❸ 참고로 문제점을 묻는 문제의 경우에는 보통 역접의 의미를 갖는 연결어(however, unfortunately, sadly 등) 앞뒤로 정답의 단서가 나오는 경우가 많다.

기본기 다지기

❶ 질문 예시

(1) **문제점**

- **What** is the **problem**? 무엇이 문제인가?
- **What** is the **speaker's problem**? 화자의 문제는 무엇인가?
- **What** is the speaker **concerned about**? 화자는 무엇에 대해 걱정하는가?

(2) **이유**

- **Why** does the speaker **suggest** going by bus? 화자는 왜 버스로 가는 것을 제안하는가?
- **Why** does the speaker **apologize**? 화자는 왜 사과를 하는가?
- **Why** is the speaker **late for the meeting**? 화자는 왜 회의에 늦는가?
- **Why** are the listeners **nervous**? 청자들은 왜 긴장하는가?

(3) **방법**

- **How can** the listeners **get assistance**? 청자들은 어떻게 도움을 받을 수 있는가?
- **How does** the speaker intend to **get to the airport**? 화자는 어떻게 공항에 갈 생각인가?
- **How can** the listeners ask **Ms. Lopez questions**? 청자들은 Lopez 씨에게 어떻게 질문할 수 있는가?

(4) **정도**

- **How long should it take** the speaker to arrive at the office?
  화자는 사무실에 도착하는 데 얼마나 오래 걸릴 것인가?
- **How much of a discount** can shoppers get at the Buono Restaurant?
  Buono 식당에서 얼마를 할인 받을 수 있는가?

❷ 문제점과 관련된 표현

(1) 부정적인 표현

담화에서 문제점과 관련된 내용은 부정적인 표현 뒤에 이어지는 경우가 많다. 그러므로 unfortunately, sorry, regret 등과 같은 표현이 언급되는 부분을 통해 문제점의 단서를 찾도록 한다.

Unfortunately, we don't have enough workers at the moment.
유감스럽게도, 우리는 지금 충분한 수의 직원을 보유하고 있지 않습니다.

We're sorry, but all of our operators are currently assisting customers at this moment.
죄송하지만, 지금은 교환원이 모두 다른 고객들을 도와 드리고 있습니다.

I **regret to** inform you that I've got to cancel tomorrow morning's meeting.
내일 아침 회의를 취소해야 한다는 사실을 알리게 되어 유감입니다.

(2) 연결어

담화에서는 연결어 다음에 중요한 정보가 언급되는 경우가 많다. 부정적인 표현이 아닌 일반적인 연결어구 다음에도 문제점이 언급될 수 있다.

For your information, I'm running a few minutes late. 참고로 말하자면, 저는 몇 분 늦을 것 같아요.

Now, I know that Steve has a bit of a bad reputation around here.
자, 저는 Steve가 이곳에서 다소 나쁜 평판을 받고 있다는 것을 알고 있습니다.

❸ 이유와 관련된 표현

이유와 관련된 접속사나 전치사가 포함된 내용을 통해 정답의 단서를 찾도록 한다.

Due to minor accidents, traffic is moving more slowly than usual.
작은 사고들 때문에, 교통은 평소보다 느리게 움직이고 있다.

I'm flying to Rome in an hour **because** I've got to meet with a client there.
고객과 만나야 하기 때문에, 저는 한 시간 뒤에 로마로 갈 것입니다.

Since he's a major client, I don't have much of a choice.
그는 중요한 고객이기 때문에, 저로서는 선택의 여지가 없습니다.

❹ 방법 관련 정보 파악

담화에서는 방법과 관련된 여러 가지 정보가 나열될 수 있는데, 이 경우 finally와 같이 최종적인 방법으로 언급되는 것을 집중해서 들어야 한다.

예시	방법
Let me tell you what to do. **First, take pictures** of the damaged area. **Next, download the pictures** to your computer. **Finally, e-mail them** to the repairman. That way, he will know exactly what the problem is before he arrives. 어떻게 하셔야 할지 말씀을 드리겠습니다. 우선, 손상된 부분의 사진을 찍으세요. 그 다음에, 컴퓨터에 사진을 다운로드하세요. 마지막으로, 사진을 수리 기사에게 이메일로 보내세요. 그렇게 함으로써, 수리 기사가 도착하기 전에, 기사가 정확히 어떤 문제인지를 알게 될 것입니다.	여러 가지 방법들이 나열되어 있지만, 최종적으로 언급된 "Finally, e-mail them"이 방법과 관련된 핵심 정보이다.

★ 빈출 표현 정리

기상 현상 관련

storm 폭풍	flood 홍수	blizzard 눈보라
hurricane 허리케인	drought 가뭄	heavy rain 폭우
tornado 토네이도	hail 우박	heavy snowfall 대설, 폭설
fog 안개	humidity 습도	discomfort index 불쾌지수

The **hurricane** went onto land and caused a lot of **flooding.** 허리케인이 상륙하여 큰 홍수가 일어났다.

The **drought** suddenly ended when **heavy rain** fell for three days.
3일 동안 폭우가 내리자 갑작스럽게 가뭄이 끝났다.

전화 통화 관련

make [give] a call 전화를 걸다	hang up 전화를 끊다
stay on the line 전화기를 들고 기다리다	hold on 전화를 끊지 말고 기다리다
transfer a call 전화를 돌려 주다	answer [pick up, get] the phone 전화를 받다

Pick up the phone since it won't stop ringing. 벨이 멈추지 않고 울리고 있으니 전화를 받으세요.

Let me **transfer your call** to the Sales Department. 전화를 영업부로 돌려 드리겠습니다.

Please **stay on the line** for one more minute. 잠시만 전화기를 들고 기다려 주세요.

우편 업무 관련

sender 발신인	airmail 항공 우편	registered mail 등기 우편
weigh 무게를 재다	receiver 수신인, 수취인	surface mail 선박 우편
additional charge 추가 요금	ship 선적하다	delivery 배달
express mail 특급 우편	stamp 우표; 스탬프를 찍다	keep track of ~을 추적하다

The names and the addresses of the **sender** and the **receiver** should be written clearly on the package. 발신인과 수신인의 이름 및 주소는 소포에 명확하게 작성되어야 한다.

For an additional charge, the post office will **keep track of** the location of your package.
추가 요금을 지불하면, 우체국이 소포의 위치를 추적해 줄 것이다.

기본기 체크업

Ⓐ 담화를 듣고 질문에 답하세요.

04-39

1 무엇이 문제인가?
(a) 사무실 문이 열리지 않는다
(b) 전기가 들어오지 않는다
(c) 내부 전산망을 이용할 수 없다

2 정차를 하려는 이유는 무엇인가?
(a) 엔진에 문제가 생겨서
(b) 주유를 하기 위해서
(c) 휴게소에 들르기 위해서

3 왜 매출이 증가하고 있는가?
(a) 잡지의 리뷰 때문에
(b) 할인 행사 때문에
(c) 특별 이벤트 때문에

4 화자에게 어떤 일이 발생했는가?
(a) 택시를 잡지 못했다
(b) 길을 잃었다
(c) 사고가 났다

5 카드를 신청하는 이유는 무엇인가?
(a) 사은품을 받기 위해서
(b) 연간 회원에 가입하기 위해서
(c) 할인을 받기 위해서

Ⓑ 담화를 듣고 주어진 진술이 사실이면 O, 그렇지 않으면 X에 표시하세요.

04-40

1 (a) A company's workers went on strike. (O | X)
(b) The workers were not given pay raises. (O | X)
(c) The company has declared bankruptcy. (O | X)

2 (a) The man's television does not work properly. (O | X)
(b) There is a scratch on the television screen. (O | X)
(c) The man wants his television replaced with a new one. (O | X)

3 (a) There is a fire in the building. (O | X)
(b) The elevators have stopped working. (O | X)
(c) Fire trucks have just arrived. (O | X)

정답 p.089

4 (a) A sofa was ordered by Mr. Jacobs. (O | X)
(b) The store attempted to deliver the items this morning. (O | X)
(c) The items can be delivered today or tomorrow. (O | X)

5 (a) All students must attend summer school classes. (O | X)
(b) Summer school classes do not cost any money. (O | X)
(c) Twenty students may take each class. (O | X)

C 담화를 듣고 질문에 답하세요.

04-41

1 According to the announcement, why was the train delayed?
(a) It had a mechanical problem.
(b) The crew arrived late.
(c) The weather was not good.

2 What is the problem?
(a) The man did not pay for his groceries.
(b) The man forgot one of his possessions.
(c) The man left his ID card at the store.

3 Why are listeners instructed to visit Sam's Furniture Store?
(a) To pick up the items they ordered
(b) To order items to be delivered
(c) To make offers on certain items

4 What does the man think of the new computer system?
(a) It is too expensive.
(b) It is very effective.
(c) It is simple to use.

5 How long will the ferry trip last?
(a) Thirty minutes
(b) Forty-five minutes
(c) Sixty minutes

PART 4 예상 적중 문제 01-03 담화를 듣고 질문에 가장 알맞은 답을 고르세요.

04-42

01. Where most likely does the talk take place?

(A) In a store

(B) In a warehouse

(C) In an office

(D) In a factory

02. Why are the listeners told to stop working?

(A) To hear a lecture on safety

(B) To let the foremen check their work

(C) To allow the machines to be inspected

(D) To have them take a short break

03. What are the managers going to do?

(A) Submit employees' timesheets

(B) Inspect some finished products

(C) Examine some equipment

(D) Put on a safety demonstration

문제 해설

01 담화의 장소

- 담화의 초반부에서 화자는 '우리는 조립 라인의 가동을 중단할 것이라고(we are going to shut down the assembly line) 안내하고 있다.
- 조립 라인이 있는 곳은 '공장(factory)'일 것이므로 정답은 (D)이다.

02 세부 사항 (이유)

- 담화의 초반부에서 화자는 5분 후에 작업이 중단될 것이니 작업장에서 떨어져 있으라고 말하면서 'We are going to conduct a safety inspection.'이라고 작업 중단의 이유를 밝히고 있다.
- 즉, 작업을 중단해야 하는 이유는 안전 점검 때문임을 알 수 있으므로 정답은 (C)이다.

03 세부 사항 (언급된 사실)

- 관리자들에 대해 언급된 사실은 담화 후반부의 'So the managers are going to check every single piece of equipment.'라는 부분이다.
- 이는 '관리자들이 모든 장비들의 부품 하나하나를 점검할 것'이라는 내용이므로 정답은 (C)이다.
- 담화의 'check'이 보기에서는 'examine'으로 바꾸어 표현되었다.

스크립트 & 해석

M Everyone, please listen closely. In five minutes, 01) **we are going to shut down the assembly line.** When that happens, stop working and step away from your workplaces. 02) **We are going to conduct a safety inspection.** The foremen have reported that some of the machinery is not being maintained well. We don't want anyone to get hurt. 03) **So the managers are going to check every single piece of equipment.** Until we finish, the assembly line will not be operational.

M 모두들 주의해서 들어 주십시오. 5분 후에 조립 라인의 가동이 중단될 예정입니다. 그렇게 되면, 작업을 중단하고 작업장으로부터 떨어져 계십시오. 안전 점검이 실시될 것입니다. 작업 반장들은 몇몇 기계류들이 잘 관리되지 않고 있다고 보고했습니다. 우리는 누구도 다치는 것을 원하지 않습니다. 따라서 관리자들이 모든 장비들의 부품 하나하나를 점검할 것입니다. 종료될 때까지, 조립 라인은 가동되지 않을 것입니다.

01. 담화가 일어나는 장소는 어디인 것 같은가?
(A) 상점에서
(B) 창고에서
(C) 사무실에서
(D) 공장에서

02. 청자들은 왜 작업을 중단하라는 말을 듣는가?
(A) 안전에 대한 강연을 듣기 위해서
(B) 공장장이 그들의 작업을 확인할 수 있도록 하기 위해서
(C) 기계들이 점검을 받을 수 있도록 하기 위해서
(D) 그들에게 짧은 휴식 시간을 갖도록 하기 위해서

03. 관리자들은 무엇을 할 것인가?
(A) 직원출근기록부를 제출한다
(B) 몇몇 완제품을 검사한다
(C) 몇몇 장비를 점검한다
(D) 안전시범을 상연한다

어휘 shut down 폐쇄하다, 중단하다 assembly line 조립 라인 step away from ~으로부터 떨어져 있다, ~에서 물러서다 workplace 일터, 작업장 conduct 실행하다 safety inspection 안전 검사 foreman 작업 반장, 공장장 machinery 기계류 maintain 유지하다, 관리하다 equipment 장비, 설비 operational 작동하는 lecture 강의, 강연 inspect 조사하다, 점검하다 take a break 쉬다

MORE & MORE

04-43

들리는 문장이 위 담화의 내용과 일치하면 ○, 그렇지 않으면 ×에 표시하세요.

❶ The assembly line has been ____________. (○ | ×)
❷ Some workers ____________ recently. (○ | ×)
❸ Some machines are not ____________. (○ | ×)

정답 p.093

PART 4

예상 적중 문제 04-06 담화를 듣고 질문에 가장 알맞은 답을 고르세요.

04-44

04. What is the purpose of the call?

(A) To respond to a question about an order

(B) To request some missing information

(C) To mention a mistake with a price

(D) To provide information about another item

05. What is the cause of the problem?

(A) A loss of electricity

(B) An employee in the Shipping Department

(C) A problem with a computer

(D) A lack of time

06. According to the talk, why would the listener leave a voicemail message?

(A) Because the speaker is finished with work

(B) Because the speaker is on a conference call

(C) Because the speaker is meeting another client

(D) Because the speaker is on the factory floor

문제 해설

04 목적

- 화자가 전화를 건 목적은 'there was a failure in the computer system, so we lost your address.'라는 부분과 'Once you let us know your address'라는 내용을 통해 알 수 있다.
- 컴퓨터 시스템의 장애로 인해 화자가 청자의 주소를 잃어버려서 주소를 다시 알려 달라는 의미이므로 정답은 (B)이다.
- 담화의 'address'를 보기에서는 'information'으로 표현했다.

05 세부 사항 (문제점)

- 화자는 'We have your order ready to deliver to you. However, there was a failure in the computer system, so we lost your address.'라고 말하면서 고객이 주문한 제품의 배송 준비는 마쳤으나 컴퓨터 시스템 장애로 고객의 주소를 잃어버렸다고 말한다.
- 따라서 주소를 잃어버린 것이 문제이고 그 원인은 컴퓨터 시스템 장애이므로 정답은 (C)이다.

참고합시다!

난처한 상황이나 애로 사항에 관한 내용이 다루어지는 경우에는 however, nevertheless, unfortunately, sadly 등과 같은 역접의 의미를 가진 부사 이후에 정답의 단서가 드러나는 경우가 많다.

06 세부 사항 (이유)

- 청자가 음성메시지를 남겨야 하는 경우로 언급된 것은 'I'll be here until six in the evening. If you call after that, simply leave a voicemail message'이다.
- 화자가 6시까지 근무하기 때문에, 그 이후에 전화를 할 경우 음성메시지를 남겨야 한다. 그러므로 정답은 (A)이다.

스크립트 & 해석

M Mr. Weatherspoon, I'm calling from the Shipping Department at the Grayson Corporation. We have your order ready to deliver to you. However, 04-1) 05) **there was a failure in the computer system, so we lost your address.** Could you please call me back at 754-1232 as soon as possible? 04-2) **Once you let us know your address**, we can mail the items to you. 06) **I'll be here until six in the evening. If you call after that, simply leave a voicemail message** with the relevant information, please.

M Weatherspoon 씨, Grayson 사의 물류부서에서 전화를 드립니다. 저희는 귀하의 주문 제품에 대한 배송 준비를 마쳤습니다. 하지만, 컴퓨터 시스템에 장애가 있어서, 귀하의 주소를 잃어버렸습니다. 가능한 한 빨리 754-1232로 저에게 전화를 주실 수 있으신지요? 주소를 알려 주시면 귀하의 물품을 우편으로 보내 드릴 수 있습니다. 저는 저녁 6시까지 이곳에 있을 것입니다. 그 이후에 전화를 주시는 경우에는, 관련 정보가 담긴 음성 메시지를 남겨 주시기 바랍니다.

04. 전화의 목적은 무엇인가?
(A) 주문에 대한 질문에 답변하기 위해서
(B) 잃어버린 정보를 요청하기 위해서
(C) 가격과 관련된 실수를 언급하기 위해서
(D) 다른 제품에 대한 정보를 제공하기 위해서

05. 문제의 원인은 무엇인가?
(A) 전력 공급 중단
(B) 물류부서의 직원
(C) 컴퓨터 문제
(D) 시간 부족

06. 담화에 따르면, 청자는 왜 음성메시지를 남겨야 할 것인가?
(A) 화자가 업무를 끝마쳤기 때문에
(B) 화자가 전화 회의 중이기 때문에
(C) 화자가 다른 고객을 만나고 있기 때문에
(D) 화자가 작업 현장에 있기 때문에

어휘 failure 실패; 고장 once ~할 때, ~하자마자 voicemail message 음성 메시지 relevant 관련이 있는, 적절한 loss 손실 electricity 전기, 전력

MORE & MORE

04-45

들리는 문장이 위 담화의 내용과 일치하면 ○, 그렇지 않으면 ×에 표시하세요.

❶ An order has ______________ yet. (○ | ×)
❷ An address is ______________. (○ | ×)
❸ ______________ has not been paid. (○ | ×)

정답 p.093

PART 4

예상 적중 문제 07-09 담화를 듣고 질문에 가장 알맞은 답을 고르세요.

04-46

07. What did Ultra Motors do?

(A) It announced a buyback program.

(B) It released a new design.

(C) It recalled some of its vehicles.

(D) It reduced the prices of some cars.

08. Why should owners take their cars to an Ultra Motors dealer?

(A) To have the tires replaced

(B) To get the oil changed

(C) To repair some engine problems

(D) To prevent gas leaks

09. What does the speaker suggest about the work done on the cars?

(A) It is a simple procedure.

(B) It will cost a lot of money.

(C) It is not necessary to do soon.

(D) It can be done at people's homes.

문제 해설

07 세부 사항 (언급된 사실)

- 대화의 첫 부분에서 Ultra Motors는 2021년식 모델의 모든 차량을 리콜한다고 발표했다는(automobile manufacturer Ultra Motors announced a recall on every one of its 2021 models) 내용이 언급되었다.
- 그러므로 몇몇 차량들에 대해 리콜을 실시했다는 내용의 (C)가 정답이다.

08 세부 사항 (이유)

- 화자는 담화 초반부에서 Ultra Motors가 2021년 차량을 리콜한다는 소식을 전한 후, 리콜 이유가 '엔진 문제'(a problem with the engines)라고 밝히고 있다.
- 즉, 제조업체에서 엔진에 문제가 있는 차량을 수리해 주기 위해 리콜을 실시하는 것임을 알 수 있으므로 정답은 (C)가 된다.

09 추론

- 화자는 리콜과 관련된 정보를 전달하면서, 문제가 30분 정도면 해결될 수 있다고(The problem can be fixed in around thirty minutes.) 말했다.
- 수리 작업 시간이 얼마 걸리지 않는 것으로 보아 리콜은 쉽게 해결할 수 있는 문제라고 추측할 수 있으므로 정답은 (A)이다.

스크립트 & 해석

W Today, 07) **automobile manufacturer Ultra Motors announced a recall on every one of its 2021 models**. According to a company spokesman, 08) **there's a problem with the engines** in all cars made by Ultra Motors in the year 2021. In certain situations, a fire could start in a vehicle's engine. The company asks that affected owners take their vehicles to their local Ultra Motors dealer. 09) **The problem can be fixed in around thirty minutes.** The repairs will be free of charge.

W 오늘, 자동차 제조업체인 Ultra Motors가 2021년 모델의 모든 차량을 리콜한다고 발표했습니다. 회사의 대변인에 따르면, 2021년에 Ultra Motors에서 만들어진 모든 자동차 엔진에 문제가 있습니다. 특정한 상황에서는 차량 엔진에서 화재가 발생할 수도 있습니다. 회사는 해당 차량 소유주들에게 인근 Ultra Motors의 딜러에게 차량을 가지고 갈 것을 요청하고 있습니다. 문제는 약 30분 정도면 해결될 수 있습니다. 수리비는 무료입니다.

07. Ultra Motors는 무엇을 했는가?
(A) 재판매 프로그램을 발표했다.
(B) 새로운 디자인을 출시했다.
(C) 몇몇 차량에 대해 리콜을 실시했다.
(D) 몇몇 차량의 가격을 인하했다.

08. 소유주들은 왜 자신의 차량을 Ultra Motors 딜러에게 가지고 가야 하는가?
(A) 타이어를 교체하기 위해서
(B) 오일을 교환하기 위해서
(C) 엔진 문제를 수리하기 위해서
(D) 가스 누출 사고를 예방하기 위해서

09. 화자는 차량의 작업에 대해 무엇을 암시하는가?
(A) 간단한 작업이다.
(B) 많은 비용이 들 것이다.
(C) 빨리 할 필요는 없다.
(D) 사람들의 집에서 할 수 있다.

어휘 automobile 자동차 manufacturer 제조업자, 제조업체 announce 발표하다 recall 리콜 spokesman 대변인 situation 상황 affected 영향을 받는 owner 소유주 vehicle 차량, 탈 것 dealer 중개인, 딜러 free of charge 무료의 replace 교체하다, 교환하다 prevent 막다, 예방하다

MORE & MORE

04-47

들리는 문장이 위 담화의 내용과 일치하면 ○, 그렇지 않으면 ×에 표시하세요.

1. Some Ultra Motors cars have ____________. (○ | ×)
2. The problem ____________ made during one year. (○ | ×)
3. The problem ____________ in half an hour. (○ | ×)

정답 p.093

PART 4

예상 적중 문제 10-12 담화를 듣고 질문에 가장 알맞은 답을 고르세요.

04-48

10. Where is the announcement being made?

(A) At an engineering school

(B) At a professional gathering

(C) At a safety workshop

(D) At an employee orientation

11. What is the problem?

(A) A speech has been canceled.

(B) A participant will not arrive.

(C) A conference must be rescheduled.

(D) A workshop has been postponed.

12. Why does the speaker mention the room of the event?

(A) To indicate that it has been changed

(B) To note how many people it can hold

(C) To state that it has audiovisual equipment

(D) To mention that it needs more chairs

문제 해설

10 담화의 장소

- 담화의 첫 부분에서 화자는 'Before we hear the opening speech of the conference'라고 말했다.
- conference는 '학회, 회의'라는 의미인데, 이를 'professional gathering'으로 바꾸어 표현한 (B)가 정답이 된다.

11 세부 사항 (문제점)

- 화자는 담화의 초반부에서 오전 11시의 워크숍을 주재할 것으로 예정되었던 Tom Bradford 박사가 비행기의 기계적인 문제 때문에 늦게 도착할 것이라고(Dr. Bradford's plane has been delayed due to mechanical reasons) 말한 후 이로 인해 '워크숍이 오후 3시에 시작될 것'(Therefore, his workshop will begin at three in the afternoon.)이라고 말했다.
- 즉, 원래 11시에 시작될 워크숍이 오후 3시로 미루어진 것이므로 정답은 (D)가 된다.
- 학회 일정 자체가 재조정될 필요는 없으므로 (C)를 정답으로 골라서는 안 된다.

12 세부 사항 (이유)

- 담화의 마지막 부분에서 화자는 'It will not be held in room 421. Instead, it is going to be held in room 342.'라고 말하며 '행사 장소 변경 내용'을 자세하게 알리고 있다. 따라서 정답은 (A)이다.

스크립트 & 해석

W [10] **Before we hear the opening speech of the conference**, I have an announcement to make. Dr. Tom Bradford is scheduled to lead a workshop today at eleven in the morning. However, [11-1] **Dr. Bradford's plane has been delayed due to mechanical reasons.** Dr. Bradford doesn't expect to be here until one in the afternoon. [11-2] **Therefore, his workshop will begin at three today.** [12] **It will not be held in room 421. Instead, it is going to be held in room 342**.

W 학회의 개회사를 듣기에 앞서, 안내 말씀을 드리겠습니다. Tom Bradford 박사님께서 오늘 오전 11시 워크숍을 주재하시기로 예정되어 있습니다. 하지만, 기계적인 문제로 인해 Bradford 박사님의 비행기가 연착되고 있습니다. Bradford 박사님께서는 오후 1시 이후가 되어서야 여기에 오실 수 있을 것으로 생각됩니다. 따라서, 그분의 워크숍은 오늘 3시에 시작될 것입니다. 워크숍은 421호실에서 열리지 않을 것입니다. 대신, 342호실에서 열릴 것입니다.

10. 안내는 어디에서 이루어지는가?
    (A) 기술학교에서
    (B) 전문적인 모임에서
    (C) 안전 워크숍에서
    (D) 직원 오리엔테이션에서

11. 무엇이 문제인가?
    (A) 연설이 취소되었다.
    (B) 참가자 한 명이 도착하지 않을 것이다.
    (C) 학회 일정이 재조정될 것이다.
    (D) 워크숍이 연기되었다.

12. 화자는 왜 행사의 호실을 언급하는가?
    (A) 호실이 변경되었음을 알리기 위해서
    (B) 수용할 수 있는 사람들의 수를 언급하기 위해서
    (C) 시청각 장비를 보유하고 있다는 사실을 언급하기 위해서
    (D) 더 많은 의자가 필요하다는 것을 언급하기 위해서

어휘 opening speech 개회사 be scheduled to ~하기로 예정되어 있다 participant 참가자 postpone 연기하다, 미루다

MORE & MORE

04-49

들리는 문장이 위 담화의 내용과 일치하면 ○, 그렇지 않으면 ×에 표시하세요.

❶ Dr. Bradford ______________. (○ | ×)

❷ Dr. Bradford is going ______________. (○ | ×)

❸ A conference event ______________. (○ | ×)

정답 p.093

Part 4 담화를 듣고 질문에 가장 알맞은 답을 고르세요. 04-50

1. What is the talk mainly about?
(A) The location of an event
(B) What the price of admission is
(C) The day's activities
(D) How to register for an event

2. What is going to take place at ten?
(A) A concert
(B) Games
(C) A race
(D) A fishing contest

3. Where most likely is the event taking place?
(A) At a conference center
(B) In a park
(C) In a stadium
(D) At a school

4. Who most likely is the woman?
(A) A computer programmer
(B) An engineer
(C) An accountant
(D) A reporter

5. Where is the woman calling from?
(A) An airport
(B) Her office
(C) Her home
(D) A factory

6. What does the woman tell the man to do?
(A) Go to the airport
(B) Print a report
(C) Work on the Peterson account
(D) Pick up some clients

7. What does the speaker say about the conference?
(A) It is being held for the first time.
(B) It is focused on manufacturing.
(C) It requires a fee to attend.
(D) It will take place for three days.

8. What is suggested about some speakers at the conference?
(A) They live in the local area.
(B) They are very well known in their field.
(C) They have published many books.
(D) They will be leading some workshops.

9. What does the woman ask Dr. Harris to do?
(A) Lead a seminar
(B) Present a paper
(C) Give a speech
(D) Talk about a workshop

10. Where is Flight 56 going to land first?
(A) Chicago
(B) Boston
(C) Detroit
(D) St. Louis

11. What does the speaker tell the listeners to do?
(A) Order drinks and meals
(B) Fasten their seatbelts
(C) Move around the cabin
(D) Board the plane

12. What does the speaker suggest about the flight?
(A) It is going to depart late.
(B) It does not have any empty seats.
(C) There will be no turbulence during it.
(D) A meal will be served during it.

정답 및 해설 p.093

13. Who is the caller?

(A) A customer
(B) A telephone operator
(C) A customer service representative
(D) A salesperson

14. What does the caller request?

(A) A refund
(B) An additional item
(C) A discount
(D) An exchange

15. What does the caller ask the listener to do?

(A) Send him an e-mail
(B) Mail him the bill
(C) Call him on the phone
(D) Fax him an order form

16. What is the talk mainly about?

(A) A recent sale
(B) An employee
(C) A new policy
(D) A promotion

17. What do guests need to do?

(A) Call the person they are meeting
(B) Sign in at the front desk
(C) Leave their IDs with a guard
(D) Fill out some paperwork

18. What will be given out in the afternoon?

(A) ID cards
(B) Nametags
(C) Forms
(D) Guest lists

Unit 05

화자의 의도 및 시각적 정보

학습 포인트

✔ PART 3에서와 마찬가지로 화자의 의도를 묻는 문제를 풀 때에는 문맥을 제대로 이해하는 것이 중요하다. 대화와 달리 담화에서는 한 사람이 계속 이야기하기 때문에 화자의 억양이나 어조의 변화가 정답의 단서가 될 수 있다.

✔ 시각적 정보를 묻는 문제 역시 PART 3에서 익혔던 풀이 전략을 PART 4에서도 그대로 적용할 수 있는데, 담화의 특성상 PART 3에서보다 비교적 많은 정보 및 수치들이 한 부분에 집중될 수 있다.

예제

04-51

Q. What does the speaker mean when she says, "They're expected to be ready in the near future"?

(A) A park is going to open later.
(B) Tickets will be available this week.
(C) Some rides will be finished soon.
(D) Visitors will be allowed in the park later.

Q. 화자가 "They're expected to be ready in the near future"라고 말할 때 그녀는 무엇을 의미하는가?

(A) 공원이 추후에 개장할 것이다.
(B) 표는 이번 주에 구입할 수 있다.
(C) 몇몇 놀이 기구는 조만간 완성될 것이다.
(D) 방문객들의 입장은 추후에 가능할 것이다.

W The Seaside Amusement Park opened today. The park had been under construction for the past two years. Thousands of visitors enjoyed its rides and other activities. The park has three roller coasters, a Ferris wheel, and a small zoo. Some parts of it are still under construction. But they're expected to be ready in the near future. Then, the park will operate at full capacity.

W Seaside 놀이 공원이 어제 개장을 했습니다. 지난 2년 동안 공원에서는 공사가 진행되었습니다. 수천 명의 방문객들이 놀이 기구와 기타 활동들로 즐거워 했습니다. 공원에는 세 대의 롤러코스터, 한 대의 대회전 관람차, 그리고 소규모 동물원이 있습니다. 그중 일부는 여전히 공사 중입니다. 하지만 가까운 미래에 준비가 끝날 것으로 예상됩니다. 그렇게 되면, 공원이 완전하게 운영될 것입니다.

어휘 under construction 공사 중인 ride 탈 것, 놀이 기구 activity 활동 roller coaster 롤러코스터 Ferris wheel 대회전 관람차 in the near future 가까운 미래에 operate 가동하다 at full capacity 전력으로

문제 유형 분석

「Why does the speaker say ~?」 혹은 「What does the speaker mean when he [she] says ~?」라는 형식의 문제는 모두 화자의 의도를 묻는 문제이므로, 인용된 문장의 앞뒤 내용에 집중하면서 정답을 찾도록 한다.

풀이 전략

❶ 인용된 문장의 앞뒤 문장의 내용을 파악하여 정답을 골라야 한다.
❷ 인용된 문장의 주어인 they는 앞문장의 'some parts of it'인데, 이는 '일부 놀이 기구들'을 의미한다.
❸ 앞 문장에서 일부 놀이 기구들이 '여전히 공사 중'(still under construction)이라고 언급되어 있지만 뒤 문장에서는 '공원이 완전하게 운영될 것(Then, the park will operate at full capacity.)'이라고 설명하고 있다. 따라서 몇몇 놀이 기구가 조만간 완성될 것이라는 내용의 (C)가 정답이 된다.
❹ 이 문제와 같이 인용된 문장에 대명사가 있을 경우 그 대명사가 무엇을 가리키는지를 찾으면 정답의 단서가 된다.

기본기 다지기

❶ 질문 예시

(1) 화자의 의도

- **Why** does the speaker **say**, "I don't have much of a choice"?
  화자는 왜 "저에게는 선택의 여지가 많지 않아요"라고 하는가?
- **What** does the speaker **imply** when he says, "We've got to put a stop to it"?
  화자가 "우리는 이를 멈춰야 합니다"라고 말할 때 그가 의미하는 것은 무엇인가?
- **What** does the speaker **mean** when she says, "You'd better think again"?
  화자가 "다시 생각해 보는 것이 좋겠어요"라고 말할 때 그녀가 의미하는 것은 무엇인가?

(2) 시각적 정보

- **Look at the graphic. When** is the event going to be held? 도표를 보아라. 행사는 언제 개최될 것인가?
- **Look at the graphic. Where** will Mr. Landry's talk take place?
  도표를 보아라. Landry 씨의 강연은 어디에서 있을 것인가?
- **Look at the graphic. What** medicine is the speaker working on?
  도표를 보아라. 화자는 어떤 약품과 관련된 일을 하고 있는가?
- **Look at the graphic. Which** number will the woman call? 도표를 보아라. 여자는 어느 번호로 전화할 것인가?
- **Look at the graphic. How** much will the listener pay? 도표를 보아라. 청자는 얼마를 지불할 것인가?

❷ 화자의 의도 파악에 도움이 되는 어구

인용어구에 that이나 this와 같은 대명사가 포함되어 있는 경우, 이들이 무엇을 가리키는지 파악하면 화자의 의도를 쉽게 추측해볼 수 있다.

(1) that과 this

ⓐ that

Patrick has gained weight recently. That is a big problem.
Patrick의 체중이 최근에 늘었어요. 그것은 큰 문제예요. [that = Patrick has gained weight recently]

cf. 대명사 it을 통해서도 앞서 언급된 내용을 가리킬 수 있다.

You must not **eat or drink in class. It**'s not allowed.
수업 중에는 음식이나 음료를 마시면 안 된다. 그것은 허용되지 않는다. [it = eat or drink in class]

You should **jog every morning. It** is a great way to get in shape.
당신은 매일 조깅을 해야 해요. 그것은 건강을 유지하는 좋은 방법이에요. [it = jog every morning]

ⓑ this

Tom has **a doctor's appointment**. **This** is going to take place at three thirty.
Tom은 병원 예약을 했다. 이는 3시 30분에 이루어질 것이다. [this = a doctor's appointment]

We should **work overtime** tonight, but **this** is something we don't want to do.
우리는 오늘 밤에 야근을 해야 하는데, 이는 우리가 원하는 일이 아니다. [this = work overtime]

Angela won an award last night. **This** was the first time she had done that.
Angela가 어젯밤에 수상을 했다. 수상을 한 것은 이번이 처음이었다. [this = Angela won an award]

(2) 기대 및 우려를 나타내는 표현

인용어구에서 기대 및 우려를 나타내는 표현이 사용되면 이를 통해 화자의 기분이나 심정을 짐작할 수 있다.

ⓐ **기대의 의미: expect, anticipate, look forward to**

Mr. Suzuki **expects** the new employees to make more money for his company.
Suzuki 씨는 신입 직원들이 본인 회사에 더 많은 수익을 가져다 주기를 기대한다.

I **look forward to** seeing you at next month's convention. 다음 달 컨벤션에서 뵙기를 고대합니다.

They **expect** the doctor to speak for about half an hour.
그들은 약 30분 후에 박사가 연설을 할 것으로 기대하고 있다.

ⓑ **우려의 의미: worry about, be concerned about, be anxious about [for]**

Many investors **worry about** the global economy. 많은 투자가들이 세계 경제에 대해 우려하고 있다.

Mr. Simmons **is concerned about** his job. Simmons 씨는 일자리를 걱정하고 있다.

Everyone **is anxious about** the ongoing negotiations. 현재 진행 중인 협상에 대해 모두가 걱정을 하고 있다.

(3) 대동사 do

do는 앞에서 언급된 동사를 대신하기 위해 쓰일 수 있는데, 이때의 do를 대동사라고 부른다. 대동사로 쓰인 do의 의미는 바로 앞에 사용된 동사의 의미를 파악해야 확인할 수 있다.

Mr. Kim asked her to **bring the file**, and she **did**.
Kim 씨는 그녀에게 파일을 가져다 달라고 요청했고, 그녀는 그렇게 했다. [did = bring the file]

She wanted to **go shopping**, so she **did**. 그녀는 쇼핑을 하고 싶어 해서 그렇게 했다. [did = go shopping]

We often **play soccer** after work, and we will **do that** today.
우리는 퇴근 후에 종종 축구를 하는데, 오늘도 그럴 것이다. [do that = play soccer]

I like to **read books**, and I am **doing that** tonight.
나는 독서를 좋아해서, 오늘 밤에도 그렇게 할 것이다. [doing that = read books]

❸ 지도 및 도면에서 사용되는 주요 표현

(1) 지도

도표에서 주소란의 숫자들은 번지수를 나타내고 Boulevard 등은 모두 도로, 가(街)의 의미를 나타낸다. 여기에서는 주소를 표기하거나 읽을 때 알고 있으면 도움이 될 만한 사항에 대해 학습해 보도록 하자.

Street (St.) 도로 (차도 양쪽에 건물들이 있는 길을 의미)	Boulevard (Blvd.) 대로 (보통 길고 넓은 도로를 의미)
Avenue (Ave.) 거리 (보통 street를 가로지르는 길을 의미)	Drive (Dr.) 차도 (공원이나 주택가의 차도를 의미)
Road (Rd.) 길 (마을을 이어주는 시골길이나 골목길을 의미)	Lane (Ln.) 길 (비교적 좁은 길이나 골목길을 의미)
Building (Bldg. B/D) 건물	Floor (Fl.) 층
Department (Dept.) 부서	Room (Rm.) 방, 호실

(2) 도면

시각적 정보로 도면이 제시될 때에는 주로 평면도나 단면도의 형식을 갖춘 도면이 제시된다. 이때 위치를 나타내는 표현을 모르고 있으면 정답을 찾기 어렵다. 도면에서 특정 장소의 위치를 나타낼 때 사용될 수 있는 여러 가지 표현에 대해 알아보도록 하자.

next to ~옆에	on the left [right] 왼쪽[오른쪽]에
between A and B A와 B 사이에	across from ~ 맞은 편에
opposite ~의 반대 편에	at the top of ~의 맨 위에
inside [outside] ~의 안[바깥]에	in the middle of ~의 중앙에

The bookstore is **next to** a coffee shop in the ABC Mall. 서점은 ABC 몰 내 커피숍 옆에 있다.

The restaurant is located **at the top of** the hotel. 그 식당은 호텔 맨 위층에 위치해 있다.

★ 빈출 표현 정리

수치의 이상과 이하 관련

over ~이상, ~이 넘는	above ~을 넘는	more than ~보다 많은
under ~ 미만의	below ~ 미만의	lower than / less than ~보다 적은

She spent **over** $5,000 on her vacation. 그녀는 휴가 때 5,000달러 이상을 썼다.

Do not **exceed** $60 a day on meals. 하루 식비로 60달러를 초과하지 마세요.

The country's unemployment rate fell **below** 5%. 그 나라의 실업률은 5% 이하로 떨어졌다.

There are **less than** 300 people in the audience. 300명 이하의 관객들이 있다.

기본기 체크업

Ⓐ 담화를 듣고 질문에 답하세요.

04-52

1 화자가 "Please do this at once"라고 말할 때 그는 무엇을 의미하는가?
(a) 청자들은 떠나야 한다
(b) 도서가 대출되어야 한다
(c) 물품들이 반환되어야 한다

2 화자는 왜 "This is more than enough"라고 하는가?
(a) 일자리를 수락하기 위해
(b) 자금이 많다고 말하기 위해
(c) 제안에 찬성하기 위해

3 화자는 왜 "You all know today's speaker"라고 하는가?
(a) 박수를 청하기 위해
(b) 자세한 소개를 하지 않기 위해
(c) 연사의 불참 소식을 알리기 위해

4 회의는 어디에서 열리는가?
(a) 203호실
(b) 205호실
(c) 206호실

5 9월에 수익이 얼마나 증가했는가?
(a) 11%
(b) 14%
(c) 17%

Ⓑ 담화를 듣고 주어진 진술이 사실이면 O, 그렇지 않으면 X에 표시하세요.

04-53

1 (a) The weather has been snowy recently. (O | X)
(b) The speaker means it will be cold when he says, "Tomorrow will be different." (O | X)
(c) The weather is going to change tomorrow. (O | X)

2 (a) The store is closed for the day. (O | X)
(b) Listeners are asked to leave a message. (O | X)
(c) The speaker says, "Don't forget to leave your number," so that a return call can be made. (O | X)

3 (a) The speaker is probably talking to three people. (O | X)
(b) Some interns started working last week. (O | X)
(c) The speaker says, "Give them some useful tasks," to have the interns do work. (O | X)

정답 p.097

4 (a) The speaker likely works in a department store. (O | X)

(b) Silver jewelry is 20% off. (O | X)

(c) The sale is going to last for one week. (O | X)

5 (a) The speaker probably works at a catering company. (O | X)

(b) The event will be held this Friday. (O | X)

(c) Mr. Cuthbert ordered 30 steak dinners. (O | X)

C 담화를 듣고 질문에 답하세요.

04-54

1 What does the speaker mean when he says, "Management isn't pleased about that"?

(a) The company has been losing money.
(b) Too many employees are working overtime.
(c) There have been lots of complaints by customers.

2 What does the speaker mean when she says, "I prefer the former"?

(a) All purchases should be discounted.
(b) No membership fee should be charged.
(c) Only selected items should be discounted.

3 Why does the speaker say, "Be sure to avoid that area"?

(a) To advise listeners not to go downtown
(b) To warn listeners to stay away from the stadium
(c) To tell listeners to watch out for accidents on the highway

Event	Speaker
CEO's Vision for the Future	Robert O'Neil
Presenting of Awards	Daniel Schwartz
Company News	Ozzie Maitan

4 Look at the graphic. Who is the speaker?

(a) Robert O'Neil
(b) Daniel Schwartz
(c) Ozzie Maitan

Thank you for shopping at Weber's.

Item	Price
West Haven TV	$980
Graham Toaster	$70
Lucas 400 Digital Camera	$350

5 Look at the graphic. Which item was discounted?

(a) West Haven TV
(b) Graham Toaster
(c) Lucas 400 Digital Camera

예상 적중 문제 01-03 담화를 듣고 질문에 가장 알맞은 답을 고르세요.

04-55

01. What does the speaker mean when he says, "We can't do that right now"?

(A) They cannot take any time off.

(B) They cannot review some work they did.

(C) They cannot avoid signing a contract.

(D) They cannot start a new project.

02. Why does the speaker mention the Tau Ceti Corporation?

(A) To describe the design that it wants

(B) To call it one of his best clients

(C) To say that it placed an order

(D) To discuss a complaint that it made

03. How much time do the workers have to finish the project?

(A) A few hours

(B) Two days

(C) One week

(D) One month

문제 해설

01 화자의 의도

- 주어진 문장 속의 do that이 무엇을 의미하는지 이해해야 정답을 찾을 수 있다.
- 바로 앞부분에서 화자는 하나의 프로젝트가 끝나서 '쉴 수도 있겠지만'(deserve a break) 지금은 그럴 시간이 아니라는 점을 지적한다.
- 따라서 주어진 문장을 통해 화자가 의미하는 바는 (A)로 보아야 한다. 이후에도 화자는 '긴급한 주문'(rush order)를 처리하기 위해 계속해서 노력을 해야 한다는 점을 강조한다.

02 세부 사항 (이유)

- Tau Ceti 사가 언급된 부분은 'we just received a rush order from the Tau Ceti Corporation this morning'인데, 이는 Tau Ceti 사로부터 긴급한 주문을 받았다는 내용이다.
- 그러므로 화자가 Tau Ceti 사를 언급한 이유는 (C)이다.

03 세부 사항 (언급된 사실)

- 프로젝트를 완성해야 하는 시기에 대한 내용은 담화의 마지막에 언급되어 있다.
- 화자는 'We've only got a week to complete the project.'라고 말했는데, 이는 프로젝트 완성까지 1주일 남아 있다는 의미이다. 그러므로 정답은 (C)이다.

스크립트 & 해석

M Listen carefully, everyone. I know that we just finished the Dansby project. You all did a great job on it. **01) We deserve a break, but** we can't do that right now. Instead, **02) we just received a rush order from the Tau Ceti Corporation this morning**. This is a big opportunity, so every one of us needs to get busy on it. **03) We've only got a week to complete the project.**

M 모두들 주의해서 들어 주십시오. 저는 우리가 Dansby 프로젝트를 막 끝냈다는 것을 알고 있습니다. 여러분 모두가 잘 해 주셨습니다. 우리에게는 쉴 자격이 있지만, 지금 그럴 수는 없습니다. 대신, 우리는 오늘 아침 Tau Ceti 사로부터 긴급한 주문을 받았습니다. 이는 큰 기회이기 때문에, 우리 모두가 이것을 열심히 해야만 합니다. 프로젝트를 완성시키기까지 단 일주일만이 남아 있습니다.

01. 화자가 "We can't do that right now"라고 말할 때 그는 무엇을 의미하는가?
    (A) **그들은 쉴 수 없다.**
    (B) 그들은 자신이 한 일을 검토할 수 없다.
    (C) 그들은 계약 체결을 피할 수 없다.
    (D) 그들은 새로운 프로젝트를 시작할 수 없다.

02. 화자는 왜 Tau Ceti 사를 언급하는가?
    (A) 그 회사에서 원하는 디자인을 설명하기 위해서
    (B) 그 회사를 최고의 거래처들 중 한 곳이라고 말하기 위해서
    (C) **그 회사가 주문을 했다는 것을 말하기 위해서**
    (D) 그 회사가 제기한 불만 사항을 논의하기 위해서

03. 직원들은 얼마 만에 프로젝트를 끝내야 하는가?
    (A) 몇 시간
    (B) 이틀
    (C) **일주일**
    (D) 한 달

어휘 deserve ~할 만하다, ~할 자격이 있다 rush order 긴급 주문 opportunity 기회 take time off 쉬다 avoid 피하다

MORE & MORE

04-56

들리는 문장이 위 담화의 내용과 일치하면 ○, 그렇지 않으면 ×에 표시하세요.

1. The speaker ______________ on the work they did. (○ | ×)
2. According to the speaker, some new work must ______________. (○ | ×)
3. The speaker means they ______________ when he says, "We've only got a week to complete the project." (○ | ×)

정답 p.100

PART 4

예상 적중 문제 04-06 담화를 듣고 질문에 가장 알맞은 답을 고르세요.

04-57

04. Why has the date of the promotion been changed?

(A) It was requested by shoppers.

(B) The store's management requested it.

(C) Bad weather is being predicted.

(D) A store is undergoing renovations.

05. Why does the speaker say, "Management expects us to bring in lots of new shoppers"?

(A) To give the sales staff members their monthly quotas

(B) To mention the goal of the upcoming promotion

(C) To explain how the company will avoid bankruptcy

(D) To stress the need to increase holiday sales

06. What does the speaker say about the store?

(A) It needs to be enlarged soon.

(B) Its inventory is getting low.

(C) It has started selling imported items.

(D) Its financial situation is poor.

문제 해설

04 세부 사항 (이유)

- 화자는 담화의 첫 부분에서 판촉 행사 날짜가 변경되었다는 사실을 알리고 나서, 그 이유로 'Management wants the sale at the store to be held in March.'라고 말했다.
- 따라서 판촉 행사일이 변경된 이유는 경영진이 원했기 때문이므로 정답은 (B)이다.

05 화자의 의도

- 이 문제의 경우 주어진 문장 이후의 내용을 파악해야 정답을 찾을 수 있다.
- 화자는 세일에 대한 경영진들의 기대감을 표시한 후 'Let's hope this actually happens.'(그러한 일이 실제로 일어나기를 바란다)라는 메시지를 전하고 있다.
- 아울러 '수입을 증가시켜야 한다'(we need to increase our revenues)는 말을 그 뒤에 덧붙이고 있으므로 주어진 문장은 일종의 목표를 제시한 것으로 볼 수 있다. 따라서 정답은 (B)이다.

06 세부 사항 (언급된 사실)

- 담화의 후반부에 화자는 'We haven't been doing well financially'라고 말하며 재정 상황이 좋지 못하다고 했다.
- 따라서 정답은 (D)이며, 매장 확장, 재고 감소, 수입 상품 판매 시작은 모두 언급되지 않았다.

스크립트 & 해석

W We've decided to change the date of our upcoming promotion. 04) **Management wants the sale at the store to be held in March**. So instead of starting at the beginning of April, the sale will begin on March 1. It's going to last the entire month. Management expects us to bring in lots of new shoppers. 05-1) **Let's hope this actually happens.** 06) **We haven't been doing well financially**, so 05-2) **we need to increase our revenues.**

W 곧 있을 판촉 행사 날짜를 변경하기로 결정했습니다. 경영진은 매장에서 세일이 3월에 실시되기를 바랍니다. 따라서 4월 초에 시작하는 대신, 세일은 3월 1일에 시작될 것입니다. 한 달 내내 계속될 것입니다. 경영진은 우리가 많은 쇼핑객들을 불러 모으기를 원하고 있습니다. 이런 일이 실제로 일어나기를 기대해 봅시다. 재정 상황이 좋지 못하기 때문에, 우리는 수입을 증대시켜야 합니다.

04. 판촉 행사 날짜는 왜 변경되었는가?
(A) 쇼핑객들의 요청이 있었다.
(B) 매장 경영진이 그것을 요청했다.
(C) 좋지 않은 날씨가 예보되었다.
(D) 매장이 개조 공사 중이다.

05. 화자는 왜 "Management expects us to bring in lots of new shoppers"라고 말하는가?
(A) 직원들에게 한 달 작업량을 분배하기 위해
(B) 다가오는 판촉 행사의 목표를 언급하기 위해
(C) 회사가 어떻게 파산을 피할 수 있을지 설명하기 위해
(D) 휴일 판매량을 증가시킬 필요성을 강조하기 위해

06. 화자는 매장에 대해 무엇을 말하는가?
(A) 곧 확장할 필요가 있다.
(B) 매장의 재고가 줄어들고 있다.
(C) 수입 상품의 판매를 시작했다.
(D) 재정 상황이 나쁘다.

어휘 management 경영, 경영진 entire 전체의 bring in ~을 가지고 오다, ~을 도입하다 financially 금전적으로, 재정적으로 revenue 수입 quota 할당량 goal 목적, 목표 bankruptcy 파산 stress 강조하다

MORE & MORE

04-58

들리는 문장이 위 담화의 내용과 일치하면 ○, 그렇지 않으면 ×에 표시하세요.

❶ The sale will start ____________. (○ | ×)

❷ The listeners are encouraged to ____________. (○ | ×)

❸ The speaker means their profits ____________ when she says, "We haven't been doing well financially." (○ | ×)

정답 p.100

PART 4 예상 적중 문제 07-09 담화를 듣고 질문에 가장 알맞은 답을 고르세요.

04-59

Time	Speaker
9:00 A.M. – 9:30 A.M.	Alvin Madison
9:30 A.M. – 10:30 A.M.	Roger Harvin
10:30 A.M. – 11:00 A.M.	Bryce Potter
11:00 A.M. – 12:00 P.M.	Amelia Murphy
1:00 P.M. – 2:00 P.M.	Orlando Watts

07. Who most likely are the listeners?

(A) Dentists

(B) Engineers

(C) Architects

(D) Lawyers

08. What will Alvin Madison do?

(A) Give the keynote speech

(B) Run for president of the association

(C) Introduce all of the speakers

(D) Discuss news concerning the association

09. Look at the graphic. What time will Amy Walton speak?

(A) 9:30 A.M.

(B) 10:30 A.M.

(C) 11:00 A.M.

(D) 1:00 P.M.

문제 해설

07 인물의 신원 (청자의 신원)

- 담화 초반부의 'Welcome, everyone, to the fifth annual Centerville Dentists Association Conference.'에서 행사의 종류가 치과의사 협회 학회임을 알 수 있다.
- 따라서 청자들은 치과 의사들일 것이므로 정답은 (A)이다.

08 세부 사항 (언급된 사실)

- Alvin Madison이 언급된 부분은 'We're going to start with the keynote speech by Alvin Madison.'이다. 즉, Alvin Madison은 기조 연설을 할 것이므로 정답은 (A)이다.

09 시각 정보

- 담화 후반부의 'Bryce Potter can't make it today, so Amy Walton is going to speak in his place.'를 놓치지 않고 들어야 정답을 찾을 수 있다.
- Amy Walton이 Bryce Potter를 대신해서 강연을 할 것이므로 일정표상 Bryce Potter의 강연 시간을 찾아 본다.
- Bryce Potter는 일정표상 오전 10시 30분에 강연하기로 되어 있으므로 정답은 (B)이다.

스크립트 & 해석

W [07] **Welcome, everyone, to the fifth annual Centerville Dentists Association Conference.** We've got an exciting day of events prepared for you. [08] **We're going to start with the keynote speech by Alvin Madison.** But before he talks, I need to inform you of a change. [09] **Bryce Potter can't make it today, so Amy Walton is going to speak in his place.** She'll be speaking about the state of dentistry in the country.

W 제5회 Centerville 치과의사 협회 학회에 오신 모든 분들을 환영합니다. 저희는 오늘 하루 여러분들을 위해 흥미로운 행사들을 준비해 놓았습니다. Alvin Madison 씨의 기조 연설로 시작할 것입니다. 하지만 그분 말씀에 앞서, 여러분들께 한 가지 변경 사항을 말씀 드리겠습니다. Bryce Potter 씨가 오늘 참석하지 못하여, Amy Walton 씨가 대신 연설을 할 예정입니다. 그분께서는 우리나라의 치과의학 현황에 대해 말씀을 하실 것입니다.

시간	연사
오전 9시 - 오전 9시 30분	Alvin Madison
오전 9시 30분 - 오전 10시 30분	Roger Harvin
오전 10시 30분 - 오전 11시	Bryce Potter
오전 11시 - 오후 12시	Amelia Murphy
오후 1시 - 오후 2시	Orlando Watts

07. 청자들은 누구인 것 같은가?
(A) **치과의사**
(B) 엔지니어
(C) 건축가
(D) 변호사

08. Alvin Madison은 무엇을 할 것인가?
(A) **기조연설을 한다**
(B) 협회장에 출마한다
(C) 모든 연설자들을 소개한다
(D) 협회와 관련된 소식을 논의한다

09. 도표를 보아라. Amy Walton은 몇 시에 연설을 할 것인가?
(A) 오전 9시
(B) **오전 10시 30분**
(C) 오전 11시
(D) 오후 1시

어휘 keynote speech 기조 연설 inform A of B A에게 B를 알리다 in one's place ~을 대신하여 dentistry 치과의학

MORE & MORE

04-60

들리는 문장이 위 담화의 내용과 일치하면 O, 그렇지 않으면 ×에 표시하세요.

1. The listeners are ______________. (O | ×)
2. ______________ will be given at 9:00 A.M. (O | ×)
3. ______________ cannot attend the event. (O | ×)

정답 p.100

PART 4

예상적중문제 10-12 담화를 듣고 질문에 가장 알맞은 답을 고르세요.

04-61

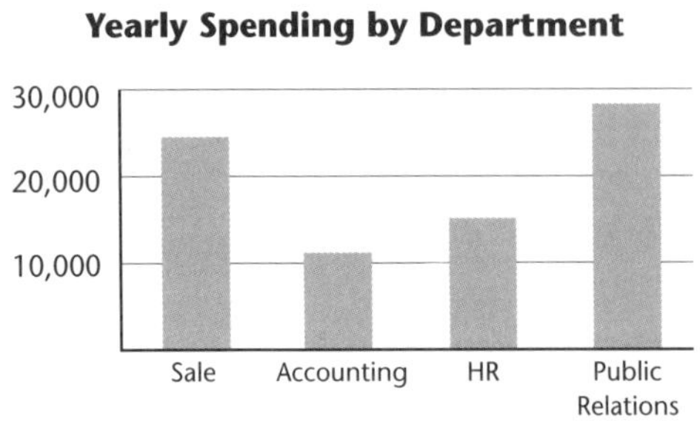

10. How does the speaker feel about the company's budget problems?

(A) She is not very concerned about it.

(B) She thinks it could make the company go bankrupt.

(C) She believes it is a big problem.

(D) She considers it a minor issue.

11. Look at the graphic. Which department is currently under budget?

(A) Sales

(B) Accounting

(C) HR

(D) Public Relations

12. What will the speaker probably do next?

(A) Pass out some documents to the listeners

(B) Describe how department budgets will change

(C) Talk about how to spend less money

(D) Ask the listeners to fill out some forms

문제 해설

10 세부 사항 (언급된 사실)

- 회사의 예산 문제와 관련된 화자의 생각은 담화의 첫 부분에서 언급되었다.
- 화자는 회사의 지출과 관련하여 중대한 문제가 있다고(We've got an enormous problem regarding spending at our company.) 말했다.
- 따라서 그녀는 지출을 큰 문제로 생각하고 있으므로 정답은 (C)이다.

11 시각 정보

- 'Only one department has remained under budget, but it has spent $15,000 already.'라는 말에서 15,000달러를 지출한 부서가 아직 예산상 여유가 있는 부서임을 알 수 있다.
- 도표에서 15,000달러를 지출한 부서를 찾으면 정답은 (C)의 '인사부'이다.

12 담화 이후의 상황

- 화자는 담화의 마지막 부분에서 지출을 줄이는 몇 가지 방법을 논의하자고(Now, let me discuss some ways to reduce spending in the future.) 제안했다.
- 그러므로 담화 이후에는 돈을 덜 쓰는 방법에 대한 논의가 이어질 것이므로 정답은 (C)이다.

스크립트 & 해석

W [10] **We've got an enormous problem regarding spending at our company.** As you can see, each of our departments has spent a large amount of money this year. And the problem is that nearly all of them have gone over budget. [11] **Only one department has remained under budget, but it has spent $15,000 already**. Its budget for the year is $17,000, so I'm pretty sure it's going to go over budget since we're only in October. [12] **Now, let me discuss some ways to reduce spending in the future.**

W 회사의 지출과 관련해서 중대한 문제가 있습니다. 보시는 것처럼, 각 부서가 올해 상당한 양의 금액을 지출하고 있습니다. 그런데 문제는 거의 모든 부서가 예산을 초과하고 있다는 것입니다. 한 부서만이 예산 범위를 벗어나지 않았지만, 그곳도 이미 15,000달러를 지출했습니다. 올해 그곳의 예산은 17,000달러인데, 벌써 10월이므로 그곳도 예산을 초과할 것이 분명합니다. 이제, 앞으로 지출을 줄이는 몇 가지 방법을 논의해 보도록 하겠습니다.

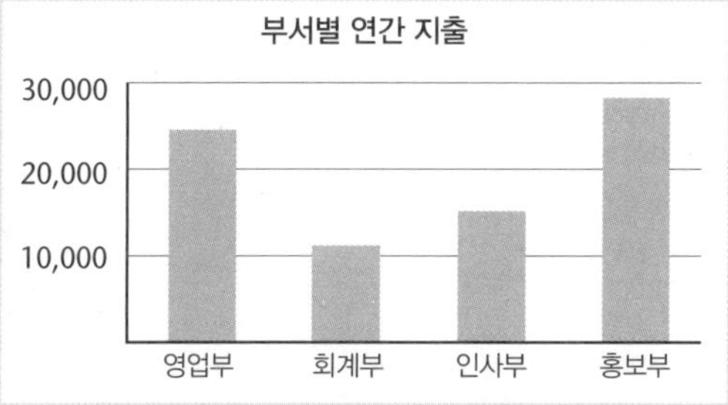

10. 화자는 회사의 예산 문제에 대해 어떻게 생각하는가?
    (A) 그녀는 그것에 대해 크게 걱정하지는 않는다.
    (B) 그녀는 그것 때문에 회사가 파산할 수도 있다고 생각한다.
    (C) 그녀는 그것이 큰 문제라고 생각한다.
    (D) 그녀는 그것을 사소한 문제라고 생각한다.

11. 도표를 보아라. 현재 어느 부서가 예산을 초과하지 않고 있는가?
    (A) 영업부
    (B) 회계부
    (C) 인사부
    (D) 홍보부

12. 화자는 다음에 무엇을 할 것인가?
    (A) 청자들에게 서류를 나눠준다
    (B) 부서의 예산이 어떻게 변경되는지 설명한다
    (C) 돈을 더 적게 쓰는 방법에 대해 이야기한다
    (D) 화자들에게 몇 가지 양식을 작성해 달라고 요청한다

어휘 enormous 엄청난, 막대한 nearly 거의 go over budget 예산을 초과하다 HR (= Human Resources) 인사부 Public Relations 홍보부

MORE & MORE

04-62

들리는 문장이 위 담화의 내용과 일치하면 ○, 그렇지 않으면 ×에 표시하세요.

❶ The talk is mostly about ______________. (○ | ×)

❷ According to the speaker, ______________ are not over budget. (○ | ×)

❸ Until now, the Sales Department spent ______________. (○ | ×)

정답 p.100

Unit 06

담화 이후의 상황 및 추론

학습 포인트

✔ 담화 이후의 상황을 물어보는 문제는 담화가 끝난 후에 발생할 일이나 화자 및 청자가 하게 될 일 등을 묻는다. 이러한 문제가 출제되는 경우에는 담화의 후반부에 정답의 단서가 제시되는 경우가 많은데, 특히 미래 시제와 관련된 표현들에 유의하면 비교적 쉽게 정답을 찾을 수 있다.

✔ 추론 문제 유형은 담화에서 언급되는 내용들을 통해 유추하여 풀어야 하는 문제이다. 난이도가 높은 유형이며, 가끔 1문제씩 출제되는 정도로 출제 비중은 낮다. 문제를 읽고 추론의 대상을 파악한 다음, 담화에서 그 대상에 대해 언급되는 내용을 놓치지 않고 들어야 한다.

예제

04-63

Q. What will the listeners hear next?

(A) A talk by Katie Douglas
(B) A sales pitch
(C) A lecture by Mark Grierson
(D) The keynote speech at the conference

Q. 청자들은 이후에 무엇을 듣게 될 것인가?

(A) Katie Douglas의 강연
(B) 판매 기술
(C) Mark Grierson의 강연
(D) 학회의 기조 연설

M Thanks, everyone, for attending today's conference. We have a lot of exciting activities that we're sure you're going to enjoy. For example, there will be talks on how to improve your sales pitch and how to connect better with customers. Mark Grierson, a local entrepreneur, is going to inform us how to start a business. The first order of business, however, is to listen to Katie Douglas. She's here to discuss the local business climate with us.

M 오늘 학회에 참석해 주신 모든 분들께 감사를 드립니다. 여러분들께서 분명 좋아하실 만한 흥미로운 행사들이 마련되어 있습니다. 예를 들어, 판매 기술을 향상시키는 법과 소비자들과의 관계를 보다 잘 유지할 수 있는 방법에 관한 강연이 있을 예정입니다. 지역 기업가인 Mark Grierson이 사업을 시작하는 법을 알려 줄 것입니다. 하지만, 가장 먼저 하게 될 일은 Katie Douglas의 말씀을 듣는 것입니다. 그녀는 지역 기업의 풍토에 대해 우리와 논의하고자 이 곳에 왔습니다.

어휘 talk 이야기; 강연 sales pitch 판매 기술, 판매를 위한 교섭 connect with ~와 연락하다 entrepreneur 기업가 inform 알리다 order of business 의제의 순서 business climate 기업 풍토 keynote speech 기조 연설

문제 유형 분석

next라는 표현을 이용하여 담화 이후에 벌어질 상황에 대해 묻고 있다. 미래를 나타내는 표현들을 주의 깊게 듣도록 한다.

풀이 전략

❶ 청자들이 담화 이후에 듣게 될 내용이 무엇인지 묻고 있으므로, 후반부의 내용을 잘 들어야 한다.

❷ 담화 후반부의 'The first order of business, however, is to listen to Katie Douglas. She's here to discuss the local business climate with us.'라는 내용을 통해서 담화 이후 가장 먼저 진행될 일은 지역 기업의 풍토에 대한 Katie Douglas의 연설을 듣는 것임을 알 수 있으므로 정답은 (A)이다.

❸ 담화 이후의 상황을 묻는 문제에서는 미래시제를 표현을 놓치지 않아야 한다. 미래시제 표현으로는 「will / be going to / be supposed to / be scheduled to / plan to」 등이 있으며, 「tomorrow / next week / by Friday / later」 등과 같이 구체적인 미래의 의미를 포함하고 있는 부사(구)들도 있다.

기본기 다지기

❶ 질문 예시

(1) 담화 이후의 상황

- **What** will most likely **happen next**? 이다음에 어떤 일이 일어날 것 같은가?
- **What** will listeners **hear next**? 청자들은 이다음에 무엇을 듣게 될 것인가?
- **What** will the listeners probably **do next**? 청자들은 이다음에 무엇을 하게 될 것 같은가?
- **What** will the speaker **do later**? 화자는 나중에 무엇을 할 것인가?

(2) 추론

- **What** does the speaker **suggest** about the weather? 화자는 날씨에 대해 무엇을 암시하고 있는가?
- **What** is **implied** about the project? 프로젝트에 대해 암시되는 것은 무엇인가?
- **What** can be **inferred** about the factory's materials? 공장의 자재에 대해 추론할 수 있는 것은 무엇인가?

❷ 미래의 기준점을 나타내는 전치사

'~까지'라는 시간의 의미를 나타내는 표현으로 전치사 by와 until [till]이 있다. by는 언급하는 시점까지 어떤 행위가 종료된다는 의미를, until은 언급하는 시점까지 어떤 상황이 지속된다는 의미를 가지고 있다.

(1) by: 완료의 의미

I will be back **by** 12. 나는 12시까지 돌아올 것이다. [12시에는 이미 와 있을 것임]

Please finish this project **by** Monday evening. 월요일 저녁까지 이 프로젝트를 끝내세요.

(2) until [till]: 계속의 의미

I waited **until** noon. 나는 12시까지 기다렸다. [12시까지 계속 기다림]

Jermaine will continue working here **until** December. Jermaine은 12월까지 이곳에서 계속 근무를 할 것이다.

❸ 기간을 나타내는 전치사

'~ 동안'이라는 기간을 나타내고자 할 때에는 전치사 for와 during을 사용할 수 있다. for는 시간의 길이와 함께, during은 특정 기간과 함께 사용된다.

(1) for + 시간의 길이

She has been employed here **for** ten years. 그녀는 10년 동안 이곳에 고용되어 왔다.

We have lived in the same house **for** quite a long time. 우리는 상당히 긴 시간 동안 같은 집에서 살고 있다.

(2) during + 특정 기간

Why don't we talk about it **during** lunch? 점심 시간 동안 그것에 대해 이야기하는 것이 어떨까요?

The salespeople are usually the busiest **during** November and December.
판매 사원들은 보통 11월과 12월 동안에 가장 바쁘다.

❹ 담화 이후의 상황 유형별 예시

(1) 라디오 방송

라디오 방송에서는 이후에 다루어질 방송 내용에 대해 간략히 소개를 하는 경우가 많다. 이러한 부분은 방송의 전체적인 주제를 묻거나 그 후에 이어질 내용을 묻는 문제를 풀 때 특히 중요하다.

예시	이어질 상황
We'll be back with more music **following this short commercial break**. 짧은 광고 방송를 들은 후 더 많은 음악을 가지고 돌아오겠습니다.	광고 방송
It's time for the weather forecast on your local radio station, WTEP. 여러분의 지역 라디오 방송국인 WTEP에서 날씨를 전해 드릴 시간입니다.	날씨 예보
John Carter has joined us here in the studio, so **we're going to talk to him** for the next few minutes. John Carter가 이곳 스튜디오에 저희와 함께 있기 때문에, 다음 몇 분 동안은 그분과 이야기를 나누도록 하겠습니다.	초대 손님과의 대화

(2) 회의 및 공지

회의 및 공지에서는 앞으로 있을 업무나 사건, 작업 등에 대해 안내하는 경우가 많다. 따라서 채용, 행사, 업무 사항, 시스템 점검, 장비 및 시설의 수리 등과 같은 내용이 이어지는 상황으로 언급된다.

예시	이어질 상황
I just got word from Leslie in the IT Department that a work crew **is scheduled to start looking at the computer system** ten minutes from now. 저는 IT 부서의 Leslie로부터 10분 뒤에 컴퓨터 시스템 점검이 예정되어 있다는 통지를 받았습니다.	시스템 점검
We're not ready to begin testing on humans yet. I estimate that **won't happen until around six months from now**. 우리는 아직 사람에게 실험을 시작할 준비는 되어 있지 않습니다. 지금부터 6개월이 지나고 나서야 할 수 있을 것이라고 추정합니다.	실험 진행
Everyone **is going to start getting assigned overtime**. 모든 직원은 야근을 할당 받기 시작하게 될 것입니다.	야근 실시

⑤ 추론 문제의 단서

추론 문제를 풀 때에는 가장 먼저 문제를 읽고 추론의 대상을 파악한 다음, 담화에서 대상과 관련된 정보를 듣고 정답의 단서를 찾아야 한다. 그런 다음 정답의 단서가 paraphrasing 된 내용을 보기에서 찾아야 한다.

	예시	내용 분석
문제	What can be inffered about **Jameson and Bryce**? Jameson and Bryce에 대해 추론할 수 있는 것은 무엇인가?	추론의 대상: Jameson and Bryce
담화의 내용	W But what about **out-of-print and hard-to-find books**? You usually can't get them online. Fortunately, **we've got the books you need** at Jameson and Bryce. W 하지만 절판되었거나 찾기 힘든 책들의 경우에는 어떻게 할까요? 여러분은 대개 그것들을 온라인에서 구할 수 없습니다. 다행스럽게도, 저희는 여러분이 필요로 하는 책들을 Jameson and Bryce에 보유하고 있습니다.	정답의 단서: • out-of-print and hard-to-find books • we've got the books you need
정답	It sells **used books.** 이곳은 중고 서적을 판매한다.	정답 paraphrasing: • out-of-print books → used books

★ 빈출 표현 정리

증가 관련

increase 증가하다	go up 오르다	rise 오르다
grow 증가하다	swell 증가시키다	expand 확장시키다

The stock market **increased** five percent this week. 이번 주 증시가 5% 상승했다.

Unemployment continued to **grow** this month. 이번 달에 실업이 계속해서 증가했다.

감소 관련

decrease 감소하다	go down 내리다	drop 떨어지다
shrink 줄어들다	diminish 감소하다	decline 감소하다

The value of the stock is **decreasing** every day. 주식의 가치가 매일 감소하고 있다.

His methods caused the amount of money the firm was losing to **drop**.
그의 방법으로 인해 회사가 보고 있던 손실이 감소했다.

기본기 체크업

Ⓐ 담화를 듣고 질문에 답하세요. 04-64

1 남자는 언제 여자를 만나러 갈 것인가?
(a) 7시에
(b) 7시 20분에
(c) 6시 40분에

2 지원 자격이 있는 사람은 무엇을 해야 하는가?
(a) 화자에게 이야기한다
(b) 지원서를 작성한다
(c) 관리자에게 이야기한다

3 화자는 이번 주 금요일에 무엇을 할 것인가?
(a) 고객과 만난다
(b) 처가를 방문한다
(c) 출장을 간다

4 청자들은 이다음에 무엇을 듣게 될 것인가?
(a) 노래
(b) 광고
(c) 뉴스

5 청자들은 이다음에 무엇을 할 것 같은가?
(a) 시설 견학
(b) 양식 작성
(c) 강연 참석

Ⓑ 담화를 듣고 주어진 진술이 사실이면 O, 그렇지 않으면 X에 표시하세요. 04-65

1 (a) Listeners are asked to board their buses now. (O | X)
(b) Some listeners will probably speak with a ticket agent. (O | X)
(c) The bus for Omaha is going to depart soon. (O | X)

2 (a) The Flying Tigers are going to perform some songs. (O | X)
(b) The Flying Tigers are going to give an interview next. (O | X)
(c) Listeners will hear the top song in the country next. (O | X)

3 (a) The sale is going to take place right after lunch ends. (O | X)
(b) The sale is going to last for one hour. (O | X)
(c) The store is going to close once the sale ends. (O | X)

4 (a) Some authors are going to visit the library next week. (O | X)
(b) A workshop on how to be a better writer will be held. (O | X)
(c) The authors are going to sell their books at the event. (O | X)

5 (a) Joanie is going to get on a plane soon. (O | X)
(b) Joanie needs to get her bags next. (O | X)
(c) Joanie is going to be late to a meeting. (O | X)

C 대화를 듣고 질문에 답하세요.

04-66

1 What will the listeners look at next?
(a) Renaissance art
(b) Asian art
(c) Impressionist art

2 What will happen in July?
(a) Swimming lessons will be held.
(b) A summer camp will take place.
(c) A soccer league will be sponsored.

3 What is going to happen next?
(a) A woman will be introduced.
(b) A training session will be held.
(c) New employees will fill out forms.

4 What does the speaker say will happen next Monday?
(a) The cafeteria will close.
(b) James Clark will give a speech.
(c) A new restaurant will open.

5 What is going to happen this Friday?
(a) A retirement party
(b) An end-of-the-year party
(c) An awards ceremony

PART 4

예상 적중 문제 01-03 담화를 듣고 질문에 가장 알맞은 답을 고르세요.

04-67

01. Who is Daryl Stephens?
(A) A psychologist
(B) A family doctor
(C) A surgeon
(D) A veterinarian

02. What will Daryl Stephens talk about?
(A) His time at school
(B) His work life
(C) His education
(D) His personal life

03. What will the listeners hear next?
(A) Some commercials
(B) An interview
(C) A music show
(D) Local news

문제 해설

01 인물의 신원

- Daryl Stephens의 신원에 대해 알 수 있는 것은 'He runs Healthy Pets, a veterinary clinic'이라는 부분이다.
- 이를 통해 Daryl Stephens는 동물 병원을 운영하고 있는 수의사라는 것을 알 수 있으므로 정답은 (D)이다.

02 세부 사항 (언급된 사실)

- Stephens 박사는 수의사로서 경험했던 몇 가지 이야기를 들려 줄 것이라는(Dr. Stephens is going to tell us some stories from his time as a vet.) 내용이 언급되어 있다.
- 즉, 그의 직장 생활에 대해 이야기할 것이므로 정답은 (B)이다.

03 담화 이후의 상황

- 라디오 방송으로 추정되는 담화에서 화자는 게스트인 Daryl Stephens 박사를 소개한 후 그가 누구인지, 그리고 그가 어떤 이야기를 할 것인지에 대해 이야기한다.
- 그런데 담화의 마지막 부분에서 화자는 'But, first, let's listen to a few words from our sponsors.'라고 말하고 있으므로, 청자들은 그에 앞서 광고를 먼저 듣게 될 것임을 알 수 있다. 따라서 (A)가 정답이다.

스크립트 & 해석

M Thank you for tuning in to *Meet Your Local Residents* here on Radio 104.5 FM. Tonight's guest is Dr. Daryl Stephens. 01) **He runs Healthy Pets, a veterinary clinic** located in the Wellborn Shopping Center. 02) **Dr. Stephens is going to tell us some stories from his time as a vet.** He's got a large number of great tales to tell. I'm sure you're going to love hearing him talk. But, first, 03) **let's listen to a few words from our sponsors.**

M FM 라디오 104.5의 *Meet Your Local Residents*로 채널을 맞춰 주신 여러분께 감사 드립니다. 오늘 밤 게스트는 Daryl Stephens 박사입니다. 이분은 Wellborn 쇼핑 센터에 위치해 있는 동물 병원인 Healthy Pets를 운영하고 계십니다. Stephens 박사는 수의사로서 경험했던 몇 가지 일들을 우리에게 말해 줄 것입니다. 굉장한 이야기들이 많습니다. 저는 여러분들이 그의 이야기를 듣는 것을 좋아하게 될 것이라고 확신합니다. 하지만, 먼저, 후원 업체의 광고를 듣도록 하겠습니다.

01. Daryl Stephens는 누구인가?
(A) 심리학자
(B) 주치의
(C) 외과 의사
(D) 수의사

02. Daryl Stephens는 무엇에 대해 이야기할 것인가?
(A) 그의 학창시절
(B) 그의 직장 생활
(C) 그의 교육
(D) 그의 개인적인 삶

03. 청자들은 이다음에 무엇을 듣게 될 것인가?
(A) 광고
(B) 인터뷰
(C) 음악 프로그램
(D) 지역 뉴스

어휘 tune 조율하다; (채널을) 맞추다 guest 손님, 게스트 run 운영하다 veterinary clinic 동물 병원 located in ~에 위치한 vet 수의사 tale 이야기 sponsor 후원자 commercial 상업 광고

MORE & MORE 04-68

들리는 문장이 위 담화의 내용과 일치하면 ○, 그렇지 않으면 ×에 표시하세요.

❶ Dr. Stephens will ____________. (○ | ×)
❷ The listeners will ____________ on the program. (○ | ×)
❸ A ____________ is coming up next. (○ | ×)

정답 p.104

예상 적중 문제 04-06 담화를 듣고 질문에 가장 알맞은 답을 고르세요.

04-69

04. What type of event are the listeners attending?

(A) A gathering for a meal

(B) A grand opening

(C) An orientation session

(D) A product demonstration

05. Who does the speaker say will talk right after lunch?

(A) Peter Howard

(B) Sue Ellison

(C) Julie Standish

(D) Kent Wilson

06. What will happen next?

(A) An election will be held.

(B) A speech will be made.

(C) A meal will be served.

(D) News will be discussed.

문제 해설

04 세부 사항 (언급된 사실)

- 화자는 청자들에게 오찬에 참석해 주셔서 감사하다고(Thank you all for attending today's luncheon.) 말하면서 담화를 시작하고 있다. 따라서 청자들이 참석한 행사의 종류로 가장 적절한 것은 (A)이다.
- 담화에서 언급된 luncheon을 보기에서는 'a gathering for a meal'로 바꾸어 표현하였다.

05 세부 사항 (언급된 사실)

- 점심 식사 이후에 누가 연설을 할 것인지를 묻고 있으므로 담화 중 'right after lunch'와 관련된 부분을 주의해서 들어야 한다.
- 화자는 오찬 모임의 연설자들을 소개한 후, 'right after we finish eating, Sue Ellison is going to give a short chat on the future of robotics'라고 말한다.
- 즉 식사를 한 후에는 로봇 공학의 미래에 관한 Sue Ellison의 짧은 강연이 이어질 것임을 알 수 있으므로 (B)가 정답이다.

06 담화 이후의 상황

- 담화의 마지막 부분을 보면 다음 한 시간 동안 점심 식사를 하고(So let's enjoy lunch for the next hour.) 그 다음에 초청 연사들의 말을 듣겠다는(Then, we'll hear from our guest speakers.) 내용이 있다.
- 둘 중에서 담화 다음에 일어날 일은 '점심 식사'이므로 정답은 (C)이다.

스크립트 & 해석

M 04) **Thank you all for attending today's luncheon.** We've got a great lineup of speakers for you. We're going to hear from Julie Standish, Kent Wilson, and Peter Howard. But 05) **right after we finish eating, Sue Ellison is going to give a short chat on the future of robotics** first. Many of you are surely looking forward to hearing her speak. But I know you're probably as hungry as I am. 06) **So let's enjoy lunch for the next hour.** Then, we'll hear from our guest speakers.

M 오늘 오찬 모임에 참석해 주신 모든 여러분께 감사드립니다. 여러분들을 위해 대단한 연사들을 모셨습니다. 우리는 Julie Standish, Kent Wilson, 그리고 Peter Howard 씨의 이야기를 듣게 될 것입니다. 하지만 식사 시간 직후에, 첫 번째로 Sue Ellison 씨께서 로봇 공학의 미래에 대해 짧은 강연을 해 주실 것입니다. 분명 여러분들 중 다수는 그분의 이야기를 듣는 것을 고대하고 계실 것입니다. 하지만 저는 여러분들도 아마 저만큼 배가 고플 것으로 생각합니다. 그러니 다음 한 시간 동안 맛있게 점심을 드십시오. 그런 다음에, 초청 연사들의 말씀을 듣도록 하겠습니다.

04. 청자들은 어떤 행사에 참석하고 있는가?
(A) 식사를 위한 모임
(B) 개업식
(C) 오리엔테이션
(D) 제품 시연

05. 화자는 점심 직후에 누가 연설을 할 것이라고 말하는가?
(A) Peter Howard
(B) Sue Ellison
(C) Julie Standish
(D) Kent Wilson

06. 다음에 무슨 일이 있을 것인가?
(A) 선거가 있을 것이다.
(B) 연설이 있을 것이다.
(C) 식사가 제공될 것이다.
(D) 뉴스가 논의될 것이다.

어휘 luncheon 오찬 lineup 정렬; 라인업 robotics 로봇 공학 surely 반드시 look forward to ~을 고대하다 probably 아마도

MORE & MORE

04-70

들리는 문장이 위 담화의 내용과 일치하면 ○, 그렇지 않으면 ×에 표시하세요.

1. The listeners are ______________ next. (○ | ×)
2. Kent Wilson will ______________ tomorrow. (○ | ×)
3. Sue Ellison is going to ______________. (○ | ×)

정답 p.104

PART 4 **예상 적중 문제 07-09** 담화를 듣고 질문에 가장 알맞은 답을 고르세요.

04-71

07. What must happen by this Thursday?

(A) Employees must request time off.

(B) Managers must approve vacation requests.

(C) Managers must turn in employee evaluations.

(D) Employees must submit their budget reports.

08. What does the speaker suggest about the holiday season?

(A) It is the busiest time of the year.

(B) Several sales are held during it.

(C) Many workers go on vacation during it.

(D) Part-time employees are hired then.

09. What will the speaker most likely do next?

(A) Request completed timesheets

(B) Ask if there are any questions

(C) End the meeting

(D) Discuss a different topic

문제 해설

07 세부 사항

- 담화는 임원들이 해야 할 두 가지의 업무, 즉 '직원 평가'와 '휴가 신청'에 대해 안내하고 있다.
- 직원 평가서의 제출 기간을 언급하는 'They all need to be submitted by this Thursday.'라는 문장을 통해 목요일까지 이루어져야 할 업무는 직원 평가임을 알 수 있으므로 (C)가 정답이다.
- 참고로 휴가 신청에 대한 승인은 다음 주 월요일까지 이루어져야 하며, 직원들은 이번 주 금요일까지 휴가 신청을 해야 한다.

08 추론

- 화자는 연휴 기간이 다가 오고 있고(the holiday season is coming soon), 모든 임원들은 휴가 신청을 승인해야 한다고(All managers must approve requests for vacation by next Monday.) 말하고 있다.
- 이를 통해서, 연휴 기간에 많은 직원들이 휴가 신청을 할 것이라는 사실을 추론할 수 있으므로 정답은 (C)이다.

09 담화 이후의 상황

- 담화의 마지막에 화자는 'Okay, let's move on to the next issue.'라고 말하면서 다음 주제로 넘어가자고 했다. 따라서 화자는 청자들과 함께 또다른 주제에 대해 논의할 것이므로 정답은 (D)이다.
- 이처럼 담화 이후의 상황을 묻는 문제는 담화의 마지막 부분에 단서가 주어지는 경우가 많다.

스크립트 & 해석

W Before the meeting ends, we need to discuss two more things. The first concerns employee evaluations. Managers should have completed most of their employee evaluations by now. 07) **They all need to be submitted by this Thursday.** In addition, 08-1) **the holiday season is coming soon.** 08-2) **All managers must approve requests for vacation by next Monday.** This applies to the months of December and January. Employees must let their managers know their vacation plans no later than this Friday. 09) **Okay, let's move on to the next issue.**

W 회의가 끝나기 전에, 두 가지 사항을 더 논의해야 합니다. 첫 번째는 직원 평가와 관련이 있습니다. 임원들께서는 지금쯤이면 직원 평가서를 대부분 작성하셨어야 합니다. 이번 주 목요일까지 모두 제출되어야 합니다. 또한, 연휴 기간이 다가오고 있습니다. 모든 임원분들께서는 다음 주 월요일까지 휴가 신청을 승인해 주셔야 합니다. 이는 12월과 1월에 적용됩니다. 직원분들께서는 늦어도 이번 주 금요일까지 본인의 휴가 계획을 임원분들에게 알려주셔야 합니다. 자, 그러면 다음 주제로 넘어가도록 하겠습니다.

07. 이번 주 목요일까지 어떤 일이 이루어져야 하는가?
(A) 직원들이 휴가를 신청해야 한다.
(B) 임원들이 휴가 신청을 승인해야 한다.
(C) 임원들이 직원 평가서를 제출해야 한다.
(D) 직원들이 예산 보고서를 제출해야 한다.

08. 화자는 연휴 기간에 대해 무엇을 암시하는가?
(A) 연중 가장 바쁜 시기이다.
(B) 그 기간 동안 몇몇 할인 행사들이 진행된다.
(C) 그 기간 동안 많은 직원들이 휴가를 간다.
(D) 그때 임시직 직원들이 고용된다.

09. 화자는 다음에 무엇을 할 것 같은가?
(A) 작성이 완료된 출퇴근기록부를 요청한다
(B) 질문이 있는지 물어본다
(C) 회의를 끝낸다
(D) 다른 주제를 논의한다

어휘 concern 관련되다 employee evaluation 직원 평가, 직원 평가서 in addition 게다가, 또한 holiday season 휴가철 approve 승인하다 request 요청 no later than 늦어도 ~까지

MORE & MORE

04-72

들리는 문장이 위 담화의 내용과 일치하면 O, 그렇지 않으면 ×에 표시하세요.

❶ The meeting ______________ soon. (O | ×)

❷ Managers should ______________ by next Monday. (O | ×)

❸ Employees must ______________ during December or January. (O | ×)

정답 p.104

PART 4 예상 적중 문제 10-12 담화를 듣고 질문에 가장 알맞은 답을 고르세요.

04-73

10. What is the talk mainly about?
(A) Conducting a survey
(B) Planning for a company's expansion
(C) Preparing a presentation for a meeting
(D) Attending an upcoming conference

11. What will the listeners do next Thursday?
(A) Be assigned tasks
(B) Participate in an orientation session
(C) Turn in some reports
(D) Make presentations

12. What should employees discuss?
(A) What products the company should make
(B) Which advertisement they prefer the most
(C) How to make the company more profitable
(D) What types of employees to recruit for jobs

문제 해설

10 주제

- 화자는 '다음 주 목요일 오전에 다시 회의를 할 것'이라고 말한 뒤, 회의에서 각자 업무에 대한 발표를 기대한다고(During that meeting, I'll expect each of you to make a presentation on your assignment.) 말했다.
- 즉, 회의 때 발표할 것을 준비하라는 것이 담화의 주된 내용이므로 정답은 (C)이다.

11 담화 이후의 상황

- 다음 주 목요일에 다시 회의를 하게 되는데(We're going to reconvene next Thursday at nine in the morning), 화자는 직원들이 그 회의에서 발표를 하게 될 것이라고(During that meeting, I'll expect each of you to make a presentation) 말했다.
- 그러므로 청자들이 다음 주 목요일에 해야 할 일로 적절한 것은 (D)이다.

12 세부 정보 (언급된 사실)

- 화자는 회의의 주제를 'Please be sure to focus on how we can improve profits at our company.'라고 알려 주고 있다.
- 즉, 직원들은 회사의 수익을 증대시킬 수 있는 방법에 초점을 맞춰 논의해야 할 것이므로 정답은 (C)이다.

스크립트 & 해석

M It's about time to end today's meeting. All of you have your assignments, so please get to work on them. [10-1) 11-1)] **We're going to reconvene next Thursday at nine in the morning.** [10-2) 11-2)] **During that meeting, I'll expect each of you to make a presentation on your assignment.** [12)] **Please be sure to focus on how we can improve profits at our company.** Everybody will have ten minutes to speak during the meeting. So don't expect to finish until around noon.

M 오늘 회의를 끝내야 할 시간이 되었군요. 여러분들 모두 하셔야 할 업무가 있으니, 업무를 보시기 바랍니다. 우리는 다음 주 목요일 오전 9시에 다시 모이게 될 것입니다. 그 회의에서는, 여러분들 각자가 업무에 대한 발표를 할 것으로 기대하겠습니다. 우리 회사에서 어떻게 수익을 증대시킬 수 있는지에 대해 초점을 맞추셔야 한다는 점을 명심하십시오. 회의 시간 동안 모든 분들께서 10분 동안 발언을 하게 될 것입니다. 그러니 오전에 끝날 것이라고 기대하지 마십시오.

10. 담화는 주로 무엇에 관한 것인가?
(A) 설문조사 실시
(B) 회사 확장 계획
(C) 회의 발표 준비
(D) 곧 있을 학회 참석

11. 청자들은 다음 주 목요일에 무엇을 할 것인가?
(A) 업무를 할당 받는다
(B) 오리엔테이션에 참석한다
(C) 보고서를 제출한다
(D) 발표를 한다

12. 직원들은 무엇을 논의해야 하는가?
(A) 회사가 만들어야 하는 제품
(B) 그들이 가장 선호하는 광고
(C) 회사가 더 많은 수익을 올리는 방법
(D) 채용해야 하는 직원들의 유형

어휘 assignment 과제 reconvene 다시 모이다, 다시 소집하다 presentation 발표, 프레젠테이션 focus on ~에 초점을 맞추다, ~에 집중하다 profit 이윤, 수익

MORE & MORE

04-74

들리는 문장이 위 담화의 내용과 일치하면 O, 그렇지 않으면 ×에 표시하세요.

❶ The meeting is going to ______________. (O | ×)

❷ The participants ______________ next week. (O | ×)

❸ The participants will meet ______________ next week. (O | ×)

정답 p.104

Unit 05-06 연습 문제

Part 4 담화를 듣고 질문에 가장 알맞은 답을 고르세요. 04-75

1. Who most likely is the speaker?
   (A) A museum employee
   (B) The host of a show
   (C) A volunteer worker
   (D) A friend of Kim Goodman's

2. Why does the speaker say, "Her actions saved it"?
   (A) To explain how a building was paid for
   (B) To praise a woman for her time spent volunteering
   (C) To state why a museum did not close
   (D) To give a person credit for working at a hospital

3. What will Kim Goodman do later?
   (A) Explain her actions in person
   (B) Sign some autographs
   (C) Put on a performance
   (D) Go on a tour of a museum

4. What is the purpose of the report?
   (A) To request information
   (B) To propose a solution
   (C) To make an announcement
   (D) To give a warning

5. Who is Sheldon Anderson?
   (A) A news broadcaster
   (B) A mayor
   (C) A doctor
   (D) A company president

6. What will probably happen next?
   (A) A news conference will be held.
   (B) People will vote in an election.
   (C) A doctor will give a talk.
   (D) A commercial will be aired.

7. According to the speaker, what will happen in thirty minutes?
   (A) New machines will be installed.
   (B) An inspection will take place.
   (C) Some machinery will be upgraded.
   (D) A machine will be removed.

8. What will the workers do while the machines are shut down?
   (A) Conduct a safety inspection
   (B) Learn about workplace safety
   (C) Attend a workshop
   (D) Have a discussion on machinery

9. What does the speaker say about the lecture?
   (A) The workers are required to go to it.
   (B) It should last for around two hours.
   (C) The talk will be held in the lounge.
   (D) It will be given by the company president.

10. What does the speaker mention about Flight 54?
    (A) Its departure time
    (B) Its destination
    (C) Its city of departure
    (D) Its arrival time

11. Where should passengers on Flight 54 go next?
    (A) To Gate 10
    (B) To Gate 21
    (C) To Gate 40
    (D) To Gate 55

12. What will happen in forty minutes?
    (A) Flight attendants will apologize.
    (B) Gate 10 will be closed.
    (C) An announcement will be made.
    (D) Flight 54 will depart.

정답 및 해설 p.105

13. What is the main purpose of the talk?
(A) To give instructions
(B) To promote a product
(C) To ask for advice
(D) To make a recommendation

14. What does the speaker mean when he says, "It needs a constant supply of electricity to operate"?
(A) The item can make use of solar power.
(B) The item's batteries use energy quickly.
(C) The item must have batteries to run.
(D) The item should be plugged in.

15. What will the speaker probably do next?
(A) Plug in the machine
(B) Talk about the machine
(C) Use the machine
(D) Take orders for the machine

Dawson Furniture

Item	Price
Armchair (Black)	$240
Sofa (Leather)	$1,300
Kitchen Table (Oak)	$560
Desk (Brown)	$850

16. Look at the graphic. How much will Mr. Navarro be charged?
(A) $240
(B) $560
(C) $850
(D) $1,300

17. How will the item be paid for?
(A) By check
(B) With cash
(C) By bank transfer
(D) By credit card

18. What does the speaker say will happen at 3:30?
(A) A delivery will be made.
(B) A return call will be placed.
(C) A meeting will be held.
(D) A decision will be made.

04-76

PART 4

Directions: You will hear some talks given by a single speaker. You will be asked to answer three questions about what the speaker says in each talk. Select the best response to each question and mark the letter (A), (B), (C), or (D) on your answer sheet. The talks will not be printed in your test book and will be spoken only one time.

1. What is being advertised?
(A) A movie theater
(B) A shopping center
(C) An electronics store
(D) A grocery store

2. What does the speaker say about the store's items?
(A) They are good but expensive.
(B) They are mostly generic products.
(C) They are sold at inexpensive prices.
(D) They are both new and used products.

3. What does the speaker tell the listeners to do?
(A) Look at the store's Web site
(B) Go shopping at the store
(C) Call the store to ask about its products
(D) Apply for jobs at the store

4. Who is the speaker?
(A) A receptionist
(B) A doctor
(C) A surgeon
(D) A patient

5. What is the problem?
(A) An office will be closed.
(B) A meeting has been canceled.
(C) An appointment must be rescheduled.
(D) A person has gotten sick.

6. What is Ms. Butler asked to do?
(A) Make a telephone call
(B) Visit an office
(C) Send an e-mail
(D) Reply with a letter

7. What is the purpose of the talk?
(A) To give some advice
(B) To make a warning
(C) To describe an upcoming event
(D) To explain a process

8. Who is Karen Potter?
(A) A trainer
(B) The CEO
(C) An accountant
(D) A supervisor

9. What are the listeners expected to do?
(A) Arrive on time tomorrow
(B) Study their employee manuals
(C) Visit the Computer Department
(D) Contact Karen Potter

10. What is the news broadcast about?
(A) Local news
(B) Business news
(C) The weather
(D) Sports

11. When will the speaker give a similar broadcast?
(A) In ten minutes
(B) In thirty minutes
(C) In sixty minutes
(D) In ninety minutes

12. What will the listeners hear next?
(A) A commercial
(B) A song
(C) Sports news
(D) An announcement

13. What is the purpose of the talk?
(A) To announce a change in a policy
(B) To request that a report be submitted
(C) To ask people to go on a trip
(D) To discuss the company's budget

14. What will happen tomorrow morning?
(A) A videoconference will be held.
(B) A business trip will be taken.
(C) Some equipment will be installed.
(D) Some clients will arrive.

15. When is a client scheduled to be met?
(A) Today
(B) Tomorrow
(C) Thursday
(D) Friday

16. Where most likely does the speaker work?
(A) At a photography studio
(B) At a supermarket
(C) At a restaurant
(D) At a convenience store

17. What does the speaker ask the listeners to do?
(A) Go somewhere else
(B) Make an apology
(C) Make reservations
(D) Wait for a while

18. Why does the speaker say, "Friday is always the busiest night of the week for us"?
(A) To advise the listeners to go elsewhere
(B) To make an apology to the listeners
(C) To suggest when to avoid the establishment
(D) To recommend calling ahead for reservations

GO ON TO THE NEXT PAGE

19. What is the purpose of the message?

(A) To schedule an appointment
(B) To find out about a price
(C) To ask to see the doctor later
(D) To inquire about an operation

20. What does the speaker mean when she says, "I have to go out of town right now due to a family emergency"?

(A) She cannot make her appointment.
(B) She will go there later in the day.
(C) She needs to get to the airport quickly.
(D) She wants to speak with someone at once.

21. What does Ms. Sellers ask the listener to do?

(A) Call her
(B) Send her a text message
(C) Send her an e-mail
(D) Visit her office

---

22. Why is the event going to be held?

(A) To encourage area residents
(B) To assist local hospitals
(C) To benefit young children
(D) To let residents meet one another

23. When is the event going to be held?

(A) From eight to four on Saturday
(B) From four to eight on Saturday
(C) From eight to four on Sunday
(D) From four to eight on Sunday

24. What can a person receive for participating?

(A) A discount coupon
(B) A gift certificate
(C) Complimentary food and drinks
(D) A free ticket to a movie

Monday	Tuesday	Wednesday	Thursday
partly cloudy	rainy	cloudy	sunny

25. What does the speaker say about the company picnic?

(A) It will take place in the morning.
(B) The picnic will last all day.
(C) More than 100 people will attend.
(D) The food there will be free.

26. Look at the graphic. When will the company picnic be held?

(A) Monday
(B) Tuesday
(C) Wednesday
(D) Thursday

27. How has the weather been recently?

(A) Cold
(B) Rainy
(C) Snowy
(D) Warm

Good Hands Electronics Installation Fees

Appliance	Price
Washing Machine	$50
Washer/Dryer	$35
Ceiling Fan	$80
Air Conditioner	$60

28. Why did the speaker call Ms. Kuroda?

(A) To agree to do some work
(B) To ask for her address
(C) To sell her an item
(D) To change an appointment time

29. Look at the graphic. How much will the listener be charged?

(A) $35
(B) $50
(C) $60
(D) $80

30. When will a worker visit Ms. Kuroda's home?

(A) Today
(B) Tomorrow
(C) This weekend
(D) Next week

Listening
Actual Test

LISTENING TEST

In the Listening test, you will be asked to demonstrate how well you understand spoken English. The entire Listening test will last approximately 45 minutes. There are four parts, and directions are given for each part. You must mark your answers on the separate answer sheet. Do not write your answers in the test book.

PART 1

Directions: For each question in this part, you will hear four statements about a picture in your test book. When you hear the statements, you must select the one statement that best describes what you see in the picture. Then find the number of the question on your answer sheet and mark your answer. The statements will not be printed in your test book and will be spoken only one time.

Statement (C), "They're looking at the same thing," is the best description of the picture, so you should select answer (C) and mark it on your answer sheet.

1.

2.

GO ON TO THE NEXT PAGE

3.

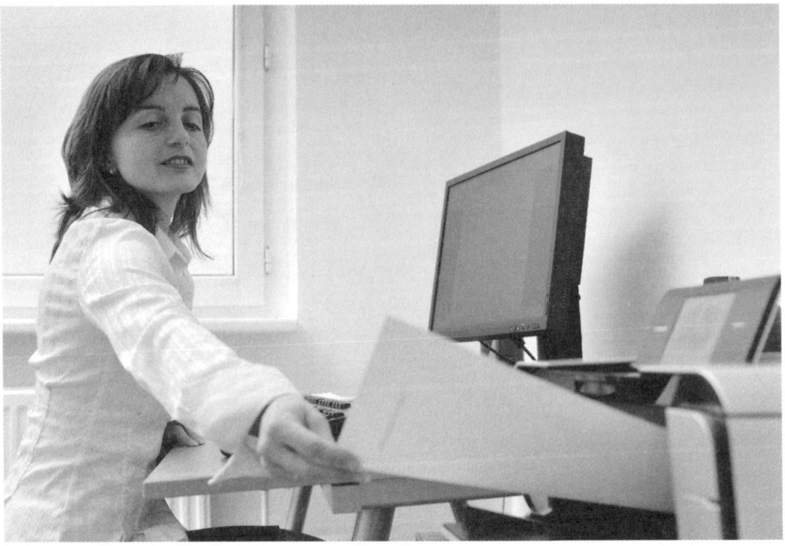

4.

5.

6.

GO ON TO THE NEXT PAGE →

PART 2

Directions: You will hear a question or statement and three responses spoken in English. They will not be printed in your test book and will be spoken only one time. Select the best response to the question or statement and mark the letter (A), (B), or (C) on your answer sheet.

7. Mark your answer on your answer sheet.
8. Mark your answer on your answer sheet.
9. Mark your answer on your answer sheet.
10. Mark your answer on your answer sheet.
11. Mark your answer on your answer sheet.
12. Mark your answer on your answer sheet.
13. Mark your answer on your answer sheet.
14. Mark your answer on your answer sheet.
15. Mark your answer on your answer sheet.
16. Mark your answer on your answer sheet.
17. Mark your answer on your answer sheet.
18. Mark your answer on your answer sheet.
19. Mark your answer on your answer sheet.
20. Mark your answer on your answer sheet.
21. Mark your answer on your answer sheet.
22. Mark your answer on your answer sheet.
23. Mark your answer on your answer sheet.
24. Mark your answer on your answer sheet.
25. Mark your answer on your answer sheet.
26. Mark your answer on your answer sheet.
27. Mark your answer on your answer sheet.
28. Mark your answer on your answer sheet.
29. Mark your answer on your answer sheet.
30. Mark your answer on your answer sheet.
31. Mark your answer on your answer sheet.

PART 3

Directions: You will hear some conversations between two or more people. You will be asked to answer three questions about what the speakers say in each conversation. Select the best response to each question and mark the letter (A), (B), (C), or (D) on your answer sheet. The conversations will not be printed in your test book and will be spoken only one time.

32. What is stated in the conversation?

(A) It is the man's brother's birthday.
(B) The man needs to make money.
(C) The woman will go shopping with the man.
(D) The woman knows the man's brother.

33. What is happening at the Weston Shopping Mall?

(A) A few stores are having a sale.
(B) A concert will be held.
(C) A new store is opening.
(D) All items are half off.

34. What does the man imply?

(A) He will have a birthday party for his brother.
(B) He will go to the Weston Shopping Mall.
(C) He will buy a present for the woman.
(D) He will leave a tip for the waitress.

35. Where most likely do the speakers work?

(A) At a flower shop
(B) At a grocery store
(C) At a restaurant
(D) At a pharmacy

36. What does the woman ask the men to do?

(A) Work at the cash register
(B) Make a delivery
(C) Contact a client
(D) Go to Fairmont Avenue

37. When does the customer need the item?

(A) By 3:00
(B) By 4:00
(C) By 5:00
(D) By 6:00

GO ON TO THE NEXT PAGE

38. What is the woman concerned about?

(A) Living in a large city
(B) Finding a new job
(C) Making friends
(D) Finishing her work on time

39. What is the woman going to do?

(A) Start a different job
(B) Move to a new country
(C) Transfer to another department
(D) Ask for a raise

40. What does the man say about the woman?

(A) She was a good worker.
(B) She can make new friends.
(C) She will have fun.
(D) She will be missed.

---

41. What are the speakers mainly discussing?

(A) Getting transferred
(B) Living in Athens
(C) Working in other countries
(D) Being promoted

42. What does the man mean when he says, "It's not as great as you think"?

(A) He did not enjoy his time living in Zurich.
(B) His job is harder than the woman believes.
(C) It is better to work in the main office.
(D) There are disadvantages to working abroad.

43. What does the man say about working in Hong Kong?

(A) It was incredible.
(B) It was difficult.
(C) It was exciting.
(D) It was expensive.

---

44. What are the speakers mainly discussing?

(A) An upcoming business trip
(B) Their vacation plans
(C) Their newest coworker
(D) The material they wrote

45. What concern does the woman mention?

(A) Showing the proper samples
(B) Understanding the material well
(C) Causing offense to the clients
(D) Agreeing to the terms of a contract

46. What will happen tomorrow morning?

(A) A conference will be attended.
(B) The speakers will go to the airport.
(C) A conference call will be held.
(D) The clients will arrive from Boise.

---

47. Why did the man visit the store?

(A) To get his money back
(B) To buy an item on sale
(C) To exchange an item
(D) To apply for a rebate

48. Why does the man say, "I suppose that would work"?

(A) To say he can look at a different model
(B) To let the woman look at the item
(C) To agree to the woman's suggestion
(D) To state that he will talk to the manager

49. What will the woman most likely do next?

(A) Contact the manager
(B) Process a refund
(C) Examine the man's item
(D) Look up an item online

---

50. What is the woman's occupation?

(A) Painter
(B) Photographer
(C) Architect
(D) Designer

51. What does the woman say about her work?

(A) She is still learning how to do it.
(B) She only does nature scenes.
(C) She typically uses watercolor paints.
(D) She sells her pieces for high prices.

52. What does the man ask the woman to do?

(A) Teach him how to make pictures
(B) Show some more of her work to him
(C) Sell some of her work to him
(D) Tell him how to make proper designs

---

53. Who is April Nelson?

(A) A delivery truck driver
(B) A cashier
(C) A customer
(D) A designer

54. Where does the man have the woman's items?

(A) On a shelf
(B) In a box
(C) In a shopping bag
(D) Behind a counter

55. What will the woman probably do next?

(A) Pay for some items
(B) Try on some clothes
(C) Order something
(D) Leave the store

---

56. What does the man show the woman?

(A) A plane ticket
(B) A brochure
(C) A passport
(D) A poster

57. What does the woman suggest that the man do?

(A) Drive to his vacation destination
(B) Try to spend less money
(C) Avoid taking a cruise
(D) Ask his friends to travel with him

58. When is the man going to take a trip?

(A) This week
(B) Next week
(C) In summer
(D) In fall

---

59. Where does the woman most likely work?

(A) At an office building
(B) At a real estate agency
(C) At a stock brokerage
(D) At a public school

60. What does the woman mean when she says, "The owners are willing to negotiate"?

(A) The price is lower than the man thinks.
(B) The money the man wants to pay is enough.
(C) The man should make an offer.
(D) The cost of living in the area is low.

61. What does the woman suggest doing?

(A) Looking over a contract
(B) Introducing the owners to the man
(C) Visiting another neighborhood
(D) Going to her office

GO ON TO THE NEXT PAGE →

Item	Item Number	Price
Wool Sweater, Green	JDF394	$67.99
Dress, Blue	MEM833	$29.99
Swimsuit, Black	SWE837	$19.99
T-Shirt, Red	KEK904	$14.99

62. What does the man request?

(A) An address
(B) An order number
(C) Proof of payment
(D) A telephone number

63. Look at the graphic. Which item does the woman no longer want?

(A) JDF394
(B) MEM833
(C) SWE837
(D) KEK904

64. What will the woman probably do next?

(A) Hang up the phone
(B) Reconsider her decision
(C) Order another dress
(D) Speak with another person

Room Name	Number of Seats	Price per Day
Orange Room	70	$600
Blue Room	90	$1,000
Green Room	100	$900
Purple Room	120	$750

65. What is the problem?

(A) Too many people signed up for an event.
(B) A hotel does not have a room big enough.
(C) The speakers are busy on the day of an event.
(D) Most attendees have not paid the registration fee.

66. What does the man tell the woman to do?

(A) Get in touch with the Shelby Hotel
(B) Contact all of the attendees
(C) Find a room at the convention center
(D) Increase the price of registration

67. Look at the graphic. Which room will the woman most likely rent?

(A) Orange Room
(B) Blue Room
(C) Green Room
(D) Purple Room

Description	Charge
International Phone Call	$31.00
Room Service (Lunch)	$18.00
Room Service (Dinner)	$45.00
Laundry Service	$22.00

68. Where most likely does the woman work?

(A) At a dry cleaner's
(B) At a hotel
(C) At a restaurant
(D) At a telephone company

69. Look at the graphic. How much money does the man want refunded?

(A) $18.00
(B) $22.00
(C) $31.00
(D) $45.00

70. How will the woman contact the man?

(A) By text message
(B) By e-mail
(C) By fax
(D) By telephone

GO ON TO THE NEXT PAGE

PART 4

Directions: You will hear some talks given by a single speaker. You will be asked to answer three questions about what the speaker says in each talk. Select the best response to each question and mark the letter (A), (B), (C), or (D) on your answer sheet. The talks will not be printed in your test book and will be spoken only one time.

71. What is the purpose of the message?

(A) To file a complaint
(B) To turn down an offer
(C) To ask for a sample
(D) To order a product

72. Why does the speaker say, "You are simply asking for too much money"?

(A) To request a lower bid
(B) To demand a refund
(C) To reject an offer
(D) To ask for a discount

73. How does the speaker tell Mr. Robertson to contact him?

(A) By phone
(B) In person
(C) By e-mail
(D) By registered mail

74. Who most likely are the listeners?

(A) Customers
(B) Sales staff
(C) Managers
(D) Engineers

75. What is the speaker concerned about?

(A) Low sales
(B) Poor customer service
(C) Faulty products
(D) High prices

76. What does the speaker say might happen?

(A) Workers may get fired.
(B) A sale may be held.
(C) A problem may be solved.
(D) An executive may visit.

77. What is the purpose of the speech?

(A) To ask for assistance
(B) To describe an upcoming trip
(C) To offer congratulations
(D) To provide details of a contract

78. Who most likely is Linda?

(A) A new executive
(B) An engineer
(C) A marketer
(D) A salesperson

79. What will the listeners probably do?

(A) Start clapping
(B) Ask some questions
(C) Listen to a speech
(D) Leave the room

---

80. Where most likely does the speaker work?

(A) At a cafeteria
(B) At a supermarket
(C) At a restaurant
(D) At a café

81. What does the speaker recommend?

(A) A special dish
(B) A new table
(C) A discounted meal
(D) A low-fat option

82. Why does the speaker say, "You definitely won't regret it"?

(A) To encourage the listener to make an order
(B) To tell the listener to consider his offer
(C) To remind the listener that the special is ending soon
(D) To advise the listener to take the chef's advice

---

83. What is the purpose of the message?

(A) To say that an order has arrived
(B) To request a new item be ordered
(C) To suggest an item to order
(D) To recommend a new product

84. How much is the delivery fee?

(A) $5
(B) $10
(C) $20
(D) $25

85. What does the woman request that Ms. Soriano do?

(A) Visit the store
(B) Make a phone call
(C) Change her order
(D) Complete her payment

---

86. What is the purpose of the talk?

(A) To make an introduction
(B) To praise an employee
(C) To suggest a change
(D) To give a warning

87. Who is Todd Garner?

(A) An electrician
(B) The head of the Research and Development Department
(C) A new worker
(D) A client at Kelvin Electronics

88. What does the speaker ask the listeners to do?

(A) Assist the newest employee
(B) Contact Todd Garner
(C) Consider changing jobs
(D) Ask an engineer for help

GO ON TO THE NEXT PAGE →

89. What is the caller concerned about?

(A) Getting some work done on time
(B) Being hired by Mr. Sanderson
(C) His vacation plans
(D) His performance on a project

90. Who most likely is Mr. Willis?

(A) A client
(B) The speaker's boss
(C) The listener
(D) An intern

91. When does the speaker want the report?

(A) By Wednesday
(B) By Thursday
(C) By Friday
(D) By Saturday

---

92. According to the speaker, what does the store do every day?

(A) Offer free delivery
(B) Give away items for free
(C) Open in the morning
(D) Reduce some prices

93. How long will the sale last?

(A) One hour
(B) One day
(C) One week
(D) One month

94. What does the speaker tell the listeners to do?

(A) Pay with cash or credit cards
(B) Handle the items with care
(C) Ask the sales staff for assistance
(D) Be polite to other shoppers

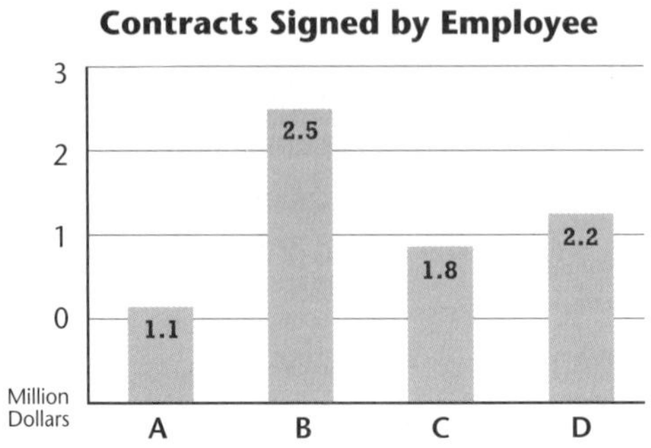

95. What is the speaker mainly discussing?

(A) Last year's sales numbers
(B) Improvements in the sales force
(C) The salesperson of the year award
(D) Janet Wilson's accomplishments

96. Look at the graphic. How much money did Arthur Grant bring in?

(A) \$1.1 million
(B) \$1.8 million
(C) \$2.2 million
(D) \$2.5 million

97. What does the woman indicate about Arthur Grant?

(A) He will be promoted soon.
(B) He will receive some training.
(C) He will get paid a bonus.
(D) He will work with Janet Wilson.

Restaurant	Type of Food
Antonio's	Spanish
Junction 21	Mexican
Watertown	Seafood
The Warren	Vegetarian

98. How were the restaurant's revenues last month?

(A) They were up.
(B) They were the same.
(C) They were down slightly.
(D) They were down 30%.

99. Look at the graphic. Where does the speaker most likely work?

(A) Antonio's
(B) Junction 21
(C) Watertown
(D) The Warren

100. What problem does the speaker mention?

(A) Undercooked food
(B) Expensive prices
(C) Long waiting times
(D) Impolite employees

This is the end of the Listening test.

맨처음 토익

기본편

LC

다락원

PART 1 사진 묘사

Unit 01 | 인물 중심 사진

기본기 체크업 p.019

A 01-02

1 (c)	2 (b)	3 (a)
4 (c)	5 (c)	

1
(a) They are talking about a screen.
(b) They are fixing a screen.
(c) They are looking at a screen.

(a) 그들은 화면에 대해 이야기하고 있다.
(b) 그들은 화면을 고치고 있다.
(c) 그들은 화면을 보고 있다.

2
(a) She is sitting with her friend.
(b) She is sitting by herself.
(c) She is sitting next to a man.

(a) 그녀는 그녀의 친구와 함께 앉아 있다.
(b) 그녀는 혼자 앉아 있다.
(c) 그녀는 한 남자 옆에 앉아 있다.

3
(a) He is wearing a long-sleeved shirt.
(b) He is looking at a long-sleeved shirt.
(c) He is buying a long-sleeved shirt.

(a) 그는 긴 소매의 셔츠를 입고 있다.
(b) 그는 긴 소매 셔츠를 보고 있다.
(c) 그는 긴 소매 셔츠를 사고 있다.

어휘 long-sleeved shirt 긴 소매 셔츠

4
(a) No flowers are blooming.
(b) Flowers are on the table.
(c) She is picking some flowers.

(a) 어떤 꽃도 피어 있지 않다.
(b) 테이블 위에 꽃이 있다.
(c) 그녀는 몇 송이 꽃을 꺾고 있다.

어휘 bloom 꽃이 피다

5
(a) He is holding some photo equipment.
(b) She is taking a picture with a camera.
(c) The photo equipment is on the table.

(a) 그는 사진기를 들고 있다.
(b) 그녀는 카메라로 사진을 찍고 있다.
(c) 테이블 위에 사진기가 있다

B 01-03

1 (a) ○	(b) ○	(c) ×
2 (a) ×	(b) ○	(c) ○
3 (a) ×	(b) ○	(c) ×
4 (a) ×	(b) ○	(c) ○

1
(a) The woman is preparing some food. (○)
(b) She is cutting something with a knife. (○)
(c) Food is being put in the oven. (×)

(a) 여자가 음식을 준비하고 있다.
(b) 그녀는 칼로 무언가를 자르고 있다.
(c) 음식이 오븐 안으로 놓여지고 있다.

어휘 prepare 준비하다 put 놓다, 두다 oven 오븐

2
(a) The man is folding some paper. (×)
(b) File cabinets are behind the man. (○)
(c) He is holding a folder. (○)

(a) 남자가 종이를 접고 있다.
(b) 남자 뒤에 서류함이 있다.
(c) 그는 서류철을 들고 있다.

어휘 fold 접다 file cabinet 서류함, 파일 캐비닛 folder 서류철

3
(a) The woman is ordering some food. (×)
(b) The man is looking at a menu. (○)
(c) They are enjoying a meal together. (×)

(a) 여자가 음식을 주문하고 있다.
(b) 남자가 메뉴를 보고 있다.
(c) 그들은 함께 식사를 하고 있다.

4
(a) The woman is going out the door. (×)
(b) The man is standing at the counter. (○)
(c) They are facing each other. (○)

(a) 여자가 문 밖으로 나가고 있다.
(b) 남자가 계산대 앞에 서 있다.
(c) 그들은 서로 마주 보고 있다.

어휘 go out (밖으로) 나가다 face 향하다 each other 서로

C 01-04

1 (c)	2 (b)	3 (b)
4 (a)	5 (c)	6 (a)

1
(a) He is opening a box.
(b) The man is boxed in.
(c) The man has a box in his hands.

(a) 그는 상자를 열고 있다.
(b) 남자는 곤경에 처해 있다.
(c) 남자가 손으로 상자를 들고 있다.

어휘 boxed in 곤경에 처한

2
(a) Snow is falling heavily.
(b) The person is shoveling snow.
(c) He is driving his car in the snow.

(a) 눈이 세차게 내리고 있다.
(b) 사람이 삽으로 눈을 치우고 있다.
(c) 그는 눈길에서 차를 몰고 있다.

어휘 heavily 세차게, 심하게 shovel 삽; 삽으로 옮기다, 삽으로 뜨다

3
(a) The shopping cart is full of groceries.
(b) He is looking at some merchandise.
(c) The man is holding a shopping list.

(a) 쇼핑 카트는 식료품으로 가득하다.
(b) 그는 상품을 보고 있다.
(c) 남자는 쇼핑 목록을 들고 있다.

어휘 shopping cart 쇼핑 카트 grocery 식료품 shopping list 쇼핑 목록

4
(a) One person's hand is raised.
(b) The teacher is writing on the board.
(c) Everyone in the room is seated.

(a) 한 사람이 손을 들고 있다.
(b) 교사가 칠판에 글을 쓰고 있다.
(c) 회의실에 있는 모든 사람들이 자리에 앉아 있다.

어휘 raise 올리다, 들다 board 널빤지, 판, 보드

5
(a) They are trying on some shoes.
(b) Both of the women are barefoot.
(c) The two women are facing each other.

(a) 그들은 구두 몇 켤레를 신어 보고 있다.
(b) 두 명의 여자 모두 맨발이다.
(c) 두 명의 여자가 얼굴을 마주 보고 있다.

어휘 barefoot 맨발의 face each other 얼굴을 마주하다

6
(a) Both of them are violinists.
(b) They are playing in front of an audience.
(c) People are enjoying the music.

(a) 두 명 모두 바이올리니스트이다.
(b) 그들은 청중 앞에서 연주를 하고 있다.
(c) 사람들이 음악을 감상하고 있다.

어휘 violinist 바이올리니스트 audience 청중, 관객

예상 적중 문제 01 p.021

MORE & MORE 01-06

1. There are many flowers in a field. (O)
2. She is watering the flowers. (×)
3. Many types of flowers are growing. (×)

1. 들판에 많은 꽃이 있다.
2. 여자가 꽃에 물을 주고 있다.
3. 여러 종류의 꽃들이 자라고 있다.

어휘 field 들판 water 물; 물을 주다 grow 자라다

예상 적중 문제 02 p.022

MORE & MORE 01-08

1. The chef is preparing a meal. (×)
2. The woman is paying for the food. (×)
3. A man is standing by the woman. (O)

1. 주방장이 식사를 준비하고 있다.
2. 여자가 음식값을 지불하고 있다.
3. 남자가 여자 옆에 서 있다.

어휘 chef 주방장 prepare 준비하다 meal 식사, 음식 pay for ~에 대한 비용을 지불하다 stand by ~ 옆에 서 있다

예상 적중 문제 03 p.023

MORE & MORE 01-10

1. The man in front is looking at the students. (×)
2. A laptop is on the table in the front. (O)
3. A woman is holding something in her lap. (×)

1. 앞쪽에 있는 남자는 학생들을 바라보고 있다.
2. 앞쪽의 테이블에는 노트북이 있다.
3. 한 여자가 자신의 무릎 위에 무언가를 놓고 있다.

어휘 front 앞면, 앞쪽 laptop 노트북 컴퓨터 lap 무릎

Unit 01 | 연습 문제 p.024

01 - 11

1 (D)	2 (D)	3 (D)	4 (B)

1
(A) They're both conducting an experiment.
(B) The woman is holding a clipboard.
(C) The woman is using a telescope.
(D) The man is looking at the microscope.

(A) 두 사람 모두 실험을 하고 있다.
(B) 여자는 클립보드를 들고 있다.
(C) 여자는 망원경을 사용하고 있다.
(D) 남자는 현미경을 바라보고 있다.

어휘 conduct an experiment 실험을 실시하다 clipboard 클립보드 telescope 망원경 microscope 현미경

해설 사진만으로는 실험을 하고 있는지의 여부를 알 수 없으므로 (A)는 정답이 될 수 없다. 또한 '클립보드'(clipboard)는 여자가 아니라 남자가 들고 있기 때문에 (B) 역시 올바른 진술이 될 수 없다. 여자가 사용하고 있는 것은 '망원경'(telescope)이 아니라 '현미경'(microscope)이므로 (C) 역시 정답에서 제외된다. 따라서 남자가 현미경을 바라보고 있다고 설명한 (D)가 정답이다.

2
(A) The restaurant is full of people.
(B) She is doing some paperwork.
(C) She is reading a magazine.
(D) She is sitting all by herself.

(A) 식당은 사람들로 가득하다.
(B) 그녀는 서류 작업을 하고 있다.
(C) 그녀는 잡지를 읽고 있다.
(D) 그녀 혼자 앉아 있다.

어휘 be full of ~으로 가득 차 있다 paperwork 서류 작업 magazine 잡지 all by oneself 혼자서, 홀로

해설 주변에 사람이 없으므로, '사람들로 가득하다'(full of people)고 설명한 (A)는 오답이다. 사진 속 여자는 '서류 작업'(some paperwork)을 하고 있는 것이 아니라 '신문'(newspaper)을 읽고 있으므로 (B) 역시 오답이다. 여자가 '잡지'(magazine)를 읽고 있다고 진술한 (C) 또한 정답이 될 수 없다. 여자가 '혼자'(by herself) 앉아 있다고 설명한 (D)가 정답이다.

3
(A) One woman is trying on some clothes.
(B) The store is closed for business.
(C) A customer is looking at the merchandise.
(D) They are on opposite sides of the counter.

(A) 한 여자가 몇 벌의 옷을 입어보고 있다.
(B) 매장 영업이 끝났다.
(C) 한 고객이 상품을 바라보고 있다.
(D) 그들은 카운터를 사이에 두고 있다.

어휘 try on 입어보다 merchandise 상품 opposite 반대의

해설 두 사람이 카운터를 사이에 두고 있는 모습을 표현한 (D)가 정답이다. 두 사람 모두 '옷을 입어보고 있는'(trying on some clothes) 것은 아니므로 (A)는 정답이 될 수 없다. 매장은 아직 영업 중인 것으로 보이기 때문에 매장 영업이 끝났다고 설명한 (B) 역시 정답이 될 수 없다. 사진에서 고객으로 보이는 인물이 '상품을 바라보고 있는'(looking at the merchandise) 것도 아니므로 (C) 역시 오답이다.

4
(A) Soldiers are shooting their weapons.
(B) The men are wearing uniforms.
(C) The men are strolling along the road.
(D) The band is marching in a parade.

(A) 군인들이 총을 쏘고 있다.
(B) 남자들이 제복을 입고 있다.
(C) 남자들이 길을 따라 산책하고 있다.
(D) 악단이 행진하고 있다.

해설 군인으로 보이는 남자들이 같은 제복(uniform)을 입고 같은 자세로 서 있는 사진이다. 이들이 총을 들고 있기는 하지만 쏘고(shooting) 있는 것은 아니므로 (A)는 정답에서 제외된다. 남자들이 산책을(strolling) 하고 있는 것은 아니므로 (C)도 오답이다. 남자들이 행진하고(marching in a parade) 있다고 볼 수도 있지만, 이들을 악단으로(band) 볼 수는 없으므로 (D) 역시 정답이 아니다. 정답은 제복을 입고 있다는 내용의 (B)이다.

Unit 02 | 사물 및 배경 중심 사진

기본기 체크업 p.029

A 01 - 13

1 (c)	2 (b)	3 (b)
4 (a)	5 (c)	

1
(a) Food is on the counter.
(b) There are pots on the stove.
(c) The plates are on the table.

(a) 판매대에 음식이 있다.
(b) 난로 위에 냄비들이 있다.
(c) 테이블 위에 접시들이 있다.

어휘 counter 카운터, 판매대 pot 냄비, 통 plate 접시

2
(a) The boat is at the pier.
(b) Some boats are on the water.
(c) The boat has a motor in the back.

(a) 보트가 부두에 있다.
(b) 몇 척의 보트가 물 위에 있다.
(c) 보트 뒤에 모터가 달려 있다.

어휘 pier 부두 motor 모터

3
(a) Chairs are stacked on one another.
(b) The chairs are leaning against the wall.
(c) The sofa is between the chairs.

(a) 의자가 차곡히 쌓여 있다.
(b) 의자가 벽에 기대어 있다.
(c) 의자 사이에 소파가 있다.

어휘 stack 쌓다 one another 서로

4
(a) Everyone is wearing a coat.
(b) Nobody is wearing a coat.
(c) Someone is wearing a coat.

(a) 모든 사람이 코트를 입고 있다.
(b) 아무도 코트를 입고 있지 않다.
(c) 누군가가 코트를 입고 있다.

5
(a) Two babies are in the car.
(b) The car has two babies sitting in it.
(c) The car has two baby seats.

(a) 차에 두 명의 아기가 있다.
(b) 차 안에 두 명의 아이가 앉아 있다.
(c) 차에는 두 개의 유아용 카시트가 있다.

B

01 - 14

1 (a) ×	(b) ○	(c) ○
2 (a) ○	(b) ×	(c) ○
3 (a) ×	(b) ×	(c) ○
4 (a) ×	(b) ×	(c) ×

1
(a) Books are being checked out. (×)
(b) Books are lined up next to one another. (○)
(c) Books are on all of the shelves. (○)

(a) 책들이 대출되고 있다.
(b) 책들이 줄을 맞춰 가지런히 놓여 있다.
(c) 모든 선반 위에 책이 있다.

어휘 check out 대출하다 line up 줄을 세우다

2
(a) The bed is in the center of the room. (○)
(b) People are being checked out. (×)
(c) The bedside lamp is turned on. (○)

(a) 방의 중앙에 침대가 있다.
(b) 사람들이 체크아웃을 하고 있다.
(c) 침대등이 켜져 있다.

어휘 center 가운데, 중앙 check out (숙소 등에서 비용을 내고) 나가다, 체크아웃하다 bedside lamp 침실등, 침대등 turn on ~을 켜다

3
(a) Everyone is carrying an umbrella. (×)
(b) People are wearing winter coats. (×)
(c) Some umbrellas have been opened. (○)

(a) 모든 사람들이 우산을 들고 다니고 있다.
(b) 사람들은 겨울용 외투를 입고 있다.
(c) 몇몇 우산들이 펼쳐져 있다.

4
(a) The bus is departing the terminal. (×)
(b) Passengers are boarding the train. (×)
(c) A video display shows the train schedule. (×)

(a) 버스가 터미널을 떠나고 있다.
(b) 승객들이 열차에 탑승하고 있다.
(c) 비디오 화면은 열차 시간표를 보여 준다.

어휘 depart 출발하다, 떠나다 terminal 터미널 board 탑승하다 video display 영상 표시 장치 train schedule 열차 시간표

C

01 - 15

1 (c)	2 (c)	3 (a)
4 (c)	5 (b)	6 (b)

1
(a) Bus tickets are being purchased.
(b) All of the people are getting off the bus.
(c) A vehicle has stopped at a tram stop.

(a) 버스표가 판매되고 있다.
(b) 모든 사람들이 버스에서 내리고 있다.
(c) 차량 한 대가 정류장에 정차해 있다.

어휘 purchase 구입하다, 구매하다 get off ~에서 내리다 tram 전차

2
(a) Flowers are blooming in the garden.
(b) The table has some plates on it.
(c) Cushions are on the chair.

(a) 정원의 꽃들이 활짝 피어 있다.
(b) 탁자 위에 접시가 몇 개 있다.
(c) 의자에 쿠션이 있다.

3

(a) Piles of shirts are on the shelves.
(b) The shirts are available for sale.
(c) She is trying on one of the shirts.

(a) 선반에 셔츠들이 쌓여 있다.
(b) 셔츠들은 구입이 가능하다.
(c) 그녀는 셔츠 한 벌을 입어 보고 있다.

어휘 piles of 무더기의, 산적해 있는 available 이용 가능한, 구할 수 있는 sale 판매

4

(a) Ships are sailing on the ocean.
(b) The yachts are being boarded.
(c) Some boats are docked at the pier.

(a) 선박들이 바다에서 항해를 하고 있다.
(b) 요트에 사람들이 승선을 하고 있다.
(c) 몇 척의 배들이 부두에 정박해 있다.

어휘 sail 항해하다 ocean 대양, 바다 yacht 요트 dock 부두; 배를 부두에 대다 pier 부두

5

(a) They are ordering some drinks.
(b) Some of the chairs are not occupied.
(c) They are using the umbrella in the rain.

(a) 그들은 몇 가지 음료를 주문하고 있다.
(b) 몇몇 의자들이 비어 있다.
(c) 그들은 빗속에서 우산을 사용하고 있다.

6

(a) The chair is between the table and the window.
(b) Items have been placed on some shelves.
(c) The cabinet doors are open.

(a) 테이블과 창문 사이에 의자가 있다.
(b) 선반에 물품들이 놓여 있다.
(c) 캐비닛이 열려 있다.

예상 적중 문제 01 p.031

MORE & MORE 01-17

1. Pillows are on the beds. (○)
2. The beds have sheets on them. (○)
3. The dresser drawer is open. (×)

1. 침대 위에 베개가 있다.
2. 침대 위에 시트가 있다.
3. 협탁의 서랍이 열려 있다.

어휘 pillow 베개 sheet 요, 시트 dresser 협탁, 화장대 drawer 서랍

예상 적중 문제 02 p.032

MORE & MORE 01-19

1. Various items are being picked. (×)
2. Some of the loaves of bread are in bags. (×)
3. The items are displayed individually. (×)

1. 다양한 물품들이 골라지고 있다.
2. 몇 덩어리의 빵이 봉투 안에 들어 있다.
3. 물품들이 한 개씩 진열되어 있다.

어휘 various 다양한 pick 집다, 줍다 loaf 덩어리 individually 개별적으로, 따로

예상 적중 문제 03 p.033

MORE & MORE 01-21

1. People are swimming in the pool. (×)
2. Several trees line the water. (○)
3. A flag is flying by the trees. (○)

1. 사람들이 수영장에서 수영을 하고 있다.
2. 몇몇 나무들이 물가를 따라 늘어서 있다.
3. 나무 옆에서 깃발이 펄럭이고 있다.

어휘 pool 웅덩이, 못; 수영장 line 선, 줄; (~을 따라) 늘어서다

Unit 02 | 연습 문제 p.034

01-22

1 (A)	2 (B)	3 (C)	4 (B)

1

(A) Chairs are pushed into the tables.
(B) There is a chairman of the board.
(C) Flowers are arranged on the tables.
(D) Chairs have been pulled out.

(A) 의자들이 테이블 밑에 들어가 있다.
(B) 이사회 의장이 있다.
(C) 테이블 위에 꽃들이 가지런히 놓여 있다.
(D) 의자들이 빠져 나와 있다.

어휘 push 밀다 chairman 의장 board 이사회 arrange 배치하다, 배열하다 pull out 빠져 나오다

해설 의자들이 탁자 아래로 들어가 있다고 설명한 (A)가 정답이다. (B)는 사진에 보이는 '의자'(chair)와 발음이 비슷한 '의장'(chairman)을 이용하여 혼동을 유발한 오답이다. (C)의 경우, '테이블'(tables)이 보이기는 하지만, 여기에 꽃이 놓여 있는 것은 아니므로 이 역시 오답이다. 의자들이 '빠져 나와 있지'(have been pulled out) 않으므로 (D) 또한 정답이 될 수 없다.

2

(A) People are eating a nice meal.

(B) Candles on the table are lit.

(C) Food is on all of the plates.

(D) Napkins are placed beside the plates.

(A) 사람들이 맛있는 음식을 먹고 있다.
(B) 테이블 위의 초에 불이 켜져 있다.
(C) 모든 접시에 음식이 담겨 있다.
(D) 접시 옆에 냅킨이 놓여 있다.

어휘 candle 초 light 불을 붙이다 plate 접시 napkin 냅킨 place 놓다, 두다

해설 사람의 모습은 보이지 않으므로, people을 주어로 사용한 (A)는 정답에서 제외된다. (C)의 경우, 음식이 담긴 접시가 보이기는 하나, '모든 접시 위에'(on all of the plates) 음식이 놓인 것은 아니므로 이 또한 정답이 될 수 없다. 냅킨의 위치를 '접시 옆'(beside the plates)이라고 잘못 설명한 (D)도 정답이 될 수 없다. 테이블 위의 초가 켜져 있다고 표현한 (B)가 정답이다.

3

(A) People are getting off the bus.

(B) The driver is running a red light.

(C) Passengers are waiting to board the bus.

(D) The bus is full of people.

(A) 사람들이 버스에서 내리고 있다.
(B) 버스 기사가 빨간 신호를 무시하고 달리고 있다.
(C) 승객들이 버스에 타기 위해 기다리고 있다.
(D) 버스는 사람들로 가득하다.

어휘 get off ~에서 내리다 run a red light 빨간 신호를 무시하고 달리다 board 탑승하다 be full of ~으로 가득하다

해설 '승객들이 버스를 타기 위해 기다리고 있다'고 설명한 (C)가 정답이다. (A)의 경우, '버스'(bus)와 '사람들'(people)이 보이기는 하나 사람들이 버스에서 '내리는 것'(getting off)으로 보기는 어렵다. (B)의 경우에는 사진 속 버스가 멈춰 있는 것으로 보이기 때문에 '정지 신호를 무시하고 달리고 있다'고 할 수는 없다. 버스의 2층에는 사람들이 보이지 않으므로 (D) 또한 사진에 맞지 않는 설명을 하고 있다.

4

(A) Traffic is going two ways.

(B) Cars are on either side of the street.

(C) The garage is full of cars.

(D) One of the car doors has been opened

(A) 차량들이 두 방향으로 가고 있다.
(B) 거리의 양쪽에 자동차들이 있다.
(C) 차고는 자동차들로 가득하다.
(D) 자동차 문 중 하나가 열려 있다.

어휘 traffic 교통량, 차량들 either 둘 중 하나; 양쪽의 garage 차고

해설 길 양쪽에 자동차들이 주차되어 있는 모습을 정확히 표현한 (B)가 정답이다. 사진에서 지나다니는 자동차의 모습과 차고는 보이지 않으므로 (A)와 (C)는 오답이다. 사진 속 자동차들의 문은 모두 닫힌 것으로 보이기 때문에 (D)도 올바른 설명이 될 수 없다.

PART 1 실전 문제 연습 p.036

01-23

1 (C)	2 (A)	3 (B)
4 (C)	5 (D)	6 (B)

1

(A) The woman is writing on the whiteboard.

(B) The man is solving a math problem.

(C) They are all looking at the board.

(D) All of the women are sitting down.

(A) 여자가 화이트보드에 글자를 적고 있다.
(B) 남자가 수학 문제를 풀고 있다.
(C) 그들 모두 보드를 바라보고 있다.
(D) 모든 여자들이 앉아 있다.

어휘 whiteboard 화이트보드 solve 해결하다, (문제 등을) 풀다

해설 (A)의 경우, 화이트보드에 무언가를 적고 있는 사람은 여자가 아닌 남자이므로 이는 정답이 될 수 없으며, 사진만으로는 남자가 '수학 문제를 풀고 있는지'(solving a math problem) 확인할 수 없으므로 (B) 또한 오답이다. (D)의 경우, 한 명의 여자가 서 있기 때문에, '모든 여자들'(all of the women)이 앉아 있다고 한 (D)도 정답이 될 수 없다. 따라서 모든 사람들이 보드를 바라보고 있다고 한 (C)가 정답이다.

2

(A) Two of the bikes have baskets.

(B) Bicycles are being ridden.

(C) The bicycle lane is by the road.

(D) The bikes' tires need more air.

(A) 두 대의 자전거에 바구니가 달려 있다.
(B) 자전거에 사람이 타고 있다.
(C) 차도 옆에 자전거 전용 도로가 있다.
(D) 자전거의 타이어에 바람이 더 들어가야 한다.

어휘 basket 바구니 ride 타다 bicycle lane 자전거 전용 도로 road 도로

해설 두 대의 자전거에 '바구니'(baskets)가 달려 있으므로 (A)가 정답이다. 자전거가 주차되어 있을 뿐 누군가가 자전거를 '타고 있는 것'(are being ridden)은 아니므로 (B)는 정답이 될 수 없고, 사진에서 자전거 전용 도로를 찾아 볼 수 없기 때문에 (C) 또한 정답이 될 수 없다. 자전거의 타이어에 공기를 주입해야 할 필요가 있는지는 알 수 없으므로 (D) 역시 올바른 진술이 아니다.

3

(A) The bank is closed for the day.
(B) She is using an ATM.
(C) The sidewalk is crowded with people.
(D) The woman is getting a loan.

(A) 은행은 금일 휴무이다.
(B) 그녀는 ATM을 이용하고 있다.
(C) 인도는 사람들로 붐빈다.
(D) 여자는 대출을 받고 있다.

어휘 ATM (= automated teller machine) 현금 자동 입출금기 be crowded with ~으로 붐비다 loan 대출, 융자금

해설 사진 속 인물이 현금 자동 입출금기를 이용하는 모습을 표현한 (B)가 정답이다. 은행이 휴무인지는 알 수 없으므로 (A)는 오답이다. 사진에서 현금 자동 입출금기를 이용하는 사람 이외의 다른 사람은 보이지 않으므로, '인도가 사람으로 붐빈다'라고 진술한 (C) 역시 오답이다. 여자가 '대출을 받고'(getting a loan) 있는 것은 아니므로 (D) 또한 정답이 될 수 없다.

4

(A) They are crossing the street on their bicycles.
(B) The taxi is picking up a passenger.
(C) Pedestrians are walking on the sidewalk.
(D) Buildings are only on one side of the road.

(A) 그들은 자전거를 타고 거리를 건너고 있다.
(B) 택시가 손님을 태우고 있다.
(C) 보행자들이 인도로 걸어가고 있다.
(D) 건물들은 도로의 한쪽 편에만 있다.

어휘 cross 건너다, 횡단하다 pick up a passenger 손님을 차에 태우다 pedestrian 보행자

해설 보행자들이 인도를 걷고 있다고 설명한 (C)가 정답이다. (A)의 경우, 자전거와 사람들은 보이지만, 사람들이 자전거를 타고 길을 건너는 모습은 보이지 않는다. 사진에서 택시를 찾아볼 수도 없기 때문에 (B) 역시 정답에서 제외된다. 도로 양쪽에 건물들이 있으므로 '도로 한쪽에만'(only on one side of the road) 건물이 있다고 설명한 (D) 역시 정답이 될 수 없다.

5

(A) Customers are looking at the merchandise.
(B) Some people are standing in the aisles.
(C) Price tags are attached to the televisions.
(D) Items have been displayed in the store.

(A) 손님들이 제품을 보고 있다.
(B) 몇몇 사람들이 통로에 서 있다.
(C) 텔레비전에 가격표가 붙어 있다.
(D) 매장에 상품들이 전시되어 있다.

어휘 customer 고객, 손님 aisle 통로 price tag 가격표 attach 붙이다, 부착하다

해설 매장에 상품들이 전시되어 있다고 설명한 (D)가 정답이다. (A)와 (B)의 경우, 매장에 사람의 모습이 보이지 않으므로 이들은 정답이 될 수 없으며, (C)의 경우 '텔레비전'(televisions)은 사진에서 확인할 수 있지만, '가격표'(price tags)가 붙어있는지는 확인할 수 없으므로 이 역시 오답이다.

6

(A) They are both taking piano lessons.
(B) One of the girl's hands is on the keys.
(C) Both of them are wearing glasses.
(D) The keys are beside the book.

(A) 두 명 모두 피아노 레슨을 받고 있다.
(B) 소녀의 한 손은 건반 위에 놓여 있다.
(C) 두 명 모두 안경을 쓰고 있다.
(D) 책 옆에 열쇠가 있다.

어휘 take a lesson 교습을 받다 key 열쇠; 건반

해설 소녀의 한 손이 건반에 올려진 모습을 설명하고 있는 (B)가 정답이다. 한 명의 소녀가 피아노 레슨을 받고 있는 장면이므로, '두 명 모두가 수업을 받는다'(both taking piano lessons)고 설명한 (A)는 오답이며, 한 사람만이 안경을 착용하고 있기 때문에 (C) 역시 정답이 될 수 없다. (D)는 keyboard와 발음이 비슷한 key를 이용한 함정이다.

PART 2 질의 응답

Unit 01 | 의문사 의문문 I

기본기 체크업 p.047

A 02-02

1 (b)	2 (b)	3 (a)
4 (a)	5 (b)	

1
(a) The files are on the desk.
(b) It's Mrs. Nelson's seat.

(a) 책상 위에 파일이 있어요.
(b) Nelson 씨의 자리예요.

2
(a) I worked overtime.
(b) I'll see a movie.

(a) 저는 야근을 했어요.
(b) 저는 영화를 볼 거예요.

3
(a) I'm not really sure.
(b) I've got a paper here.

(a) 저는 잘 모르겠어요.
(b) 여기에 신문이 있어요.

4
(a) Martin Sanders.
(b) 54 Maple Street.

(a) Martin Sanders에게요.
(b) Maple 가 54번지요.

5
(a) A black leather bag.
(b) I believe it's Steve's.

(a) 검정색 가죽 가방요.
(b) Steve의 것으로 알고 있어요.

B 02-03

1 Whose work	(a) ○	(b) ×
2 Who	(a) ×	(b) ○
3 What	(a) ×	(b) ×
4 What type of car	(a) ×	(b) ○
5 Which magazine	(a) ○	(b) ○

1
Whose work would you recommend?
(a) Definitely Greg's. (○)
(b) I don't work here. (×)

누구의 업무를 추천하시겠어요?
(a) 확실히 Greg의 업무요.
(b) 저는 여기에서 일하지 않아요.

어휘 recommend 추천하다 definitely 분명히, 확실히

2
Who can help Ray with his assignment?
(a) Yeah, I gave him some assistance. (×)
(b) You ought to ask Mary about that. (○)

누가 Ray의 업무를 도울 수 있죠?
(a) 네, 제가 그에게 약간의 도움을 주었어요.
(b) 그에 대해서는 Mary에게 물어봐야 할 거예요.

어휘 assignment 과제, 업무 assistance 도움, 지원 ought to ~을 해야 한다

3
What should we do if the vice president arrives?
(a) His name is Darryl Sanders. (×)
(b) Yes, that's what you should do. (×)

부사장님께서 도착하시면 우리가 무엇을 해야 하나요?
(a) 그분의 이름은 Darryl Sanders예요.
(b) 네, 그것이 우리가 해야 할 일이죠.

어휘 vice president 부사장, 부회장

4
What type of car are you looking for?
(a) I drive a sedan. (×)
(b) Something big enough for a family. (○)

어떤 종류의 차를 찾고 계신가요?
(a) 저는 세단을 몰고 있어요.
(b) 가족용으로 충분히 큰 것요.

어휘 look for ~을 찾다 sedan 세단형 자동차

5
Which magazine should we subscribe to?
(a) It doesn't matter to me. (○)
(b) The one that covers sports. (○)

어떤 잡지를 구독해야 할까요?
(a) 저는 상관없어요.
(b) 스포츠를 다루는 것요.

어휘 subscribe 구독하다; 가입하다 matter 중요하다 cover 씌우다, 덮다; 다루다

C 02-04

1 (a)	2 (a)	3 (b)
4 (a)	5 (b)	

1
To whom is the letter addressed?
(a) It's for Kaye Kennedy.
(b) Neil Thompson lives there.

편지는 누구에게 보내지는 것인가요?
(a) Kaye Kennedy로 되어 있군요.
(b) Neil Thompson이 그곳에서 살고 있어요.

어휘 address 주소; (편지에) 주소를 적다

2
Who wants to go to the seminar in Miami?
(a) I'd love to attend it.
(b) It's a three-day event.

누가 마이애미에서의 세미나에 가고 싶어 하죠?
(a) 제가 참석했으면 해요.
(b) 사흘 간의 행사예요.

어휘 seminar 세미나 would love to ~하고 싶다

3
Which machine keeps breaking down?
(a) It has a defective part.
(b) The one in the corner.

어떤 기기가 계속 고장이 나나요?
(a) 그것에는 결함이 있는 부품이 있어요.
(b) 구석에 있는 것요.

어휘 machine 기계 break down 고장 나다 defective 결함이 있는 part 부분, 부품 corner 모퉁이, 코너

4
Whose comments were the most helpful?
(a) Ms. Powell's were quite insightful.
(b) I didn't make any comments.

누구의 논평이 가장 도움이 되었나요?
(a) Powell 씨의 논평이 상당히 식견 있는 것이었어요.
(b) 저는 어떤 지적도 하지 않았어요.

어휘 comment 지적, 언급, 논평 quite 상당히, 꽤 insightful 통찰력이 있는, 식견이 있는

5
What time does the interview begin?
(a) With Mr. Jacobs.
(b) At eleven o'clock.

면접은 몇 시에 시작되나요?
(a) Jacobs 씨와 함께요.
(b) 11시 정각에요.

예상 적중 문제 01 p.048

MORE & MORE 02-06

1. I'll charge it to my credit card. (×)
2. No, I'm not in charge. (×)
3. Speak with Ms. Rodriguez. (○)

1. 제 신용 카드로 지불할게요.
2. 아니요, 저는 책임자가 아니에요.
3. Rodriguez 씨와 이야기하세요.

어휘 charge 지불하다, (신용 카드로) 값을 치르다; 청구하다 credit card 신용 카드

예상 적중 문제 02 p.049

MORE & MORE 02-08

1. I don't know, but Andy does. (○)
2. I saw them at RCT in the mall. (○)
3. I never buy that company's products. (×)

1. 저는 모르지만, Andy가 알고 있어요.
2. 쇼핑몰 안의 RCT에서 보았어요.
3. 저는 그 회사의 제품을 절대 사지 않아요.

예상 적중 문제 03 p.050

MORE & MORE 02-10

1. Meet me in room 301. (×)
2. I haven't decided yet. (○)
3. Yes, that's the one. (×)

1. 301호실에서 만나요.
2. 아직 결정하지 못했어요.
3. 네, 바로 그것이에요.

어휘 decide 결심하다, 결정하다 yet 아직, 벌써

예상 적중 문제 04 p.051

MORE & MORE 02-12

1. I don't have enough money. (×)

2. All of them seem fine to me. (○)
3. The changing room is over there. (×)

1. 저에게는 충분한 돈이 없어요.
2. 저는 모두 괜찮아 보여요.
3. 탈의실은 저쪽에 있어요.

어휘 enough 충분한 changing room 탈의실

Unit 02 | 의문사 의문문 II

기본기 체크업 p.055

A 02-14

1 (b)	2 (a)	3 (a)
4 (b)	5 (a)	

1
(a) It's Thursday today.
(b) This Friday.

(a) 오늘은 목요일이에요.
(b) 이번 주 금요일에요.

2
(a) Three of them.
(b) They'll arrive tomorrow.

(a) 세 대요.
(b) 내일 도착할 거예요.

3
(a) He just lost a major client.
(b) He got promoted this morning.

(a) 얼마 전에 주요 고객을 잃으셨거든요.
(b) 오늘 아침에 승진하셨어요.

4
(a) For two hours.
(b) Australia.

(a) 2시간 동안요.
(b) 호주요.

5
(a) I'm nearly finished.
(b) It's a five-page report.

(a) 거의 다 끝냈어요.
(b) 그것은 다섯 페이지 분량의 보고서예요.

B 02-15

1 Where	(a) ○	(b) ×
2 When	(a) ○	(b) ×
3 How	(a) ×	(b) ×
4 How long	(a) ×	(b) ○
5 Why	(a) ○	(b) ×

1
Where is the closest parking lot?
(a) There's one right down the street. (○)
(b) Sorry, but we're closed for the day. (×)

가장 가까운 주차장이 어디에 있나요?
(a) 거리를 따라 내려가면 오른쪽에 하나 있어요.
(b) 죄송하지만, 오늘은 영업이 끝났습니다.

2
When are the buyers from China arriving?
(a) Early tomorrow morning. (○)
(b) Three or four of them. (×)

중국 바이어들이 언제 도착하죠?
(a) 내일 이른 아침에요.
(b) 세 명이나 네 명이에요.

3
How should we go to the airport tomorrow?
(a) Our flight leaves at noon. (×)
(b) I drove my car there. (×)

내일 공항까지는 어떻게 가야 하나요?
(a) 우리가 탈 비행기는 정오에 출발해요.
(b) 저는 제 차를 운전해서 그곳에 갔어요.

4
How long will the staff meeting last?
(a) It starts at ten. (×)
(b) Probably half an hour. (○)

직원 회의가 얼마나 오래 걸릴까요?
(a) 그것은 10시에 시작해요.
(b) 아마도 30분 정도요.

어휘 last 지속되다, 계속하다 probably 아마 half an hour 30분

5
Why does Mr. Thomas want me to call him?
(a) I couldn't tell you. (○)
(b) Yes, he called five minutes ago. (×)

Thomas 씨가 왜 저보고 그에게 전화하라고 하나요?
(a) 잘 모르겠어요.
(b) 네, 그가 5분 전에 전화했어요.

C 02-16

1 (a)	2 (b)	3 (b)
4 (a)	5 (a)	

1
How many résumés have been submitted so far?
(a) Around twenty.
(b) By November 10.

지금까지 몇 통의 이력서가 제출되었나요?
(a) 약 20개요.
(b) 11월 10일까지요.

어휘 résumé 이력서 submit 제출하다 so far 지금까지

2
When are you going to finish the assignment?
(a) Mr. Bender assigned it.
(b) I hope to be done today.

그 업무를 언제 끝내실 건가요?
(a) Bender 씨가 맡겼어요.
(b) 오늘 끝냈으면 해요.

어휘 assignment 과제, 임무 assign 할당하다, 부여하다

3
Why can't I log in to my e-mail?
(a) That's right. You're logged in.
(b) The Internet connection is down.

왜 제 이메일에 로그인할 수가 없죠?
(a) 맞아요. 당신은 로그인되어 있어요.
(b) 인터넷 연결이 안 되고 있어요.

어휘 log in 로그인하다 connection 연결 down 작동이 되지 않는

4
How can I order new parts for this machine?
(a) Contact the dealer directly.
(b) Part of it is over there.

이 기계의 새 부품들은 어떻게 주문할 수 있나요?
(a) 판매자에게 바로 연락하세요.
(b) 그것의 부품은 저쪽에 있어요.

어휘 part 부분; 부품 machine 기계, 기기 contact 접촉하다; 연락하다 dealer 중개인, 딜러, 판매자 directly 바로, 직접

5
Where did Mr. Lendl put the report?
(a) It's sitting on my desk.
(b) He reports to Ms. Sadowski.

Lendl 씨가 보고서를 어디에 두었나요?
(a) 제 책상 위에 있어요.
(b) 그가 Sadowski 씨에게 보고했어요.

예상 적중 문제 01 p.056

MORE & MORE 02-18

1. Sometime around nine thirty. (O)
2. At eleven o'clock sharp. (O)
3. Ms. Brody led it. (×)

1. 9시 30분쯤에요.
2. 11시 정각에요.
3. Brody 씨가 진행했어요.

어휘 sharp 날카로운; 정각에 lead 이끌다, 주도하다

예상 적중 문제 02 p.057

MORE & MORE 02-20

1. Yes, he's in Japan now. (×)
2. He's meeting a buyer there. (O)
3. There's a problem with the Fujimori account. (O)

1. 네, 그는 지금 일본에 있어요.
2. 그는 그곳에서 바이어를 만나고 있어요.
3. Fujimori 고객에게 문제가 있어서요.

어휘 buyer 구매자, 바이어 account 계정; 고객, 단골 손님

예상 적중 문제 03 p.058

MORE & MORE 02-22

1. We'd better ask him. (O)
2. He wants a hard copy. (O)
3. No later than January 19. (×)

1. 그에게 물어 보는 것이 낫겠네요.
2. 그는 출력된 자료를 원해요.
3. 늦어도 1월 19일까지요.

어휘 had better ~하는 것이 낫다 hard copy 출력된 자료, 하드카피 no later than 늦어도 ~까지

예상 적중 문제 04 p.059

MORE & MORE 02-24

1. Be sure to recycle that paper. (×)
2. I'm reading today's paper now. (×)
3. There's some in the storeroom. (O)

1. 잊지 말고 그 종이를 재활용하세요.
2. 저는 지금 오늘 자 신문을 읽고 있어요.
3. 비품실에 있어요.

어휘 be sure to 반드시 ~하다, 잊지 않고 ~하다 today's paper 오늘자 신문 storeroom 저장실, 비품실, 창고

Unit 03 | 일반 의문문

기본기 체크업 p.063

A 02-26

1 (b)	2 (b)	3 (a)
4 (b)	5 (a)	

1
(a) Yes, I will call him.
(b) No, he hasn't.

(a) 네, 제가 그분에게 전화할게요.
(b) 아니요, 그렇지 않았어요.

2
(a) Yes, it's seven o'clock.
(b) Yes, until nine.

(a) 네, 7시 정각이에요.
(b) 네, 9시까지요.

3
(a) No problem.
(b) You're welcome.

(a) 그럼요.
(b) 천만에요.

4
(a) That's the wrong position.
(b) A couple of people did.

(a) 위치가 잘못되었어요.
(b) 두어 명의 사람들이 지원했어요.

5
(a) Why not?
(b) It's the twentieth of June.

(a) 좋아요.
(b) 6월 20일이에요.

B 02-27

1 Is	(a) ○	(b) ×
2 Has	(a) ×	(b) ×
3 Could	(a) ○	(b) ×
4 Do	(a) ×	(b) ○
5 Shall	(a) ○	(b) ○

1
Is the stationery store still open?
(a) Yes, until nine. (○)
(b) It's across the street. (×)

사무용품점이 아직 문을 열고 있나요?
(a) 네, 9시까지예요.
(b) 길 건너편에 있어요.

어휘 stationery store 문구점 across ~을 가로질러서

2
Has Ms. Martin signed the contract yet?
(a) She's a building contractor. (×)
(b) She's working in her office now. (×)

Martin 씨가 계약서에 벌써 서명했나요?
(a) 그녀는 건설업자예요.
(b) 그녀는 지금 사무실에서 일을 하고 있어요.

어휘 contract 계약, 계약서 building contractor 건설업자

3
Could you point out the store manager to me?
(a) He's standing right over there. (○)
(b) I've got some managing experience. (×)

매장의 매니저를 알려 주실 수 있나요?
(a) 저쪽에 서 있어요.
(b) 저는 매니저 경험을 약간 해 보았어요.

어휘 point out 가리키다, 지적하다 manager 매니저 manage 관리하다, 경영하다 experience 경험

4
Do you think the flight will be delayed?
(a) She canceled her travel plans. (×)
(b) Probably not. (○)

비행기가 연착될 것 같나요?
(a) 그녀는 자신의 여행 계획을 취소했어요.
(b) 아마도 그렇게 되지는 않을 거예요.

어휘 delay 미루다, 연기하다; 연착하다 cancel 취소하다 travel plan 여행 계획 probably 아마도

5
Shall we order pizza or go out for Chinese?
(a) Neither, actually. (○)
(b) I'd love a pizza. (○)

피자를 시킬까요, 아니면 나가서 중국 음식을 먹을까요?
(a) 사실, 둘 다 내키지 않는군요.
(b) 피자가 좋을 것 같아요.

어휘 order 주문하다 go out 밖에 나가다, 외출하다 neither (둘 중에) 아무 것도 아닌

C

02-28

1 (a)	2 (b)	3 (b)
4 (a)	5 (b)	

1

Would you like something to drink?

(a) That would be great.

(b) I drank tea earlier today.

마실 것을 드릴까요?

(a) 그렇게 해 주시면 좋겠군요.

(b) 저는 오늘 아침에 차를 마셨어요.

2

Can Denise handle the work by herself?

(a) Just pull on the handle.

(b) Yes, she can do it.

Denise가 혼자서 일을 처리할 수 있을까요?

(a) 손잡이를 잡아당기기만 하세요.

(b) 네, 할 수 있어요.

어휘 handle 다루다, 처리하다; 손잡이, 핸들 by oneself 혼자서, 홀로

3

Was anyone at the security desk last night?

(a) The building is totally secure.

(b) Both Frank and James were there.

어젯밤 보안 창구에는 누가 있었나요?

(a) 그 건물은 전적으로 안전해요.

(b) Frank와 James 둘 다 있었어요.

어휘 security desk 보안 창구 totally 완전히, 전적으로 secure 안전한 both A and B A와 B 둘 다

4

Have you given the idea some thought?

(a) No, not really.

(b) It's my idea.

그 아이디어에 대해 생각해 보았나요?

(a) 아니요, 해 보지 못했어요.

(b) 그것이 제 아이디어예요.

어휘 give ~ thought ~에 대해 생각하다

5

Did you write down Mr. Murphy's phone number?

(a) Call him in his office.

(b) I've got it right here.

Murphy 씨의 전화번호를 적었나요?

(a) 그의 사무실로 전화하세요.

(b) 여기에 있어요.

예상 적중 문제 01 p.064

MORE & MORE 02-30

1. Yes, he called five minutes ago. (○)
2. No, he never visited. (×)
3. How long were you out for? (×)

1. 네, 그가 5분 전에 전화를 했어요.
2. 아니요, 그가 방문하지는 않았어요.
3. 당신이 얼마나 오랫동안 밖에 있었죠?

예상 적중 문제 02 p.065

MORE & MORE 02-32

1. Sure. I'll do that in a moment. (○)
2. I can't. I don't have it. (○)
3. No, this is the Carter report. (×)

1. 물론이죠. 잠시 후에 그렇게 할게요.
2. 그럴 수 없어요. 제가 가지고 있지 않거든요.
3. 아니요, 이것은 Carter 보고서예요.

어휘 in a moment 바로, 잠시 후에

예상 적중 문제 03 p.066

MORE & MORE 02-34

1. It cost way too much money. (×)
2. I'd say it's more than adequate. (○)
3. There's a lot of room for improvement. (○)

1. 너무 많은 비용이 들었어요.
2. 괜찮은 것 이상이라고 말하고 싶군요.
3. 개선되어야 할 부분이 많아요.

어휘 way too 너무나 adequate 적절한, 적당한 room 방, 공간; 여지 improvement 향상, 개선

예상 적중 문제 04 p.067

MORE & MORE 02-36

1. I've got them right here. (○)
2. Sales are up at all of our stores. (×)
3. I figure that we ought to try. (×)

1. 바로 여기에 있어요.
2. 모든 매장에서 매출이 증가했어요.
3. 저는 우리가 한번 해 봐야 한다고 생각해요.

어휘 figure 수치; 생각하다, 판단하다

예상 적중 문제 05 p.068

MORE & MORE 02-38

1. As a reward for work well done. (×)
2. Ten people work in that department. (×)
3. Yes, I believe that's correct. (○)

1. 업무를 잘 수행한 것에 대한 보상이죠.
2. 그 부서에는 10명이 일을 하고 있어요.
3. 네, 그런 것 같아요.

어휘 reward 보상, 보답 department 부서 correct 옳은

Unit 01-03 | 연습 문제 p.069

02-39

1	(B)	2	(C)	3	(A)
4	(C)	5	(C)	6	(A)
7	(C)	8	(A)	9	(B)
10	(B)	11	(B)	12	(A)

1

Was Mr. McClintock transferred to the Honolulu office?

(A) Yes, he's in Hawaii on vacation.

(B) No, that was Mr. Martin.

(C) Yes, the funds have been transferred.

McClintock 씨가 호놀룰루 지사로 가셨나요?

(A) 네, 그는 휴가 차 하와이에 있어요.

(B) 아니요, 가신 분은 Martin 씨였어요.

(C) 네, 자금이 이체되었어요.

어휘 transfer 이동하다, 전근하다; 이체시키다 on vacation 휴가 중인, 휴가로 fund 자금, 기금

해설 (A)의 경우 질문의 호놀룰루에서 연상할 수 있는 단어인 하와이를, (C)의 경우에는 질문의 transferred를 중복 사용하여 오답을 유도하고 있다. 호놀룰루 지사에 간 사람은 McClintock 씨가 아니라 Martin 씨라고 답변한 (B)가 정답이다.

2

What should I order for the office?

(A) John's going to order them.

(B) I'm about ready to order my food.

(C) We need staples and notebooks.

어떤 사무용품을 주문할까요?

(A) John이 그것들을 주문할 거예요.

(B) 저는 음식을 주문할 준비가 되었어요.

(C) 우리에게는 스테이플과 노트가 필요해요.

어휘 office supply 사무용품 be going to ~할 것이다 be about ready to ~할 준비를 마치다 staple 스테이플 (스테이플러의 심) notebook 공책, 노트

해설 의문사 what을 통해 '무엇'을 주문해야 할지 묻고 있다. 그러므로 주문해야 할 사무용품을 스테이플과 노트라고 밝힌 (C)가 가장 적절한 응답이다. (B)는 질문의 order 를 중복 사용한 오답이다.

3

Shall we make our airline reservations?

(A) Let's do that.

(B) On the fifteenth of May.

(C) We're flying to Madrid.

항공편을 예약할까요?

(A) 그렇게 하죠.

(B) 5월 15일에요.

(C) 우리 비행기는 마드리드로 가고 있어요.

어휘 make a reservation 예약하다 airline 항공사

해설 조동사 shall을 이용하여 항공편을 예약해야 하는지 묻고 있다. 이에 대해 '그렇게 하자'고 답변한 (A)가 정답이다. 예약 여부를 묻는 질문에 특정 날짜로 대답한 (B)는 정답이 될 수 없다. (C)는 질문의 airline에서 연상할 수 있는 flying이라는 단어를 이용한 오답이다.

4

What time should we arrive at work?

(A) It's three forty-five.

(B) Around ten minutes long.

(C) No later than eight.

회사에 몇 시까지 도착해야 하죠?

(A) 지금은 3시 45분이에요.

(B) 약 10분 정도요.

(C) 늦어도 8시까지요.

어휘 at work 일터에서, 직장에서 no later than 늦어도 ~까지

해설 출근 시간이 몇 시인지 묻는 질문에 대해 늦어도 8시까지 가야 한다고 답변한 (C)가 가장 적절한 응답이다. (A)는 현재 시각을 말하고 있으므로 정답이 될 수 없다. 소요 시간을 이야기하고 있는 (B) 역시 자연스러운 대답이 될 수 없다.

5

How far is the Thompson Building from here?

(A) It's 50 meters high.

(B) On the tenth floor.

(C) Around ten kilometers.

여기서 Thompson 빌딩까지 거리가 얼마나 되나요?

(A) 높이가 50미터예요.

(B) 10층에서요.

(C) 약 10킬로미터 정도예요.

어휘 around 약, 대략

해설 (A)에서 거리와 관련이 있어 보이는 '50미터'라는 표현이 사용되고 있기는 하지만 high는 높이를 나타낼 때 사용하는 표현이므로 (A)는 오답이다. 특정 건물까지의 거리를 묻는 질문에 '10층에서'라는 장소로 대답한 (B) 역시 오답이다. '약 10킬로미터'라고 대답한 (C)가 '거리'에 대한 적절한 응답이다.

6
To whom should I give this parcel?
(A) Who's it addressed to?
(B) I'll pick it up at the post office.
(C) Yes, I mailed it yesterday.

누구에게 이 소포를 드려야 하나요?
(A) 주소가 누구에게로 되어 있나요?
(B) 제가 우체국에서 찾아 올게요.
(C) 네, 제가 어제 우편으로 보냈어요.

어휘 parcel 소포, 꾸러미 address (편지 등에) 주소를 적다 pick up ~을 찾아 오다 mail 우편(물); 우편으로 보내다

해설 의문사 whom을 이용하여 소포를 누구에게 주어야 할지 묻고 있는데, '주소가 어디인지'를 되물은 (A)가 자연스러운 대답이다. (B)는 소포와 관련된 '우체국'(post office)이라는 표현을 사용하여 오답을 유도하고 있다. (C)는 의문사 의문문에 대해 yes로 대답을 시작하고 있으므로 정답이 될 수 없다.

7
When is the package supposed to arrive?
(A) It's from our main distributor.
(B) Yes, I've already gotten it.
(C) In two or three days.

소포가 언제 도착할 것으로 예정되어 있나요?
(A) 우리의 주요 배급업체로부터 온 것이에요.
(B) 네, 저는 이미 받았어요.
(C) 이틀이나 사흘 후에요.

어휘 package 꾸러미, 소포 be supposed to ~할 예정이다 main 주된 distributor 배급업체, 유통업자

해설 의문사 when을 이용하여 소포가 도착하기로 한 '시간'을 묻고 있다. 이에 대해 이틀이나 사흘 후에 도착할 것이라고 답변한 (C)가 정답이다. 소포의 도착 예정일을 묻는 질문에 소포의 출처를 이야기한 (A)는 정답이 될 수 없다. 의문사로 시작되는 의문문에 대해 yes/no로 답한 (B) 역시 정답이 될 수 없다.

8
Why hasn't anyone cleaned the storeroom?
(A) I didn't know it was dirty.
(B) Yes, we're going to the store.
(C) There's nothing stored here.

왜 아무도 비품실을 청소하지 않았나요?
(A) 지저분한지 몰랐어요.
(B) 네, 우리는 상점에 가는 중이에요.
(C) 여기에는 보관된 것이 없어요.

어휘 clean 청소하다 store 가게, 상점; 저장하다, 보관하다

해설 의문사 why를 이용하여 비품실을 청소하지 않은 '이유'를 묻고 있다. 이에 대해 비품실이 지저분한지 몰랐다며 그 이유를 설명한 (A)가 정답이다. (B)는 의문사 의문문에 대해 yes/no로 대답하고 있으므로 정답이 될 수 없다. 비품실이 청소되지 않은 이유를 묻는 질문에 '여기에는 보관된 것이 없다'는 답변을 하고 있는 (C) 역시 정답이 될 수 없다.

9
How did you enjoy the presentation?
(A) Yes, he gave a good presentation.
(B) The speaker made several good points.
(C) My presentation begins at four.

프레젠테이션은 어땠나요?
(A) 네, 그가 훌륭한 프레젠테이션을 했어요.
(B) 발표자가 몇 가지 좋은 지적을 했어요.
(C) 제 프레젠테이션은 4시에 시작해요.

어휘 presentation 발표, 프레젠테이션 point 의견, 주장; 요점

해설 의문사 how를 이용하여 프레젠테이션이 '어떠했는지'를 묻고 있다. 이에 대해 발표 내용이 좋았다고 대답한 (B)가 정답이다. yes로 답한 (A)는 의문사 의문문에 대한 정답이 될 수 없다. (C)는 질문에 사용된 presentation을 반복한 오답이다.

10
Should we reserve a venue for the conference?
(A) Yes, the conference is on March 3.
(B) Ms. Wilson has already done that.
(C) We had a conference in room 405.

회의 장소를 예약해야 하나요?
(A) 네, 회의는 3월 3일이에요.
(B) Wilson 씨가 이미 해 두었어요.
(C) 우리는 405호실에서 회의를 했어요.

어휘 venue 장소 conference 회의, 학회

해설 회의 장소를 예약해야 하는지 묻는 질문에 대해 'Wilson 씨가 이미 예약을 했다'라고 말함으로써 따로 예약을 할 필요가 없다는 사실을 간접적으로 전달한 (B)가 정답이다. conference를 중복 사용하여 오답을 유도하고 있는 (A)는 회의 장소의 예약 여부를 묻는 질문에 회의 날짜로 대답을 하고 있으므로 정답이 될 수 없다. (C) 역시 conference를 반복해서 사용한 오답이다.

11
Whose laptop computer is that?
(A) I use a laptop.
(B) It's Cindy's.
(C) It's on the table.

저것은 누구의 노트북 컴퓨터인가요?
(A) 저는 노트북 컴퓨터를 사용해요.
(B) Cindy의 것이에요.
(C) 그것은 탁자 위에 있어요.

어휘 laptop computer 노트북 컴퓨터

해설 노트북 컴퓨터가 '누구의' 소유인지 묻고 있다. 따라서 소유자를 직접적으로 밝힌 (B)가 정답이 된다. laptop을 반복한 (A)는 오답이며, (C)의 경우에는, 소유주를 묻는 질문에 노트북의 위치로 답변을 하고 있으므로 이 역시 정답이 될 수 없다.

12
Why haven't you completed the report yet?
(A) Actually, I have finished it.
(B) About ten pages long.
(C) We reported him today.

왜 아직도 보고서를 완성하지 못했나요?
(A) 실은 끝냈어요.
(B) 약 10페이지 길이에요.
(C) 우리는 오늘 그를 신고했어요.

해설 의문사 why를 이용하여 보고서를 끝내지 못한 이유를 묻고 있다. 이에 대해 '사실은 끝냈다'고 답한 (A)가 답변으로서 가장 자연스럽다. 이유를 묻는 질문에 보고서의 분량으로 답한 (B)는 정답이 될 수 없다. (C)는 가리키는 대상이 불분명한 him을 언급하고 있기 때문에 이 역시 오답이다.

Unit 04 | 평서문

기본기 체크업 p.073

A 02-41

1 (b)	2 (a)	3 (a)
4 (b)	5 (a)	

1
(a) I mailed the letter.
(b) I hope he has my package.

(a) 저는 우편으로 편지를 부쳤어요.
(b) 그가 제 소포를 가지고 왔으면 좋겠군요.

2
(a) I heard he's sick.
(b) Yes, he's the sales manager.

(a) 아프다고 들었어요.
(b) 네, 그는 영업부 부장이에요.

3
(a) I fully agree.
(b) He spoke for twenty minutes.

(a) 저도 전적으로 동감이에요.
(b) 그분께서는 20분 동안 연설을 하셨어요.

4
(a) No, she's on a plane.
(b) She's going to be late.

(a) 아니요, 그분은 비행기를 타고 계세요.
(b) 늦으시겠군요.

5
(a) You'd better call a technician.
(b) Check out this Web site.

(a) 기술자를 부르는 것이 낫겠어요.
(b) 이 웹사이트를 보세요.

B 02-42

1 Be careful	(a) ○	(b) ×
2 That new shirt	(a) ○	(b) ×
3 I need	(a) ×	(b) ○
4 interview	(a) ○	(b) ×
5 This computer	(a) ×	(b) ×

1
Be careful when you drive home tonight.
(a) Thanks for the warning. (○)
(b) I have my driver's license. (×)

오늘 운전해서 집에 갈 때에는 조심하세요.
(a) 경고해 줘서 고마워요.
(b) 저는 운전 면허를 가지고 있어요.

2
That new shirt looks good on you.
(a) Thanks for noticing. (○)
(b) Yes, it's a new outfit. (×)

그 새 셔츠가 당신에게 잘 어울리는군요.
(a) 알아봐 주니 고맙네요.
(b) 네, 그것은 새 옷이에요.

어휘 notice 주목하다, 알아채다 outfit 옷

3
I need forty double-sided copies.
(a) This is a duplicate copy. (×)
(b) I'll do them as quickly as possible. (○)

양면 복사로 40부가 필요해요.
(a) 이것은 사본이에요.
(b) 제가 가능한 한 빨리 해 볼게요.

어휘 double-sided 양면의 copy 복사, 복사본; 한 부 duplicate copy 사본, 복제품 as quickly as possible 가능한 한 빨리

4
Mr. Parker's interview was quite impressive.
(a) I totally agree. (○)
(b) He's scheduled for ten. (×)

Parker 씨와의 면접은 상당히 인상적이었어요.
(a) 전적으로 동감이에요.
(b) 그는 10시로 예정되어 있어요.

어휘 interview 면접, 인터뷰 quite 꽤, 상당히 impressive 인상적인 totally 완전히, 전적으로 schedule 예정하다

5
This computer doesn't seem to working.
(a) This is Tom's computer. (×)
(b) Work starts at seven thirty. (×)

이 컴퓨터는 작동하지 않는 것처럼 보이는군요.
(a) 이것은 Tom의 컴퓨터예요.
(b) 업무는 7시 30분에 시작되죠.

C 02-43

1 (b)	2 (b)	3 (a)
4 (b)	5 (a)	

1
We ought to buy some new office furniture.
(a) There's a couch in her office.
(b) There's not enough money in the budget.

사무실 가구를 새로 몇 점 구입해야 해요.
(a) 그녀의 사무실에는 소파가 있어요.
(b) 예산이 충분하지 않아요.

어휘 ought to ~해야만 하다 couch 긴 의자, 소파 budget 예산

2
The files are sitting on my desk.
(a) Have a seat in that chair.
(b) Could you get them, please?

그 파일들은 제 책상 위에 있어요.
(a) 저 의자에 앉으세요.
(b) 가져다 주실 수 있으신가요?

어휘 file 파일, 서류철 have a seat 자리에 앉다

3
Customers are responding poorly to the new product.
(a) Why do they feel that way?
(b) What response did you give?

신제품에 대한 고객들의 반응이 좋지 않군요.
(a) 왜 그렇게 생각할까요?
(b) 당신은 어떤 대답을 했나요?

어휘 poorly 열악하게, 저조하게

4
The shopping mall is having a big sale.
(a) At the corner of Elm and Pacific streets.
(b) We ought to drop by there.

쇼핑몰에서 대규모 세일을 하고 있어요.
(a) Elm 가와 Pacific 가 사이의 코너에서요.
(b) 그곳에 꼭 들러야겠군요.

어휘 have a big sale 대규모 세일을 하다 corner 모퉁이, 코너 drop by 들르다

5
Maria in Accounting just got promoted.
(a) She definitely deserves it.
(b) It's a special promotion of its product.

경리부의 Maria가 얼마 전에 승진했어요.
(a) 그녀는 분명 그럴 자격이 있죠.
(b) 그것은 그 제품에 대한 특별 프로모션이에요.

어휘 definitely 분명, 확실히 deserve ~에 대한 자격이 있다, ~을 받을 만하다 promotion 승진; 판촉 활동, 프로모션

예상 적중 문제 01 p.074

MORE & MORE 02-45

1. You're right. It's getting colder. (×)
2. How long will it rain for? (○)
3. Thanks for letting me know. (○)

1. 당신 말이 맞아요. 점점 더 추워지고 있어요.
2. 얼마나 오랫동안 비가 올까요?
3. 알려 줘서 고마워요.

예상 적중 문제 02 p.075

MORE & MORE 02-47

1. He said that was too personal. (×)
2. Sure. Just a moment, please. (○)
3. Your form looks great. (×)

1. 그는 그것이 너무나 개인적인 것이라고 말했어요.
2. 물론 그럴게요. 잠시만 기다려 주세요.
3. 당신 자세는 좋아 보여요.

예상 적중 문제 03 p.076

MORE & MORE 02-49

1. Can I look at the front page? (×)
2. It's not worth renewing. (○)
3. There's a good article in today's paper. (×)

1. 제가 1면을 볼 수 있을까요?
2. 연장을 할 정도의 가치는 없어요.
3. 오늘 자 신문에 좋은 기사가 났더군요.

어휘 front page (신문의) 제1면 worth ~할 가치가 있는

예상 적중 문제 04 p.077

MORE & MORE 02-51

1. No. I haven't talked to him yet. (×)
2. I'll go straight to his office then. (○)
3. She's my direct supervisor. (×)

1. 아니요. 저는 아직 그분과 이야기하지 못했어요.
2. 그렇다면 곧바로 그분의 사무실로 가 볼게요.
3. 그녀는 제 직속 상사예요.

어휘 go straight to ~로 곧장 가다 direct supervisor 직속 상관, 직속 상사

Unit 05 | 제안, 권유 및 요청

기본기 체크업 p.081

A 02-53

1 (b)	2 (a)	3 (b)
4 (b)	5 (a)	

1
(a) Yes, it's already open.
(b) Actually, I'm cold.

(a) 네, 이미 열려 있어요.
(b) 사실, 저는 추운데요.

2
(a) I'll do that right away.
(b) Yes, I know his e-mail address.

(a) 즉시 그렇게 할게요.
(b) 네, 저는 그분의 이메일 주소를 알고 있어요.

3
(a) No, I don't have a car.
(b) Sure, but you should drive.

(a) 아니요, 저에게는 차가 없어요.
(b) 좋지만, 당신이 운전해야 할 거예요.

4
(a) It has already been signed.
(b) I'll do it in an hour.

(a) 이미 서명이 되어 있어요.
(b) 한 시간 후에 그렇게 할게요.

5
(a) Great idea.
(b) I ordered the chicken.

(a) 좋은 생각이에요.
(b) 저는 닭고기를 주문했어요.

B 02-54

1 What about	(a) ×	(b) ○
2 Can	(a) ○	(b) ×
3 Let's	(a) ○	(b) ○
4 Would	(a) ×	(b) ×
5 Could	(a) ○	(b) ×

1
What about meeting at three rather than one?
(a) Okay. One sounds fine. (×)
(b) That doesn't fit my schedule. (○)

1시가 아니라 3시에 만나는 것이 어떨까요?
(a) 좋아요. 1시가 괜찮을 것 같군요.
(b) 제 스케줄에 맞지 않아요.

어휘 rather than 오히려 ~ 보다 fit 적합하다, 들어맞다

2
Can you consider some other options?
(a) What do you suggest? (○)
(b) He chose the best option. (×)

선택할 수 있는 다른 것들도 고려해 주시겠어요?
(a) 어떤 것을 추천하시나요?
(b) 그는 최선의 선택을 했어요.

3
Let's go over the proposal again.
(a) Wait a few minutes, please. (○)
(b) I don't have time for that. (○)

제안서를 다시 검토해 보죠.
(a) 잠시만 기다려 주세요.
(b) 그럴 시간이 없어요.

어휘 go over 검토하다 proposal 제안, 제안서

4
Would you mind calling the help desk?
(a) Extension 103. (×)
(b) No, he doesn't work there. (×)

업무 지원 센터에 전화를 해 주시겠어요?
(a) 내선 103번이요.
(b) 아니요, 그는 그곳에서 일하지 않아요.

어휘 help desk 업무 지원 센터 extension 내선, 구내전화

5
Could you please try on this necktie?
(a) I'd rather not. (○)
(b) I'm wearing blue now. (×)

이 넥타이를 착용해 보시겠어요?
(a) 그러지 않는 편이 좋을 것 같군요.
(b) 저는 지금 파란색을 착용하고 있어요.

C 02-55

1 (a)	2 (a)	3 (b)
4 (b)	5 (a)	

1
Would you like to apply for a transfer?
(a) I did that yesterday.
(b) To the Boston office.

전근 신청을 하고 싶으신가요?
(a) 어제 했어요.
(b) 보스턴 지사로요.

어휘 apply for ~을 신청하다, ~에 지원하다 transfer 전근

2
The newest model would fit better in the office.
(a) Let's get a second opinion.
(b) It's a model of an airplane.

최신 모델이 사무실에 더 잘 어울릴 것 같군요.
(a) 다른 의견도 구해보죠.
(b) 그것은 비행기 모형이에요.

어휘 newest 최신의 second opinion 다른 사람의 의견

3
How about submitting the report by the end of the day?
(a) It's about last quarter's sales.
(b) I need more time than that.

오늘 중으로 보고서를 제출하는 것이 어떨까요?
(a) 그것은 지난 분기의 매출액에 관한 것이에요.
(b) 그보다 더 많은 시간이 필요해요.

어휘 submit 제출하다 by the end of the day 일과 시간 전까지 quarter 분기 sale 판매; 매출액

4
Would you mind having that repaired immediately?
(a) Who fixed it?
(b) Who can do that?

즉시 그것을 수리시킬까요?
(a) 누가 고쳤나요?
(b) 누가 고칠 수 있죠?

어휘 repair 수리하다, 수선하다 immediately 즉시 fix 고치다

5
Would you please give me a raise this year?
(a) I'm thinking of doing that.
(b) Please raise your hands.

올해 제 임금을 인상시켜 주실 수 있으신가요?
(a) 그렇게 하는 것을 생각 중이에요.
(b) 손을 들어 주세요.

예상 적중 문제 01 p.082

MORE & MORE 02-57

1. I'm not working at the moment. (×)
2. She's improving every day. (×)
3. I'll do my best. (○)

1. 저는 지금 일을 하고 있지 않아요.
2. 그녀는 매일 나아지고 있어요.
3. 최선을 다할게요.

예상 적중 문제 02 p.083

MORE & MORE 02-59

1. How about Wednesday then? (○)
2. The meeting was after lunch. (×)
3. I'll fill out an order form. (×)

1. 그러면 수요일이 어떤가요?
2. 회의는 점심 시간 이후에 있었어요.
3. 제가 주문서에 내용을 기입할게요.

어휘 fill out 작성하다, (내용을) 기입하다 order form 주문서

예상 적중 문제 03 p.084

MORE & MORE 02-61

1. A seat by the aisle. (×)
2. That's fine. (○)
3. From the station. (×)

1. 복도 쪽 자리요.
2. 좋아요.
3. 역에서부터요.

예상 적중 문제 04 p.085

MORE & MORE 02-63

1. It won't finish until May. (×)

2. That's what we're going to do. (○)
3. The road is under construction. (×)

1. 5월까지는 끝나지 않을 거예요.
2. 그것이 바로 우리가 하려는 일이에요.
3. 도로가 공사 중이에요.

Unit 06 | 기타 의문문

기본기 체크업 p.086

A 02-65

1 (a)	2 (b)	3 (b)
4 (a)	5 (b)	

1
(a) Not that I'm aware of.
(b) Yes, he got it today.

(a) 제가 알기로는 그렇지 않아요.
(b) 네, 그는 오늘 그것을 받았어요.

2
(a) He returned to his office.
(b) Yes, a few minutes ago.

(a) 그는 사무실로 돌아갔어요.
(b) 네, 몇 분 전에요.

3
(a) Yes, thank you.
(b) Either is fine.

(a) 네, 고마워요.
(b) 둘 중에 어느 것이든 좋아요.

4
(a) She can handle it.
(b) I'm meeting her soon.

(a) 그녀가 할 수 있을 거예요.
(b) 저는 곧 그녀를 만날 거예요.

5
(a) No, that's not a park.
(b) On the street is fine.

(a) 아니요, 그것은 공원이 아니에요.
(b) 거리에 세워도 괜찮아요.

B 02-66

1	doesn't he	(a) ○	(b) ×
2	Won't	(a) ○	(b) ×
3	Hasn't	(a) ×	(b) ×
4	Shall	(a) ×	(b) ×
5	didn't they	(a) ×	(b) ○

1
Mr. Davis works in the Accounting Department, doesn't he?
(a) No, in Human Resources. (○)
(b) Yes, she's an accountant. (×)

Davis 씨는 경리부에서 근무해요. 그렇지 않나요?
(a) 아니에요, 인사부에 있어요.
(b) 네, 그녀는 회계사예요.

2
Won't management issue a memo about this problem?
(a) Probably not. (○)
(b) Haven't you read it? (×)

경영진들이 이 문제에 대한 회람을 발표하지 않을까요?
(a) 아마 그렇게 하지 않을 거예요.
(b) 당신은 그것을 읽어 보지 않았나요?

어휘 management 관리, 경영; 경영진 issue 발표하다 memo 메모, 회람

3
Hasn't the list of promotions been published yet?
(a) No, I didn't get promoted. (×)
(b) It's the company's newest promotion. (×)

승진 대상자 명단이 아직 발표되지 않았나요?
(a) 아니요, 저는 승진하지 못했어요.
(b) 그것은 우리 회사의 최신 프로모션이에요.

어휘 promotion 승진, 진급; 판촉 활동, 프로모션 publish 발표하다

4
Shall we meet in your office or mine?
(a) Mine's bigger. (×)
(b) At four thirty. (×)

당신의 사무실에서 만날까요, 아니면 제 사무실에서 만날까요?
(a) 제 사무실이 더 넓어요.
(b) 4시 30분에요.

5
The Chinese clients arrived last night, didn't they?
(a) From Beijing. (×)
(b) No, their flight was canceled. (○)

중국인 고객들이 어젯밤에 도착했죠, 그렇지 않나요?
(a) 베이징에서요.
(b) 아니요, 그들의 비행기편이 취소되었어요.

C

02-67

1 (b)	2 (a)	3 (a)
4 (b)	5 (a)	

1
Couldn't you send Sarah to the seminar instead?
(a) Sarah was at a conference last week.
(b) She doesn't want to attend it.

그 대신 Sarah를 세미나에 보내 주실 수는 없으신가요?
(a) Sarah는 지난주 학회에 참석했어요.
(b) 그녀는 세미나에 참석하는 것을 원하지 않아요.

2
It's going to snow tonight, isn't it?
(a) I don't think so.
(b) Yes, it's snowing now.

오늘 밤에 눈이 오겠군요, 그렇지 않을까요?
(a) 저는 그렇게 생각하지 않아요.
(b) 네, 지금 눈이 내리고 있어요.

3
Do you prefer an office or a cubicle?
(a) Definitely an office.
(b) My cubicle is in the corner.

사무실을 선호하시나요, 아니면 칸막이가 있는 자리를 선호하시나요?
(a) 당연히 사무실이죠.
(b) 제 자리는 코너에 있어요.

어휘 cubicle 칸막이로 나뉘어진 업무 공간 definitely 분명히

4
Emily can speak Spanish, can't she?
(a) Yes, she vacations in Spain every year.
(b) No, but she knows French.

Emily는 스페인어를 구사할 수 있죠, 그렇지 않나요?
(a) 네, 그녀는 매년 스페인에서 휴가를 보내요.
(b) 그렇지는 않지만, 프랑스어는 알고 있어요.

5
Should we accept the offer or reject it?
(a) I haven't made up my mind yet.
(b) Her offer was rejected last night.

우리가 그 제안을 받아들여야 할까요, 아니면 거절해야 할까요?
(a) 아직 결정을 내리지 못했어요.
(b) 그녀의 제안은 어젯밤에 거절되었어요.

어휘 make up one's mind 결정하다, 결심하다

예상 적중 문제 01 p.090

MORE & MORE 02-69

1. I'm not quite sure. (○)
2. We're going to the airport. (×)
3. Yes, that's Mr. Gregory. (×)

1. 잘 모르겠어요.
2. 우리는 공항으로 가고 있어요.
3. 네, 그분이 Gregory 씨예요.

예상 적중 문제 02 p.091

MORE & MORE 02-71

1. Yes, I believe he does. (○)
2. Cars are manufactured there. (×)
3. He just asked for directions. (×)

1. 네, 그가 알고 있다고 생각해요.
2. 자동차들이 그곳에서 생산되죠.
3. 그가 조금 전에 길을 물어봤어요.

어휘 manufacture 제조하다, 제작하다 ask for directions 길을 묻다

예상 적중 문제 03 p.092

MORE & MORE 02-73

1. Let me look at it first. (○)
2. Yes, it broke a few minutes ago. (×)
3. Yes, we'd better contact him now. (○)

1. 제가 먼저 살펴볼게요.
2. 네, 몇 분 전에 고장 났어요.
3. 네, 지금 그분에게 연락해 보는 것이 좋겠군요.

어휘 break 고장이 나다 contact 접촉하다, 연락하다

예상 적중 문제 04 p.093

MORE & MORE 02-75

1. Today's Saturday. (×)
2. I think so. (○)
3. You're probably right. (○)

1. 오늘은 토요일이에요.
2. 저도 그럴 것이라고 생각해요.
3. 아마 당신 말이 맞을 거예요.

예상 적중 문제 05 p.094

MORE & MORE 02-77

1. Asia would be better. (O)
2. I'd rather stay here. (O)
3. I worked in Europe last year. (×)

1. 아시아가 더 좋을 것 같아요.
2. 차라리 여기에 머물고 싶어요.
3. 저는 작년에 유럽에서 근무했어요.

Unit 04-06 | 연습 문제 p.095

02-78

1	(B)	2	(B)	3	(A)
4	(B)	5	(B)	6	(C)
7	(C)	8	(C)	9	(C)
10	(A)	11	(A)	12	(A)

1

The new employee is going to start working today.
(A) I've been working with the employee.
(B) Do you happen to know her name?
(C) No, he doesn't work here anymore.

신입 직원이 오늘부터 일을 시작할 거예요.
(A) 제가 그 직원과 근무하고 있어요.
(B) 혹시 그녀의 이름을 알고 있나요?
(C) 아니요, 그는 더 이상 이곳에서 일하지 않아요.

어휘 employee 직원 happen to 우연히 ~하다

해설 상대방에게 '신입 직원이 오늘부터 일을 시작할 것이다'라는 정보를 전달하고 있다. 따라서 해당 신입 직원의 이름을 알고 있는지를 물어본 (B)가 자연스러운 대답이다.

2

Won't any performance bonuses be awarded this year?
(A) Nancy won the employee of the year award.
(B) Nobody has made an announcement yet.
(C) I was satisfied with the actor's performance.

올해는 성과급이 지급되지 않나요?
(A) Nancy가 올해의 사원상을 수상했어요.
(B) 아직까지 아무도 발표하지 않았어요.
(C) 저는 그 배우의 연기에 만족했어요.

어휘 performance bonus 성과급, 실적에 따른 보너스 award 수여하다 employee of the year award 올해의 사원상 announcement 발표 performance 공연, 연기; 성과

해설 won't로 시작하는 부정 의문문으로 상대방에게 성과급 지급 여부에 대해 묻고 있다. 따라서 '아직 아무도 발표하지 않았다'며 우회적으로 부정적인 답변을 한 (B)가 정답이다. (A)의 경우, 질문의 won't 및 awarded와 발음이 비슷한 won과 award를 사용하여 오답을 고르도록 유도하고 있지만 질문과 상관없는 '올해의 사원상'(the employee of the year award)의 수상자를 언급하고 있다. (C)의 performance는 '연기'라는 뜻으로, 질문에서 사용된 performance(성과)와는 관련이 없으므로 이 역시 오답이다.

3

Ms. Kendrick is waiting in your office.
(A) She's earlier than expected.
(B) She's the managing director.
(C) My office is in room 105.

Kendrick 씨가 사무실에서 기다리고 계세요.
(A) 예상보다 일찍 오셨군요.
(B) 그분은 상무이사예요.
(C) 제 사무실은 105호에 있어요.

어휘 earlier than expected 예상보다 일찍 managing director 상무 이사, 전무 이사

해설 'Kendrick 씨가 사무실에서 기다리고 있다'는 정보를 상대방에게 전달하고 있다. 따라서 '그녀가 예상보다 일찍 왔다'라고 답한 (A)가 정답이다. 'Kendrick 씨가 사무실에서 기다리고 있다'는 말에 '그녀는 상무이사다'라는 답변은 적절하지 않으므로 (B)는 오답이다. (C)의 경우에도, 문제의 office라는 단어를 반복 사용하여 오답을 고르도록 유도하고 있다.

4

We seem to be out of printer toner.
(A) I'll buy a new printer tomorrow.
(B) Ask Deb for some more.
(C) I don't like your tone of voice.

프린터의 토너가 다 떨어진 것 같아요.
(A) 저는 내일 새 프린터를 구입할 거예요.
(B) 더 필요하면 Deb에게 요청하세요.
(C) 당신의 말투는 마음에 들지 않는군요.

어휘 seem ~처럼 보이다 out of ~이 소진된, 다 떨어진 toner 토너 tone 어조, 말투, 톤

해설 상대방에게 '프린터의 토너가 다 떨어진 것 같다'는 문제를 알려 주고 있다. 이에 대해 'Deb에게 토너를 요청하라'라고 문제 해결 방안을 제시한 (B)가 정답이다. (A)의 경우, 문제의 printer를 중복 사용하여 오답을 유도하고 있으나 토너가 떨어진 것 같다는 말에 '나는 내일 새 프린터를 구입할 것이다'라는 답변은 적절하지 못하다. (C)의 경우, 제시된 평서문의 toner와 발음이 비슷한 tone을 사용하여 오답을 고르도록 유도하고 있다.

5

Why don't you purchase a new printer?
(A) I'll make some copies.
(B) This one still works fine.
(C) 100 color copies, please.

프린터를 새로 구입하는 것이 어떨까요?
(A) 제가 몇 부 복사할게요.
(B) 이것이 아직 잘 작동하는데요.
(C) 컬러로 100부 복사해 주세요.

어휘 purchase 구입하다, 구매하다 work 작동하다

해설 「Why don't you ~?」라는 표현을 이용하여 상대방에게 '프린터를 구입하자'는 제안을 하고 있다. 따라서 '기존의 것이 아직 잘 작동한다'며 자신은 프린터를 새로 구입할 의향이 없다는 점을 간접적으로 밝힌 (B)가 정답이다. (A)는 질문의 printer(프린터)에서 연상할 수 있는 make some copies(복사를 하다)라는 표현을 이용한 오답이다. (C) 역시 printer로부터 연상할 수 있는 color copies(컬러 복사)라는 표현을 이용한 오답이다.

6
Please speak with Ms. Addison to get her opinion.
(A) He's very opinionated.
(B) I'm going on a business trip with her.
(C) I'm meeting her in ten minutes.

Addison 씨와 이야기해서 의견을 구해 보세요.
(A) 그는 매우 독선적이에요.
(B) 저는 그녀와 함께 출장을 떠날 거예요.
(C) 10분 후에 그녀와 만날 거예요.

어휘 opinionated 독선적인, 의견을 굽히지 않는

해설 명령문 앞에 please를 붙여 상대방에게 'Addison 씨의 의견을 구해 보라'는 요청 및 권유의 의미를 나타내고 있다. 10분 후에 Addison 씨에게 의견을 구할 예정임을 암시하고 있는 (C)가 정답이다.

7
Shall we discuss the upcoming conference now or after lunch?
(A) Sally's going to order food soon.
(B) I didn't go to the conference.
(C) Let's wait until after we eat.

다가올 회의에 대해 지금 논의할까요, 아니면 점심 시간 이후에 논의할까요?
(A) Sally가 곧 음식을 주문할 거예요.
(B) 저는 학회에 가지 않았어요.
(C) 기다렸다가 점심 먹은 후에 하죠.

어휘 discuss 논의하다, 토론하다 upcoming 다가오는 conference (대규모) 회의, 회담

해설 now(지금)와 after lunch(점심 시간 이후) 중에서 하나를 선택할 것을 요구하는 선택 의문문이다. '기다렸다가 점심 식사 후에 하자'고 자신의 의견을 밝힌 (C)가 정답이다. (A)는 질문의 lunch에서 연상할 수 있는 order food(음식을 주문하다)라는 표현을 사용하여 오답을 유도하고 있지만 주어진 질문에 'Sally가 음식을 곧 주문할 것이다'라는 대답은 적절하지 못하므로 이는 정답이 될 수 없다. (B) 역시 자연스러운 답변이 될 수 없다.

8
I believe you should agree to the terms.
(A) He's serving a six-year term.
(B) They already agreed to do it.
(C) I don't feel the same way.

당신이 약관에 동의해야 할 것 같군요.
(A) 그는 6년이라는 임기를 채우고 있어요.
(B) 그들은 이미 그렇게 하는데 동의했어요.
(C) 저는 그렇게 생각하지 않아요.

어휘 term 조건, 약관; 기간 serve 봉사하다; 근무하다; 복역하다

해설 상대방에게 '약관에 동의하는 것이 좋을 것 같다'는 제안을 하고 있다. 이에 대해 '나는 그렇게 생각하지 않는다'라며 상대방의 제안에 대해 부정적인 의견을 나타낸 (C)가 정답이다. 질문에서 term이라는 단어는 '조건'이라는 의미로 사용되었지만 (A)의 term은 '기간' 혹은 '임기'라는 의미를 사용되었다. (B)의 경우, 질문의 agree를 중복 사용하여 오답을 고르도록 유도하고 있다.

9
Are you attending the seminar, or is Janet going?
(A) It's on marketing techniques.
(B) Janet just left the office.
(C) We'll both be in attendance.

당신이 세미나에 참석할 것인가요, 아니면 Janet이 갈 것인가요?
(A) 그것은 마케팅 기법에 관한 것이에요.
(B) Janet은 조금 전에 사무실에서 나갔어요.
(C) 우리 둘 모두 참석할 거예요.

어휘 attend 참석하다 in attendance 참석한

해설 선택 의문문으로서 세미나에 '당신'이 갈 것인지, 혹은 'Janet'이 갈 것인지를 묻고 있다. 이에 대해 '우리 둘 모두가 참석할 것이다'라고 참석자를 언급한 (C)가 정답이다. 누가 참석할 것인지를 묻는 질문에 세미나 주제로 답하고 있는 (A)는 정답이 될 수 없다. 'Janet이 사무실에서 방금 나갔다'라는 의미의 (B) 역시 내용상 어울리지 않는다.

10
I signed up for a membership at the gym.
(A) Good luck working out.
(B) Thanks. I appreciate it.
(C) He works out three times a week.

체육관 회원으로 가입했어요.
(A) 운동이 잘 되길 빌어요.
(B) 고맙군요. 감사해요.
(C) 그는 일주일에 세 번 운동을 해요.

어휘 sign up for ~에 등록하다 membership 회원, 회원의 자격 work out 운동하다 appreciate 고마워하다; 감상하다, 평가하다

해설 상대방에게 본인이 '체육관 회원으로 가입했다'는 사실을 이야기하고 있다. 이에 대해 '운동을 잘 하길 빈다'며 상대방을 격려해 주는 (A)가 가장 자연스러운 답변이다. 체육관 회원으로 가입했다는 말에 '고맙다'라고 답변한 (B)는 부자연스럽다. membership at the gym(체육관 회원)이라는 표현으로부터 연상할 수 있는 works out(운동하다)

이라는 어구를 이용하여 사용하여 오답을 유도하고 있는 (C) 역시 진술과 상관없는 주어로 답을 하고 있으므로 정답이 될 수 없다.

11
Would you like to work on the brochure?
(A) I'm too busy to do that.
(B) It's from my travel agent.
(C) I work in the Marketing Department.

브로셔에 대한 작업을 맡아 주시겠어요?
(A) 그러기에는 제가 너무 바빠요.
(B) 여행사 직원으로부터요.
(C) 저는 마케팅부서에서 일을 해요.

어휘 brochure 소책자, 브로셔 travel agent 여행사 직원

해설 상대방에게 브로셔에 대한 작업을 맡아줄 것을 요청하고 있다. 따라서 '그것을 하기에는 내가 너무 바쁘다'며 우회적으로 거절의 의사를 밝힌 (A)가 정답이다. (B)는 '여행사 직원으로부터 왔다'는 의미이므로 질문과 관련이 없다. 자신이 근무하는 부서를 밝힌 (C) 역시 질문에 대한 적절한 답변이 될 수 없다.

12
I purchased this laptop at the electronics market.
(A) How much was it?
(B) It's on my lap.
(C) A new computer.

전자 상가에서 이 노트북 컴퓨터를 구입했어요.
(A) 얼마였어요?
(B) 그것은 제 무릎 위에 있어요.
(C) 새 컴퓨터요.

어휘 electronics market 전자 상가 lap 무릎

해설 '전자 상가에서 노트북 컴퓨터를 구입했다'는 사실을 상대방에게 전하고 있다. 이에 대해 구매한 노트북의 가격을 물어본 (A)가 가장 적절하다. (B)는 질문의 laptop(노트북 컴퓨터)과 발음이 비슷한 lap(무릎)을 이용하여 오답을 유도하고 있는 함정으로 '그것은 내 무릎 위에 있다'는 의미이다. (C)는 '무엇을 구입했는지' 묻는 질문에 어울리는 답변이다.

PART 2 실전 문제 연습 p.096

02-79

1 (C)	2 (B)	3 (B)
4 (A)	5 (A)	6 (C)
7 (A)	8 (A)	9 (B)
10 (A)	11 (B)	12 (B)
13 (C)	14 (A)	15 (A)
16 (C)	17 (A)	18 (B)
19 (B)	20 (B)	21 (C)
22 (A)	23 (A)	24 (A)
25 (A)		

1
Ms. Jenkins hasn't been on the factory floor yet, has she?
(A) Computer components are manufactured there.
(B) Yes, Ms. Jenkins was in her office yesterday.
(C) She's scheduled to go there tomorrow.

Jenkins 씨가 아직 작업 현장에 나오시지 않았어요, 그렇죠?
(A) 그곳에서는 컴퓨터 부품들이 만들어지고 있어요.
(B) 네, Jenkins 씨는 어제 사무실에 계셨어요.
(C) 내일 그곳에 오시기로 예정되어 있어요.

어휘 factory floor 공장, 작업 현장 component 구성 성분, 부품 at the moment 지금 be scheduled to ~하기로 예정되어 있다

해설 부가 의문문으로 Jenkins 씨가 작업 현장에 나타났는지 묻고 있다. 이에 대해 no를 생략하고, '(아직 작업 현장에 나오지 않았지만) 내일 오시기로 예정되어 있다'고 답한 (C)가 정답이다. (A)의 경우, 질문의 factory floor(작업 현장)와 연관이 있을 법한 manufactured(생산하다)를 사용하여 오답을 고르도록 유도하고 있다. (B)의 경우에는 질문의 Ms. Jenkins를 주어로 사용하여 혼동을 유발하고 있다.

2
What time did the concert begin?
(A) On Thursday.
(B) Around nine.
(C) Two hours.

연주회가 몇 시에 시작되었나요?
(A) 목요일에요.
(B) 약 9시에요.
(C) 2시간요.

해설 콘서트의 시작 시간을 묻고 있으므로 '9시'라는 시각을 언급한 (B)가 정답이다. (A)는 시간을 묻는 질문에 요일로 답하였으므로 정답이 될 수 없다. 시작 시간을 묻는 질문에 대해 기간으로 답한 (C) 역시 오답이다.

3
How often does Mr. Derrick visit the Dallas office?
(A) Thursday at nine.
(B) Once or twice a year.
(C) On Hammond Street.

Derrick 씨가 Dallas 지사에 얼마나 자주 방문하시죠?
(A) 목요일 9시요.
(B) 일 년에 한두 번요.
(C) Hammond 가에서요.

해설 Derrick 씨가 Dallas 지사에 얼마나 자주 방문하는지 그 빈도를 묻고 있다. 따라서 '일 년에 한두 번'이라고 답한 (B)가 정답이다. 빈도를 묻는 질문에 대해 (A)는 특정 요일과 시간으로, (C)는 위치로 답변하고 있으므로 둘 다 정답이 될 수 없다.

4

This report needs to be revised immediately.

(A) I'll have Mr. Cummings look at it.

(B) You should revise your estimates.

(C) No one has reported any problems.

이 보고서는 즉시 수정될 필요가 있어요.

(A) Cummings 씨에게 살펴보라고 할게요.

(B) 당신은 견적서를 수정해야 해요.

(C) 아무도 문제를 보고하지 않았어요.

어휘 revise 수정하다, 개정하다 immediately 즉시, 곧 estimate 추산, 추정; 견적서

해설 보고서에 대한 자신의 의견을 말하고 있다. 따라서 'Cummings 씨에게 살펴보라고 하겠다'며 화자의 의견을 따를 것임을 암시한 (A)가 정답이다. (B)의 경우 '당신이 견적서를 수정해야 한다'는 답변은 주어진 진술에 어울리지 않는다. (C)의 경우에도 진술의 report와 발음이 유사한 reported를 사용하여 오답을 유도하고 있다.

5

What about having a brainstorming session today?

(A) That could be effective.

(B) Yes, it's raining heavily.

(C) My session with him is tomorrow.

오늘은 브레인스토밍 회의를 하는 것이 어떨까요?

(A) 그것이 효과적일 것 같군요.

(B) 네, 비가 세차게 내리고 있어요.

(C) 그와의 회의는 내일이에요.

어휘 brainstorming session 아이디어를 내기 위한 회의, 브레인스토밍을 위한 회의 effective 효과적인

해설 브레인스토밍 회의를 하자는 제안을 하고 있다. 따라서 '그것이 효과적일 것 같다'며 제안에 동의하고 있는 (A)가 정답이다. 질문의 brainstorming의 storm으로부터 연상될 수 있는 raining을 사용하여 오답을 유도하고 있는 (B)와, 질문의 session을 중복 사용하여 오답을 유도하고 있는 (C)는 제안에 대한 적절한 반응으로 볼 수 없다.

6

How did you make your hotel reservations?

(A) I got a nice discount.

(B) Five days and four nights.

(C) Through my travel agent.

어떻게 호텔을 예약하셨나요?

(A) 할인을 크게 받았어요.

(B) 4박 5일요.

(C) 여행사 직원을 통해서요.

어휘 reservation 예약 travel agent 여행사 직원

해설 호텔을 어떻게 예약했는지 그 방법을 묻고 있다. (A)의 '할인을 많이 받았다'라는 답변은 호텔 예약 방법이 될 수 없으므로 오답이며, (B)는 호텔 예약 방법을 묻는 질문에 '4박 5일'이라는 기간으로 답하고 있기 때문에 이 또한 정답이 될 수 없다. 따라서 '여행사 직원을 통해서'라고 그 방법을 밝힌 (C)가 정답이다.

7

Was printer ink included in the recent order?

(A) Not unless you added it.

(B) This printer doesn't need ink.

(C) Yes, we ordered lunch for everyone.

최근 주문 내역에 프린터용 잉크가 포함되어 있었나요?

(A) 당신이 추가하지 않았다면 그렇지 않을 거예요.

(B) 이 프린터에는 잉크가 필요 없어요.

(C) 네, 저희가 모든 사람들의 점심을 주문했어요.

해설 프린터용 잉크가 최근 주문 내역에 포함되어 있는지를 묻는 질문에 '당신이 추가하지 않았다면 포함되어 있지 않았을 것이다'라고 답변한 (A)가 정답이다. 질문의 printer와 ink를 중복 사용하여 오답을 유도하고 있는 (B)와, order를 중복 사용하여 오답을 유도하고 있는 (C)는 질문과 관련이 없는 답변들이다.

8

What qualifications are required for the job?

(A) Take a look at the list.

(B) She's not qualified at all.

(C) You performed a great job.

그 직책에는 어떤 자격이 요구되나요?

(A) 목록을 한번 보세요.

(B) 그녀는 전혀 적합하지 않아요.

(C) 당신이 대단한 일을 해냈군요.

어휘 qualification 자격, 자질 require 요구하다 take a look at ~을 보다 qualified 적합한 perform 수행하다

해설 what과 qualification을 함께 사용하여 직책에 대한 자격 요건에 대해 묻고 있다. 따라서 구체적인 자격은 '목록을 찾아 보면 된다'고 해결 방법을 알려 준 (A)가 정답이다. (B)의 경우, 질문의 qualification과 발음이 비슷한 qualified를 사용하여 오답을 유도하고 있지만 '그녀는 적합하지 않다'는 답변은 주어진 질문과 어울리지 않으며, 질문의 job을 중복 사용하여 오답을 유도하고 있는 (C) 역시 '당신이 대단한 일을 해냈다'는 의미이므로 정답이 될 수 없다.

9

Shall we purchase this model or the more expensive one?

(A) That's too expensive for us.

(B) The cheaper one should be fine.

(C) We are working on the budget now.

이 모델을 구입할까요, 아니면 더 비싼 것을 구입할까요?

(A) 그것은 우리에게 너무 비싼 것이군요.

(B) 보다 저렴한 것이 좋을 것 같아요.

(C) 우리는 지금 예산을 세우고 있어요.

어휘 purchase 구입하다, 구매하다 expensive 비싼 budget 예산

해설 선택 의문문으로 '이 모델'과 '더 비싼 모델' 중 어떤 것을 선택할 것인지 묻고 있다. '그것은 우리에게 너무 비싼 것이다'라는 의미의 (A)에서는 선택에 관한 내용이 빠져 있다. (C)의 경우, 질문의

purchase(구매하다)에서 연상될 수 있는 budget(예산)을 사용하여 오답을 고르도록 유도하고 있다. '보다 저렴한 것이 좋을 것 같다'며 둘 중에서 하나를 선택한 (B)가 정답이다.

10

Why hasn't the deliveryman arrived yet?

(A) Actually, he visited five minutes ago.

(B) I'm mailing this to Mr. Tanaka.

(C) There weren't any packages for you.

왜 아직까지 배달부가 도착하지 않았나요?

(A) 실은, 5분전에 다녀갔어요.

(B) 저는 이것을 우편으로 Tanaka 씨에게 보내고 있어요.

(C) 당신에게 온 소포는 없었어요.

어휘 deliveryman 배달부 arrive 도착하다

해설 배달부가 도착하지 않은 이유를 묻는 질문에 대해 '실은 5분 전에 다녀갔다'며 이미 배달부가 왔다 갔음을 간접적으로 밝힌 (A)가 정답이다. (B)는 문제의 deliveryman(배달부)에서 연상될 수 있으며, (C) 역시 package(소포) 등의 단어를 사용하여 오답을 유도하고 있다.

11

Our newest commercial is popular with our customers.

(A) It's a new commercial enterprise.

(B) The media agency did an outstanding job.

(C) That customer made a large purchase.

우리의 최근 광고가 고객들에게 인기를 얻고 있어요.

(A) 그것은 신생 기업이에요.

(B) 홍보업체가 일을 잘 했어요.

(C) 그 고객은 대량 구매를 했어요.

어휘 commercial 광고; 상업의 enterprise 기업 media agency 홍보업체 outstanding 뛰어난

해설 '최근 광고가 고객들에게 인기를 얻고 있다'는 사실을 전달하고 있다. 이에 대해 '홍보업체가 일을 잘 해 주었다'며 그 이유를 밝힌 (B)가 정답이다. (A)는 commercial(상업의)을 중복 사용하여 오답을 유도하고 있지만, 주어인 it이 가리키는 것이 진술과 상관없는 것이므로 (A)는 정답이 될 수 없다. (C) 역시 진술에 사용된 단어인 customer를 중복 사용하여 오답을 유도하고 있다.

12

Mr. Wright is on Flight 95, isn't he?

(A) It lands at eight.

(B) No, Flight 195.

(C) At Gate 42.

Wright 씨가 95편 비행기에 탑승하고 있죠, 그렇지 않나요?

(A) 8시에 착륙해요.

(B) 아니요, 195편 비행기예요.

(C) 42번 게이트에서요.

해설 부가 의문문을 사용하여 Wright 씨가 탑승한 비행기가 95편 비행기인지를 확인하고 있다. 이에 대해 no라고 답한 뒤 95편 비행기가 아니라 195편 비행기라고 알려 준 (B)가 정답이다. 착륙 시간을 물어본 것은 아니므로 (A)는 정답이 될 수 없으며, 게이트 번호를 언급하고 있는 (C) 역시 질문에 대한 적절한 답이 될 수 없다.

13

Where is a convenient place to park my car?

(A) You can spend time at the park downtown.

(B) There's a convenience store on the first floor.

(C) Try the parking garage on Fleet Street.

주차하기에 편한 곳이 어디인가요?

(A) 시내 공원에서 시간을 보낼 수 있어요.

(B) 1층에 편의점이 있어요.

(C) Fleet 가의 주차장에 가 보세요.

어휘 convenient 편리한 downtown 시내에 convenience store 편의점 parking garage 주차장, 주차장 건물

해설 주차하기에 편한 곳이 어디인지를 묻고 있다. (A)의 경우, 주차하기 편한 곳을 묻는 질문에 시간을 보낼 수 있는 장소를 추천한 것은 내용상 적절하지 못하며, (B)의 경우에는 주차 공간에 대해 묻는 질문에 편의점 위치로 답을 하고 있으므로 이 역시 정답이 될 수 없다. 따라서 'Fleet 가의 주차장'을 추천한 (C)가 정답이다.

14

Can't you fix the problem with the Internet connection?

(A) It's too complicated for me.

(B) The Internet is slow today.

(C) Okay, I'll check my e-mail.

인터넷 연결 문제를 해결해 주실 수 없나요?

(A) 그것은 제게 너무나 어려운 일이에요.

(B) 인터넷이 오늘 느리군요.

(C) 좋아요, 제 이메일을 확인해 볼게요.

어휘 connection 연결 complicated 복잡한

해설 부정 의문문을 이용하여 인터넷 연결 문제를 해결해 줄 수는 없는지를 상대방에게 묻고 있다. 따라서 '그것은 내게 너무 어려운 일이다'라고 대답함으로써 자신이 문제를 해결해 줄 수 없다는 사실을 밝힌 (A)가 정답이다. (B)는 질문의 Internet을 이용한 오답이며, 자신의 이메일을 확인하겠다고 한 (C) 역시 질문과 전혀 상관이 없는 답변이다.

15

When will the trainees arrive for orientation?

(A) No later than half past ten.

(B) They need to get oriented.

(C) It's a three-hour-long program.

수습 직원들이 언제 오리엔테이션에 도착하게 되나요?

(A) 늦어도 10시 반에요.

(B) 그들은 적응해야 해요.

(C) 그것은 3시간짜리 프로그램이에요.

어휘 trainee 수습 직원 orientation 오리엔테이션 no later than 늦어도 ~까지

해설 수습 직원들이 오리엔테이션에 도착하는 시간을 묻고 있는데, '늦어도 10시 반'이라며 도착 예정 시간을 언급한 (A)가 정답이다. (B)는 질문의 orientation과 발음이 유사한 oriented를 사용하여 오답을 유도하고 있으나 '그들은 적응해야 한다'는 답변은 내용상 맞지 않으므로 정답이 될 수 없다. (C)의 경우, 오리엔테이션에의 도착 시각이 아니라 프로그램의 소요 시간에 대해 언급하고 있으므로 이 역시 정답이 될 수 없다.

16
Who needs Ms. Decker to approve their vacation plans?
(A) She's the head of the department.
(B) A two-week trip to Europe.
(C) Everyone in the office.

누가 Decker 씨로부터 휴가 계획을 승인 받아야 하죠?
(A) 그녀는 부서장이에요.
(B) 2주간의 유럽 여행요.
(C) 사무실의 모든 사람요.

어휘 approve 승인하다 head 장, 우두머리 department 부서

해설 Decker 씨로부터 휴가 계획을 승인 받아야 하는 사람이 누구인지 묻고 있다. (A)는 질문과 상관없는 Decker 씨의 직책을 언급하고 있으므로 정답이 될 수 없으며, (B)는 질문의 vacation과 연관성이 있는 two-week trip to Europe이라는 표현을 이용한 오답이다. Decker 씨의 승인을 받아야 할 사람이 '사무실의 모든 사람'이라고 밝힌 (C)가 정답이다.

17
Where will the end-of-the-year banquet be?
(A) At the usual place.
(B) A catered event.
(C) On December 30.

송년회가 어디에서 열릴 예정인가요?
(A) 늘 하던 곳에서요.
(B) 식사가 제공되는 행사예요.
(C) 12월 30일요.

어휘 end-of-the-year banquet 송년회 usual 보통의, 평상시의 cater (행사 등에) 음식을 공급하다

해설 송년회 장소를 묻고 있다. 따라서 '늘 하던 곳'이라며 송년회가 열릴 장소를 알려 준 (A)가 정답이다. 송년회가 열릴 장소를 묻는 질문에 '식사가 제공되는 행사'라며 행사의 형식에 대해 답변한 (B)는 적절하지 못하며, 송년회 장소를 묻는 질문에 날짜로 답한 (C) 역시 적합하지 않은 대답이다.

18
Which file should I fill out, the one on the right or the left?
(A) I completed all of my files.
(B) Do the one on the left first.
(C) Yes, you need to register for the event.

제가 어떤 파일에 내용을 기입해야 하나요, 오른쪽 파일인가요, 아니면 왼쪽 파일인가요?
(A) 저는 제 모든 파일 작업을 끝냈어요.
(B) 우선 왼쪽에 있는 것부터요.
(C) 네, 당신은 행사에 등록해야 해요.

어휘 complete 완료하다, 완성하다 register for ~에 등록하다

해설 내용을 기입해야 하는 파일이 둘 중에 어떤 것인지를 묻고 있다. (A)의 경우, '자신은 파일 작업을 끝냈다'는 답변은 질문과 아무런 상관이 없으며, 선택 의문문에 yes로 답한 (C) 역시 적절한 답변이 될 수 없다. 따라서 '우선 왼쪽에 있는 것부터 하라'고 답변한 (B)가 정답이다.

19
Will somebody be in the office on Saturday?
(A) Starting at nine in the morning.
(B) Harry and David will be here.
(C) We relocated to a new place.

토요일에 누군가가 사무실에 나올 것인가요?
(A) 오전 9시에 시작해요.
(B) Harry와 David가 나올 거예요.
(C) 우리는 새로운 곳으로 이전했어요.

어휘 relocate 이전하다, 이동하다

해설 다가올 토요일에 누가 사무실에 나올 것인지를 묻고 있다. 따라서 'Harry와 David가 올 것이다'라며 직접적으로 사람의 이름을 언급한 (B)가 정답이다. 휴일 근무자를 묻는 질문에 시간으로 답한 (A)는 정답이 될 수 없으며, (C)는 질문과 전혀 상관없는 대답이므로 이 또한 정답이 될 수 없다.

20
Who ordered the blue pens?
(A) I've got a black one.
(B) Tim, I think.
(C) Yes, it's blue.

누가 파란색 펜을 주문했나요?
(A) 저에게 검정색 펜이 있어요.
(B) 제가 알기로는 Tim요.
(C) 네, 그것은 파란색이에요.

해설 파란색 펜을 주문한 사람이 누구인지 묻고 있다. 따라서 직접적으로 주문한 사람의 이름을 언급한 (B)가 정답이다. (A)는 질문의 blue로부터 연상해 볼 수 있는 단어인 black을 이용한 함정이며, (C)는 blue라는 단어를 중복 사용하여 오답을 유도하고 있는 함정이다.

21
Why don't you call me back later?
(A) In ten minutes.
(B) On the phone.
(C) What time?

나중에 저에게 다시 전화를 주시는 것이 어떨까요?
(A) 10분 후에요.
(B) 통화 중이에요.
(C) 몇 시에요?

어휘 on the phone 통화 중인

해설 상대방에게 나중에 전화를 달라는 제안을 하고 있다. 제안에 대한 대답으로 '10분 후에'라는 의미의 (A)는 어울리지 않으며, (B)의 on the phone은 '통화 중'이라는 의미로 이 역시 맥락에 맞지 않는 답변이다. 따라서 '나중에' 전화를 달라고 한 상대방의 제안에, '몇 시에 전화를 하면 되겠느냐?'고 되물은 (C)가 가장 자연스러운 답변이다.

22
How can I get in touch with you?
(A) Here's my business card.
(B) At 54 Main Street.
(C) On the sixteenth floor.

어떻게 당신에게 연락하면 되죠?
(A) 여기 제 명함이 있어요.
(B) Main 가 54번지에요.
(C) 16층에요.

어휘 get in touch with ~와 연락을 취하다 business card 명함

해설 상대방에게 연락을 취할 수 있는 방법을 묻고 있다. 따라서 '(연락처가 명시된) 명함을 보라'는 의미의 (A)가 가장 자연스러운 답변이다. (B)와 (C)는 각각 장소나 위치를 묻는 질문에 어울리는 답변이다.

23
Ms. Barnes needs some copies immediately.
(A) I'll make them.
(B) No, she's not here.
(C) Here's a camera.

Barnes 씨에게 당장 복사본 몇 부가 필요해요.
(A) 제가 복사할게요.
(B) 아니요, 그분은 여기에 계시지 않아요.
(C) 여기 카메라가 있어요.

해설 Barnes 씨에게 복사본이 필요하다는 정보를 전달하고 있다. 따라서 자신이 복사본을 마련하겠다고 답한 (A)가 가장 자연스러운 답변이다. 평서문에 대해 no로 대답한 (B)는 정답이 될 수 없으며, (C)는 주어진 진술과 전혀 어울리지 않는 답변이다.

24
You've seen this movie before, haven't you?
(A) Actually, I haven't.
(B) A science-fiction film.
(C) Eight dollars a ticket.

전에 이 영화를 본 적이 있죠, 그렇지 않나요?
(A) 실은, 보지 못했어요.
(B) 공상 과학 영화요.
(C) 표 1장 당 8달러예요.

어휘 actually 실은 science-fiction film 공상 과학 영화

해설 부가 의문문을 이용하여 상대방에게 영화를 본 적이 있는지 묻고 있다. 따라서 본 적이 없다고 대답한 (A)가 정답이다. (B)는 영화의 종류를, (C)는 영화표의 가격을 묻는 질문에 어울리는 답변이다.

25
Can't you lend me a few dollars?
(A) I wish I could.
(B) It costs ten dollars.
(C) I'll pay you back tomorrow.

저에게 몇 달러만 빌려 주실 수 없을까요?
(A) 그럴 수 있으면 좋겠는데요.
(B) 가격이 10달러예요.
(C) 내일 갚을게요.

어휘 lend 빌려 주다 pay back 갚다

해설 상대방에게 돈을 빌려 줄 것을 부탁하고 있다. 따라서 거절의 의미로서 '빌려 줄 수 있으면 좋겠는데 (그럴 수가 없다)'고 대답한 (A)가 정답이다. (B)는 어떤 것에 대한 비용을, (C)는 돈을 갚을 시점을 알려 주고 있다.

PART 3 대화문

Unit 01 | 주제 및 목적

기본기 체크업 p.106

A 03-02

1 (a)	2 (c)	3 (c)
4 (a)	5 (b)	

1

M Can I ask you for a favor, please?
W Sure. What do you need?
M I'd like some help with the report that I'm writing for Mr. Peebles.

M 한 가지 부탁을 들어 줄 수 있나요?
W 물론이죠. 무엇이 필요한가요?
M Peebles 씨에게 보낼 보고서 작성에 도움을 받고 싶어요.

2

W Sam, do you know where Alex is? I can't find him anywhere.
M He's down on the second floor. He should be back soon.

W Sam, Alex가 어디에 있는지 알고 있나요? 어디에서도 찾을 수가 없네요.
M 2층에 내려가 있어요. 곧 돌아올 거예요.

3

W I'm trying to find the theater. Do you know where it is?
M Yes. I have a map here. Let me show it to you.

W 극장을 찾고 있는 중인데요. 어디에 있는지 알고 계신가요?
M 네. 여기 지도가 있어요. 제가 알려 드릴게요.

어휘 try to ~하려고 노력하다

4

M I've got so much work to do these days.
W Do you need a hand with anything? I have some free time.
M That would be great. Let's go to my office, and I can show you what you can do.

M 요즘 해야 할 일들이 너무나 많아요.
W 도움이 필요한가요? 제게 어느 정도의 시간이 있거든요.
M 그러면 좋을 것 같군요. 제 사무실로 같이 가면 당신이 할 수 있는 일을 알려 드릴게요.

어휘 these days 요즘 need a hand 도움이 필요하다

5

M Hello. This is High-Class Fashions. How may I help you?
W Hi. I'm calling to ask about some clothes I ordered.

M 안녕하세요. High-Class Fashions입니다. 어떻게 도와 드릴까요?
W 안녕하세요. 제가 주문한 옷들에 대해 물어보기 위해서 전화를 드렸습니다.

B 03-03

1 (a) ×	(b) ○	(c) ○
2 (a) ×	(b) ○	(c) ×
3 (a) ×	(b) ×	(c) ×
4 (a) ×	(b) ○	(c) ×
5 (a) ×	(b) ○	(c) ○

1

M I'm planning to take my family to the zoo this Saturday. Would you like to go with us?
W I'd love to, but we have a family trip planned as well. We're going to spend some time in the national forest.
M We'll have to get together some other weekend in that case.

M 이번 주 토요일에 가족들을 데리고 동물원에 갈 생각이에요. 우리와 함께 갈래요?
W 그렇게 하고 싶지만, 우리 또한 가족 여행을 계획 중이라서요. 우리는 국립 휴양림에서 시간을 보낼 거예요.
M 그런 경우라면 다른 주말에 만나야 할 것 같군요.

(a) 그들은 동물원 여행에 대해 이야기하고 있다.
(b) 남자와 여자는 주말 계획에 대해 이야기하고 있다.
(c) 화자들은 그들이 곧 가게 될 장소에 대해 이야기하고 있다.

어휘 plan to ~을 할 계획이다 family trip 가족 여행 as well 또한 national forest 국유림 get together 모이다 in that case 그런 경우라면

2

W Hello. My name is Sarah McIntyre. I'd like to confirm my reservation for tomorrow night.

M Hello, Ms. McIntyre. You are confirmed for a single room with an ocean view. You have a reservation for three days.

W Great. It sounds like there are no problems. I'll see you tomorrow around six in the evening.

W 안녕하세요, 제 이름은 Sarah McIntyre예요. 내일 밤 예약을 확인하고 싶어서요.

M 안녕하세요, McIntyre 고객님. 고객님께서는 바다가 보이는 1인용 객실을 예약한 걸로 확인이 되는군요. 3일 동안 예약을 하셨고요.

W 좋아요. 전혀 문제가 없는 것 같이 들리네요. 내일 저녁 6시 정도에 뵙죠.

(a) 여자는 방을 예약하기 위해 전화 통화를 하고 있다.
(b) 여자는 객실 예약을 확인하기 위해 전화 통화를 하고 있다.
(c) 여자는 객실 변경을 요청하기 위해 전화 통화를 하고 있다.

어휘 confirm 확인하다 reservation 예약 single room 1인용 객실 ocean view 바다가 보이는 전망

3

W Excuse me. I need to exchange some money, but I don't know where I can get Japanese yen.

M There's a bank on Third Street. You should be able to do that transaction there.

W Where do I need to go to get to Third Street?

M Just take a left at this intersection and go straight one block. You'll see the bank right at the corner.

W 실례합니다. 돈을 환전해야 하는데, 어디에서 일본 엔화를 구할 수 있는지 모르겠어요.

M Third 가에 은행이 하나 있어요. 그곳에서 외환 거래를 할 수 있을 거예요.

W Third 가로 가기 위해서는 어디로 가야 하나요?

M 이 교차로에서 우회전하시고 한 블록 직진하세요. 코너 오른쪽에서 은행을 찾으실 수 있을 거예요.

(a) 여자는 남자에게 은행 위치를 묻고 있다.
(b) 그들은 환전하는 법에 대해 논의하고 있다.
(c) 그들은 은행이 문을 여는 시간에 대해 이야기하고 있다.

어휘 exchange 교환하다 transaction 거래 intersection 교차로 corner 코너, 모퉁이 location 위치

4

M Pardon me, but is this the bus for Cedartown?

W No, this bus is going to Moline. You need to get on a different bus to go to Cedartown.

M Do you happen to know which bus I should get on?

W No, I don't, but you can ask that man standing in the booth over there. He can tell you exactly which one to take.

M 죄송하지만, 이 버스가 Cedartown으로 가는 버스인가요?

W 아니요, 이 버스는 Moline으로 가요. Cedartown으로 가시려면 다른 버스를 타셔야 해요.

M 혹시 제가 어떤 버스에 타야 하는지 알고 계신가요?

W 아니요, 그렇지는 않지만, 저쪽 부스 안에 서 있는 저 남자에게 물어보시면 돼요. 정확히 어느 것을 타야 하는지 그가 말을 해 줄 수 있을 거예요.

(a) 그들은 최종 목적지에 대해 이야기하고 있다.
(b) 화자들은 남자가 어떤 버스를 타야 하는지에 대해 논의하고 있다.
(c) 남자와 여자는 Moline에 대해 이야기하고 있다.

어휘 get on ~에 탑승하다 booth 부스 (칸막이가 있는 작은 공간) exactly 정확히 final destination 최종 목적지

5

M I would like to complain about the service I received from one of your waiters.

W Who is the waiter? And what did he do that upset you?

M His name is Brian. He was extremely rude to my wife and me. In addition, he brought us both the wrong orders and refused to apologize for his mistake.

M 웨이터 중 한 명으로부터 받은 서비스에 대해 불만을 제기하고 싶어요.

W 웨이터가 누구인가요? 어떤 일로 선생님을 화나게 했나요?

M 그의 이름은 Brian이에요. 제 아내와 저에게 정말로 무례하게 굴었어요. 게다가, 주문을 모두 잘못 받았고 자신의 실수에 대한 사과도 거부했어요.

(a) 남자는 환불을 받기 위해 매니저에게 이야기하고 있다.
(b) 남자는 불만을 제기하기 위해 매니저에게 이야기하고 있다.
(c) 남자는 자신의 불쾌감을 설명하기 위해 매니저에게 말을 하고 있다.

어휘 receive 받다 upset 당황하게 만들다, 화나게 하다 extremely 매우, 극도로 rude 무례한 in addition 게다가, 또한 refuse 거절하다, 거부하다 apologize 사과하다 get a refund 환불하다 describe 묘사하다, 설명하다

C

03-04

1 (a)	2 (a)	3 (c)
4 (b)	5 (b)	6 (b)

1

M Have you visited Parker's down at the corner of Ruth Street and Second Avenue yet?

W My coworker and I went there yesterday. The food was amazing. I ate one of the best lunches I've ever had.

M I like that place as well. The pasta the head chef makes there is simply delightful.

M Ruth 가와 Second 가의 코너에 있는 Parker's에 가 본 적이 있나요?

W 어제 직장 동료와 그곳에 가 봤어요. 음식이 놀랍더군요. 제가 먹어 본 최고의 점심 메뉴 중 하나였어요

M 저 또한 그곳을 좋아해요. 그곳의 주방장이 만든 파스타는 정말로 마음에 들어요.

Q. 남자와 여자는 무엇에 대해 이야기하고 있는가?

(a) 식당

(b) 슈퍼마켓

(c) 커피숍

어휘 coworker 직장 동료 amazing 놀라운 pasta 파스타 head chef 주방장 simply 정말로, 그야말로 delightful 마음에 드는

2

W Why are you having lunch in your office today? Don't you want to go to the company cafeteria?

M Actually, I can't stand the food there. The last time I ate in the cafeteria, I got sick.

W Now that you mention it, the quality of the food there is pretty low. Maybe I should have something delivered instead.

M That's a good idea. It's better than eating at a place that serves bad food.

W 왜 오늘은 사무실에서 점심을 먹고 있나요? 회사의 구내식당에 가고 싶지 않은 건가요?

M 실은, 저는 그곳의 음식이라면 질색이에요. 마지막으로 구내식당에서 식사를 했을 때 탈이 났었어요.

W 말을 듣고 보니, 그곳 음식의 질은 매우 낮아요. 아마 저도 그 대신 무언가를 이곳으로 배달시켜야 할 것 같군요.

M 좋은 생각이에요. 형편 없는 음식을 내놓는 곳에서 식사를 하는 것보다는 그 편이 낫겠어요.

Q. 화자들은 주로 무엇에 대해 이야기하고 있는가?

(a) 회사의 구내식당

(b) 저녁 식사 계획

(c) 남자의 점심 식사

어휘 cafeteria 구내 식당 stand 참다, 견디다 now that you mention it 그런 말을 듣고 보니 deliver 배달하다

3

W Hello, Peter. It's Amy. Did you get the e-mail with the budget analysis that I sent you this morning?

M No, I didn't. And I checked my e-mail five minutes ago. For some reason, it never arrived.

W That's odd. In that case, I'll send it to you again. Please e-mail me back so that I will know you received it.

W 안녕하세요, Peter. Amy예요. 오늘 아침에 제가 보낸, 예산에 대한 분석이 들어 있는 이메일을 받았나요?

M 아니요, 받지 못했어요. 그리고 저는 5분 전에 제 이메일을 확인했어요. 어떤 이유로 인해 도착하지 않았군요.

W 이상하네요. 그렇다면 제가 다시 보낼게요. 당신이 받았다는 것을 알 수 있도록 제게 이메일로 답장해 주세요.

Q. Amy가 Peter에게 전화를 건 목적은 무엇인가?

(a) 자신에게 팩스를 보내 줄 것을 그에게 요청하기 위해

(b) 그가 제공해 준 분석에 대한 고마움을 표시하기 위해

(c) 그가 자신의 이메일을 받았는지 물어보기 위해

어휘 analysis 분석 check 확인하다 reason 이유 purpose 목적 provide 제공하다

4

M How did the meeting with Ms. Lancaster go? Did she give you the raise you were looking for?

W No, she didn't. In fact, she said that she was considering paying me less. According to her, my job performance has decreased in the past few months.

M I'm sorry to hear that. I hope things can improve for you in the near future.

M Lancaster 씨와의 회의는 어땠나요? 당신이 기대하던 임금 인상을 허락해 주셨나요?

W 아니요, 그러지 않으셨어요. 사실, 그분께서는 저의 급여 삭감을 고려 중이라고 말씀해 주시더군요. 그분 말씀에 따르면, 제 업무 성과가 지난 몇 달 동안 떨어졌다는군요.

M 그런 말을 들으니 유감이군요. 가까운 미래에는 사정이 나아지길 바랄게요.

Q. 화자들은 주로 무엇에 대해 이야기하고 있는가?

(a) 남자의 상사

(b) 여자의 급여

(c) 여자의 업무 성과

어휘 raise 올리다; 인상 look for ~을 찾다; ~을 기대하다, 바라다 in fact 사실, 실은 pay 지불하다 job performance 업무 성과

5

M Janet, do you have a moment? I want you to take a look at this design I came up with.

W Hmm... It looks all right to me. But you might want to change the color of this part from blue to green.

M You're right. I think it would look better in green. Thanks for your suggestion.

W It's not a problem at all. I'm glad I could help you.

M Janet, 잠시 시간이 되나요? 제가 생각해 낸 이 디자인을 당신이 살펴봐 주었으면 해서요.

W 흠… 제게는 괜찮아 보이는군요. 하지만 이 부분의 색을 파란색에서 초록색으로 바꾸는 게 좋을 것 같아요.

M 당신 말이 맞아요. 저도 초록색이면 더 좋아 보일 것이라고 생각했어요. 제안해 줘서 고마워요.

W 천만에요. 도울 수 있어서 기쁘군요.

Q. 화자들은 무엇에 대해 논의하고 있는가?

(a) 사진

(b) 디자인

(c) 엽서

어휘 take a look at ~을 보다 come up with (아이디어 등을) 떠올리다, 생각해 내다 You might want to ~ ~하는 게 좋을 것 같다 part 부분 suggestion 제안 postcard 엽서

6

M1 I've finished making the schedules for next week. Here you are.

W Mr. Thompson, I'm afraid I can't work next Wednesday evening. I have a seminar to attend then.

M2 I can change shifts with you Stacy. I've got the morning shift that day.

W Is it all right for us to do that, Mr. Thompson?

M1 Sure. That's fine with me.

M1 다음 주 일정을 정하는 일을 끝냈어요. 여기 있어요.

W Thompson 씨, 안타깝지만 제가 다음 주 수요일 저녁에는 일을 하지 못할 것 같아요. 그때 참석해야 할 세미나가 있어서요.

M2 제가 Stacy 당신과 근무를 교대해 줄 수 있어요. 그날 저는 오전 근무거든요.

W 그렇게 하면 우리 모두가 괜찮겠죠, Thompson 씨?

M1 물론이죠. 저는 좋아요.

Q. 화자들은 주로 무엇을 논의하고 있는가?

(a) 세미나

(b) 일정

(c) 주말 계획

예상 적중 문제 01-03 p.109

MORE & MORE 03-06

1. The man wants to get his money back for the item he purchased. (O)
2. They are talking about which item the man wants to buy. (×)
3. The man and the woman are speaking about how to make an exchange. (×)

1. 남자는 자신이 구입했던 물품에 대해 환불을 원하고 있다.
2. 그들은 남자가 사고 싶어 하는 제품에 대해 이야기하고 있다.
3. 남자와 여자는 교환 방법에 대해 이야기하고 있다.

어휘 make an exchange 교환하다

예상 적중 문제 04-06 p.111

MORE & MORE 03-08

1. The purpose of the woman's call is to ask the man for a copy of a report. (×)
2. The reason the woman calls the man is to request that they meet at two. (×)
3. The woman calls the man to apologize to him. (O)

1. 여자가 전화를 건 목적은 남자에게 보고서 사본을 부탁하기 위해서이다.
2. 여자가 남자에게 전화를 건 이유는 2시에 만나자는 요청을 하기 위해서이다.
3. 여자는 남자에게 사과하기 위해 전화를 걸고 있다.

어휘 purpose 목적 request 요청하다 apologize 사과하다

예상 적중 문제 07-09 p.113

MORE & MORE 03-10

1. The man lost his cell phone. (×)
2. The man will go to Carter Street. (×)
3. The man will get his cell phone fixed during lunch. (O)

1. 남자는 자신의 휴대폰을 분실했다.
2. 남자는 Carter 가로 갈 것이다.
3. 남자는 점심 시간에 전화기를 수리할 것이다.

예상 적중 문제 10-12 p.115

MORE & MORE 03-12

1. The speakers are discussing some interviewees. (O)
2. The man and woman are talking about firing some employees. (×)

3. They are speaking about some people they just hired. (×)

1. 화자들은 몇몇 면접 대상자들에 대해 논의하고 있다.
2. 남자와 여자는 몇몇 직원을 해고하는 것에 대해 이야기하고 있다.
3. 그들은 얼마 전에 고용한 몇몇 사람들에 대해 이야기하고 있다.

Unit 02 | 대화의 장소 및 인물의 신원

기본기 체크업 p.120

A 03-14

1 (a)	2 (b)	3 (c)
4 (b)	5 (a)	

1

W Do you have any cakes for sale?
M Yes, we do. They're right next to the bagels over there.
W Thank you for pointing them out.

W 세일하는 케이크가 있나요?
M 네, 있어요. 저쪽에 있는 베이글 바로 옆자리에 있어요.
W 알려 줘서 고마워요.

2

W Why don't you put that bag up here?
M Thanks. How long is this flight going to last?
W We'll arrive at our destination in one and a half hours.

W 저 가방은 여기 위쪽에 두시는 것이 어떨까요?
M 고마워요. 이번 비행이 얼마나 걸릴까요?
W 한 시간 반 후에 목적지에 도착하게 될 거예요.

어휘 flight 비행 last 지속하다 destination 목적지

3

W Pardon me, but please be quiet. The actors are about to come on stage.
M I'm sorry. I didn't mean to disturb you.

W 실례지만, 조용히 해 주세요. 배우들이 무대에 올라올 거예요.
M 죄송해요. 방해할 생각은 없었어요.

어휘 be about to 막 ~하려고 하다 come on stage 무대에 오르다 mean to ~할 의도이다 disturb 방해하다

4

M It appears that there's a problem with the engine.
W Can you fix it?
M Yes, but I will have to work on it here for two days.

M 엔진에 문제가 있는 것 같이 보이는군요.
W 고치실 수 있나요?
M 그렇기는 한데, 이틀 동안 여기에서 작업을 해야 할 거예요.

5

M Did you enjoy your meal? Was everything fine?
W It was outstanding. My compliments to the chef.

M 식사는 마음에 드셨나요? 모든 것들이 괜찮았나요?
W 훌륭했어요. 주방장님께 경의를 표하고 싶네요.

어휘 meal 식사 outstanding 뛰어난 compliment 칭찬, 찬사

B 03-15

1 (a) ○	(b) ×	(c) ×
2 (a) ×	(b) ×	(c) ○
3 (a) ○	(b) ×	(c) ×
4 (a) ○	(b) ○	(c) ×
5 (a) ×	(b) ○	(c) ○

1

M I'm sorry, but I'm a bit lost. Could you tell me where the men's clothing department is?
W Sure. Just take the escalator up to the third floor. You can find it there.
M That's great. And what about the electronics section?
W You need to go all the way up to the sixth floor to get there.

M 실례지만, 제가 길을 잃어서요. 남성복 코너가 어디에 있는지 알려 주실 수 있으신가요?
W 물론이죠. 에스컬레이터를 타고 3층으로 올라가세요. 그곳에서 찾으실 수 있을 거예요.
M 잘 되었군요. 그리고 전자 제품 매장은요?
W 그곳에 가시려면 6층까지 쭉 올라가셔야 해요.

(a) 화자들은 아마도 백화점 안에 있을 것이다.
(b) 남자는 전제 제품 코너의 직원이다.
(c) 여자는 남성복 코너에서 일한다.

어휘 lost 길을 잃은 department 부서 electronics 전자 제품 all the way 줄곧, 쭉 most likely 아마도

2

W	You're going to be traveling to Peoria, right? You'd better get a ticket soon.
M	I already bought one a few minutes ago. I can board in about twenty minutes.
W	In that case, let's get something to eat while we wait. You've got a long ride ahead of you.
M	You're right. And we'll only stop at one rest area during the entire trip.
W	피오리아로 여행을 갈 거죠, 그렇죠? 빨리 표를 구하는 것이 좋을 것 같군요.
M	몇 분 전에 이미 한 장 구입했어요. 약 20분 후에 탑승할 수 있어요.
W	그렇다면, 기다리는 동안 무언가 먹기로 해요. 앞으로 오랫동안 차를 타게 될 거예요.
M	당신 말이 맞아요. 그리고 이동 중에는 한 곳의 휴게소에서만 정차하게 될 테니까요.

(a) 여자는 기차역에서 일한다.
(b) 남자는 식당 종업원이다.
(c) 화자들은 버스 터미널에 있다.

어휘 board 탑승하다 ahead of ~ 앞에 rest area 휴게소 entire 전체의 bus station 버스 정류장, 버스 터미널

3

M	I need to return these two books and check this one out.
W	No problem. I'm sorry, but one of these books is overdue. I'm afraid that you need to pay a small fine.
M	Oh, sure. I thought I had renewed it, but I guess I didn't.
M	이 두 권의 책을 반납하고 이 한 권은 대출해야 해요.
W	문제 없어요. 죄송하지만, 이 책들 중 한 권은 기한이 지난 것이군요. 유감스럽게도 약간의 연체료를 지불하셔야 해요.
M	오, 물론이에요. 연장했다고 생각했는데, 안 했나봐요.

(a) 여자는 사서이다.
(b) 화자들은 서점 안에 있다.
(c) 남자는 대학교에서 근무한다.

어휘 return 되돌려 주다, 반납하다 check out 대출하다 overdue 기한이 지난 fine 벌금 renew 갱신하다

4

W	What do you need to purchase while we're here, Ted?
M	I'm looking for a new DVD player. The one at my house just broke.
W	While you're doing that, I'm going to check out the digital cameras. I'm thinking of purchasing one.
M	That's fine. I should be done in about ten minutes.
W	여기에 있는 동안 무엇을 구입해야 하죠, Ted?
M	저는 새 DVD 플레이어를 찾고 있는 중이에요. 집에 있는 것이 고장 나서요.
W	당신이 찾는 동안, 저는 디지털 카메라를 살펴보고 있을게요. 하나 구입하려고 생각 중이거든요.
M	좋아요. 저는 약 10분이면 끝날 거예요.

(a) 화자들은 매장에 온 고객들이다.
(b) 그들은 전자 제품 매장에 있다.
(c) 여자는 전문 사진작가이다.

어휘 look for ~을 찾다 check out 확인하다; 조사하다 think of ~에 대해 생각하다, ~을 고려하다 professional 전문적인, 프로의

5

M	It looks like there's a problem with your engine. I can repair it, but I need to order a couple of parts first.
W	How long will it take for them to arrive?
M	They're fairly common, so they should be here sometime tomorrow morning. Then, I can have your car ready by around three in the afternoon.
M	엔진에 문제가 있는 것 같군요. 수리해 드릴 수는 있지만, 먼저 두어 개의 부품을 주문해야 해요.
W	부품이 도착하기까지 시간이 얼마나 걸릴까요?
M	꽤 흔한 것들이기 때문에, 내일 오전 중으로 올 수 있을 거예요. 그러면, 제가 약 오후 3시까지 차를 준비시켜 놓을 수가 있죠.

(a) 남자와 여자는 중고차 매매 상가에 있다.
(b) 화자들은 차고에 있다.
(c) 남자는 자동차 정비공이다.

어휘 fairly 상당히, 꽤 common 일반적인, 흔한 used car dealership 중고차 매매 상가 garage 차고 mechanic 정비사

C

03-16

1 (b)	2 (a)	3 (a)
4 (b)	5 (b)	6 (a)

1

W	Rick, check out this new item that we're developing down in the laboratory.
M	It looks interesting, Martha. I've never seen anything like it. What exactly does it do?
W	It's a handheld X-ray machine. We still need to do some work on it, but doctors are going to love it someday.

W Rick, 실험실에서 개발 중인 이 새 제품을 살펴봐 주세요.
M 흥미롭게 보이는군요, Martha. 이와 같은 것은 본적이 없어요. 하지만 정확하게 이것이 무엇을 하는 것인가요?
W 휴대용 엑스레이 기기예요. 이에 대한 작업을 아직 계속해야 하지만, 언젠가는 의사들이 이것을 매우 좋아하게 될 거예요.

Q. Martha는 어느 부서에서 일하는가?
(a) 영업부
(b) 개발부
(c) 홍보부

2

M Janet, why don't you assist that customer over there? She can't figure out how to use the exercise bike.
W Sure. I can help her. By the way, what time is your weightlifting class going to begin, Bill?
M In twenty minutes. It's starting at four thirty today.

M Janet, 저쪽에 계신 저 손님을 도와 드리는 것이 어떨까요? 손님이 실내 운동용 자전거 사용법을 알지 못할 거예요.
W 물론이에요. 제가 도와 드릴 수 있어요. 그건 그렇고, 당신의 웨이트 리프팅 수업은 몇 시에 시작될 예정이죠, Bill?
M 20분 후에요. 오늘 4시 30분에 시작될 거예요.

Q. 화자들은 어떤 종류의 업체에서 일을 하는가?
(a) 피트니트 센터
(b) 인쇄소
(c) 스포츠용품 제조업체

어휘 figure out 알아내다 exercise bike 실내 운동용 자전거 by the way 그런데, 그건 그렇고 weightlifting 역도 fitness center 피트니트 센터, 헬스 클럽 manufacturer 제조업체, 생산 회사

3

M1 What do you want to do next?
W I'd like to see the presentation on new marketing techniques.
M2 That doesn't really interest me. I'd rather hear Chris Walker's speech.
W Well, why don't we split up and meet down here after the events are over?
M1 That's fine with me. I'll be here in the lobby at noon.
M2 I'll see you then.

M1 다음으로 원하는 것이 무엇인가요?
W 저는 새로운 마케팅 기법에 관한 발표를 듣고 싶어요.
M2 저로서는 정말로 흥미가 없는 것이군요. 저는 차라리 Chris Walker의 강연을 듣겠어요.
W 음, 우리가 헤어졌다가 행사가 끝난 후에 여기서 다시 만나는 것이 어떨까요?
M1 저는 좋아요. 12시에 이곳 로비로 올게요.
M2 그때 만나죠.

Q. 이 대화는 어디에서 이루어지고 있는 것 같은가?
(a) 로비에서
(b) 사무실에서
(c) 회의실에서

어휘 would rather 차라리 ~하겠다 split up 흩어지다

4

W Here is your prescription. You need to follow the directions on the bottle carefully.
M Thank you very much. Are there any side effects I should be aware of?
W No, this medicine has no side effects at all. If you still need more after you run out, contact your doctor. He can send me another prescription.
M I'll do that. Thanks.

W 여기에 처방전이 있어요. 병에 있는 지시 사항을 주의해서 따르셔야 해요.
M 정말 고마워요. 제가 알아야 할 부작용이 있나요?
W 아니요, 이 약은 부작용이 전혀 없어요. 다 드신 후에 더 필요하시면 의사 선생님께 이야기하세요. 제게 처방전 하나를 또 보내 주실 거예요.
M 그렇게 할게요. 고마워요.

Q. 여자는 누구인가?
(a) 의사
(b) 약사
(c) 간호사

어휘 prescription 처방전 direction 지시 사항 side effect 부작용 run out 다 쓰다, 소진하다 contact 접촉하다, 연락을 취하다 pharmacist 약사

5

M If you don't mind paying more, I can take us a different way. It will be longer but faster.
W Will we be able to avoid all of this traffic? I can't stand sitting in this traffic jam.
M Yes, we will. But it will likely cost you about five dollars more on the meter.
W That's fine. Let's go your way.

M 요금을 더 지불하시는 것이 괜찮으시다면, 다른 길로 갈 수도 있어요. 더 길기는 하겠지만 더 빠르죠.
W 이러한 교통 체증을 피할 수가 있을까요? 이와 같은 교통 체증에서 앉아 있는 것은 견딜 수가 없군요.
M 네, 피할 수 있을 거예요. 하지만 아마도 5달러 정도의 요금이 더 들게 될 거예요.
W 좋아요. 당신 방식대로 하세요.

Q. 남자는 누구인가?
(a) 버스 운전사
(b) 택시 운전사
(c) 트럭 운전사

어휘 mind 꺼리다 different 다른 avoid 피하다 stand 견디다, 참다 traffic jam 교통 체증 go one's way 자기 생각대로 하다

6

M Karen, have you finished grading those papers yet? You're supposed to hand them back to everyone by tomorrow.
W I've got more than half of them finished, Mark. But I need about three more hours to complete the rest of them.
M Then you'd better skip the faculty meeting this afternoon. You need to finish your work as soon as possible.

M Karen, 보고서에 점수 매기는 일을 끝냈나요? 내일까지 모두에게 돌려 주기로 되어 있잖아요.
W 절반 이상은 끝냈어요, Mark. 하지만 나머지들을 끝내려면 3시간이 더 필요해요.
M 그렇다면 오늘 오후의 교직원 회의는 건너뛰는 것이 좋을 것 같군요. 가능한 한 빨리 당신의 일을 마쳐야 하니까요.

Q. Karen은 누구인가?
(a) 교사
(b) 매니저
(c) 코치

어휘 grade 성적을 매기다, 등급을 매기다 be supposed to ~하기로 되어 있다 hand back 돌려주다 complete 완료하다, 마치다 faculty meeting 교직원 회의 as soon as possible 가능한 한 빨리

예상 적중 문제 01-03 p.123

MORE & MORE 03-18

1. The woman lives in Singapore. (×)
2. The man works at the post office. (○)
3. The woman is a postal clerk. (×)

1. 여자는 싱가포르에 산다.
2. 남자는 우체국에서 일한다.
3. 여자는 우체국 직원이다.

어휘 postal clerk 우체국 직원

예상 적중 문제 04-06 p.125

MORE & MORE 03-20

1. The women are customers at a grocery store. (×)
2. The women are going to eat soon. (○)
3. The man will serve the women their drinks next. (×)

1. 여자들은 식료품점의 손님이다.
2. 여자들은 곧 식사를 할 것이다.
3. 남자는 이다음에 여자들에게 음료를 가져다 줄 것이다.

예상 적중 문제 07-09 p.127

MORE & MORE 03-22

1. The man has an eight-year-old son. (○)
2. They are going to look at clothes next. (○)
3. The man wants to get some items at cheap prices. (○)

1. 남자에게는 8살짜리 아들이 있다.
2. 그들은 이다음에 옷을 볼 것이다.
3. 남자는 저렴한 가격의 제품을 사고 싶어 한다.

예상 적중 문제 10-12 p.129

MORE & MORE 03-24

1. The speakers work at an airport. (×)
2. The man is at a bank. (○)
3. The woman is a librarian. (×)

1. 화자들은 공항에서 근무한다.
2. 남자는 은행에 있다.
3. 여자는 사서이다.

Unit 01-02 | 연습 문제 p.130

03-25

1 (B)	2 (A)	3 (C)
4 (A)	5 (D)	6 (D)
7 (C)	8 (A)	9 (B)
10 (A)	11 (C)	12 (D)
13 (C)	14 (C)	15 (D)
16 (C)	17 (B)	18 (C)
19 (A)	20 (B)	21 (C)

[1-3]

W 1-1) 2-1) **There's a problem with the annual budget.**
M What's the matter with it?
W 1-2) **The figures in this column here are wrong.** As you can see, they're supposed to be for next year's budget. But the numbers used are from two years ago.

M [2-2] **Oh, I must have made a mistake.** I guess I used the wrong numbers by accident.

W [3] **Can you fix this before 2:30? I have a budget meeting** with Mr. Reynolds then.

W 연간 예산에 문제가 하나 있어요.

M 어떤 문제인가요?

W 이 열에 있는 수치들이 잘못되어 있어요. 보다시피, 내년도 예산에 대한 것이 되어야 하죠. 하지만 사용된 숫자들은 2년 전의 것이에요.

M 오, 틀림없이 제가 실수를 한 것 같군요. 저도 모르게 잘못된 숫자들을 사용했을 거예요.

W 2시 30분 전까지 수정할 수 있나요? 그때 Reynolds 씨와 예산 관련 회의가 있거든요.

어휘 annual budget 연간 예산 figure 숫자, 수치 column 기둥, 주, 열 by accident 우연히 lower 낮추다

1
무엇이 문제인가?
(A) 회의가 취소되었다.
(B) 몇몇 숫자들이 잘못되었다.
(C) 예산상 자금이 충분하지 않다.
(D) 내년도 예산이 삭감되었다.

해설 여자는 'The figures in this column here are wrong.'이라고 말하면서 연간 예산에 잘못된 숫자가 기입되어 있다는 점을 지적한다. 따라서 대화에서 언급된 문제는 (B)이다. 예산 관련 회의는 2시 30분으로 예정되어 있으므로 (A)는 사실이 아니며, (C)와 (D)는 대화에서 언급되지 않은 내용이다.

2
여자는 누구인 것 같은가?
(A) 그녀는 남자의 동료이다.
(B) 그녀는 남자의 고객이다.
(C) 그녀는 Reynolds 씨의 관리자이다.
(D) 그녀는 회사의 최고경영자이다.

해설 화자들은 연간 예산안과 관련된 문제에 대해 논의하고 있으므로, 두 사람 모두 같은 직장에 근무하고 있을 것이라는 사실을 유추할 수 있다. 따라서 정답은 (A)이다. 여자가 남자와 Reynolds 씨보다 직위가 높다는 단서는 찾을 수 없으므로 (C)와 (D)는 정답이 될 수 없다.

3
여자는 오후에 무엇을 할 것인가?
(A) 몇 가지 오류를 바로잡는다.
(B) 전화 회의를 한다.
(C) 회의에 참석한다.
(D) 공장을 방문한다.

해설 여자는 오후 2시 30분까지 오류를 수정해달라고 말한 다음, 회의가 있다고 말했다. 따라서 정답은 (C)이다. 오류를 수정한다고 말한 사람은 남자이므로 (A)는 정답이 아니며, (B)는 meeting과 의미가 유사한 conference를 이용한 오답이다.

[4-6]

M Excuse me, but I saw the help-wanted sign on the front door. [4] **Are you still looking for someone to work here?**

W Yes, we are. We need a person to work as a cashier at the front desk. It's a full-time position. Are you interested?

M I am. [5] **I've even got experience as a cashier.** Do I need to fill out an application?

W Yes, you do. Here you are. [6] **You can sit at that table over there if you want.**

M 실례지만, 현관에서 구인광고를 보았어요. 아직도 여기에서 일할 사람을 찾고 계신가요?

W 네, 그래요. 프런트 데스크에서 계산원으로 일할 사람이 필요해요. 정규직이죠. 관심이 있으신가요?

M 있어요. 게다가 계산원으로 일한 경력도 있고요. 제가 지원서를 작성해야 하나요?

W 네, 그렇게 하셔야 해요. 여기 있어요. 원하신다면 저쪽에 있는 테이블에 앉으셔도 돼요.

어휘 help-wanted sign 구인광고 front door 정문, 현관 front desk 프런트 데스크, 접수계 full-time position 정규직 opportunity 기회 current 현재의 location 위치

4
남자는 무엇에 대해 묻고 있는가?
(A) 구직 기회
(B) 여자의 경력
(C) 여자의 현재 직업
(D) 프런트 데스크의 위치

해설 대화의 시작 부분에서 남자는 '구인광고'(help-wanted sign)를 보았다고 말한 뒤 'Are you still looking for someone to work here?'라고 말하면서 구인광고가 유효한지 묻는다. 따라서 보기 중 남자가 묻고 있는 사항은 (A)이다.

5
남자가 자기 자신에 대해 언급한 것은 무엇인가?
(A) 그는 다른 사람을 돕는 것을 좋아한다.
(B) 그는 현재 무직 상태이다.
(C) 그는 비정규직으로 근무하기를 원한다.
(D) 그는 관련 경험이 있다.

해설 프런트 데스크의 계산원이 필요하다는(We need a person to work as a cashier at the front desk) 여자의 말에 남자는 'I've even got experience as a cashier.'(계산원 경력이 있다)고 말했다. 따라서 정답은 (D)이다. 남자가 일자리가 있는지를 묻고 있기는 하지만, 현재 일자리가 있는지 여부는 알 수 없으므로 (B)를 정답으로 골라서는 안 된다.

6
여자는 남자에게 무엇을 하라고 말하는가?
(A) 양식을 다운로드한다

(B) 면접 일정을 정한다
(C) 그의 이력서를 제출한다
(D) 테이블에 앉는다

해설 여자는 대화의 마지막에 'You can sit at that table over there if you want.'라고 하며 자리에 앉을 것을 권하고 있다. 따라서 정답은 (D)이다.

[7-9]

W Excuse me. 7-1) **I'm here to purchase the latest release by Mark Butcher.** Do you happen to have it?
M Yes, we do. You should go to the 7-2) **science-fiction section.** It's located in aisle nine.
W Thanks a lot. Oh, where can I find the biography section? 8) **I have to do a report on George Washington for my history class.**
M It's right behind you in aisle two. 9) **If you need any help, I'll be at the cash register.**

W 실례합니다. 저는 Mark Butcher의 최신작을 구입하기 위해 여기에 왔어요. 혹시 가지고 계신가요?
M 네, 가지고 있죠. 공상 과학 소설 코너로 가셔야 해요. 9번 통로에 위치해 있어요.
W 정말 고마워요. 오, 전기 코너는 어디에서 찾을 수 있죠? 역사 수업에서 조지 워싱턴에 관한 보고서를 써야 하거든요.
M 당신 바로 뒤에 있는 2번 통로에 있어요. 도움이 필요하시다면, 저는 금전 등록기 옆에 있을 거예요.

어휘 latest 최신의 release 풀어 주다; 공개하다; 발표, 출시 locate 두다, 위치시키다 aisle 통로, 복도 biography 전기, 위인전 behind ~의 뒤에

7
화자들은 어디에 있는 것 같은가?
(A) 도서관에
(B) 커피숍에
(C) 서점에
(D) 대학교 캠퍼스에

해설 여자가 'Mark Butcher의 최신작을 구입하기 위해'(to purchase the latest release by Mark Butcher) 왔다고 했으므로 화자들이 있는 곳은 무엇인가를 구매할 수 있는 장소임을 알 수 있다. 따라서 (B)와 (C)가 정답이 될 수 있는데, 이후 남자가 여자에게 '공상 과학 소설 코너'(science-fiction section)에 가보라고 한 것으로 보아 여자가 원하는 상품은 책이라는 것을 알 수 있다. 그러므로 정답은 (C)이다.

8
여자에 대해 무엇이 암시될 수 있는가?
(A) 그녀는 학생이다.
(B) 그녀는 남자의 친구이다.
(C) 그녀는 일자리를 구하고 있다.
(D) 그녀는 자유 시간이 많다.

해설 대화 중반부에서 여자는 '역사 수업에서 조지 워싱턴에 대한 보고서를 써야 한다(I have to do a report on George Washington for my history class.)'고 말했다. 따라서 여자는 학생일 것이라고 추측할 수 있으므로 정답은 (A)이다.

9
남자는 다음에 무엇을 할 것인가?
(A) 다른 고객을 돕는다.
(B) 금전등록기로 간다
(C) 결제한다.
(D) 여자가 찾는 것을 도와준다.

해설 대화의 마지막 부분에서 남자는 'If you need any help, I'll be at the cash register.'라고 하며, 도움이 필요할 경우, 자신은 금전 등록기 옆에 있을 것이니 자신을 찾아 오라고 알려 주고 있다. 즉, 남자는 금전 등록기로 갈 것임을 알 수 있으므로 정답은 (B)이다.

[10-12]

M Today is my tenth anniversary, so 10) **I want to get something special for my wife.** What do you recommend?
W 11-1) **Red and white roses would make a great combination.** Or 11-2) **I could make a special bouquet** for you. Which do you prefer?
M I think I'll take the special bouquet. It sounds like something my wife would love.
W In that case, 12) **why don't you choose a vase? Take a look over here, please.**

M 오늘은 결혼 10주년 기념일이기 때문에, 아내를 위해 특별한 무언가를 사고 싶어요. 추천하실 만한 것이 있나요?
W 빨간 장미와 하얀 장미가 멋진 조합이 될 거예요. 혹은 고객님을 위해 제가 특별한 꽃다발을 만들어 드릴 수도 있고요. 어느 쪽이 더 마음에 드시나요?
M 특별한 꽃다발을 택해야 할 것 같군요. 제 아내도 좋아할 것 같네요.
W 그렇다면, 꽃병을 고르는 것이 어떨까요? 이쪽을 봐 주세요.

어휘 anniversary 기념일 recommend 추천하다 combination 조합 bouquet 부케, 꽃다발 in that case 그런 경우라면 vase 꽃병 grocery store 식료품점 delicatessen 조제 식품점, 델리카트슨 bakery 빵집, 제과점

10
남자에 대해 무엇이 암시되어 있는가?
(A) 그는 기혼이다.
(B) 그는 막 일을 끝냈다.
(C) 그는 예전에 가게를 방문했었다.
(D) 그는 두 명의 자녀가 있다.

해설 남자가 자신의 아내를 위해 특별한 무언가를 사고 싶다고(I want to get something special for my wife) 말하는 것으로 보아 그가 결혼했다는 것을 알 수 있다. 따라서 정답은 (A)이다.

11
여자는 어디에서 일을 하는 것 같은가?
(A) 식료품점에서
(B) 조제 식품점에서
(C) 꽃가게에서
(D) 빵집에서

해설 여자가 일하는 장소를 묻는 문제인데, 이는 대화의 장소를 묻는 것과 같다. 남자가 결혼 기념일에 아내를 위해 특별한 것을 사고 싶다고 하면서 여자에게 선물을 추천해 달라고 하자 여자는 남자가 선택할 수 있는 꽃다발의 종류를 알려 준다. 따라서 이곳이 꽃을 취급하는 곳임을 알 수 있으므로 정답은 (C)이다. (A), (B), (D)는 모두 식료품을 파는 곳이다.

12
남자는 다음에 무엇을 할 것인가?
(A) 다른 가게에 간다
(B) 수표를 끊는다
(C) 주소를 알려준다
(D) 선택한다

해설 대화의 마지막 부분에서 여자는 꽃병을 고르라는(why don't you choose a vase?) 제안을 하면서, 이쪽을 보라고(Take a look over here, please.) 말했다. 그러므로 이어지는 행동으로 적절한 것은 남자가 꽃병을 선택하는 것이므로 정답은 (D)이다.

[13-15]

M1 [13)] **Take a look at this brochure.** It's for a conference next month.
M2 What type of event is it?
M1 It's going to focus on marketing techniques. It should be pretty interesting.
W [14)] **We ought to attend it.** It would probably help our careers.
M2 Let's talk to Mr. Cartwright. [15)] **Maybe we can convince him to send us.**
M1 Good thinking. He's in his office right now.

M1 이 브로셔를 봐 주세요. 다음 달 학회에 관한 것이에요.
M2 어떤 종류의 행사인가요?
M1 마케팅 기법에 초점이 맞춰질 예정이에요. 상당히 흥미로울 것이고요.
W 우리가 참석해야겠군요. 아마 업무에 도움이 될 거예요.
M2 Cartwright 씨에게 이야기해 보죠. 아마도 우리를 보내 달라고 그분을 설득시킬 수 있을 거예요.
M1 좋은 생각이에요. 그분께서는 지금 사무실에 계세요.

어휘 brochure 브로셔, 소책자 focus on ~에 초점을 맞추다 career 경력, 일 convince 설득시키다 method 방법

13
화자들은 무엇을 보고 있는가?
(A) 웹사이트
(B) 신문 광고
(C) 몇 가지 인쇄물
(D) 홍보 영상

해설 첫 번째 대화에서 남자1은 '브로셔를 봐 주세요(Take a look at this brochure.)'라고 말했으므로, 화자들이 보고 있는 것은 (C)이다. 보기에서 brochure가 printed material로 바꾸어 표현되었다.

14
여자는 무엇을 하자고 제안하는가?
(A) 승진 신청을 하자고
(B) Cartwright 씨와 만나자고
(C) 학회에 참석하자고
(D) 새로운 세일즈 방법을 익히자고

해설 다음 달에 열릴 마케팅 관련 학회에 대한 소식을 접한 후 여자는 'We ought to attend it.'이라고 말한다. 따라서 여자가 제안하는 바는 (C)이다. 학회 참석을 위해 Cartwright 씨를 설득하자고 한 사람은 여자가 아니라 남자2이기 때문에 정답을 (B)로 선택해서는 안 된다.

15
Cartwright 씨는 누구인 것 같은가?
(A) 전문적인 연설가
(B) 면접관
(C) 고객
(D) 화자들의 관리자

해설 학회에 참석했으면 좋겠다는 대화를 주고 받은 다음에 Cartwright 씨에 대한 내용이 언급된다. 대화의 후반부에서 남자2는 Cartwright 씨에게 학회에 참석하는 문제에 대해 이야기해 보자고 말한 다음 'Maybe we can convince him to send us.'라고 말했다. 즉, Cartwright 씨가 화자들이 학회에 참석하는 문제를 결정할 수 있는 사람일 것이므로 정답은 (D)이다.

[16-18]

M1 Ms. Sanderson, [16-1)] **we have too much work these days.**
M2 Harry's right. [16-2)] **We're all overworked.** Can we hire some new staff members?
W I'd love to, but Mr. Murphy says we can't afford it.
M1 But [17-1)] **he's paying us lots of overtime.**
M2 Yeah, so [17-2)] **he could use that money to pay another employee.**
W Good point. [18)] **I'll have a chat with him after lunch.**

M1 Sanderson 씨, 요즘 일이 너무 많아요.
M2 Harry의 말이 맞아요. 우리 모두가 과로를 하고 있어요. 새로운 직원을 몇 명 고용할 수 있을까요?
W 저도 그렇게 하고 싶지만, Murphy 씨께서 그럴 여력이 없다고 말씀하세요.
M1 하지만 우리에게 높은 초과 근무 수당을 지급하고 계시잖아요.
M2 예, 그러니까 그 돈을 다른 직원을 고용하는 데 사용하실 수 있을 거예요.
W 좋은 지적이군요. 점심 식사 후에 그분과 이야기해 볼게요.

어휘 overwork 과로시키다, 혹사시키다 afford 여력이 있다, 여유가 있다 have a chat with ~와 이야기하다 job applicant 입사지원자, 구직자

16
화자들은 어떤 문제를 논의하고 있는가?
(A) 직원들의 급여가 너무 낮다.
(B) 몇몇 신입 직원들이 제대로 교육받지 않았다.
(C) 직원들의 업무량이 너무 많다.
(D) 몇 가지 제품들이 너무 비싸다.

해설 남자1은 요즘 일이 너무 많다고(we have too much work these days.) 말했고, 남자2는 모든 직원이 과로하고 있다고(We're all overworked.) 말했다. 따라서 화자들이 말하고 있는 문제점은 직원들이 너무 많은 일을 하고 있다는 내용의 (C)이다.

17
여자가 "Good point"라고 말할 때, 그녀가 의미하는 것은 무엇인가?
(A) 그녀는 Murphy 씨의 의견에 동의한다.
(B) 그녀는 회사에서 더 많은 직원들을 고용할 여유가 있다고 생각한다.
(C) 그녀는 남자들에게 야근 수당을 지급하는 것을 승인한다.
(D) 그녀는 요점을 설명하고 싶어 한다.

해설 인용된 여자의 말인 "Good point"는 동의할 때 사용하는 표현인데, 이는 남자1의 'he's paying us lots of overtime'과 남자2의 'he could use that money to pay another employee'라는 말에 대해 동의한다는 의미이다. 즉, 회사에서는 이미 야근 수당을 지급하고 있으므로, 직원들을 더 고용하는 데 그 돈을 사용할 수 있을 것이라는 뜻이다. 이와 일치하는 내용은 보기 (B)이다.

18
여자는 무엇을 할 계획인가?
(A) 입사지원자들을 면접한다
(B) 오늘 저녁에 야근을 한다
(C) Murphy 씨와 만난다
(D) 신입 직원을 고용한다

해설 여자의 계획이 무엇인지 묻고 있다. 일이 많아서 신규 직원을 채용해야 한다는 말을 듣고 여자는 대화의 마지막 부분에서 'I'll have a chat with him after lunch.'라고 말한다. 따라서 여자가 할 일은 화자들의 상사로 보이는 Murphy 씨와 채용과 관한 이야기를 나누는 것이다. 그러므로 정답은 (C)이다. '신규 채용을 논의하겠다'고 했을 뿐, '신규 채용을 하겠다'는 의미를 전달한 것은 아니므로 (A)나 (D)를 정답으로 선택해서는 안 된다.

[19-21]

M [19] **Are you still planning on having a housewarming party this Saturday?**
W Yes, I am. I should have my new place organized by that day. [20] **You can come over any time after seven o'clock.**
M Is there anything you'd like to have? [21] **I can bring some drinks or dessert if you want.**
W I appreciate that, but there's no need for you to bring anything. Thanks for the offer though.

M 이번 주 토요일에 집들이를 할 계획인가요?
W 네, 그래요. 그날까지 새 집을 정리해 두어야 하죠. 7시 이후 아무 때나 들르면 되어요.
M 갖고 싶은 것이 있나요? 당신이 원한다면 제가 음료나 디저트를 약간 사갈 수 있어요.
W 말은 고맙지만, 당신이 무언가를 가지고 올 필요는 없어요. 하지만 제안해 줘서 고맙군요.

어휘 have a housewarming party 집들이를 하다 organize 조직하다; 정리하다 come over 들르다 dessert 후식, 디저트 appreciate 고마워하다 though 하지만 recent 최근의

19
화자들은 주로 무엇에 대해 논의하고 있는가?
(A) 집들이
(B) 최근에 한 여자의 이사
(C) 다가올 연주회
(D) 남자의 저녁 파티

해설 남자의 첫 번째 말 'Are you still planning on having a housewarming party this Saturday?'를 통해 화자들이 집들이에 대해 이야기할 것으로 짐작할 수 있다. 따라서 정답은 (A)이다.

20
남자는 언제 여자의 집을 방문할 것인가?
(A) 토요일 4시쯤
(B) 토요일 7시쯤
(C) 일요일 4시쯤
(D) 일요일 7시쯤

해설 남자가 이번 주 토요일에 집들이를 할 계획인지를 묻자 여자는 그렇다고 대답한 후 남자에게 '토요일 7시 이후로 아무 때나 들르면 된다'(You can come over any time after seven o'clock.)고 말한다. 따라서 남자는 토요일 7시경에 여자의 집에 가게 될 것으로 생각해 볼 수 있으므로 정답은 (B)이다.

21
남자는 무엇을 하겠다고 제안하는가?
(A) 여자의 이사를 도와 주겠다고
(B) 여자의 파일을 정리해 주겠다고
(C) 파티에 음식을 가지고 가겠다고
(D) 여자에게 마실 것을 가져다 주겠다고

해설 남자는 여자에게 필요한 것이 있는지 물어 본 후 'I can bring some drinks or dessert if you want.'라고 말한다. 즉 음료나 디저트를 사 가겠다는 제안을 하고 있으므로 정답은 (C)가 된다.

Unit 03 | 세부 사항 I

기본기 체크업 p.136

A 03-27

1 (c)	2 (c)	3 (a)
4 (b)	5 (b)	

1

W Why isn't Deborah here today? Is she on a business trip?
M Actually, she's out with a cold. She came down with it last night.

W Deborah가 왜 이곳에 없죠? 출장 중인가요?
M 실은, 감기 때문에 결근했어요. 어젯밤에 감기에 걸렸거든요.

어휘 business trip 출장 come down with (병에) 걸리다

2

M Did the dance class at the community center get canceled?
W No, it didn't. It just got moved to another time. It's on the weekend now.

M 주민 자치 센터의 댄스 수업이 취소되었나요?
W 아니요, 그렇지 않아요. 단지 수업 시간이 바뀐 것 뿐이죠. 지금은 주말에 진행되어요.

어휘 community center 주민 자치 센터 cancel 취소하다

3

M Hello. I'd like to reserve two tickets for a flight to London.
W Where will you be departing from?
M From Paris.

M 안녕하세요. 런던행 비행기표를 두 장 예약하고 싶어서요.
W 어디에서 출발하실 예정인가요?
M 파리에서요.

4

M Are you leaving the office right now?
W Yes, I have to run some errands. I won't be back for two hours.
M Let me drive you to the first place. That way, you won't have to take the bus.

M 지금 사무실에서 나갈 건가요?
W 네, 몇 가지 볼일이 있어서요. 2시간 동안은 돌아오지 않을 거예요.
M 첫 번째로 가야 할 곳까지 제가 태워다 드릴게요. 그러면, 당신이 버스를 탈 필요가 없을 거예요.

어휘 run an errand 심부름을 하다; 볼일을 보다

5

W I may go to the park this weekend.
M Don't plan on it. It's supposed to rain all day on Saturday and Sunday.
W In that case, I'll just stay home and read a book.

W 저는 이번 주말에 공원에 가게 될지도 몰라요.
M 그러지 마세요. 토요일과 일요일에 하루 종일 비가 올 거예요.
W 그렇다면, 집에 머물면서 책을 읽어야겠네요.

B 03-28

1 (a) ○	(b) ○	(c) ×
2 (a) ×	(b) ×	(c) ×
3 (a) ×	(b) ×	(c) ○
4 (a) ○	(b) ×	(c) ○
5 (a) ○	(b) ×	(c) ○

1

M Tina, my parents are arriving at the airport tomorrow morning. Would you mind taking my shift? I have to pick them up.
W I'd love to help, but I have a doctor's appointment tomorrow. Why don't you ask Ted? He isn't scheduled to work tomorrow.
M I wasn't aware of that. I will give him a call right now.

M Tina, 우리 부모님께서 내일 아침에 공항에 도착하실 거예요. 저와 근무를 교대해 줄 수 있나요? 제가 그분들을 모시러 가야 하거든요.
W 돕고 싶지만, 저도 내일 병원 예약이 있어서요. Ted에게 물어 보는 것이 어때요? 일정상 그는 내일 근무를 하지 않거든요.
M 그 점은 제가 몰랐네요. 지금 바로 그에게 전화할게요.

(a) 여자는 남자가 Ted와 이야기해야 한다고 말한다.
(b) 남자는 내일 공항에 갈 것이다.
(c) 남자는 여자에게 병원에 가 보라고 말한다.

어휘 shift 교대 근무 appointment 약속 be scheduled to ~하기로 예정되어 있다 give a call 전화하다

2

W I'm thinking of applying for a transfer. I want to work overseas.
M Are you fluent in a foreign language? The company only lets people work abroad if they speak another language.
W I speak some French, but I'm not fluent at it.
M Then you ought to take some French language classes before you ask to get transferred.

W 전근을 신청할 생각을 하고 있어요. 해외에서 일을 해 보고 싶거든요.
M 외국어에 능통한가요? 회사에서는 다른 언어를 할 줄 아는 경우에만 해외 근무를 시켜 주거든요.
W 프랑스어를 약간 할 줄 알지만, 유창하지는 않아요.
M 그렇다면 전근을 요청하기에 앞서 프랑스어 수업을 들어야 할 거예요.

(a) 남자는 여자에게 전근 신청을 하라고 말한다.
(b) 회사에서는 본인이 원하는 경우에 모든 이들이 해외 근무를 할 수 있다.
(c) 여자는 내일 해외로 갈 것이다.

어휘 apply for ~에 지원하다, ~을 신청하다 transfer 이동, 이전; 전근 overseas 해외에서 fluent 유창한 foreign language 외국어 abroad 해외에서 ought to ~해야 한다

3

W Today has been such a busy day. I interviewed job applicants this morning. Then, I spent the afternoon taking care of my travel arrangements.
M Why did you do that? Are you going on a business trip?
W Yes, I'm flying to Spain next Monday. I am going to meet with some potential clients in Madrid.

W 오늘은 정말 바쁜 날이었어요. 오늘 아침에는 취업 지원자들과 면접을 했죠. 그 후에는, 여행 준비를 하느라 오후를 보냈고요.
M 왜 그랬죠? 출장을 갈 건가요?
W 네, 다음 주 월요일에 스페인으로 갈 거예요. 마드리드에서 몇 명의 잠재 고객들과 만날 예정이에요.

(a) 여자는 일자리를 얻기 위해 면접을 보았다.
(b) 남자는 여자의 여행 준비를 처리해 주었다.
(c) 여자는 다음 주에 스페인에 갈 것이다.

어휘 job applicant 취업 지원자 arrangement 배열, 배치; 준비 business trip 출장 potential 잠재적인 handle 다루다, 처리하다

4

M Alice, I've got something here that you might be interested in.
W What is it, Tim?
M It's a pamphlet for a dance academy that recently opened. I remember hearing you say you'd like to learn ballroom dancing. You can learn it by taking lessons there.
W That would be so much fun. May I have a look at it, please?

M Alice, 당신이 흥미를 가질 만한 것이 저한테 있어요.
W 그것이 무엇인가요, Tim?
M 최근에 개장한 댄스 교습소의 팜플렛이에요. 당신이 사교 댄스를 배우고 싶어 한다고 말했던 것이 기억나서요. 그곳에서 수강을 하면 배울 수 있을 거예요.
W 그러면 정말 재미있겠군요. 제가 봐도 될까요?

(a) 남자는 여자에게 사교 댄스를 배울 것을 권하고 있다.
(b) 남자는 여자와 함께 댄스 수업을 수강하겠다고 제안한다.
(c) 여자는 남자에게 팜플렛을 달라고 요청한다.

어휘 pamphlet 팜플렛 ballroom dance 사교 댄스

5

W Take a look at this. It's that new book I've been wanting to read. I didn't realize it had already been published.
M You ought to buy it. It appears to be the only copy the store has.
W I'd love to, but I don't have enough cash on me. And I left all of my cards at home.
M I'll buy it for you then. You can pay me back later when you have some cash.

W 이것 좀 보세요. 제가 읽고 싶었던 책이 바로 저 신간 도서예요. 이미 출판되었다는 것을 제가 모르고 있었군요.
M 구입해야겠네요. 매장에 남은 유일한 책으로 보여요.
W 그렇게 하고 싶지만, 제 수중에 충분한 현금이 없어요. 그리고 카드는 모두 집에 놔두고 왔고요.
M 그렇다면 제가 사 줄게요. 나중에 현금이 생겼을 때 갚으세요.

(a) 남자는 여자에게 책을 살 것을 권한다.
(b) 여자는 남자에게 돈을 빌려 달라고 요청한다.
(c) 남자는 여자에게 나중에 돈을 갚으라고 말한다.

어휘 realize 깨닫다, 인지하다 publish 발표하다, 발간하다 copy 복사본, 책 cash 현금 pay back 돈을 갚다 repay 돈을 갚다

C 03-29

1 (a)	2 (a)	3 (a)
4 (b)	5 (c)	6 (a)

1

W Mr. Wilson, I just received a call from Ms. Sanderson. She said she can't make it to tomorrow's seminar.

M But she's giving a presentation at it. Her talk is the most important item on the agenda.

W I guess you could ask her when she is available. Then, you can set a new time for the seminar.

M That's good thinking. I'll contact her a few minutes from now.

W Wilson 씨, 방금 Sanderson 씨로부터 전화를 받았어요. 그분은 내일 세미나에 올 수 없다고 하시더군요.

M 하지만 그녀가 세미나에서 발표를 하기로 되어 있어요. 의제에서 그녀의 연설이 가장 중요한 항목이에요.

W 그분은 언제 시간이 되는지 물어 보셔야 할 것 같군요. 그러면, 세미나 시간을 새로 정할 수 있을 거예요.

M 좋은 생각이군요. 몇 분 후에 제가 연락해볼게요.

Q. 남자는 Sanderson 씨의 발표에 대해 어떻게 말하는가?

(a) 그것은 매우 중요하다.

(b) 그녀는 몇 분 후에 발표할 것이다.

(c) 그것은 회사의 신제품에 관한 것이다.

어휘 give a presentation 발표를 하다 agenda 의제, 안건 available 이용할 수 있는; 시간이 있는 set a time 시간을 정하다

2

M Hello. I'd like to speak with the office manager.

W That would be Mr. Powell. Unfortunately, he's gone for the day and won't be back until tomorrow morning.

M I see. In that case, I'll call back tomorrow at around ten in the morning. Have a nice day.

M 여보세요. 사무장님과 이야기하고 싶은데요.

W Powell 씨 말씀이시군요. 안타깝지만, 그분께서는 퇴근하셔서 내일 오전까지는 돌아오지 않으실 거예요.

M 알겠습니다. 그런 경우라면, 내일 오전 10시정도에 제가 다시 전화를 걸게요. 좋은 하루 되세요.

Q. 남자는 자신이 무엇을 할 것이라고 말하는가?

(a) 나중에 다시 전화할 것이라고

(b) 직접 Powell 씨를 만나라고

(c) 사무실을 방문하라고

어휘 office manager 사무장 be gone for the day 퇴근하다

3

W Hello, Dan. It's Wendy. I've arrived at the office building, but there don't appear to be any parking spaces in the lot.

M You'd better park on Third Avenue then. I noticed quite a few empty spaces when I got here a few minutes ago.

W All right. I'll do that. I'll see you in the front lobby about ten minutes from now.

W 안녕하세요, Dan. Wendy예요. 사무용 빌딩에 도착했는데, 주차장에 주차할 공간이 없는 것 같아요.

M 그렇다면 Third 가에 주차를 하는 편이 낫겠네요. 몇 분 전에 제가 여기에 왔을 때에는 빈 자리들을 상당수 보았거든요.

W 좋아요. 그렇게 할게요. 지금부터 10분 후에 정문 로비에서 만나요.

Q. 남자는 여자에게 무엇을 하라고 말하는가?

(a) 거리에 주차하라고

(b) 차를 가지고 다른 곳으로 가라고

(c) 다른 회사에 전화하라고

어휘 space 공간 lot 지역, 부지; 주차장 notice 알아채다, 주목하다 quite a few 상당수의 front lobby 정문 로비 location 장소, 위치

4

M Catherine, are you still going to fly to Indonesia tomorrow? According to the weather forecast, there's a huge typhoon approaching the country.

W Oh, I hadn't heard that. Maybe I should delay my trip.

M That's what I would do if I were you. You ought to contact the airline immediately and reschedule your trip.

W Thanks for the advice. I'll do that right now.

M Catherine, 내일 인도네시아로 갈 건가요? 일기 예보에 따르면, 거대한 태풍이 인도네시아에 접근하고 있다는데요.

W 오, 듣지 못했어요. 아마도 여행을 미뤄야 할 것 같네요.

M 제가 당신이라면 그렇게 할 거예요. 즉시 항공사에 연락해서 여행 일정을 다시 잡아야 해요.

W 조언해 줘서 고마워요. 지금 바로 그렇게 할게요.

Q. 남자는 여자에게 무엇을 말하는가?

(a) 그녀의 비행기편이 취소되었다.

(b) 큰 폭풍이 오고 있다.

(c) 항공사가 그에게 연락을 취했다.

어휘 weather forecast 일기 예보 huge 거대한 typhoon 태풍 approach 접근하다 delay 미루다, 연기하다 airline 항공사 advice 충고, 조언

5

M Our report is due in an hour, but we're not finished yet.
W1 I'll print the graphs. We need to add those to the appendix.
W2 What do you need me to do, Mr. Gleason?
M I want you to finish writing section six. That should take about thirty minutes.
W2 Okay. I'll get started on it right now.
M Thanks. If we don't finish by 2:30, Ms. Nelson is going to be disappointed.

M 보고서의 기한은 한 시간 후이지만, 아직 끝내지를 못했군요.
W1 제가 그래프를 출력할게요. 이것을 부록에 첨부시켜야 해요.
W2 저는 무엇을 하면 될까요, Gleason 씨?
M 섹션 6의 작성을 끝내 주었으면 해요. 그렇게 하는 데 약 30분이 걸릴 거예요.
W2 좋아요. 지금 바로 시작할게요.
M 고마워요. 2시 30분까지 끝내지 못하면 Nelson 씨가 실망할 거예요.

Q. 남자는 여자들에게 무엇을 하라고 말하는가?
(a) 그래프를 그린다
(b) 완성된 보고서를 출력한다
(c) 한 시간 이내에 업무를 끝낸다

어휘 due ~로 예정된, 기한이 ~인 appendix 부록 section 영역, 섹션 disappointed 실망한

6

W I'm having a problem getting my computer to run. I think it has some malware on it.
M You should update your antivirus program. The program the company uses is effective at keeping computers from getting any viruses.
W Could you show me what to do? I'm not sure about it.
M Call Mr. Carter at extension 67. He's the only person authorized to do that.

W 컴퓨터를 작동시키는 데 어려움을 겪고 있어요. 컴퓨터에 악성 프로그램이 있는 것 같아요.
M 백신 프로그램을 업데이트해야 해요. 회사에서 사용하는 프로그램은 컴퓨터에 바이러스가 침입하는 것을 예방하는 데 효과적이죠.
W 어떻게 하는지 알려 주실 수 있으신가요? 제가 그것에 대해서 잘 모르거든요.
M 내선 번호 67로 Carter 씨에게 연락하세요. 그럴 권한이 있는 유일한 분이시죠.

Q. 남자는 여자에게 무엇을 하라고 말하는가?
(a) 전화를 건다
(b) 컴퓨터 프로그램을 구입한다
(c) Cater 씨의 사무실을 방문한다

어휘 run 작동시키다, 운영하다 malware 악성 프로그램, 멀웨어 antivirus program 백신 프로그램 effective 효과적인 extension 연장; 내선 번호 authorize 권한을 주다

예상 적중 문제 01-03 p.139

MORE & MORE 03-31

1. The woman asks the man for his phone number. (×)
2. The woman tells the man where Alice is. (O)
3. The man asks the woman to visit his office. (×)

1. 여자는 남자에게 남자의 전화번호를 묻고 있다.
2. 여자는 남자에게 Alice가 어디에 있는지 알려 준다.
3. 남자는 여자에게 자신의 사무실에 와 달라고 요청한다.

예상 적중 문제 04-06 p.141

MORE & MORE 03-33

1. The man is going to reserve a room. (O)
2. The woman is going to speak with Nancy. (×)
3. The woman is going to work on the meeting agenda. (O)

1. 남자는 회의실을 예약할 것이다.
2. 여자는 Nancy와 이야기할 것이다.
3. 여자는 회의 안건에 대한 일을 할 것이다.

예상 적중 문제 07-09 p.143

MORE & MORE 03-35

1. The woman offers to help the man with his project. (×)
2. The man suggests that he will miss two days of work. (O)
3. The woman recommends that the man finish the Newberry case this week. (×)

1. 여자는 남자의 프로젝트를 돕겠다고 제안한다.
2. 남자는 자신이 이틀간 결근할 것이라고 말한다.
3. 여자는 남자가 이번 주에 Newberry 케이스를 끝내도록 권장한다.

어휘 miss 놓치다 recommend 권하다, 추천하다

예상 적중 문제 10-12 p.145

MORE & MORE 03-37

1. The woman offers to work out with the man. (×)
2. The woman suggests that the man go to Mulberry Street. (O)

3. The man recommends that the woman find a new trainer. (×)

1. 여자는 남자와 함께 운동을 하자고 제안한다.
2. 여자는 남자가 Mulberry 가에 가야 한다고 제안한다.
3. 남자는 여자가 새로운 트레이너를 찾을 것을 추천한다.

Unit 04 I 세부 사항 II

기본기 체크업 p.150

A 03-39

1 (a)	2 (a)	3 (c)
4 (b)	5 (b)	

1

M Your cough sounds really bad. You ought to see a doctor about it.
W Thanks for the advice. I'm going to visit one during lunch.

M 당신 기침 소리가 정말로 심각하게 들리는군요. 그에 대해 진찰을 받아야 할 거예요.
W 조언해 줘서 고맙군요. 점심 시간 때 가 볼게요.

어휘 cough 기침 see a doctor 병원에 가다, 진찰을 받다

2

M Did Darren say why he missed the train? What happened?
W He got lost on his way to the station. So he arrived there too late.

M Darren이 왜 기차를 놓쳤다고 하던가요? 무슨 일 있었나요?
W 역으로 가던 도중에 길을 잃었더군요. 그래서 너무 늦게 그곳에 도착했어요.

어휘 get lost 길을 잃다 on one's way to ~으로 가는 도중에

3

M What did Martin receive for winning the contest?
W He got a cash prize plus a free stay at a hotel on the beach.

M Martin이 대회 우승으로 무엇을 받았나요?
W 상금에다가 해안가의 호텔 숙박권을 받았어요.

4

W I don't understand what I need to do with this new machine.
M Try reading the manual one more time. That should help you out.

W 이 기계로 무엇을 해야 하는지 이해가 가지 않는군요.
M 한 번 더 매뉴얼을 읽어 보세요. 그러면 도움이 될 거예요.

5

W Are you interested in attending night classes this semester?
M I'd love to, but I have too much work these days.
W That's too bad. I'm going to enroll in two classes.

W 이번 학기 야간 수업에 참석하는 데 관심이 있나요?
M 그렇게 하고 싶지만, 요즘 일이 너무나 많아서요.
W 안 됐군요. 저는 두 개의 수업에 등록할 거예요.

어휘 semester 학기 enroll 등록하다

B 03-40

1 (a) ○	(b) ×	(c) ○
2 (a) ×	(b) ○	(c) ×
3 (a) ×	(b) ○	(c) ×
4 (a) ○	(b) ○	(c) ×
5 (a) ○	(b) ○	(c) ×

1

M I just got offered a job with a company in Switzerland. I think I'm going to accept it.
W Congratulations. I know you have always wanted to live abroad.
M It's a great opportunity for me. Unfortunately, the salary is lower than I had expected.
W But it will still be a great experience. You should definitely take the job.

M 얼마 전에 스위스의 한 회사로부터 일자리 제의를 받았어요. 수락하게 될 것 같아요.
W 축하해요. 당신이 늘 해외에서 살고 싶어했다는 것을 저도 알고 있어요.
M 제게는 정말 좋은 기회예요. 안타깝게도, 급여는 제가 기대했던 것보다 낮지만요.
W 하지만 그래도 멋진 경험이 될 거예요. 반드시 그 일자리를 받아들여야 해요.

(a) 남자는 직장의 급여에 대해 걱정하고 있다.
(b) 남자는 스위스에서 사는 것에 대한 걱정하고 있다.
(c) 여자는 남자 때문에 기뻐하고 있다.

어휘 offer a job 일자리를 제안하다 abroad 해외에서 opportunity 기회 salary 급여 experience 경험

2

W	I'd like to purchase this sofa, please. Is it possible to deliver it by this Tuesday?
M	Yes, but you have to pay a delivery fee. It will cost an extra twenty dollars. Is that all right?
W	That's fine with me. Let me pay with my credit card.
W	이 소파를 구입하고 싶군요. 이번 주 화요일까지 배송되나요?
M	네, 그렇지만 배송비를 지불하셔야 할 거예요. 추가적으로 20 달러의 비용이 들어요. 괜찮으신가요?
W	괜찮아요. 신용카드로 지불할게요.

(a) 여자는 소파의 품질에 대해 걱정을 하고 있다.
(b) 여자는 배송비를 추가로 지불해야 한다.
(c) 남자는 여자의 결정에 실망하고 있다.

어휘 possible 가능한 deliver 배달하다 fee 요금 extra 추가적인 quality 질, 품질 be disappointed with ~으로 실망하다

3

W	Why do you look so pleased? Did you land a new client?
M	Not today. However, Mr. Burns just gave me a promotion. I'm the new assistant director of sales as of today.
W	That's great news, Tim. You really deserve it. You've been working so hard the past couple of years.
M	Thanks for saying that. I'm glad the company recognizes my hard work.
W	왜 그렇게 기분이 좋아 보이죠? 신규 고객을 확보했나요?
M	오늘은 아니에요. 하지만, Burns 씨께서 저를 승진시켜 주셨어요. 제가 오늘 부로 영업부의 신임 차장이 되었어요.
W	멋진 소식이군요, Tim. 당신은 정말로 그럴 자격이 있어요. 지난 2년 동안 매우 열심히 일했잖아요.
M	그렇게 말해 주다니 고맙군요. 회사가 제 노고를 인정해 줘서 기뻐요.

(a) 여자는 남자에게 화가 났다.
(b) 남자는 승진을 해서 기뻐하고 있다.
(c) 남자는 자신의 동료들에 대해 우려하고 있다.

어휘 land 착륙하다; 차지하다 client 고객 promotion 승진; 홍보 assistant director 차장 as of today 오늘 부로 recognize 인정하다, 인지하다 coworker 직장 동료

4

M	Hello. I would like to confirm my reservation for this Saturday night. I have a table for four at eight o'clock. The name is Williams.
W	I'm sorry, Mr. Williams, but we don't have your name listed here. However, there is a table available at seven thirty. Is that acceptable?
M	Yes, that's fine. I'll take it. Thank you very much.
M	안녕하세요. 이번 주 토요일 밤 예약을 확인하고 싶어서요. 8시 정각에 4명을 위한 자리를 예약했죠. 저는 Williams이고요.
W	죄송합니다만, Williams 씨, 이름이 등록되어 있지 않군요. 하지만, 7시 30분에 예약이 가능한 자리가 있어요. 괜찮으세요?
M	네, 좋아요. 그것으로 하죠. 고마워요.

(a) 남자는 이전에 자신이 예약을 했다고 생각한다.
(b) 식당에는 남자의 예약에 관한 기록이 없다.
(c) 남자는 식당이 문을 닫게 되어서 실망하고 있다.

어휘 confirm 확인하다 reservation 예약 available 이용 가능한 acceptable 받아들일 수 있는 record 기록

5

W	I'm really worried about Fred. None of his team members seems to like him.
M	He needs to be a better coworker. He's often too bossy, so nobody enjoys working with him.
W	Someone should tell him that. If he knows what the problem is, then he can change his behavior.
W	Fred가 정말로 걱정이 되는군요. 팀원들 중 아무도 그를 좋아하지 않는 것 같아요.
M	그는 더 겸손한 동료가 되어야 할 필요가 있어요. 종종 너무나 오만하게 굴어서, 아무도 그와 일하는 것을 좋아하지 않죠.
W	누군가 그에게 그렇게 말해줘야 할 거예요. 문제가 무엇인지 안다면, 그도 자신의 행동을 변화시킬 수 있을 거예요.

(a) 여자는 Fred에 대해 걱정하고 있다.
(b) Fred의 문제는 사람들이 그와 일하고 싶어 하지 않는다는 것이다.
(c) Fred의 행동이 최근에 바뀌었다.

어휘 team member 팀원 bossy 오만한, 불손한 behavior 행동

C

03-41

1 (a)	2 (b)	3 (b)
4 (c)	5 (c)	6 (a)

1

M	You look exhausted, Kelly. Are you working too much these days?
W	My workload is fine. It's my downstairs neighbor that's bothering me. He plays loud music late every night. That's keeping me from falling asleep for hours.
M	You need to have a chat with him. He should stop doing that.
M	지쳐 보이는군요, Kelly. 요즘 일을 너무 많이 하고 있나요?
W	업무량은 괜찮아요. 저를 괴롭히고 있는 것은 아래층의 이웃이에요. 그가 매일 밤 늦게까지 시끄러운 음악을 틀어요. 그래서 저는 몇 시간 동안 잠들지 못해요.
M	그 점에 대해 그와 이야기할 필요가 있겠네요. 그는 그런 일을 그만해야 해요.

Q. 여자의 문제는 무엇인가?

(a) 그녀는 잠을 충분히 자지 못하고 있다.

(b) 그녀는 이웃과 사이가 좋지 않다.

(c) 그녀는 너무 많은 시간 동안 일을 하고 있다.

어휘 exhausted 지친 workload 업무량 neighbor 이웃 bother 괴롭히다 keep A from B A가 B하는 것을 못하게 하다 fall asleep 잠들다 have a chat with ~와 이야기하다 get along with ~와 잘 어울리다

2

M	Guess what. I'm going to be visiting London with my family next week. Isn't that great?
W	I'm sure you'll have a wonderful time. What are you planning to do there?
M	We're going to check out some museums and other places of interest.
M	들어보세요. 저는 다음 주에 가족들과 런던을 방문할 거예요. 멋지지 않나요?
W	당신이 즐거운 시간을 보내게 될 것이라고 확신해요. 그곳에서 무엇을 할 계획인가요?
M	몇 군데의 박물관과 기타 흥미로운 곳들을 구경할 거예요.

Q. 남자는 왜 기분이 좋은가?

(a) 그는 얼마 전에 박물관에 다녀왔다.

(b) 그는 여행을 하게 될 것이다.

(c) 그는 지난주에 휴가를 보냈다.

어휘 guess what 있잖아요, 들어보세요 check out 확인하다; 구경하다 museum 박물관 take a trip 여행하다

3

W	How are the negotiations with the Duncan Corporation going?
M	Not very well. The company simply refuses to give us a discount even though we're discussing buying a large number of products.
W	Is there another company that you can buy the items from?
M	Yes, but the quality won't be as good. And we don't want an inferior product.
W	Duncan 사와의 협상은 어떻게 진행되고 있나요?
M	그다지 좋지 않아요. 다량의 제품을 구입하는 것에 대해 논의를 하고 있음에도 불구하고, 우리에게 할인을 해 주려고 하지 않고 있죠.
W	물품들을 살 수 있는 다른 회사가 있나요?
M	네, 하지만 품질이 그만큼 좋지는 않을 거예요. 그리고 우리는 품질이 떨어지는 제품을 원치 않고요.

Q. 남자의 문제는 무엇인가?

(a) 그는 품질이 나쁜 제품을 구입했다.

(b) 협상이 잘 되지 않고 있다.

(c) 회사가 그에게 일자리를 제의하지 않았다.

어휘 negotiation 협상 refuse 거절하다 give a discount 할인하다 even though 비록 ~일지라도 inferior 열등한

4

M	Hello, Jane. This is Sam at work. I have a request.
W	Sure, Sam. What can I do for you?
M	Peter just called in sick, so I'd like you to come in to the office an hour early. Is that possible?
W	Yes, I can do that. I'll start getting ready right now.
M	안녕하세요, Jane. 회사의 Sam이에요. 부탁이 있어서요.
W	물론이에요, Sam. 제가 무엇을 하면 되나요?
M	조금 전에 Peter가 병가를 내려고 전화했기 때문에, 당신이 한 시간 일찍 사무실로 와 주었으면 해요. 가능한가요?
W	네, 그럴 수 있어요. 지금 바로 준비할게요.

Q. 남자는 여자에게 무엇을 하라고 요청하는가?

(a) Peter에게 가능한 한 빨리 전화하라고

(b) 자신에게 일정을 알려 달라고

(c) 대체 근무를 해 달라고

어휘 request 요청, 요구 call in sick 전화로 병가 신청을 하다 substitute for ~을 대신하다, ~을 대체하다

5

M	Angie, George and I went to the conference room, but it's not ready.
W	Ready for what?
M	Don't you remember? We're having a meeting there in ten minutes.
W	Oh, you're right. I completely forgot about it.
M	Can you help us get it ready? Mr. Chang is going to be here soon.
W	Of course. You go there first, and I'll be there in two minutes.
M	Angie, George와 제가 회의실에 갔었는데, 준비가 안 되어 있더군요.
W	무슨 준비요?
M	기억이 나지 않나요? 10분 후에 그곳에서 회의를 하기로 되어 있잖아요.
W	오, 당신 말이 맞아요. 그에 관해 제가 완전히 잊고 있었네요.
M	우리가 준비하는 것을 도와 줄 수 있나요? Chang 씨가 곧 이곳으로 올 거예요.
W	물론이죠. 먼저 그곳에 가 계시면, 제가 2분 후에 그곳으로 갈게요.

Q. 화자들에 따르면, 무엇이 문제인가?

(a) 고객이 회의를 취소시켰다.

(b) Chang 씨가 회의실을 찾지 못한다.

(c) 회의를 위한 방에 준비가 되어 있지 않다.

어휘 conference room (규모가 큰) 회의실 completely 완전히 client 고객 prepare 준비하다

6

M	Carol, do you have time to read this report for a few minutes? I'd like your input on it.
W	I can't help you right now, Mark. I have to set up the conference room for the seminar. It's starting in half an hour.
M	Well, when you're done, would you please give me a hand?
W	Yes, I can do that.
M	Carol, 잠시 이 보고서를 읽을 수 있는 시간이 있나요? 그에 대한 당신의 조언을 구하고 싶어서요.
W	지금은 도와 줄 수가 없어요, Mark. 저는 세미나를 위해 회의실을 잡아 놓아야 해요. 세미나는 30분 후에 시작될 거예요.
M	음, 일을 마치면, 제게 도움을 줄 수 있나요?
W	네, 그럴 수 있어요.

Q. 여자는 왜 지금 남자를 도울 수 없는가?

(a) 그녀는 장소를 준비해야 한다.

(b) 그녀는 회의에 가고 있다.

(c) 그녀는 보고서를 써야 한다.

어휘 for a few minutes 잠시 input 조언 set up 설치하다; 마련하다 give a hand 돕다

예상 적중 문제 01-03 p.153

MORE & MORE 03-43

1. The woman visits the store to do some shopping. (×)
2. The woman's problem is that she needs a blouse cleaned. (○)
3. The man is concerned about doing the work by Friday. (×)

1. 여자는 쇼핑하기 위해 매장을 방문하고 있다.
2. 여자의 문제는 그녀가 블라우스를 세탁해야 한다는 점이다.
3. 남자는 금요일까지 그 일을 하는 것을 걱정하고 있다.

어휘 be concerned about ~에 대해 우려하다, ~에 대해 걱정하다

예상 적중 문제 04-06 p.155

MORE & MORE 03-45

1. The man lost his keys. (×)
2. The man is upset because the woman is not at the office. (×)
3. The man calls the woman to make a request. (○)

1. 남자는 열쇠를 분실했다.
2. 남자는 여자가 사무실에 있지 않아서 기분이 상했다.
3. 남자는 부탁을 하기 위해 여자와 통화하고 있다.

어휘 lose 잃다, 분실하다 make a request 요청하다, 부탁하다

예상 적중 문제 07-09 p.157

MORE & MORE 03-47

1. The woman is concerned that she cannot attend the meeting. (○)
2. The woman is calling to tell the man her location. (×)
3. The man's problem is that he does not know Mr. Sykes. (×)

1. 여자는 자신이 회의에 참석하지 못하는 것에 대해 걱정하고 있다.
2. 여자는 남자에게 자신의 위치를 알려 주기 위해 통화하고 있다.
3. 남자의 문제는 그가 Sykes 씨를 모른다는 것이다.

어휘 concerned 우려하는, 걱정하는 location 위치

예상 적중 문제 10-12 p.159

MORE & MORE 03-49

1. Mr. Correia called and left a message. (○)
2. Mr. Correia wants to meet the CEO of the company. (×)
3. Mr. Correia will call the man back later. (○)

1. Correia 씨가 전화해서 메시지를 남겼다.
2. Correia 씨는 회사의 사장과 만나고 싶어 한다.
3. Correia 씨는 이후에 남자에게 다시 전화를 할 것이다.

Unit 03-04 | 연습 문제

p.160

03-50

1 (A)	2 (B)	3 (A)
4 (A)	5 (A)	6 (D)
7 (A)	8 (C)	9 (B)
10 (B)	11 (D)	12 (A)
13 (D)	14 (A)	15 (B)
16 (C)	17 (D)	18 (B)
19 (B)	20 (B)	21 (A)

[1-3]

W1 1-1) **Have you made the hotel reservations for everyone going to the conference this Friday?**

W2 Not yet, Ms. Rodgers. I've been busy doing some filing.

M I can book the rooms if you want me to do that, Ms. Rodgers.

W1 Yes, please. 2) **Attendance there will be high,** 1-2) **so we need to make sure that each of us who is going gets our own room.**

M Okay. 3) **Give me the name of the hotel and the number of rooms you need**, and I'll do that now.

W1 이번 주 금요일 학회에 참석할 모든 사람들을 위해 호텔을 예약해 두었나요?

W2 아직 아니에요, Rodgers 씨. 파일 작업을 하느라 바빠서요.

M 원하신다면 제가 객실을 예약할 수 있어요, Rodgers 씨.

W1 네, 그렇게 해 주세요. 참석률 높을 것이기 때문에 거기에 가는 우리 모두가 각자의 방을 얻을 수 있도록 확실히 해야 해요.

M 좋아요. 호텔 이름과 필요한 객실 수를 알려 주시면 제가 바로 예약할게요.

어휘 be busy -ing ~하느라 바쁘다 file 파일; (문서 등을) 보관하다 book 예약하다 attendance 참가; 참석률 provide A with B A에게 B를 제공하다 register 등록하다

1
Rodgers 씨는 이번 주 금요일에 무엇을 할 것인가?
(A) 전문적인 행사에 참가한다
(B) 오리엔테이션을 진행한다
(C) 학회에서 연설한다
(D) 몇몇 신규 직원을 채용한다

해설 대화의 첫 부분에서 Rogers 씨는 모든 학회 참석자들을 위해 호텔을 예약해 두었는지(Have you made the hotel reservations for everyone going to the conference this Friday?) 물었고, 중반부에서는 각 참석자들의 방을 확실히 구해 두어야 한다고(so we need to make sure that each of us who is going gets our own room) 말했다. 이러한 내용을 바탕으로 Rogers 씨가 직원들과 함께 이번 주 금요일에 학회에 참석한다는 것을 알 수 있으므로 정답은 (A)이다.

2
Rodgers 씨는 학회에 대해 무엇을 말하는가?
(A) 처음으로 개최된다.
(B) 많은 사람들이 참석할 것이다.
(C) 다른 나라에서 열린다.
(D) 장소가 방금 변경되었다.

해설 대화의 후반부에 'Attendance there will be high(참석자 수가 많을 것)'라는 내용이 언급되어 있으므로 정답은 (B)이다.

3
남자는 Rodgers 씨에게 무엇을 하라고 말하는가?
(A) 몇 가지 정보를 알려 준다
(B) 그를 위해 호텔 객실을 예약한다
(C) 몇몇 직원들을 학회에 등록시킨다
(D) 인근 학회 센터를 방문한다

해설 남자가 Rodgers 씨에게 요청한 바는 대화의 마지막 문장에서 확인할 수 있다. 남자는 자신이 호텔 예약 업무를 맡겠다고 한 후 Rodgers 씨에게 '호텔 이름과 필요한 객실 수'(the name of the hotel and the number of rooms you need)를 알려 달라고 말한다. 따라서 그가 요청한 사항은 (A)이다.

[4-6]

W Eric, I wasn't expecting you here until tomorrow. Why did you come back early from vacation?

M A big hurricane was headed for Jamaica and was supposed to make landfall there today. 4) 5-1) **So I caught a flight yesterday and flew back home.**

W 5-2) **That was a smart thing to do.**

M You can say that again. 6) **All flights to and from Jamaica have been canceled until the hurricane is gone.**

W Eric, 당신이 내일까지는 여기에 없을 것이라고 생각했어요. 왜 일찍 휴가에서 복귀를 했나요?

M 대형 허리케인이 자메이카로 향하고 있었고 오늘 그곳에 상륙할 것으로 예상되었어요. 그래서 어제 비행기를 타고 집으로 돌아왔죠.

W 현명하게 행동했군요.

M 당신 말이 맞아요. 허리케인이 지나갈 때까지 자메이카로 오고 가는 모든 비행기편이 취소되었어요.

어휘 hurricane 허리케인 head 향하다 make landfall 상륙하다 catch a flight 비행기에 탑승하다 cancel 취소하다 get caught in ~에 갇히다

4
남자는 어제 일에 대해 무엇이라고 말하는가?
(A) 그는 비행기를 탔다.
(B) 그는 자메이카에 있는 친구와 이야기했다.
(C) 그의 휴가가 시작되었다.
(D) 그는 허리케인을 만났다.

해설 대화의 첫 부분에서 여자가 남자에게 휴가로부터 일찍 복귀한 이유를 묻자 남자는 허리케인이 자메이카로 오고 있었다고 설명한 뒤 'So I caught a flight yesterday and flew back home.'이라고 말한다. 따라서 남자는 허리케인 때문에 어제 비행기를 타고 휴가에서 복귀했음을 알 수 있으므로 정답은 (A)이다.

5
여자는 남자에 대해 무엇을 암시하는가?
(A) 그는 일찍 떠남으로써 적절한 행동을 했다.
(B) 그는 자신의 밀린 업무를 보충해야 한다.
(C) 그는 자메이카에 자주 여행을 간다.
(D) 그는 곧 출장을 떠날 것이다.

해설 남자는 허리케인의 상륙이 예상돼서 어제 비행기를 타고 집으로 돌아왔다고(So I caught a flight yesterday and flew back home.) 말했고, 이에 대해 여자는 현명하게 행동했다고(That was a smart thing to do.) 말했다. 따라서 대화에서 추론할 수 있는 내용은 남자가 일찍 떠난 것이 잘한 행동이라는 내용의 (A)이다.

6
남자는 허리케인에 대해 무엇을 말하는가?
(A) 많은 주택에 피해를 입혔다.
(B) 더 강해지고 있다.
(C) 아마도 피해가 없을 것이다.
(D) 항공편의 취소를 야기했다.

해설 대화의 후반부에서 남자는 'All flights to and from Jamaica have been canceled until the hurricane is gone.'이라고 말했는데, 이를 통해서 허리케인으로 인해 항공편이 취소되었다는 것을 알 수 있다. 정답은 (D)이다.

[7-9]

M I read in the newspaper that part of McClellan Road is going to be closed this week. Apparently, 7) **the city is doing some road construction on it.**
W We normally take McClellan Road when we go to the park, don't we?
M That's correct. 8) **We'd better look for an alternate route to take.**
W Good thinking. 9) **Let me find a map of the city.**

M McClellan 로의 일부 구간이 이번 주에 폐쇄될 것이라는 내용을 신문에서 읽었어요. 아무래도 시에서 도로 공사를 하고 있는 것 같군요.
W 우리가 공원에 갈 때 보통 McClellan 로를 이용하죠, 그렇지 않나요?
M 맞아요. 이용할 수 있는 우회 도로를 찾는 것이 나을 것 같군요.
W 좋은 생각이에요. 제가 시내 지도를 찾아볼게요.

어휘 close 닫다, 폐쇄하다 apparently 아무래도; 분명히 construction 공사 normally 보통 alternate route 우회 도로

7
McClellan 로는 왜 폐쇄될 것인가?
(A) 그곳에서 작업이 있을 것이다.
(B) 그곳에서 행진이 진행될 것이다.
(C) 그곳에서 축제가 열릴 것이다.
(D) 그곳에 건물이 건설될 것이다.

해설 대화의 시작 부분에서 남자는 McClellan 로의 일부 구간이 이번 주에 폐쇄될 것이라고 말한 다음, 그 이유를 'the city is doing some road construction on it'이라고 언급했다. 보기 중에서 construction을 work으로 바꾸어 표현한 (A)가 정답이 된다.

8
남자는 무엇을 추천하는가?
(A) 공원에는 나중에 갈 것을
(B) McClellan 로로 차를 타고 갈 것을
(C) 공원으로 가는 다른 길을 찾을 것을
(D) 시내 지도를 살 것을

해설 화자들이 평소에 공원에 갈 때 이용하는 도로가 폐쇄될 것이라는 소식을 듣자 남자는 '우회 도로를 찾는 것이 좋겠다'(We'd better look for an alternate route to take.)고 말한다. 따라서 정답은 (C)이다. McClellan 로가 폐쇄된다고 하였으므로 (B)는 정답이 될 수 없으며, (A)는 대화에서 사용된 park을, (D)는 map을 중복 사용하여 오답을 고르도록 유도하고 있다.

9
여자는 무엇이 필요하다고 말하는가?
(A) 티켓
(B) 지도
(C) 펜
(D) 열쇠

해설 여자는 우회할 도로를 찾아 보자는 남자의 제안에 찬성하고 나서 'Let me find a map of the city.'라고 말했다. 따라서 여자가 필요로 하는 것은 지도이므로 정답은 (B)이다.

[10-12]

M 10) **Hello. Sunnyside Hotel. This is Jacob Powers speaking.** How may I be of assistance?

W Hello. My name is Tanya Murray, and I have a reservation for tomorrow night. Unfortunately, 11) **I need to cancel it because I have postponed my trip.**

M I understand, Ms. Murray. Would you like to make a new reservation?

W Yes, but I'm not sure when I will be going to New York. 12) **I'll call you back when I know.**

M 안녕하세요. Sunnyside 호텔입니다. 저는 Jacob Powers 입니다. 어떻게 도와 드릴까요?

W 안녕하세요. 제 이름은 Tanya Murray이고, 내일 밤 예약을 해 두었어요. 안타깝지만, 제가 여행을 연기해야 해서 예약을 취소해야 할 것 같아요.

M 잘 알겠습니다, Murray 씨. 예약을 새로 하시겠습니까?

W 네, 그렇지만 언제 뉴욕에 가게 될지는 잘 모르겠어요. 알게 되면 다시 전화를 드릴게요.

어휘 reservation 예약 unfortunately 안타깝게도 postpone 연기하다, 미루다 reschedule 일정을 다시 정하다 go on a trip 여행을 하다

10

Jacob Powers는 어디에서 근무하는가?

(A) 여행사에서

(B) 호텔에서

(C) 항공사에서

(D) 렌터카 회사에서

해설 대화의 첫 부분인 'Hello. Sunnyside Hotel. This is Jacob Powers speaking.'을 통해 Jacob Powers의 직장은 호텔이라는 것을 알 수 있다. 정답은 (B)이다.

11

여자는 남자에게 무엇을 하라고 말하는가?

(A) 여행 일정을 다시 정해 달라고

(B) 뉴욕에 관한 정보를 알려 달라고

(C) 여행을 연기시켜 달라고

(D) 예약을 취소해 달라고

해설 여자의 첫 번째 말 'My name is Tanya Murray, and I have a reservation for tomorrow night. Unfortunately, I need to cancel it because I have postponed my trip.'을 통해 여자는 예약을 했으나 이를 취소하려고 한다는 사실을 알 수 있다. 따라서 정답은 (D)이다.

12

여자는 그녀가 무엇을 할 것이라고 말하는가?

(A) 나중에 남자에게 다시 전화한다

(B) 남자에게 이메일을 보낸다

(C) 남자에게 몇몇 문서들을 팩스로 보낸다

(D) 곧 설문에 응답한다

해설 예약을 새로 할 것인지를 묻는 남자의 질문에 대해, 여자는 언제 뉴욕에 가게 될지 잘 모른다고 답하면서, 알게 되면 다시 전화하겠다고 말했다. 따라서 '나중에 다시 전화하겠다'는 내용의 (A)가 정답이다.

[13-15]

M Jenny, I heard your company moved to a new building downtown. Is that true?

W Yes, it is. 13) **Since we hired several new employees, we needed more space.** Our new office is twice as big as the old one.

M That sounds good. 14-1) **How is the location?**

W 14-2) **It's amazing.** There are so many great restaurants nearby. 15) **And it's only two minutes from the subway station.**

M That will be easy for you to get home then.

M Jenny, 당신 회사가 시내 중심가의 새로운 건물로 이전을 했다고 들었어요. 사실인가요?

W 네, 그래요. 신입 직원을 몇 명 고용했기 때문에 공간이 더 필요했죠. 새 사무실은 기존 사무실보다 두 배나 더 커요.

M 잘 되었군요. 위치는 어떤가요?

W 매우 좋아요. 근처에 멋진 식당들이 많이 있죠. 그리고 지하철역에서 불과 2분 거리에 있어요.

M 그러면 당신은 집에 더 쉽게 갈 수 있게 되겠네요.

어휘 downtown 시내에, 번화가에 employee 직원 space 공간 twice 두 배의 location 위치 amazing 놀라운; 매우 좋은 nearby 근처에 subway station 지하철역 rent 임대료

13

여자의 회사는 왜 이전을 했는가?

(A) 임대료를 절약하기 위해서

(B) 지하철역 근처로 가기 위해서

(C) 고객들과 더 가까운 곳에 있기 위해서

(D) 보다 넓은 사무실을 얻기 위해서

해설 여자의 회사가 이전했다는 소식을 들었다는 남자의 말에 여자는 '신입 직원을 몇 명 고용해서 공간이 더 필요했다'(Since we hired several new employees, we needed more space.)고 답한다. 따라서 회사가 이전한 이유는 더 넓은 사무실이 필요했기 때문임을 알 수 있으므로 정답은 (D)이다.

14

여자는 회사의 새로운 위치에 대해 어떻게 생각하는가?

(A) 그곳을 매우 좋아한다.

(B) 소음 수준이 마음에 들지 않는다.

(C) 사무실의 크기를 좋아한다.

(D) 다니기에 힘들다고 생각한다.

해설 회사의 위치가 어떤지(How is the location?) 묻는 남자의 질문에 대해 여자는 매우 좋다고(It's amazing.) 대답하고 있다. 따라서 정답은 (A)이다.

15

남자가 "That will be easy for you to get home then"이라고 말할 때 그가 암시하는 것은 무엇인가?

(A) 여자는 종종 걸어서 출근한다.
(B) 여자는 지하철을 타고 다닌다.
(C) 여자의 집은 사무실 근처이다.
(D) 여자는 얼마 전에 신차를 구입했다.

해설 인용된 문장 바로 앞에 여자는 'And it's only two minutes from the subway station.'이라고 말했다. 새로운 사무실이 지하철역에서 가깝다는 말을 하는 것으로 보아 그녀는 지하철을 타고 다닌다고 볼 수 있으므로 정답은 (B)이다.

[16-18]

M 16) **We're not going to make it to the theater on time.**
W1 17) **Why is there so much traffic in the city these days?**
M The city is repairing the roads because of this winter's bad weather.
W2 It's annoying, but the repairs will be finished soon.
W1 Well, 18-1) **someone should call Mary and Tom.** They need to know we'll be late.
M 18-2) **I'll do it.** Hold on a moment.

M 제시간에 극장에 도착하지 못하겠군요.
W1 요즘 시내 교통이 왜 이렇게 혼잡하죠?
M 올 겨울 혹독한 날씨 때문에 시에서 도로 보수 공사를 하고 있거든요.
W2 불편하기는 하지만, 보수 공사는 곧 끝날 거예요.
W1 음, 누군가가 Mary와 Tom에게 전화를 해야 할 것 같네요. 우리가 늦을 것이라는 사실을 그들이 알아야 할테니까요.
M 제가 할게요. 잠시만요.

어휘 make it to ~에 가다 on time 제시간에, 정각 traffic 교통(량) these days 요즘 annoying 성가시게 만드는 performance 공연; 성과

16
화자들은 어디로 가고 있는가?
(A) 그들의 직장으로
(B) 공항으로
(C) 극장으로
(D) 버스정류장으로

해설 대화의 첫 부분에서 남자는 제시간에 극장에 도착하지 못할 것 같다고(We're not going to make it to the theater on time.) 말했다. 따라서 정답은 (C)이다.

17
화자들에 따르면, 무엇이 문제인가?
(A) 공연이 연기되었다.
(B) Mary와 Tom이 늦을 것이다.
(C) 시는 도로를 보수하기 위한 자금을 필요로 한다.
(D) 거리에 교통량이 너무 많다.

해설 남자의 첫 번째 말에서 화자들이 시간에 쫓기고 있다는 사실을 알 수 있고, 여자1의 첫 번째 말 'Why is there so much traffic in the city these days?'에서는 그 이유가 교통 체증이라는 것을 확인할 수 있다. 따라서 화자들이 겪고 있는 문제는 (D)이다.

18
남자는 무엇을 할 것이라고 말하는가?
(A) 새로운 주문을 한다
(B) 전화를 한다
(C) 예약을 취소한다
(D) 일기예보를 확인한다

해설 대화의 마지막 부분에서 여자1은 누군가가 Mary와 Tom에게 전화해 보아야 한다고(someone should call Mary and Tom) 했는데, 남자가 본인이 하겠다고(I'll do it.) 대답했다. 즉, 남자가 하겠다고 말한 일은 전화를 하겠다는 것이므로 정답은 (B)이다.

[19-21]

W 19) **Pardon me, but there's a problem with my room.** 20) **I asked for one with an ocean view, but I can't see it from my room.**
M I'm terribly sorry about that, ma'am. 21) **If you can wait thirty minutes, I can move you to room 503.** It has a beautiful view of the water.
W That would be great. Could you send someone up to help me move my bags, please?
M Of course. A porter will knock on your door in half an hour.

W 실례지만, 제 방에 문제가 있어서요. 저는 바다가 보이는 방을 요청했는데, 제 방에서 바다를 볼 수가 없네요.
M 그 점에 대해서는 정말로 죄송합니다, 고객님. 30분 정도 기다리시면 제가 503호실로 옮겨 드릴 수 있습니다. 아름다운 바다 경관이 보이는 곳이죠.
W 그러면 좋을 것 같네요. 가방을 옮기는 데 도움을 주실 분을 보내 주실 수 있나요?
M 물론입니다. 30분 후에 짐을 들어 드릴 분이 방문을 노크할 것입니다.

어휘 ask for ~을 요청하다 ocean view 바다가 보이는 전망 terribly 매우 porter 짐꾼 bill 청구서, 계산서

19
화자들은 어디에 있는 것 같은가?
(A) 해변에
(B) 호텔에
(C) 공항에
(D) 버스 터미널에

해설 여자의 첫 번째 말 'Pardon me, but there's a problem with my room.'을 통해 숙박과 관련된 곳에서 대화가 이루어지고 있음을 짐작할 수 있다. 여자가 방에 문제가 있다고 하자 남자가 방을 바꾸어 주겠다고 했으므로 대화가 이루어지고 있는 곳은 (B)의 '호텔'임을 알 수 있다.

20

무엇이 문제인가?

(A) 여자의 방이 너무 작다.

(B) 여자는 경관을 마음에 들어 하지 않는다.

(C) 여자의 예약이 사라져 버렸다.

(D) 여자의 호텔이 바다로부터 멀리 떨어져 있다.

해설 대화 초반부의 여자의 말 'I asked for one with an ocean view, but I can't see it from my room.'에서 정답의 단서를 찾을 수 있다. 여자는 '바다가 보이는'(with an ocean view) 방을 요청했으나 자신의 방에서는 바다가 보이지 않는다고 했으므로 정답은 (B)가 된다.

21

30분 후에 어떤 일이 일어날 것인가?

(A) 여자가 방을 옮기게 될 것이다.

(B) 여자에게 청구서가 보내질 것이다.

(C) 수리공이 도착할 것이다.

(D) 여자가 바다에 갈 것이다.

해설 질문의 핵심 어구인 in thirty minutes가 언급된 곳에서 정답의 단서를 찾을 수 있다. 남자는 'If you can wait thirty minutes, I can move you to room 503. It has a beautiful view of the water.'라고 말하면서 여자에게 30분 후에 다른 방으로 옮겨 주겠다고 말한다. 따라서 정답은 (A)이다.

Unit 05 | 화자의 의도 및 시각적 정보

기본기 체크업 p.166

A 03-52

1 (b)	2 (a)	3 (c)
4 (a)	5 (c)	

1

W Cindy is supposed to install the software, but she said she's too busy.

M I can do it. I know what to do.

W Really? That would be great. Thanks, Brian.

W Cindy가 소프트웨어를 설치할 예정이었는데, 그녀가 너무 바쁘다고 이야기하더군요.

M 제가 할 수 있어요. 어떻게 하는지 알고 있어요.

W 정말인가요? 잘 되었군요. 고마워요, Brian.

2

M I'd like to return this shirt and get my money back.

W Are you sure about that? You could exchange it for something else.

M That's all right. I don't need any new clothes.

M 이 셔츠를 반품해서 돈을 돌려받고 싶어요.

W 확실하신가요? 다른 것으로 교환을 하실 수도 있어요.

M 괜찮아요. 새옷은 필요하지 않아서요.

3

W Have you decided if you're going to apply for a transfer?

M Yes, I have. I'd like to work in London. Have you made up your mind?

W Not yet. I just don't know what to do.

W 전근 신청을 하겠다고 결심했나요?

M 네, 그래요. 런던에서 일하고 싶어요. 당신은 마음을 정했나요?

W 아직이에요. 어떻게 해야 할지 잘 모르겠어요.

어휘 make up one's mind 결심하다 instruction 설명, 지시

4

M We're going to have lunch at Giovanni's, aren't we?

W That's right. So we should go to the tenth floor.

M Not anymore. It moved down to the eighth floor.

M Giovanni's에서 점심을 먹을 거죠, 그렇지 않나요?

W 맞아요. 그러니 10층으로 가야 해요.

M 더 이상은 아니에요. 8층으로 이전했거든요.

5

W Would you like this sweater for only $35?

M It looks nice. But I like this one over here instead.

W It's on sale for $50 now. That's a $20 discount.

W 35달러밖에 안 하는 이 스웨터는 어떠세요?

M 좋아 보여요. 하지만 이쪽에 있는 이것이 마음에 들어요.

W 그것은 세일해서 지금 50달러예요. 20달러 할인이죠.

B 03-53

1 (a) ×	(b) ×	(c) ○
2 (a) ○	(b) ○	(c) ×
3 (a) ○	(b) ○	(c) ○
4 (a) ○	(b) ×	(c) ×
5 (a) ×	(b) ○	(c) ○

1

W There is a staff meeting scheduled for 4:00 today. Are you supposed to attend it?
M I don't think so. Nobody told me about it.
W Maybe you didn't get the memo. I saw your name on the distribution list for it.

W 오늘 4시로 예정된 직원 회의가 있어요. 참석할 건가요?
M 그럴 리가요. 그에 대해 저한테 말해 준 사람이 없었거든요.
W 아마도 당신이 회람을 보지 못한 것 같네요. 메일 그룹에 당신의 이름이 있는 걸 봤어요.

(a) 화자들은 그들이 참석했던 회의에 대해 이야기하고 있다.
(b) 남자는 보고서를 제출할 필요가 없다는 것을 나타내기 위해 "I don't think so"라고 말한다.
(c) 여자는 남자가 회의에 가는 것이 좋겠다고 제안한다.

어휘 staff meeting 직원 회의 distribution list 배포 목록, 메일 수신 그룹

2

M Do you like this apartment? The rent is cheap, so you could afford it.
W I'd rather see something else. It's too close to the factory over there.
M Sure. Let me show you something in a quieter neighborhood.

M 이 아파트가 마음에 드시나요? 임대료가 저렴해서 임대가 가능하실 거예요.
W 다른 곳도 보면 좋겠어요. 저쪽에 있는 공장과 너무 가까이 있어서요.
M 그러세요. 더 조용한 곳에 있는 매물을 보여 드릴게요.

(a) 남자는 아마도 부동산 중개인일 것이다.
(b) 여자는 그 아파트를 임대하지 않을 것이라는 것을 나타내기 위해 "I'd rather see something else"라고 말한다.
(c) 남자가 여자에게 보여 줄 수 있는 아파트는 더 이상 없다.

어휘 afford 여유가 있다, 여력이 있다 factory 공장 quiet 조용한 neighborhood 인근 지역

3

W Excuse me, but can you let me into this room, please?
M Sorry, but that's not allowed. Only authorized people can enter the laboratory.
W I see. Then can I speak with the person in charge, please?

W 실례지만, 안으로 들어가도 될까요?
M 죄송한데 들어오실 수 없어요. 권한이 있는 사람만 실험실에 들어올 수 있어서요.
W 알겠어요. 그렇다면 책임자와 이야기할 수 있을까요?

(a) 여자는 실험실에 들어가고 싶어 한다.
(b) 남자가 "That's not allowed"라고 말할 때 그는 여자가 안으로 들어 오는 것을 거부하는 것이다.
(c) 여자는 남자의 상사와 이야기하고 싶어 한다.

어휘 allow 허락하다, 허가하다 authorized 권한이 있는 laboratory 실험실 person in charge 담당자, 책임자

4

M Take a look at how much Sally sold last month. She sold $100,000 in products in June.
W That's amazing. She's never done that well in any month before.
M Yeah. The best she had ever done before was $65,000 in one month.

M Sally가 지난달에 어느 정도의 판매를 달성했는지 보세요. 그녀는 6월에 100,000달러어치의 제품을 판매했어요.
W 놀랍군요. 그 전에는 어떤 달에도 그처럼 잘 해낸 적이 없었죠.
M 예. 그녀가 최고로 잘 했던 때에는 한 달에 65,000달러였어요.

(a) 화자들은 한 판매 직원의 성과에 대해 논의하고 있다.
(b) Sally는 6월에 65,000달러어치의 제품을 판매했다.
(c) Sally는 6월에 최악의 실적을 보였다.

5

M How many employees do we have in the R&D Department? Is it still twenty-four?
W It changed. Three people resigned, but we hired five new ones. So we're up to twenty-six.
M Good. I've got a new project that I need a few of them to work on.

M 연구개발부에 직원들이 몇 명 있나요? 여전히 24명인가요?
W 바뀌었어요. 세 명이 퇴사를 했지만, 다섯 명의 신입 사원을 고용했죠. 그래서 26명이에요.
M 잘 되었군요. 그들 중 몇 명이 참여를 해야 하는 신규 프로젝트가 생겨서요.

(a) 남자는 신입 직원을 고용하기를 원한다.
(b) 현재 연구개발부에는 26명의 사람이 있다.
(c) 남자는 몇 명의 직원이 참여해야 하는 새로운 프로젝트가 생겼다고 말한다.

어휘 resign 사임하다 up to ~까지, ~만큼

C 03-54

1 (c)	2 (b)	3 (a)
4 (c)	5 (a)	

1

W	Greg, I can't get the copier to work. Can you please look at it?
M	I believe it has a paper jam. Hold on a moment.
W	It keeps breaking down all the time, and I can never fix it.
M	Yeah, sometimes the paper is hard to remove.
W	It's so annoying.
M	I agree, but we can't get a new one. Okay, it's fixed. You can use it again.
W	Greg, 복사기를 작동시킬 수가 없어요. 살펴봐 줄 수 있나요?
M	종이가 걸린 것 같군요. 잠시만 기다리세요.
W	항상 고장이 나는데 제가 고칠 수가 없네요.
M	예, 때때로 종이를 제거하기가 힘들죠.
W	너무 짜증나요.
M	저도 그렇지만 새로 살 수는 없잖아요. 좋아요, 고쳐졌어요. 다시 사용할 수 있을 거예요.

Q. 여자는 왜 "It's so annoying"이라고 말하는가?

(a) 회사 방침에 항의하기 위해

(b) 복사하는 것이 싫다고 말하기 위해

(c) 복사기에 대해 불만을 표시하기 위해

어휘 copier 복사기 break down 고장 나다 all the time 항상 remove 제거하다 annoying 성가시게 하는 protest 저항하다, 항의하다 policy 정책

2

M	Ms. Cummings, I need to travel to Detroit next week. Is that all right?
W	Why do you have to go there?
M	Mr. Watson from Lakeside Manufacturing would like to see me.
W	Is there a problem with the contract?
M	Not at all. In fact, he wants to discuss ordering more items from us.
W	Then be my guest. We could use some new contracts.
M	Cummings 씨, 저는 다음 주에 디트로이트로 출장을 가야 해요. 괜찮겠죠?
W	왜 그곳에 가려고 하나요?
M	Lakeside Manufacturing의 Watson 씨께서 저를 만나고 싶어 하세요.
W	계약에 문제라도 있나요?
M	전혀 없어요. 사실, 그분께서는 저희로부터 더 많은 물품을 구입하는 것에 대한 논의를 하고 싶어 하시죠.
W	그러면 그렇게 하세요. 새로운 계약을 따낼 수도 있겠군요.

Q. 여자는 왜 "Then be my guest"라고 말하는가?

(a) 남자를 점심 식사 모임에 초대하기 위해

(b) 남자가 출장 가는 것을 허락하기 위해

(c) 남자에게 계약 체결을 당부하기 위해

어휘 contract 계약 be my guest 그렇게 하세요 permit 허락하다, 허가하다 go on a trip 여행하다, 출장을 가다 encourage 격려하다, 고무시키다

3

M	How do you intend to renovate this floor?
W1	We're going to knock out the walls over here.
W2	That will create one big room. It's going to be an employee lounge.
M	Sounds nice. What about the rest of the floor?
W1	We're planning to create individual offices.
M	Okay, so that's settled. What's going to be done on the third floor
M	이 층은 어떻게 개조할 생각인가요?
W1	이쪽에 있는 벽을 허물 거예요.
W2	그러면 커다란 공간이 하나 생길 거예요. 그곳은 직원 휴게실이 될 거예요.
M	멋지군요. 층의 나머지 부분요?
W1	개인 사무 공간을 만들 계획이에요.
M	좋아요, 그러면 끝났군요. 3층에는 어떤 작업이 진행되나요?

Q. 남자가 "Okay, so that's settled"라고 말할 때 그는 무엇을 의미하는가?

(a) 그는 설명에 만족해 한다.

(b) 그는 부과된 요금에 동의한다.

(c) 그는 3층을 살펴보고 싶어 한다.

어휘 renovate 보수하다 knock out 쓰러뜨리다 create 만들다, 창조하다 employee lounge 직원 휴게실 that's settled 이야기가 끝났다, 다 되었다 explanation 설명 charge (요금 등을) 부과하다

4

M	Hello. Dr. Stewart's office. How may I help you?
W	Hi. My name is Jessica Conner. I'd like to make an appointment for next week.
M	That's fine, but Dr. Stewart won't be in town all week.
W	Who's going to be working in the office?
M	A different doctor will be here each day. Is that all right?
W	That's fine. I'd like to go there on Wednesday morning.
M	Sure. See you at ten thirty.

M	안녕하세요. Stewart 선생님의 진료실입니다. 어떻게 도와 드릴까요?
W	안녕하세요. 제 이름은 Jessica Conner예요. 다음 주에 예약을 하고 싶어서요.
M	가능은 하지만, Stewart 선생님께서는 이번 주 내내 시내에 계시지 않을 거예요.
W	누가 진료실에서 근무 하시나요?
M	매일 다른 의사 선생님께서 계실 거예요. 괜찮으신가요?
W	괜찮아요. 저는 수요일 오전에 그곳으로 가고 싶어요.
M	그러세요. 10시 30분에 뵙겠습니다.

요일	의사
월요일	Tina Strickland
화요일	Peter Foss
수요일	David Chun

Q. 도표를 보아라. 여자는 어떤 의사를 만날 것인가?
(a) Tina Strickland
(b) Peter Foss
(c) David Chun

5

W	We have too many workers in some departments.
M	What should we do then? Transfer them elsewhere?
W	That's a good idea. Look here. There are twenty-seven people in this department.
M	Wow, we don't need that many, do we?
W	Not at all. Transfer three of them to HR and four of them to Marketing.
M	Okay. I need to look at everyone's files first.
W	몇몇 부서에 직원들이 너무나 많이 있군요.
M	그러면 어떻게 해야 하죠? 다른 곳으로 이동을 시켜야 하나요?
W	좋은 생각이에요. 여기를 보세요. 이 부서에는 27명의 사람들이 있어요.
M	와, 그렇게 많을 필요는 없죠, 그런가요?
W	전혀 필요가 없죠. 그중 3명은 인사부로 보내고 4명은 마케팅부로 보내세요.
M	좋아요. 우선 모든 사람들의 파일을 살펴봐야겠어요.

부서	직원 수
홍보부	27
마케팅부	33
회계부	46

Q. 도표를 보아라. 어느 부서의 직원들이 이동할 것인가?
(a) 홍보부
(b) 마케팅부
(c) 회계부

예상 적중 문제 01-03 p.169

MORE & MORE 03-56

1. The woman asks the man to send her a fax. (×)
2. The man tells the woman to go into his office. (○)
3. The woman means the man should wait for a short time when she says, "Hold on." (○)

1. 여자는 남자에게 팩스를 보내 달라고 요청한다.
2. 남자는 여자에게 자신의 사무실로 가라고 말한다.
3. 여자가 "Hold on"이라고 말할 때 그녀는 남자가 잠시 기다려야 한다는 의미를 나타낸다.

예상 적중 문제 04-06 p.171

MORE & MORE 03-58

1. The speakers' first choice can start next week. (×)
2. The speakers' first choice's phone number is 832-1873. (○)
3. The man will send an e-mail next. (×)

1. 화자들이 처음 선택한 사람은 다음 주에 일을 시작할 수 있다.
2. 화자들이 처음 선택한 사람의 전화번호는 832-1873이다.
3. 남자는 이다음에 이메일을 보낼 것이다.

예상 적중 문제 07-09 p.173

MORE & MORE 03-60

1. The conversation takes place in person. (×)
2. The woman works for Dynamic Industries. (○)
3. The man means he does not accept the woman's suggestion when he says, "That's fine." (×)

1. 대화는 얼굴을 맞대고 이루어지고 있다.
2. 여자는 Dynamic 산업에서 일한다
3. 남자가 "That's fine"이라고 말할 때 그는 여자의 제안을 수락하지 않겠다는 의미를 나타낸다.

예상 적중 문제 10-12 p.175

MORE & MORE 03-62

1. The woman intends to visit the man's office. (○)
2. The man gives directions to his office. (○)
3. The man's old office was probably located at 1 or 3. (○)

1. 여자는 남자의 사무실을 방문할 계획이다.
2. 남자는 자신의 사무실의 위치를 알려 주고 있다.
3. 남자의 예전 사무실은 아마도 1번이나 3번에 있었을 것이다.

Unit 06 | 대화 이후의 상황 및 기타

기본기 체크업 p.180

A 03-64

1 (b)	2 (b)	3 (b)
4 (a)	5 (c)	

1

W How long are you going to be in Mexico City?
M I'll be there for three days. Then, I'll fly down to Panama for one week.

W 멕시코시티에서 얼마나 오래 있을 건가요?
M 3일 동안 그곳에 있을 거예요. 그런 다음에는, 일주일 동안 파나마에 가 있을 거예요.

2

W Are you meeting Mr. McClinton this afternoon?
M No, I'm not. He's planning to come to my office tomorrow morning.

W 오늘 오후에 McClinton 씨와 만나실 건가요?
M 아니요, 그렇지 않아요. 그분께서는 내일 오전에 사무실로 오실 거예요.

3

M Did you check your e-mail? We got an important message from the CEO.
W I haven't seen it yet. I'd better log on to my computer now.

M 이메일을 확인해 보았나요? 사장님으로부터 중요한 메시지를 받았어요.
W 저는 아직 보지 못했어요. 당장 컴퓨터를 켜는 것이 좋겠군요.

4

W Ms. Kelly has a package for you at the front desk.
M That's great. I've been waiting all week for it to arrive. Thanks.

W 프런트 데스크의 Kelly 씨가 당신의 소포를 가지고 있어요.
M 잘 되었군요. 소포가 도착하기를 일주일 내내 기다리고 있었거든요. 고마워요.

5

W What time do the interviews start?
M Five minutes from now. I'm heading to the interview room now.
W I'll be there after I get some coffee.

W 면접이 몇 시에 시작하죠?
M 지금부터 5분 후에요. 지금 면접 장소로 가고 있는 중이에요.
W 커피를 마신 후에 저도 그리로 갈게요.

B 03-65

1 (a) ○	(b) ×	(c) ○
2 (a) ○	(b) ×	(c) ○
3 (a) ×	(b) ×	(c) ○
4 (a) ○	(b) ○	(c) ○
5 (a) ○	(b) ○	(c) ×

1

M Lauren told me that a food festival is being held in the park tomorrow. We ought to go there.
W No thanks. Those kinds of events are usually pretty boring.
M But according to Lauren, there's going to be food from around the world. There should even be some Greek food there.
W Greek food? Let's meet at the front entrance of the park at one tomorrow.

M Lauren이 음식 축제가 내일 공원에서 열릴 것이라고 말해 주었어요. 우리는 그곳에 가야 해요.
W 저는 사양할게요. 그런 종류의 행사라면 보통 상당히 지루하거든요.
M 하지만 Lauren의 말에 따르면, 전 세계의 음식들이 나올 거예요. 심지어 그리스 음식들도 그곳에 있을 텐데요.
W 그리스 음식이라고요? 내일 1시에 공원 정문에서 만나죠.

(a) 여자는 자신이 그리스 음식을 좋아한다는 것을 암시하고 있다.
(b) 남자는 Lauren과 함께 축제에 참석할 계획이다.
(c) 여자는 축제에 가기로 결심한다.

어휘 festival 축제 hold 개최하다 pretty 상당히, 꽤 boring 지루한 according to ~에 따르면 front entrance 정문

2

W I had intended to cook dinner tonight, but I just realized we don't have any food in the refrigerator.
M I don't feel like going to the supermarket to buy anything either. Do you?
W Not really. How about dropping by Sal's and having something there?

M I couldn't agree more. Let me get my coat.

W 오늘 밤은 저녁을 요리할 생각이었는데, 냉장고에 음식이 없다는 사실을 조금 전에 깨달았어요.

M 슈퍼마켓에 가서 무언가를 사오고 싶지도 않군요. 당신은요?

W 저도 별로예요. Sal's에 들러서 그곳에서 무언가를 먹는 것은 어떨까요?

M 전적으로 찬성이에요. 코트를 가져 올게요.

(a) 화자들은 외식을 하기로 결정한다.
(b) 여자는 자신이 피곤하다고 암시한다.
(c) 남자는 아마도 이다음에 재킷을 가져올 것이다.

어휘 intend 의도하다 refrigerator 냉장고 feel like ~하고 싶은 기분이다 drop by ~에 들르다

3

M The lawyers just approved the contract for our agreement with PT Consulting. We need to mail it to them for their CEO to sign.

W But that contact has to be signed by the end of the day.

M I think it should be okay if we fax it then. I'll call one of the lawyers and check on that.

M PT 컨설팅 사와의 합의에 대한 계약서를 변호사들이 조금 전에 승인해 주었어요. 이것을 보내서 그쪽 CEO의 서명을 받아야 해요.

W 하지만 그 계약서는 오늘 중으로 서명을 받아야 해요.

M 그렇다면 팩스를 보내면 될 것 같군요. 변호사 중 한 명에게 전화를 걸어 그에 대해 확인해 볼게요.

(a) 여자는 아마도 이 다음에 계약서에 서명을 할 것이다.
(b) 남자는 PT 컨설팅 사로 편지를 보내겠다고 결심한다.
(c) 남자는 아마도 이다음에 변호사와 이야기를 나눌 것이다.

어휘 lawyer 변호사 approve 승인하다 contract 계약 agreement 합의 sign 서명하다

4

W So how do you like this sofa? It's on sale for only two thousand dollars, and we will provide free delivery if you buy it today.

M It looks wonderful, but it's a bit out of my price range.

W All right. Then let me show you another couch which is quite nice but a little cheaper.

W 그러면 이 소파는 어떠신가요? 할인해서 2천 달러밖에 안 되는데, 오늘 중으로 구입하시면 무료로 배송해 드릴게요.

M 좋아 보이지만, 제가 생각한 가격대에서 약간 벗어나 있네요.

W 그러시군요. 그렇다면 아주 좋지만 약간 더 저렴한 다른 긴 의자를 보여 드리도록 할게요.

(a) 남자는 소파를 사지 않을 것이라고 암시한다.
(b) 남자가 가구 매장에 있다는 것이 암시되고 있다.
(c) 여자는 남자에게 다른 것을 보여 주기로 결심한다.

어휘 on sale 세일 중인 provide 제공하다 free delivery 무료 배송 a bit 약간 price range 가격대 couch 긴 의자

5

M How are we planning to get to the department store?

W I was intending to take the bus there. How does that sound?

M If we're going to buy a lot of items, we'd better drive. Carrying lots of bags on the bus will be pretty uncomfortable.

W I hadn't considered that. Let's go with your idea.

M 백화점까지 어떻게 갈 거예요?

W 버스를 타고 그곳에 갈 생각이었어요. 괜찮을까요?

M 물건을 많이 살 경우에는 차를 가지고 가는 것이 나을 거예요. 버스에 많은 가방을 들고 타면 상당히 불편할 테니까요.

W 그 점은 제가 몰랐군요. 당신의 아이디어대로 하죠.

(a) 화자들은 목적지까지 차를 타고 가기로 결정한다.
(b) 화자들은 쇼핑을 할 계획이다.
(c) 화자들은 아마도 이다음에 버스를 탈 것이다.

어휘 department store 백화점 intend 의도하다 lots of 많은 uncomfortable 불편한 go with ~의 뜻에 따르다 destination 목적지 go shopping 쇼핑을 하러 가다

C

03-66

1 (a)	2 (b)	3 (c)
4 (a)	5 (c)	6 (c)

1

M How is the new employee working out?

W Joe is doing all right, but there are still a few things he needs to learn about the job.

M Why don't you tell me what they are? Then, I can have a chat with him when I have some time around three o'clock.

W That would be great, Steve. Thanks so much for offering to help.

M 신입 직원은 일을 잘 하고 있나요?

W Joe가 잘하고 있기는 하지만, 일에 대해 배워야 할 것들이 아직도 몇 가지 남아 있어요.

M 그것이 무엇인지 저한테 말해 줄래요? 그러면, 제가 3시쯤 시간이 있을 때 그와 이야기를 나눌 수 있을 거예요.

W 그러면 좋겠군요, Steve. 도움을 주겠다고 하니 정말 고마워요.

Q. Steve는 3시에 무엇을 할 계획인가?
(a) 신입 직원과 이야기한다
(b) 일을 올바르게 하는 법을 배운다
(c) 여자와 회의를 한다

어휘 employee 직원 have a chat with ~와 이야기하다 offer 제공하다, 제의하다 properly 제대로, 적절히

2

W Take a look at the sky. It seems like it's going to rain.

M That's odd. According to the weather forecast, we're supposed to have sunny skies today.

W Just to be on the safe side, let me go back inside and grab an umbrella. I don't want to get rained on. This is a new dress I'm wearing.

W 하늘을 보세요. 비가 올 것 같아요.

M 이상하군요. 일기 예보에 따르면 오늘은 날씨가 좋을 텐데요.

W 만일의 경우를 대비해서 안으로 다시 들어가서 우산을 가지고 올게요. 비를 맞고 싶지는 않거든요. 제가 입고 있는 이 옷이 새 드레스라서요.

Q. 여자는 이다음에 무엇을 할 것 같은가?

(a) 비를 피한다

(b) 우산을 찾는다

(c) 옷을 갈아입는다

어휘 odd 이상한 weather forecast 일기 예보 be supposed to ~하기로 되어 있다 to be on the safe side 만약의 경우를 대비해서 inside 안으로 grab 잡다, 쥐다 get out of ~에서 빠져 나오다, ~을 피하다 outfit 옷, 의상

3

M Sally, did you see that Fred is going to be transferred to the London office? What a great opportunity for him.

W You know, I applied for the same position. I can't believe that management selected Fred instead of me.

M Oh, I had no idea, Sally. I'm terribly sorry you didn't get the job.

M Sally, Fred가 런던 지사로 전근을 갈 것이라는 사실을 알고 있었나요? 그에게는 정말로 멋진 기회가 되겠군요.

W 알다시피, 저도 같은 자리에 지원했어요. 경영진이 저 대신에 Fred를 선택했다니 믿기지가 않는군요.

M 오, 제가 몰랐네요, Sally. 당신이 그 자리를 얻지 못해서 정말 유감이에요.

Q. 여자는 무엇을 암시하고 있는가?

(a) 그녀는 일을 그만둘 것이다.

(b) 그녀는 한때 런던에서 살았다.

(c) 그녀는 낙담해 있다.

어휘 opportunity 기회 position 위치; 지위 management 경영, 관리; 경영진 select 선정하다 have no idea 모르다 terribly 매우 quit 그만두다 used to ~하곤 했다, 한때 ~했다 disappointed 실망한, 낙담한

4

M The reception on our TV hasn't been very good lately, has it?

W No, it hasn't. We bought this TV more than seven years ago, so it's probably time to get a new one.

M Do you think we can afford it? We don't have that much money.

W The local electronics store is having a sale. Let's go there and check out its selection.

M 최근 TV의 수신 상태가 그다지 좋지 못하군요, 그렇죠?

W 그래요, 좋지 않아요. TV를 산지 7년이 넘었기 때문에, 아마도 새로 사야 할 때가 된 것 같아요.

M 우리에게 그럴 여력이 있다고 생각하나요? 우리는 그 정도로 많은 돈을 가지고 있지 않아요.

W 인근 전자 제품 매장에서 세일을 하고 있어요. 그곳으로 가서 세일 품목들을 확인해 보죠.

Q. 여자는 무엇을 하기로 결심하는가?

(a) 쇼핑을 하러 간다

(b) 텔레비전을 시청한다

(c) 일자리를 얻는다

어휘 reception 수신 상태 lately 최근에 afford 여유가 있다, 여력이 있다 local 지역의, 인근의 electronics store 전자 제품 매장 check out 확인하다 selection 선택, 선정; 선정된 것들

5

W All right. We just finished the main part of the report.

M All we have to do now is write the summary. That should take us about half an hour.

W Before we do that, let's get some coffee from the lounge. I want to get away from the computer for a few minutes.

W 좋아요. 이제 보고서의 주요 부분을 다 끝냈군요.

M 이제 우리가 해야 할 일은 요약문을 쓰는 것뿐이에요. 그러면 대략 30분 정도 걸릴 것이고요.

W 그렇게 하기 전에, 라운지에서 커피를 마시기로 해요. 잠시 동안이라도 컴퓨터에서 떨어져 있고 싶거든요.

Q. 화자들은 이다음에 무엇을 할 것 같은가?

(a) 요약문을 읽는다

(b) 보고서를 작성한다

(c) 휴식을 취한다

어휘 main 주된 summary 요약 lounge 라운지 get away from ~으로부터 도망치다

6

M1	The train should be here in a few minutes.
W	Oh, no. I just realized that I left the files at the office.
M2	There isn't enough time to get them and to take the train.
W	You two go ahead. I'll get the files and take another train.
M1	Are you sure? The next one doesn't leave until an hour from now.
W	It's all right. I'll see you in Montgomery.
M1	몇 분 후에 기차가 이곳으로 올 거예요.
W	오, 이런. 파일들을 사무실에 두고 왔다는 것을 방금 전에 깨달았어요.
M2	그것을 가지러 갔다가 기차에 탈 수 있는 시간은 없어요.
W	당신 둘은 먼저 가세요. 제가 파일을 가지고 와서 다른 기차를 탈게요.
M1	정말요? 이다음 기차는 지금부터 한 시간 후에야 출발해요.
W	괜찮아요. 몽고메리에서 봐요.

Q. 여자는 남자들에게 무엇을 하라고 제안하는가?
(a) 파일을 가져다 달라고
(b) 사무실까지 동행해 달라고
(c) 자기를 제외하고 기차를 타라고

예상 적중 문제 01-03 p.183

MORE & MORE 03-68

1. The woman's original plan was to fix the pipe herself. (O)
2. The woman decides to contact a plumber. (O)
3. The man will probably help the woman with the leak. (×)

1. 여자의 원래 계획은 자신이 직접 파이프를 고치는 것이었다.
2. 여자는 배관공에게 연락하기로 결심한다.
3. 남자는 아마도 여자가 누수 문제를 해결하는 데 도움을 줄 것이다.

예상 적중 문제 04-06 p.185

MORE & MORE 03-70

1. The man implies that he is satisfied with the plans. (×)
2. The women will help the man over the weekend. (×)
3. The man will probably visit the office on the weekend. (O)

1. 남자는 자신이 설계도에 만족하고 있다는 것을 암시한다.
2. 여자들은 주말 동안에 남자를 도울 것이다.
3. 남자는 아마도 주말에 사무실에 나올 것이다.

예상 적중 문제 07-09 p.187

MORE & MORE 03-72

1. The woman is planning to help the man. (×)
2. The man decides to help the woman in the afternoon. (O)
3. The woman implies that she cannot move by herself. (O)

1. 여자는 남자를 도울 계획이다.
2. 남자는 오후에 여자를 돕기로 결정한다.
3. 여자는 자기 혼자서는 이사하지 못한다는 것을 암시한다.

예상 적중 문제 10-12 p.189

MORE & MORE 03-74

1. The man plans to go hiking with the woman. (×)
2. The woman decides to leave work early. (×)
3. It is suggested that the woman is very tired. (O)

1. 남자는 여자와 함께 하이킹을 갈 계획이다.
2. 여자는 일찍 퇴근하기로 결심한다.
3. 여자가 매우 피곤하다는 사실이 암시되어 있다.

어휘 leave work 퇴근하다 tired 피곤한, 지친

Unit 05-06 | 연습 문제 p.190

03-75

1 (D)	2 (C)	3 (B)
4 (B)	5 (B)	6 (C)
7 (C)	8 (A)	9 (D)
10 (A)	11 (A)	12 (C)
13 (D)	14 (A)	15 (A)
16 (B)	17 (C)	18 (B)
19 (A)	20 (B)	21 (C)

[1-3]

M	1-1) **Why are you late, Melissa?** You were half an hour late yesterday as well.
W1	I'm sorry, but traffic has been terrible recently. The roads are more crowded than usual.
M	1-2) **Why don't you take the bus to work?**
W1	I can't. No buses go directly from my home to here.
W2	1-3) 2-1) **What about the subway?** It's fast and convenient.

W1 No luck. 2-2) **There isn't a subway station nearby either.**

M Well, 3) **you need to start leaving earlier then.** You can't be late anymore.

M 왜 늦었나요, Melissa? 어제도 30분 늦었잖아요.

W1 죄송하지만, 최근 교통 체증이 심해서요. 평상시보다 도로가 더 혼잡해요.

M 버스를 타고 출근을 하면 어떨까요?

W1 그럴 수 없어요. 집에서 이곳까지 바로 오는 버스가 없거든요.

W2 지하철은요? 빠르고 편리하잖아요.

W1 운이 없네요. 근처에 지하철역도 없어요.

M 음, 그러면 당신은 더 일찍 나야 해요. 더 이상 늦으면 안 되니까요.

어휘 directly 직접, 곧바로 convenient 편리한 luck 행운, 운 nearby 근처에 carpool 승용차를 같이 타다, 카풀하다

1
화자들은 주로 무엇을 논의하는가?
(A) 직원이 어떤 길을 택하는지
(B) 직원들이 왜 늦는지
(C) 직원이 어디에 사는지
(D) 직원이 어떻게 출근하는지

해설 대화 초반에 여자1이 늦은 이유를 이야기했다고 해서 정답을 (B)로 고르면 안 된다. 지각을 한 직원은 여자1 한 명뿐이며 화자들이 주로 논의하고 있는 것은 여자1이 지각을 하지 않기 위한 '출근 방법'이다. 따라서 논의의 주제는 (D)로 보아야 한다.

2
여자가 "No luck"이라고 말할 때 그녀는 무엇을 의미하는가?
(A) 그녀는 차를 새로 구입할 수 없다.
(B) 그녀는 버스를 탈 수 없다.
(C) 그녀는 지하철을 탈 수 없다.
(D) 그녀는 다른 사람과 카풀을 할 수 없다.

해설 'No luck'은 '지하철을 타는 것이 어떤가'라는 제안에 대한 반응이다. 그 이후에도 부정적인 언급이 이어지고 있으므로 주어진 문장을 통해 여자가 의미하는 바는 '지하철을 탈 수 없다'는 (C)의 의미이다.

3
남자는 여자에게 무엇을 하라고 말하는가?
(A) 새로운 곳으로 이사한다
(B) 아침에 집에서 더 빨리 나온다
(C) 매일 야근을 한다
(D) 야간 근무를 요청한다

해설 대화 마지막 부분에서 남자는 여자가 버스와 지하철을 이용할 수 없다는 말을 듣고 '더 빨리 집을 나설 것'(you need to start leaving earlier then)을 당부한다. 따라서 남자가 여자에게 한 말은 (B)이다.

[4-6]

W 4) **If we don't hurry up, we're going to miss the bus for the airport.** It only comes once an hour, so we need to be sure we're on it.

M I don't think I'm going to be ready on time. 5) **Why don't we call a cab and take it to the airport?**

W It won't be cheap, but I guess we don't have a choice. I'll make a call in about five minutes.

M 6) **You'd better do it now. It is rush hour after all.**

W 서두르지 않으면 공항으로 가는 버스를 놓치겠어요. 버스는 한 시간에 한 대만 오기 때문에, 우리는 꼭 그 버스를 타야 해요.

M 저는 제시간에 준비를 끝낼 수 없을 것 같아요. 택시를 불러서 공항까지 타고 가는 것이 어떨까요?

W 비용이 적게 들지는 않겠지만 선택의 여지가 없는 것 같군요. 제가 약 5분 후에 전화할게요.

M 지금 전화하는 것이 좋겠어요. 교통 혼잡 시간대이니까요.

어휘 miss 놓치다 cab 택시 make a call 전화하다

4
화자들은 어디로 가는가?
(A) 오찬 모임으로
(B) 공항으로
(C) 버스 정류장으로
(D) 학회 센터로

해설 여자의 첫 번째 대화에 따르면 화자들은 공항으로 가는 버스를 놓칠 것 같다고(If we don't hurry up, we're going to miss the bus for the airport.) 걱정하고 있다. 따라서 화자들은 공항으로 가고 있으므로 정답은 (B)이다.

5
남자는 여자에게 무엇을 하라고 권하는가?
(A) 표를 교환하라고
(B) 택시를 타라고
(C) 전화하라고
(D) 버스 정류장으로 가라고

해설 남자가 여자에게 무엇을 권하고 있는지 묻고 있다. 여자는 공항으로 가는 버스에 타야 하기 때문에 남자에게 서둘러야 한다고 말한다. 하지만 남자는 준비하는 데 시간이 걸릴 것 같다고 말한 뒤 'Why don't we call a cab and take it to the airport?'라고 제안한다. 즉 남자는 여자에게 택시를 타고 공항에 갈 것을 제안하고 있으므로 정답은 (B)가 된다.

6
남자는 왜 "It is rush hour after all"이라고 말하는가?
(A) 사용 가능한 차량이 없다는 것을 알려 주려고
(B) 버스를 타는 것을 추천하려고
(C) 여자에게 서두르도록 독려하려고

(D) 잠시 기다려 달라고 부탁하려고

해설 인용된 문장은 '교통 혼잡 시간대이다'라는 의미인데, 이는 택시를 부르는 전화를 지금 바로 하는 것이 좋겠다고(You'd better do it now.) 말한 이유로서 언급한 것이다. 즉, 빨리 서두르라는 의미이므로 정답은 (C)이다.

[7-9]

M1	Are you finished with the report? We need to get to the train station soon.
M2	Yes, we can leave now. 7-1) **We should be able to make the 10:30 train.**
W	8) **You're going to Miami to visit a client, right?**
M1	Yes, that's correct. Why do you ask?
W	7-2) 9) **The morning train got canceled last week due to a lack of passengers.** 7-3) **You'll have to take the one at noon instead.**
M1	보고서 작성을 끝냈나요? 이제 기차역으로 가야 해요.
M2	네, 지금 출발할 수 있어요. 우리는 10시 30분 기차를 탈 수 있을 거예요.
W	고객을 방문하러 마이애미로 가시는 것 맞죠?
M1	네, 맞아요. 왜 묻는 거죠?
W	그 아침 열차는 승객이 부족해서 지난주에 취소되었어요. 당신들은 그 대신에 12시 기차를 타야 할 거예요.

어휘 get to ~에 도달하다, ~에 도착하다 due to ~ 때문에 lack 부족, 결핍 reserve 예약하다 by plane 비행기로, 비행기편으로

7
여자는 남자들에게 무엇을 하라고 말하는가?
(A) 전화해서 표를 예매한다
(B) 바로 기차역으로 간다
(C) 이후 시간대의 기차를 탄다
(D) 비행기를 타고 마이애미로 간다

해설 남자들이 10시 30분 기차를 탈 것이라는 말을 듣고 여자는 승객 부족으로 해당 열차의 운행이 취소되었다고 말한 후 'You'll have to take the one at noon instead.'라고 알린다. 즉 여자가 권하는 것은 '(10시 30분 이후의) 12시 기차를 타라'는 것이므로 정답은 (C)이다.

8
남자들은 무엇을 할 것 같은가?
(A) 출장을 간다
(B) 회의를 준비한다
(C) 새로운 도시로 이사한다
(D) 그들 회사의 본사를 방문한다

해설 여자는 남자들에게 'You're going to Miami to visit a client, right?'이라고 말했다. 즉 남자들은 고객을 방문하러 마이애미로 가는 것이므로 그들은 출장을 간다고 볼 수 있다. 따라서 정답은 (A)이다.

9
여자에 따르면, 열차는 왜 취소되었는가?
(A) 지불이 이루어지지 않았다.
(B) 몇몇 제품들이 구할 수 없는 상태였다.
(C) 날씨가 좋지 않았다.
(D) 고객의 수가 충분하지 않았다.

해설 대화의 마지막 부분에 취소의 이유가 언급되어 있다. 여자는 'The morning train got canceled last week due to a lack of passengers'라고 말하며 승객 수가 부족해서 취소되었다는 것을 알려 주고 있다. 정답은 (D)이다.

[10-12]

W	10) **I just saw that Katie's plane is going to arrive a couple of hours late.**
M	What caused the delay? Was there some sort of a mechanical problem with the plane?
W	11) **There was heavy fog in her hometown, so all of the planes were grounded until it lifted.** At least she's in the air now.
M	Okay. 12) **I'll check the arrival time and be sure to pick her up there after she lands.**
W	Katie의 비행기가 2시간 연착할 것이라는 사실을 조금 전에 알게 되었어요.
M	왜 연착하게 되었죠? 비행기에 어떤 기계적인 문제라도 있었나요?
W	그녀의 고향에 안개가 짙게 끼어서, 모든 비행기들이 이륙하기 전까지 지상에 있었어요. 적어도 지금은 그녀는 비행 중이죠.
M	좋아요. 도착 시간을 확인하고 그녀가 도착하고 나면 그곳으로 확실히 데리고 올게요.

어휘 arrive 도착하다 cause 일으키다, 원인이 되다 delay 연착, 연발 mechanical 기계적인 hometown 고향 ground 지면; 이륙을 못하게 하다 lift 올리다, 올라가다 at least 최소한, 적어도 foggy 안개가 낀 snowstorm 눈보라 runway 활주로 icy 얼음처럼 차가운, 얼음으로 덮인

10
Katie는 지금 어디에 있는가?
(A) 비행기에
(B) 공항에
(C) 렌터카 대리점에
(D) 그녀의 집에

해설 여자는 첫 번째 대화에서 Katie의 비행기가 두 시간 정도 연착되어 도착할 것이라고(I just saw that Katie's plane is going to arrive a couple of hours late.) 말했다. 즉, Katie는 지금 비행기에 타고 있을 것이므로 정답은 (A)이다.

11
Katie의 비행기는 왜 출발이 지연되었는가?
(A) 안개가 낀 날씨였다.
(B) 눈보라가 쳤다.

(C) 비행기에 문제가 있었다.
(D) 활주로가 얼음으로 덮여 있었다.

해설 Katie의 비행기가 연착된 이유를 묻고 있다. 남자가 연착 이유를 묻자 여자는 'Katie의 고향에 안개가 짙게 끼어서 비행기들이 이륙을 못했다'(There was heavy fog in her hometown, so all of the planes were grounded.)고 말한다. 즉 비행기 도착이 지연된 이유는 안개 때문이었음을 알 수 있으므로 (A)가 정답이다. 대화에서 남자가 비행기의 기계적 문제 때문에 연착이 된 것은 아닌지 물었지만 실제 연착 이유는 안개 때문이었으므로 (C)는 정답이 될 수 없다.

12
남자는 나중에 무엇을 할 것 같은가?
(A) 비행기 예약을 한다
(B) Katie의 짐을 대신 찾는다
(C) 공항에서 Katie를 만난다
(D) Katie를 그녀의 호텔에 데려다 준다

해설 대화의 마지막 부분에서 남자는 'I'll check the arrival time and be sure to pick her up there after she lands.'라고 말했다. 즉, 남자는 공항에서 Katie를 픽업할 것이므로 정답은 (C)이다.

[13-15]

M Karen, do you have a few moments now?
W Well, I was planning to drop by Ms. Lucent's office.
M Can she wait? 13) 14-1) **I need help setting up the conference room for the meeting.**
W She told me to get there as soon as possible.
M Oh, I see. 14-2) 15-1) **I guess I can ask someone else.**
W 15-2) **You should talk to Ted.** He's not doing anything now.

M Karen, 지금 잠깐 시간을 낼 수 있나요?
W 음, Lucent 씨의 사무실에 들르려고 하던 참이었어요.
M 그분께서 기다려 주실 수 있을까요? 회의 때문에 회의실 준비에 대한 도움이 필요하거든요.
W 저한테 가능한 한 빨리 그곳으로 오라고 말씀하셨어요.
M 오, 그렇군요. 다른 누군가에게 부탁을 해야 할 것 같네요.
W Ted에게 이야기하세요. 그는 지금 아무것도 하지 않고 있어요.

어휘 drop by ~에 들르다 set up 준비하다 apologize 사과하다

13
남자는 무엇을 도움 받고 싶어 하는가?
(A) 프로젝터를 설치하는 것
(B) 학회 참석자에게 연락하는 것
(C) 식품을 구매하는 것
(D) 회의를 준비하는 것

해설 대화 중반부에서 남자는 'I need help setting up the conference room for the meeting.'라고 말하며 회의를 위해 회의실을 준비하는 것에 도움이 필요하다면서 여자에게 도와줄 수 있는지 묻고 있다. 따라서 '회의 준비'라는 뜻의 (D)가 정답이 된다.

14
여자는 왜 "She told me to get there as soon as possible"이라고 말하는가?
(A) 남자의 요청을 거절하기 위해
(B) Ted와 이야기할 것을 권하기 위해
(C) 도움을 주지 못해서 사과하기 위해
(D) 제안을 하기 위해

해설 주어진 문장 'She told me to get there as soon as possible.'은 회의실 준비를 도와 달라는 부탁에 대한 답변으로서 'Lucent 씨가 빨리 오라고 말했다'는 의미를 전달하고 있다. 또한 그 이후의 상황을 통해서도 남자가 다른 사람의 도움을 요청할 것이라는 사실을 알 수 있기 때문에 결국 그녀가 의미한 바는 '거절'임을 알 수 있다. 따라서 정답은 (A)이다.

15
남자는 다음에 무엇을 할 것인가?
(A) 동료와 이야기한다
(B) Lucent 씨의 사무실에 간다
(C) 전화 회의에 참여한다
(D) 사무실을 떠난다

해설 여자로부터 도와줄 수 없다는 말을 들은 뒤, 남자는 'I guess I can ask someone else.'라고 하며 다른 사람에게 부탁해야 할 것 같다고 말했다. 이에 대해 여자는 'You should talk to Ted.'라며 도움을 요청하기에 적절한 사람을 알려 주고 있다. 따라서 남자는 동료인 Ted에게 도움을 요청할 것이므로 정답은 (A)이다.

[16-18]

M 16) **We need to come up with an idea for the company's end-of-the-year party.**
W Why don't we have it at the same place we did last year? That should be easy to schedule.
M 17) **Lots of people didn't have fun there though.** Instead, 18-1) **I believe we should have the party at Morrison's. It's the most popular eating establishment in town.**
W That's a good point. Okay. 18-2) **Let's call to see if it has enough space for us on December 29.**

M 회사의 송년회를 위한 아이디어를 생각해 내야 해요.
W 작년에 했던 곳과 같은 장소에서 하는 것이 어떤가요? 일정을 잡기가 쉬울 거예요.
M 하지만 많은 사람들이 그곳에서 재미있는 시간을 보내지 못했어요. 그 대신, 저는 우리가 Morrison's에서 송년회를 할 수 있다고 생각해요. 시내에서 가장 유명한 식당이죠.
W 좋은 지적이군요. 좋아요. 그곳에 전화를 해서 12월 29일에 우리를 위한 자리가 충분히 있을지 알아보도록 하죠.

어휘 come up with (아이디어 등을) 떠올리다, 생각해 내다 end-of-the-year party 송년회 though 하지만 space 공간

16
화자들이 논의하고 있는 행사의 종류는 무엇인가?
(A) 개점
(B) 송년회
(C) 퇴직 송별회
(D) 자선 모금

해설 대화의 첫 부분에서 남자는 'We need to come up with an idea for the company's end-of-the-year party.'라며 회사의 송년회를 위한 아이디어를 생각해 내야 한다고 말했다. 따라서 화자들이 논의하고 있는 행사는 (B)의 송년회이다.

17
남자가 작년의 행사에 대해 말한 것은 무엇인가?
(A) 큰 성공으로 여겨졌다.
(B) 겨우 몇 명의 사람들만 참석했다.
(C) 사람들이 그렇게 즐거워하지 않았다.
(D) Morrison's에서 열렸다.

해설 작년과 동일한 장소에서 행사를 진행하자는 여자의 제안에 대해, 남자는 'Lots of people didn't have fun there though.'라고 대답했다. 즉, 작년에는 사람들이 그곳에서 행사를 즐기지 못했다는 의미이므로 정답은 (C)이다.

18
화자들은 무엇을 하기로 결정하는가?
(A) 사장과 이야기하기로
(B) 식당에서 행사를 개최하기로
(C) 송년회 개최를 생략하기로
(D) 점심 식사를 위한 자리를 예약하기로

해설 여자가 작년에 했던 장소에서 한 번 더 송년회를 하자고 제안하자 남자는 그에 대해 부정적인 견해를 나타내면서 '시내에서 가장 유명한 식당인 Morrison's에서 송년회를 하자'(I believe we should have the party at Morrison's. It's the most popular eating establishment in town.)는 의견을 제시한다. 이러한 의견에 여자도 긍정적인 반응을 보이고 있으므로 정답은 (B)가 된다.

[19-21]

M Hello. This is Gordon Logistics. How may I help you?
W Hi. My name is Sandy Russell. Someone had a package for me today, [19] **but I wasn't home to receive it.**
M [20] **When will you be home? If you let me know, I can schedule the delivery.**
W [21] **I'll be here until noon on Thursday.** Is that fine?
M Yes, it is. You'll get called ten minutes before the delivery is made.

M 안녕하세요. Gordon 택배입니다. 어떻게 도와 드릴까요?
W 안녕하세요. 제 이름은 Sandy Russell이에요. 오늘 제게 올 택배가 하나 있었는데, 제가 집에 없어서 받지 못했어요.
M 언제 집에 계실 건가요? 제게 알려 주시면 제가 배송 일정을 조정할 수 있어요.
W 목요일에는 정오까지 여기에 있을 거예요. 괜찮나요?
M 네, 괜찮아요. 배송이 이루어지기 10분 전에 전화를 받게 되실 거예요.

어휘 schedule 일정; 일정을 세우다 delivery 배달, 배송

19
여자는 왜 택배를 받지 못했는가?
(A) 그녀는 집에 없었다.
(B) 그녀는 사무실 밖에 있었다.
(C) 그녀는 회의 중이었다.
(D) 그녀는 여행 중이었다.

해설 여자는 오늘 택배를 받았어야 하는데, 집에 없었기 때문에 받을 수 없었다고(but I wasn't home to receive it) 말했다. 따라서 정답은 (A)이다.

20
남자는 여자에게 무엇을 물어 보는가?
(A) 그녀가 원하는 결제 방법
(B) 그녀와 만날 수 있는 시간
(C) 그녀가 물품을 받을 수 있는 장소
(D) 그녀의 주소

해설 남자는 여자에게 언제 집에 올 것인지(When will you be home?) 물은 다음, 그에 맞춰 배송 일정을 잡겠다고(If you let me know, I can schedule the delivery.) 말했다. 정답은 (B)이며, available은 '만날 시간이 있는'이라는 의미이다.

Gordon 택배 근무 시간표

배달원	근무 시간
Frank Allen	수요일 오전 9시-오후 1시
Jodie Dean	수요일 오후 1시-오후 6시
Percy Crawford	목요일 오전 9시-오후 1시
Sheila Davis	목요일 오후 1시-오후 6시

21
도표를 보아라. 누가 여자에게 택배를 배달할 것인가?
(A) Frank Allen
(B) Jodie Dean
(C) Percy Crawford
(D) Sheila Davis

해설 남자가 여자에게 택배를 받을 수 있는 시간이 언제인지 묻자 여자는 '목요일 12시까지'(until noon on Thursday) 집에 있을 것이라고 답한다. 근무 시간표 상 목요일 12시에 근무하게 될 직원은 Percy Crawford이므로 정답은 (C)이다.

PART 3 실전 문제 연습

p.192

03-76

1 (A)	2 (B)	3 (C)
4 (B)	5 (C)	6 (A)
7 (D)	8 (A)	9 (C)
10 (A)	11 (B)	12 (B)
13 (D)	14 (B)	15 (A)
16 (D)	17 (D)	18 (B)
19 (B)	20 (A)	21 (B)
22 (D)	23 (B)	24 (C)
25 (B)	26 (D)	27 (A)
28 (D)	29 (B)	30 (B)
31 (C)	32 (A)	33 (D)
34 (D)	35 (B)	36 (B)
37 (A)	38 (D)	39 (A)

[1-3]

M I spoke with Mr. Dunning a few minutes ago. 1-1) 2) 3-1) **He wants to visit the laboratory this afternoon.**

W 1-2) **Why is he coming here?** Does he want us to give him a tour of the facilities?

M 3-2) **Actually, he wants to see what kind of work we're doing.** He has heard a lot about some of our projects.

M 몇 분 전에 Dunning 씨와 이야기했어요. 그분께서는 오늘 오후에 실험실을 방문하시고 싶어 하시더군요.

W 왜 여기에 오시려는 거죠? 우리가 시설을 견학시켜 드리기를 원하시는 건가요?

M 실은, 우리가 어떤 종류의 일을 하고 있는지 확인하고 싶어 하세요. 우리의 프로젝트에 대해 많은 이야기를 듣고 계시거든요.

어휘 laboratory 실험실, 연구실 tour 관광; 견학 facility 시설

1. 화자들은 어느 부서에서 일을 하는 것 같은가?

(A) 연구개발부서

(B) 마케팅부서

(C) 회계부서

(D) 영업부서

해설 'Dunning 씨가 오후에 실험실을 방문하고자 한다'(He wants to visit the laboratory this afternoon.)는 남자의 첫 번째 말과 '그가 왜 여기에 오려는 것인지'(Why is he coming here?)라는 여자의 말에서 화자들이 있는 곳은 실험실임을 알 수 있다. 실험실과 관련이 있는 부서는 연구개발부서이므로 정답은 (A)이다.

2

Dunning 씨는 언제 올 것인가?

(A) 오늘 오전

(B) 오늘 오후

(C) 내일 오전

(D) 내일 오후

해설 남자의 첫 번째 말인 'He wants to visit the laboratory this afternoon.'을 통해 Dunning 씨는 오늘 오후에 올 것임을 알 수 있다. 따라서 (B)가 정답이다.

3

Dunning 씨는 무엇을 할 것인가?

(A) 견학을 한다

(B) 연구를 한다

(C) 실험실에 간다

(D) 새로운 프로젝트에 관해 논의한다

해설 남자의 첫 번째 말인 'He wants to visit the laboratory this afternoon.'과 마지막 말인 'Actually, he wants to see what kind of work we're doing.'을 통해 Dunning 씨는 실험실을 방문해서 화자들이 하는 일을 보고 싶어 한다는 것을 알 수 있다. 따라서 정답은 (C)이다. 대화의 마지막 부분에서 'He has heard a lot about some of our projects.'라는 언급이 있기는 하지만 Dunning 씨가 화자들과 프로젝트에 관해 논의를 하게 될 것이라는 내용은 찾아볼 수 없으므로 (D)는 정답이 될 수 없다.

[4-6]

W How are you feeling, Larry? Are you ready to give your big presentation?

M I hope so. 4) **But I've never spoken in front of this many people before.** What happens if I make a mistake?

W 5) **Calm down and don't worry about it.** I'm positive you'll do a great job.

M Okay. 6) **It's time for me to get started.** Wish me luck.

W 기분이 어떤가요, Larry? 중요한 발표를 할 준비가 되었나요?

M 그랬으면 좋겠네요. 하지만 저는 이전에 이처럼 많은 사람들 앞에서 이야기를 해 본 적이 없어요. 제가 실수라도 하면 어떻게 되죠?

W 진정하고 그것에 대해서는 걱정하지 말아요. 당신이 잘 해낼 것이라고 확신해요.

M 좋아요. 이제 시작해야 할 시간이 됐군요. 행운을 빌어 주세요.

어휘 what if ~한다면 어떻게 할 것인가 calm down 진정하다 positive 긍정적인; 확신하는 nervous 긴장한, 초조해하는 breath 숨, 호흡

4

남자는 어떤 기분인가?

(A) 흥분해 있다

(B) 긴장해 있다

(C) 기뻐한다

(D) 실망한다

해설 여자가 남자에게 중요한 발표를 할 준비가 되었는지 묻자 남자는 '이처럼 많은 사람들 앞에서 이야기해 본 적이 없다'고 말하면서 자신이 '실수를 할까 걱정된다'고 말한다. 따라서 남자는 현재 긴장한 상

태에 있는 것으로 볼 수 있으므로 정답은 (B)이다.

5
여자는 남자에게 무엇을 하라고 말하는가?
(A) 실수하지 말라고
(B) 심호흡을 깊게 하라고
(C) 걱정하지 말라고
(D) 청중에게 집중하라고

해설 남자가 발표에 대해 걱정하자 여자는 'Calm down and don't worry about it.'(진정하고 그에 대해서는 걱정하지 마라)이라는 조언을 한다. 따라서 정답은 (C)이다.

6
남자는 이다음에 무엇을 할 것 같은가?
(A) 발표한다
(B) 회의에 참석한다
(C) 사무실로 돌아간다
(D) 이메일을 보낸다

해설 대화 앞부분에서 화자들은 남자의 발표에 대해 이야기하고 있고, 대화 마지막 부분의 남자의 말 'It's time for me to get started. Wish me luck.'에서 남자는 곧 발표를 하게 될 것임을 확인할 수 있다. 따라서 (A)가 정답이다.

[7-9]

W [7-1) 8-1)] **Could you fill up the tank, please?** [7-2) 8-2)] **And do you mind checking the oil, too?**
M That's not a problem. Would you prefer regular or premium?
W Premium, please. [9)] **And I will be paying with my credit card.**
M That's fine. Please hold on a few moments.

W 탱크를 채워 주시겠어요? 그리고 오일도 확인해 줄 수 있나요?
M 문제 없어요. 일반유를 선호하시나요, 아니면 고급유를 선호하시나요?
W 고급유로 주세요. 그리고 신용 카드로 계산할게요.
M 좋습니다. 잠시만 기다려 주세요.

어휘 fill up 채우다 regular 규칙적인; 보통의, 정규의 premium 고급의 garage 차고 gas station 주유소 wipe off 닦다 windshield 바람막이 창, 자동차의 앞 유리 money order 우편환

7
대화는 어디에서 이루어지고 있는 것 같은가?
(A) 차고
(B) 전자 제품 매장
(C) 옷가게
(D) 주유소

해설 대화가 이루어지고 있는 장소를 묻고 있다. fill up the tank(탱크를 채우다), checking the oil(오일을 점검하다) 등의 표현을 통해 이 대화는 (D)의 '주유소'에서 이루어지고 있음을 쉽게 알 수 있다.

8
여자는 남자에게 무엇을 하라고 요청하는가?
(A) 오일을 확인해 달라
(B) 세차를 해 달라
(C) 앞 유리를 닦아 달라
(D) 타이어에 공기를 주입해 달라

해설 여자의 첫 번째 말 'Could you fill up the tank, please? And do you mind checking the oil, too?'를 통해 여자는 주유 및 오일 점검을 요청하고 있음을 알 수 있으므로 정답은 (A)이다.

9
여자는 어떻게 지불을 할 것인가?
(A) 수표로
(B) 현금으로
(C) 신용 카드로
(D) 우편환으로

해설 여자의 두 번째 말인 'And I will be paying with my credit card.'를 통해 여자는 신용 카드로 지불을 할 것임을 알 수 있으므로 정답은 (C)이다.

[10-12]

M [10-1)] **Take a look at this next slide. As you can see,** [10-2)] **the graph shows that sales increased in the first three months of the year.**
W [11-1)] **I'm sorry, but it's a bit too bright in here.** [11-2)] **I can't see the image on the screen very clearly.**
M [11-3) 12)] **Would you mind closing the window shades then?** I'm sure everyone will be able to see well if you do that.

M 다음 이 슬라이드를 봐 주세요. 보시다시피, 그래프에서 올해 1분기 매출액이 증가했다는 것을 알 수 있습니다.
W 죄송하지만, 이 부분이 좀 너무 밝아서요. 여기서는 그다지 명확하게 보이지가 않네요. 화면상의 이미지가 그다지 또렷해 보이지 않아요.
M 그러면 창문의 차양을 내려 주시겠어요? 그렇게 해 주신다면, 분명 모두가 볼 수 있을 것입니다.

어휘 slide 슬라이드 clearly 깨끗하게, 명확하게 window shade 창문의 차양 far away from ~으로부터 멀리 떨어진 confusing 혼란스러운 turn off 끄다

10
화자들은 어디에 있는 것 같은가?
(A) 회의실에
(B) 공원에
(C) 실험실에
(D) 교실에

해설 화자들이 있는 장소를 묻고 있다. 남자의 첫 번째 말을 통해 화자들은 슬라이드를 보고 있으며, 매출액 증가 추이에 대해서 이야기하고 있음을 알 수 있다. 즉 화자들은 매출액과 관련된 회의를 하고 있는 것이므로 정답은 (A)이다.

11
무엇이 문제인가?
(A) 여자는 그래프를 이해하지 못한다.
(B) 회의실에 빛이 너무 많이 들어오고 있다.
(C) 화면이 모든 사람들로부터 너무 멀리 떨어져 있다.
(D) 그래프상의 수치가 혼란스럽다.

해설 여자의 첫 번째 말인 'I'm sorry, but it's a bit too bright in here. I can't see the image on the screen very clearly.'를 통해 실내가 너무 밝아서 화면이 잘 보이지 않는다는 점을 알 수 있다. 이에 대해 남자가 '창문의 차양을 내려달라'(Would you mind closing the window shades then?)고 했으므로 회의실이 너무 밝아서 화면이 잘 보이지 않는 것이 문제라는 것을 알 수 있다. 따라서 (B)가 정답이다.

12
남자는 이다음에 여자가 무엇을 할 것을 제안하는가?
(A) 창문을 닫는다
(B) 차양을 내린다
(C) 그래프에 대해 설명한다
(D) 불을 끈다

해설 남자가 'Would you mind closing the window shades then?'이라고 말하면서 창문의 차양을 내려 줄 것을 부탁했으므로 정답은 (B)이다.

[13-15]

M Judy, Greg works in your department, doesn't he? 13-1) **Has he improved the quality of his work these days?** He wasn't very good in the past.

W 14) **He has become quite a diligent employee.** 13-2) **I'm rather pleased with his performance.**

M I'm glad to hear that. 15) **I was worried we would have to let him go because he was doing such a bad job before.**

M Judy, Greg이 당신의 부서에서 일을 하고 있죠, 그렇지 않나요? 요즘 그의 업무 태도는 나아졌나요? 예전에는 그다지 좋지 못했거든요.

W 상당히 열심히 일하는 직원이 되었어요. 저는 그의 업무 성과에 대해 상당히 만족하고 있어요.

M 그런 이야기를 들으니 좋군요. 전에는 그가 일을 잘 하지 못해서 그를 내보내야 하지 않을까 걱정했거든요.

어휘 department 부서 improve 개선시키다, 향상시키다 quality 질, 품질 in the past 과거에는 diligent 부지런한 performance 성과, 업적 workload 업무량 fire 해고하다

13
화자들은 무엇에 대해 논의하고 있는가?
(A) 남자의 부서
(B) 음악 공연
(C) 그들의 업무량
(D) 동료 직원

해설 남자가 여자의 부서에서 일하는 Greg에 대해 묻자 여자는 'Greg의 업무에 대해서 만족하고 있다'(I'm rather pleased with his performance.)고 답한다. 즉 화자들은 Greg이라는 동료 직원에 대한 이야기를 하고 있으므로 (D)가 정답이다.

14
여자는 Greg에 대해 어떻게 말하는가?
(A) 회사는 그를 해고해야 한다.
(B) 그는 현재 열심히 일하는 직원이다.
(C) 그의 업무의 질은 낮다.
(D) 그는 업무 성과를 더 내야 한다.

해설 여자의 첫 번째 말, 'He has become quite a diligent employee.'에서 여자는 Greg이 열심히 일하는 직원이 되었다고 말한다. 따라서 (B)가 정답이다.

15
남자는 Greg에 대해 무엇을 암시하는가?
(A) 그는 해고될 뻔했다.
(B) 그는 신입 직원이다.
(C) 그는 곧 승진할 것이다.
(D) 그의 성격은 좋지 않다.

해설 남자의 말 중 Greg이 언급된 부분에서 정답의 단서를 찾아야 한다. 남자의 마지막 말인 'I was worried we would have to let him go because he was doing such a bad job before.'에서 Greg이 이전에는 일을 잘 하지 못해 방출될 위기에 처한 적이 있었다는 사실이 암시되고 있다. 정답은 (A)이다.

[16-18]

M Good evening. 16) **Do you happen to have a table for four right now?**

W I'm sorry, but we're extremely busy at the moment. 17) 18) **I can put you on the list, but you might have to wait up to an hour for a table.**

M That's fine. We're not in any hurry to eat.

M 안녕하세요. 혹시 지금 4명의 자리가 있나요?

W 죄송하지만, 지금은 너무나 바쁜 시간이라서요. 명단에 이름을 올려 드릴 수는 있지만, 자리를 얻기 위해서는 최대 1시간 정도 기다리셔야 할 것 같아요.

M 괜찮아요. 급하게 식사를 하지 않아도 되거든요.

어휘 extremely 극도로; 매우 at the moment 지금

16
화자들은 어디에 있는 것 같은가?
(A) 커피숍
(B) 빵집
(C) 아이스크림 가게
(D) 식당

해설 'have a table for four, put you on the list', 그리고 'are not in any hurry to eat' 등의 표현을 통해 화자들은 식당에 있는 것으로 추측할 수 있다. 따라서 정답은 (D)이다.

17
무엇이 문제인가?
(A) 가격이 너무 높다.
(B) 남자는 한 시간 동안 기다릴 수 없다.
(C) 업체에서 예약을 받지 않는다.
(D) 앉을 수 있는 자리가 없다.

해설 식당에서 자리를 찾는 남자에게 여자는 'I'm sorry, but we're extremely busy at the moment. I can put you on the list, but you might have to wait up to an hour for a table.'이라고 말한다. 즉 현재 자리가 없어서 1시간 정도 기다려야 자리가 날 것임을 알리고 있으므로 (D)가 정답이다.

18
여자는 남자가 무엇을 할 것을 제안하는가?
(A) 다른 곳으로 간다
(B) 잠시 기다린다
(C) 음료를 주문한다
(D) 신용 카드로 계산한다

해설 여자가 남자에게 제안하는 것을 묻고 있으므로 여자의 말에서 정답의 단서를 찾아야 한다. 여자의 말 'I can put you on the list, but you might have to wait up to an hour for a table.'에서 여자는 남자에게 1시간 정도 기다릴 것을 제안하고 있으므로 보기 중 그녀가 제안한 것은 (B)이다.

[19-21]

M Are we still planning to go out for lunch this afternoon, Betsy?
W Yes, we are. 19-1) 20) **Tom in Marketing and I decided to have lunch at the Chinese restaurant on South Street.**
M Okay. Well, 21) **I'm a little short on cash, so I'm going to run out to the ATM now.** 19-2) **Why don't I meet you at the restaurant in ten minutes?**
W That's fine. See you there.

M 우리는 오늘 오후에 밖에서 점심을 먹을 계획이죠, Betsy?
W 네, 그래요. 마케팅부의 Tom과 저는 South 가에 있는 중식 식당에서 점심을 먹기로 결정했어요.
M 좋아요. 음, 저는 현금이 약간 부족해서, 지금 ATM에 가 보려고요. 10분 후에 식당에서 만나는 것이 어떨까요?
W 좋아요. 그곳에서 봐요.

어휘 go out 외식하다 colleague 동료 bank machine 현금 자동 입출금기

19
화자들은 어디에서 점심을 먹을 것인가?
(A) 이탈리아 식당에서
(B) 중국 식당에서
(C) 패스트푸드 식당에서
(D) 구내 식당에서

해설 여자의 첫 번째 말 'Tom in Marketing and I decided to have lunch at the Chinese restaurant on South Street'에서 여자가 중국 식당에 갈 것임을 알 수 있고, 이어지는 남자의 말인 'Why don't I meet you at the restaurant in ten minutes?'에서 남자 역시 그 식당으로 갈 것임을 알 수 있다. 따라서 (B)가 정답이다.

20
Tom은 누구인 것 같은가?
(A) 여자의 동료
(B) 남자의 상사
(C) 식당 주인
(D) 남자의 친구

해설 여자의 첫 번째 말인 'Tom in Marketing and I decided to have lunch at the Chinese restaurant on South Street.'을 통해 여자는 마케팅부의 Tom과 함께 식당에 갈 것임을 알 수 있다. 따라서 Tom은 여자의 동료일 것으로 추측할 수 있으므로 정답은 (A)이다.

21
남자는 이다음에 무엇을 할 것 같은가?
(A) 식당에 간다
(B) 자동 현금 입출금기를 찾는다
(C) 점심 식사를 예약한다
(D) Tom과 이야기한다

해설 남자가 대화 이후에 무엇을 할 것인지 묻고 있으므로 남자의 마지막 말에서 정답의 단서를 찾아야 한다. 'I'm a little short on cash, so I'm going to run out to the ATM now.'를 통해 남자는 돈이 부족해서 자동 현금 입출금기에 다녀올 것임을 알 수 있으므로 (B)가 정답이다.

[22-24]

M I've got some bad news. 22) **Dr. Larson is sick, so he can't do the demonstration today.**
W1 Should we cancel it until another time?
M That's impossible. 23) **People are already arriving for it.**

W2 Who do you think can handle giving the demonstration?

M [24] **Janet, I'd like you to do it.** You're familiar with the machine and are a good public speaker.

W1 I guess I can. I'd better start preparing now.

M 나쁜 소식이 있어요. Larson 박사님이 아파서 오늘 시연을 할 수가 없어요.

W1 시연을 취소하고 시간을 다시 잡아야 할까요?

M 그건 불가능해요. 사람들이 이미 도착하고 있거든요.

W2 누가 시연을 담당해야 한다고 생각하나요?

M Janet, 저는 당신이 했으면 좋겠어요. 당신은 그 기기에 익숙하고 대중 앞에서 말을 잘하니까요.

W1 제가 할 수도 있겠군요. 지금 바로 준비를 시작하는 것이 좋을 것 같네요.

어휘 demonstration 시위; 시연 impossible 불가능한 handle 다루다, 처리하다 be familiar with ~에 익숙하다 had better ~하는 편이 낫다 disbelief 불신감 argue 주장하다

22

무엇이 문제인가?

(A) Larson 박사의 비행기편이 취소되었다.

(B) 아직 아무도 도착하지 않았다.

(C) 시연이 연기될 것이다.

(D) 연사가 아프다.

해설 대화 초반부에서 남자는 'Larson 박사가 아파서(Dr. Larson is sick) 연설을 못할 것'이라는 소식을 전하고 있다. 따라서 문제가 되는 점은 (D)이다.

23

남자는 왜 "That's impossible"이라고 말하는가?

(A) 시연 진행을 거부하기 위해

(B) 행사가 취소될 수 없음을 말하기 위해

(C) 불신감을 나타내기 위해

(D) Larson 박사가 반드시 연설을 해야 한다고 주장하기 위해

해설 행사를 취소시킬 수 있는지 묻는 여자의 질문에 대한 대답이다. 따라서 정답은 (B)이다. 이어서 남자는 '사람들이 오고 있다'는 점을 행사 취소가 불가능한 이유로 들고 있다.

24

남자는 Janet에게 무엇을 하라고 말하는가?

(A) 기기에 대한 작업을 한다

(B) 학회에 참석한다

(C) 강연을 한다

(D) 강연을 준비한다

해설 시연을 누가 대신했으면 좋겠는지 묻는 여자의 말에 남자는 'Janet, I'd like you to do it.'이라고 답한다. 따라서 정답은 (C)이다. (D)는 여자가 본인이 하겠다고 한 일이지 남자가 직접적으로 요청한 사항은 아니다.

[25-27]

M1 [25] **I'm disappointed with the quality of applicants we're getting.**

W What's the matter with them?

M1 Most of them are unqualified for the job. [26] **I think they're attracted by the big salary.**

M2 That's definitely the case. Some individuals have mentioned that on their applications.

M1 [27] **I think we need to rewrite the ad and place it again.**

W We ought to do that. We need to fill the position at once.

M1 입사 지원자들의 자질에 실망했어요.

W 문제가 무엇인가요?

M1 대부분이 일자리에 대한 자격을 갖추고 있지 않아요. 그들은 높은 급여에 이끌린 것 같아요.

M2 정말 그래요. 몇몇 개인들은 지원서에 그러한 점을 언급했죠.

M1 구인 광고를 다시 작성해서 게시해야겠군요.

W 꼭 그래야 해요. 당장 자리를 채워야 하니까요.

어휘 be disappointed with ~에 실망하다 quality 질, 자질 unqualified 자격을 갖추지 못한 attract 끌다, 유인하다 salary 급여, 봉급 that's the case 바로 그렇다, 사실이다 individual 개인 rewrite 다시 쓰다, 다시 작성하다 at once 즉시, 당장

25

화자들은 주로 무엇을 논의하는가?

(A) 곧 있을 면접

(B) 입사 지원자들

(C) 최근의 광고

(D) 공석

해설 입사 지원자의 자질에 실망했다는 말로 대화가 시작되고 있고, 그들이 급여만 보고 일자리에 지원했다는 내용이 이어지고 있다. 따라서 대화의 주제는 (B)로 볼 수 있다.

26

남자들은 지원자들에 대해 무엇을 말하는가?

(A) 충분한 경력을 가지고 있지 않다.

(B) 일자리에 필요한 자격을 갖추고 있다.

(C) 면접에서 말을 잘 한다.

(D) 돈 때문에 지원한다.

해설 남자1이 'I think they're attracted by the big salary.'라고 말하면서 비판하자, 남자2가 그에 동조하는 발언을 한다. 따라서 남자들이 지적한 바는 (D)로 볼 수 있다.

27

여자가 "We ought to do that"이라고 말할 때 그녀는 무엇을 의미하는가?

(A) 그녀는 광고를 새로 만들고 싶어 한다.

(B) 그녀는 신입 직원을 승진시키고 싶어 한다.

(C) 그녀는 몇 명의 사람들을 고용하고 싶어 한다.
(D) 그녀는 곧 면접을 실시하고 싶어 한다.

해설 do that이 의미하는 바를 이해해야 정답을 쉽게 찾을 수 있다. 주어진 문장은 바로 앞에서 '(구인) 광고를 고쳐서 다시 게시해야 한다'(we need to rewrite the ad and place it again)는 남자의 말에 대한 반응이므로 여기에서 do that은 '광고를 수정해서 게시하는 일'을 뜻한다. 따라서 그녀가 의미하고자 한 바는 (A)로 보아야 한다.

[28-30]

W Good evening. Is there something I can assist you with?
M I hope so. Today is my wife's birthday, so I need a present for her.
W 28-1) **How about a pair of earrings like these?**
M She's got plenty of them. I'd like something different.
W 28-1) 29) **Here's a beautiful bracelet. Check out the design.** You can't go wrong with this.
M You can say that again. I'd like to get it. 30) **Do you do gift-wrapping?**
W Yes, we do.

W 안녕하세요. 제가 도와 드릴 일이 있을까요?
M 도움을 주셨으면 좋겠어요. 오늘이 제 아내 생일이라, 아내를 위한 선물이 필요하거든요.
W 이와 같은 귀걸이는 어떠신가요?
M 귀걸이는 많이 가지고 있어요. 다른 것이 좋을 것 같네요.
W 여기 예쁜 팔찌가 있어요. 디자인을 보세요. 이것을 선택하시면 전혀 문제가 없을 거예요.
M 정말 그렇군요. 그걸로 할게요. 선물용으로 포장해 주시나요?
W 네, 그렇게 해 드려요

어휘 present 선물 earring 귀걸이 plenty of 많은 bracelet 팔찌 gift-wrapping 선물용 포장 wrap 포장하다, 싸다 free gift 무료 선물, 경품

28
남자는 어디에 있는가?
(A) 옷 가게에
(B) 문구점에
(C) 신발 가게에
(D) 보석상에

해설 아내의 생일 선물을 사러 왔다는 남자의 말을 듣고 여자는 earrings(귀걸이)와 bracelet(팔찌)을 보여 준다. 따라서 이들이 있는 곳은 (D)의 '보석상'일 것이라는 추측이 가능하다.

29
여자가 "You can't go wrong with this"라고 말할 때 그녀는 무엇을 의미하는가?
(A) 남자는 실수하지 않았다.
(B) 남자는 그 제품을 사야 한다.
(C) 그녀가 남자에게 보여 준 첫 번째 제품이 더 낫다.
(D) 그녀는 다른 것보다 그 제품을 좋아한다.

해설 본래 'You can't go wrong with this.'는 '이것으로는 실수를 할 리가 없다.'는 뜻으로, 상대방에게 확신을 심어 줄 때 할 수 있는 말이다. 여기에서는 '이것(팔찌)을 사면 부인이 싫어할 리가 없을 것이다'라는 의미로 사용되어 결국 (B)와 같은 의미를 나타낸다고 볼 수 있다.

30
남자는 여자에게 무엇을 하라고 요청하는가?
(A) 자신과 매니저가 이야기할 수 있도록 한다
(B) 제품을 포장한다
(C) 제품의 가격을 낮춰 준다
(D) 자신에게 경품을 준다

해설 남자의 마지막 말 'Do you do gift-wrapping?'에서 남자가 요청한 것은 (B)라는 사실을 알 수 있다.

[31-33]

W Why do you look so pleased, Jeff?
M 31) **We made a huge breakthrough in the lab this morning.**
W Which project are you working on?
M 32) 33) **The one Dr. Walden is leading.** If we can confirm the results, we're going to have a new type of metal on our hands.
W That sounds promising.
M You can say that again. It's stronger and lighter than steel and cheaper to make.

W 왜 그렇게 기쁜 표정을 짓고 있나요, Jeff?
M 오늘 아침 실험실에서 매우 획기적인 성과가 있었거든요.
W 어떤 프로젝트에 참여하고 있나요?
M Walden 박사가 진행하고 있는 프로젝트요. 결과를 확정시킬 수 있다면, 우리는 새로운 유형의 금속을 얻게 될 거예요.
W 전망이 밝아 보이는군요.
M 정말 그래요. 그것은 강철보다 강하고 가벼우며, 제작 비용도 낮거든요.

어휘 breakthrough 획기적인 발견 lab 실험실 lead 이끌다, 주도하다 confirm 확인하다, 확정시키다 metal 금속 promising 전도 유망한 steel 강철

31
남자는 왜 기뻐하는가?
(A) 승진했다.
(B) 실험실에서 일할 수 있게 고용되었다.
(C) 그의 팀이 발견을 했다.
(D) 그가 분실한 물품을 찾았다.

해설 기뻐 보인다는 여자의 말에 남자는 'We made a huge breakthrough in the lab this morning.'이라고 그 이유를 밝히고 있다. 정답은 (C)이다.

32
Walden 박사는 누구인 것 같은가?
(A) 남자의 관리자
(B) 교수
(C) 의사
(D) 고객

해설 어떤 프로젝트에 참여하고 있는지 묻는 여자의 질문에 남자는 'The one Dr. Walden is leading.'이라고 답한다. 따라서 Walden 박사는 남자가 참여하고 있는 프로젝트의 책임자임을 알 수 있다. 정답은 (A)이다.

프로젝트 리더	프로젝트명
Tina Martin	로봇 테스트
George Stewart	인공지능 진보
Alexis Gray	박테리아 연구
Steve Walden	합금 개발

33
도표를 보아라. 화자들이 논의하고 있는 프로젝트는 어느 것인가?
(A) 로봇 테스트
(B) 인공지능 진보
(C) 박테리아 연구
(D) 합금 개발

해설 어떤 프로젝트에 참여하고 있는지 묻는 여자의 질문에 대해, 남자는 'The one Dr. Walden is leading.'이라고 답했다. 도표에서 Walden 박사가 진행하는 프로젝트는 Alloy Development라는 것을 확인할 수 있으므로 정답은 (D)이다.

[34-36]

M We need to have more special exhibits here.
W Why do you say that?
M **34-1) The panda exhibit was a huge success. 35) We had more than 50,000 people visit that month.**
W Ah, that's a good point. What are you thinking of doing then?
M **34-2) I'd like to get some animals on loan from other places.**
W That might work. **36) Why don't I contact a few places that are close to us?**
M That would be great.

M 이곳에서 보다 특별한 전시를 해야 해요.
W 왜 그렇게 말하는 거죠?
M 판다 전시가 큰 성공을 거두었잖아요. 그 달에 50,000명이 넘는 사람들이 방문했죠.
W 아, 좋은 지적이에요. 그러면 무엇을 생각 중인가요?
M 다른 곳에서 동물들을 임대해 오고 싶어요.
W 가능하겠군요. 제가 우리와 가까이 있는 곳으로 몇 군데에 연락해 볼까요?
M 그러면 좋겠네요.

어휘 exhibit 전시, 전시회 huge 거대한, 커다란 on loan 대여로, 대부해서 contact 접촉하다, 연락하다

34
화자들은 어디에 있는 것 같은가?
(A) 애완동물 가게에
(B) 농장에
(C) 공원에
(D) 동물원에

해설 대화가 이루어지고 있는 장소를 묻고 있다. panda exhibit(판다 전시)라는 표현과 get some animals on loan from other places(다른 곳에서 동물을 데리고 오는 것)라는 표현 등을 통해 화자들은 동물원에서 일하는 직원임을 알 수 있다. 따라서 정답은 (D)이다.

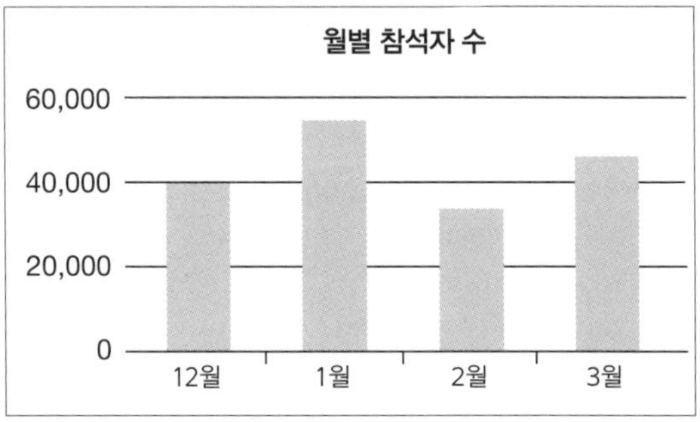

35
도표를 보아라. 특별 전시는 언제였는가?
(A) 12월
(B) 1월
(C) 2월
(D) 3월

해설 남자는 판다 전시가 '큰 성공'(huge success)을 거두었다고 말한 뒤, 'We had more than 50,000 people visit that month.'라고 언급한다. 따라서 판다 전시가 있었던 달은 도표를 통해 방문객이 5만 명을 넘었던 (B)의 '1월'임을 알 수 있다.

36
여자는 무엇을 하겠다고 제안하는가?
(A) 동물들이 건강한지 확인한다
(B) 다른 곳에 연락한다
(C) 더 많은 동물을 구입할 수 있는 방법을 찾아낸다
(D) 새로운 특별 전시를 마련한다

해설 여자의 마지막 말, 'Why don't I contact a few places that are close to us?'에서 여자는 다른 동물원에 연락해볼 것이라는 사실을 알 수 있다. 따라서 정답은 (B)이다.

[37-39]

W How does your schedule look tomorrow afternoon?

M [37)] **I've got meetings all day long.** Why do you ask?

W Marty Walters wants to meet you then.

M [38)] **Oh, he's my most important client.** I have to meet him if he wants to see me.

W [39)] **Shall I cancel the meeting with Jeff Robinson then?**

M Yes, do that. Call him and ask if he can visit me on Friday, please.

W 내일 오후 일정은 어떤가요?

M 하루 종일 회의가 있어요. 왜 묻는 거죠?

W Marty Walters가 그때 당신을 만나고 싶어 하거든요.

M 오, 그는 저에게 가장 중요한 고객이에요. 그가 나를 만나고 싶어 한다면 그를 만나야만 해요.

W 그러면 Jeff Robinson과의 회의를 취소시킬까요?

M 네, 그렇게 해 주세요. 그에게 전화해서 금요일에 방문할 수 있는지 물어봐 주세요.

어휘 all day long 하루 종일 client 고객

37

남자의 문제는 무엇인가?

(A)그의 일정이 꽉 차 있다.

(B) 그가 사무실에 없다.

(C) 그는 오늘 시간이 없다.

(D) 그는 해야 할 일이 있다는 것을 잊었다.

해설 내일 일정이 어떤지 묻는 여자의 질문에 남자는 'I've got meetings all day long.'이라고 대답한다. 따라서 남자의 문제는 (A)로 볼 수 있다.

38

남자는 Marty Walters에 대해 무엇이라고 말하는가?

(A) 그는 최근에 전업했다

(B) 그가 가장 많은 고객을 보유하고 있다.

(C) 그는 다른 나라에서 일한다.

(D)그는 중요한 고객이다.

해설 'Oh, he's my most important client.'가 정답의 단서이다. 정답은 client를 customer로 바꾸어 표현한 (D)이다.

시간	고객명
오후 1시 - 오후 2시	Jeff Robinson
오후 2시 - 오후 3시 30분	Jim Turner
오후 3시 30분 - 오후 5시	Craig Murphy
오후 5시 - 오후 6시	Ozzie Rudolph

39

도표를 보아라. 남자는 몇 시에 Marty Walters를 만날 것인가?

(A)오후 1시

(B) 오후 2시

(C) 오후 3시 30분

(D) 오후 5시

해설 Marty Walters를 꼭 만나야 한다는 남자의 말을 듣고 여자는 Jeff Robinson과의 회의를 취소시키겠다고 답한다. 도표에서 Jeff Robinson과의 만남은 오후 1시에서 2시로 예정되어 있으므로 남자가 Marty Walters를 만나게 될 시간은 (A)의 '1시'이다.

PART 4 담화문

Unit 01 | 주제 및 목적

기본기 체크업 p.206

A 04-02

1 (c)	2 (a)	3 (b)
4 (a)	5 (c)	

1

M This weekend, Joy Travel is having a special offer. If you sign up for one of our travel packages in Europe, you can save twenty percent. Call 477-9090 for more information.

M 이번 주, Joy Travel에서 특별 상품을 마련했습니다. 유럽 여행 패키지 중 하나를 구입하시면, 20%를 절약하실 수 있습니다. 더 많은 정보를 얻으시려면 477-9090으로 연락하세요.

어휘 special offer 특가 상품 sign up for ~에 등록하다

2

W Attention, everyone. This weekend, we are going to be moving our office to a new location. Starting on Monday, we will be working from the fifth floor of the building at 56 Mayberry Road.

W 모두들 주목해 주십시오. 이번 주말에 사무실이 새로운 장소로 이전될 예정입니다. 월요일을 시작으로, 우리는 Mayberry 로 56번지의 5층에서 근무를 하게 될 것입니다.

3

M For the next three days, Tim's Electronics Store will be closed for repairs. The recent thunderstorms caused water to leak into the store. We need to fix the damage before we can let customers into the store again.

M 다음 3일 동안, Tim's 전자 제품 매장이 수리를 위해 문을 닫을 예정입니다. 최근 뇌우로 인해 매장으로 물이 새어 들어오고 있습니다. 손님들을 매장으로 다시 모시기에 앞서, 손상된 곳을 수리해야 합니다.

어휘 repair 수리 recent 최근의 thunderstorm 뇌우 leak 새다

4

M Good morning, everybody. We have a new employee today. Her name is Cindy Wilson, and she's standing here beside me. Cindy is going to be working in the Sales Department.

M 모두들 좋은 아침입니다. 오늘 신입 직원이 왔습니다. 그녀의 이름은 Cindy Wilson이며, 여기 제 옆에 서 있습니다. Cindy는 영업부에서 근무하게 될 것입니다.

5

W All tenants in apartment 323, please listen carefully. The elevator in the building is not working properly. Some workmen will be fixing it starting at eleven. The repairs should take about an hour. During that time, please use the stairs.

W 323동 아파트 주민 여러분들께서는 모두 주목해 주세요. 건물 내의 엘리베이터가 고장이 났습니다. 몇 명의 인부들이 7시부터 수리를 하게 될 것입니다. 수리하기까지 약 한 시간 정도가 걸릴 것입니다. 이때에는 계단을 이용해 주세요.

B 04-03

1 (a) ○	(b) ○	(c) ×
2 (a) ○	(b) ×	(c) ○
3 (a) ×	(b) ○	(c) ○
4 (a) ○	(b) ×	(c) ○
5 (a) ○	(b) ×	(c) ×

1

M If you're driving south on Highway 53, be careful. There is a traffic jam starting at the Newberry Bridge and stretching about six miles behind it. There was a three-car accident on the bridge. That is the cause of the problem. I recommend that you take a detour. Traffic heading south on both Silver Road and Lakeview Drive is light, so you should consider those options. Now, here's Ted with today's weather.

M 53번 고속도로에서 남쪽 방향으로 운전을 하고 계시다면 주의하시기 바랍니다. 교통 체증이 Newberry 교에서 시작되어 이후 약 6마일까지 이어져 있습니다. 다리에서 3중 추돌 사고가 있었습니다. 이것이 문제의 원인입니다. 저는 여러분들께서 우회로를 택하실 것을 권해 드립니다. Silver 로와 Lakeview 로 양쪽에서는 남쪽으로 향하는 교통량이 적기 때문에, 이러한 방법을 고려해 보셔야 할 것입니다. 이제, 오늘의 날씨의 Ted입니다.

(a) 화자는 교통 속보를 알려 주고 있다.
(b) 다리에서 사고가 있었다.
(c) Silver 로에 교통 체증이 발생하고 있다.

어휘 traffic jam 교통 체증 stretch 뻗다 accident 사고 cause 원인 recommend 추천하다 detour 우회로 option 선택, 선택 방안 traffic update 교통 속보 experience 경험하다, 겪다

2

W	Hello. This message is for Lucy Haught. Lucy, congratulations. You are the grand prize winner of the drawing at the Hodgson Mall. Your prize is a $1,000 gift certificate that you can use at any of the 156 stores located in the Hodgson Mall. To claim your prize, please go to the security office on the first floor of the mall. Be sure to bring two forms of picture ID so that we can confirm your identity. Congratulations again.
W	안녕하세요. Lucy Haught 씨에게 이 메시지를 남깁니다. Lucy, 축하해요. 귀하가 Hodgson 몰의 사생 대회에서 대상 수상자가 되었습니다. 상품은 Hodgson 몰에 위치해 있는 156개의 매장 어디에서나 사용하실 수 있는 1,000달러 상당의 상품권입니다. 상품을 신청하기 위해서는 몰의 1층에 있는 보안실로 오시기 바랍니다. 저희가 귀하의 신원을 확인할 수 있도록, 잊지 마시고 사진이 들어 있는 신분증 두 개를 가지고 오십시오. 다시 한 번 축하를 드립니다.

(a) 여자는 메시지를 전달하기 위해 전화를 하고 있다.
(b) 전화를 건 사람은 Lucy Haught에게 그녀가 빌린 돈을 갚으라고 요청하고 있다.
(c) 전화를 건 사람은 Lucy Haught에게 보안실로 오라고 요청하고 있다.

어휘 grand prize winner 대상 수상자 prize 상품, 상금 gift certificate 상품권 claim 주장하다, 요청하다 identity 신원 deliver a message 메시지를 전하다 repay 갚다 owe 빚지다

3

M	May I have your attention, shoppers? For the next thirty minutes, every single item at the bakery is on sale for forty percent off the regular price. This includes donuts, bread, bagels, and even birthday cakes. This sale is going to end at seven o'clock, so please hurry to the bakery. The bakery is located in the back of the store behind aisles nine and ten.
M	쇼핑객 여러분, 주목해 주시겠습니까? 다음 30분 동안, 제과점의 모든 단일 품목들이 정가에서 40% 할인되어 판매될 것입니다. 여기에는 도넛, 빵, 베이글, 그리고 생일 케이크도 포함됩니다. 이 세일은 7시 정각에 종료될 것이기 때문에, 서둘러서 제과점으로 가시기 바랍니다. 제과점은 9번 통로와 10번 통로 뒤편 매장의 안쪽에 위치해 있습니다.

(a) 제과점은 30분 후에 문을 닫을 것이다.
(b) 쇼핑객들은 지금 제과점에서 할인을 받을 수 있다.
(c) 화자는 특가품에 대한 방송을 하고 있다.

어휘 regular price 정가 include 포함하다 aisle 통로

4

M	Please look at page ten of your reports. As you can see, we have received the customer evaluations of our new line of products. Unfortunately, customers don't appear to enjoy most of them. Sales are down, and we're getting tons of letters from customers complaining about the quality of the products. This is having a negative effect on both our image and the value of our stock. We need to do something to change this immediately.
M	보고서의 10페이지를 봐 주십시오. 보시다시피, 우리는 신제품들에 대한 고객 평가를 받았습니다. 안타깝게도, 고객들은 대부분의 제품을 좋아하지 않는 것처럼 보입니다. 매출은 줄어들고 있으며, 우리는 고객들로부터 제품의 품질에 대해 불만을 표시하는 많은 편지를 받고 있습니다. 이는 우리의 이미지 및 주식 가치 모두에 부정적인 영향을 미치고 있습니다. 이러한 점을 바꾸기 위해, 우리는 즉시 조치를 취해야 할 필요가 있습니다.

(a) 남자는 최근에 출시된 제품에 대해 보고하고 있다.
(b) 남자의 보고서는 대체적으로 긍정적이다.
(c) 대부분의 고객들이 신제품을 좋게 생각하지 않는다.

어휘 evaluation 평가 negative 부정적인 effect 영향 value 가치 stock 주식 immediately 즉시, 곧 recently 최근에 release 놓아 주다; 출시하다 positive 긍정적인 approve of ~을 승인하다, ~을 괜찮다고 생각하다

5

W	Best Gym would like to announce that we're reopening our doors this Friday, October 10. After one month of renovations, our gym is back and better than ever. We have doubled the size of the gym, so it now has plenty of weights and exercise equipment. We've also added two squash courts and an indoor swimming pool. Call 621-6543 to find out how to become a member of Best Gym.
W	Best 체육관이 이번 주 금요일인 10월 10일에 다시 문을 열 것이라는 점을 알려 드리고자 합니다. 1개월 간의 보수 공사 후, 우리 체육관은 다시 돌아왔으며 그 어느 때보다 좋아졌습니다. 체육관을 두 배로 넓혔기 때문에, 현재 다량의 역기들과 운동 기기들이 갖추어져 있습니다. 또한 두 개의 스쿼시장과 실내 수영장이 추가되었습니다. Best 체육관의 회원이 되는 법을 알고 싶으시면 621-6543으로 전화를 주십시오.

(a) 여자는 시설의 몇 가지 변화에 대해 설명하고 있다.
(b) 체육관은 처음으로 문을 열었다.
(c) 체육관은 신입 회원들에게 할인을 해 주고 있다.

어휘 renovation 혁신; 수리, 보수 double 두 배로 만들다 plenty of 많은, 다량의 weight 역기 equipment 장비, 시설 facility 시설 for the first time 처음으로

C

04-04

1 (c)	2 (a)	3 (b)
4 (b)	5 (c)	

1

W Today was Election Day in the city, and the polls are now closed. The first results are coming in. It looks like Ed O'Neil is going to be reelected as mayor. He has seventy percent of the vote and appears to have an unbeatable lead. There may be an upset in the race for city councilman. George Stevens is leading incumbent Sue Wallis by about ten percent. More than half of the votes have already been counted. It seems we may have a new member of the city council.

W 오늘은 시의 선거일이었고, 선거는 현재 종료되었습니다. 첫 결과가 나오고 있습니다. Ed O'Neil이 시장직에 재선될 것으로 보입니다. 그는 70%의 득표율을 얻었으며 대적할 수 없을 정도로 선두를 유지하고 있는 것처럼 보입니다. 시의원 선거에서는 예상 밖의 승리가 있을 수도 있겠습니다. George Stevens가 재임 중인 Sue Wallis를 약 10%정도 앞서고 있습니다. 투표의 절반 이상이 이미 집계되었습니다. 새로운 시의원이 등장할 것으로 보입니다.

어휘 poll 투표, 선거 reelect 재선시키다 mayor 시장 percent of the vote 득표율 unbeatable 대적이 불가능한, 무적의 lead 선두 upset 속상한; 곤란한 상황; 예상 밖의 승리 city councilman 시의원 incumbent 재임 중인, 현직의 count 세다, 셈하다

Q. 담화는 주로 무엇에 관한 것인가?
(a) 시장
(b) George Stevens
(c) 선거 결과

2

W Now, it's time for the keynote speech. Dr. Ray Adams is a leader in the field of artificial intelligence. He has made some impressive discoveries in the past year. He believes he can soon build a machine that will think for itself. He's going to tell us all about his work tonight. Please give a nice round of applause for Dr. Ray Adams.

W 이제, 기조 연설 시간입니다. Ray Adams 박사는 인공 지능 분야에 있어서 선도자입니다. 작년에 몇 개의 인상적인 발견을 했습니다. 스스로 생각할 수 있는 기계를 본인이 곧 만들 수 있을 것이라고 믿고 계십니다. 그는 오늘 밤 우리에게 자신의 연구에 관한 모든 것을 말씀해 주실 것입니다. Ray Adams 박사님을 큰 박수로 맞이해 주시기 바랍니다.

어휘 keynote speech 기조 연설 leader 선도자 field 분야 artificial intelligence 인공 지능 impressive 인상적인 for oneself 스스로, 혼자 힘으로 lecture 강연, 강의

Q. 연설의 목적은 무엇인가?
(a) 인물을 소개하기 위해
(b) 강연을 하기 위해
(c) 제품을 광고하기 위해

3

M In local news, Fly Safe Airlines announced it's going to hire 100 new employees in the Anniston area. The airline is opening several new routes throughout the Southeast. It's going to start flying to four new states, including Texas and Arkansas. Because Fly Safe is expanding, it needs a larger workforce. This should help the economy of our city a great deal since most of the new employees will live here.

M 지역 뉴스로, Fly Safe 항공사가 애니스턴 지역에서 100명의 신규 직원을 채용할 것이라고 발표했습니다. 이 항공사는 남동부를 가로지르는 몇 개의 항로를 신설했습니다. 텍사스와 아칸소를 포함하여, 4개의 새로운 주들로 비행을 시작하게 될 것입니다. Fly Safe가 확장하고 있기 때문에, 보다 많은 인력이 필요합니다. 이러한 점은 시 경제에 상당한 도움이 될 것인데, 그 이유는 대부분의 신입 직원들이 이곳에서 살게 될 것이기 때문입니다.

어휘 local 지역의, 인근의 hire 고용하다 route 길, 노선 expand 확대하다, 확장하다 workforce 인력, 노동자 economy 경제

Q. 무엇에 관한 보도인가?
(a) 공항
(b) 항공사
(c) 항공기

4

W If you want to purchase a used car, visit Sarah's Used Car Dealership. Located at 83 Kingfisher Street, Sarah's Used Car Dealership has more than 250 used cars. We sell all kinds of cars. So you will have many vehicles to choose from. We sell our cars for fair prices, and we make sure they're in good condition. You won't get a bad car from us. Come down to our lot any day of the week and check out our selection. You'll be glad you did.

W 중고차 구매를 원하신다면, Sarah's 중고차 매매 상가를 방문해 주십시오. Kingfisher 가 83번지에 위치해 있는 Sarah's 중고차 매매 상가는 250대 이상의 중고차들을 보유하고 있습니다. 저희는 모든 종류의 자동차를 판매합니다. 따라서 선택

하실 수 있는 많은 차량들이 있을 것입니다. 저희는 적정한 가격으로 자동차를 판매하며, 그 상태가 뛰어나다는 점을 보장합니다. 저희에게서 좋지 못한 차는 구입하실 수 없을 것입니다. 주중 언제라도 저희가 있는 곳을 방문해 주셔서 저희가 보관 중인 차량들을 확인해 보십시오. 본인의 행동에 만족해 하실 것입니다.

Q. 담화의 주된 목적은 무엇인가?
(a) 폐업을 알리기 위해
(b) 고객을 유치하기 위해
(c) 매장이 이전한다고 말하기 위해

어휘 used car 중고차 all kinds of 온갖 종류의 vehicle 차량 fair price 적정 가격 condition 상태 lot 구역, 부지 attract 끌다, 유인하다

5

M Thank you all for letting me speak here tonight. In case you don't know, my name is Rick Presley. I'm the author of the young adult's novel *The Return of the Red Dragon*. It's the second book in a trilogy I'm writing. I plan to release the third and final book in the series next year. First, let me tell you a bit about the book. And then I'd like to tell you how I thought of the idea for it.

M 오늘 밤 이곳에서의 연설을 허락해 주신 모든 분들께 감사 드립니다. 모르시는 경우를 위해 말씀을 드리면, 제 이름은 Rick Presley입니다. 저는 청소년을 위한 소설인 *The Return of the Red Dragon* 의 작가입니다. 이는 제가 쓰고 있는 3부작 중 두 번째 책입니다. 저는 내년에 시리즈의 세 번째이자 마지막 책을 발간할 계획입니다. 우선, 책에 대해 약간의 말씀을 드리도록 하겠습니다. 그리고 난 다음에는 그에 대한 아이디어를 제가 어떻게 생각해 냈는지에 관해 말씀을 드리고자 합니다.

어휘 in case ~의 경우를 대비하여 author 작가 young adult 청소년 novel 소설 trilogy 3부작 release 풀어 주다, 놓아 주다; 출시하다, 출간하다

Q. 담화의 주제는 무엇인가?
(a) *The Return of the Red Dragon*은 무엇에 관한 이야기인가
(b) Rick Presley는 누구인가
(c) 연사가 무엇을 할 것인가

예상 적중 문제 01-03 p.209

MORE & MORE 04-06

1. A special sale is being announced. (×)
2. The message is intended for people who watch TV. (○)
3. The speaker is recruiting actors for a TV show. (×)

1. 특별 할인 행사가 안내되고 있다.
2. 메시지는 TV를 시청하는 사람들을 위해 의도된 것이다.
3. 화자는 TV 프로그램의 배우들을 모집하고 있다.

어휘 announce 알리다 intend 의도하다 recruit 모집하다, 채용하다 TV show TV 쇼, TV 프로그램

예상 적중 문제 04-06 p.211

MORE & MORE 04-08

1. The message is about an order a person made. (○)
2. The caller is advertising a new business. (×)
3. The books that Mr. Sanderson wants are available. (○)

1. 메시지는 어떤 사람이 한 주문에 관한 것이다.
2. 전화를 건 사람은 새로운 사업에 대해 광고하고 있다.
3. Sanderson 씨가 원하는 도서는 구입이 가능하다.

예상 적중 문제 07-09 p.213

MORE & MORE 04-10

1. The man states that the company set a sales record. (○)
2. The man notes that the company is doing well financially. (○)
3. The company is going to set a sales record in September. (×)

1. 남자는 회사가 매출 기록을 세웠다고 말한다.
2. 남자는 회사가 재정적으로 잘 운영되고 있다는 점에 주목한다.
3. 회사는 9월에 매출 기록을 세우게 될 것이다.

어휘 state 말하다, 진술하다, 주장하다 set a sales record 매출 기록을 세우다 note 주목하다

예상 적중 문제 10-12 p.215

MORE & MORE 04-12

1. Mr. Burgess is the company's founder. (○)
2. The company employs thousands of people. (○)
3. Mr. Burgess is going to introduce the new CEO. (×)

1. Burgess 씨는 회사의 창립자이다.
2. 회사에서 수천 명을 고용하고 있다.
3. Burgess 씨가 새로운 최고 경영자를 소개할 것이다.

Unit 02 | 담화의 장소 및 인물의 신원

기본기 체크업 p.220

A 04-14

1 (c)	2 (a)	3 (c)
4 (a)	5 (b)	

1

W Please take this medicine two times a day on an empty stomach. If you are not feeling well three days from now, come back here. Then, I will run some more tests on you.

W 하루에 두 번 공복일 때 이 약을 복용하십시오. 지금부터 3일 후에도 몸이 좋아지지 않으시면 다시 이곳으로 오십시오. 그러면, 몇 가지 검사를 더 하도록 하겠습니다.

2

W Your attention, please. The train from Sacramento will be arriving in five minutes. Passengers will be arriving at Gate 3. You can meet the passengers in front of the gate.

W 주목해 주십시오. 새크라멘토에서 출발한 기차가 5분 후에 도착할 예정입니다. 승객분들께서는 3번 게이트에 내리실 것입니다. 3번 게이트 앞에서 승객분들을 만나실 수 있습니다.

3

M I know all of you are excited about our new cupcakes and muffins, but don't gather around the counter. Instead, please form a line. We will handle each customer one by one as quickly as we can.

M 여러분들 모두가 저희의 신제품인 컵케이크와 머핀에 열광하고 계시다는 점은 잘 알고 있지만, 카운터 주변으로 모이지는 마세요. 대신, 줄을 서 주세요. 가능한 한 빨리 한 분씩 고객님들을 상대해 드리겠습니다.

어휘 muffin 머핀 gather around ~ 주위로 모이다 one by one 하나씩

4

W Greetings, fellow engineers. Welcome to the tenth annual Society of Electrical Engineers Conference. We're going to have an exciting three days together. Let me tell you about some of the events we have planned.

W 동료 엔지니어분들, 안녕하십니까. 제10회 연례 Society of Electrical Engineers 학회에 오신 것을 환영합니다. 우리는 함께 흥미진진한 3일을 보내게 될 것입니다. 우리가 계획하고 있는 몇 가지 행사에 대해 말씀을 드리겠습니다.

어휘 fellow 동료 annual 연례의

5

M We need to improve the number of sales we make each day. We can do that by being more polite to our customers. Some customers have complained that our salespeople are rude to them. Please don't be rude or pushy. Be as polite as possible.

M 우리는 일일 판매량을 증대시켜야 합니다. 고객들에게 더 공손하게 대함으로써 그럴 수 있습니다. 일부 고객들은 우리의 판매 직원들이 자신에게 무례하게 군다고 불만을 제기하고 있습니다. 무례하게 굴거나 강요하지 마십시오. 최대한 공손하게 대하십시오.

어휘 polite 공손한, 예의 바른 rude 무례한, 버릇 없는 pushy 강요하는, 강매하는

B 04-15

1 (a) ×	(b) ○	(c) ×
2 (a) ×	(b) ○	(c) ○
3 (a) ○	(b) ×	(c) ×
4 (a) ○	(b) ○	(c) ○
5 (a) ○	(b) ×	(c) ×

1

W If you want your clothes to look perfect, you should drop them off at Tyler's. Here at Tyler's, we treat your clothes as if they were ours. We provide a variety of services, including washing, drying, dry-cleaning, and ironing. We can remove stains from your clothes, and we can repair any problems with them, too. Tyler's is located at 98 Brighton Avenue. We're open every day of the week from eight in the morning to ten at night.

W 여러분의 의상이 완벽해 보이기를 원하신다면, Tyler's로 가져다 주십시오. 이곳 Tyler's에서는, 여러분의 옷을 마치 저희의 옷처럼 다루어 드립니다. 저희는 세탁, 드라이, 드라이클리닝, 그리고 다림질을 포함하여, 다양한 서비스를 제공하고 있습니다. 옷의 얼룩을 제거해 드릴 수도 있고, 옷에 발생하는 어떠한 문제라도 해결해 드릴 수 있습니다. Tyler's는 Brighton 가 98번지에 위치해 있습니다. 평일에는 매일 아침 8시부터 저녁 10시까지 문을 엽니다.

(a) 화자는 의류 제조 업체에서 일한다.
(b) 이 광고는 세탁소를 위한 것이다.
(c) 청자들은 주로 의류 쇼핑객들일 것이다.

어휘 drop off ~을 맡기다 treat 다루다, 취급하다 as if 마치 ~처럼 provide 공급하다 a variety of 다양한 iron 다리미질하다 stain 얼룩 manufacture 제조하다, 만들다 business 사업, 사업체 advertisement 광고 dry cleaner's 세탁소

2

M Hello. This message is for Harold Upton. Mr. Upton, my name is George Herbert, and I'm calling from the Arlington Public Library. The book you requested has been returned to the library. I will hold it for you until Wednesday. If you don't check it out by then, any other patron will be allowed to. Please drop by as soon as you can to get your book. Thank you.

M 안녕하세요. Harold Upton 씨를 위해 메시지를 남깁니다. Upton 씨, 제 이름은 George Herbert로, Arlington 공공 도서관에서 전화를 드리고 있습니다. 선생님께서 요청하신 책이 도서관에 반납되었습니다. 제가 수요일까지 선생님을 위해 이를 보관해 두도록 하겠습니다. 그때까지 대출하지 않으시면, 다른 도서관 이용객이 대출할 수 있게 됩니다. 가능한 한 빨리 들르셔서 책을 받아가시기를 바랍니다. 감사합니다.

(a) Harold Upton은 아마도 작가일 것이다.
(b) George Herbert는 도서관에서 일한다.
(c) 화자는 도서관에서 전화를 하고 있다.

어휘 request 요청하다 hold 잡다, 쥐다; 보유하다 check out 대출하다 patron 후원자; 고객 as soon as one can 가능한 한 빨리

3

M Hello, Mr. Sullivan. This is Dr. Walker calling from Happy Pets. I'd like to give you a report on Snowy. The surgery went well, and she should be fine in a few days. I think she needs to stay here for at least two days so that we can observe her. You are more than welcome to visit her here any time during our business hours. If you have any questions, feel free to call me on my mobile phone.

M 안녕하세요, Sullivan 씨. 저는 Walker 박사로, Happy Pets에서 전화를 드리고 있습니다. 선생님께 Snowy에 대한 보고를 드리고자 합니다. 수술은 잘 진행되었고, 며칠이 지나면 좋아질 것입니다. 저희가 관찰할 수 있도록 최소한 이틀 동안은 여기에 두어야 한다고 생각합니다. 업무 시간 중에는 어느 때라도 이곳에 오셔도 좋습니다. 질문이 있으시면, 주저하지 마시고 제 휴대 전화로 전화를 주십시오.

(a) 전화를 건 사람은 아마도 수의사일 것이다.
(b) Sullivan 씨는 아마도 개 사육사일 것이다.
(c) 화자는 병원 응급실에서 일한다.

어휘 give a report on ~에 대해 보고하다 surgery 수술 observe 관찰하다 business hours 영업 시간 feel free to 자유롭게 ~하다, 주저하지 않고 ~하다 mobile phone 휴대 전화 veterinarian 수의사 breeder 사육사 pet 애완 동물

4

W You need to obey the following rules while you're working out here. First, be courteous to your fellow weightlifters. Next, put all weights back where you got them after you finish using them. Please do not make too much noise. That can disturb our other customers. If you need to talk on your cell phone, go outside to do so. Finally, be helpful to the other people exercising. If they have any problems, try to assist them.

W 이곳에서 운동을 하실 때에는 다음 규정을 따르셔야 합니다. 먼저, 역기 운동을 하는 다른 동료분들에게 예의를 지켜 주십시오. 다음으로, 역기 사용을 마친 후에는 모든 역기를 가져왔던 곳으로 다시 가져다 놓으십시오. 너무 시끄러운 소리는 내지 마시기 바랍니다. 그러면 다른 고객님들께서 방해를 받으실 수 있습니다. 휴대 전화로 통화하실 필요가 있을 때에는 밖으로 나가서 하십시오. 마지막으로, 운동을 하는 다른 분들에게 도움이 될 수 있도록 해 주십시오. 그들이 문제를 겪고 있다면, 도움을 주도록 노력해 주십시오.

(a) 여자는 역기 운동을 하는 사람들을 위해 안내 방송을 하고 있다.
(b) 청자들은 아마도 체육관 안에 있을 것이다.
(c) 여자는 아마도 이 시설의 직원일 것이다.

어휘 obey 복종하다 work out 운동하다 courteous 공손한, 예의가 바른 fellow 동료 disturb 방해하다 exercise 운동하다 try to ~하려고 노력하다 establishment 기관, 시설

5

W Thank you for coming to the grand opening of our store. If you are interested in nonfiction works, check out aisles one and two. If you prefer novels, look at aisles three, four, and five. We have plenty of magazines in aisle six. And if you want children's books, go to the back of the store. If you have any questions, please ask one of our employees. They will gladly assist you.

W 저희 매장의 개업식에 와 주셔서 감사 드립니다. 비소설 작품에 흥미가 있으시다면, 1번 통로와 2번 통로를 살펴봐 주십시오. 소설을 선호하신다면, 3번 통로, 4번 통로, 그리고 5번 통로를 살펴봐 주십시오. 6번 통로에는 많은 잡지들이 있습니다. 그리고 아동용 도서를 원하신다면, 매장의 뒤쪽으로 가십시오. 질문이 있으신 경우에는 직원 중 한 명에게 물어보시기 바랍니다. 그들이 기꺼이 도움을 드릴 것입니다.

(a) 이 메시지는 서점에서 전달되고 있다.
(b) 청자들은 아마도 아이들일 것이다.
(c) 화자는 유명한 작가이다.

어휘 grand opening 개장, 개업 be interested in ~에 흥미가 있다 nonfiction 논픽션의, 비소설의 aisle 통로 prefer 선호하다 plenty of 많은, 다량의 employee 직원 gladly 기꺼이 well-known 유명한

C

04-16

1 (c)	2 (a)	3 (c)
4 (b)	5 (a)	

1

M I'd like to thank you for flying with us today. We're about to begin our descent to London's Heathrow International Airport. Please return to your seats and put your seatbelts on. We should be on the ground in about twenty minutes. The weather in London is twenty-two degrees Celsius, and it's partly cloudy outside. Feel free to enjoy the view from your seats as we head beneath the clouds.

M 오늘 저희 비행기를 이용해 주신 점에 대해 감사를 드리고자 합니다. 저희는 곧 런던의 히드로 국제 공항으로 내려가기 시작할 것입니다. 자리로 돌아가셔서 안전벨트를 착용해 주시기 바랍니다. 약 20분 후에는 지상에 있게 될 것입니다. 런던 날씨는 섭씨 22도이며, 밖에는 부분적으로 구름이 끼어 있습니다. 구름 아래를 지나가는 동안, 여러분 자리에서 보이는 경치를 마음껏 즐기십시오.

Q. 화자는 누구에게 말을 하고 있는가?

(a) 조종사들

(b) 항공기 승무원들

(c) 승객들

어휘 descent 하강 put on ~을 착용하다 seatbelt 안전벨트 ground 지면, 지상 partly 부분적으로 cloudy 구름이 낀, 흐린 view 광경 beneath ~ 아래에 flight attendant 비행기 승무원

2

W Summer is quickly coming, so it's time to get ready for the hottest season of the year. We at Electro Mart are having a sale on air conditioners and fans all weekend long. We are selling name-brand items at low prices. In fact, our prices are so low that you won't find less expensive air conditioners or fans anywhere else in the city. Come to Electro Mart this Saturday and Sunday to make sure you'll have a cool summer.

W 여름이 빠르게 다가오고 있기 때문에, 연중 가장 더운 계절에 대한 대비를 해야 할 시간입니다. Electro 마트에서는 주말 내내 에어컨과 선풍기에 대한 세일을 진행할 것입니다. 저희는 저렴한 가격으로 유명 브랜드 제품을 판매할 것입니다. 실제로, 저희의 가격은 매우 낮아서 시내의 다른 어떤 곳에서도 그보다 저렴한 에어컨이나 선풍기는 찾으실 수 없을 것입니다. 이번 주 토요일과 일요일에 Electro 마트로 오셔서 시원한 여름을 맞이하세요.

Q. 화자는 어디에서 일하는 것 같은가?

(a) 전자 제품 매장에서

(b) 자동차 공장에서

(c) 리조트에서

어휘 get ready for ~에 대한 준비를 하다 have a sale on ~에 대한 할인 판매를 하다 air conditioner 에어컨 fan 선풍기 all weekend long 주말 내내 name-brand 유명 브랜드의 make sure 확실히 하다

3

M Everyone, please take a look to the right. We're about to enter the lion house. Before we enter, I need to remind you of a few things. First, don't hit the walls because that disturbs the lions. Don't wave your arms or make funny faces at the animals either. It's not nice to tease them. Last, don't worry because the walls are shatterproof. It's impossible for the animals to break them down.

M 모두들 오른쪽을 봐 주시기 바랍니다. 잠시 후 우리는 사자가 사는 곳으로 들어갈 것입니다. 들어가기에 앞서 여러분들께 몇 가지 사항을 상기시켜 드리고자 합니다. 먼저, 벽을 치면 사자가 방해를 받으니 벽을 치지 마십시오. 또한 이 동물들을 향해 손을 흔들거나 우스운 표정을 짓지 마십시오. 그들을 놀리는 것은 좋지 못한 행동입니다. 마지막으로, 벽은 깨지지 않으므로 걱정하지 마십시오. 동물들이 벽을 부수는 일은 불가능합니다.

Q. 화자는 어디에서 일을 하는 것 같은가?

(a) 애완 동물 가게

(b) 동물 병원

(c) 동물원

어휘 remind A of B A에게 B를 상기시키다 disturb 방해하다 wave 흔들다 funny 우스운 tease 놀리다, 장난치다 shatterproof (유리 등이) 깨지지 않는 impossible 불가능한 break down 부수다 veterinarian's office 동물 병원

4

W Here's the last bit of local news for the day. John Jefferson just announced that he's going to run for mayor of Lexington. Mr. Jefferson is an outspoken critic of Kevin Dean, the current mayor. Mr. Jefferson is a well-known local businessman. He's in favor of small government and low taxes. According to local experts, he has a high chance of winning the election in November. Now, let's go to Erika for the weather report.

W 오늘의 마지막 지역 뉴스를 전해 드리겠습니다. John Jefferson이 얼마 전 렉싱턴의 시장으로 입후보하겠다고 발표했습니다. Jefferson 씨는 현 시장인 Kevin Dean을 거침없이 비판하고 있습니다. Jefferson 씨는 유명한 지역 사업가입니다. 그는 작은 정부와 낮은 세금을 선호합니다. 지역 전문가들의 말에 따르면, 11월 선거에서 그가 승리할 가능성이 높습니다. 이제, 날씨 소식을 듣기 위해 Erika에게 넘기겠습니다.

Q. 화자는 누구인가?
(a) 정치인
(b) 뉴스 리포터
(c) 기상 캐스터

어휘 announce 알리다, 발표하다 run for ~직에 출마하다, 입후보하다 mayor 시장 outspoken 노골적으로 말하는, 거침없이 말하는 critic 비판, 비평가 in favor of ~을 찬성하여 expert 전문가 election 선거

5

M This is a message for the driver of the red sports car with license plate number 54GR423. Your car is illegally parked. The place you parked is for customers to return their shopping carts. You have ten minutes to move your car. If your car is in the same spot ten minutes from now, we will call a tow truck. You will be responsible for paying to have your car towed. Again, will the driver of the red sports car please move your car immediately?

M 자동차 등록 번호가 54G-R423인 빨간색 스포츠카의 운전자분께 메시지를 보냅니다. 귀하의 차량이 불법 주차되어 있습니다. 귀하께서 주차를 하신 장소는 고객들이 쇼핑 카트를 반납하는 곳입니다. 10분 안에 자동차를 이동시켜 주시기 바랍니다. 지금부터 10분 후에도 차량이 같은 곳에 있는 경우에는, 견인차를 부르도록 하겠습니다. 차를 견인하는 데 드는 비용은 귀하께서 부담하시게 될 것입니다. 다시 한 번, 빨간색 스포츠카의 운전자분께서는 즉시 차를 이동시켜 주시겠습니까?

Q. 안내 방송은 어디에서 들을 수 있을 것 같은가?
(a) 슈퍼마켓에서
(b) 공영 주차장에서
(c) 경찰서에서

어휘 license plate number 자동차 등록 번호 illegally 불법적으로 spot 지점, 장소 tow truck 견인차 be responsible for ~에 대한 책임이 있다 tow 견인하다 parking lot 주차장

예상 적중 문제 01-03 p.223

MORE & MORE 04-18

1. The listeners are at a gym. (○)
2. The man works at a hospital. (×)
3. The speaker is a trainer. (○)

1. 청자들은 체육관에 있다.
2. 남자는 병원에서 일한다.
3. 화자는 트레이너이다.

예상 적중 문제 04-06 p.225

MORE & MORE 04-20

1. The caller works at a health clinic. (○)
2. The caller is a doctor. (×)
3. The listener is a pharmacist. (×)

1. 전화를 건 사람은 병원에서 일한다.
2. 전화를 건 사람은 의사이다.
3. 청자는 약사이다.

어휘 health clinic 병원 pharmacist 약사

예상 적중 문제 07-09 p.227

MORE & MORE 04-22

1. The listeners are most likely doctors. (×)
2. The speaker is a tour guide. (×)
3. The listeners are in a warehouse. (×)

1. 청자들은 아마도 의사일 것이다.
2. 화자는 여행 가이드이다.
3. 청자들은 창고 안에 있다.

어휘 most likely 아마도 warehouse 창고

예상 적중 문제 10-12 p.229

MORE & MORE 04-24

1. The listeners are most likely passengers. (O)
2. The speaker is the pilot of the airplane. (X)
3. The listeners are repairmen. (X)

1. 화자들은 아마도 승객들일 것이다.
2. 화자는 비행기 조종사이다.
3. 청자들은 정비사들이다.

어휘 passenger 승객 pilot 비행기 조종사 repairman 정비사

Unit 01-02 | 연습 문제 p.230

04-25

1 (A)	2 (D)	3 (A)
4 (A)	5 (D)	6 (A)
7 (B)	8 (C)	9 (D)
10 (C)	11 (A)	12 (C)
13 (C)	14 (A)	15 (D)
16 (B)	17 (C)	18 (B)

[1-3]

W [1] **In other news, a new park just opened on the city's south side.** The name of the place is Freemont Park. It's located on Mystic Avenue, and it covers the entire block between Ford Street and River Road. The park contains a small duck pond, several basketball and tennis courts, a baseball field, and bike lanes. [2] **There are picnic tables, too.** At the opening ceremony, [3] **the mayor said she hopes local residents will make use of the park.**

W 다른 소식으로, 얼마 전에 새로운 공원이 시의 남쪽에서 문을 열었습니다. 그곳의 이름은 Freemont 공원입니다. Mystic 가에 위치해 있으며, Ford 가와 River 로 사이의 구역 전체에 걸쳐져 있습니다. 공원에는 작은 오리 연못, 여러 개의 농구장과 테니스장, 한 개의 야구장, 그리고 자전거 전용 도로가 포함되어 있습니다. 또한 피크닉용 테이블들도 있습니다. 개장식에서, 시장은 지역 주민들이 공원을 애용할 수 있기를 바란다고 말했습니다.

어휘 cover 덮다; 차지하다 between A and B A와 B 사이에 bike lane 자전거 전용 도로 ceremony 의식 mayor 시장 citizen 시민 make use of ~을 이용하다 election 선거, 선출

1
보도는 무엇에 관한 것인가?
(A)공원의 개장
(B) 시장의 선출
(C) 시내 도로 공사
(D) 지역 스포츠 리그

해설 무엇에 대한 보도인지 묻고 있다. 첫 문장인 'In other news, a new park just opened on the city's south side.'를 통해 시에 설립된 새로운 공원에 대한 보도가 진행되고 있음을 알 수 있다. 이후에도 해당 공원의 이름, 위치, 시설, 그리고 시장이 공원에 바라는 점 등이 전달되고 있으므로 이 담화는 '공원의 개장'에 관한 보도임을 알 수 있다. 따라서 (A)가 정답이다.

2
장소에 대해 무엇이 암시되는가?
(A) 그곳에서의 건설 작업은 6개월이 걸렸다.
(B) 도시의 두 블록을 차지한다.
(C) 주민들은 입장료를 지불해야 한다.
(D)방문객들은 그곳에서 음식을 먹어도 된다.

해설 장소에 대해 추론할 수 있는 것이 무엇인지 묻고 있다. 화자는 공원의 명칭, 위치, 공원 내 시설 등을 언급한 다음 '피크닉용 테이블도 있다(There are picnic tables, too.)'고 말했다. 이는 공원에서 음식을 먹어도 된다는 의미이므로 정답은 (D)이다.

3
시장이 했던 말은 무엇인가?
(A)그녀는 주민들이 그 시설을 이용하기를 바란다.
(B) 그녀는 비슷한 곳을 또 하나 개장할 계획이다.
(C) 그녀는 마지막 결과에 기뻐한다.
(D) 그녀는 공사가 곧 끝나기를 기대한다.

해설 시장의 발언이 언급되어 있는 부분은 담화의 마지막의 'the mayor said she hopes local residents will make use of the park'라는 부분이다. 이는 '지역 주민들이 공원을 애용하기를 바란다'는 내용이므로 정답은 (A)이다. 담화의 park이 보기에서는 facility로 바뀌어 표현되었다.

[4-6]

W May I have your attention, please? [4-1] **Value Shoppers is going to be closing ten minutes from now.** [5] **We request that all shoppers head toward the cash registers to make their purchases.** [4-2] **We will reopen tomorrow morning at nine o'clock.** In addition, since tomorrow is Saturday, we will stay open two hours later than normal, so we will close at midnight. [6] **We'll also be having a special sale tomorrow.** Thank you for shopping at Value Shoppers. We hope to see you again soon.

W 주목해 주시겠습니까? Value Shoppers는 지금부터 10분 후에 문을 닫을 예정입니다. 모든 쇼핑객들께 계산대로 가셔서 구매를 해 주실 것을 요청 드립니다. 저희는 내일 아침 9시 정각에 다시 문을 열 것입니다. 또한, 내일은 토요일이므로, 평상시보다 2시간 늦게까지 문을 열 것이기 때문에 자정에 문을 닫을 것입니다. 내일은 특별 할인 행사도 있을 것입니다. Value Shoppers에서 쇼핑해 주셔서 감사합니다. 곧 다시 뵐 수 있기를 바랍니다.

어휘 attention 주목, 주의 request 요구하다, 요청하다 head toward ~으로 향하다 cash register 금전 등록기, 계산대 reopen 다시 문을 열다 normal 보통의; 평균

4
무엇이 안내되고 있는가?
(A)매장의 개장 시간
(B) 매장에서 판매하는 품목들
(C) 매장의 위치
(D) 매장의 특가품

해설 화자는 고객들의 주의를 환기시킨 후, 10분 후에 매장 영업이 종료될 것임을 알려 주고 있다. 이어서 'We will reopen tomorrow morning at nine o'clock.'이라고 말하면서 내일의 영업 시간에 대해 안내하고 있으므로 정답은 (A)이다.

5
청자들은 무엇을 할 것을 요청 받는가?
(A) 쿠폰을 사용한다
(B) 몇 벌의 옷을 입어 본다
(C) 관리자와 이야기한다
(D)물건을 구매한다

해설 청자들이 요청 받는 사항은 담화의 중반부에서 언급되어 있다. 10분 후에 매장 영업이 종료될 것이라는 안내 이후에, 화자는 'We request that all shoppers head toward the cash registers to make their purchases.'라고 하며 구매를 위해 계산대로 가달라고 부탁하고 있다. 정답은 (D)이다.

6

내일은 무슨 일이 일어날 것인가?

(A) 매장에서 할인을 할 것이다.

(B) 매장은 영업을 일찍 시작할 것이다.

(C) 매장은 개조 공사를 시작할 것이다.

(D) 매장은 그날 영업을 하지 않을 것이다.

해설 대화의 마지막 부분에서 내일(tomorrow)이 언급된 부분은 'We'll also be having a special sale tomorrow.'이다. 이를 통해 내일 매장에서 특별 할인 행사가 있을 것임을 알 수 있으므로 정답은 (A)이다.

[7-9]

W Thank you for letting me speak at the conference today. It's a great pleasure to be here. For the next few minutes, 7-1) **I'm going to give you some tips on how to improve your sales.** 8) **These tips are things I have learned during my thirty years in the industry.** The economy is tough these days. So we need to try our best to make sure our customers don't leave our stores empty handed. 7-2) **How can we convince them to buy at least one thing?** 9) **Take a look at the handout you all received a few minutes ago.**

W 오늘 회의에서 제가 연설을 할 수 있게 해 주신 점에 대해 감사를 드립니다. 이 자리에 서게 되어 매우 기쁩니다. 다음 몇 분 동안, 저는 여러분들에게 매출을 향상시킬 수 있는 방법에 관한 몇 가지 정보를 알려 드릴 것입니다. 이러한 팁들은 제가 이 업계에서 30년 동안 배운 것들입니다. 요즘 경제가 어렵습니다. 따라서 우리의 고객들이 빈 손으로 매장을 떠나지 않도록 최선을 다해야 할 필요가 있습니다. 우리가 어떻게 그들을 설득해서 적어도 한 가지는 구입하도록 만들 수 있을까요? 조금 전에 여러분 모두 받으신 유인물을 보도록 하겠습니다.

어휘 improve 향상시키다 industry 산업 tough 어려운, 힘든 customer 고객 empty 빈 convince 설득하다

7

청자는 누구인 것 같은가?

(A) 최고 경영자들

(B) 영업 사원들

(C) 관리자들

(D) 컴퓨터 기술자들

해설 담화 중반부에서 화자는 'I'm going to give you some tips on how to improve your sales.'라고 말하면서 자신이 매출을 향상시키는 법에 대해 이야기하겠다고 말한다. 또한 담화의 마지막 부분에서도 화자는 'How do I convince them to buy at least one thing?'이라고 말함으로써 자신이 제품을 판매하는 방법에 대해 이야기할 것임을 다시 한번 밝히고 있다. 따라서 청자들은 (B)의 '영업 사원들'일 것이다.

8

화자는 논의할 정보를 어떻게 배웠는가?

(A) 전문적인 행사에 가서

(B) 학교에 다니면서

(C) 그 업계에 종사하면서

(D) 교육 영상을 보면서

해설 화자가 자신에 대해 소개하는 도중에 'These tips are things I have learned during my thirty years in the industry.'라고 발언하면서 자신이 소개할 팁들은 업계에서 30년 동안 배운 것들이라고 말했다. 따라서 정답은 업계에서 일하면서 배웠다는 내용의 (C)이다.

9

화자는 다음에 무엇을 할 것 같은가?

(A) 연설을 한다

(B) 슬라이드를 시청한다

(C) 단편 영화를 본다

(D) 서류를 검토한다

해설 마지막 부분에서 화자는 'Take a look at the handout you all received a few minutes ago.'라며 조금 전에 받은 유인물을 보라고 말했다. 정답은 handout을 document로 바꾸어 표현한 (D)이다.

[10-12]

M In case you don't know me, I'm Jim Martin. 10) **As the head of Deacon Metal**, it's my pleasure to be in front of you tonight. We had the best year ever at Deacon. And the reason for our success was you. I mean all of you. You did an outstanding job. 11) **Our profits for the year increased by sixty-three percent.** As a reward, 12) **every single one of you is getting a bonus in your next paycheck.** You deserve it. Thank you for helping make Deacon Metal the top company in the business.

M 저를 모르시는 경우를 위해 말씀을 드리면, 저는 Jim Martin입니다. Deacon 금속의 대표로, 오늘밤 여러분 앞에 서게 된 것을 기쁘게 생각합니다. 우리는 Deacon에서 최고의 해를 보냈습니다. 그리고 우리가 성공한 이유는 여러분 때문이었습니다. 여러분 모두를 말씀드리는 것입니다. 여러분들께서 훌륭한 일을 해내셨습니다. 올해 우리의 이익은 63%정도 증가했습니다. 그에 대한 보답으로, 여러분들 각자 다음 급여에 올해 보너스를 더하여 받게 되실 것입니다. 여러분들께서는 그럴 자격이 있으십니다. Deacon 금속이 업계에서 일류 기업이 되도록 도와 주신 점에 대해 감사를 드립니다.

어휘 in case ~의 경우를 대비하여 outstanding 뛰어난 profit

이윤, 이익 reward 보상, 보답 deserve 자격이 있다

10
Jim Martin은 누구인가?
(A) 엔지니어
(B) 광부
(C) 최고 경영자
(D) 과학자

해설 담화의 시작 부분에서 화자는 본인을 Jim Martin이라고 밝히고 있기 때문에 이 문제는 화자의 신원을 묻는 문제임을 알 수 있다. 화자가 자신을 the head of Deacon Metal라고 소개하는 부분에서 화자는 Deacon Metal이라는 회사의 대표임을 알 수 있다. 이후의 담화에서도 화자는 직원들의 노고를 치하하고 그에 대한 보상을 언급하는데, 이러한 말을 할 수 있는 사람은 보기 중에서 (C)의 '최고 경영자'밖에 없다.

11
화자가 Deacon Metal에 대해 말한 것은 무엇인가?
(A) 올해 이익이 상승했다.
(B) 몇몇 새로운 광산을 시작했다.
(C) 올해 운영을 시작했다.
(D) 직원들이 초과 근무를 했다.

해설 Deacon 금속에 대해 언급된 사실을 묻고 있다. 화자는 'Our profits for the year increased by sixty-three percent.'라고 말했는데, 이는 올해 회사의 이익이 63퍼센트 증가했다는 뜻이다. 따라서 정답은 (A)이다.

12
청자들은 무엇을 받게 되는가?
(A) 추가적인 휴가
(B) OJT 교육
(C) 상여금
(D) 스톡옵션

해설 담화의 후반부에 'every single one of you is getting a bonus in your next paycheck'이라는 내용이 있다. 즉, 청자들은 모두 다음 월급에서 보너스를 수령하게 될 것이므로 정답은 (C)이다.

[13-15]

W [13)] **Thank you all for inviting me to speak with you in your workplace this morning.** It's a real pleasure to be here. For the next half hour, [15)] **I'm going to discuss some recent trends in the computer industry.** It's an exciting time to be involved with computers. [14)] **There are many opportunities to make huge amounts of money.** But you need to know the trends in order to make the right decisions. If you choose wrongly, you could lose all of your money. On the other hand, if you make the right choices, you could earn millions of dollars.

W 오늘 아침 여러분의 직장에서 여러분과 이야기할 수 있도록 저를 초대해 주신 것에 대해 모든 분들께 감사를 드립니다. 이곳에 오게 되어 정말로 기쁩니다. 다음 30분 동안, 저는 컴퓨터 산업에 있어서의 몇 가지 최신 경향에 대해 논의할 것입니다. 컴퓨터와 관련을 맺고 있다는 것은 흥미로운 일입니다. 막대한 수익을 올릴 수 있는 기회가 많습니다. 하지만 올바른 결정을 내리기 위해서는 경향을 알 필요가 있습니다. 잘못된 선택을 하면 모든 돈을 잃을 수도 있습니다. 반면에, 올바른 결정을 내린다면, 수백만 달러를 벌 수도 있습니다.

어휘 invite 초대하다 workplace 직장, 일터 pleasure 즐거움 trend 경향, 추세 industry 산업 be involved with ~와 연관되다 opportunity 기회 in order to ~하기 위하여 avoid 피하다 experience 경험 performance 성과, 실적

13
행사는 어디에서 열리고 있는가?
(A) 회의장
(B) 도서관
(C) 회사
(D) 대학

해설 장소를 알 수 있는 단서는 담화 초반부의 'Thank you all for inviting me to speak with you in your workplace this morning.'이라는 화자의 말에서 찾을 수 있다. workplace(일터, 직장)라는 단어로부터 이 행사가 열리는 곳은 회사임을 알 수 있으므로 (C)가 정답이다.

14
담화에서 무엇이 논의되고 있는가?
(A) 컴퓨터 업계에서 많은 돈을 벌 수 있다.
(B) 컴퓨터 산업에는 더 많은 사람들이 필요하다.
(C) 많은 기업들이 손실을 보고 있다.
(D) 시장에 몇 가지 새로운 컴퓨터들이 있다.

해설 담화 중반부에서 화자는 'There are many opportunities to make huge amounts of money.'라고 말한 후 수익을 올리기 위해서는 업계의 경향을 알아야 할 필요가 있다는 점을 지적한다. 따라서 보기 중 대화에서 언급된 내용은 (A)이다.

15
청자들은 이다음에 무엇을 듣게 될 것인가?
(A) 손실을 피할 수 있는 방법
(B) 여자의 개인적인 경험
(C) 회사의 최근 실적
(D) 컴퓨터 산업에서의 경향

해설 담화의 초반부에서 화자가 이야기하고자 하는 바가 드러나 있다. 즉 화자는 'I'm going to discuss some recent trends in the computer industry.'라고 말하면서 자신이 컴퓨터 업계의 최신 경향에 대해 이야기하겠다고 말한다. 따라서 청자들이 듣게 될 내용은 (D)이다.

[16-18]

W **16) It looks like the weekend weather is going to be quite unpleasant.** Expect the temperature to drop down to the mid-teens on Friday night. On Saturday, the temperature will remain in the teens. There's also going to be heavy cloud cover. **17) It should start raining sometime in the afternoon.** And the rain isn't going to stop until early Monday morning. Fortunately, Monday should see warmer temperatures and clear skies. **18) But Saturday and Sunday are going to be cool, rainy days.**

W 주말 날씨는 상당히 좋지 않을 것으로 보입니다. 금요일 밤에는 기온이 10도 중반으로 떨어질 것으로 예상됩니다. 토요일에는 기온이 10도 대에 머물겠습니다. 또한 짙은 구름이 끼겠습니다. 오후에는 비가 내리기 시작할 것입니다. 그리고 이 비는 월요일 이른 아침이 되어서야 멈출 것입니다. 다행스럽게도, 월요일에는 기온이 보다 따뜻해질 것이며 맑은 하늘이 나타날 것입니다. 하지만 토요일과 일요일은 춥고 비가 오는 날이 될 것입니다.

어휘 quite 상당히, 꽤 unpleasant 불쾌한 expect 예상하다, 기대하다 temperature 온도 drop 떨어지다 remain 계속 ~인 상태이다 cloud cover 운량 sometime 언젠가 weather forecaster 기상 캐스터 journalist 기자, 언론인

16
화자는 누구인가?
(A) 교수
(B) 기상 캐스터
(C) 기자
(D) 과학자

해설 화자는 담화의 시작 부분에서 'It looks like the weekend weather is going to be quite unpleasant.'라고 말한 후, 금요일, 토요일, 일요일의 날씨 정보를 전달하고 있다. 따라서 화자는 (B)의 '기상 캐스터'임을 짐작할 수 있다.

17
언제 비가 내리기 시작할 것인가?
(A) 금요일 밤
(B) 토요일 아침
(C) 토요일 오후
(D) 토요일 저녁

해설 화자는 토요일 기온에 대해 언급한 후 'It should start raining sometime in the afternoon.'이라고 말한다. 이를 통해 비가 내리는 시점은 토요일 오후가 될 것임을 알 수 있으므로 (C)가 정답이다.

18
일요일 날씨는 어떻겠는가?
(A) 춥고 맑다
(B) 춥고 비가 온다
(C) 따뜻하고 구름이 낀다
(D) 따뜻하고 바람이 분다

해설 담화의 마지막 부분에서 화자가 'But Saturday and Sunday are going to be cool, rainy days.'라고 말하고 있으므로 토요일과 일요일에는 날씨가 춥고 비가 올 것으로 예상할 수 있다. 따라서 정답은 (B)이다.

Unit 03 | 세부 사항 |

기본기 체크업 p.236

A 04-27

1 (c)	2 (a)	3 (a)
4 (b)	5 (a)	

1

M Hello. This is Keith from Sam's Hardware Store. I'd like to confirm the items that you recently ordered on our Web site. You ordered two hammers, an electric drill, and a chainsaw. Is that correct?

M 안녕하세요. 저는 Sam's Hardware 매장의 Keith입니다. 최근에 저희 웹사이트로부터 구매하신 물품들을 확인해 드리고자 합니다. 망치 두 개, 전기 드릴 하나, 그리고 전기톱 하나를 주문하셨습니다. 맞으신가요?

어휘 confirm 확인하다 hammer 망치 chainsaw 전기톱

2

W Today's weather is going to be cool with highs in the teens. Expect sunny skies tomorrow morning, but it will start raining in the late afternoon. The rain will become quite heavy during the night.

W 오늘은 10도 후반의 시원한 날씨가 되겠습니다. 내일 아침에는 맑은 하늘이 예상되지만, 오후 늦게부터 비가 내리기 시작하겠습니다. 비는 밤에 상당히 많이 내리게 될 것입니다.

3

M I'd like to announce the winner of the salesperson of the year award. This person set a company record for sales this year. He's been with us for only three years, but he's done a great job during that time. Congratulations, Tim Freeman. You're the salesperson of the year.

M 올해의 영업 사원상의 수상자를 알려 드리고자 합니다. 이 사람은 올해 회사의 매출 기록을 세웠습니다. 그는 단 3년 동안 우리와 함께 있었지만, 이 기간 동안 대단한 일을 해냈습니다. Tim Freeman, 축하합니다. 당신이 올해의 영업 사원입니다.

어휘 set a record 기록을 세우다

4

M We're going to have a special offer for the next two hours. If you buy any fresh fruits or vegetables, we will take forty percent off the regular price. Just take the produce to the cash register. Then, the cashier will give you the discount.

M 다음 두 시간 동안 특가 판매를 실시할 예정입니다. 생과일이나 채소를 구입하시면, 정가의 40%를 할인해 드립니다. 상품을 계산대로 가지고 오세요. 그러면 계산원이 할인해 드릴 것입니다.

어휘 special offer 특가 판매, 특가품 regular price 정가

5

W Hello, Mr. Gregerson. I read the contract and agree to all of the terms. Why don't I sign it and fax it to you today? That way, we can get started on the work.

W 안녕하세요, Gregerson 씨. 저는 계약서를 읽었으며 모든 조항에 동의합니다. 오늘 중으로 제가 서명을 해서 이를 팩스로 보내 드릴까요? 그렇게 하면 우리가 일을 시작할 수 있습니다.

어휘 contract 계약, 계약서 terms 조건

B

04-28

1	(a) ○	(b) ×	(c) ○
2	(a) ○	(b) ○	(c) ×
3	(a) ×	(b) ×	(c) ○
4	(a) ×	(b) ○	(c) ○
5	(a) ○	(b) ×	(c) ○

1

M Listen carefully, please. The concert is about to begin. During the concert, please do not talk. Do not take pictures either since flashes from your cameras can disturb the musicians. Once the concert begins, you may not leave until intermission. There will be a ten-minute break about one hour into the concert. You can get food and drinks then. Please do not bring any food or drinks into the theater.

M 주의해서 들어 주십시오. 연주회가 곧 시작될 예정입니다. 연주회가 진행되는 동안에는 이야기를 삼가 주십시오. 카메라 플래시가 연주가들을 방해할 수도 있으니, 사진 촬영도 금지해 주시기 바랍니다. 연주회가 시작되면, 휴식 시간이 되기 전까지는 자리에서 일어나실 수 없습니다. 연주회가 시작되고 약 한 시간 후에 10분 정도의 휴식 시간이 있을 것입니다. 그때 음식이나 음료를 드실 수 있습니다. 극장 안으로는 음식이나 음료의 반입을 삼가 주십시오.

(a) 청자들은 연주회가 진행되는 동안 이야기를 해서는 안 된다.
(b) 연주회가 진행되는 동안에는 사진 촬영이 허가된다.
(c) 연주회 중간에 휴식 시간이 있을 것이다.

어휘 be about to 막 ~할 것이다 flash 번쩍임, 섬광; (카메라의) 플래시 disturb 방해하다 intermission 중간 휴식 시간

2

M When you enter the art gallery, please be quiet. You may not speak on any mobile devices. If you speak with a companion, please whisper. Most of our patrons like to appreciate art in silence. In addition, photography inside the gallery is banned. You can purchase pictures of every work on display here in our gift shop. Please be sure to obey these rules while you are in the gallery.

M 미술관에 입장하시면 조용히 해 주십시오. 휴대 기기로 통화를 하시면 안 됩니다. 일행과 이야기를 하실 때에는 작은 소리로 말씀해 주십시오. 대부분의 관람객들께서는 조용히 작품을 감상하고 싶어 하십니다. 또한, 미술관 내의 사진 촬영은 금지되어 있습니다. 이곳에 전시되어 있는 모든 작품의 사진은 기념품 가게에서 구입하실 수 있습니다. 미술관에 계시는 동안에는 반드시 이러한 규정들을 지켜 주십시오.

(a) 남자는 청자들에게 휴대 전화를 사용하지 말라고 말한다.
(b) 청자들은 사진을 찍지 말라는 요청을 받는다.
(c) 청자들은 떠나기 전에 기념품 가게에 들러야 한다는 말을 듣는다.

어휘 art gallery 미술관 mobile device 휴대 기기 companion 동반자 whisper 속삭이다 patron 후원자; (미술관 등의) 고객 appreciate 감사하다; 감상하다 in silence 조용히 ban 금지하다 gift shop 기념품 가게 obey 복종하다, 준수하다

3

W If you're planning to visit Turkey Creek Lake this weekend, you might want to think again. A small forest fire just started in the area around Turkey Creek Lake this morning. Due to the dry conditions, authorities expect the fire to take a while to put out. They have not restricted access to the lake yet. But there is a lot of smoke in the area. So the air is unpleasant for visitors. Instead of going to Turkey Creek Lake, people should enjoy one of the other lakes in the region.

W 이번 주말에 Turkey Creek 호를 방문하실 계획이라면, 다시 한번 생각하시는 것이 좋을 것입니다. 오늘 아침 Turkey Creek 호 인근 지역에서 작은 산불이 시작되었습니다. 건조한 날씨 때문에, 당국은 화재를 진압하기까지 어느 정도 시간이 걸릴 것으로 예상하고 있습니다. 아직 호수 이용은 금지되고 있지 않습니다. 하지만 이 지역에 다량의 연기가 발생해 있습니다. 따라서 방문객들에게 공기가 신선하지 않습니다. Turkey Creek 호로 가는 대신, 이 지역의 다른 호수 중 한 곳에서 재미있는 시간을 보내셔야 할 것입니다.

(a) 화자는 사람들에게 Turkey Creek 호를 방문할 것을 추천한다.
(b) 청자들은 산불에 관해서 당국과 연락을 취할 것을 요구받는다.
(c) 청자들은 이 지역의 다른 호수를 방문하라는 말을 듣는다.

어휘 forest fire 산불 due to ~ 때문에 condition 조건, 상황 authority 권위; 당국 put out 불을 끄다, 화재를 진압하다 restrict 제한 하다 access 접근 unpleasant 불쾌한

4

W Welcome to your first day of work, everyone. My name is Stephanie Nelson. I'm the director of Human Resources. During today's orientation session, you're going to learn all about our company. You're going to fill out a lot of forms, too. We've got a busy day ahead of us, so let's get started. First, why don't we introduce ourselves to our new coworkers? Let's start in the front. Would you please stand up and introduce yourself?

W 모든 분들의 첫 출근을 축하드립니다. 제 이름은 Stephanie Nelson입니다. 저는 인사부의 부장입니다. 오늘 오리엔테이션 시간 동안, 여러분들께서는 우리 회사에 대한 모든 것을 알게 되실 것입니다. 또한 많은 서류들도 작성하게 될 것입니다. 앞으로 바쁜 하루가 될 것이기 때문에, 시작하도록 합시다. 먼저, 새로운 동료들에게 자기 자신을 소개하는 것이 어떨까요? 앞에서부터 시작합시다. 일어나서 자기 소개를 해 주시겠습니까?

(a) Stephanie Nelson은 회사의 최고 경영자이다.
(b) 청자들은 회사의 신입 직원들이다.
(c) 청자들은 자기 자신을 소개하게 될 것이다.

어휘 director 중역 orientation 오리엔테이션 (신입 사원 등을 위한 교육) session 회기; 기간 introduce 소개하다 coworker 동료

5

W Hello. My name is Gina Williamson. I got your number from one of my coworkers. I'm an employee at STR Consulting. We're going to have a Christmas party three weeks from now, and we would like you to cater the event for us. There will be about fifty people in attendance. We'd like a wide variety of food and drinks. Could you please return my call at 675-1020 so that we can discuss this matter further? Thank you. Goodbye.

W 안녕하세요. 제 이름은 Gina Williamson입니다. 제 동료 중 한 명으로부터 귀하의 전화번호를 알게 되었습니다. 저는 STR 컨설팅의 직원입니다. 저희는 지금부터 3주 후에 크리스마스 파티를 개최할 예정인데, 귀하께서 저희에게 행사용 음식을 공급해 주셨으면 합니다. 약 50명의 사람들이 참석하게 될 것입니다. 다양한 음식과 음료가 있었으면 합니다. 675-1020으로 제게 다시 전화를 주셔서 이번 일에 대해 더 많은 논의를 할 수 있을까요? 감사합니다. 안녕히 계세요.

(a) Gina Williamson은 음식 제공업자를 찾으려 한다.
(b) STR 컨설팅에서 생일 파티를 개최할 것이다.
(c) 청자는 Gina Williamson의 전화에 대한 답신을 해 주어야 한다.

어휘 cater 음식을 공급하다, 먹을 것을 마련하다 attendance 출석, 참가 a variety of 다양한

C

04-29

1 (b)	2 (b)	3 (a)
4 (c)	5 (a)	

1

W Thank you all for coming today. To apply for a job with us, you need to complete the application form. Be sure to write which job you are applying for on the form. Don't forget to write your contact information. After you fill out the form, please submit it to me. You need to turn in a copy of your résumé along with the application. If there is a position we think you might be good for, we will call you to set up an interview by this Friday.

W 오늘 오신 모든 분들께 감사를 드립니다. 저희 회사에 입사 지원을 하시려면, 입사 신청서를 작성하셔야 합니다. 어떤 직무에 지원하고자 하시는지 반드시 양식에 적어 주십시오. 잊지 마시고 연락처도 적어 주십시오. 양식을 다 작성하신 후에는 제에게 제출해 주십시오. 입사 신청서와 함께 이력서 사본 한 통도 제출하셔야 합니다. 여러분들에게 적합한 자리가 있다고 생각되는 경우, 이번 주 금요일까지 저희가 전화를 드려서 면접 일정을 잡도록 하겠습니다.

Q. 청자들은 여자에게 지원서와 함께 무엇을 제출해야 하는가?
(a) 명함
(b) 이력서
(c) 자기소개서

어휘 complete 완성하다 application 지원; 지원서 be sure to 반드시 ~하다 contact information 연락처 submit 제출하다 turn in 제출하다 along with ~와 함께

2

M Tonight's guest of honor is one of the most famous people in the city. I'm sure you've all heard of Kevin Parker. Kevin is not only a leading businessman here, but he's also one of the city's top philanthropists. He has donated money to many of the city's institutions. These include the museum, library, zoo, and several houses of historical interest. Tonight, Kevin is going to speak about his newest business interest. He's going to build an airport on the outskirts of the city.

M 오늘의 주빈은 시에서 가장 유명한 사람 중 한 명입니다. 저는 여러분 모두가 Kevin Parker라는 이름을 들어보셨을 것으로 확신합니다. Kevin은 이곳에서 저명한 사업가일 뿐만 아니라, 시에서 가장 훌륭한 박애주의자 중 한 명이기도 합니다. 그는 다수의 시 기관에 기부를 하고 있습니다. 여기에는 박물관, 도서관, 동물원, 그리고 역사적으로 중요한 몇몇 건물들이 포함되어 있습니다. 오늘 밤, Kevin은 최근의 사업적 관심에 대해 이야기할 것입니다. 그는 시 외곽에 공항을 건설하고자 합니다.

Q. 남자는 Kevin Parker에 대해 무엇을 말하는가?

(a) 그는 시 동물원의 소유주이다.

(b) 그는 많은 돈을 기부하고 있다.

(c) 그는 얼마 전에 새로운 공항을 건설했다.

어휘 guest of honor 주빈 not only A but also B A 뿐만 아니라 B도 leading 이끄는, 지도하는; 훌륭한 businessman 사업가, 기업가 philanthropist 박애주의자 donate 기부하다 institution 기관 newest 최신의, 최근의 outskirt 외곽

3

W When you're on the factory floor, you need to be extremely careful. Many of the machines are dangerous and could easily hurt you. For that reason, everyone needs to wear a hardhat and safety glasses. Do not remove either of them the entire time you are on the factory floor. In addition, do not leave the group and wander off. Stay with me at all times, please.

W 공장의 작업 현장에 계신 경우에는, 극도로 주의를 하셔야 합니다. 많은 기계들이 위험하며 여러분들께 손쉽게 부상을 입힐 수 있습니다. 그러한 이유로, 모든 분들께서는 안전모와 보안경을 착용하셔야 합니다. 공장의 작업 현장에 계시는 동안에는 항상 어느 것도 벗지 마십시오. 또한, 일행을 떠나서 돌아다니지 마십시오. 항상 제 곁에 있어야 합니다.

Q. 여자는 청자들에게 무엇을 말하는가?

(a) 안전 장비들을 착용해야 한다.

(b) 기계들을 점검할 수 있다.

(c) 공장 직원들과 이야기를 나누어도 된다.

어휘 factory floor 공장의 작업 현장 extremely 극도로, 매우 hardhat 안전모 safety glasses 보안경 remove 제거하다 wander 돌아다니다, 방황하다 safety gear 안전 장치 inspect 검사하다, 점검하다

4

W When you take your picture for your driver's license, please remove any hats or sunglasses you may be wearing. You may wear regular prescription glasses though. That is permitted. Do not turn your head to the side. Instead, you need to look straight at the camera. It doesn't matter if you smile or not. You merely need to look natural when you take your picture.

W 운전면허증 사진을 찍으실 때에는 착용하고 계실 수도 있는 모자나 선글라스를 벗어 주시기 바랍니다. 하지만 일반적인 맞춤 안경은 착용하셔도 좋습니다. 그것은 허용됩니다. 머리를 옆으로 돌리지 마십시오. 대신, 카메라를 정면으로 바라보셔야 합니다. 미소를 짓는지 혹은 그렇지 않은지는 중요하지 않습니다. 사진을 찍을 때 자연스럽게 보이기만 하면 됩니다.

Q. 청자들은 무엇을 하라는 요청을 받는가?

(a) 선글라스를 착용하라고

(b) 미소를 지으라고

(c) 정면을 똑바로 응시하라고

어휘 driver's license 운전면허(증) prescription glasses 맞춤 안경, 처방 안경 permit 허락하다 look straight at ~을 똑바로 보다 merely 단지

5

M Please remain silent during the experiment. Once the process is complete, Dr. Jackson will explain everything he did. As soon as his explanation is done, you may feel free to ask any questions you like. The experiment will use extremely intense light, so everyone needs to wear these protective goggles. Please put on a pair and do not take them off until you are instructed to do so. If you don't wear your goggles, you could suffer damage to your eyes.

M 실험이 진행되는 동안에는 조용히 계시기 바랍니다. 과정이 종료되면, Jackson 박사님께서 자신이 한 모든 것을 설명해 주실 것입니다. 설명이 끝난 후에는 원하시는 질문을 하셔도 좋습니다. 실험에서 엄청나게 강한 조명이 사용될 것이기 때문에, 모든 분들께서는 이 보안경을 착용하셔야 합니다. 보안경을 쓰시고, 벗으라는 지시가 있기 전까지는 벗지 마십시오. 보안경을 착용하지 않으면 눈에 손상을 입을 수도 있습니다.

Q. 화자는 무엇을 추천하는가?

(a) 안전 장비를 착용할 것을

(b) 먼저 질문할 것을

(c) 실험을 도울 것을

어휘 silent 고요한 experiment 실험 process 과정, 절차 complete 완성된, 완료된 explain 설명하다 as soon as ~하자마자 feel free to 자유롭게 ~하다, 마음껏 ~하다 intense 강렬한 protective goggles 보안경 put on 착용하다 instruct 지시하다 damage 피해, 손해 safety equipment 안전 장비

예상 적중 문제 01-03 p.239

MORE & MORE 04-31

1. The woman turned in the budget proposal yesterday. (×)
2. Mr. Donner did not agree with the original proposal. (○)
3. The listeners must turn in their new proposals by tomorrow. (○)

1. 여자는 어제 예산안을 제출했다.
2. Donner 씨는 원래의 예산안을 승인하지 않았다.
3. 청자들은 내일까지 새로운 기획안을 제출해야 한다.

어휘 turn in 제출하다 original 원래의, 본래의

예상 적중 문제 04-06 p.241

MORE & MORE 04-33

1. Traffic on Third Street is moving slowly. (○)
2. A truck ran into a car on the street. (○)
3. There was another accident on Second Street. (×)

1. Third 가의 차량들이 천천히 움직이고 있다.
2. 도로에서 트럭 한 대와 승용차 한 대가 충돌했다.
3. Second 가에서 또 다른 사고가 있었다.

어휘 run into ~와 충돌하다 accident 사고

예상 적중 문제 07-09 p.243

MORE & MORE 04-35

1. The listeners are told to back up their computer files. (○)
2. The listeners are expected to purchase external hard drives. (×)
3. The speaker tells the listeners to clean their desks. (○)

1. 청자들은 컴퓨터 파일들을 백업하라는 이야기를 듣는다.
2. 청자들은 외장 하드 드라이브를 구입할 것으로 예상된다.
3. 화자는 청자들에게 책상을 청소하라고 말한다.

예상 적중 문제 10-12 p.245

MORE & MORE 04-37

1. The listener is asked to provide three kinds of beverages. (×)
2. The listener was expecting to arrive at three. (○)
3. The listener is told to arrive at two. (×)

1. 청자는 3가지 종류의 음료를 제공해 달라는 요청을 받는다.
2. 청자는 3시에 도착할 것으로 예상되었다.
3. 청자는 2시에 도착하라는 말을 듣는다.

Unit 04 | 세부 사항 II

기본기 체크업 p.250

A 04-39

1 (c)	2 (b)	3 (a)
4 (b)	5 (c)	

1

W Hello, Mr. Walker. This is Mary Allen in the Marketing Department. I'm afraid no one here has access to the company intranet. We're not exactly sure what happened. Could you please send someone here to fix the problem?

W 안녕하세요, Walker 씨. 저는 마케팅부의 Mary Allen입니다. 유감스럽게도, 여기에 있는 누구도 회사 인트라넷에 접속할 수가 없습니다. 정확히 무슨 일이 있었는지 잘 모르겠습니다. 누군가를 여기로 보내셔서 문제를 해결해 주실 수 있으신가요?

어휘 have access to ~에 접근하다 intranet 내부 전산망

2

M Ladies and gentlemen, we're going to stop here for gas. While we're at the gas station, feel free to go to the convenience store or to use the restroom. The bus will stay here for about fifteen minutes. Then, we'll get back on the board.

M 신사 숙녀 여러분, 우리는 주유를 하기 위해 이곳에 정차할 예정입니다. 주유소에 있는 동안, 자유롭게 편의점에 들르시거나 화장실을 이용하십시오. 약 15분간 이곳에 머물 것입니다. 그런 다음에는 다시 도로로 나갈 것입니다.

어휘 gas station 주유소 convenience store 편의점 restroom 화장실

3

M I have great news for all of you. Last month, sales of our latest computer game were up more than forty percent. Ever since *Gaming World* gave us a positive review, our games have been flying off the shelves.

M 여러분 모두를 위한 좋은 소식이 있습니다. 지난달, 우리의 최신 컴퓨터 게임의 매출이 40% 이상 증가했습니다. *Gaming World*에서 긍정적인 리뷰를 쓴 이후, 우리 게임이 날개 돋친 듯 팔리고 있습니다.

어휘 latest 최신의, 최근의 positive 긍정적인 review 리뷰, 검토 fly off the shelves 날개 돋친 듯 팔리다

4

W Hello, Mr. Samuelson. This is Gina Baker. Unfortunately, my taxi driver got lost, so I'm going to be late for the meeting. I got a new taxi, and this driver knows where your office is. I'll be there as soon as I can.

W 안녕하세요, Samuelson 씨. 저는 Gina Baker입니다. 안타깝게도, 택시 운전기사가 길을 잃어서 회의에 늦을 것 같습니다. 택시를 새로 탔으며, 이번 운전기사는 당신 사무실이 어디에 있는지 알고 있습니다. 가능한 한 빨리 가도록 하겠습니다.

5

M Attention, shoppers. If you sign up for a T-Mart Savings Card, you will get ten percent off every purchase you make here. Just go to the information desk, and you can fill out a form there.

M 주목해 주십시오, 쇼핑객 여러분. T-Mart 세이빙 카드를 신청하시면, 이곳에서 구매하시는 모든 물품에 대해 10% 할인을 받으실 수 있습니다. 안내 데스크로 가시면 그곳에서 양식을 작성하실 수 있습니다.

B 04-40

1	(a) O	(b) O	(c) ×
2	(a) ×	(b) ×	(c) O
3	(a) O	(b) ×	(c) ×
4	(a) O	(b) ×	(c) O
5	(a) ×	(b) O	(c) O

1

M It's time for the local news report. This morning, negotiations between the workers and management at Kimball, Inc. collapsed. This caused more than 500 workers to walk off the job and to go on strike. The strikers are demanding pay raises of ten percent. Management says the company is losing money and can't afford to give pay raises to anyone. The CEO added that he may fire all of the employees for striking illegally.

M 지역 뉴스 시간입니다. 오늘 아침, Kimball 주식회사의 노동자와 경영진 간의 협상이 결렬되었습니다. 이로써 500명 이상의 노동자들이 작업을 중단하고 파업을 하게 되었습니다. 파업 참가자들은 10%의 임금 인상을 요구하고 있습니다. 경영진은 회사가 손실을 보고 있으며, 급여 인상을 해 줄 수 있는 여건이 되지 않는다고 주장합니다. 최고 경영자는 불법 파업을 한 모든 직원들을 해고할 수도 있다고 덧붙였습니다.

(a) 한 회사의 노동자들이 파업을 했다.
(b) 노동자들의 급여가 인상되지 않았다.
(c) 회사는 파산을 선언했다.

어휘 local 지역의, 인근의 negotiation 협상 collapse 붕괴하다, 무너지다 go on strike 파업을 하다 demand 요구하다 pay raise 임금 인상 afford to ~할 여력이 있다 illegally 불법적으로

2

M Hello. My name is George Hamilton. I bought a television from your store about two hours ago. However, when I took the TV out of the box, I noticed a huge scratch on one side of it. I purchased this TV brand new. It should be in perfect condition. There shouldn't be any problems with it like this. I would like for someone from your store to bring me a new TV and to take away this one.

M 안녕하세요. 제 이름은 George Hamilton입니다. 저는 약 두 시간 전에 귀하의 매장에서 텔레비전을 구입했습니다. 하지만, 상자에서 TV를 꺼내자, 텔레비전의 한쪽 측면에 커다란 흠집이 있는 것을 알게 되었습니다. 저는 새로 출시된 이 TV를 구입했습니다. 그것은 완벽한 상태로 있어야 합니다. 이와 같은 문제가 있어서는 안 됩니다. 저는 귀하의 매장의 누군가가 제게 새 TV를 가져다 주고 이것은 다시 가져가 주기를 바랍니다.

(a) 남자의 텔레비전은 제대로 작동하지 않는다.
(b) 텔레비전 화면에 흠집이 있다.
(c) 남자는 자신의 텔레비전이 새것으로 교환되기를 원한다.

어휘 notice 주목하다, 알아차리다 huge 커다란 scratch 흠집, 스크래치 properly 제대로, 적절히 replace 교환하다

3

W May I have your attention, please? A small fire has started on the third floor of the building. The fire department has been alerted, and some trucks are on their way here. Will everyone in the building please leave now? Do not take the elevators. Please take the stairs. Move quickly but in an orderly manner. If you remain calm, then everything will be fine.

W 주목해 주시겠습니까? 건물의 3층에서 작은 화재가 발생했습니다. 소방서에 경보가 전달되어, 소방차 몇 대가 이곳으로 오고 있는 중입니다. 건물 내에 계신 모든 분들께서는 당장 자리에서 일어나 주시겠습니까? 엘리베이터는 이용하지 마십시오. 계단을 이용해 주시기 바랍니다. 신속히 이동하시되, 질서 있게 행동해 주세요. 침착하게 행동하면 모든 것이 괜찮을 것입니다.

(a) 건물에서 화재가 발생했다.
(b) 엘리베이터가 작동을 멈추었다.
(c) 소방차가 조금 전에 도착했다

어휘 attention 주목, 주의 fire department 소방서 alert 경보를 울리다, 경계하다 on one's way 도중에 stair 계단 orderly 정돈된, 질서 있는 manner 방법, 방식 clam 조용한, 침착한

4

W Good afternoon, Mr. Jacobs. I'm calling from Pete's Furniture Store. The sofa and dining table you ordered just got here. We can deliver them to you today if you call us back by four o'clock. Otherwise, we will deliver them tomorrow. Please call us at 446-1323 and let us know when you will be home. You or someone else who lives in your residence must be at home for us to deliver the product.

W 안녕하세요, Jacobs 씨. Peter's 가구점에서 전화 드립니다. 주문하신 소파와 식탁이 조금 전에 이곳에 도착했습니다. 4시 전에 저희에게 다시 전화를 주시면 저희가 오늘 내로 배달해 드릴 수 있습니다. 그렇지 않은 경우에는, 내일 배달해 드리겠습니다. 446-1323으로 전화를 주셔서 언제 집에 오시는지 알려 주십시오. 저희가 제품을 배달하기 위해서는 귀하나 혹은 같이 사시는 분께서 반드시 댁에 계셔야 합니다.

(a) Jacobs 씨에 의해 소파가 주문되었다.
(b) 매장에서는 오늘 아침에 제품을 배송하려고 시도했다.
(c) 제품은 오늘이나 내일 배송될 것이다.

어휘 dining table 식탁 deliver 배달하다 otherwise 그렇지 않으면 residence 주거, 주택 attempt 시도하다

5

M This is a special announcement for parents of children at Carter Elementary School. This summer, the school will be offering special classes for all students. The classes will start on June 10 and end on July 10. There will be classes in many subjects. They include computers, art, music, writing, and math. Every class is free of charge. However, only twenty students may sign up for each class. For more information, you can pick up a brochure about our summer program.

M Carter 초등학교의 학부모님들을 위한 특별 공지 사항입니다. 이번 여름, 학교에서 모든 학생들을 위해 특별 수업을 제공할 예정입니다. 수업은 6월 10일에 시작되어 7월 10일에 종료될 것입니다. 여러 과목들에 대한 수업이 개설될 것입니다. 여기에는 컴퓨터, 미술, 음악, 작문, 그리고 수학 수업이 포함됩니다. 모든 수업이 무료입니다. 하지만, 각 수업에는 20명의 학생들만이 등록을 할 수가 있습니다. 보다 많은 정보를 원하시면, 저희 여름 방학 계절 학기 프로그램에 대한 브로슈어를 가져가셔도 좋습니다.

(a) 모든 학생들은 여름 방학 계절 학기 수업에 참석해야 한다.
(b) 여름 방학 계절 학기 수업에는 비용이 발생하지 않는다.
(c) 각 수업은 20명의 학생들이 수강할 수 있다.

어휘 subject 주제; 과목 include 포함하다 free of charge 무료의 sign up for ~에 등록하다 brochure 소책자, 브로슈어

C

04-41

1 (c)	2 (b)	3 (c)
4 (c)	5 (b)	

1

M Ladies and gentlemen, the train arriving from Watertown is going to be about twenty minutes late. It was delayed leaving Watertown Station because of the poor weather there. The train will not be arriving at Gate 10. Instead, it will be arriving at Gate 3. You can meet the people arriving from Watertown by going to the gate. We apologize for the problem.

M 신사 숙녀 여러분, 워터타운발 열차가 약 20분 정도 연착될 예정입니다. 악천후로 인해 워터타운 역에서의 출발이 지연되고 있습니다. 열차는 10번 게이트에 도착하지 않을 것입니다. 대신, 3번 게이트에 도착할 것입니다. 3번 게이트로 가시면 워터타운에서 오신 분들을 만나실 수 있습니다. 문제가 발생한 것에 대해 사과의 말씀을 드립니다.

Q. 안내 방송에 따르면, 기차가 왜 연착되었는가?
(a) 기계적인 문제가 있었다.
(b) 승무원들이 늦게 도착했다.
(c) 날씨가 좋지 않았다.

2

W Good afternoon. My name is Dana Watson. I'm the manager of Davidson's Grocery Store. Mr. McDonald, we have your wallet. Apparently, you left it at the checkout counter after you purchased your groceries. You can come here whenever you want to pick it up. We are open twenty-four hours a day seven days a week. Please be sure to bring some form of picture ID so that we can confirm your identity.

W 안녕하세요, 제 이름은 Dana Watson입니다. 저는 Davidson's 식품점의 매니저입니다. McDonald 씨, 저희는 귀하의 지갑을 보관하고 있습니다. 아마도 식료품을 구입하신 후에 계산대에 놓고 가신 것 같습니다. 원하시는 어느 때라도 이곳에 방문하셔서 찾아 가시면 됩니다. 저희는 1주일 7일 동안 매일 24시간 영업합니다. 저희가 귀하의 신원을 확인할 수 있도록, 반드시 사진이 들어 있는 신분증을 가지고 오세요.

Q. 무엇이 문제인가?

(a) 남자가 식료품 비용을 지불하지 않았다.

(b) 남자가 소지품 중 하나를 잊어 버렸다.

(c) 남자가 매장에 신분증을 놓고 갔다.

어휘 apparently 보아 하니, 아마도 checkout counter 계산대 grocery 식료품 so that ~ can ~하기 위하여 identity 신분, 신원; 정체성 possession 재산, 소유물, 소지품 ID card 신분증

3

M If you are looking for low prices, then you need to visit Sam's Furniture Store. Unfortunately, Sam's is going out of business next Monday. Sunday is the last day that our doors will be open. Until then, you can get discounts of fifty percent or more. All you have to do is make us an offer, and you can leave with some brand-new furniture. Come on down to 921 West Avenue and check out the items we have in stock.

M 저렴한 가격을 찾고 계시다면 Sam's 가구점을 방문하셔야 합니다. 안타깝게도, Sam's는 다음 주 월요일에 폐업 할 예정입니다. 일요일이 마지막 영업일입니다. 그때까지, 여러분들께서는 50% 혹은 그 이상의 할인을 받으실 수 있습니다. 여러분이 하셔야 하는 일은 할인을 요구하는 것뿐이며, 최신 가구를 가지고 가시면 됩니다. West 가 921번지로 오셔서 저희가 보유하고 있는 제품들을 확인해 보십시오.

Q. 청자들은 왜 Sam's 가구를 방문하라는 안내를 받는가?

(a) 그들이 주문한 제품을 찾아가라고

(b) 배달될 제품을 주문하라고

(c) 특정 제품에 대해 할인을 받으라고

어휘 look for ~을 찾다 go out of business 파산하다, 폐업하다 make an offer 제안하다; 값을 부르다 brand-new 신제품의, 최신 상품의 have ~ in stock ~이 재고로 있다, ~을 보유하다

4

M Okay, everyone, we have a new computer system. It was installed this morning. It's easy to use, and I think you're going to love it. Personally, I really enjoy working with it. Now, you all need to learn how to use the system before you deal with any customers. So we're going to have a computer orientation session starting soon. It will last about an hour. Let's meet in the conference room ten minutes from now.

M 좋습니다, 여러분, 우리는 새로운 컴퓨터 시스템을 갖추게 되었습니다. 오늘 아침에 설치되었습니다. 사용하기가 편해서, 제가 생각하기에 여러분들께서도 이를 좋아하실 것 같습니다. 개인적으로는 정말로 작업하는 것이 편합니다. 자, 고객을 응대하기 전에, 여러분 모두가 어떻게 이 시스템을 사용하는지 배우셔야 할 필요가 있습니다. 따라서 곧 컴퓨터 교육 시간을 갖게 될 것입니다. 교육은 약 한 시간 동안 지속될 것입니다. 지금부터 10분 후에 회의실에서 만나도록 합시다.

Q. 남자는 새로운 컴퓨터 시스템에 대해 어떻게 생각하는가?

(a) 너무 비싸다.

(b) 매우 효율적이다.

(c) 사용하기가 쉽다.

어휘 install 설치하다 personally 개인적으로 deal with ~을 대하다, ~을 다루다 effective 효과적인, 효율적인

5

M The Cumberland Ferry is going to depart five minutes from now. The ride across the bay to Lonely Island will take approximately forty-five minutes. The water is calm, so we're not expecting rough seas. You may stay in your cars, or you may go onto the observation decks during the cruise. Please do not throw anything into the water. We want to keep the bay as clean as possible.

M Cumberland 여객선은 지금부터 5분 후에 출발할 예정입니다. 항만을 가로 질러 Lonely 섬으로 가기까지 대략 45분이 걸릴 것입니다. 바다가 조용하기 때문에, 거친 물살은 예상되고 있지 않습니다. 운항을 하는 도중에는 자동차 안에 계셔도 좋고, 갑판 위의 전망대에 가 보셔도 좋습니다. 바다에는 어떤 것도 버리지 마십시오. 가능한 한 항만을 깨끗이 하고자 합니다.

Q. 여객선의 운항은 얼마나 오랫동안 지속될 것인가?

(a) 30분

(b) 45분

(c) 60분

어휘 depart 출발하다 bay 만, 항만 approximately 대략 calm 고요한, 조용한 rough 거친 observation deck 전망대 cruise 유람선 여행 ferry 여객선, 페리

예상 적중 문제 01-03 p.253

MORE & MORE 04-43

1. The assembly line has been shut down. (×)
2. Some workers were hurt recently. (×)
3. Some machines are not in good condition. (○)

1. 조립 라인은 가동이 중단되었다.
2. 최근에 몇몇 노동자들이 부상을 입었다.
3. 몇몇 기계들의 상태가 좋지 않다.

예상 적중 문제 04-06 p.255

MORE & MORE 04-45

1. An order has not been delivered yet. (○)
2. An address is not known. (○)
3. A delivery fee has not been paid. (×)

1. 주문품이 아직 배송되지 못했다.
2. 주소가 알려져 있지 못하다.
3. 배송료가 지불되지 않았다.

예상 적중 문제 07-09 p.257

MORE & MORE 04-47

1. Some Ultra Motors cars have caught on fire. (×)
2. The problem affects every car made during one year. (○)
3. The problem can be fixed in half an hour. (○)

1. Ultra Motors의 일부 차량이 불에 탔다.
2. 이 문제는 한 해에 생산된 모든 차량에 영향을 미친다.
3. 이 문제는 30분 이내에 해결될 수 있다.

어휘 catch on fire 불이 붙다 affect 영향을 미치다

예상 적중 문제 10-12 p.259

MORE & MORE 04-49

1. Dr. Bradford missed his flight. (×)
2. Dr. Bradford is going to be late. (○)
3. A conference event has been canceled. (×)

1. Bradford 박사는 비행기를 놓쳤다.
2. Bradford 박사는 늦을 것이다.
3. 학회가 취소되었다.

Unit 03-04 | 연습 문제 p.260

04-50

1 (C)	2 (D)	3 (B)
4 (C)	5 (A)	6 (B)
7 (D)	8 (B)	9 (C)
10 (C)	11 (D)	12 (C)
13 (A)	14 (B)	15 (C)
16 (C)	17 (B)	18 (C)

[1-3]

M Good morning, everyone. It looks like we have a great crowd for this year's spring festival. 1-1) **Let me quickly tell you about today's events.** 1-2) 2) **We're going to have a fishing contest from ten to noon.** At noon, there will be 1-3) **a picnic lunch along the lake.** Starting at one, you can play 1-4) **all sorts of games.** And at four o'clock, there will be 1-5) **a music concert right here.** 3) **Just walk around the park, and you can enjoy all sorts of activities.** Have fun, everybody.

M 모두들 안녕하십니까. 올해 봄 축제에 많은 분들께서 오신 것 같습니다. 오늘의 행사에 대해 간단히 말씀을 드리겠습니다. 10시부터 12시까지는 낚시 대회가 열릴 예정입니다. 12시에는, 호숫가에서 점심을 먹을 예정입니다. 1시를 시작으로, 여러분께서는 모든 종류의 게임을 하실 수 있습니다. 그리고 4시 정각에는, 바로 이곳에서 음악 콘서트가 열릴 것입니다. 공원을 따라 걸어가시면, 온갖 종류의 활동을 즐기실 수 있습니다. 모두 재미있는 시간을 보내세요.

어휘 crowd 군중 festival 축제 contest 대회, 콘테스트 along ~을 따라서 all sorts of 온갖 종류의

1

담화는 주로 무엇에 대한 것인가?

(A) 행사의 장소

(B) 입장료의 가격

(C) 당일의 활동들

(D) 행사에 등록하는 방법

해설 화자는 봄 축제에 대해 소개하면서(Let me quickly tell you about today's events.), 낚시 대회(a fishing contest), 점심 식사(a picnic lunch), 모든 종류의 게임(all sorts of games), 그리고 음악 콘서트(a music concert) 등의 활동이 있을 것이라고 안내했다. 따라서 담화의 주제는 (C)이다.

2

10시에는 무엇이 열릴 것인가?

(A) 연주회

(B) 게임

(C) 경주

(D) 낚시 대회

해설 언급된 시간에 어떤 일이 일어날 것인지를 생각하면서 담화를 듣도록 한다. 화자에 따르면 '10시부터 12시까지'(from ten to noon)는 '낚시 대회'(fishing contest)가 열릴 것이다. 따라서 10시에 일어날 일은 (D)이다.

3
행사는 어디에서 열리는 것 같은가?
(A) 컨퍼런스 센터에서
(B) 공원에서
(C) 경기장에서
(D) 학교에서

해설 행사의 장소가 언급된 부분은 담화 마지막의 'Just walk around the park, and you can enjoy all sorts of activities.'이다. 이를 통해 행사의 장소는 공원임을 알 수 있으므로 정답은 (B)이다.

[4-6]

W Hello, Jason. 4) **This is Mary in Accounting.** I have a favor I would like to ask of you. Mr. Gregory wants a copy of the report we wrote for the Peterson account. However, 5) **I'm at the airport waiting for our clients to arrive from Japan.** 6) **Would you mind logging on to my computer and printing a copy of the report?** If you have any problems finding it, just give me a call. I really hope you can do this for me.

W 안녕하세요, Jason. 회계부의 Mary예요. 당신에게 부탁을 하고 싶은 것이 있어서요. Peterson 고객을 위해 우리가 작성한 보고서의 사본을 Gregory 씨께서 원하고 계세요. 하지만, 저는 지금 일본에서 오는 고객들을 기다리느라 공항에 있거든요. 제 컴퓨터에 로그온하셔서 보고서 사본을 출력해 주실 수 있으신가요? 찾는 데 어려움이 생기면, 저에게 전화를 주세요. 저를 위해 당신이 이번 일을 꼭 해 주었으면 해요.

어휘 favor 부탁 copy 복사물, 사본; 복사하다 account 계정; 고객 log on 로그온하다 give a call 전화하다

4
여자는 누구인 것 같은가?
(A) 컴퓨터 프로그래머
(B) 엔지니어
(C) 회계담당자
(D) 리포터

해설 화자는 'This is Mary in Accounting.'이라며 자신의 소속을 밝혔고, 이어지는 내용이 자신의 컴퓨터에서 보고서를 출력해 달라는 것으로 보아 그녀는 회계부서 직원일 것이다. 보기 중에서 정답으로 가장 적절한 것은 (C)이다.

5
여자는 어디에서 전화하고 있는가?
(A) 공항
(B) 그녀의 사무실
(C) 그녀의 집
(D) 공장

해설 화자는 자신이 공항에서 고객들을 기다리고 있다고(I'm at the airport waiting for our clients) 말했다. 그러므로 정답은 (A)이다.

6
여자는 남자가 무엇을 할 것을 요청하는가?
(A) 공항에 갈 것을
(B) 보고서를 출력할 것을
(C) Peterson 고객에 대한 작업을 할 것을
(D) 몇몇 고객들을 데리러 갈 것을

해설 여자가 남자에게 무엇을 요청하는지 묻고 있다. 담화에서 여자는 Gregory 씨가 보고서 사본을 원한다는 사실을 남자에게 전한 후 'Would you mind logging on to my computer and printing a copy of the report?'라고 말한다. 이를 통해 여자는 남자에게 자신의 컴퓨터에서 사본을 출력하여 이를 Gregory 씨에게 제출해 달라는 요청을 하고 있음을 알 수 있으므로 정답은 (B)이다.

[7-9]

W Thank you for coming to the second annual Civil Engineering Conference in beautiful San Diego, California. 7) **We have a lot of great activities planned for all three days of the conference.** We're going to have various kinds of seminars, workshops, and other activities. 8) **Some of the top names in the industry are going to present papers as well.** But the first thing we're going to do is listen to the keynote speech. Dr. Benjamin Harris is going to speak about the groundbreaking research he is doing. 9) **Dr. Harris, will you please come onto the stage?**

W 캘리포니아의 아름다운 샌디에이고에서 열리는 제 2회 연례 토목 공학 학회에 참석해 주신 여러분들께 감사를 드립니다. 학회를 위해 많은 활동들이 계획되어 있습니다. 우리는 3일 동안 다양한 종류의 세미나, 워크숍, 그리고 기타 활동들을 하게 될 것입니다. 또한 학계의 저명 인사들께서 논문을 발표하실 것입니다. 하지만 우리가 하게 될 첫 번째 일은 기조 연설을 듣는 것입니다. Benjamin Harris 박사님께서 본인이 하고 계신 획기적인 연구에 대해 연설해 주실 것입니다. Harris 박사님, 무대 위로 올라와 주시겠습니까?

어휘 annual 연례의 top name 유명 인사, 거물 paper 종이; 논문 keynote speech 기조 연설 groundbreaking 획기적인 lead 이끌다 present 발표하다

7
화자가 학회에 대해 이야기하는 것은 무엇인가?
(A) 처음으로 개최된다.
(B) 제조업에 초점을 맞추고 있다.

(C) 참가 비용이 있다.

(D) 3일 동안 개최될 것이다.

해설 담화의 초반부에서 화자는 'We have a lot of great activities planned for all three days of the conference.'라고 말했다. 보기 중에서 이와 일치하는 것은 '학회가 3일 동안 진행된다'는 내용의 (D)이다. 이 행사는 '제 2회 연례 토목 공학 학회(the second annual Civil Engineering Conference)'이므로 처음으로 개최된다는 내용의 (A)와 제조업에 초점을 맞추고 있다는 내용의 (B)는 정답이 될 수 없다. 입장료에 대한 정보도 언급되지 않았으므로 (C) 역시 정답이 아니다.

8
학회의 몇몇 연설자들에 대해 무엇이 암시되는가?
(A) 그들은 해당 지역에 살고 있다.
(B) 그들은 학계에서 매우 잘 알려져 있다.
(C) 그들은 많은 서적을 출간했다.
(D) 그들은 몇몇 워크숍을 이끌 것이다.

해설 담화의 중반부에 '학계의 저명 인사들이 논문을 발표할 것(Some of the top names in the industry are going to present papers as well.)'이라는 내용을 통해, 연사들이 그들의 분야에서 잘 알려져 있다는 사실을 유추할 수 있으므로 정답은 (B)이다.

9
여자는 Harris 박사에게 무엇을 할 것을 요청하는가?
(A) 세미나를 주재한다
(B) 논문을 발표한다
(C) 연설을 한다
(D) 워크숍에 대한 이야기를 한다

해설 Harris 박사에게 여자가 요청하는 것을 묻고 있다. 화자는 학회에 관한 소개를 한 후 청자들에게 먼저 '기조 연설'(keynote speech)을 듣게 될 것이라고 말한다. 그런 다음 담화의 마지막 부분에서 'Dr. Harris, will you please come onto the stage?'라고 말하면서 Harris 박사에게 무대에 올라올 것을 부탁하고 있다. 이를 종합하면 Harris 박사는 기조연설자일 것이므로 정답은 (C)이다.

[10-12]

M Ladies and gentlemen, your attention, please. 10) **Flight 56 with nonstop service from Boston to Detroit is now ready for boarding.** At this moment, 11-1) **first-class passengers, business-class passengers, and parents with small children are free to board.** 11-2) **Everyone else, please be patient, and you can board in a few moments.** For passengers continuing to Chicago or St. Louis, please note that everyone must deplane when we arrive at our initial destination. 12) **The weather looks good, so we should enjoy a smooth flight and get there on time.**

M 신사 숙녀 여러분, 주목해 주십시오. 보스턴에서 디트로이트로 직항하는 56편 비행기가 현재 탑승 준비를 마쳤습니다. 지금, 일등석 승객분들, 비즈니스석 승객 분들, 그리고 어린 아이를 동반한 부모님들께서는 자유롭게 탑승하실 수 있습니다. 그 밖의 다른 모든 분들께서는 잠시만 기다려 주시면 몇 분 후에 탑승하실 수 있습니다. 계속해서 시카고나 세인트루이스로 가시는 승객 여러분께서는, 첫 번째 목적지에 도착하면 모든 분들께서 내리셔야 한다는 점을 유의해 주십시오. 날씨가 좋아 보이기 때문에, 우리는 순조로운 비행을 즐기면서 제시간에 도착하게 될 것입니다.

어휘 board 탑승하다 be free to 자유롭게 ~하다 patient 참을성 있는, 인내심이 있는 note 주목하다, 주의하다 deplane 비행기에서 내리다 initial 처음의, 초기의 destination 목적지

10
56편 비행기는 가장 먼저 어디에 착륙할 것인가?
(A) 시카고
(B) 보스턴
(C) 디트로이트
(D) 세인트루이스

해설 56편 비행기가 제일 먼저 어디에 착륙할 것인지 묻고 있다. 담화 초반부의 'Flight 56 with nonstop service from Boston to Detroit is now ready for boarding.'이라는 말에서 56편 비행기는 보스턴에서 디트로이트로 직항한다는 것을 알 수 있다. 따라서 디트로이트에 가장 먼저 착륙할 것임을 알 수 있기 때문에 정답은 (C)가 된다. 시카고나 세인트루이스로 가는 승객들은 첫 번째 도착지에서 모두 내려야 한다는 안내가 있었기 때문에 (A)와 (D)는 정답이 될 수 없다. (B)의 보스턴은 비행기가 출발하는 곳이다.

11
화자는 청자들에게 무엇을 하라고 말하는가?
(A) 음료와 식사를 주문한다
(B) 안전벨트를 맨다
(C) 기내를 돌아다닌다
(D) 비행기에 탑승한다

해설 청자들에게 요청한 것이 무엇인지 묻고 있다. 화자는 'first-class passengers, business-class passengers, and parents with small children are free to board', 'Everyone else, please be patient, and you can board in a few moments.'라고 말하며 승객들에게 탑승하라는 안내를 하고 있다. 따라서 정답은 (D)이다.

12
화자는 비행에 대해 무엇을 암시하는가?
(A) 늦게 출발할 것이다.
(B) 비어있는 좌석이 없다.
(C) 비행하는 동안 난기류는 없을 것이다.
(D) 비행하는 동안 식사가 제공될 것이다.

해설 담화의 마지막 부분에서 화자는 날씨가 좋아 보이기 때문에, 순조로운 비행을 즐기면서 제시간에 도착하게 될 것이라고(The weather looks good, so we should enjoy a smooth flight and get there on time.) 말했다. 따라서 비행하는 동안 난기류가 없을 것이라는 내용의 (C)가 정답이다. 비행기의 출발 지연, 비어있는 좌석의 유무, 기내식 제공 등의 정보는 언급되지 않았다.

[13-15]

M Hello. 13) **My name is Tim Powers. I made an order from your company yesterday afternoon.** It's order number TRE-4312. Have you mailed my items yet? 14) **If you have not, I would like to add something else to my order.** I want to get item number 95640-A. It's the men's short-sleeved polo shirt. The size should be large. And I want the color blue. 15) **Please call me back to let me know if you can send this with the other items or if I need to order this separately.** Goodbye.

M 안녕하세요. 제 이름은 Tim Powers입니다. 저는 어제 오후 귀사에 주문을 했습니다. 주문 번호는 TRE-4312입니다. 제품을 이미 발송하셨나요? 그러시지 않았다면, 주문에 추가를 하고 싶습니다. 저는 제품 번호 95640-A를 구입하고자 합니다. 남성용 반팔 폴로 셔츠입니다. 라지 사이즈여야 합니다. 그리고 색은 파란색을 원합니다. 제게 다시 전화를 주셔서 이를 다른 제품들과 함께 보내 주실 수 있는지, 아니면 제가 이것을 별도로 주문해야 하는지 알려 주시기 바랍니다. 안녕히 계세요.

어휘 make an order 주문하다 mail 우편으로 보내다 add 더하다, 추가하다 short-sleeved 반소매의 separately 별도로, 각기 customer service representative 고객 센터 상담원 salesperson 영업 사원 additional 추가적인

13
전화를 건 사람은 누구인가?
(A) 고객
(B) 전화 교환수
(C) 고객 서비스 상담원
(D) 영업 사원

해설 담화 초반부에서 화자는 'My name is Tim Powers. I made an order from your company yesterday afternoon.'이라고 말하면서 자신의 신원을 밝히고 있다. 즉 화자는 제품을 주문을 한 사람이므로 정답은 (A)이다.

14
전화를 건 사람은 무엇을 요구하는가?
(A) 환불
(B) 추가 주문
(C) 할인
(D) 교환

해설 화자는 자신이 어제 제품을 주문을 했는데 '아직 발송 전이라면, 주문에 추가를 하고 싶다'(If you have not, I would like to add something else to my order.)고 말한다. 이를 통해 화자는 추가 주문을 요청하고 있음을 알 수 있으므로 정답은 (B)이다.

15
전화를 건 사람은 청자에게 무엇을 하라고 요청하는가?
(A) 자신에게 이메일을 보낸다
(B) 자신에게 청구서를 우편으로 보낸다
(C) 자신에게 전화한다
(D) 자신에게 주문 양식을 팩스로 보낸다

해설 담화의 마지막 부분에서 화자는 'Please call me back to let me know if you can send this with the other items or if I need to order this separately.'라고 말하면서 추가 주문품을 함께 받을 수 있는지, 아니면 주문을 따로 해야 하는지를 전화로 알려 달라고 요청하고 있다. 따라서 보기 중 그가 요청한 사항은 (C)이다.

[16-18]

M May I have everyone's attention, please? 16) **We have a new policy concerning guests at the company.** 17) **All guests must now sign in at the front desk.** Then, the person a guest is here to see must go to the front desk to meet that individual. No guests may be unaccompanied at any time. And all guests must wear a visitor ID badge. 18) **Your supervisors will hand out forms containing these new regulations in the afternoon.** Please be sure to follow them at all times.

M 모두들 주목해 주시겠습니까? 회사에 오는 방문객들과 관련된 새로운 방침이 마련되었습니다. 이제 모든 방문객들은 안내 데스크에서 서명을 해야 합니다. 그런 다음, 방문객이 이곳에서 만나려고 하는 사람이 안내 데스크로 가서 그 사람을 만나야만 합니다. 방문객들은 언제라도 동행하는 사람 없이 돌아다닐 수 없습니다. 그리고 모든 방문객들은 방문객 명찰을 착용해야 합니다. 오후에 관리자들이 이러한 새 규정이 들어 있는 양식을 배포할 것입니다. 잊지 말고 항상 이를 준수해 주세요.

어휘 policy 정책, 방침 concerning ~와 관련된 front desk 안내 데스크, 프런트 데스크 individual 개인 unaccompanied 동행하는 사람이 없는 badge 배지 hand out 나누어 주다 contain 포함하다 regulation 규정 follow 따르다 promotion 판촉 활동 guard 경비원 fill out 내용을 채우다 nametag 이름표

16
담화는 주로 무엇에 관한 것인가?
(A) 최근의 매출액
(B) 직원
(C) 새로운 방침
(D) 판촉 활동

해설 담화의 주제를 묻고 있다. 담화 초반부에서 화자는 '회사 방문객에 관한 새로운 방침'(a new policy concerning guests at the company)이 마련되었다고 전한 후, 청자들에게 이에 대한 세부적인 내용들을 알려 주고 있다. 따라서 대화의 주제는 (C)이다.

17
방문객들은 무엇을 해야 하는가?
(A) 그들이 만날 사람에게 전화를 해야 한다
(B) 안내 데스크에서 서명을 해야 한다
(C) 경비원에게 신분증을 맡겨야 한다
(D) 서류를 작성해야 한다

해설 담화 초반부의 'All guests must now sign in at the front desk.'라는 말에서 정답의 단서를 찾을 수 있다. 모든 방문객들은 이제 프런트 데스크에서 서명을 해야 하므로 정답은 (B)이다.

18
오후에 무엇이 배포될 것인가?
(A) 신분증
(B) 이름표
(C) 양식
(D) 방문객 목록

해설 담화 후반부의 'Your supervisors will hand out forms containing these new regulations in the afternoon.'이라는 말을 통해 새 규정이 적힌 문서가 오후에 배포될 것임을 알 수 있다. 따라서 배포될 것은 (C)의 '양식'이다.

Unit 05 | 화자의 의도 및 시각적 정보

기본기 체크업 p.266

A 04-52

1 (b)	2 (c)	3 (b)
4 (a)	5 (b)	

1

M May I have your attention, please? The library is going to be closing soon. Please take any books you want to the front desk to check them out. Please do this at once. We appreciate your cooperation.

M 주목해 주시겠습니까? 도서관이 곧 문을 닫을 예정입니다. 원하시는 도서는 프런트 데스크로 가지고 오셔서 대출하시기 바랍니다. 즉시 그렇게 해 주십시오. 협조에 감사드립니다.

어휘 check out (도서 등을) 대출하다 at once 즉시, 당장 cooperation 협조, 협동

2

W The Winchester Group made a counteroffer. They'll pay $4.50 per unit for our products. And they'll buy 1,000 of them each month. This is more than enough. I believe that we should accept this offer.

W Winchester 그룹이 수정 제안을 했습니다. 그들은 우리 제품에 대해 개당 4.5달러를 지불할 것입니다. 그리고 매달 1,000개를 구입할 것입니다. 이는 매우 많은 수치입니다. 저는 우리가 이 제안을 받아들여야 한다고 생각합니다.

어휘 counteroffer 수정 제안 unit 한 개(단위) more than enough 매우 많은

3

M Thank you all for coming this morning. I don't think I need a long introduction. You all know today's speaker. Dr. Larson is going to talk about his latest research. Please give him a big hand.

M 오늘 오전에 오신 모든 분들께 감사를 드립니다. 제가 긴 소개를 해야 한다고는 생각하지 않습니다. 여러분 모두가 오늘 연사를 알고 계실 것입니다. Larson 박사님께서 최근 연구에 대해 말씀을 하실 예정입니다. 그분에게 큰 박수를 보내 주십시오.

어휘 introduction 소개 latest 최신의 give ~ a big hand ~에게 큰 박수를 보내다

4

W Hi, Sam. It's Jessica. The meeting has been moved to another room. Don't go to room 206. Instead, you should go to room 203. It's across from the elevator and beside room 205. Call me if you need help.

W 안녕하세요, Sam. Jessica예요. 회의실이 다른 곳으로 바뀌었어요. 206호실로 가지 마세요. 대신, 203호실로 가세요. 엘리베이터 맞은 편에 있고 205호실 옆이에요. 도움이 필요하면 저에게 전화하세요.

5

W Last month was our best month ever. In August, we increased our revenues by 11%. But in September, we did even better. We were up 14%. We're going to make a profit for the first time this year.

W 지난달은 최고의 달이었습니다. 8월 수익은 11% 증가했습니다. 하지만 9월에는 더 좋았습니다. 14%까지 증가했습니다. 우리는 올해 처음으로 수익을 낼 것입니다.

어휘 revenue 수익 make a profit 수익을 내다 for the first time 처음으로

B

04-53

1 (a) ×	(b) ×	(c) ○
2 (a) ○	(b) ○	(c) ○
3 (a) ○	(b) ×	(c) ○
4 (a) ○	(b) ×	(c) ×
5 (a) ○	(b) ×	(c) ○

1

M We've gotten lots of sunny weather lately. Today was a bright and sunny day. But tomorrow will be different. We're going to get lots of clouds tomorrow morning. And it will rain at night.

M 최근에는 화창한 날이 많았습니다. 오늘도 맑고 화창한 날이었습니다. 하지만 내일은 다를 것입니다. 내일 오전에는 구름이 많이 끼겠습니다. 그리고 밤에는 비가 내릴 것입니다.

(a) 최근에 눈이 내리는 날씨였다.
(b) 화자가 "Tomorrow will be different"라고 말할 때에는 추워질 것이 라는 의미이다.
(c) 날씨는 내일 변할 것이다.

2

W Hello. You've reached Phil's Print Shop. Nobody can answer your call now. Please leave a message. When we open for business tomorrow, we will contact you at once. Don't forget to leave your number. Goodbye.

W 안녕하세요. Phil's Print Shop에 연결되셨습니다. 현재 귀하의 전화를 받을 수 있는 사람이 없습니다. 메시지를 남겨 주시기 바랍니다. 내일 영업을 시작하면 즉시 귀하께 연락을 드리겠습니다. 전화번호 남기는 것을 잊지 마세요. 안녕히 계세요.

(a) 매장이 문을 닫았다.
(b) 청자들은 메시지를 남길 것을 요구받는다.
(c) 화자는 답신 전화가 갈 수 있도록 "Don't forget to leave your number"라고 말한다.

3

M We've got three interns starting working tomorrow. Each of you will be responsible for one of them. Show them what we do here. And give them some useful tasks. We want them to have a good experience here.

M 내일 세 명의 인턴 사원이 일을 시작하게 됩니다. 여러분 각자는 그중 한 명을 책임지게 될 것입니다. 그들에게 우리가 여기서 무엇을 하는지 보여 주세요. 그리고 그들에게 도움이 될 수 있는 업무를 주십시오. 그들이 이곳에서 좋은 경험을 할 수 있기를 바랍니다.

(a) 화자는 아마도 세 명의 사람에게 이야기를 하고 있을 것이다.
(b) 몇몇 인턴 사원은 지난주에 일을 시작했다.
(c) 화자는 인턴 사원들이 일할 수 있도록 "Give them some useful tasks"라고 말한다.

어휘 intern 인턴 사원 useful 유용한, 도움이 되는

4

M The jewelry department is having a sale now. All gold items are 20% off. You can get silver jewelry for 30% off. And diamonds are 15% off. Don't miss this chance. The sale ends tonight at seven.

M 귀금속 코너에서 지금 세일을 하고 있습니다. 모든 금제품이 20% 할인 중입니다. 은은 30% 할인 가격으로 구입하실 수 있습니다. 그리고 다이아몬드는 15% 할인됩니다. 이번 기회를 놓치지 마세요. 세일은 오늘 밤 7시에 종료됩니다.

(a) 화자는 아마도 백화점에서 일하고 있을 것이다.
(b) 은으로 된 보석은 20% 할인된다.
(c) 세일은 일주일 동안 계속될 것이다.

어휘 jewelry 보석류 chance 기회

5

W Good afternoon, Mr. Cuthbert. We received your changed order for next week's luncheon. We will provide you with thirty steak dinners and twenty-two chicken dinners. I will send the new bill to you by e-mail. Goodbye.

W 안녕하세요, Cuthbert 씨. 저희는 다음 주 점심 식사에 대한 귀하의 수정 주문을 받았습니다. 30개의 스테이크 정식과 22개의 치킨 정식을 제공해 드리겠습니다. 새로운 청구서는 이메일로 귀하께 보내 드리겠습니다. 안녕히 계십시오.

(a) 화자는 아마도 음식 제공업체에서 일하고 있을 것이다.
(b) 행사는 이번 주 금요일에 열릴 것이다.
(c) Cuthbert 씨는 30개의 스테이크 정식을 주문했다.

어휘 luncheon 점심, 오찬 dinner 식사; 정식

C

04-54

1 (b)	2 (a)	3 (b)
4 (b)	5 (a)	

1

M We have to drastically reduce the amount of money we're spending on overtime. Recently, we've had numerous employees coming to work on the weekend. Management isn't pleased about that. So we're going to make a change. From now on, employees who want to work on Saturday or Sunday must receive written permission from their direct supervisor. Without it, they won't be compensated for any work they do on the weekend.

M 우리는 초과 근무 수당에 사용되고 있는 비용을 대폭으로 감소시켜야 합니다. 최근, 많은 직원들이 주말에 출근을 하고 있습니다. 경영진은 이를 달가워하지 않습니다. 따라서 한 가지 변경 사항이 있을 것입니다. 지금부터, 토요일이나 일요일에 근무하려는 직원은 직속 상사로부터 서면으로 허락을 받아야 합니다. 허락이 없으면, 주말에 한 근무에 대해서는 보상이 이루어지지 않을 것입니다.

Q. 화자가 "Management isn't pleased about that"이라고 말할 때 그는 무엇을 의미하는가?

(a) 회사가 손실을 보고 있다.

(b) 너무 많은 직원들이 초과 근무를 하고 있다.

(c) 고객들로부터 많은 불만 사항이 나왔다.

어휘 drastically 과감하게, 대폭으로 reduce 줄이다, 경감시키다 numerous 많은, 다수의 from now on 지금부터 permission 허락, 허가 direct supervisor 직속 상사 compensate for ~을 보상하다

2

W We've decided to create a membership program for our regular customers. We expect this to increase our revenues since we're going to provide customers who join with special offers. We're still trying to figure out how we should do this. We could provide discounts on all purchases to our members. Or we could just discount certain items that change each month. I prefer the former. What do the rest of you think?

W 우리는 단골 고객을 위한 멤버쉽 프로그램을 실시하기로 결정했습니다. 가입 고객에게 특별 할인 혜택을 제공해 줄 것이기 때문에, 수익이 증가할 것으로 기대하고 있습니다. 이 일을 어떻게 해야 할지에 대해서는 여전히 방법을 모색 중입니다. 회원들에게 모든 구입품에 대한 할인 혜택을 제공해 줄 수도 있을 것입니다. 혹은 매달 새로운 특정 품목에 대해 할인을 해 줄 수도 있습니다. 저는 전자를 선호합니다. 여러분들은 어떻게 생각하나요?

Q. 화자가 "I prefer the former"라고 말할 때 그녀는 무엇을 의미하는가?

(a) 모든 구입 물품에 할인이 적용되어야 한다.

(b) 가입비가 부과되어서는 안 된다.

(c) 선정된 품목들만 할인이 적용되어야 한다.

어휘 regular customer 단골 고객 revenue 수입, 수익 provide A with B A에게 B를 제공하다 special offer 특별 할인; 특가품 figure out 알아내다 former 전자 membership fee 회비, 입회비 select 선정하다, 선택하다

3

W Good evening, everyone. This is Rachel Carter with the 5:30 traffic report. The downtown area seems pretty good right now. There are no major accidents or traffic jams. Construction near the stadium is causing traffic to back up a bit. Be sure to avoid that area. The roads south of the river are moving rapidly, so consider going home that way. I'll be back in fifteen minutes with another update.

W 여러분 안녕하십니까. 5시 30분 교통 정보의 Rachel Carter입니다. 현재 시내 중심가는 상당히 원활해 보입니다. 큰 교통사고나 정체 상황은 없습니다. 경기장 인근의 공사로 인해 이곳 차량들은 약간 밀리고 있습니다. 잊지 마시고 이 지역은 피해 가십시오. 강의 남쪽 도로에서는 차량들이 빠르게 움직이고 있기 때문에, 이 길로 귀가하시는 것을 고려해 보시기 바랍니다. 저는 15분 후에 또 다른 소식을 가지고 돌아오겠습니다.

Q. 화자는 왜 "Be sure to avoid that area"라고 말하는가?

(a) 청자들에게 중심가로 가지 말라고 충고하기 위해

(b) 청자들에게 경기장 가까이에 가지 말라고 경고하기 위해

(c) 청자들에게 고속도로의 사고를 조심하라고 말하기 위해

어휘 traffic report 교통 방송 안내 traffic jam 교통 체증 cause 일으키다, ~의 원인이 되다 back up 후진시키다; 밀리다 rapidly 빠르게 update 업데이트; 최신 소식 warn 경고하다 watch out 조심하다, 경계하다

4

M We had a great year, and it was thanks to you, our amazing employees. Now, it's time to honor a few of you who did particularly outstanding work. The first award of the evening is the newcomer of the year award. Each year, this goes to an employee who started working here within the past twelve months. This year's winner comes from the Customer Service Department. Let me tell you about the work she did.

M 우리는 대단한 한 해를 보냈으며, 이는 여러분, 즉 우수한 직원들 덕분이었습니다. 이제, 여러분 중에서 특히 특별히 성과를 보인 몇 분에게 상을 수여할 시간이 되었습니다. 오늘 저녁의 첫 번째 상은 올해의 신입 사원상입니다. 매년, 이는 이곳에서 일을 시작한지 12개월 미만의 직원에게 수여되고 있습니다. 올해의 수상자는 고객 관리부에서 나왔습니다. 그녀가 한 일에 대해서 제가 여러분께 말씀을 드리겠습니다.

행사명	연사
최고경영자의 미래 비전	Robert O'Neil
수상자 발표	Daniel Schwartz
회사 소식	Ozzie Maitan

Q. 도표를 보아라. 연사는 누구인가?
(a) Robert O'Neil
(b) Daniel Schwartz
(c) Ozzie Maitan

어휘 amazing 놀라운 honor 예우하다 particularly 특히 outstanding 뛰어난, 탁월한 newcomer 신입

5

M May I have your attention, please? There is a special sale going on in the electronics department. From now until closing time, all refrigerators, televisions, and computers are being discounted. Buy one of them, and we will take $50 off the price of the item. Don't wait to make your purchase though. When we run out of items, the sale is over. So head to the third floor to take advantage of this special deal.

M 주목해 주시겠습니까? 전자 제품 코너에서 특별 세일이 진행되고 있습니다. 지금부터 폐점 시간까지, 모든 냉장고, 텔레비전, 그리고 컴퓨터가 할인될 것입니다. 이중 하나를 구입하시면, 정가의 50%를 할인해 드릴 것입니다. 하지만 서둘러서 구입하십시오. 제품이 소진되면 세일은 종료됩니다. 그러니 3층으로 가셔서 이번 특별 할인 행사에 참여하십시오.

Weber's에서 쇼핑해 주셔서 감사합니다.

제품	가격
West Haven TV	980달러
Graham 토스터기	70달러
Lucas 400 디지털 카메라	350달러

Q. 도표를 보아라. 어떤 제품이 할인되었는가?
(a) West Haven TV
(b) Graham 토스터기
(c) Lucas 400 디지털 카메라

어휘 closing time 폐점 시간 refrigerator 냉장고 run out of ~을 다 쓰다, ~을 소진하다 head to ~으로 향하다 take advantage of ~을 이용하다

예상 적중 문제 01-03 p.269

MORE & MORE 04-56

1. The speaker congratulates the listeners on the work they did. (O)
2. According to the speaker, some new work must be done quickly. (O)
3. The speaker means they have enough time when he says, "We've only got a week to complete the project." (×)

1. 화자는 청자들이 한 일에 대해 축하하고 있다.
2. 화자에 따르면, 새로운 업무는 빨리 끝나야 한다.
3. 화자가 "We've only got a week to complete the project"라고 말할 때 그는 시간이 많다는 의미를 나타낸다.

예상 적중 문제 04-06 p.271

MORE & MORE 04-58

1. The sale will start on April 1. (×)
2. The listeners are encouraged to attract more customers. (O)
3. The speaker means their profits are not good when she says, "We haven't been doing well financially." (O)

1. 세일은 4월 1일에 시작될 것이다.
2. 청자들은 더 많은 고객을 유치하라는 권고를 받고 있다.
3. 화자가 "We haven't been doing well financially"라고 말할 때 그녀는 수익이 좋지 못하다는 의미를 나타낸다.

예상 적중 문제 07-09 p.273

MORE & MORE 04-60

1. The listeners are attending a conference. (O)
2. The keynote speech will be given at 9:00 A.M. (O)
3. Two of the speakers cannot attend the event. (×)

1. 청자들은 학회에 참석하고 있다.
2. 기조 연설은 오전 9시에 시작될 것이다.
3. 연사들 중 두 명이 행사에 참석할 수 없다.

예상 적중 문제 10-12 p.275

MORE & MORE 04-62

1. The talk is mostly about spending at the company. (O)
2. According to the speaker, several departments are not over budget. (×)
3. Until now, the Sales Department spent the most money. (×)

1. 담화는 주로 회사의 지출에 관한 것이다.
2. 화자에 의하면, 몇 개 부서는 예산을 초과하지 않았다.
3. 현재까지, 영업부가 가장 많은 돈을 지출했다.

Unit 06 | 담화 이후의 상황 및 추론

기본기 체크업 p.280

A 04-64

1 (a)	2 (a)	3 (b)
4 (c)	5 (b)	

1

M Hello, Sarah. It's Jeff. I'm going to be leaving earlier than usual tomorrow morning. Therefore, I'll be picking you up at seven instead of seven twenty. I hope that's all right with you.

M 안녕하세요, Sarah. Jeff예요. 저는 내일 아침 평소보다 일찍 나설 거예요. 그러니 7시 20분이 아닌, 7시에 당신을 태우러 갈게요. 당신도 괜찮기를 바라요.

어휘 pick up ~을 차에 태우다

2

W We've got a couple of job openings, but we would like to fill them internally first. Take a look at this memo. If you think you're qualified for either job, talk to me later today. Then, I'll tell you how to apply for it.

W 공석이 두 자리 있는데, 우선 내부적으로 충원을 하고자 합니다. 이 메모를 봐 주세요. 둘 중 하나의 자리에 지원하실 자격이 있다고 생각되는 경우, 오늘 중으로 저에게 말씀해 주세요. 그러면 제가 어떻게 지원하는지를 알려 드리겠습니다.

어휘 job opening 일자리, 공석 internally 내부적으로 qualified 자격이 있는

3

M Mr. Harrison, I want to let you know that I won't be available this Friday. I'm going to visit my wife's family with her. This will be her parents' first chance to see their grandson, so we are really looking forward to this trip.

M Harrison 씨, 이번 주 금요일에 제가 시간이 안 될 것 같다는 점을 알려 드리고자 합니다. 저는 아내와 함께 처가를 방문하려고 합니다. 이번에 처음으로 장인어른과 장모님께서 손자를 보시게 될 것이기 때문에, 저희는 이번 방문을 정말로 고대하고 있습니다.

4

M Thank you for tuning into our show. We've got some great music for you. But first we need to hear the local news report. We'll be right back two minutes from now with one of my favorite songs.

M 저희 쇼에 채널을 맞춰 주셔서 감사합니다. 저희는 여러분들을 위한 멋진 음악들을 준비했습니다. 하지만 첫 번째로 들으셔야 할 것은 지역 뉴스입니다. 지금부터 2분 후에 제가 가장 좋아하는 노래 중 하나를 가지고 다시 돌아오겠습니다.

어휘 tune into ~에 채널을 맞추다 favorite 가장 좋아하는

5

W Welcome to the Daylight Foundation. We're going to take you on a tour of the facilities in just a few minutes. But first you all need to fill out these forms. It should take about ten minutes to complete them.

W Daylight 재단에 오신 것을 환영합니다. 잠시 후에 여러분들께 시설 견학을 시켜 드릴 예정입니다. 하지만 먼저 여러분 모두가 이 양식을 작성하셔야 합니다. 작성하는 데 10분 정도 걸릴 것입니다.

B 04-65

1 (a) ×	(b) ○	(c) ×
2 (a) ○	(b) ×	(c) ○
3 (a) ×	(b) ○	(c) ×
4 (a) ○	(b) ○	(c) ×
5 (a) ×	(b) ○	(c) ○

1

W Your attention, please. The bus bound for Omaha at seven fifty has been canceled. The bus is experiencing mechanical difficulties and cannot be driven. If you have a ticket for that bus, please speak with a ticket agent immediately. There are several other buses leaving for Omaha and places in between this evening. You can find a seat on one of those buses. We apologize for the problem.

W 주목해 주십시오. 7시 50분 오마하행 버스의 운행이 취소되었습니다. 버스가 기계적인 문제를 겪고 있어서 운행이 불가능합니다. 이 버스의 티켓을 가지고 계시다면, 즉시 매표소 직원에게 말씀해 주십시오. 오마하행 버스가 몇 대 더 있으며 오늘 저녁에 배차가 되어 있습니다. 여러분들께서는 그러한 버스 중에서 좌석을 구하실 수 있을 것입니다. 문제가 발생한 것에 대해 사과를 드립니다.

(a) 청자들은 지금 버스에 탑승할 것을 요구받고 있다.
(b) 몇몇 청자들은 아마도 매표소 직원과 이야기하게 될 것이다.

(c) 오마하행 버스는 곧 출발할 것이다.

어휘 bound for ~으로 향하는 ticket agent 매표소 직원 board 탑승하다 depart 출발하다

2

M Good evening, everyone. I'm DJ Ray, your host. We've got a great show for you tonight. The Flying Tigers are here in the studio, and they're going to perform two of their most recent songs for us. We're also going to interview them, so you'll get to learn all about them. But before we do that, it's time to play the number-one song in the country like we always do at the start of our show. Enjoy the song. I'll be back as soon as it's over.

M 모두들 안녕하십니까. 저는 진행자인 DJ Ray입니다. 오늘 밤 여러분들을 위한 멋진 쇼가 마련되어 있습니다. Flying Tigers가 이곳 스튜디오에 와 있으며, 그들이 우리를 위해 최신곡 중 두 곡을 연주해 줄 것입니다. 또한 그들과의 인터뷰도 이루어질 것이기 때문에, 여러분들께서는 그들에 대한 모든 것을 알게 되실 것입니다. 하지만 그렇게 하기에 앞서, 쇼가 시작할 때 항상 하던 대로 우리 나라에서 가장 인기 있는 노래를 들려 드릴 것입니다. 즐겁게 노래를 들어 주세요. 노래가 끝나는 대로 다시 돌아오겠습니다.

(a) Flying Tigers가 몇 곡의 노래를 연주할 것이다.
(b) Flying Tigers는 이다음에 인터뷰를 할 것이다.
(c) 청자들은 이다음에 이 나라에서 가장 인기 있는 노래를 듣게 될 것이다.

어휘 host 주인; (프로그램 등의) 진행자 studio 스튜디오 perform 공연하다, 연주하다 recent 최근의 number-one 제일의, 최고의

3

W Attention, all shoppers. This evening at six, a special sale is going to take place. For one hour, almost all of the items in the store are going to be sold for thirty percent off their normal prices. That includes clothes, electrical appliances, and household products. The only items not on sale will be jewelry and watches. Be ready to shop as much as you can during that time.

W 모든 쇼핑객분들께서는 주목해 주십시오. 오늘 저녁 6시, 특별 세일이 진행될 예정입니다. 한 시간 동안 매장 내 거의 모든 제품이 정상 가격에서 30% 할인된 가격으로 판매될 것입니다. 여기에는 의류 제품, 전자 제품, 그리고 가정용품들이 포함됩니다. 할인되지 않는 유일한 품목은 보석류와 시계류가 될 것입니다. 이 시간 동안 가능한 한 많은 제품을 구입하십시오.

(a) 점심 시간이 끝난 후에 세일이 진행될 것이다.
(b) 세일은 한 시간 동안 계속될 것이다.
(c) 세일이 끝나면 매장의 문이 닫힐 것이다.

어휘 take place 일어나다, 발생하다 normal price 정상 가격 electrical appliance 전기 기구 household product 가정용품 jewelry 보석 제품 be ready to ~할 준비를 하다

4

M The Calhoun County Public Library is hosting a special event next week. Some local authors are going to host a writing workshop here. These writers are published by some of the largest publishing companies in the country. And a couple of them have made the bestseller lists multiple times. These men and women are going to give tips on how to improve your writing and how to get published. Check out our Web page for more details.

M Calhoun County 공공 도서관에서 다음 주에 특별한 행사를 주최하려고 합니다. 몇몇 지역 작가들이 이곳에서 글쓰기 워크숍을 개최할 예정입니다. 이 작가들의 책은 우리 나라에서 가장 큰 몇몇 출판사에 의해 출간되었습니다. 그리고 그중 두어 명의 책은 여러 차례 베스트셀러 목록에 올랐습니다. 이러한 남성 및 여성 작가들이 어떻게 여러분들의 글을 향상시키고 출간할 수 있는지에 관한 정보를 알려 드릴 것입니다. 보다 자세한 사항을 알고 싶으시면, 저희 웹페이지를 확인해 주십시오.

(a) 몇몇 작가들이 다음 주에 도서관을 방문할 것이다.
(b) 더 좋은 작가가 되는 방법에 관한 워크숍이 개최될 것이다.
(c) 작가들은 행사에서 자신의 책들을 판매할 것이다.

어휘 host 주최하다, 개최하다 local 지역의, 인근의 author 작가 publish 발행하다, 발간하다 multiple times 여러 번, 수 차례

5

W Hello, Erika. This is Joanie. I know we're supposed to meet at two thirty. However, my plane was delayed by two hours, and we just landed a few moments ago. I'm planning to go straight from the airport to your office. It's probably going to take me at least an hour to get there though. I have to pick up my luggage first, and then I need to catch a cab. I hope you don't mind me being a bit late. The delay was something I couldn't control.

W 안녕하세요, Erika. 저는 Joanie예요. 우리가 2시 30분에 만나기로 했다는 점을 알고 있어요. 하지만, 제 비행이 2시간 정도 지연되어서 몇 분 전에야 착륙했어요. 공항에서 당신 사무실로 곧장 갈 계획이에요. 하지만, 그곳까지 가는 데 아마도 최소한 한 시간은 걸릴 거예요. 저는 먼저 수화물을 찾아야 하고, 그런 다음에 택시를 잡아야 해요. 제가 조금 늦더라고 개의치 않기를 바라요. 연착은 제가 어떻게 할 수가 없는 일이었잖아요.

(a) Joanie는 곧 비행기에 탑승할 것이다.
(b) Joanie는 이다음에 가방을 찾아야 한다.
(c) Joanie는 회의에 늦을 것이다.

어휘 be supposed to ~하기로 예정되어 있다 land 착륙하다, 상륙하다 from A to B A에서 B까지 luggage 수화물 catch a cab 택시를 잡다 control 통제하다, 제어하다

C

04-66

1 (a)	2 (c)	3 (b)
4 (a)	5 (a)	

1

M I hope you enjoyed looking at the examples of Asian art in our gallery. Some of those pieces are very nice. Now, I know everybody is eager to see the Impressionist art collection we have. However, another group is in that part of the building now. So why don't we visit another section for the time being? We can admire the Renaissance art collection for a few minutes. There are some truly impressive paintings there. I think you'll enjoy seeing them.

M 저희 미술관에 있는 아시아 미술 작품들을 즐겁게 관람하셨기를 바랍니다. 그러한 전시물 중 일부는 매우 뛰어난 것입니다. 자, 저는 모든 분들께서 저희가 소장하고 있는 인상주의 미술 작품들을 매우 보고 싶어 하신다는 것을 잘 알고 있습니다. 하지만, 현재 미술관 내의 해당 구역에는 다른 단체가 있습니다. 그러니 잠시 다른 구역을 방문해 보는 것이 어떨까요? 몇 분 동안 르네상스 미술 작품들을 감상하실 수 있습니다. 그곳에는 정말로 인상적인 회화 작품들이 있습니다. 저는 여러분들께서 그러한 작품 관람을 좋아하실 것이라고 생각합니다.

Q. 청자들은 이다음에 무엇을 보게 될 것인가?
(a) 르네상스 미술
(b) 아시아 미술
(c) 인상주의 미술

어휘 piece 조각; 작품 be eager to ~하기를 갈망하다 section 부분, 구획 for the time being 잠시, 당분간 admire 존경하다, 감탄하다 truly 진실로, 참으로 impressive 인상적인

2

W Here at the Smithson Community Center, we have tons of great activities planned for the summer. In June, we're going to have swimming lessons. We'll also have many special events. For example, in July, we're going to sponsor a soccer league. Children ages eight to sixteen can play in the league. There will be a festival in the middle of the month. There will also be a special summer camp in August. Go to our Web site to learn all about these events.

W 이곳 Smithson 주민 자치 센터에서는 여름을 대비하여 다양하고 멋진 활동들을 계획하고 있습니다. 6월에는 수영 강습이 있을 예정입니다. 또한 특별 행사들도 많이 열릴 것입니다. 예를 들면, 7월에는 축구 리그를 후원할 예정입니다. 8세에서 16세까지의 아이들이 리그에서 경기할 수 있습니다. 7월 중순에는 축제가 열릴 것입니다. 또한 8월에는 특별한 여름 캠프가 마련될 것입니다. 이러한 행사들에 관한 모든 내용은 저희 웹사이트에서 확인하실 수 있습니다.

Q. 7월에는 어떤 일이 일어날 것인가?
(a) 수영 강습이 열릴 것이다.
(b) 여름 캠프가 진행될 것이다.
(c) 축구 리그를 후원할 것이다.

어휘 tons of 많은 sponsor 후원하다, 지원하다 league 리그 festival 축제 summer camp 여름 캠프

3

W Welcome, new employees. It's time for you to begin your training session. First, let me introduce myself. My name is Catherine Fortuna, and I work in the Human Resources Department. If you have any problems at all, please contact me at extension 52. Your trainer for today is Herb Smith. He's going to teach you everything you need to know. Herb, why don't you come up here and get started?

W 신입 직원분들을 환영합니다. 이제 교육을 시작해야 할 때가 되었습니다. 우선, 제 소개를 하도록 하죠. 제 이름은 Catherine Fortuna이고, 저는 인사부서에서 일하고 있습니다. 문제가 있는 경우에는 내선 번호 52번으로 저에게 연락해 주십시오. 오늘 여러분들의 교육을 담당하실 분은 Herb Smith입니다. 여러분들이 아셔야 할 모든 것들을 가르쳐 주실 것입니다. Herb, 이쪽으로 와서 시작해 주시겠어요?

Q. 이다음에 어떤 일이 일어날 것인가?
(a) 한 여성이 소개될 것이다.
(b) 교육이 진행될 것이다.
(c) 신입 직원들이 양식을 작성할 것이다.

어휘 training session 교육, 교육 과정 introduce 소개하다 extension 내선 번호 trainer 교육을 시키는 사람, 트레이너

4

M Starting next Monday, the cafeteria is going to be closed. The company is going to renovate it. When the renovations are finished, it will be bigger and better than before. However, expect the cafeteria to be closed for at least two weeks. During that time, either bring your lunch to work or go out to eat at some of the nearby restaurants. If you have any questions, contact James Clark at extension 605.

M 다음 주 월요일을 시작으로, 구내 식당이 문을 닫을 예정입니다. 회사에서 증축 공사를 할 것입니다. 증축 공사가 끝나면, 식당이 이전보다 더 넓어지고 더 좋아질 것입니다. 하지만, 구내 식당이 최소 2주 동안은 문을 닫을 것이라는 점을 기억해 주십시오. 이 기간 동안에는 회사에 도시락을 가지고 오시거나 인근 식당에서 식사를 하십시오. 질문이 있으신 경우, 내선 번호 605로 James Clark에게 연락을 주십시오.

Q. 화자는 다음 주 월요일에 어떤 일이 발생한 것이라고 말하는가?

(a) 구내 식당이 문을 닫을 것이다.

(b) James Clark이 연설을 할 것이다.

(c) 새로운 식당이 문을 열 것이다.

어휘 cafeteria 구내 식당 renovate 개조하다, 보수하다 nearby 근처의, 인근의 give a speech 연설하다

5

W Hello, Mr. Weaver. I'm calling you because I need to have a special event catered. My company is having a party for an employee who is retiring this Friday. Approximately fifty people are going to attend the event. I wonder if you can provide food and drinks for that many people. I realize I'm not giving you that much time. However, my company can pay a premium if we have to. Please call me back at 643-2098 when you have a chance. My name is Sarah Keller.

W 안녕하세요, Weaver 씨. 제가 특별 행사를 위한 음식을 주문해야 해서 전화를 드립니다. 이번 주 금요일에 은퇴할 예정인 직원을 위해 저희 회사에서 파티를 개최할 예정입니다. 대략 50명의 사람들이 행사에 참석할 것입니다. 귀하께서 그 정도로 많은 사람들을 위한 음식과 음료를 제공해 주실 수 있는지 궁금합니다. 저는 귀하께 시간을 많이 드릴 수 없다는 점을 깨닫게 되었습니다. 하지만, 그래야만 한다면, 저희 회사는 추가 요금을 낼 수도 있습니다. 기회가 되실 때 643-2098로 저에게 다시 전화해 주세요. 제 이름은 Sarah Keller입니다.

Q. 이번 주 금요일에 어떤 일이 일어날 것인가?

(a) 은퇴 기념 파티

(b) 송년회

(c) 시상식

어휘 cater 음식을 제공하다 retire 은퇴하다 realize 깨닫다, 알아채다 premium 할증 요금, 특별 요금, 프리미엄

예상 적중 문제 01-03 p.283

MORE & MORE 04-68

1. Dr. Stephens will <u>interview a veterinarian</u>. (×)
2. The listeners will <u>hear some stories</u> on the program. (○)
3. A <u>local news report</u> is coming up next. (×)

1. Stephen 박사는 수의사와 인터뷰할 것이다.
2. 청자들은 프로그램에서 몇 가지 이야기를 듣게 될 것이다.
3. 이다음에 지역 뉴스 보도가 이어질 것이다.

어휘 veterinarian 수의사

예상 적중 문제 04-06 p.285

MORE & MORE 04-70

1. The listeners are <u>going to eat</u> next. (○)
2. Kent Wilson will <u>give a speech</u> tomorrow. (×)
3. Sue Ellison is going to <u>talk about robotics</u>. (○)

1. 청자들은 이다음에 식사를 하게 될 것이다.
2. Kent Wilson은 내일 연설을 할 것이다.
3. Sue Ellison은 로봇 공학에 대해 이야기할 것이다.

예상 적중 문제 07-09 p.287

MORE & MORE 04-72

1. The meeting <u>is going to end</u> soon. (○)
2. Managers should <u>approve vacation requests</u> by next Monday. (○)
3. Employees must <u>take time off</u> during December or January. (×)

1. 회의는 곧 끝날 것이다.
2. 임원들은 다음 주 월요일까지 휴가 신청을 승인해야 한다.
3. 직원들은 12월이나 1월 중에 휴가를 써야만 한다.

예상 적중 문제 10-12 p.289

MORE & MORE 04-74

1. The meeting is going to <u>end soon</u>. (○)
2. The participants <u>will give presentations</u> next week. (○)
3. The participants will meet <u>for ten minutes</u> next week. (×)

1. 회의는 곧 끝나게 될 것이다.
2. 참석자들은 다음 주에 발표를 하게 될 것이다.
3. 참석자들은 다음 주에 10분 동안 회의를 하게 될 것이다.

Unit 05-06 | 연습 문제

p.290

04-75

1 (B)	2 (C)	3 (A)
4 (C)	5 (B)	6 (A)
7 (B)	8 (B)	9 (A)
10 (B)	11 (B)	12 (D)
13 (A)	14 (D)	15 (B)
16 (A)	17 (D)	18 (A)

[1-3]

M 1) **The next guest on our radio show is someone whom most of you know.** Her name is Kim Goodman, and she's quite a popular celebrity in our town these days. 2-1) **Ms. Goodman recently donated two million dollars to the local museum.** Her actions saved it 2-2) **because it was going to close without her assistance.** 3) **Tonight, we'll get a chance to hear from her why she donated such a large amount of money.**

M 저희 라디오 쇼의 다음 게스트는 여러분 대부분이 아시는 분입니다. 그녀의 이름은 Kim Goodman으로, 그녀는 현재 우리 시에서 상당한 유명 인사입니다. Goodman 씨는 최근에 지역 박물관에 2백만 달러를 기부했습니다. 그녀의 도움이 없었다면 곧 문을 닫을 예정이었기 때문에, 그녀의 행동이 그곳을 구했습니다. 오늘 밤, 우리는 그녀가 왜 그처럼 많은 액수를 기부했는지에 대해 그녀의 이야기를 들어볼 시간을 가질 것입니다.

어휘 guest 손님, 게스트 celebrity 유명 인사 these days 요즘 recently 최근에 donate 기부하다, 기증하다 action 행동 get a chance to ~할 기회를 갖다 praise 칭찬하다 volunteer 자발적으로 하다, 자원봉사를 하다 give ~ credit for ~을 …하다고 인정하다

1

화자는 누구인 것 같은가?

(A) 박물관 직원

(B) 쇼의 진행자

(C) 자원봉사자

(D) Kim Goodman의 친구

해설 담화의 첫 부분에서 화자는 라디오 쇼의 다음 게스트를 소개하고(The next guest on our radio show is) 있다. 따라서 화자는 라디오 쇼의 진행자일 것이므로 정답은 (B)이다.

2

화자는 왜 "Her actions saved it"이라고 말하는가?

(A) 어떻게 건물 비용을 지불했는지 설명하기 위해

(B) 한 여성이 자원봉사를 하면서 시간을 보낸 점을 칭찬하기 위해

(C) 왜 박물관이 문을 닫지 않았는지를 말하기 위해

(D) 어떤 사람이 병원에서 일한다는 사실을 인정하기 위해

해설 her actions와 it이 각각 무엇을 가리키는지 이해하면 쉽게 정답을 찾을 수 있다. 전후 문맥상 her actions는 Goodman 씨의 기부 행위를 나타내고 it은 박물관을 가리킨다. 따라서 주어진 문장을 통해 화자가 나타내고자 한 의미는 '그녀의 기부로 박물관이 폐장하지 않았다'는 것이므로 정답은 (C)이다.

3

Kim Goodman은 나중에 무엇을 할 것인가?

(A) 그녀의 활동들을 직접 설명한다

(B) 사인을 한다

(C) 공연을 한다

(D) 박물관 관람을 하러 간다

해설 담화의 마지막 부분에서 오늘 밤, 그녀가 왜 그렇게 많은 액수를 기부했는지에 대해 그녀의 이야기를 들어 보겠다는(Tonight, we'll get a chance to hear from her why she donated such a large amount of money.) 내용이 언급되어 있다. 즉 Kim Goodman 씨가 자신의 활동을 설명할 것이므로 정답은 (A)이다.

[4-6]

W This is a breaking news update. 4) 5) **Mayor Sheldon Anderson has just announced that he is resigning his position.** 6-1) **He is going to hold a news conference in a few minutes to explain why.** 6-2) **We will carry that news conference for you live here on Channel 6 News.** For the past three months, there have been rumors about Mr. Anderson's health. It is likely that his physical condition is connected with his decision. However, we don't want to speculate too much. Let's wait until Mr. Anderson tells us precisely why he has made the decision to resign.

W 뉴스 속보입니다. Sheldon Anderson 시장이 조금 전에 시장직을 사임하겠다고 발표했습니다. 그는 그 이유를 설명하기 위해 몇 분 뒤에 기자 회견을 할 예정입니다. 저희는 이곳 Channel 6 뉴스에서 여러분들을 위해 생중계로 기자 회견 소식을 전달해 드리겠습니다. 지난 3개월 동안, Anderson 씨의 건강에 관한 루머들이 있었습니다. 신체 상태가 그의 결정과 관련되어 있을 가능성이 높습니다. 하지만, 저희는 과도한 추측을 하고 싶지는 않습니다. Anderson 씨가 정확히 왜 사퇴 결정을 내렸는지 이야기할 때까지 기다려 보겠습니다.

어휘 breaking news 속보 update 최신 정보, 업데이트 announce 발표하다 resign 사임하다 news conference 기자 회견 live 생중계로, 라이브로 rumor 소문, 풍문, 루머 physical 물리적인; 신체적인 connect 연결하다 speculate 추측하다 precisely 정확하게 solution 해결, 해결책 give a warning 경고하다 vote 투표하다 election 선거 air 방송하다

4

보도의 목적은 무엇인가?

(A) 정보를 요청하기 위해

(B) 해결책을 제시하기 위해

(C) 발표하기 위해

(D) 경고하기 위해

해설 담화 초반부에서 화자는 Sheldon Anderson 시장이 사임을 발표했다는 사실을 알리고 있다. 이어서 시장의 기자 회견 소식과 함께 사임의 배경에 대해서도 간략히 언급하고 있으므로 이 담화는 시장의 사임을 알리기 위한 것임을 알 수 있다. 따라서 정답은 (C)이다.

5
Sheldon Anderson은 누구인가?
(A) 뉴스 캐스터
(B) 시장
(C) 의사
(D) 회사의 회장

해설 담화 초반부의 화자의 말 'Mayor Sheldon Anderson has just announced that he is resigning his position.'에서 Sheldon Anderson이라는 인물은 (B)의 '시장'임을 알 수 있다.

6
아마도 이다음에 어떤 일이 일어날 것 같은가?
(A) 기자 회견이 열릴 것이다.
(B) 사람들이 선거에서 투표할 것이다.
(C) 의사가 연설할 것이다.
(D) 광고가 방송될 것이다.

해설 화자의 말 중 'He is going to hold a news conference in a few minutes to explain why.'라는 부분과 'We will carry that news conference for you live here on Channel 6 News.'라는 부분에서 곧 시장의 사임에 관한 기자 회견이 열릴 것이며 이 기자 회견이 생방송으로 중계될 것임을 알 수 있다. 따라서 정답은 (A)이다.

[7-9]

W Attention, everyone. 7) **We need to shut down every machine on the factory floor for a mandatory inspection in half an hour.** This inspection should take approximately one hour. During that time, everyone should go to the large conference room. 8) **You are going to hear a lecture by Dr. Dean Farber. Dr. Farber is going to talk about workplace safety.** 9) **This is a required lecture.** You must attend it. All managers need to be sure that their employees are at the lecture.

W 모두들 주목해 주십시오. 의무적인 점검을 위해 공장의 작업 현장에 있는 모든 기기들의 작동이 30분 후에 중단되어야 합니다. 이번 점검은 대략 1시간 정도 걸릴 것입니다. 이 시간 동안, 모든 분들께서는 대회의실로 가셔야 합니다. 여러분들께서는 Dean Farber 박사님의 강연을 듣게 되실 것입니다. Farber 박사님께서는 작업장의 안전에 관한 이야기해 주실 것입니다. 이는 필수적으로 들어야 하는 강연입니다. 반드시 참석하셔야 합니다. 모든 임원들께서는 직원들이 강의에 참석하는지 확인해 주십시오.

어휘 shut down 닫다, 폐쇄하다; (기계 등이) 멈추다 factory floor 공장의 작업 현장 mandatory 강제적인, 의무적인 inspection 조사, 점검 workplace 작업장, 일 required 필수의 conduct 실시하다, 실행하다 have a discussion on ~에 대해 토론하다

7
화자에 따르면, 30분 후에 어떤 일이 있을 것인가?
(A) 새로운 기계가 설치될 것이다.
(B) 점검이 있을 것이다.
(C) 몇몇 기계가 업그레이드될 것이다.
(D) 한 기계가 폐기될 것이다.

해설 'in thirty minutes'와 같은 의미의 표현이 언급된 부분은 담화의 첫 부분이다. 화자는 'We need to shut down every machine on the factory floor for a mandatory inspection in half an hour.'라고 하며 의무적인 점검을 위해 30분 후에 공장 내 모든 기기들의 작동을 중단해야 한다고 말했다. 즉, 30분 후에 일어날 일은 점검(inspection)이므로 정답은 (B)이다. 'in half an hour'를 문제에서는 'in thirty minutes'로 바꾸어 표현하였다.

8
기기들의 작동이 중단될 때 노동자들은 무엇을 하게 될 것인가?
(A) 안전 점검을 실시한다
(B) 작업장의 안전에 대해 배운다
(C) 워크숍에 참석한다
(D) 안전에 관한 토론을 한다

해설 담화 초반부에 화자는 '의무 점검'(mandatory inspection)을 위해 기기들의 작동이 중단될 것임을 언급한 후 'You are going to hear a lecture by Dr. Dean Farber.'라고 말한다. 즉 점검이 이루어지는 동안 직원들은 Farber 박사의 강연을 듣게 될 것이므로 (B)가 정답이 된다. 안전 점검을 하는 주체가 직원은 아니므로 (A)는 정답이 될 수 없다.

9
화자는 강의에 대해 무엇을 말하는가?
(A) 직원들은 강의에 가야 한다.
(B) 약 2시간 정도 진행될 것이다.
(C) 강연은 라운지에서 진행될 것이다.
(D) 강의는 회사의 회장에 의해 진행될 것이다.

해설 점검하는 동안 청자들은 강연을 듣게 될 것이라는 내용이 이어진 후, 화자는 해당 강의에 대해서 'This is a required lecture.'라고 말했다. required는 '필수적인'이라는 뜻이므로 '직원들이 강의를 들어야만 한다'는 내용의 (A)가 정답이다.

[10-12]

M Your attention, please. 10) **The gate for Flight 54 departing for London has changed.** Passengers should no longer go to Gate 10. Instead, 11) **all passengers on Flight 54 should go to Gate 21.** We apologize for the inconvenience. There is still plenty of time before the plane leaves. 12) **It is not scheduled to leave for forty minutes.** Again, this is a gate-change announcement for Flight 54.

M 주목해 주십시오. 런던으로 출발하는 54편 비행기의 게이트가 변경되었습니다. 승객분들께서는 더 이상 10번 게이트로 가실 필요가 없습니다. 대신, 54편 비행기의 모든 승객분들께서는 21번 게이트로 가셔야 합니다. 불편을 끼쳐드려 죄송합니다. 비행기가 출발하기까지 아직 많은 시간이 남아 있습니다. 예정상 앞으로 40분 동안은 출발하지 않을 것입니다. 다시 한 번 말씀을 드리면, 54편 비행기의 게이트 변경 안내였습니다.

어휘 depart 출발하다 no longer 더 이상 ~않는 apologize 사과하다 inconvenience 불편 plenty of 많은

10
화자는 54편 비행기에 대해 무엇을 언급하는가?
(A) 출발 시간
(B) 목적지
(C) 출발하는 도시
(D) 도착 시간

해설 담화의 초반부에서 화자는 런던으로 가는 54편 비행기의 출구가 변경되었다는(The gate for Flight 54 departing for London has changed.) 안내를 하고 있다. 54편 비행기와 관련하여 언급된 것들 중에서 보기와 일치하는 것은 (B)의 '목적지'이다.

11
54편 비행기의 승객들은 이다음에 어디로 가야 하는가?
(A) 10번 게이트로
(B) 21번 게이트로
(C) 40번 게이트로
(D) 55번 게이트로

해설 54편 비행기의 승객들이 어디로 가야 하는지 묻고 있다. 화자는 54편 비행기의 게이트가 변경되었다고 말하면서 이제 10번 게이트로 가야 할 필요가 없어졌다고 안내한다. 그런 다음에 'Instead, all passengers on Flight 54 should go to Gate 21.'이라고 말하면서 54편 비행기의 승객들은 21번 게이트로 가야 한다고 알려 준다. 따라서 정답은 (B)이다.

12
40분 후에 어떤 일이 있을 것인가?
(A) 승무원들이 사과할 것이다.
(B) 10번 게이트가 폐쇄될 것이다.
(C) 안내 방송이 있을 것이다.
(D) 54편 비행기가 출발할 것이다.

해설 40분 뒤에는 어떤 일이 있을 것인지를 묻고 있다. '40분'이 언급된 부분은 담화 후반부의 'It is not scheduled to leave for forty minutes.'인데, 여기에서 주어 it은 54편 비행기(Flight 54)를 의미한다. 이는 54편 비행기는 40분 동안 출발하지 않을 것이라는 의미인데, 다시 말해서 40분 후에 해당 비행기가 출발할 것이라는 뜻이다. 정답은 (D)이다.

[13-15]

M [13] **Watch carefully as I demonstrate how to use this device.** First, [14] **make sure that it is plugged in.** It needs a constant supply of electricity to operate. Then, turn the power on. You can hear the machine humming slightly, so you can tell it has been turned on. Now, you need to wait for the light here to turn green. When it turns green, it means you are able to use the device. That will take about three minutes. [15] **While we wait, let me tell you some of its functions.**

M 이 기기를 어떻게 사용하는지 보여 드릴 테니 주의해서 지켜봐 주십시오. 먼저, 플러그가 꽂혀 있는지 확인하십시오. 작동이 되려면 전기가 계속 공급되어야 합니다. 그런 다음, 전원을 켜십시오. 기계에서 약간 윙윙거리는 소리를 들을 수 있기 때문에, 전원이 켜져 있는지를 확인할 수 있습니다. 자, 여기 불빛이 초록색으로 바뀔 때까지 기다리셔야 합니다. 초록색으로 바뀌면, 이는 기기를 사용할 수 있게 되었다는 것을 의미합니다. 그렇게 되기까지 약 3분 정도 걸릴 것입니다. 기다리는 동안 제가 몇 가지 기능들을 말씀해 드리겠습니다.

어휘 device 장치, 기기 plug in 플러그를 꼽다 constant 항상, 변함없는 electricity 전기 operate 작동하다, 가동하다 turn on 켜다 hum 윙윙거리다 slightly 약간 turn 바뀌다 function 기능 instruction 지시 사항; 설명 make a recommendation 추천하다 solar power 태양열 발전

13
담화의 주된 목적은 무엇인가?
(A) 설명하기 위해
(B) 제품을 홍보하기 위해
(C) 조언을 구하기 위해
(D) 추천하기 위해

해설 담화 초반부에서 화자는 'Watch carefully as I demonstrate how to use this device.'라고 말하면서 기계의 사용법에 대해 이야기할 것임을 암시하고 있다. 이후에도 기계의 작동법을 순서대로 설명하고 있기 때문에 이 담화는 특정 제품에 대한 '설명'(instruction)을 하기 위한 것으로 볼 수 있다. 따라서 정답은 (A)이다.

14
남자가 "It needs a constant supply of electricity to operate" 라고 말할 때 그는 무엇을 의미하는가?
(A) 이 제품은 태양열을 이용할 수 있다.
(B) 이 제품의 배터리는 에너지를 빨리 사용한다.
(C) 이 제품이 작동하기 위해서는 배터리가 있어야 한다.
(D) 이 제품은 플러그에 연결되어 있어야 한다.

해설 주어진 문장은 '작동하기 위해서는 항상 전기가 공급되어야 한다'는 뜻으로, 바로 앞 문장인 '항상 전원이 연결되어 있어야 한다'는 이유로 제시되어 있다. 따라서 정답은 (D)이다.

15
화자는 이다음에 아마도 무엇을 할 것 같은가?
(A) 기계의 플러그를 꼽는다
(B) 기계에 대해 이야기한다
(C) 기계를 사용한다
(D) 기계에 대한 주문을 받는다

해설 담화의 마지막 문장인 'While we wait, let me tell you some of its functions.'를 통해 화자가 곧 기계의 기능들에 대해 이야기할 것임을 알 수 있다. 따라서 정답은 '기계에 대해 이야기한다'는 의미의 (B)이다.

[16-18]

W Hello, Mr. Navarro. I've got some great news. 16-1) **The armchair which you ordered from our warehouse has arrived.** Unfortunately, 16-2) **the other furniture you wanted is not yet here.** Everything else is scheduled to arrive by next week. But I'm going to deliver this item to you today. 17) **I'm also going to charge it to your credit card.** 16-3) **You won't be charged for anything else until you receive it.** 18) **I'll be at your home with the item around 3:30.**

W 안녕하세요, Navarro 씨. 좋은 소식이 있습니다. 귀하께서 저희 상품 창고에서 주문하신 팔걸이 의자가 도착했습니다. 안타깝게도, 요청하신 다른 가구들은 아직 도착하지 않았습니다. 기타 모든 것들은 다음 주에 도착할 예정입니다. 하지만 이 제품은 오늘 귀하께 배송해 드리겠습니다. 또한 요금은 귀하의 신용카드로 청구하겠습니다. 받으시기 전까지는 어떤 물품에 대해서도 요금이 부과되지 않을 것입니다. 3시 30분경에 물품을 가지고 댁으로 가겠습니다.

어휘 armchair 팔걸이의자 warehouse 창고 furniture 가구 be scheduled to ~할 예정이다 deliver 배달하다 charge (요금을) 부과하다

Dawson 가구

제품	가격
팔걸이 의자 (검정색)	240달러
소파 (가죽)	1,300달러
주방 식탁 (오크색)	560달러
책상 (갈색)	850달러

16
도표를 보아라. Navarro 씨에게 얼마의 요금이 부과될 것인가?
(A) 240달러
(B) 560달러
(C) 850달러
(D) 1,300달러

해설 화자는 Navarro 씨에게 '주문한 팔걸이 의자'(The armchair which you ordered from our warehouse)가 도착했음을 알린 후 나머지 가구는 아직 도착하지 않았다고 말한다. 그리고 담화 후반부에서 수령한 제품에 대해서만 비용을 지불하면 된다고 설명했으므로 Navarro 씨는 오늘 도착할 팔걸이 의자의 비용, 즉 가격표상의 240불만 지불하면 될 것이다. 정답은 (A)이다.

17
물품 대금은 어떻게 지불될 것인가?
(A) 수표로
(B) 현금으로
(C) 은행 계좌 이체로
(D) 신용카드로

해설 담화 후반부에 화자는 신용카드로 비용을 청구할 것이라고(I'm also going to charge it to your credit card.) 말했다. 따라서 정답은 (D)이다.

18
화자는 3시 30분에 무슨 일이 있을 것이라고 말하는가?
(A) 배송이 이루어질 것이다.
(B) 회신 전화가 있을 것이다.
(C) 회의가 열릴 것이다.
(D) 결정이 내려질 것이다.

해설 담화의 마지막 부분에 3시 30분이 언급되었는데, 화자는 3시 30분 경에 물품을 집으로 배송하겠다고(I'll be at your home with the item around 3:30.) 말했다. 그러므로 정답은 (A)이다.

PART 4 실전 문제 연습 p.292

04-76

1	(C)	2	(C)	3	(B)
4	(A)	5	(C)	6	(A)
7	(C)	8	(A)	9	(A)
10	(C)	11	(B)	12	(C)
13	(A)	14	(C)	15	(C)
16	(C)	17	(D)	18	(B)
19	(C)	20	(A)	21	(A)
22	(B)	23	(A)	24	(C)
25	(C)	26	(A)	27	(B)
28	(A)	29	(C)	30	(B)

[1-3]

M 1-1) **Are you tired of paying high prices for electronic products?** 1-2) **If you answered yes, then you should visit Dan's High-Tech Products.** 2) **We sell the best items at the lowest prices.** You can find all of the most recent items at our store. We also have products by the top names in the industry. 3) **Come to Dan's High-Tech Products.** We're located downtown in the Briar Mall. You'll love our selection of items.

M 전자 제품을 비싼 가격으로 구입하시는 것에 지치셨습니까? 그렇다고 대답하신다면, Dan's High-Tech Products를 방문해 주십시오. 저희는 최고의 제품들을 최저가로 판매하고 있습니다. 여러분들께서는 저희 매장에서 대부분의 최신 제품들을 찾으실 수 있습니다. 저희는 또한 업계 최고 기업의 제품들을 갖추고 있습니다. Dan's High-Tech Products로 오십시오. 저희는 시내의 Briar Mall에 위치해 있습니다. 저희의 제품들이 마음에 드실 것입니다.

어휘 be tired of ~에 싫증이 나다 electronic product 전자 제품 grocery store 식품점 generic product 상표가 없는 제품

1
무엇이 광고되고 있는가?
(A) 극장
(B) 쇼핑 센터
(C) 전자 제품 매장
(D) 식품점

해설 담화 초반부의 'Are you tired of paying high prices for electronic products? If you answered yes, then you should visit Dan's High-Tech Products.'라는 말을 통해서 Dan's High-Tech Products라는 전자 제품 매장이 광고되고 있음을 알 수 있다. 따라서 정답은 (C)이다.

2
화자는 매장의 제품들에 대해 어떻게 말하는가?
(A) 좋지만 가격이 비싸다.
(B) 주로 상표가 없는 제품이다.
(C) 저렴한 가격으로 판매된다.
(D) 신제품도 있고 중고품도 있다.

해설 담화 중반부에서 화자는 최고의 제품들을 '최저가로'(at the lowest prices) 판매한다고 했으므로 (C)가 정답이다. 최고의 제품을 최저가로 판다고 했으므로 (A)는 정답이 될 수 없고, '일류 기업'(top names)의 제품도 판매하므로 (B) 역시 정답이 될 수 없다. 매장에서 중고품이 거래되는지는 언급되지 않았기 때문에 (D) 또한 정답이 될 수 없다.

3
화자는 청자들에게 무엇을 하라고 말하는가?
(A) 매장의 웹사이트를 살펴보라고
(B) 매장으로 쇼핑하러 오라고
(C) 매장에 전화해서 제품에 관해 문의해 보라고
(D) 매장 내 일자리에 지원을 하라고

해설 담화에서 화자는 자신의 매장에 대해 설명한 후 'Come to Dan's High-Tech Products.'라고 말하면서 청자들에게 매장을 방문할 것을 요청하고 있다. 따라서 정답은 (B)이다.

[4-6]

W Good morning. **4) This is Nancy Woodrow at the front desk of the Healthy Lives Clinic.** This message is for Ms. Lindsey Butler. Ms. Butler, you are scheduled for a dental appointment tomorrow afternoon at three forty-five. However, Dr. Jackson will not be in the office tomorrow. He has some personal business to attend to. **5) You need to reschedule your appointment with us. 6) Please call me back at 567-9830 to let me know when you can visit the office.** Thank you. Goodbye.

W 안녕하세요. 저는 Healthy Lives 병원의 프런트 데스크에서 일하는 Nancy Woodrow입니다. 이 메시지는 Lindsey Butler 씨를 위한 것입니다. Butler 씨, 선생님께서는 내일 오후 3시 45분에 치과 예약을 하셨습니다. 하지만, Jackson 선생님께서 내일 사무실에 계시지 않을 것입니다. 처리하셔야 할 개인적인 용무가 몇 가지 있으십니다. 귀하는 저희와의 예약 시간을 조정하셔야 합니다. 567-9830으로 저에게 다시 전화를 주셔서 언제 병원에 들르실 수 있는지 알려 주시기 바랍니다. 감사합니다. 안녕히 계세요.

어휘 front desk 안내 데스크, 프런트 데스크 dental appointment 치과 진료 예약 receptionist 접수 담당자, 접수 계원 reply 응답하다, 답장하다

4
화자는 누구인가?
(A) 접수 담당자
(B) 의사
(C) 외과 의사
(D) 환자

해설 담화 초반부의 'This is Nancy Woodrow at the front desk of the Healthy Lives Clinic.'이라는 말을 통해 화자가 Healthy Lives 병원의 프런트 데스크 직원임을 알 수 있다. 따라서 정답은 (A)이다. 화자가 Butler 씨에게 병원 예약 관련 내용을 전달하고 있는 것을 통해서도 화자가 병원의 접수 담당자라는 사실을 확인할 수 있다.

5
무엇이 문제인가?
(A) 병원이 문을 닫을 것이다.
(B) 모임이 취소되었다.
(C) 예약 시간이 조정되어야 한다.
(D) 어떤 사람이 병에 걸렸다.

해설 화자는 Butler 씨에게 의사가 개인적인 용무로 내일 병원을 비울 것 같다고 말한 후 'You need to reschedule your appointment with us.'라고 말하면서 청자에게 다시 예약을 잡아야 한다는 것을 알린다. 따라서 정답은 (C)이다.

6
Butler 씨는 무엇을 하라는 요청을 받는가?

(A) 전화하라고
(B) 병원에 들르라고
(C) 이메일을 보내라고
(D) 편지에 답장하라고

해설 담화 마지막 부분의 'Please call me back at 567-9830 to let me know when you can visit the office.'라는 말에서 청자는 알려 준 번호로 전화해 달라는 요청을 받고 있음을 알 수 있다. 따라서 (A)가 정답이다.

[7-9]

W We just purchased some new accounting software. The software is much better than the program we're currently using. 7) **However, it can be a bit difficult to use at first. Therefore, we need to train with it.** 8) **Karen Potter in the Computer Department is going to help us with that.** She's going to be here tomorrow morning at nine. 9) **So all of you need to be sure that you're not late for work.**

W 얼마 전 우리는 새로운 회계용 소프트웨어를 구입했습니다. 이 소프트웨어는 현재 우리가 사용 중인 프로그램보다 훨씬 더 우수합니다. 하지만, 처음에는 사용하기가 약간 어려울 수 있습니다. 따라서, 이에 대한 교육을 받아야 할 필요가 있습니다. 컴퓨터부서의 Karen Potter가 교육을 도와 줄 것입니다. 그녀는 내일 오전 9시에 이곳으로 올 예정입니다. 그러니 여러분 모두가 결코 지각을 해서는 안 될 것입니다.

어휘 currently 현재 at first 처음에는 therefore 따라서, 그러므로 train 훈련하다, 교육을 받다 warning 경고 process 절차, 과정 accountant 회계사, 회계원 supervisor 감독관, 관리자 employee manual 직원 수칙

7
담화의 목적은 무엇인가?
(A) 몇 가지 조언을 하기 위해
(B) 경고하기 위해
(C) 곧 있을 행사에 대해 설명하기 위해
(D) 절차를 설명하기 위해

해설 담화의 시작 부분에서 화자는 새로운 회계용 소프트웨어를 구입했다고 말한 후 'However, it can be a bit difficult to use at first. Therefore, we need to train to use it.'이라고 설명한다. 즉 처음에는 소프트웨어를 사용하기가 어려울 수 있으니 그에 대한 교육을 받아야 한다고 말한다. 따라서 정답은 소프트웨어 교육을 an upcoming event로 바꾸어 쓴 (C)이다.

8
Karen Potter는 누구인가?
(A) 교육 담당자
(B) 최고 경영자
(C) 회계사
(D) 관리자

해설 'Karen Potter in the Computer Department is going to help us with that.'이라는 말을 통해 Karen Potter가 소프트웨어 교육을 담당할 것임을 알 수 있다. 따라서 정답은 (A)이다.

9
청자들은 무엇을 할 것으로 예상되는가?
(A) 내일 정시에 도착한다
(B) 직원 수칙을 공부한다
(C) 컴퓨터부서를 방문한다
(D) Karen Potter에게 연락한다

해설 담화의 후반부에서 화자는 'So all of you need to be sure that you're not late for work.'이라고 말한다. 즉 청자들에게 지각하지 말라는 당부의 말을 전하고 있기 때문에 직원들은 내일 정시에 출근할 것으로 예상할 수 있다. 정답은 (A)이다.

[10-12]

M 10) **The weather tomorrow will be partly cloudy with a ten-percent chance of rain.** Expect the high temperature to be twenty-two degrees. The low will be about fifteen degrees Celsius. And that's all for tomorrow's weather. 11) **I'll be back in thirty minutes with a brief update on the current weather conditions.** 12) **But now it's time for a sports update from John. What's going on in the world of sports, John?**

M 내일 날씨는 비가 올 확률이 약 10%이며 부분적으로 흐린 날이 될 것입니다. 최고 기온은 22도로 예상됩니다. 최저 기온은 섭씨 15도 정도가 될 것입니다. 이상으로 내일 일기예보를 마칩니다. 저는 30분 후에 현재의 날씨 상황에 관한 간략한 최신 정보를 가지고 돌아오겠습니다. 하지만 지금은 John의 스포츠 뉴스 시간입니다. 스포츠 세계에서는 어떤 일이 일어나고 있나요, John?

어휘 partly 부분적으로 cloudy 구름이 낀, 흐린 temperature 온도 brief 간단한, 짧은 update 최신 정보 condition 상황, 상태 commercial (상업) 광고

10
뉴스는 무엇에 관한 것인가?
(A) 지역 뉴스
(B) 경제 뉴스
(C) 날씨
(D) 스포츠

해설 담화의 초반부에서 화자는 내일 비올 확률이 10%이며 흐린 날이 될 것이라고 말한 후 내일의 최고 기온 및 최저 기온 등을 언급한다. 따라서 이 뉴스는 (C)의 '날씨' 뉴스일 것이다.

11
화자는 언제 지금과 비슷한 방송을 하게 될 것인가?
(A) 10분 후에
(B) 30분 후에

(C) 60분 후에
(D) 90분 후에

해설 담화 중반부에서 화자는 'I'll be back in thirty minutes with a brief update on the current weather conditions.'라고 말하면서, 30분 후에 현재의 날씨 상황에 관한 최신 정보를 알려 주겠다고 언급한다. 따라서 이와 유사한 방송, 즉 날씨와 관련된 방송은 30분 후에 다시 진행될 것임을 알 수 있다. 그러므로 (B)가 정답이다.

12
청자들은 이다음에 무엇을 듣게 될 것인가?
(A) 광고
(B) 노래
(C) 스포츠 뉴스
(D) 안내 방송

해설 뉴스 후반부의 'But now it's time for a sports update from John. What's going on in the world of sports, John?'이라는 말을 통해 곧 (C)의 '스포츠 뉴스'가 이어질 것임을 알 수 있다.

[13-15]

M [13] **We've decided to start doing videoconferencing with some of our clients.** That way, we won't have to send employees on long, expensive trips abroad. [14] **We're going to install the equipment tomorrow morning.** Then, we'll teach everyone how to use it in the afternoon. [15] **Our first scheduled videoconference with a client is this Thursday.** So we need to be sure that we are comfortable with the equipment. We don't want anything bad to happen.

M 우리는 몇몇 고객들과 화상 회의를 시작하기로 결정했습니다. 그렇게 함으로써, 직원들은 길고 비용이 많이 드는 해외 출장을 가지 않게 될 것입니다. 내일 오전에 장비를 설치할 것입니다. 그런 다음, 오후에는 모든 분들께 그 사용법을 가르쳐 드릴 것입니다. 예정된 고객과의 첫 화상 회의는 이번 주 목요일에 있을 것입니다. 그러니 반드시 장비들에 익숙해져 있어야 합니다. 불상사가 일어나지 않기를 바랍니다.

어휘 videoconference 화상 회의를 하다 abroad 해외로 install 설치하다 equipment 장비, 시설 comfortable 편안한 business trip 출장

13
담화의 목적은 무엇인가?
(A) 방침의 변경을 안내하기 위해
(B) 보고서 제출을 요구하기 위해
(C) 사람들에게 여행을 가라고 요청하기 위해
(D) 회사의 예산을 논의하기 위해

해설 담화 초반부에 화자는 '고객과 화상 회의를 시작하기로 했다'(We've decided to start doing videoconferencing with some of our clients.)고 말한 후 화상 회의에서 기대되는 효과와 이를 위해 직원들이 준비해야 할 일에 대해 언급한다. 이를 통해 담화의 목적은 변화된 방침을 알려 주기 위한 것임을 알 수 있으므로 정답은 (A)이다.

14
내일 오전에 어떤 일이 발생할 것인가?
(A) 화상 회의가 열릴 것이다.
(B) 출장이 이루어질 것이다.
(C) 몇몇 장비가 설치될 것이다.
(D) 몇몇 고객들이 도착할 것이다.

해설 질문의 핵심 어구인 tomorrow morning과 관련된 부분을 주의해서 듣도록 한다. 담화 중반부에서 화자는 'We're going to install the equipment tomorrow morning.'이라고 말하고 있으므로 내일 아침에는 장비가 설치될 것임을 알 수 있다. 따라서 정답은 (C)이다.

15
고객은 언제 만나기로 예정되어 있는가?
(A) 오늘
(B) 내일
(C) 목요일
(D) 금요일

해설 담화 중반부의 'Our first scheduled videoconference with a client is this Thursday.'라는 말을 통해 고객과의 첫 번째 화상 회의는 이번 주 목요일에 예정되어 있음을 알 수 있다. 따라서 정답은 (C)이다.

[16-18]

W Good evening. Thank you for dining at Steak 99. We're very happy to see you here tonight. [16] **Unfortunately, we don't have any seats available at the moment.** However, [17] **if you put your names on the waiting list, you won't have to wait long.** You should have a seat within ten minutes. [18] **We apologize for the wait but hope you understand.** Friday is always the busiest night of the week for us.

W 안녕하세요. Steak 99를 찾아 주셔서 감사합니다. 오늘 밤 이곳에서 여러분들을 만나게 되어 매우 기쁩니다. 안타깝게도, 지금은 이용하실 수 있는 좌석이 없습니다. 하지만, 대기자 명단에 이름을 적어 주시면 오래 기다리지 않으실 것입니다. 10분 내로 좌석을 배정 받으실 것입니다. 기다리게 해 드려서 죄송하지만, 이해해 주시기를 바랍니다. 저희에게 금요일 밤은 항상 주중 가장 바쁜 때입니다.

어휘 dine 식사를 하다 at the moment 지금, 현재 waiting list 대기자 명단 apologize 사과하다 establishment 설립; 기관, 시설 ahead 앞서, 미리

16
화자는 어디에서 일하는 것 같은가?
(A) 사진관에서
(B) 슈퍼마켓에서

(C) 식당에서
(D) 편의점에서

해설 화자가 근무하는 곳을 묻고 있다. 화자는 담화 초반부에서 Steak 99을 찾아 준 점에 대한 감사의 인사를 건넨 후 'Unfortunately, we don't have any seats available at the moment.'라고 말하면서 현재 식당의 자리가 없다는 사실을 알려 준다. 따라서 화자가 일하는 곳은 (C)의 '식당'일 것이다.

17
화자는 청자들에게 무엇을 하라고 요청하는가?
(A) 다른 곳으로 가라고
(B) 사과하라고
(C) 예약하라고
(D) 잠시 기다리라고

해설 담화 중반부에서 화자는 지금은 자리가 없지만 '대기자 명단'(waiting list)에 이름을 올리면 오래 기다리지 않을 것이라고 청자들에게 말한다. 따라서 화자는 청자들에게 잠시 기다릴 것을 요청하고 있으므로 (D)가 정답이다.

18
화자는 왜 "Friday is always the busiest night of the week for us"라고 말하는가?
(A) 청자들에게 다른 곳으로 가라고 충고하기 위해
(B) 청자들에게 사과하기 위해
(C) 방문을 피해야 할 시간을 제안하기 위해
(D) 예약 전화를 권장하기 위해

해설 바로 앞 문장의 '기다리게 해서 죄송하다'(we apologize for the wait)는 표현에 유의하면 화자가 주어진 문장처럼 말한 이유는 (B)임을 쉽게 알 수 있다.

[19-21]

W Hello. This is Tina Sellers calling. 19-1) **I'm scheduled to see Dr. Morris this afternoon at four thirty.** Unfortunately, I have to go out of town right now due to a family emergency. 19-2) 20) **I'd like to reschedule my appointment.** Is it possible to see the doctor next Monday? I am available any time after one in the afternoon. 21) **Please call me back at 560-3345 to let me know.** Thank you. Goodbye.

W 안녕하세요. 저는 Tina Sellers입니다. 저는 오늘 오후 4시 30분에 Morris 의사 선생님을 뵙기로 예정되어 있습니다. 안타깝게도, 급한 집안일 때문에 저는 지금 당장 시외로 가야만 합니다. 예약 시간을 변경하고 싶습니다. 다음 주 월요일에 의사 선생님을 뵙는 것이 가능할까요? 저는 오후 1시 이후에는 아무 때나 괜찮습니다. 560-3345로 전화해서 알려 주세요. 감사합니다. 안녕히 계세요.

어휘 family emergency 급한 집안일 possible 가능한 inquire 묻다, 문의하다 operation 수술

19
메시지의 목적은 무엇인가?
(A) 예약하기 위해
(B) 비용에 대해 알아보기 위해
(C) 차후에 진료를 받겠다고 요청하기 위해
(D) 수술에 관해 문의하기 위해

해설 화자는 오늘 오후 Morris라는 의사와 만나기로 했으나(I'm scheduled to see Dr. Morris this afternoon at four thirty.) 급한 일이 생겨서 시외로 가야 한다고 말을 전한 후 '다른 날로 일정을 다시 잡고 싶다'(I'd like to reschedule my appointment.)고 말한다. 따라서 (C)가 정답이다.

20
화자가 "I have to go out of town right now due to a family emergency"라고 말할 때 그녀는 무엇을 의미하는가?
(A) 그녀는 방문 약속을 지킬 수 없다.
(B) 그녀는 오늘 늦게 그곳으로 갈 것이다.
(C) 그녀는 빨리 공항으로 가야 한다.
(D) 그녀는 지금 당장 누군가와 이야기하고 싶어 한다.

해설 메시지의 앞 부분에서 화자는 오후에 의사를 만나기로 약속했다고 했지만 '급한 집안일 때문에 시외로 가야 한다'고 말한다. 또한 그 이후 약속 시간을 재조정할 것을 요청하고 있으므로 주어진 문장을 통해 화자가 전하고자 하는 내용은 (A)로 보아야 한다.

21
Sellers 씨는 청자에게 무엇을 하라고 요청하는가?
(A) 전화해 달라고
(B) 문자 메시지를 보내 달라고
(C) 이메일을 보내 달라고
(D) 사무실을 방문하라고

해설 담화 후반부에서 Sellers 씨는 다음 주 월요일에 진료를 받고 싶다고 말한 후 'Please call me back at 560-3345 to let me know.'라고 말하면서 자신의 질문에 대한 답을 구하고 있다. 따라서 Sellers 씨가 화자에게 요청하는 것은 '전화를 달라는 것'이므로 정답은 (A)이다.

[22-24]

M 23-1) **This Saturday**, local residents are invited to visit Western Park. 22-1) 23-2) **There is going to be a blood drive at the park between the hours of eight A.M. and four P.M.** 22-2) **Local hospitals are reporting shortages of blood these days.** So we hope that as many people as possible will turn out for the event. The bloodmobile will be in the parking lot by the northern entrance. 24) **Blood donors will receive free cookies and drinks after they give blood.**

M 이번 주 토요일, 지역 주민들을 Western 공원으로 초대합니다. 오전 8시와 오후 4시 사이에 공원에서 헌혈 캠페인이 진행될 예정입니다. 지역 병원들이 최근 혈액의 부족을 호소하고 있습니다. 따라서 가능한 한 많은 분들께서 행사에 참여하시기를 바랍니다. 헌혈차는 북쪽 입구의 주차장에 있을 것입니다. 헌혈을 하신 분들께서는 헌혈 후에 무료로 쿠키와 음료를 받으시게 될 것입니다.

어휘 invite 초대하다 blood drive 헌혈 캠페인 shortage 부족, 결핍 these days 요즘 turn out for ~에 모이다 bloodmobile 헌혈차 entrance 입구, 문; 입장 donor 기증자 encourage 격려하다, 고무시키다 gift certificate 상품권 complimentary 무료의

22
행사는 왜 열릴 것인가?
(A) 지역 주민들을 격려하기 위해
(B) 지역 병원을 돕기 위해
(C) 어린 아이들에게 혜택을 주기 위해
(D) 주민들이 서로 만나도록 하기 위해

해설 담화 초반부에서 화자는 '헌혈 캠페인'(blood drive)이 열릴 것이라고 전한 후 그 이유가 '지역 병원들이 혈액 부족을 호소하고 있기 때문'(Local hospitals are reporting shortages of blood these days.)이라고 말한다. 따라서 정답은 (B)이다

23
행사는 언제 열릴 것인가?
(A) 토요일 8시부터 4시까지
(B) 토요일 4시부터 8시까지
(C) 일요일 8시부터 4시까지
(D) 일요일 4시부터 8시까지

해설 담화의 첫 번째 문장에 'This Saturday'라는 내용이 있고, 담화의 두 번째 문장에서 화자는 헌혈 행사가 오전 8시부터 오후 4시까지 진행될 것이라고 언급하고 있으므로 정답은 (A)이다.

24
사람들은 참여한 대가로 무엇을 받을 수 있는가?
(A) 할인 쿠폰
(B) 상품권
(C) 무료 음식 및 음료
(D) 무료 영화 티켓

해설 담화 후반부의 'Blood donors will receive free cookies and drinks after they give blood.'라는 말을 통해 헌혈한 사람들은 쿠키와 음료를 무료로 받게 될 것임을 알 수 있다. 따라서 정답은 (C)이다.

[25-27]

M Let's talk about the company picnic for a moment. 25) **The caterer is preparing food for 120 people.** The park has been reserved for the entire day. And we've got entertainment lined up for the afternoon. There's also great news about the weather. According to the forecast, 26) **we'll be getting a bit of sun on that day. There will be a few clouds in the sky,** 27) **but it won't be rainy like it has been for the past week.**

M 잠시 회사 야유회에 대해 이야기해 보죠. 음식 제공업체가 120인분의 음식을 준비할 것입니다. 공원은 하루 종일 예약되어 있습니다. 그리고 오후 시간을 위한 오락 순서도 마련이 되어 있습니다. 날씨에 대해서도 좋은 소식이 있습니다. 기상 예보에 따르면, 그 날은 햇빛이 약간 비출 것입니다. 구름이 조금 끼겠지만, 지난 일주일처럼 비가 내리지는 않을 것입니다.

어휘 caterer 음식 제공업체 reserve 예약하다 entertainment 여흥, 오락 line up 정렬하다; 준비하다 forecast 기상 예보

25
화자는 회사 야유회에 대해 무엇을 말하는가?
(A) 오전에 열릴 것이다.
(B) 야유회는 하루 종일 계속될 것이다.
(C) 100명 이상이 참석할 것이다.
(D) 음식은 무료이다

해설 120분의 음식이 준비될 것이라는 말을 통해 (C)가 정답임을 알 수 있다. 하루 종일 공원을 예약해 두었다고 해서 하루 종일 야유회가 진행될 것이라는 보장은 없으므로 (B)는 정답이 아니다.

월요일	화요일	수요일	목요일
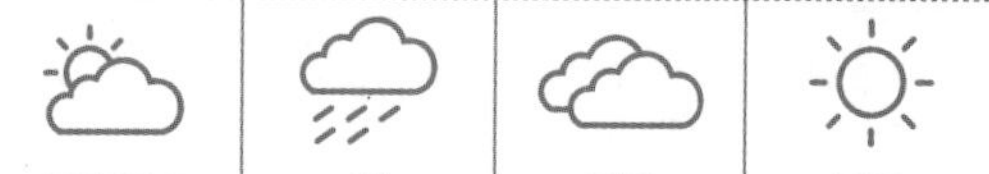			
구름 조금	비	구름	맑음

26
도표를 보아라. 회사 야유회는 언제 개최될 것인가?
(A) 월요일
(B) 화요일
(C) 수요일
(D) 목요일

해설 담화 후반부에서 화자는 기상 캐스터의 말을 인용하면서 '햇빛이 비출 것이며'(we'll be getting a bit of sun) '약간의 구름'(a few clouds)이 낄 것이라고 날씨에 관한 정보를 알려 준다. 이에 해당되는 날씨는 (A) '월요일'의 partly cloudy(구름 조금)이다.

27
날씨는 최근에 어떠했는가?
(A) 추웠다
(B) 비가 왔다

(C) 눈이 왔다
(D) 따뜻했다

해설 담화의 마지막 부분에서 '지난 일주일처럼 비가 오지는 않을 것'(it won't be rainy like it has been for the past week)이라고 했으므로 최근 날씨는 (B)로 볼 수 있다.

[28-30]

M Good afternoon, Ms. Kuroda. I'm calling from Good Hands Electronics. [28-1) 29)] **We received your voice message about wanting to have an air conditioner installed at your home.** [28-2)] **Yes, we can do that for you.** You indicated that you already have the item in your possession at your home. [30)] **So we'll send a person there tomorrow morning around 10:00 to install it for you.** You can pay him for the work when he's finished.

M 안녕하세요, Kuroda 씨. Good Hands 전자에서 전화를 드리고 있습니다. 저희는 귀하의 댁에 에어컨을 설치하고 싶다는 귀하의 음성 메시지를 받았습니다. 네, 저희가 그렇게 해 드릴 수 있습니다. 귀하께서는 귀하의 댁에 이미 제품이 있다는 점을 알려 주셨습니다. 따라서 저희가 내일 오전 10시경에 그곳으로 사람을 보내 설치해드릴 것입니다. 일이 끝나면 작업에 대한 보수를 그에게 지급해 주시면 됩니다.

어휘 voice message 음성 메시지 air conditioner 에어컨 install 설치하다 indicate 가리키다, 나타내다 possession 소지, 소유; 소유물

28
화자는 왜 Kuroda 씨에게 전화했는가?
(A) 작업하는 것에 동의하기 위해
(B) 주소를 묻기 위해
(C) 제품을 팔기 위해
(D) 약속 시간을 변경하기 위해

해설 전자 제품인 에어컨의 설치 요청에 대한 답신 전화이다. 설치를 해 주겠다는 긍정적인 의미를 전달하고 있으므로 정답은 (A)이다.

Good Hands 가전 설치 비용

가전제품	가격
세탁기	50달러
세탁기 겸 건조기	35달러
천장 선풍기	80달러
에어컨	60달러

29
도표를 보아라. 청자에게는 얼마의 요금이 부과될 것인가?
(A) 35달러
(B) 50달러
(C) 60달러
(D) 80달러

해설 air conditioner(에어컨)라는 단어를 들었으면 문제를 쉽게 풀 수 있다. 에어컨 설치비는 도표에서 (C)의 '60달러'로 적혀 있다.

30
직원은 언제 Kuroda 씨의 집을 방문할 것인가?
(A) 오늘
(B) 내일
(C) 이번 주말
(D) 다음 주

해설 'So we'll send a person there tomorrow morning around 10:00 to install it for you.'에서 설치 기사는 내일 오전에 Kuroda 씨의 집을 방문할 것임을 알 수 있다. 정답은 (B)이다.

ACTUAL TEST

05-01

PART 1

1 (A)	2 (C)	3 (C)
4 (C)	5 (C)	6 (B)

PART 2

7 (B)	8 (A)	9 (C)
10 (B)	11 (A)	12 (C)
13 (A)	14 (C)	15 (B)
16 (C)	17 (B)	18 (C)
19 (A)	20 (B)	21 (B)
22 (C)	23 (B)	24 (C)
25 (C)	26 (A)	27 (B)
28 (A)	29 (B)	30 (C)
31 (B)		

PART 3

32 (A)	33 (D)	34 (B)
35 (A)	36 (B)	37 (D)
38 (A)	39 (A)	40 (D)
41 (C)	42 (D)	43 (B)
44 (A)	45 (C)	46 (B)
47 (A)	48 (C)	49 (C)
50 (A)	51 (C)	52 (B)
53 (C)	54 (D)	55 (A)
56 (B)	57 (C)	58 (C)
59 (B)	60 (C)	61 (D)
62 (B)	63 (B)	64 (D)
65 (A)	66 (A)	67 (D)
68 (B)	69 (C)	70 (D)

PART 4

71 (B)	72 (C)	73 (C)
74 (B)	75 (B)	76 (A)
77 (C)	78 (D)	79 (A)
80 (C)	81 (A)	82 (A)
83 (A)	84 (B)	85 (B)
86 (A)	87 (C)	88 (A)
89 (A)	90 (B)	91 (A)
92 (D)	93 (A)	94 (B)
95 (A)	96 (C)	97 (B)
98 (A)	99 (C)	100 (D)

PART 1

1

(A) A man is standing on the ladder.
(B) The traffic light is working.
(C) Cars are waiting at the red light.
(D) The streetlight has been turned on.

(A) 한 남자가 사다리 위에 서 있다.
(B) 교통 신호등이 작동하고 있다.
(C) 자동차들이 정지 신호에서 기다리고 있다.
(D) 가로등이 켜져 있다.

어휘 ladder 사다리 traffic light 교통 신호등 red light 정지 신호, 빨간 신호등 streetlight 가로등

해설 1인 등장 사진으로 사다리에서 신호등을 수리하고 있는 남자의 모습을 볼 수 있다. 따라서 '남자가 사다리 위에 서 있다'고 진술한 (A)가 정답이다. 사진 속의 '신호등'(traffic light)은 꺼져 있는 것으로 보이므로 (B)는 정답이 될 수 없고, 사진 속에서 신호를 기다리는 자동차 역시 찾아 볼 수 없기 때문에 (C) 또한 정답이 될 수 없다. 또한 '가로등'(streetlight)이 보이기는 하지만 켜져 있지는 않으므로 (D) 역시 정답이 아니다.

2

(A) The people are using wheelchairs.
(B) Fruit is being picked from the trees.
(C) They are going hiking.
(D) All of the people are wearing boots.

(A) 사람들이 휠체어를 이용하고 있다.
(B) 나무에서 과일이 수확되고 있다.
(C) 그들은 하이킹을 하고 있다.
(D) 모든 사람들이 부츠를 신고 있다.

어휘 wheelchair 휠체어 fruit 과일, 과실 go hiking 하이킹을 하다 boot 부츠, 목이 긴 신발

해설 세 명의 사람들이 산길을 따라 하이킹을 하는 모습을 볼 수 있다. (A)는 사진에 등장하지 않는 '휠체어'(wheelchair)를 언급하고 있기 때문에 정답이 될 수 없고, 과일을 따고 있는 사람 역시 보이지 않기 때문에 (B) 또한 적절한 진술이 될 수 없다. 사진 속 사람들이 모두 '부츠'(boots)를 신고 있는 것도 아니므로 (D) 역시 정답이 될 수 없다. 따라서 '하이킹을 하고 있다'고 설명한 (C)가 정답이다.

3

(A) She is typing on the keyboard.
(B) She is getting up from her chair.
(C) She is holding a sheet of paper.
(D) She is putting toner in the printer.

(A) 그녀는 키보드로 타이핑을 하고 있다.
(B) 그녀는 의자에서 일어나고 있다.
(C) 그녀는 종이 한 장을 집고 있다.
(D) 그녀는 프린터에 토너를 넣고 있다.

어휘 type 타자를 치다, 타이핑하다 keyboard 키보드 get up 일어나다 a sheet of paper 종이 한 장 toner 토너

해설 사진 속 여자가 종이를 들고 있는 모습을 적절히 묘사한 (C)가 정답이다. 여자가 키보드로 '타이핑'(typing)을 하고 있다고 설명한 (A)는 사실이 아니며, 여자가 자리에서 '일어나고 있다'(is getting up)고 설명한 (B) 또한 사진과 일치하지 않는 내용이다. 사진 속에 프린터가 보이기는 하지만 여자가 프린터에 '토너'(toner)를 넣고 있는 것은 아니므로 (D) 역시 오답이다.

4
(A) Cakes are being baked.
(B) Cupcakes have been eaten.
(C) Pastries are on display.
(D) Items are on sale.

(A) 케이크가 구워지고 있다.
(B) 컵케이크를 다 먹은 상태이다.
(C) 패스트리가 진열되어 있다.
(D) 제품들이 세일 중이다.

해설 유리로 된 진열대 안에 케이크들이 진열되어 있다. 따라서 '패스트리가 진열되어 있다'고 묘사한 (C)가 정답이다. 케이크들은 이미 구워져서 진열이 되어 있는 상태이므로 '구워지고 있다'(are being baked)고 설명한 (A)는 정답이 될 수 없다. 또한 누군가가 컵케이크를 '먹어 치운'(have been eaten) 것도 아니므로 (B) 역시 정답이 될 수 없다. 사진만으로는 제품이 세일 중인지 확인할 수 없으므로 (D) 또한 오답이다.

어휘 bake 굽다 cupcake 컵케이크 pastry 패스트리 (밀가루로 만든 빵이나 쿠키) on sale 세일 중인

5
(A) Books are being placed on the shelves.
(B) One of the men is purchasing a book.
(C) People are waiting in line.
(D) Everyone is wearing pants

(A) 책이 선반 위에 놓여지고 있다.
(B) 사람들 중 한 명이 책을 구입하고 있다.
(C) 사람들이 줄을 서서 기다리고 있다.
(D) 모든 사람들이 바지를 입고 있다.

해설 사람들이 카운터 앞에 줄을 서 있는 모습을 볼 수 있다. (A)의 경우, 선반에 책을 놓고 있는 모습은 보이지 않기 때문에 이는 정답이 될 수 없고, 사람들이 책을 구입하고 있는 것인지는 확실하지 않으므로 (B) 역시 정답이 될 수 없다. 한편 카운터에 있는 사람의 복장 상태는 확인할 수 없다는 점에서 '모든 사람'(everyone)이 바지를 입고 있다고 진술한 (D)도 오답이다. 정답은 사람들이 줄을 서 있는 모습을 적절히 표현한 (C)이다.

어휘 shelf 선반 wait in line 줄을 서서 기다리다

6
(A) Ships are sailing on the sea.
(B) Buildings are lined up by the water.
(C) Cars are driving down the road.
(D) A bridge goes across the river.

(A) 선박들이 바다에서 항해를 하고 있다.
(B) 건물들이 강변에 줄을 지어 서 있다.
(C) 자동차들이 도로를 따라 이동하고 있다.
(D) 다리가 강을 가로 지르고 있다.

어휘 sail 항해하다 be lined up 일렬로 서 있다, 나란히 있다 bridge 다리 go across 가로지르다

해설 건물들이 강변을 따라 나란히 세워져 있다고 진술한 (B)가 정답이다. 사진 속의 배들은 강가에 정박해 있는 것으로 보이기 때문에 선박들이 '바다에서 항해를 하고 있다'(sailing on the sea)고 진술한 (A)는 정답이 될 수 없으며, 사진에서 '자동차'(cars)와 '다리'(bridge)는 찾아볼 수 없으므로 (C)와 (D) 역시 모두 오답이다.

PART 2

7
The copier is out of paper.
(A) There's a paper jam.
(B) I will put some more in it.
(C) We need more toner.

복사기의 종이가 떨어졌어요.
(A) 종이가 걸렸어요.
(B) 제가 종이를 더 넣을게요.
(C) 토너가 더 필요해요.

어휘 copier 복사기 out of ~이 다 떨어진 paper jam 종이 걸림 toner 토너

해설 평서문을 통해 상대방에게 복사기에 종이가 없다는 사실을 전달하고 있다. 이에 대해 '내가 종이를 더 넣겠다'고 답한 (B)가 가장 자연스러운 답변이다. (A)는 copier(복사기)로부터 연상해 볼 수 있는 표현인 paper jam(용지 걸림)으로, (B)는 toner(토너)라는 단어를 이용하여 각각 오답을 유도하고 있는 함정이다.

8
Could you please repeat that?
(A) I said it'll be fun.
(B) It didn't repeat.
(C) Another report.

한 번 더 말씀해 주시겠어요?
(A) 재미있겠다고 말했어요.
(B) 그것은 반복되지 않았어요.
(C) 또 다른 보고서요.

어휘 reserve 예약하다 pay for ~에 대한 값을 지불하다

해설 'Could you please repeat that?'은 상대방이 한 말을 제대로 듣지 못했을 때 하는 말이다. 따라서 이에 대해 '재미있겠다고 말했다'며 자신이 말한 내용을 다시 한번 알려 준 (A)가 가장 적절하다. (B)는 질문의 repeat을 반복 사용한 오답으로 대상을 알 수 없는 it을 사용하여 맥락에 맞지 않는 답변을 하고 있으며, (C)는 질문의 repeat(반복하다)과 발음이 유사한 report(보고서)를 이용하여 오답을 유도하고 있는 함정이다.

9
Why did the equipment stop working?
(A) Tom's using the computer.
(B) It's a new drill.
(C) The power went out.

장비가 왜 작동을 멈추었나요?
(A) Tom이 컴퓨터를 사용하고 있어요.
(B) 그것은 새 드릴이에요.
(C) 전기가 나갔어요.

어휘 equipment 장비 drill 송곳; 착암기, 드릴 go out (전기 등이) 나가다

해설 의문사 why를 이용하여 장비가 멈춘 이유를 묻고 있다. 이에 대해 '전기가 나갔다'고 그 이유를 밝힌 (C)가 정답이다. (A)의 주어진 질문과 전혀 관련이 없는 답변이며, (B)는 equipment(장비)로부터 연상해 볼 수 있는 단어인 drill(드릴)을 이용한 함정이다.

10
Mary isn't in her office, is she?
(A) In office 305.
(B) I'm not sure about that.
(C) She's the new manager.

Mary가 사무실에 없죠, 그런가요?
(A) 305호실에요.
(B) 그에 대해서는 잘 모르겠어요.
(C) 그녀는 새로운 관리자예요.

해설 부가 의문문을 이용하여 Mary가 사무실에 있는지를 묻고 있다. 따라서 '그것에 대해서는 잘 모르겠다'고 대답한 (B)가 정답이다. (A)는 where로 시작되는 의문문에 어울릴 수 있는 답변이며, 여자의 직책을 언급하고 있는 (C)는 주어진 질문에 어울리지 않는 대답이다.

11
What kinds of activities will we do?
(A) Ask Karen about that.
(B) I'm not really active.
(C) Yes, we did those things.

우리가 어떤 종류의 활동을 하게 되나요?
(A) 그것에 대해서는 Karen에게 물어보세요.
(B) 저는 정말로 활동적이지 못해요.
(C) 네, 우리는 그러한 것들을 했어요.

어휘 activity 활동 active 적극적인, 활동적인

해설 상대방에게 어떤 종류의 활동을 하게 될지 묻고 있다. 이에 대해 '그 점에 대해서는 Karen에게 물으라'며 답을 해 줄 수 있는 사람을 알려 준 (A)가 정답이다. (B)는 질문의 activity(활동)와 발음이 비슷한 active(활동적인)를 이용한 함정이며, (C)는 의문사 의문문에 yes로 답변하고 있으므로 적절한 대답이 될 수 없다.

12
Is James available to meet this afternoon?
(A) It's one thirty now.
(B) No, I'm unavailable.
(C) Yes, around four.

오늘 오후에 James를 만날 수 있을까요?
(A) 지금은 1시 30분이에요.
(B) 아니요, 저는 갈 수 없어요.
(C) 네, 약 4시에요.

해설 오후에 James라는 사람을 만날 수 있을지 묻고 있다. 이에 대해 '4시경에는 가능하다'라고 긍정적인 답변을 한 (C)가 정답이다. (A)는 James를 만날 수 있는지를 묻는 질문에 현재 시각을 언급하고 있으므로 정답이 될 수 없고, (B)는 질문의 available과 발음이 유사한 unavailable을 이용한 함정이다.

13
How often does she travel on business?
(A) Once or twice a month.
(B) She's in San Francisco.
(C) A two-week trip.

그녀는 얼마나 자주 출장을 가나요?
(A) 한 달에 한두 번요.
(B) 그녀는 샌프란시스코에 있어요.
(C) 2주간의 출장요.

어휘 travel on business 출장을 가다

해설 how often을 이용하여 출장의 빈도를 묻고 있다. 이에 대해 '한 달에 한두 번'이라고 구체적인 빈도를 밝힌 (A)가 답변으로서 가장 자연스럽다. 빈도를 묻는 질문에 (B)는 여자가 현재 있는 장소로, (D)는 특정 기간으로 답을 하고 있으므로 이들 각각은 정답이 될 수 없다.

14
Why don't you contact Pat in the Sales Department?
(A) I was just in the Sales Department.
(B) Sales are up these days.
(C) Do you know his extension?

영업부의 Pat에게 연락해 보는 것이 어떨까요?
(A) 저는 영업부에 있었어요.
(B) 최근에 매출이 증가하고 있어요.
(C) 그의 내선 번호를 알고 있나요?

어휘 contact 접촉하다, 연락을 취하다 these days 요즘, 최근에 extension 확장; 내선 번호

해설 「Why don't you ~?」라는 표현을 이용하여 영업부의 Pat에게 연락을 취할 것을 제안하고 있다. (A)는 질문의 Sales Department를 반복 사용함으로써, (B)는 질문의 Sales를 반복 사용함으로써 각각 오답을 유도하고 있는 함정이다. 정답은 Pat이라는 사람의 내선 번호를 문의하면서 간접적으로 제안에 대한 수락 의사를 밝힌 (C)이다.

15
Can't you apply for another position?
(A) It doesn't apply in this case.
(B) I suppose I could.
(C) It's the wrong position.

다른 직에 지원하실 수는 없나요?
(A) 그것은 이 경우에 적용되지 않아요.
(B) 그럴 수 있을 것 같아요.
(C) 위치가 잘못되었어요.

해설 부정 의문문을 이용하여 상대방에게 다른 직에 지원할 수 없는지 묻고 있다. 이에 대해 '그럴 수 있을 것 같다'는 의미를 전달한 (B)가 정답이다. (A)의 apply는 '적용하다'는 의미로, 질문의 apply for(지원하다)와는 그 의미가 다르다. (C)는 질문의 position을 중복 사용하여 오답을 유도하고 있는 함정이다.

16
Will you work overtime this weekend?
(A) Saturday night.
(B) Four hours late.
(C) I sure hope not.

이번 주말에 잔업을 하실 건가요?
(A) 토요일 밤요.
(B) 4시간 늦었어요.
(C) 그러지 않기를 바라요.

해설 조동사 will을 이용하여 상대방에게 이번 주말에 잔업을 할 것인지를 묻고 있다. 이에 대해 '그러지 않기를 바란다'며 자신의 의견을 밝힌 (C)가 가장 자연스러운 답변이다. (A)는 질문의 weekend(주말)로부터 연상해 볼 수 있는 Saturday night(토요일 밤)이라는 표현을 이용한 함정이며, (B)의 '4시간 늦었다'라는 답변은 질문과 전혀 상관이 없는 답변이다.

17
When will the plane depart?
(A) It's going to Madrid.
(B) Two hours from now.
(C) I'm on Flight 87.

비행기가 언제 출발할 예정인가요?
(A) 마드리드로 갈 거예요.
(B) 지금부터 2시간 후에요.
(C) 저는 87편 비행기에 있어요.

해설 의문사 when을 이용하여 비행기가 언제 출발할 것인지 묻고 있다. 이에 대해 '지금부터 2시간 후'라며 출발 시점을 알려 준 (B)가 정답이다. 비행기의 출발 시간을 묻는 질문에 (A)는 도착지로, (C)는 화자가 타고 있는 비행기편으로 대답을 하고 있기 때문에 모두 정답이 될 수 없다.

18
The instructions are still not clear.
(A) He's a good instructor.
(B) The weather's clearing up.
(C) Let me explain them again.

설명이 여전히 명확하지 않네요.
(A) 그는 훌륭한 강사예요.
(B) 날씨가 개고 있어요.
(C) 다시 설명해 드릴게요.

어휘 instruction 지시; 설명 clear 분명한, 명확한 clear up (날씨가) 개다

해설 평서문을 통해 설명이 명확하지 않다는 내용을 상대방에게 전달하고 있다. (A)는 instruction과 비슷한 단어인 instructor를 이용한 오답이며, (B)는 진술의 clear와 발음이 비슷한 clearing을 이용한 함정이다. 따라서 '(상대방의 이해를 돕기 위해) 다시 설명해 주겠다'고 대답한 (C)가 가장 적절한 답변이다.

19
Could you call me back in ten minutes, please?
(A) Sure. I'll do that.
(B) It's a quarter past twelve.
(C) Yes, I called you back.

10분 후에 다시 전화해 주실 수 있으신가요?
(A) 물론이죠. 그렇게 할게요.
(B) 12시 15분이에요.
(C) 네, 제가 다시 전화를 했어요.

해설 조동사 could를 이용하여 상대방에게 다시 전화해 줄 것을 부탁하고 있다. 따라서 '그렇게 하겠다'며 긍정적인 의사를 밝힌 (A)가 정답이다. (B)는 질문과 상관 없는 현재 시각으로 답을 하고 있기 때문에 정답이 될 수 없으며, (C)는 질문의 call과 발음이 유사한 called를 이용한 함정이다.

20
Am I supposed to help you with this project?
(A) I haven't helped anyone.
(B) I'd appreciate that.
(C) It's the Patterson project.

이번 프로젝트에 제가 도움을 드려야 하나요?
(A) 저는 누구도 돕지 않았어요.
(B) 그렇게 해 주시면 고맙겠어요.
(C) Patterson 프로젝트예요.

해설 프로젝트에 자신이 도움을 주어야 할지 묻고 있다. 이에 대해 '그렇게 해 주면 고맙겠다'며 간접적으로 도움을 요청한 (B)가 정답이다. (A)는 질문의 help와 발음이 유사한 helped를 이용한 함정으로, 도움이 필요한지를 묻는 질문에 '나는 누구도 돕지 않았다'는 답변은 어울리지 않는다.

21
Who remembers when the conference will occur?
(A) Somewhere in California.
(B) David knows that.
(C) We'll confer on that later.

학회가 언제 시작하는지 누가 알고 있죠?
(A) 캘리포니아의 어딘가에서요.
(B) David가 알고 있어요.
(C) 우리는 그에 대해 나중에 상의할 거예요.

어휘 conference 회의, 학회 occur 일어나다, 발생하다 confer

수여하다; 상의하다

해설 의문사 who를 이용하여 학회의 시작 시간을 누가 알고 있는지 묻고 있다. 따라서 'David가 알고 있다'며 직접적으로 사람의 이름을 언급한 (B)가 정답이다. (A)는 장소를 언급하고 있으므로 주어진 질문과 어울리지 않으며, (C)는 conference(컨퍼런스)와 발음이 비슷한 confer(수여하다)를 이용한 함정이다.

22
Which is nicer, the gold one or the silver one?
(A) Yes, they're nice necklaces.
(B) You're wearing gold earrings.
(C) I like both of them.

금으로 된 것과 은으로 된 것 중에서 어느 것이 더 낫나요?
(A) 네, 그것들은 좋은 목걸이에요.
(B) 당신은 금으로 된 귀걸이를 하고 있군요.
(C) 둘 다 마음에 들어요.

어휘 necklace 목걸이 earring 귀걸이

해설 선택 의문문을 통해 금과 은으로 된 것 중에서 어느 것이 더 나은지를 묻고 있다. 선택 의문문에 대해 yes로 대답한 (A)는 정답이 될 수 없고, (B)는 질문의 gold(금)로부터 연상해 볼 수 있는 표현인 gold earrings(금으로 된 귀걸이)를 이용한 함정이다. 따라서 '둘 다 마음에 든다'고 자신의 선호를 밝힌 (C)가 답변으로 가장 적절하다.

23
How long should it take to get there?
(A) Three days ago.
(B) About half an hour.
(C) It starts at seven.

거기까지 가는 데 얼마나 걸릴까요?
(A) 3일 전에요.
(B) 약 30분 정도요.
(C) 그것은 7시에 시작해요.

해설 상대방에게 이동 시간이 얼마나 걸릴지 묻고 있다. 따라서 '약 30분'이라며 구체적인 시간을 알려 준 (B)가 정답이다. 이동 시간을 묻는 질문에 '3일 전'이라는 과거를 언급한 (A)는 정답이 될 수 없으며, (C)는 시작하는 시간을 언급하고 있어서 적절한 응답이 아니다.

24
Why doesn't Mr. Thomas want to meet with us?
(A) He's the office supervisor.
(B) I already met everyone.
(C) He has nothing to say.

Thomas 씨께서는 왜 우리와 만나는 것을 원하지 않으시죠?
(A) 그분은 부서장이에요.
(B) 저는 이미 모든 사람을 만났어요.
(C) 하실 말씀이 없으세요.

해설 의문사 why를 이용하여 Thomas 씨가 화자들과 만나는 것을 원하지 않는 이유를 묻고 있다. 이유를 묻는 질문에 직위로 답한 (A)는 적절한 답변이 될 수 없으며, (B)는 '나는 이미 모든 사람들을 만났다'는 의미이므로 주어진 질문과 어울리지 않는다. 따라서 '하실 말씀이 없기 때문'이라고 그 이유를 밝힌 (C)가 정답이다.

25
Can you make the call instead of me?
(A) Yes, they already phoned me.
(B) Call her as soon as you can.
(C) Sorry, but I don't have time.

저 대신에 전화해 주실 수 있나요?
(A) 네, 그들이 이미 저에게 전화를 주었어요.
(B) 가능한 한 빨리 그녀에게 전화하세요.
(C) 미안하지만, 시간이 없어요.

어휘 make the call 전화를 하다 as soon as one can 가능한 한 빨리

해설 조동사 can을 이용하여 상대방에게 전화해 줄 수 있는지 묻고 있다. (A)는 '그들이 이미 나에게 전화를 했다'는 의미이므로 주어진 질문과 어울리지 않고, (B) 역시 '그녀에게 가능한 한 빨리 전화를 해 보아라'라는 의미이므로 적절한 답변이 될 수 없다. 따라서 '미안하지만 시간이 없다'며 거절의 뜻을 전한 (C)가 가장 자연스러운 답변이다.

26
What is the price of that one?
(A) I can't find the price tag.
(B) Two for the price of one.
(C) I don't like that particular one.

저것의 가격은 얼마인가요?
(A) 가격표를 찾을 수가 없군요.
(B) 두 개가 한 개의 가격이에요.
(C) 특이한 그것은 마음에 들지가 않아요.

해설 상대방에게 제품의 가격을 묻고 있다. 이에 대해 '가격표를 찾을 수 없다'며 가격을 알려 주지 못하는 이유를 밝힌 (A)가 정답이다. (B)는 질문의 price를 반복 사용하고 있으나, 제품의 가격을 물어보는 질문에 '하나의 가격에 두 개를 준다'는 대답은 적합하지 않다.

27
Would you mind filling out this form?
(A) Two pages.
(B) Not at all.
(C) She has good form.

이 양식을 작성해 주시겠어요?
(A) 두 페이지요.
(B) 물론이죠.
(C) 그녀는 자세가 좋아요.

어휘 mind 꺼리다 fill out (내용을) 기입하다 form 양식; 모습, 형체 not at all 전혀

해설 조동사 would를 이용하여 상대방에게 양식을 작성해 줄 것을 부탁하고 있다. 따라서 '물론 그렇게 하겠다'며 승낙의 의사를 밝힌 (B)가 정답이다. (A)는 form(양식)으로부터 연상해 볼 수 있는 단어인 pages(페이지)를 이용한 오답이다. 질문의 form은 '양식'이라는 의미

이지만 (C)의 form은 '자세'라는 의미이기 때문에 이 역시 적절한 답변이 될 수 없다.

28
How much money is left in the budget?
(A) I need to ask Mr. Bryant.
(B) We didn't budget for that.
(C) I've got some money in my pocket.

예산에 얼마가 남아 있나요?
(A) Bryant 씨에게 물어봐야 해요.
(B) 그에 대한 예산을 세우지 않았어요.
(C) 제 주머니에 약간의 돈이 있어요.

어휘 budget 예산; 예산을 세우다 pocket 주머니

해설 how much를 이용하여 예산상 남은 금액이 얼마인지 묻고 있다. 이에 대해 'Bryant 씨에게 물어봐야 한다'고 즉답을 피한 (A)가 정답이다. (B)는 '그에 대한 예산을 세우지 않았다'는 의미이므로 남은 금액이 얼마인지를 묻는 질문에 어울리는 답변이 아니다.

29
Mr. Richards is the leading job candidate.
(A) She gave a good interview.
(B) Let's offer him the job.
(C) We will have a leading role.

Richards 씨가 가장 우수한 지원자군요.
(A) 그녀가 면접을 잘 봤어요.
(B) 그에게 일자리를 제안하죠.
(C) 우리가 주도적인 역할을 하게 될 거예요.

어휘 leading 우수한, 선도적인 job candidate 입사 지원자 give an interview 인터뷰를 하다, 면접을 보다 role 역할

해설 Richards 씨가 가장 우수한 지원자라는 말에 '그에게 일자리를 제안하자'고 말한 (B)가 가장 자연스러운 답변이다. (C)는 진술의 leading을 반복 사용하고 있는 함정이다.

30
Do you know Ms. Lincoln's e-mail address?
(A) No, I've never met her before.
(B) Yes, she visited the office yesterday.
(C) I've got it saved on my computer.

Lincoln 씨의 이메일 주소를 알고 있나요?
(A) 아니요, 전에 그녀를 만난 적은 없어요.
(B) 네, 그녀는 어제 사무실을 방문했어요.
(C) 제 컴퓨터에 저장해 두었어요.

해설 상대방에게 Lincoln 씨의 이메일 주소를 알고 있는지 묻고 있다. 이에 대해 '그녀를 만난 적이 없다'는 의미의 (A)는 적절한 답변이 될 수 없으며, (B) 역시 '그녀는 어제 사무실을 방문했다'는 의미이므로 주어진 질문과 어울리지 않는다. 따라서 '내 컴퓨터에 저장해 두었다'며 간접적으로 Lincoln 씨의 주소를 알고 있다고 답한 (C)가 정답이다.

31
What seats would you like to purchase?
(A) They're quite expensive.
(B) Ones near the front.
(C) I booked them online

어떤 좌석을 원하시나요?
(A) 그것들은 상당히 비싸요.
(B) 앞쪽에서 가까운 것요.
(C) 저는 온라인으로 예약했어요.

어휘 expensive 비싼 front 앞부분, 앞쪽 book 예약하다 online 온라인에서, 인터넷으로

해설 상대방에게 '어떤 좌석'(what seats)을 원하는지 묻고 있다. 따라서 '앞쪽에서 가까운 것'이라고 원하는 좌석을 지목한 (B)가 정답이다. 각각 가리키는 대상이 불분명한 they와 them을 언급한 (A)와 (C)는 모두 정답이 될 수 없다.

PART 3

[32-34]

M [32] **My brother's birthday is today, but I haven't bought him a present yet.** Unfortunately, I don't have much money at this time.
W [33-1] **In that case, go to the Weston Shopping Mall.** According to this advertisement, [33-2] **everything in the entire mall is available for fifty percent off today.**
M I had no idea. [34] **Thanks for the tip**, Wendy.

M 남동생 생일이 오늘인데, 아직 선물을 사지 못했어요. 안타깝게도 이번에는 가지고 있는 돈도 많지가 않아요.
W 그런 경우라면 Weston 쇼핑몰로 가세요. 이 광고에 따르면 오늘 몰 전체의 모든 것들을 50퍼센트 할인된 가격으로 구입할 수가 있어요.
M 제가 몰랐군요. 조언해 줘서 고마워요, Wendy.

어휘 present 선물 unfortunately 안타깝게도 according to ~에 따르면 advertisement 광고 entire 전체의 tip 정보, 충고; 팁 make money 돈을 벌다 have a sale 세일하다

32
대화에서 무엇이 이야기되고 있는가?
(A) 남자의 동생의 생일이다.
(B) 남자는 돈을 벌어야 한다.
(C) 여자는 남자와 함께 쇼핑을 하러 갈 것이다.
(D) 여자는 남자의 동생을 알고 있다.

해설 대화의 초반부에서 남자는 'My brother's birthday is today, but I haven't bought him a present yet.'이라고 말하면서 오늘이 동생의 생일임을 밝히고 있다. 따라서 정답은 (A)이다.

33
Weston 쇼핑몰에서 어떤 일이 일어나고 있는가?

(A) 몇 군데의 매장에서 세일이 진행 중이다.
(B) 연주회가 열릴 것이다.
(C) 새로운 매장이 문을 열 것이다.
(D) 모든 품목들이 50퍼센트 할인되고 있다.

해설 Weston 쇼핑몰에서 어떤 일이 일어나고 있는지 묻고 있으므로 Weston 쇼핑몰과 관련된 부분을 주의 깊게 들어야 한다. 여자의 말 'In that case, go to the Weston Shopping Mall. According to this advertisement, everything in the entire mall is available for fifty percent off today.'를 통해 Weston 쇼핑몰에서 현재 50퍼센트 세일이 진행 중이라는 사실을 알 수 있다. 따라서 (D)가 정답이다.

34
남자는 무엇을 암시하고 있는가?
(A) 그는 남동생을 위해 생일 파티를 열 것이다.
(B) 그는 Weston 쇼핑몰로 갈 것이다.
(C) 그는 여자에게 선물을 사줄 것이다.
(D) 그는 웨이트리스에게 팁을 줄 것이다.

해설 여자가 남자에게 Weston 쇼핑몰에 가 보라는 조언을 하자 남자는 'I had no idea. Thanks for the tip, Wendy.'라며 조언에 대한 감사의 인사를 전하고 있다. 이를 통해 남자는 여자의 조언대로 Weston 쇼핑몰에 가게 될 것으로 추측할 수 있으므로 정답은 (B)가 된다.

[35-37]

W [35-1) 36)] **We need to deliver this floral arrangement** to the Beaumont Building.
M1 That's on the other side of town. I'm not heading that way.
W What about you, Chet?
M2 How important is this? I've got four other deliveries to make, and none of them is near that area.
W [37)] **The client needs it by six o'clock.**
M1 In that case, I can do it. [35-1)] **I've got to drop off some roses** on Fairmont Avenue and then go downtown. I'll visit the Beaumont Building afterward.
W Thanks a lot.

W 이 꽃꽂이를 Beaumont 빌딩으로 배달해야 해요.
M1 시내 반대편에 있는 곳이군요. 저는 그쪽으로 가지 않아요.
W 당신은요, Chet?
M2 얼마나 중요한 일인가요? 저는 다른 네 군데에 배달을 해야 하는데, 그중 어느 곳도 그쪽 근처는 아니에요.
W 고객이 6시 정각까지 필요하다는군요.
M1 그런 경우라면, 제가 할 수 있어요. Fairmont 가에 장미를 가져다 주고 난 뒤에는 시내로 가야 하거든요. 그런 다음에 Beaumont 빌딩을 방문할게요.
W 정말 고마워요.

어휘 floral arrangement 꽃꽂이 head 향하다 have got to ~해야 한다 cash register 금전 등록기

35
화자들은 어디에서 일을 하는 것 같은가?
(A) 꽃가게
(B) 식료품점
(C) 식당
(D) 약국

해설 floral arrangement(꽃꽂이)와 some roses(장미)를 들었다면 화자들이 일하는 곳은 (A)임을 쉽게 알 수 있다.

36
여자는 남자들에게 무엇을 할 것을 요청하는가?
(A) 계산대에서 일을 한다
(B) 배달을 한다
(C) 고객에게 연락한다
(D) Fairmont 가로 간다

해설 대화의 첫 문장인 'We need to deliver this floral arrangement to the Beaumont Building.'에서 여자가 요청하는 것은 꽃을 배달하는 일이라는 사실을 알 수 있다. 따라서 정답은 (B)이다.

37
고객은 상품을 언제 필요로 하는가?
(A) 3시까지
(B) 4시까지
(C) 5시까지
(D) 6시까지

해설 대화 중반부의 여자의 말 'The client needs it by six o'clock.'에서 고객이 꽃을 필요로 하는 시간은 (D)의 '6시'임을 알 수 있다.

[38-40]

W [38-1) 39)] **This is my last day at the office. I'm going to start a new job in Atlanta next week.**
M [40)] **Everyone's going to miss you, but I'm sure you'll love living in Atlanta.** It's a wonderful city.
W That's what I have heard. [38-2)] **I am a little concerned about how I will adjust to life there though. I've never lived in a city with that many people.**
M You'll be fine. Don't worry about it.

W 오늘이 직장에서의 마지막 날이에요. 저는 다음 주에 애틀랜타에서 새로운 일을 시작하게 되었어요.

M 모든 사람들이 당신을 그리워하겠지만, 저는 당신이 애틀랜타에서 사는 것을 좋아하게 될 것이라고 믿어요. 그곳은 멋진 도시예요.

W 제가 들었던 바와 같군요. 하지만 그곳 생활에 어떻게 적응해야 할지 약간은 걱정이 들어요. 그처럼 많은 사람들이 있는 도시에서는 살아본 적이 없거든요.

M 괜찮을 거예요. 그 점에 대해서는 걱정하지 마세요.

어휘 miss 그리워하다 wonderful 놀라운, 멋진 be concerned about ~에 대해 걱정하다 a little 약간, 조금 adjust to ~에 적응하다 raise 상승, 인상

38
여자는 무엇을 걱정하고 있는가?
(A) 대도시에서 사는 것
(B) 새로운 일자리를 찾는 것
(C) 친구를 사귀는 것
(D) 업무를 제때에 끝내는 것

해설 여자는 다음 주에 애틀랜타에서 새로운 일을 하게 되었다는 소식을 전한 후 'I am a little concerned about how I will adjust to life there though. I've never lived in a city with that many people.'이라고 말한다. 즉 여자는 사람이 많은 도시에서 살아본 적이 없기 때문에 어떻게 애틀랜타 생활에 적응해야 할지 걱정하고 있다. 따라서 여자가 우려하는 것은 (A)의 '대도시에서의 생활'이다.

39
여자는 무엇을 하게 될 것인가?
(A) 다른 일을 시작한다
(B) 새로운 나라로 이주한다
(C) 다른 부서로 전근한다
(D) 임금 인상을 요구한다

해설 대화의 첫 부분에서 여자는 'This is my last day at the office. I'm going to start a new job in Atlanta next week.'라고 말한다. 이를 통해 여자는 현재의 일을 그만두고 새로운 일을 하게 될 것임을 알 수 있으므로 정답은 (A)이다.

40
남자는 여자에 대해 무엇을 말하는가?
(A) 그녀는 훌륭한 직원이었다.
(B) 그녀는 새로운 친구들을 사귈 수 있다.
(C) 그녀는 재미있게 지낼 것이다.
(D) 그녀가 그리워질 것이다.

해설 오늘이 현 직장에서의 마지막 날이라는 여자의 말에 남자는 'Everyone's going to miss you, but I'm sure you'll love living in Atlanta.'라고 말하면서 아쉬운 감정과 함께 격려의 말을 전하고 있다. 보기 중 이와 부합되는 내용은 (D)밖에 없다.

[41-43]

W1 41) **There are a couple of positions open at the Zurich branch.** I'm so excited.

W2 41-2) **Are you thinking of transferring there?**

W1 That's right. 42) **It would be so incredible to work in another country.**

M It's not as great as you think.

W1 Why do you say that? Have you done that before?

M I worked in both Hong Kong and Athens. 43) **They were tough assignments.**

W2 I agree with Kent. It sounds fun, but working in a foreign land has lots of disadvantages.

W1 취리히 지사에 두어 개의 공석이 생겼어요. 정말 흥분되는군요.

W2 그곳으로 전근할 생각인가요?

W1 맞아요. 다른 나라에서 일하게 된다면 정말 멋질 거예요.

M 당신이 생각하는 것처럼 좋지는 않을 거예요.

W1 왜 그렇게 말하죠? 전에 그런 적이 있었나요?

M 저는 홍콩과 아테네에서 일을 했어요. 업무가 힘들었어요.

W2 저도 Kent의 말에 동의해요. 재미있을 것 같지만, 해외 근무에는 어려운 점이 많거든요.

어휘 branch 지점, 지사; 가지 transfer 전근하다 incredible 믿을 수 없는; 멋진 tough 힘든, 어려운 disadvantage 불리한 점 main office 본사

41
화자들은 주로 무엇을 논의하는가?
(A) 전근
(B) 아테네에서의 생활
(C) 해외 근무
(D) 승진

해설 화자들은 취리히 지사에 공석이 생겼다는 소식을 듣고 해외 근무에 대한 의견을 나누고 있다. 따라서 대화의 주제는 (C)이다.

42
남자가 "It's not as great as you think"라고 말할 때 그는 무엇을 의미하는가?
(A) 그는 취리히에서 즐겁게 지내지 못했다.
(B) 그의 일은 여자가 생각하는 것보다 더 힘들다.
(C) 본사에서 일하는 것이 더 좋다.
(D) 해외에서 일하는 것에 힘든 점이 있다.

해설 주어진 문장은 여자1의 말, 'It would be so incredible to work in another country.'에 대한 남자의 답변이다. 즉 남자는 주어진 문장을 통해 해외 근무가 생각보다 멋진 일이 아니라는 의견을 나타내고 있으므로 정답은 (D)이다.

43

남자는 홍콩에서의 근무에 대해 무엇을 말하는가?

(A) 좋았다.

(B) 힘들었다.

(C) 흥미진진했다.

(D) 비용이 많이 들었다.

해설 남자는 홍콩과 아테네를 tough assignments(힘든 업무 환경)라고 설명한다. 따라서 정답은 (B)이다.

[44-46]

W	**44-1) When we meet with the clients in Boise, we have to answer all of their questions completely.**
M	Right. I've been studying the material, so I should be able to handle any questions they ask. Is there anything else?
W	**45) Be polite and don't do anything that might offend them. We don't want to ruin this deal.**
M	No problem. **44-2) 46) I'll see you at the airport tomorrow morning.**
W	보이시의 고객들과 만나면, 그들의 모든 질문에 완벽하게 답변해야 해요.
M	네. 저는 내용을 공부해 두어서 그들이 묻는 어떤 질문에도 대처를 할 수가 있을 거예요. 그밖에 다른 사항이 있나요?
W	공손하게 대하고 그들의 기분을 상하게 만들 수 있는 일은 하지 마세요. 이번 거래를 망치고 싶지는 않거든요.
M	문제 없어요. 내일 오전에 공항에서 봐요.

어휘 client 고객 completely 완벽하게 material 재료, 자료; 내용 polite 공손한 offend 공격하다, 기분을 상하게 하다 ruin 파괴시키다, 망치다 deal 거래 newest 최근의, 최신의 proper 적절한 cause offense to ~의 기분을 상하게 만들다 conference call 전화로 하는 회의

44

화자들은 주로 무엇에 대해 논의하고 있는가?

(A) 다가올 출장

(B) 휴가 계획

(C) 새로 온 동료

(D) 그들이 작성하고 있는 자료

해설 여자는 남자에게 고객들의 질문에 대한 완벽한 준비를 해야 한다고 말한 후, 그들에게 공손히 행동해야 한다는 점에 대해서도 남자에게 당부의 말을 전하고 있다. 한편 남자의 마지막 말인 'I'll see you at the airport tomorrow morning.'을 통해서는 이들이 내일 공항을 이용해 보이시로 떠날 것으로 추측해 볼 수 있다. 이를 종합해 보면 대화의 주제는 (A)의 '다가올 출장'임을 알 수 있다.

45

여자는 어떤 걱정을 언급하는가?

(A) 적절한 샘플을 보여 준다

(B) 내용을 잘 이해한다

(C) 고객들의 기분을 상하게 한다

(D) 계약 조건에 합의한다

해설 여자의 말인 'Be polite and don't do anything that might offend them. We don't want to ruin this deal.'에서 정답의 단서를 찾을 수 있다. 즉, 여자는 고객의 기분을 상하게 해서 거래가 무산되는 것에 대한 걱정을 하고 있다. 따라서 정답은 (C)이다.

46

내일 오전에 어떤 일이 일어날 것인가?

(A) 회의에 사람들이 참석할 것이다.

(B) 화자들이 공항으로 갈 것이다.

(C) 전화 회의가 진행될 것이다.

(D) 보이시에서 고객들이 올 것이다.

해설 남자의 마지막 말인 'I'll see you at the airport tomorrow morning.'을 통해 이들은 내일 오전 공항에서 만날 것임을 알 수 있다. 따라서 (B)가 정답이다.

[47-49]

M	Excuse me, but where should I go to return this item?
W	Is there something wrong with your microwave?
M	Yeah, there is. It doesn't work very well. So **47) I'd like to get my money back.**
W	It sounds like it has a mechanical problem. **48) How about exchanging it for another item?**
M	Well, I suppose that would work.
W	Great. **49) Let me see what you have.** Then, I'll go to the back room to get a replacement item.
M	죄송하지만, 이 제품을 반품하려면 어디로 가야 하나요?
W	전자레인지에 문제라도 있나요?
M	네, 있어요. 작동이 잘 되지 않아요. 그래서 환불하고 싶어요.
W	기계적인 문제가 있는 것 같군요. 다른 제품으로 교환을 하시는 건 어떤가요?
M	음, 그렇게 해도 될 것 같네요.
W	잘 되었군요. 가지고 오신 것을 보여 주세요. 그러면 제가 안쪽으로 들어가서 대체할 수 있는 상품을 가지고 올 게요.

어휘 microwave 전자레인지 mechanical 기계적인 back room 뒷방 replacement 대체 process 과정, 절차; 처리하다 look up (정보 등을) 찾다, 검색하다 examine 검사하다, 검토하다

47
남자는 왜 매장을 방문했는가?
(A) 돈을 돌려받기 위해
(B) 세일 중인 제품을 사기 위해
(C) 제품을 교환하기 위해
(D) 환불을 신청하기 위해

해설 대화 초반의 내용을 통해 남자는 '환불을 하고 싶어서'(I'd like to get my money back) 매장을 방문했다는 점을 알 수 있다. 따라서 정답은 (A)이다. 결과적으로 제품을 교환하게 되었지만, 이것이 애초의 방문 목적은 아니었으므로 (C)는 정답이 아니다.

48
남자는 왜 "I suppose that would work"이라고 말하는가?
(A) 다른 모델을 살펴볼 수 있다고 말하기 위해
(B) 여자가 제품을 살펴보도록 하기 위해
(C) 여자의 제안을 받아들이기 위해
(D) 자신이 매니저에게 이야기하겠다고 말하기 위해

해설 문맥상 주어진 문장에서 that은 여자가 제안한 '다른 제품으로의 교환'을 의미한다. 또한 여기서 work는 '효과가 있다'라는 뜻으로 쓰였으므로 남자가 주어진 문장을 통해 의미하는 바는 (C)로 보아야 한다.

49
여자는 이다음에 무엇을 할 것 같은가?
(A) 매니저에게 연락한다
(B) 환불해 준다
(C) 남자의 제품을 살펴본다
(D) 온라인으로 제품을 찾는다

해설 대화의 마지막 부분에서 여자는 'Let me see what you have.'라고 말하고 교환이 가능한 제품을 가져오겠다고 알린다. 따라서 대화 직후에 여자가 할 일은 (C)이다.

[50-52]

M Karen, did you do all of these yourself? I'm really impressed with them. 50-1) **The one hanging on the wall over there is especially nice.**
W Thank you for saying that. 50-2) 51) **I normally use watercolors, but I used oils to make that one.**
M It's such a beautiful nature scene. 52) **Can you show me some of the other works you have made?**
W It would be my pleasure.

M Karen, 이 모든 것을 당신 혼자서 했나요? 저는 정말로 감명을 받았어요. 저쪽 벽에 걸려 있는 것이 특히 멋지군요.
W 그렇게 말해 주다니 고마워요. 평소에는 수채화 물감을 사용하지만, 그것은 유화 물감을 이용해서 그렸어요.
M 정말로 아름다운 자연 경관이에요. 당신이 그린 다른 작품들도 몇 개 보여 줄 수 있나요?
W 기꺼이 그렇게 하죠.

어휘 be impressed with ~으로 감명을 받다 hang 매달리다, 걸다 especially 특히 normally 보통, 평소에 scene 광경, 풍경 architect 건축가 proper 적절한

50
여자의 직업은 무엇인가?
(A) 화가
(B) 사진 작가
(C) 건축가
(D) 디자이너

해설 남자는 여자에게 벽에 걸려 있는 작품이 멋지다고(The one hanging on the wall over there is especially nice.) 말했고, 여자는 그것을 유화 물감을 사용해 그렸다고 대답했다. 따라서 여자는 화가일 것이므로 정답은 (A)이다.

51
여자는 자신의 작품에 대해 어떻게 말하는가?
(A) 그녀는 여전히 그리는 법을 배우고 있다.
(B) 그녀는 자연 경관만을 다룬다.
(C) 그녀는 보통 수채화 물감을 사용한다.
(D) 그녀는 작품들을 높은 가격에 판매한다.

해설 여자의 말 'I normally use watercolors, but I used oils to make that one.'을 통해, 여자는 평소에 수채화 물감을 사용하지만 남자가 가리킨 작품은 유화 물감을 사용해서 그렸다는 점을 알 수 있다. 따라서 정답은 (C)이다.

52
남자는 여자에게 무엇을 하라고 요청하는가?
(A) 자신에게 그림 그리는 법을 가르쳐 준다
(B) 자신에게 그녀의 작품들을 더 보여 준다
(C) 자신에게 그녀의 몇몇 작품들을 판매한다
(D) 자신에게 적절히 디자인하는 법을 알려 준다

해설 대화의 후반부에 남자는 'Can you show me some of the other works you made?'라고 말하면서 여자에게 다른 작품들도 보여 달라고 부탁한다. 따라서 정답은 (B)이다.

[53-55]

W Hello. My name is April Nelson. 53) **I received a call this morning, and the person told me that the clothes I had ordered have arrived.**
M That's right, Ms. Nelson. 54) **We've got them for you right here behind the counter.**
W I'm impressed. They arrived two days early. 55) **How much do I owe you for them?**

W 안녕하세요. 저는 April Nelson이에요. 오늘 아침에 전화를 받았는데, 제가 주문한 옷이 도착했다고 말씀하시더군요.
M 맞아요, Nelson 씨. 카운터 뒤에 선생님 옷이 있어요.
W 인상적이군요. 이틀 일찍 도착했어요. 그에 대해 제가 얼마를 지불하면 되죠?

어휘 behind ~의 뒤에 impressed 감동을 받은 owe 빚지다 cashier 계산원, 출납원 shelf 선반

53
April Nelson은 누구인가?
(A) 택배 차량 운전기사
(B) 계산원
(C) 고객
(D) 디자이너

해설 April Nelson이라는 사람의 신원을 묻고 있다. 대화의 첫 부분에서 여자는 'Hello. My name is April Nelson. I received a call this morning, and the person told me that the clothes I had ordered have arrived.'라고 말하면서 자신을 소개한다. 이를 통해 여자의 이름이 April Nelson이며 그녀는 옷을 주문한 (C)의 '고객'임을 알 수 있다.

54
남자는 여자의 물품을 어디에 보관해 두었는가?
(A) 선반 위
(B) 상자 안
(C) 쇼핑백
(D) 카운터 뒤

해설 자신의 물건을 찾으러 온 여자에게 남자는 'We've got them for you right here behind the counter.'라고 말하면서 여자의 물건이 있는 위치를 알려 주고 있다. 즉, 여자의 물건은 카운터 뒤쪽에 있으므로 정답은 (D)가 된다.

55
여자는 아마도 이다음에 무엇을 할 것인가?
(A) 제품에 대한 비용을 지불한다
(B) 몇 가지 옷을 입어 본다
(C) 무언가를 주문한다
(D) 매장을 나선다

해설 여자의 마지막 말인 'How much do I owe you for them?'을 통해 여자는 곧 자신이 구매한 제품에 대한 비용을 지불할 것임을 알 수 있다. 따라서 정답은 (A)이다.

[56-58]

M 56) **Check out this brochure I got at a travel agency.** I'm going to take a cruise this vacation. It should be a lot of fun.
W 57) **If I were you, I'd fly somewhere instead.** You'll probably be bored on the cruise after a couple of days.
M I'll be okay. Three of my friends are going with me. 58) **We made reservations for the middle of July.**
W Wow. I hope all of you enjoy yourselves.

M 제가 여행사에서 가지고 온 이 소책자를 한번 보세요. 이번 휴가 때 유람선 여행을 하려고 해요. 매우 재미있을 거예요.
W 제가 당신이라면, 그 대신에 비행기를 타고 어딘가로 가겠어요. 아마 이틀 정도 지나면 유람선 탑승이 지루해질 거예요.
M 저는 괜찮아요. 3명의 친구들과 함께 갈 테니까요. 7월 중순으로 예약을 해 두었죠.
W 와. 모두에게 즐거운 여행이 되기를 바랄게요.

어휘 brochure 소책자, 브로셔 travel agency 여행사 take a cruise 유람선 여행을 하다 board 탑승하다, 승선하다

56
남자는 여자에게 무엇을 보여 주는가?
(A) 비행기 티켓
(B) 소책자
(C) 여권
(D) 포스터

해설 남자의 첫 번째 말에서 정답의 단서를 찾을 수 있다. 남자는 'Check out this brochure I got at a travel agency.'라고 말하면서 여행사에서 가지고 온 브로슈어를 여자에게 보여 준다. 따라서 정답은 (B)이다.

57
여자는 남자에게 무엇을 할 것을 제안하는가?
(A) 휴가지까지 차를 몰고 간다
(B) 돈을 덜 쓴다
(C) 유람선 여행을 피한다
(D) 친구들에게 함께 여행을 가자고 요청한다

해설 남자가 유람선 여행을 할 것이라는 이야기를 듣자 여자는 그것이 지루할 것이라고 충고하면서 'If I were you, I'd fly somewhere instead.'라고 말한다. 즉, 여자는 유람선 여행 대신 비행기 여행을 추천하고 있으므로 정답은 (C)가 된다.

58
남자는 언제 여행을 떠날 것인가?
(A) 이번 주에
(B) 다음 주에
(C) 여름에
(D) 가을에

해설 남자의 마지막 말인 'We made reservations for the middle of July.'에서 여행 시기에 대한 정보를 찾을 수 있다. 즉, 7월 중순에 예약을 해 두었다는 사실로부터 남자는 (C)의 '여름에' 여행을 떠날 것임을 알 수 있다.

[59-61]

W [59-1)] **So how do you like this unit?** I'd say it's the perfect size for you.

M I agree, and I love the neighborhood, too. [60)] **But the price is a bit steep.**

W The owners are willing to negotiate.

M Really? In that case, I'd like to make an offer.

W Great. Since you want to do that, [61)] **let's go back to my office.** Once you give me a number, I'll contact the owners.

M Okay. I hope they accept. [59-2)] **I need to find a place to live soon.**

W 그러면 이 집은 어떠신가요? 손님에게 꼭 맞는 크기라고 말씀을 드리고 싶군요.

M 저도 그렇게 생각하고, 주변도 마음에 들어요. 하지만 가격이 꽤 높네요.

W 집주인들이 협상을 하겠다더라고요.

M 정말인가요? 그렇다면, 구매 제안을 하고 싶어요.

W 좋아요. 그렇게 하고 싶으시다니 다시 제 사무실로 가시죠. 금액을 알려 주시면 제가 집주인들에게 연락을 할게요.

M 좋아요. 그분들이 수락했으면 좋겠네요. 거주할 장소를 빨리 찾아야 하거든요.

어휘 unit 한 단위; (아파트 등의) 가구 neighborhood 인근; 이웃 steep 가파른; 너무 비싼 make an offer 제안하다 stock brokerage 증권 중개 회사 public school 공립 학교

59
여자는 어디에서 일하는 것 같은가?
(A) 사무용 빌딩
(B) 부동산 중개업소
(C) 증권 중개 회사
(D) 공립 학교

해설 여자는 남자에게 집이 마음에 드는지(So how do you like this unit?) 물었다. unit이 '아파트의 한 가구'라는 뜻이라는 것을 모른다 하더라도, 남자의 마지막 말, 'I need to find a place to live soon.'을 통해 화자들이 집을 보고 있는 상황임을 알 수 있다. 따라서 여자의 직업은 부동산 중개업자일 것이므로 (B)가 정답이다.

60
여자가 "The owners are willing to negotiate"라고 말할 때 그녀는 무엇을 의미하는가?
(A) 남자가 생각하는 것보다 가격이 낮다.
(B) 남자가 지불하고자 하는 금액이면 충분하다.
(C) 남자는 구매 제안을 해야 한다.
(D) 그 지역에서는 생활비가 낮게 든다.

해설 주어진 문장은 'But the price is a bit steep.'(집 가격이 너무 높다)에 대한 반응이다. 즉 가격이 높더라도 협상의 여지가 있다는 의미를 나타내고 있으므로 결국 여자가 의미하는 바는 구매 제안을 해 보라는 것이다. 따라서 정답은 (C)이다.

61
여자는 무엇을 할 것을 제안하는가?
(A) 계약서를 검토한다
(B) 집주인에게 남자를 소개한다
(C) 주변의 다른 곳을 방문한다
(D) 사무실로 간다

해설 대화 후반부에서 여자는 남자에게 사무실로 돌아가 집주인과 연락해 볼 것을 제안한다. 따라서 여자가 제안한 바는 (D)이다.

[62-64]

W Hello. This is Anna Sanders. I ordered some things from your company two weeks ago, but the box hasn't arrived yet.

M [62)] **Could I have the order number, please?** I'll make sure to send the package out to you immediately.

W Actually, [63)] **I want you to cancel part of my order. I don't need the dress I ordered anymore.**

M [64)] **In that case, let me transfer you to my supervisor.** He handles all of those matters. One moment, please.

W 안녕하세요. 저는 Anna Sanders입니다. 2주 전에 귀사의 몇몇 제품을 주문했는데, 아직 소포가 도착하지 않아서요.

M 주문 번호를 알 수 있을까요? 소포가 발송되었는지 즉시 확인해 드리겠습니다.

W 실은, 저는 제 주문의 일부분을 취소하고 싶어요. 제가 주문했던 드레스가 더 이상 필요하지 않거든요.

M 그런 경우라면, 전화를 관리자에게 돌려 드리겠습니다. 그분께서 그러한 일들을 처리하시거든요. 잠시만요.

어휘 order number 주문 번호 immediately 즉시 transfer 옮기다, 이동시키다 supervisor 감독관, 관리자 handle 다루다, 처리하다 matter 문제 find out 알아내다 proof 증거 hang up the phone 전화를 끊다

62
남자는 무엇을 요구하는가?
(A) 주소
(B) 주문 번호
(C) 지불을 했다는 증거
(D) 전화번호

해설 2주 전에 주문한 제품이 아직 도착하지 않았다는 여자의 말에 남자는 'Could I have the order number, please?'라고 말하면서 여자의 주문 번호를 묻고 있다. 따라서 남자가 요구하는 것은 (B)의 '주문 번호'이다.

제품	제품 번호	가격
울스웨터, 녹색	JDF394	67.99달러
드레스, 파란색	MEM833	29.99달러
수영복, 검정색	SWE837	19.99달러
티셔츠, 빨간색	KEK904	14.99달러

63

도표를 보아라. 여자가 더 이상 원하지 않는 상품은 무엇인가?

(A) JDF394

(B) MEM833

(C) SWE837

(D) KEK904

해설 여자는 주문의 일부를 취소하고 싶다고(I want you to cancel part of my order.) 말하고 나서, 주문했던 드레스가 더 이상 필요하지 않다고(I don't need the dress I ordered anymore.) 말했다. 도표에서 드레스의 주문 번호는 MEM833이므로 정답은 (B)이다.

64

여자는 아마도 이다음에 무엇을 할 것인가?

(A) 전화를 끊는다

(B) 자신의 결정에 대해 다시 생각한다

(C) 다른 드레스를 주문한다

(D) 다른 사람과 이야기한다

해설 여자가 주문을 취소하겠다고 하자 남자는 'In that case, let me transfer you to my supervisor. He handles all of those matters.'라고 말한다. 즉, 주문 취소는 관리자의 업무라고 설명한 후 전화를 관리자에게 돌려 주겠다고 했으므로 여자는 곧 관리자와 통화를 하게 될 것이다. 따라서 정답은 (D)이다.

[65-67]

W We've got a slight problem. 65-1) **We reserved a room for forty people at the convention center.** 65-2) 67-1) **But ninety people have registered.**

M Can we get a bigger room there?

W I asked, but all of the remaining rooms are rented on Saturday.

M 66) **Then contact the Shelby Hotel.** I know that it has lots of rooms we can use.

W All right. I'll get a room that's big enough for all the attendees.

M Great. 67-2) **Just don't spend more than $800.** We can't afford to pay more than that.

W 작은 문제가 하나 있어요. 우리는 컨벤션 센터에서 40명을 수용할 수 있는 방을 예약했어요. 하지만 90명이 등록했어요.

M 그곳에서 더 큰 방을 구할 수 있나요?

W 물어 보았는데, 남아 있는 방들은 모두 토요일에 임대가 되어 있었어요.

M 그러면 Shelby 호텔에 연락하세요. 그곳에는 우리가 사용할 수 있는 방이 많다고 알고 있거든요.

W 좋아요. 참석자 모두를 수용할 수 있는 큰 방을 구해 볼게요.

M 그래요. 800달러 이상만 지출하지 말아요. 그 이상 지불할 능력은 우리에게 없으니까요.

어휘 slight 조금의, 약간의 register 등록하다 rent 임대하다 attendee 참석자 registration fee 등록비, 참가비

65

무엇이 문제인가?

(A) 행사에 너무 많은 사람들이 등록했다.

(B) 호텔에 크기가 충분한 방이 없다.

(C) 화자들은 행사날에 바쁘다.

(D) 대부분의 참석자들이 등록비를 내지 않았다.

해설 대화의 첫 부분에서 여자는 40명을 수용할 수 있는 방을 예약했는데 그보다 훨씬 많은 90명이 행사에 신청했다고 말한다. 따라서 문제가 되는 점은 (A)이다.

66

남자는 여자에게 무엇을 하라고 말하는가?

(A) Shelby 호텔에 연락한다

(B) 참가자 전원에게 연락한다

(C) 컨벤션 센터에서 방을 구한다

(D) 등록비를 인상시킨다

해설 컨벤션 센터에서는 원하는 크기의 방이 없다는 여자의 말을 듣고 남자는 그 대안으로서 'Then contact the Shelby Hotel.'이라고 말한다. 따라서 정답은 (A)이다.

명칭	좌석 수	1일 요금
오렌지룸	70	$600
블루룸	90	$1,000
그린룸	100	$900
퍼플룸, 빨간색	120	$750

67

도표를 보아라. 여자는 어떤 방을 임대할 것 같은가?

(A) 오렌지룸

(B) 블루룸

(C) 그린룸

(D) 퍼플룸

해설 90명을 수용할 수 있어야 하고 가격대가 800달러 이하여야 한다는 두 가지 조건을 충족시키는 방을 찾으면 된다. 가격표상 이러한 조건에 부합하는 곳은 (D)의 '퍼플룸'뿐이다.

[68-70]

M Hello. 68-1) **I stayed at your establishment** last week, but I believe you overcharged me.

W May I have your name, please, sir?

M Sure. I'm Eric Robertson. 68-2) **I stayed in room 425** from June 29 to July 2.

W Okay. I have your information on the screen. What do you think the problem is?

M **69) According to my bill, I made a phone call to Beijing. But I didn't use the telephone once.**

W All right. Let me check on that. **70) I'll call you back within an hour.**

M Thank you.

M 안녕하세요. 저는 지난주에 그곳 시설에서 숙박을 했는데, 요금이 과도하게 청구된 것 같아요.

W 이름을 말씀해 주시겠습니까, 손님?

M 네, 저는 Eric Robertson예요. 6월 29일부터 7월 2일까지 425호실에서 묵었고요.

W 그러시군요. 화면에 손님의 정보가 나오네요. 문제가 무엇이라고 생각하시죠?

M 제 청구서에 의하면, 제가 베이징으로 전화를 걸었더군요. 하지만 저는 전화를 한 번도 사용한 적이 없어요.

W 알겠습니다. 그에 대해서 제가 확인해 보겠습니다. 한 시간 이내에 다시 전화 드리겠습니다.

M 고마워요.

어휘 establishment 기관, 시설 overcharge 요금을 과도하게 부과하다

68

여자는 어디에서 일하는 것 같은가?

(A) 세탁소에서

(B) 호텔에서

(C) 식당에서

(D) 전화 회사에서

해설 '시설에서 숙박을 했다'(stayed at your establishment)와 room 425(425호실)와 같은 표현을 통해 남자가 전화를 건 곳은 숙박 시설임을 알 수 있다. 보기 중 숙박 시설에 해당되는 곳은 (B)의 '호텔' 뿐이다.

상세	요금
국제전화	31.00달러
룸서비스 (점심 식사)	18.00달러
룸서비스 (저녁 식사)	45.00달러
세탁 서비스	22.00달러

69

도표를 보아라. 남자는 얼마를 환불받고 싶어 하는가?

(A) 18달러

(B) 22달러

(C) 31달러

(D) 45달러

해설 전화를 사용한 적이 없는데 베이징 통화 사용료가 부과되었다는 것이 남자가 제기한 문제점이다. 따라서 도표상 잘못 청구된 항목은 International Phone Call(국제 전화 이용)이고 해당 금액은 (C)의 31달러이다.

70

여자는 어떻게 남자에게 연락할 것인가?

(A) 문자 메시지로

(B) 이메일로

(C) 팩스로

(D) 전화로

해설 여자의 마지막 말인 'I'll call you back within an hour.'가 정답의 단서이다. call you back(답신 전화를 하다)이라는 표현에 유의하면 (D)가 정답임을 쉽게 알 수 있다.

PART 4

[71-73]

M Hello, Mr. Robertson. This is Brad Samuels. **71) 72) I have considered your offer, but I have to reject it.** You are simply asking for too much money. I still think we can come to an agreement tough. How about taking ten percent off the price you quoted me? If you agree to do that, then we will have ourselves an agreement. **73) After you hear this message, please send me an e-mail.** I will be in meetings all day today, so I can't answer my phone until this evening.

M 안녕하세요, Robertson 씨. 저는 Brad Samuels입니다. 귀하의 제안을 고려해 보았지만, 거절을 해야 할 것 같습니다. 귀하는 너무나 많은 돈을 요구하고 계십니다. 하지만, 그럼에도 불구하고 저는 우리가 합의에 도달할 수 있을 것이라고 생각합니다. 귀하가 언급하신 가격에서 10퍼센트를 삭감시키는 것은 어떨까요? 그렇게 하는 것에 동의하신다면, 우리 스스로 합의에 이르게 될 것입니다. 이 메시지를 들으신 후, 저에게 이메일을 보내 주십시오. 오늘은 하루 종일 회의가 있어서 저녁까지는 제가 전화를 받을 수 없을 것입니다.

어휘 consider 고려하다, 생각하다 reject 거절하다, 거부하다 ask for ~을 요구하다 come to an agreement 합의에 도달하다 quote 인용하다; 언급하다 file a complaint 불만을 제기하다 turn down 거절하다 bid 입찰; 입찰 가격, 호가 registered mail 등기 우편

71

메시지의 목적은 무엇인가?

(A) 불만을 제기하기 위해

(B) 제안을 거절하기 위해

(C) 샘플을 요청하기 위해

(D) 제품을 주문하기 위해

해설 담화 초반부의 'I have considered your offer, but I have to reject it.'이라는 말을 통해 화자는 상대방의 제안을 거절하기 위해 메시지를 남긴 것으로 생각해 볼 수 있다. 따라서 정답은 (B)이다.

72
화자는 왜 "You are simply asking for too much money"라고 말하는가?
(A) 더 낮은 금액을 요청하기 위해
(B) 환불을 요구하기 위해
(C) 제안을 거절하기 위해
(D) 할인을 요청하기 위해

해설 바로 앞 문장에서 '제안을 거절 할 수밖에 없다'(I have to reject it)고 한 후, 주어진 문장을 통해 그 이유를 언급하고 있다. 따라서 화자의 의도는 (C)로 보아야 한다.

73
화자는 Robertson 씨에게 자신과 연락을 하기 위해서는 어떻게 하라고 말하는가?
(A) 전화로
(B) 직접
(C) 이메일로
(D) 등기 우편으로

해설 담화의 마지막 부분에서 'After you hear this message, please send me an e-mail.'이라고 말하면서 상대방에게 이메일로 답변을 해 줄 것을 요청하고 있다. 따라서 정답은 (C)이다.

[74-76]

W [74-1] **We have received several complaints from our customers in the past two days.** [75] **They've all mentioned that the customer service at our store is terrible.** According to them, our salespeople are both rude and unhelpful. That's very upsetting to hear. [74-2] **I expect every single one of you to improve your manners.** I also want you all to do as much as you can to help our customers. [74-3) 76] **If there are any more complaints, some of you may lose your jobs.**

W 지난 이틀 동안 고객들로부터 몇 가지 불만 사항을 접수했습니다. 모두들 우리 매장의 고객 서비스가 형편없다고 언급했습니다. 그들의 말에 따르면, 판매 사원들이 무례하고 또한 도움을 주지 않는다고 합니다. 그런 이야기를 듣게 되어 매우 유감입니다. 저는 여러분 개개인 모두가 더욱 더 예의를 지켜 주시기를 기대합니다. 또한 여러분들이 고객들을 돕기 위해 가능한 한 많은 일들을 해 주시기 바랍니다. 불만 사항이 또 다시 나온다면, 여러분들 중 일부는 직장을 잃으실 수도 있을 것입니다.

어휘 complaint 불만, 불평 customer 고객 mention 언급하다, 말하다 terrible 끔찍한, 형편없는 rude 버릇없는, 무례한 unhelpful 도움이 되지 않는 upsetting 속상하게 만드는 improve 향상시키다 manners 예의 범절 staff 직원, 스태프 faulty 결함이 있는 fire 해고하다 executive 중역, 이사

74
청자들은 누구일 것 같은가?
(A) 고객
(B) 판매 직원
(C) 경영진
(D) 엔지니어

해설 청자들의 신원을 묻고 있다. 화자는 지난 이틀 동안 고객들로부터 '불만 사항'(complaints)을 접수했다는 소식을 전하면서 'According to them, our salespeople are both rude and unhelpful.'이라고 구체적인 불만 내용을 알려 주고 있다. 아울러 청자들의 태도 및 행동이 바뀌기를 바란다고(I expect every single one of you to improve your manners.) 언급한 후, 담화의 마지막 부분에서는 'If there are any more complaints, some of you may lose your jobs.'라고 말하면서 청자들에게 일종의 경고를 하고 있는 것으로 보아 담화를 듣는 청자들은 '판매 사원'일 것으로 짐작해 볼 수 있다.

75
화자는 무엇을 걱정하는가?
(A) 낮은 판매량
(B) 열악한 고객 서비스
(C) 결함이 있는 제품들
(D) 높은 가격

해설 화자는 'They have all mentioned that the customer service at our store is terrible.'이라고 말하면서 고객들이 매장의 고객 서비스에 대해 불만을 가지고 있다는 점을 지적한다. 따라서 화자가 걱정하는 것은 만족스럽지 못한 고객 서비스이므로 정답은 (B)이다.

76
화자는 어떤 일이 일어날 수도 있다고 말하는가?
(A) 직원들이 해고될 수도 있다.
(B) 세일이 실시될 수도 있다.
(C) 문제가 해결될 수도 있다.
(D) 간부가 방문할 수도 있다.

해설 담화의 마지막 부분에서 화자는 'If there are any more complaints, some of you may lose your jobs.'라고 말한다. 즉, 고객들이 불만을 계속 제기한다면 직원들 중 일부는 일자리를 잃을 것이라고 경고하고 있으므로 (A)가 정답이다.

[77-79]

W [77] **I'd like to congratulate Linda for her latest accomplishment.** Linda just got back from a trip to Asia. She visited Japan, Korea, Taiwan, and Indonesia. [78] **While she was there, she signed several contracts with foreign buyers.** Each contract is worth millions of dollars for the company. Thanks to Linda, we're going to have a very good year. [79] **Let's all give Linda a big round of applause.**

W 그녀의 최근 실적에 대해 Linda에게 축하 인사를 건네고자 합니다. Linda는 얼마 전 아시아 출장에서 돌아왔습니다. 그녀는 일본, 한국, 대만, 그리고 인도네시아를 방문했습니다. 그곳에 있는 동안, 그녀는 해외 바이어들과 몇 건의 새로운 계약들을 체결했습니다. 각각의 계약은 회사에게 수백만 달러의 가치가 있는 것들입니다. Linda 덕분에 우리는 매우 멋진 한 해를 보내게 되었습니다. 모두들 Linda에게 커다란 박수를 보내 주십시오.

어휘 congratulate 축하하다 latest 최근의 accomplishment 업적, 성과 sign 서명하다 contract 계약, 계약서 buyer 구매자, 바이어 worth 가치가 있는 a round of applause 박수 갈채 describe 묘사하다, 설명하다 clap 박수를 치다

77
연설의 목적은 무엇인가?
(A) 도움을 요청하기 위해
(B) 다가 오는 여행에 대해 설명하기 위해
(C) 축하하기 위해
(D) 계약의 세부 내용들을 알려 주기 위해

해설 담화 초반부의 여자의 말인 'I'd like to congratulate Linda for her latest accomplishment.'를 통해 화자는 Linda라는 인물의 성과를 치하하고 있음을 알 수 있다. 따라서 정답은 (C)이다.

78
Linda는 누구인 것 같은가?
(A) 새로운 이사
(B) 엔지니어
(C) 마케팅 담당자
(D) 영업 사원

해설 화자는 'While she was there, she signed several contracts with foreign buyers.'라고 말하면서 Linda의 업적에 대해 언급한다. 이를 통해 Linda는 해외 바이어들과 접촉할 수 있는 사람임을 알 수 있기 때문에 정답은 (D)가 된다.

79
청자들은 아마도 무엇을 하게 될 것인가?
(A) 박수를 치기 시작한다
(B) 몇 가지 질문을 한다
(C) 연설을 듣는다
(D) 퇴실한다

해설 담화 마지막 부분에서 여자는 'Let's all give Linda a big round of applause.'라고 말하면서 청자들에게 Linda를 위한 박수를 제의하고 있다. 따라서 정답은 (A)이다.

[80-82]

M Good evening. [80] **My name is Peter, and I'm going to be your waiter tonight.** [81-1] **Before you order, let me tell you about one of our specials. It's the baked salmon with fresh vegetables.** This is one of the chef's specialties. He cooks it with several different herbs and spices. [81-2] [82] **I highly recommend that you order it.** You definitely won't regret it. Would you like a few more minutes to think? I can come back in a bit if you like.

M 안녕하세요. 제 이름은 Peter이며, 오늘 밤 여러분의 웨이터가 되어 드릴 것입니다. 주문을 하시기 전에 특별 요리 중 하나에 대해 말씀을 드리겠습니다. 신선한 채소가 곁들여진 연어 구이입니다. 이것은 주방장의 전문 요리 중 하나입니다. 몇 가지 다양한 허브와 양념으로 요리를 합니다. 저는 이것을 주문하실 것을 강력히 추천해 드립니다. 분명 후회하지 않으실 것입니다. 몇 분 더 생각하실 시간을 원하시나요? 원하신다면 잠시 후에 다시 오도록 하겠습니다.

어휘 waiter 종업원, 웨이터 baked 구운 vegetable 채소 specialty 전문; 장기 herb 허브, 약초 spice 양념 highly 매우 recommend 추천하다 definitely 분명 regret 후회하다 low-fat 저지방의 option 선택, 옵션

80
화자는 어디에서 일하는 것 같은가?
(A) 구내 식당
(B) 슈퍼마켓
(C) 식당
(D) 카페

해설 담화 초반부에서 화자는 'My name is Peter, and I'm going to be your waiter tonight.'이라고 자신을 소개한 후, 특별 요리인 연어 구이에 대해 설명을 하고 있다. 이를 통해 화자는 식당에서 일하는 웨이터임을 알 수 있으므로 정답은 (C)이다.

81
화자는 무엇을 추천하는가?
(A) 특별 요리
(B) 새로운 테이블
(C) 할인되는 식사
(D) 저지방 메뉴

해설 화자는 특별 요리 중 하나인 '신선한 채소가 곁들여진 연어 구이'(the baked salmon with fresh vegetables)에 대해 설명한 후 'I highly recommend that you order it.'이라고 말하면서 이 요리를 주문할 것을 추천하고 있다. 따라서 정답은 (A)이다.

82
화자는 왜 "You definitely won't regret it"이라고 말하는가?
(A) 청자에게 주문할 것을 권유하기 위해
(B) 청자에게 제안을 고려해 보라고 말하기 위해

(C) 청자에게 특별 메뉴 주문이 곧 종료될 것임을 상기시키기 위해
(D) 청자에게 주방장의 조언을 따르라고 충고하기 위해

해설 주어진 문장에서 it은 '주방장 특선 메뉴'를 가리킨다. 즉 '특선 메뉴를 시키면 후회하지 않을 것이다'는 의미를 나타내고 있으므로 화자가 의도하는 바는 (A)로 보아야 한다.

[83-85]

W Good morning, Ms. Soriano. This is Carla from Duncan Stationery. 83) **The school supplies you ordered have just arrived.** Would you like to pick them up from us? Or would you prefer that we deliver them to your school? 84) **If we deliver them, you will have to pay a small fee of ten dollars.** Our delivery person can drop them off any time this afternoon or all day tomorrow. 85) **Please call me back at 690-1043 and let me know what you prefer.** Thanks. Bye.

W 안녕하세요, Soriano 씨. 저는 Duncan 문구점의 Carla입니다. 귀하께서 주문하신 학용품들이 조금 전에 도착했습니다. 저희 쪽으로 오셔서 찾아가시겠습니까? 아니면 저희가 학교로 배달을 해 드리는 것이 나을까요? 배달을 해 드리는 경우에는, 10달러라는 소액만 지불하시면 됩니다. 오늘 오후나 내일 중 아무 때나 배달 직원이 가져다 드릴 수 있습니다. 690-1043으로 제게 다시 전화를 주셔서 어떤 것을 선호하시는지 알려 주십시오. 감사합니다. 안녕히 계세요.

어휘 school supplies 학용품 deliver 배달하다, 배송하다 pay 지불하다 fee 요금 drop off 가져다 주다 complete 완료하다

83
메시지의 목적은 무엇인가?
(A) 주문품이 도착했다는 점을 알리기 위해
(B) 새로운 제품에 대한 주문을 요청하기 위해
(C) 주문할 제품을 제안하기 위해
(D) 새로운 제품을 추천하기 위해

해설 담화의 초반부에서 화자는 자신을 소개한 후 'The school supplies you ordered have just arrived.'라고 말한다. 즉, 화자는 주문품이 도착했음을 알리기 위해서 메시지를 남기고 있으므로 메시지의 목적은 (A)이다.

84
배송 비용은 얼마인가?
(A) 5달러
(B) 10달러
(C) 20달러
(D) 25달러

해설 담화 중반부의 'If we deliver them, you will have to pay a small fee of ten dollars.'라는 말을 통해 배달을 요청하는 경우에는 (B)의 '10달러'의 요금이 부가된다는 사실을 알 수 있다.

85
여자는 Soriano 씨에게 무엇을 하라고 요청하는가?
(A) 매장에 들르라고
(B) 전화하라고
(C) 주문을 변경하라고
(D) 지불을 완료하라고

해설 화자는 청자에게 주문품을 가져갈 것인지, 아니면 배송을 원하는지에 대해 물은 후 'Please call me back at 690-1043 and let me know what you prefer.'라고 말하면서 청자에게 원하는 방법을 전화로 알려 줄 것을 요청하고 있다. 따라서 정답은 (B)이다.

[86-88]

M Good morning, everyone. 86) **We have a new employee.** His name is Todd Garner. Todd worked at Kelvin Electronics for the past ten years. 87) **He worked as an engineer in the Research and Development Department there.** All of Todd's colleagues have positive things to say about him. Todd's a great guy, and I'm sure you're going to enjoy working with him. 88) **Please be sure to help him out if he has any questions or problems.**

M 모두들 안녕하십니까. 새로운 직원이 왔습니다. 그의 이름은 Todd Garner입니다. Todd는 지난 10년 동안 Kelvin 전자에서 일을 했습니다. 그는 그곳에서 연구개발 부서의 엔지니어로서 근무를 했습니다. Todd의 모든 동료들은 그에 대해 긍정적인 이야기를 하고 있습니다. Toddy는 좋은 사람이며, 저는 여러분들이 그와 일하는 것을 좋아하게 될 것이라고 확신합니다. 그가 질문을 하거나 그에게 문제가 생기는 경우에는 반드시 도움을 주시기 바랍니다.

어휘 colleague 동료 positive 긍정적인 praise 칭찬하다 warning 경고 electrician 전기 기술자 head 머리; 수장

86
담화의 목적은 무엇인가?
(A) 소개하기 위해
(B) 직원을 칭찬하기 위해
(C) 변화를 제안하기 위해
(D) 경고하기 위해

해설 담화의 초반부에서 담화의 목적을 찾을 수 있다. 화자는 '새로운 직원'(new employee)이 왔다는 소식을 전하면서 그에 대한 소개를 하고 있다. 따라서 정답은 (A)이다.

87
Todd Garner는 누구인가?
(A) 전기 기술자
(B) 연구개발 부서의 장
(C) 새로운 직원
(D) Kelvin 전자의 고객

해설 Todd Garner의 신원을 묻고 있다. 화자는 신입 직원을 소개하면서 그의 이름이 Todd Garner라고 밝히고 있으므로 정답은 (C)이다. 'He worked as an engineer in the Research and Development Department there.'라는 내용을 통해 정답을 (A) '전기 기술자'나 (B) '연구개발 부서의 장'으로 생각할 수도 있지만, Todd Garner의 업종이나 직책에 대한 언급은 담화에서 찾아볼 수 없기 때문에 이 둘은 정답이 될 수 없다.

88

화자는 청자들에게 무엇을 하라고 요청하는가?

(A) 새로운 직원을 돕는다

(B) Todd Garner에게 연락한다

(C) 직업을 바꾸는 것을 생각해본다

(D) 엔지니어에게 도움을 요청한다

해설 담화의 마지막 부분에서 화자는 'Please be sure to help him out if he has any questions or problems.'라고 말하면서 청자들에게 Todd를 도와 달라는 당부의 말을 전하고 있다. 따라서 화자가 요청하고 있는 것은 (A)이다.

[89-91]

M Hello, Ray. This is Jake Simmons. I heard that you are planning to take both Thursday and Friday off from work. 89) **Are you going to finish your part of the report for the Sanderson project before you go on vacation?** 90) **Mr. Willis says we need to give it to him by Friday.** Everyone except for you has finished his part of it. 91) **Please be sure to give me everything by Wednesday night.** I'll need a couple of days to check everything before I turn it in to Mr. Willis.

M 안녕하세요, Ray. Jake Simmons예요. 저는 당신이 목요일과 금요일 동안 쉴 계획이라는 이야기를 들었어요. 휴가를 떠나기 전에 Sanderson 프로젝트의 보고서에서 당신이 맡고 있는 부분은 끝낼 예정인가요? Willis 씨께서는 우리가 금요일까지 보고서를 넘겨 주어야 한다고 말씀하셨어요. 당신을 제외한 모든 사람들이 자신이 맡은 부분을 끝냈어요. 수요일 밤까지 저에게 모든 것을 넘겨 주어야 한다는 점을 명심하세요. Willis 씨에게 제출을 하기에 앞서 제가 모든 것을 확인하려면 이틀 정도가 필요할 거예요.

어휘 take ~ off from work ~ 동안 쉬다, ~ 동안 휴가를 내다 both A and B A와 B 둘 다 except for ~을 제외하고 turn in 제출하다 hire 고용하다 performance 성과, 업적

89

전화를 건 사람은 무엇을 걱정하는가?

(A) 제때에 일을 끝내는 것

(B) Sanderson 씨에 의해 고용이 되는 것

(C) 그의 휴가 계획

(D) 프로젝트에 대한 그의 성과

해설 화자의 질문인 'Are you going to finish your part of the report for the Sanderson project before you go on vacation?'으로부터 화자가 걱정하는 바를 알 수 있다. 즉, 화자는 휴가를 앞둔 청자가 자신이 맡고 있는 일을 끝내지 못하고 휴가를 떠나지 않을까 걱정을 하고 있다. 이후에도 화자는 청자에게 수요일 밤까지 모든 것을 넘겨 달라는 요청을 하고 있으므로 화자가 걱정하는 것은 (A)의 '제때에 일을 끝내는 것'이다.

90

Willis 씨는 누구인 것 같은가?

(A) 고객

(B) 화자의 상사

(C) 청자

(D) 인턴 사원

해설 질문의 핵심 어구인 Mr. Willis가 나오는 곳에서 정답의 단서를 찾도록 한다. 담화 중반부의 'Mr. Willis says we need to give it to him by Friday.'라는 말에서 화자들은 금요일까지 Willis 씨에게 보고서를 넘겨 주어야 한다는 것을 알 수 있다. 이를 통해 Willis 씨는 화자와 청자의 상사라고 추측할 수 있으므로 정답은 (B)가 된다.

91

화자는 언제 보고서를 받고자 하는가?

(A) 수요일까지

(B) 목요일까지

(C) 금요일까지

(D) 토요일까지

해설 담화 후반부의 'Please be sure to give me everything by Wednesday night.'이라는 화자의 말을 통해 화자는 수요일까지 모든 것을 건네 받고자 한다는 점을 알 수 있다. 따라서 정답은 (A)이다. (C)의 '금요일'은 Willis 씨에게 보고서를 제출해야 하는 요일이다.

[92-94]

M Attention, all shoppers. 92) **It's time for the daily sale here at Johnson's. Right now, all pots, pans, dishes, and utensils are on sale.** The discounts range between 10 and 50 percent. That's right. You can get some items for half price. 93) **This sale is only going to last for the next hour, so you need to hurry.** 95) **But please be careful while you're holding the items as many of them are fragile.** We don't want anything to break.

M 모든 쇼핑객들께서는 주목해 주십시오. 이곳 Johnson's에서 오늘의 세일 시간이 되었습니다. 지금, 모든 주전자, 팬, 접시, 그리고 주방 기기들이 세일 중입니다. 할인의 범위는 10퍼센트와 50퍼센트 사이입니다. 맞습니다. 일부 제품은 절반 가격으로 구입하실 수 있습니다. 이번 세일은 앞으로 한 시간 동안만 진행될 것이기 때문에 서두르셔야 할 것입니다. 하지만 제품 중 다수는 깨지기 쉬운 것으로, 제품을 집으실 때 주의해 주십시오. 깨지는 것이 없으면 좋겠습니다.

어휘 pot 주전자, 포트 utensil 도구, 기구 range between A and B 범위가 A와 B 사이이다 fragile 깨지기 쉬운, 부서지기 쉬운 polite 예의 바른, 공손한

92
화자에 따르면, 상점은 매일 무엇을 하는가?
(A) 무료 배송을 제공한다
(B) 무료로 증정품을 준다
(C) 아침에 문을 연다
(D) 몇몇 제품을 할인한다

해설 담화의 초반부에 '. It's time for the daily sale here at Johnson's. Right now, all pots, pans, dishes, and utensils are on sale. The discounts range between 10 and 50 percent.'라는 내용을 통해서, Jonson's에서는 매일 할인 행사를 진행하며, 할인 행사 대상에 해당하는 제품들의 종류가 언급되고 있다. 따라서 정답은 (D)이다.

93
세일은 얼마나 진행될 것인가?
(A) 한 시간
(B) 하루
(C) 한 주
(D) 한 달

해설 화자는 'This sale is only going to last for the next hour, so you need to hurry.'라고 말하면서 앞으로 한 시간 동안만 세일이 진행될 것이라는 사실을 알리고 있다. 따라서 정답은 (A)이다. 세일 명칭이 daily sale이라고 해서 (B)를 정답으로 골라서는 안 된다.

94
화자는 청자들에게 무엇을 하라고 말하는가?
(A) 현금이나 신용 카드로 결제하라고
(B) 제품을 조심스럽게 다루라고
(C) 판매 직원에게 도움을 요청하라고
(D) 다른 쇼핑객들을 공손하게 대하라고

해설 화자가 요청하는 것은 'But please be careful while you're holding the items as many of them are fragile.'이다. 즉, 세일 품목 중 상당수가 깨지기 쉬운 것이라서 조심스럽게 다룰 것을 쇼핑객들에게 당부하고 있으므로 정답은 (B)이다.

[95-97]

W 95) **We had a great year. A great deal of it had to do with our sales force.** Janet Wilson signed the most contracts. She brought in $2.5 million in business. 96) **Arthur Grant brought in the second-most amount of money to the company.** And he accomplished that in only 10 months because he was out sick during August and September. We're extremely impressed with him. We think he's got the potential to be a star, 97) **so we're going to train him more this year.**

W 우리는 멋진 한 해를 보냈습니다. 멋진 한 해의 상당 부분은 우리의 영업력과 관련이 있었습니다. Janet Wilson이 가장 많은 계약을 따냈습니다. 그녀는 2백 5십만 달러를 벌어다 주었습니다. Arthur Grant는 두 번째로 많은 금액을 회사에 가져다 주었습니다. 8월과 9월 동안 병가 상태였기 때문에, 그는 단 10개월 만에 그러한 업적을 달성했습니다. 우리는 그에게 너무나도 깊은 인상을 받았습니다. 그에게 스타가 될 잠재력이 있다고 생각하므로, 우리는 올해 그를 더 많이 교육시킬 것입니다.

어휘 force 힘; 집단, 단체 bring in ~을 가지고 오다 accomplish 달성하다 be out sick 아파서 결근하다 extremely 극도로 potential 잠재력

95
화자는 주로 무엇을 논의하는가?
(A) 작년 매출 수치
(B) 영업력 강화
(C) 올해의 영업 사원 수상자
(D) Janet Wilson의 성과

해설 화자는 작년에 두 영업 사원이 거두어들인 수익에 대해 이야기하고 있다. 따라서 정답은 (A)이다. Janet Wilson의 성과보다는 Arthur Grant의 업적에 대해 더 많은 비중을 두고 있으므로 (D)가 정답이 될 수는 없다.

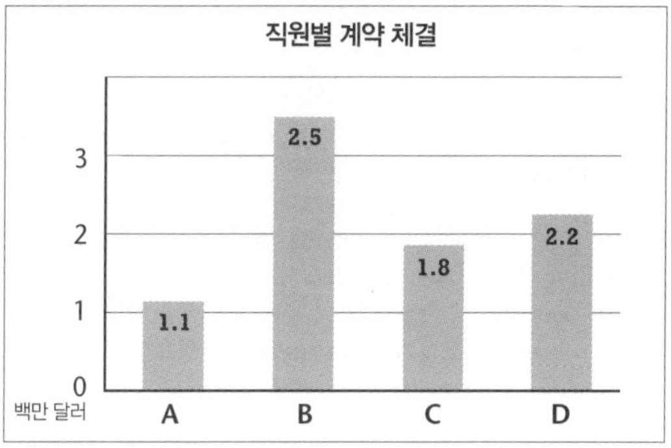

96
도표를 보아라. Arthur Grant는 얼마를 가져다 주었는가?
(A) 1백 1천만 달러
(B) 1백 8천만 달러
(C) 2백 2천만 달러
(D) 2백 5천만 달러

해설 'Arthur Grant brought in the second-most amount of money to the company.'에 정답의 단서가 있다. 그가 '두 번째로 많은'(second-most) 매출을 달성했다고 했으므로 그래프상 두 번째로 많은 수치를 보인 D가 Arthur Grant이며, 그의 매출액은 (C)의 '2백 2천만 달러'이다.

97
여자는 Arthur Grant에 대해 무엇을 암시하는가?
(A) 그는 곧 승진할 것이다.
(B) 그는 교육을 받게 될 것이다.
(C) 그는 보너스를 받게 될 것이다.
(D) 그는 Janet Wilson과 함께 일을 할 것이다.

해설 담화의 마지막 문장에서 화자는 Arthur Grant에게 잠재력이 있다고 말한 후 '올해에는 교육을 더 많이 시킬 것'(we're going to train him more this year)이라고 언급한다. 따라서 보기 중 그에 대해 추측해 볼 수 있는 사항은 (B)이다.

[98-100]

W I'm pleased to report on last month's revenues. 98) **They were up more than 30% from the previous month.** 99) **Our bestselling dishes were the broiled lobster and the shrimp pasta.** Customers bought those two more than anything else. This month, we're going to have a couple of special offers. We hope they will keep customers coming to our restaurant. We need to improve our customer service though. 100) **Customers complained a bit about rude members of the wait staff.** I recommend providing extra training for them.

W 지난달 수익을 보고하게 되어 기쁘게 생각합니다. 수익은 이전 달보다 30% 이상 증가했습니다. 가장 많이 팔린 메뉴는 석쇠에 구운 랍스터와 슈림프 파스타였습니다. 고객들은 다른 어떤 것보다도 이 두 가지를 더 많이 주문했습니다. 이번 달, 우리는 두어 가지 특별 메뉴를 제공할 것입니다. 이들이 고객들을 계속 우리 식당으로 오게 만들 것으로 기대합니다. 하지만 우리는 고객 서비스를 향상시켜야 할 필요가 있습니다. 고객들은 종업원 중 무례한 사람에 대해 약간의 불만을 표현했습니다. 저는 그들에게 특별 교육을 실시할 것을 제안합니다.

어휘 report 보고하다 revenue 수입 previous 이전의 bestselling 가장 잘 팔리는 broiled 석쇠에 구운 lobster 랍스터, 바닷가재 shrimp 새우 rude 버릇없는, 무례한 wait staff 종업원들, 웨이터들 extra 별도의, 추가의 undercooked 요리가 제대로 되지 않은 waiting time 대기 시간 impolite 무례한, 예의가 없는

98
지난달 식당의 수입은 어떠했는가?
(A) 증가했다.
(B) 동일했다.
(C) 약간 감소했다.
(D) 30% 감소했다.

해설 'They were up more than 30% from the previous month.'라는 말에서 식당의 수익은 30% 증가했다는 사실을 확인할 수 있다. 정답은 (A)이다.

식당	음식 종류
Antonio's	스페인 요리
Junction 21	멕시코 요리
Watertown	해산물
The Warren	채식주의자 식단

99
도표를 보아라. 화자는 아마도 어디에서 일을 할 것 같은가?
(A) Antonio's
(B) Junction 21
(C) Watertown
(D) The Warren

해설 broiled lobster(석쇠에 구운 랍스타)와 shrimp pasta(슈림프 파스타)를 놓치지 않고 들었으면 정답을 쉽게 찾을 수 있다. 바닷가재와 새우는 모두 해산물이므로 도표에서 Seafood(해산물)를 전문으로 하는 식당을 찾으면 여자가 일하는 곳은 (C)의 Watertown일 것이다.

100
화자는 어떤 문제를 언급하는가?
(A) 요리가 제대로 되지 않은 음식
(B) 비싼 가격
(C) 긴 대기 시간
(D) 무례한 직원

해설 담화 후반부의 'Customers complained a bit about rude members of the wait staff.'라는 언급을 통해 (D)가 정답임을 알 수 있다.

MEMO